现代新闻出版编校实用手册

中国出版工作者协会校对研究委员会 编

主编 周奇 杜维东

苏州大学出版社

前　言

这是一部现代编辑校对工作的实用手册。说它“实用”,是因为它解决的都是编辑校对工作中经常会碰到的实际问题;说它是“手册”,是因为它便于检索查找。就是说,在编辑加工和校对改错过程中经常碰到的疑难问题,在这本书里大体上可以找到答案或提示。

市场上的编校工作手册不少了,多半是文件汇编之类。本书却与众不同,它的特色可以用4个字来概括:辨错正误。说得具体一些,就是它针对编校工作的实际,帮助大家辨识错误、改正错误。因而,本书针对性强,实用性强。

本书名为《现代新闻出版编校实用手册》,但不是一部编校工作全书。本着“有所为有所不为”的原则,本书把重点放在语言文字、装帧和版式上,兼顾编校工作经常涉及的相关常识和经常应用的工具书的检索方法。

本书的内容,分为字词、语法、逻辑、标点符号、量和单位、版面格式、文后参考文献的著录、编校工作规范、工具书及其使用、汉语拼音和外文拼写知识及附录11个部分。

现代汉语有不少规范性文件,例如《简化字总表》《第一批异体字整理表》,以及标点符号、数字、量和单位等用法的国家标准。本书为了区别于文件汇编,且便于查检,采取有针对性的综合整理的方法,如“简化字、繁体字、异体字对照表”“汉字简繁辨析”“常用字使用正误表”“成语熟语正误表”“容易混淆错用的字词”,还结合常见标点符号、量和单位使用错误典型案例,阐释标点符号、量和单位用法的国家标准。语法错误和逻辑错误也是现代出版物上的常见错误。本书将常见语法错误、逻辑错误分类辨析,并结合辨析传授语法和逻辑基本知识。这些内容在一般编校工作手册里是不多见的。出版物上经常出现不同文种字母混用的错误,本书特地将出版物使用频率较高的英、法、德、希腊、俄、日、拉丁等7个文种字母汇集辨析,供编校工作者参考。这些,都体现了本书"辨错正误"的特色。

编写这本手册,虽历时4年,疏漏仍然难免,尚望读者批评指正。

目　录

字　词

一、汉字规范

1. 规范汉字

现代规范汉字，指由国家发布的规范文件所规定的汉字。包括：(1)《简化字总表》规定的简化字；(2)《第一批异体字整理表》里的选用字；(3)《印刷通用汉字字形表》里规定的新字形。《现代汉语通用字表》里的 7 000 个通用汉字，完全符合以上三个字表的规定，所以都是现代规范汉字。现代使用的汉字有 1 万多个，例如《现代汉语词典》《现代汉语规范字典》收字都在 10 000 个以上，未收入《现代汉语通用字表》的还有几千个汉字，它们是按照专家规范和习惯规范来确定的，也应属于现代规范汉字。

2. 简化字

简化字以 1986 年 10 月 10 日重新发表的《简化字总表》为标准。《简化字总表》包括三个表：第一表收简化字 350 个，这些字不能作简化偏旁用；第二表收简化字 132 个（还有 14 个简化偏旁），这些字可作简化偏旁用；第三表收简化字 1 753 个，是用第二表的简化字和简化偏旁类推出来的。三个表总共收简化字 2 235 个。已经简化了的汉字通称简体字，繁体字是非规范汉字，只能用于古籍整理出版、文物古迹、书法艺术方面。通常出版物（即简体字本）中夹杂的繁体字，属于非规范汉字，因而是错字。

使用简化字必须注意的事项：

(1) 注意类推简化的范围。第一表里的 350 个简化字，都不能作为简化偏旁去类推简化其他字。例如：

兒简化作儿，倪、睨、霓中的“兒”不能类推简化作“儿”。

幹简化作干，擀(gǎn)字中的“幹”不能类推简化作“干”。

燈简化作灯,鄧简化作邓,登和澄、噔、凳、橙等字中的“登”不能类推简化作“丁”或“又”。

敵简化作敌,適简化作适,嘀、滴、摘、镝等字中的“啇”不能类推简化作“舌”。

墮简化作堕,隨简化作随,橢简化作椭,惰不能类推简化作“惰”。

溝简化作沟,構简化作构,購简化作购,講简化作讲,篝、鞲、遘、媾等字中的“冓”不能类推简化作“勾”或“井”。

獲、穫简化作获,護简化作护,劐、嚄、蠖、镬等字中的“蒦”不能类推简化作“犬”或“户”。

環简化作环,還简化作还,寰、缳、镮、鬟等字中的“睘”不能类推简化作“不”。

揀简化作拣,練简化作练,煉简化作炼,柬和楝、谏等字中的“柬”不能类推简化作“东”。

階简化作阶,皆和偕、楷、揩等字中的“皆”不能类推简化作“介”。

僅简化作仅,谨、瑾、勤等字中的“堇”不能类推简化作“又”。

蘭简化作兰,欄简化作栏,攔简化作拦,阑和澜、谰、斓、镧等字中的“阑”不能类推简化作“兰”。

遼简化作辽,療简化作疗,撩、僚、嘹、潦、獠、缭等字中的“尞”不能类推简化作“了”。

憐简化作怜,鄰简化作邻,粼、嶙、遴、辚、磷、鳞、麟等字中的“粦”不能类推简化作“令”。

讓简化作让,釀简化作酿,襄和嚷、壤、瓤、穰等字中的“襄”不能类推简化作“上”或“良”。

腦简化作脑,惱简化作恼,瑙字中的“𡿺”不能类推简化作“𠫓”。

撲简化作扑,僕简化作仆,噗、璞、蹼等字中的“菐”不能类推简化作“卜”。

(2) 注意少数简化字的一般用法和特殊用法。有少数简化字,一般情况下用简体,但是在一定语境中,用简体可能产生歧义,这时仍用繁体。例如:

瞭　读 liǎo(了解)时简作“了”,读 liào(瞭望)时仍用“瞭”。

藉　用作“藉(jiè)口、凭藉(jiè)”时简作“借”,用作“慰藉(jiè)”、“狼藉(jí)”时仍用“藉”。

乾　读 gān(乾净、乾燥)时简作“干”;读 qián(乾坤、乾隆)时仍用“乾”。

徵　读 zhēng,表召集、征收、证验、表露迹象等义(如征兵、征税、征求、特征、征候、征兆、征引)时简作“征”;读 zhǐ,义为古代五音(宫商角徵羽)之一,仍用“徵”。

餘　简作“余”;在余和餘意义可能混淆时仍用“餘”(类推简化作“馀”),如“馀年无多”。

麽　简作“么”;在“幺麽小丑”里仍用“麽”。

酆　作为地名(酆都县)简作“丰”,作为姓氏仍用“酆”。

夥　简作“伙”,但表“多数”义时仍用“夥”,如“获益甚夥”。

(3) 注意1986年重新发表《简化字总表》时恢复的4个字:叠、覆、像、囉(类推简化作“啰”)不再作迭、复、象、罗的繁体字处理。因此,要区分叠与迭、覆与复、像与象、罗与啰的含义。

3. 新字形

新字形指《印刷通用汉字字形表》规定的字形。现代汉字字形以新字形为规范字形,不符合这个标准的字形通称旧字形,旧字形是非规范字形,出版物上不能使用。

新字形与旧字形相比,有4个特点(括号内为旧字形):

笔画省简。如即(卽)、郎(郞)、宽(寬)、吕(呂)、争(爭)、者(者)。

笔画连接。如片(片片)、鬼(鬼)、草(草)、婕(婕)、敢(敢)、着(着)。

笔画延伸。如另(另)、角(角)、灰(灰)。

笔画调整。如全(全)、录(彔)、耒(耒)、平(平)、吴(吳)、直(直)、骨(骨)。

4. 异体字

异体字有两个含义:一是指读音和意义相同而形体不同的字,

几个字互为异体;另一是与正体相对而言的,异体与正体读音和意义相同,只是形体不同。异体字有3种类别:

(1) 单纯异体字。即读音和意义完全相同的异体字。例如:痴〔癡〕(〔 〕内为已经淘汰的异体字,下同)、稗〔粺〕、庵〔菴〕。

(2) 包孕异体字。指甲字的读音和意义大于乙字,而且包括乙字的读音和意义。例如:豆 ① 豆科植物的果实;② 样子像豆的东西;③ 古代盛食物用的器具。〔荳〕读音和意义同豆①。

(3) 交叉异体字。指甲字的部分读音和意义与乙字的部分读音和意义相同。例如:帐 ① 帐幕;② 关于货币、货物出入的记载。账同帐②。

1955年12月22日,中华人民共和国文化部和中国文字改革委员会联合发布《第一批异体字整理表》,收异体字810组,合计1 865字,每组选定一个为正体字,其余1 055个为异体字,异体字予以淘汰,自1956年2月1日起停止使用。1956年、1986年、1988年国家对《第一批异体字整理表》作了三次调整,先后恢复已被淘汰的28个异体字为正体字。经过调整以后,异体字减至796组,实际淘汰的异体字为1 027个。这些异体字都属于非规范汉字,只能用于姓氏。

5. 错别字

错别字是错字和别字的统称。

错字指形体像汉字但不是规范汉字的字,如“鼻”“恭”“步”。《第二次简化汉字方案(草案)》早已明令废止,因而该方案上的“简化字”也属于错字。

别字指是字但使用不当的字,该用甲字却误用了乙字,乙字就成了别字。如“简炼”中的“炼”,“渡假”中的“渡”,“好象”中的“象”,“要那”中的“要”,都是别字。

二、简化字、繁体字、异体字对照表

说明:

(1) 为便于编辑、校对人员检索简化字、繁体字和异体字,我们将《简化字总表》和《第一批异体字整理表》混合编成一个表,以简化字字头的拼音为序,繁体字加圆括号(　)、异体字加六角括号〔　〕表示。字头前加星号*的为可作简化偏旁的字。

(2) 本表收录的字按汉语拼音字母次序排列,同音不同调的按四声顺序排列,轻声排最后,同声调的按笔画多少排列,同笔画的按起笔笔形横(一)、竖(丨)、撇(丿)、点(丶)、折(乛)的顺序排列。

(3) 对经常被误用的字,特别加注附后,以字后加圈码为标志。

(4) 本表收录的《简化字总表》和《第一批异体字整理表》以语文出版社 1997 年重排本《语言文字规范手册》为准。原《简化字总表》中的个别字作了调整:"叠"、"覆"、"像"、"囉"不再作"迭"、"复"、"象"、"罗"的繁体字处理。原《第一批异体字整理表》中先后有 28 个字恢复为规范字,它们是:阪、挫(以上 1956 年),䜣、䜩、晔、詟、诃、䲡、䌷、刬、鲙、诓、雠(以上 1986 年),翦、邱、於①、澹、骼、彷、菰、溷、徵、薰、黏、桉、愣、晖、凋(以上 1988 年)。

(5) 本表后附注释资料,采自《简化字总表》、《辞海》(上海辞书出版社 1999 年版)、《现代汉语词典》(商务印书馆 2005 年 6 月第 5 版)、《新华词典》(中华书局 2001 年修订版)、《现代汉语规范字典》(语文出版社 1998 年版),后三种分别简称《现汉》、《新华》、《规范》。各书解释不同者,则存异。

A

a

锕(錒)

ai

嗳(噯)

锿(鎄)

皑(皚)

蔼(藹)

霭(靄)

*爱(愛)

碍(礙)

嫒(嬡)

瑷(璦)②

叆(靉)

暧(曖)

an

庵〔菴〕③

厂(庵)

谙(諳)

鹌(鵪)

鞍〔鞌〕④

铵(銨)

岸〔屽〕

---

① 1988 年《现代汉语通用字表》确认"於"在读 wū、yū 以及读yú用于地名时为规范字,读yú作介词时仍作为"于"字的异体字处理。

② 黑龙江的爱辉原名瑷珲,繁体字本或讲述历史的著作或引文,仍用瑷珲。

③ 用于人名,庵、菴、盦、厂、广照原稿,不统一用庵;繁体字本中,厂(ān 同庵)不可改为廠,广(ān 同庵)不可改为廣。

④ 春秋时古地名鞌,在今济南,"鞌之战"不用鞍。

暗〔闇晻〕

ang

肮（骯）

ao

翱〔翶〕
鳌（鰲）
〔鼇〕
袄（襖）
坳〔㘭〕
拗〔抝〕
骜（驁）

B

ba

钯（鈀）
坝（壩）①
*罢（罷）
鲅（鮁）
𦓤（䎬）
霸〔覇〕

bai

柏〔栢〕
摆（擺 襬）
呗（唄）
败（敗）
稗〔粺〕

ban

颁（頒）
坂〔岅〕②
板（闆）
办（辦）
绊（絆）

bang

帮（幫）
〔幚 幇〕
绑（綁）
榜〔牓〕
膀〔髈〕
谤（謗）
镑（鎊）

bao

龅（齙）
褒〔襃〕
饱（飽）
宝（寶）
〔寳〕
鸨（鴇）
褓〔緥〕
报（報）
刨〔鉋 鑤〕
鲍（鮑）

bei

杯〔盃 桮〕
背〔揹〕
*贝（貝）
狈（狽）
*备（備）
〔俻〕
钡（鋇）
悖〔誖〕
辈（輩）
惫（憊）
呗（唄）

ben

奔〔犇 奔 逩〕③
贲（賁）
锛（錛）

beng

绷（繃）
〔綳〕
镚（鏰）

bi

逼〔偪〕
秕〔粃〕
*笔（筆）
币（幣）
*毕（畢）
闭（閉）
贲（賁）
荜（蓽）
哔（嗶）
毙（斃）
〔獘〕
铋（鉍）
秘〔祕〕
筚（篳）
跸（蹕）
痹〔痺〕
滗（潷）
弊〔獘〕

bian

*边（邊）
笾（籩）
编（編）
鳊（鯿）
贬（貶）
变（變）
遍〔徧〕
辩（辯）

---

① 坝（垻、壩），《现汉》繁体字作垻、壩；《新华》《规范》拦河坝繁体用壩，平地用垻，如碎垻。 ② 文字改革委员会已于1956年恢复阪字，用于地名大阪；《新华》、《规范》大阪、阪上走丸用阪，表示山坡则用坂，如长坂坡；《现汉》同“坂”，也用于地名大阪。 ③ 用于人名的犇，不简化作“奔”，如牛犇。

辫（辮）

biao

标（標）
骠（驃）
膘〔臕〕
飙（飆飇飈）
镖（鏢）
镳（鑣）
表（錶）
鳔（鰾）

bie

瘪（癟）
〔癟〕
鳖（鱉）
〔鼈〕
别（彆）

bin

*宾（賓）
傧（儐）
滨（濱）
缤（繽）
槟（檳）
镔（鑌）
濒（瀕）
摈（擯）
殡（殯）
膑（臏）
髌（髕）
鬓（鬢）

bing

冰〔氷〕
槟（檳）
饼（餅）
禀〔稟〕
并〔併 並 竝〕[1]

bo

拨（撥）
钵（缽）
〔鉢 盋〕
饽（餑）
驳（駁）
〔駮〕
柏〔栢〕
钹（鈸）
铂（鉑）
脖〔頸〕
博〔愽〕
鹁（鵓）
馎（餺）
卜（蔔）

bu

补（補）
布〔佈〕[2]
钚（鈈）

C

cai

才（纔）
财（財）
采〔採 寀〕
彩〔綵〕
睬〔倸〕
踩〔跴〕

can

*参（參）
骖（驂）
残（殘）
蚕（蠶）[3]
惭（慚）
〔慙〕
惨（慘）
穇（穇）
灿（燦）
掺（摻）

cang

*仓（倉）
伧（傖）
苍（蒼）
沧（滄）
鸧（鶬）
舱（艙）

cao

操〔慒 撡〕
草〔艸〕

ce

册〔冊〕
厕（厠）
〔廁〕
测（測）
恻（惻）
策〔筞 筴〕

cen

*参（參）

ceng

层（層）

① 併、並均作异体字处理，但在繁体本中，它们的用法不同，如：合併、归併、火併、併吞、兼併，並不、並且、並列、並立、並肩、並稱、相提並論等。作为简化字的“并”，过去只用于地名如并州（bīng 太原）、姓氏如并官。 ② 佈实际上是繁体字，跟“布”的含义不同，如分佈、佈置、佈告、宣佈等；少数民族名布朗、布依不可转繁为“佈”。 ③ 蚕：上从天，不从夭。

cha
插〔挿〕
馇（餷）
锸（鍤）
查〔查〕
碴〔䶪〕
察〔詧〕
镲（鑔）
诧（詫）
chai
钗（釵）
侪（儕）
虿（蠆）
chan
觇（覘）
掺（摻）
搀（攙）
单（單）
谗（讒）
婵（嬋）
馋（饞）
禅（禪）
缠（纏）①
蝉（蟬）
镡（鐔）
*产（產）
浐（滻）
谄（諂）
铲（鏟）
〔剷〕
阐（闡）
蒇（蕆）
冁（囅）
忏（懺）
刬（剗）
颤（顫）
chang
伥（倀）
阊（閶）
鲳（鯧）
*长（長）②
场（場）③
〔塲〕
肠（腸）
〔膓〕
*尝（嘗）④
〔嚐 甞〕
偿（償）
鲿（鱨）
厂（廠）
怅（悵）
畅（暢）
chao
钞（鈔）
绰（綽）
剿〔勦 勦〕
che
*车（車）
砗（硨）
扯〔撦〕
彻（徹）⑤
chen
嗔〔瞋〕
尘（塵）
陈（陳）
谌（諶）
碜（磣）
衬（襯）
龀（齔）
称（稱）
趁〔趂〕
榇（櫬）
谶（讖）
伧（傖）
cheng
柽（檉）
称（稱）
蛏（蟶）
铛（鐺）
赪（赬）
撑〔撐〕
枨（棖）
诚（誠）
乘〔乗 椉〕
惩（懲）
塍〔堘〕
澄〔澂〕⑥
骋（騁）
chi
吃〔喫〕
鸱（鴟）
痴〔癡〕
驰（馳）
迟（遲）
*齿（齒）
耻〔恥〕
饬（飭）
炽（熾）
翅〔翄〕
敕〔勅 勑〕
chong
冲（沖 衝）
*虫（蟲）
宠（寵）

---

① 缠：右从廛，不从厘。　② 长：四笔。笔顺是：ノ ㇑ 㐅 长。　③ 场的繁体字是場不是塲(yì)，塲，义为“边界”。　④ 尝：不是賞的简化字。尝的繁体字是嘗。　⑤ 表示水清见底的澈，不能类推简化为沏；沏(qī)是沏茶的沏。　⑥ 用于人名和古地名仍用澂。

铳（銃）

chou

䌷（紬）①

仇〔讐〕

俦（儔）

绸（綢）

畴（疇）

酬〔酧詶醻〕

筹（籌）

踌（躊）

雠（讎）②

丑（醜）

瞅〔矁田丑〕

chu

出（齣）

*刍（芻）

厨〔廚厨〕

锄（鋤）〔鉏耡〕

雏（雛）

橱〔櫥〕

蹰〔躕〕

处（處）

础（礎）

储（儲）

绌（絀）

触（觸）

chuai

闯（闖）

chuan

传（傳）

船〔舩〕

钏（釧）

chuang

创（創）〔剏剙〕

疮（瘡）

窗〔窓窻窗牎牕〕

床〔牀〕

闯（闖）

怆（愴）

chui

捶〔搥〕

棰〔箠〕

锤（錘）〔鎚〕

chun

春〔旾〕

䲠（鰆）

纯（純）

莼（蒓）〔蓴〕

唇〔脣〕

淳〔湻〕

鹑（鶉）

醇〔醕〕

蠢〔惷〕

chuo

绰（綽）

辍（輟）

龊（齪）

ci

词（詞）〔䛐〕

辞（辭）〔辤〕

鹚（鷀）〔鶿〕

糍〔餈〕

赐（賜）

cong

匆〔悤怱〕

苁（蓯）

枞（樅）

葱〔蔥〕

骢（驄）

聪（聰）

*从（從）

丛（叢）

cou

凑〔湊〕

辏（輳）

cu

粗〔麤麁〕

蹴〔蹵〕

cuan

撺（攛）

镩（鑹）

蹿（躥）

攒（攢）

*窜（竄）

篡〔簒〕

---

① 1955年《第一批异体字整理表》将紬作为绸的异体字予以淘汰。1986年重新发表的《简化字总表》确认紬读chōu时表示引出、理出头绪（如紬绎），收入规范字，类推简化为䌷；在读chóu表示绸缎时，仍作异体字处理，即不用䌷缎而用绸缎。　② 1955年《第一批异体字整理表》将讎作为仇的异体字予以淘汰。1986年重新发表的《简化字总表》确认表示校讎、讎定的意义时为规范字，类推简化为雠；表示仇敌、仇恨等意义时仍作仇的异体字处理。

cui

缞（縗）
脆〔脃〕
悴〔顇〕

cun

村〔邨〕

cuo

鹾（鹺）
锉（銼）
〔剉〕
错（錯）

D

da

哒（噠）
*达（達）
鞑（韃）
瘩〔瘩〕

dai

呆〔獃 騃〕
骀（駘）
绐（紿）
玳〔瑇〕
*带（帶）
贷（貸）
逮（靆）

dan

担（擔）
*单（單）
耽〔躭〕
郸（鄲）
殚（殫）
瘅（癉）
箪（簞）
胆（膽）
掸（撣）
赕（賧）
诞（誕）
啖〔啗 噉〕
惮（憚）
弹（彈）

dang

*当（當 噹）
铛（鐺）
裆（襠）
挡（擋）
〔攩〕
*党（黨）
谠（讜）
砀（碭）
荡（蕩）
〔盪〕

档（檔）

dao

鱽（魛）
导（導）
岛（島）
〔嶋〕
捣（搗）
〔擣 搗〕
祷（禱）

de

锝（鍀）
德〔悳〕

deng

灯（燈）
镫（鐙）
邓（鄧）
凳〔櫈〕

di

堤〔隄〕
镝（鏑）
籴（糴）
敌（敵）
涤（滌）
觌（覿）
诋（詆）
抵〔牴 觝〕

递（遞）
谛（諦）
蒂〔蔕〕
缔（締）

dian

颠（顛）
巅（巔）
癫（癲）
点（點）
电（電）
垫（墊）
钿（鈿）
淀（澱）

diao

雕〔彫 鵰
琱〕
鲷（鯛）
鸟（鳥）
吊〔弔〕①
钓（釣）
调（調）
莺（鶯）
铞（銱）
铫（銚）

die

绖（絰）

① 台湾地区用法：弔用于弔唁、弔喪、憑弔、形影相弔；吊用于吊起、吊橋、上吊、吊銷等。

谍（諜）
喋〔啑〕
叠〔疊曡曡〕
蝶〔蜨〕
鲽（鰈）

ding

钉（釘）
顶（頂）
订（訂）
铤（鋌）
碇〔椗矴〕
锭（錠）

diu

铥（銩）

dong

*东（東）
冬（鼕）
岽（崬）
鸫（鶇）
*动（動）
〔働〕
冻（凍）
栋（棟）
胨（腖）

dou

兜〔兠〕
钭（鈄）
斗（鬥）①
〔閗鬪
鬭〕
豆〔荳〕
读（讀）
窦（竇）

du

独（獨）
顿（頓）
读（讀）
渎（瀆）
椟（櫝）
犊（犢）
牍（牘）
黩（黷）
笃（篤）
赌（賭）
睹〔覩〕
妒〔妬〕
镀（鍍）

duan

*断（斷）
缎（緞）
锻（鍛）
簖（籪）

dui

*队（隊）
*对（對）
怼（懟）

dun

吨（噸）
惇〔惽〕
敦〔敨〕
墩〔墪〕
镦（鐓）
趸（躉）
钝（鈍）
顿（頓）
遁〔遯〕

duo

夺（奪）
铎（鐸）
朵〔朶〕
垛〔垜〕
驮（馱）
饳（飿）
堕（墮）
跺〔跥〕

E

e

婀〔婐娿〕
讹（訛）
〔譌〕②
峨〔峩〕
锇（鋨）
鹅（鵝）
〔鵞鳈〕
额（額）
〔頟〕
恶（噁惡）
厄〔阨戹〕
扼〔搤〕
轭（軛）
垩（堊）
饿（餓）
阏（閼）
谔（諤）
萼〔蕚〕
腭〔齶〕
鹗（鶚）
锷（鍔）
鳄（鰐）
〔鱷〕

ê

诶（誒）

en

恩〔恖〕

er

儿（兒）
鸸（鴯）

---

① 姓氏仍用鬭。　② 譌本来是訛的异体字，訛又简化为讹，以致经常有人误将譌类推简化为讹，讹是生造的错字。

*尔（爾）
〔尒〕
迩（邇）
饵（餌）
铒（鉺）
贰（貳）

F

fa

*发（發髮）
阀（閥）
罚（罰）
〔罸〕
筏〔栰〕
法〔灋浤〕
珐〔琺〕

fan

帆〔帆颿〕
翻〔飜繙〕
凡〔凢〕
矾（礬）
钒（釩）
烦（煩）
繁〔緐〕
饭（飯）
泛〔汎氾〕①

范（範）
贩（販）

fang

钫（鈁）
鲂（魴）
仿〔髣倣〕
访（訪）
纺（紡）

fei

飞（飛）
绯（緋）
鲱（鯡）
诽（誹）
废（廢）
〔癈〕
费（費）
痱〔疿〕
镄（鐨）

fen

纷（紛）
氛〔雰〕
坟（墳）
豮（豶）
奋（奮）
偾（僨）
粪（糞）

愤（憤）

feng

*丰（豐）②
*风（風）
沣（灃）
沨（渢）
枫（楓）
砜（碸）
疯（瘋）
峰〔峯〕
锋（鋒）
蜂〔蠭蠭〕
冯（馮）
缝（縫）
讽（諷）
凤（鳳）
赗（賵）

fu

肤（膚）
麸（麩）
〔粰麪〕
凫（鳧）
佛〔彿髴〕
绂（紱）
绋（紼）
韨（韍）

辐（輻）
抚（撫）
俯〔俛頫〕③
辅（輔）
讣（訃）
负（負）
妇（婦）
〔媍〕
附〔坿〕
驸（駙）
复（復複）
赋（賦）
鲋（鮒）
缚（縛）
赙（賻）
鳆（鰒）

G

ga

夹（夾）
嘎〔嘠〕
轧（軋）
钆（釓）

gai

该（該）
赅（賅）

---

① 姓氏仍用氾。　② 四川省酆都县已改为丰都县。但是，姓酆的酆不可类推简化为“邦”。姓氏丰（豐）和酆是不同姓氏。　③ 頫是俯的异体字，但用于人名时仍用“頫”（如赵孟頫），頫可以类推简化为𫖯。

丐〔匄 匃〕
钙（鈣）
盖（蓋）
概〔槩〕

gan

干（乾 幹）①
〔乹 乾
榦〕
尴（尷）
杆〔桿〕
秆〔稈〕
赶（趕）
绀（紺）
赣（贛）
〔贑 灨〕

gang

*冈（岡）
扛〔摃〕
刚（剛）
㧏（掆）
肛〔疘〕
纲（綱）
㭎（棡）
钢（鋼）
岗（崗）
杠〔槓〕

gao

皋〔臯 皐〕
糕〔餻〕
缟（縞）
槁〔槀〕
镐（鎬）
稿〔稾〕
诰（誥）
锆（鋯）

ge

纥（紇）
饹（餎）
胳〔肐〕
鸽（鴿）
搁（擱）
歌〔謌〕
阁（閣）
〔閤〕
颌（頜）
镉（鎘）
盖（蓋）
个（個）
〔箇〕
铬（鉻）

gei

给（給）

gen

亘〔亙〕

geng

耕〔畊〕
赓（賡）
鹒（鶊）
绠（綆）
颈（頸）
鲠（鯁）
〔骾〕

gong

红（紅）
躬〔躳〕
龚（龔）
巩（鞏）
贡（貢）
唝（嗊）

gou

沟（溝）
钩（鈎）
〔鉤〕
缑（緱）
构（構）
〔搆〕
购（購）
诟（詬）
够〔夠〕
觏（覯）

gu

轱（軲）
鸪（鴣）
谷（穀）②
诂（詁）
贾（賈）
钴（鈷）
蛊（蠱）
鹄（鵠）
馉（餶）
鼓〔皷〕
毂（轂）
鹘（鶻）
顾（顧）
雇〔僱〕
锢（錮）

gua

刮（颳）
鸹（鴰）
剐（剮）
诖（詿）
挂〔掛 罣〕

guai

掴（摑）
拐〔柺〕
怪〔恠〕

guan

关（關）
观（觀）
纶（綸）
鳏（鰥）
馆（館）

① 乾坤、乾隆的乾读 qián（前），不简化。　② 姓氏仍用“穀”（如复姓穀梁）。

〔舘〕
管〔筦〕
贯（貫）
掼（摜）
惯（慣）
鹳（鸛）
罐〔鑵〕

guang

*广（廣）
犷（獷）

gui

*归（歸）
*龟（龜）
妫（嬀）
规（規）
〔槼〕
闺（閨）
瑰〔瓌〕
鲑（鮭）
轨（軌）
匦（匭）
诡（詭）
柜（櫃）
贵（貴）
刿（劌）
刽（劊）
桧（檜）
鳜（鱖）

gun

绲（緄）
辊（輥）
鲧（鯀）

guo

*过（過）
埚（堝）
涡（渦）
锅（鍋）
蝈（蟈）
*国（國）
掴（摑）
帼（幗）
腘（膕）
果〔菓〕
馃（餜）
椁〔槨〕

H

ha

铪（鉿）

hai

还（還）
骇（駭）

han

顸（頇）
函〔圅〕
韩（韓）
阚（闞）
㘎（𡅅）
汉（漢）
捍〔扞〕
悍〔猂〕
焊〔銲銲〕
颔（頷）

hang

绗（絎）
颃（頏）

hao

号（號）
蚝〔蠔〕
嗥〔嘷獋〕
皓〔皜暠〕
颢（顥）
灏（灝）

he

诃（訶）
合（閤）
纥（紇）
和〔龢咊〕
饸（餄）
阂（閡）
盍〔盇〕
核〔覈〕
颌（頜）
阖（闔）
鹖（鶡）
吓（嚇）
贺（賀）
鹤（鶴）

heng

恒〔恆〕
鸻（鴴）

hong

轰（轟）
红（紅）
荭（葒）
鸿（鴻）
黉（黌）
讧（訌）
哄〔閧鬨〕

hou

糇〔餱〕
后（後）
鲎（鱟）

hu

戏（戲）
〔戱〕
呼〔虖嘑謼〕
轷（軤）
胡（鬍）
〔衚〕
壶（壺）
鹄（鵠）
鹕（鶘）
鹘（鶻）
糊〔粘餬〕
浒（滸）
护（護）
沪（滬）

hua

花〔苍蘤〕

哗（嘩）
〔譁〕
划（劃）
*华（華）
骅（驊）
铧（鏵）
*画（畫）
话（話）
〔譮〕
桦（樺）
婳（嫿）

huai

怀（懷）
坏（壞）①
划（劃）

huan

欢（歡）
〔懽讙驩〕
獾〔貛貆〕
还（還）
环（環）
锾（鍰）
缓（緩）
缳（繯）
镮（鐶）
浣（澣）
鲩（鯇）

huang

鳇（鰉）
恍〔怳〕
谎（謊）
晃〔搖〕

hui

隳（隳）
毁〔燬譭〕
蛔〔蛕蚘痐蜖〕
诙（詼）
挥（揮）
辉（輝）
〔煇〕
翚（翬）
徽〔微〕
回（迴）
〔廻迴〕
*汇（匯彙）
〔滙〕
*会（會）
讳（諱）
荟（薈）
浍（澮）
诲（誨）
绘（繪）
桧（檜）
贿（賄）

烩（燴）
哕（噦）
秽（穢）
溃（潰）
殨（殨）

hun

昏〔昬〕
荤（葷）
阍（閽）
浑（渾）
珲（琿）
馄（餛）
魂〔䰟〕
诨（諢）

huo

伙（夥）②
钬（鈥）
货（貨）
获（獲穫）
祸（禍）
〔旤〕
镬（鑊）

J

ji

*几（幾）
讥（譏）

击（擊）
叽（嘰）
饥（飢饑）
玑（璣）
机（機）
矶（磯）
鸡（鷄）
〔雞〕
积（積）
期〔朞〕
赍（賫）
〔賷齎〕
缉（緝）
跻（躋）
齑（齏）
羁（羈）
〔覊〕
级（級）
极（極）
诘（詰）
楫〔檝〕
辑（輯）
鹡（鶺）
纪（紀）
虮（蟣）
挤（擠）
济（濟）
给（給）

---

① 坏不作坯，坯是砖坯的坯，读 pī（批），坏坯二字不可互混。　② 作多解的夥不简化。

计（計）
记（記）
齐（齊）
系（繫）①
际（際）
剂（劑）
荠（薺）
迹〔跡蹟〕
觊（覬）
继（繼）
绩（績）
〔勣〕
蓟（薊）
霁（霽）
鲚（鱭）
鲫（鯽）
骥（驥）

jia

*夹（夾）
〔裌袷〕
挟（挾）
浃（浹）
家（傢）
镓（鎵）
郏（郟）
荚（莢）
戛〔戞〕
颊（頰）
铗（鋏）
蛱（蛺）
贾（賈）
钾（鉀）
假〔叚〕
槚（檟）
价（價）
驾（駕）

jian

*戋（戔）
奸〔姦〕
歼（殲）
坚（堅）
间（間）
艰（艱）
*监（監）
笺（箋）
〔牋椾〕
渐（漸）
溅（濺）
缄（緘）
〔椷〕
缣（縑）
鲣（鰹）
鹣（鶼）
鞯（韉）
鳒（鰜）
拣（揀）
枧（梘）
茧（繭）
〔蠒〕
俭（儉）
捡（撿）
笕（筧）
检（檢）
减〔減〕
硷（鹼）
〔鹻〕
睑（瞼）
锏（鐧）
裥（襇）
简（簡）
谫（譾）
碱〔堿〕
*见（見）
饯（餞）
*荐（薦）
贱（賤）
剑（劍）
〔劒〕
舰（艦）
涧（澗）
谏（諫）
鉴（鑒）
〔鑑鍳〕
践（踐）
键（鍵）
槛（檻）

jiang

*将（將）②
姜（薑）
浆（漿）②
僵〔殭〕
缰（繮）
〔韁〕
讲（講）
奖（獎）②
〔奬〕
桨（槳）②
蒋（蔣）
绛（絳）
强〔彊強〕
酱（醬）②

jiao

浇（澆）
娇（嬌）
骄（驕）
胶（膠）
䴔（鵁）
鲛（鮫）

---

① 系带子的系读 jì(计)。

② 将、浆、桨、奖、酱：右上角从夕，不从夂或爫。

鹪（鷦）
矫（矯）
侥（僥）
〔儌〕
挢（撟）
饺（餃）
绞（絞）
铰（鉸）
脚〔腳〕
搅（攪）
剿〔勦劋〕
缴（繳）
叫〔呌〕
峤（嶠）
觉（覺）
轿（轎）
较（較）

jie

*节（節）
阶（階）
〔堦〕
疖（癤）
结（結）
秸〔稭〕
讦（訐）
劫〔刧刦刼〕
杰〔傑〕
诘（詰）
洁（潔）
〔絜〕
捷〔㨗〕
撷（擷）
颉（頡）
鲒（鮚）
届〔屆〕
诫（誡）
借（藉）①
价（價）

jin

斤〔觔〕
仅（僅）
*尽（盡儘）
紧（緊）
〔緊緊〕
锦（錦）
谨（謹）
馑（饉）
进（進）
劲（勁）
〔劤〕
荩（藎）
浕（濜）
晋〔晉〕
赆（贐）
烬（燼）
琎（璡）
缙（縉）
觐（覲）

jing

茎（莖）
泾（涇）
经（經）
惊（驚）
鹡（鶺）
粳〔稉秔〕
鲸（鯨）
阱〔穽〕
刭（剄）
颈（頸）
劲（勁）
径（徑）
〔逕〕
胫（脛）
〔踁〕
净〔淨〕
痉（痙）
竞（競）
靓（靚）
镜（鏡）

jiong

迥〔逈〕
炯〔烱〕

jiu

纠（糾）
〔糺〕
鸠（鳩）
阄（鬮）②
揪〔揫〕
韭〔韮〕
旧（舊）
救〔捄〕
厩〔廄廐〕
鹫（鷲）

ju

*车（車）
驹（駒）
锔（鋦）
锯（鋸）
局〔侷跼〕
䴗（鶪）
矩〔榘〕

---

① 藉口、凭藉的藉简化作借，慰藉、狼藉的藉仍用藉。 ② 鬥字头的字，一般也写作門字头，如鬧、鬮、鬩写作閙、閵、鬩。因此，这些鬥字头的字可简化作门字头。但鬥争的鬥应简作斗（见第11页dou）。

*举（舉）
〔擧〕
榉（櫸）
龃（齟）
巨〔鉅〕
讵（詎）
剧（劇）
据（據）
〔攄〕
惧（懼）
飓（颶）
〔颶〕
窭（窶）
屦（屨）

juan

鹃（鵑）
镌（鎸）
卷（捲）
倦〔勌〕
狷〔獧〕
绢（絹）
眷〔睠〕

jue

跻（蹻）
撅〔噘〕
决〔決〕
诀（訣）
觉（覺）
绝（絶）
脚〔腳〕
谲（譎）
橛〔橜〕
镢（钁）
镬（鑊）

jun

军（軍）
龟（龜）
皲（皸）
钧（鈞）
俊〔儁㑺〕
隽〔雋〕
浚〔濬〕
骏（駿）

K

kai

开（開）
锎（鐦）
剀（剴）
凯（凱）
垲（塏）
闿（闓）
恺（愷）
铠（鎧）
慨〔嘅〕
锴（鍇）
忾（愾）

kan

刊〔栞〕
龛（龕）
坎〔埳〕
侃〔偘〕
槛（檻）
瞰〔矙〕

kang

糠〔穅粇〕
炕〔匟〕
钪（鈧）

kao

考〔攷〕
铐（銬）

ke

轲（軻）
钶（鈳）
疴〔痾〕
颏（頦）
颗（顆）
*壳（殼）①
咳〔欬〕
克（剋）
〔尅〕
课（課）
骒（騍）
缂（緙）
锞（錁）

ken

肯〔肎〕
垦（墾）
恳（懇）

keng

坑〔阬〕
铿（鏗）

kou

抠（摳）
眍（瞘）
叩〔敂〕
扣〔釦〕
寇〔寇寇〕

ku

库（庫）
绔（絝）
喾（嚳）
裤（褲）
〔袴〕

kua

夸（誇）

kuai

㧟（擓）
*会（會）
块（塊）
侩（儈）
郐（鄶）

---

① 壳：几上没有一小横。

哙（噲）
狯（獪）
浍（澮）
脍（膾）
鲙（鱠）

kuan

宽（寬）
髋（髖）
款〔欵〕

kuang

诓（誆）
诳（誑）
邝（鄺）
圹（壙）[1]
纩（纊）
旷（曠）
况〔況〕
矿（礦）
〔鑛〕
贶（貺）

kui

亏（虧）
岿（巋）
窥（窺）
〔闚〕
匮（匱）
蒉〔蕢〕
馈（饋）
〔餽〕
溃（潰）
愦（憒）
愧〔媿〕
𫄨（繢）
聩（聵）
篑（簣）

kun

坤〔堃〕
昆〔崑崐〕
锟（錕）
鲲（鯤）
捆〔綑〕
阃（閫）
壸（壼）
困（睏）

kuo

扩（擴）
括〔搭〕
阔（闊）
〔濶〕

L

la

腊（臘）
〔臈〕
蜡（蠟）
辣〔辢〕
镴（鑞）

lai

*来（來）
莱（萊）
崃（崍）
徕（徠）
涞（淶）
铼（錸）
赉（賚）
睐（睞）
赖（賴）
〔頼〕
濑（瀨）
癞（癩）
籁（籟）

lan

兰（蘭）
岚（嵐）
拦（攔）
栏（欄）
婪〔惏〕
阑（闌）
蓝（藍）
谰（讕）
澜（瀾）
褴（襤）
篮（籃）
斓（斕）
镧（鑭）
览（覽）
揽（攬）
缆（纜）
榄（欖）
懒（懶）
〔嬾〕
烂（爛）
滥（濫）

lang

阆（閬）
琅〔瑯〕
锒（鋃）
螂〔蜋〕

lao

捞（撈）
劳（勞）
络（絡）
唠（嘮）
崂（嶗）
铹（鐒）
痨（癆）
铑（銠）
涝（澇）
耢（耮）

le

*乐（樂）

[1] 圹的繁体字是“壙”，不是“塘”，塘字未简化。

鳓（鰳）
饹（餎）
lei
累（纍）
缧（縲）
镭（鐳）
诔（誄）
垒（壘）
泪〔淚〕
类（類）①
leng
棱〔稜〕
li
丽（麗）②
俪（儷）
厘〔釐〕
狸〔貍〕
*离（離）
骊（驪）
梨〔棃〕
犁〔犂〕
鹂（鸝）
漓（灕）
缡（縭）
璃〔琍瓈〕
鲡（鱺）
篱（籬）
藜〔蔾〕
礼（禮）
里（裏）
〔裡〕
逦（邐）
锂（鋰）
鲤（鯉）
鳢（鱧）
厉（厲）
坜（壢）
苈（藶）
励（勵）
呖（嚦）
沥（瀝）
枥（櫪）
疠（癘）
隶（隸）
〔隷隸〕
荔〔茘〕
栎（櫟）
郦（酈）
轹（轢）
疬（癧）
莅〔蒞涖〕
栗〔溧慄〕
砺（礪）
砾（礫）
历（歷曆）
〔歷歴厤〕
蛎（蠣）
粝（糲）
雳（靂）
lia
俩（倆）
lian
奁（奩）
〔匲匳籢〕
连（連）
怜（憐）
帘（簾）
莲（蓮）
涟（漣）
联（聯）
裢（褳）
廉〔亷廉〕
鲢（鰱）
镰（鐮）
〔鐮鎌〕
琏（璉）
敛（斂）
〔歛〕
脸（臉）
裣（襝）
蔹（蘞）
练（練）
炼（煉）
〔鍊〕
恋（戀）
殓（殮）
链（鏈）
潋（瀲）
liang
凉〔涼〕
梁〔樑〕
粮（糧）
*两（兩）
俩（倆）
唡（啢）
魉（魎）
谅（諒）
辆（輛）
靓（靚）
liao
辽（遼）
疗（療）
缭（繚）
鹩（鷯）
了（瞭）③
钌（釕）
镣（鐐）

① 类：下从大，不从犬。 ② 丽：七笔。上边一横，不作两小横。 ③ 读 liào（瞭望）时仍作“瞭”。

lie

趔（趔）
猎（獵）

lin

邻（鄰）
〔隣〕
临（臨）①
辚（轔）
磷〔燐粦〕
鳞（鱗）
麟〔麐〕
吝〔悋〕
赁（賃）
淋〔痳〕
蔺（藺）
躏（躪）

ling

*灵（靈）
铃（鈴）
鸰（鴒）
菱〔蔆〕
棂（欞）
绫（綾）
龄（齡）
鲮（鯪）
岭（嶺）②
领（領）

liu

*刘（劉）
浏（瀏）
留〔畱畄畂〕
琉〔瑠璢〕
馏（餾）
骝（騮）
飗（飀）
镏（鎦）
瘤〔瘤〕
鹨（鷚）
柳〔栁桺〕
绺（綹）
陆（陸）
碌〔磟〕

long

*龙（龍）
茏（蘢）
咙（嚨）
泷（瀧）
珑（瓏）
栊（櫳）
眬（矓）
胧（朧）
砻（礱）
聋（聾）
笼（籠）
陇（隴）
拢（攏）
垄（壟）
弄〔衖挵〕

lou

搂（摟）
瞜（瞜）
*娄（婁）
偻（僂）
蒌（蔞）
喽（嘍）
溇（漊）
楼（樓）
耧（耬）
蝼（螻）
髅（髏）
嵝（嶁）
篓（簍）
镂（鏤）
瘘（瘻）

lu

噜（嚕）
*卢（盧）
芦（蘆）③
庐（廬）③
垆（壚）
炉（爐）③
〔鑪〕
泸（瀘）
栌（櫨）
轳（轤）
胪（臚）
鸬（鸕）
颅（顱）
鲈（鱸）
舻（艫）
*卤（鹵滷）
*虏（虜）
〔虜〕
掳（擄）
鲁（魯）
橹（櫓）
〔艣樐艪
槝〕
镥（鑥）
陆（陸）
碌〔磟〕
录（録）
辂（輅）

---

① 临：左从一短竖一长竖，不从刂。 ② 岭：不作岺，免与岑混。 ③ 卢是盧的简化字，也可作类推偏旁。但廬归广部，简化作庐；爐归火部，简化作炉；蘆归艹部，简化作芦；驢归马部，简化作驴。不类推。

赂（赂）
绿（録）
箓（籙）
辘（轆）
戮〔剹勠〕
鹭（鷺）
氇（氌）

lü

驴（驢）
闾（閭）
榈（櫚）
铝（鋁）
偻（僂）
屡（屢）
缕（縷）
褛（褸）
*虑（慮）
绿（緑）
〔菉〕
滤（濾）

luan

峦（巒）
孪（孿）
娈（孌）
栾（欒）
挛（攣）
鸾（鸞）
脔（臠）
滦（灤）
銮（鑾）
乱（亂）

lüe

略〔畧〕

lun

抡（掄）
*仑（侖）
〔崘崙〕
伦（倫）
论（論）
囵（圇）
沦（淪）
纶（綸）
轮（輪）

luo

啰（囉）
*罗（羅）
萝（蘿）
逻（邏）
猡（玀）
椤（欏）
锣（鑼）
箩（籮）
骒（騍）
〔嬴〕
脶（腡）
裸〔躶臝〕
泺（濼）
荦（犖）
骆（駱）
络（絡）

M

m

呒（嘸）

ma

妈（媽）
蚂（螞）
吗（嗎）
麻〔蔴〕
蟆〔蟇〕
*马（馬）①
犸（獁）
玛（瑪）
码（碼）
骂（罵）
〔駡傌〕

ma

么（麽）

mai

*买（買）
荬（蕒）
迈（邁）
*麦（麥）
*卖〔賣〕②
脉〔脈衇衂〕
唛（嘜）

man

颟（顢）
蛮（蠻）
谩（謾）
馒（饅）
瞒（瞞）
鳗（鰻）
满（滿）
螨（蟎）
缦（縵）
镘（鏝）

mang

铓（鋩）

mao

猫〔貓〕
牦〔犛氂〕
锚（錨）
卯〔戼夘〕
铆（鉚）
冒〔冐〕
贸（貿）
帽〔帽〕

---

① 马：三笔。笔顺是：㇆马马。　② 卖：从十从买，上不从士或土。

me

么（麽）①

mei

梅〔楳槑〕
镅（鎇）
鹛（鶥）
霉（黴）
镁（鎂）

men

闷（悶）
*门（門）②
们（們）
扪（捫）
钔（鍆）
焖（燜）
懑（懣）

meng

蒙（矇濛懞）
虻〔蝱〕
锰（錳）
梦（夢）

mi

眯〔瞇〕
弥〔彌瀰〕
祢（禰）
猕（獼）
谜（謎）
觅（覓）
〔覔〕
秘〔祕〕
幂〔冪〕
谧（謐）

mian

绵（綿）
〔緜〕
渑（澠）
*黾（黽）
缅（緬）
面（麵）
〔麪〕

miao

鹋（鶓）
眇〔玅〕
渺〔渺淼〕
缈（緲）
妙〔玅〕
庙（廟）
缪（繆）

mie

咩〔哶咩〕
灭（滅）
蔑（衊）

min

缗（緡）
闵（閔）
*黾（黽）③
泯〔泯〕
闽（閩）
悯（憫）
鳘（鰵）

ming

鸣（鳴）
冥〔寘冥〕
铭（銘）
命〔㑭〕

miu

谬（謬）
缪（繆）

mo

无（無）
脉〔脈〕
谟（謨）
〔謩〕
馍（饃）
〔饝〕
蓦（驀）

mou

谋（謀）
缪（繆）

mu

亩（畝）
〔畒 畮 畆
畂畋〕
钼（鉬）
幕〔幙〕

N

na

拿〔舒拏挐〕
镎（鎿）
纳（納）
钠（鈉）

nai

乃〔迺廼〕
奶〔嬭妳〕

nan

*难（難）
楠〔柟枏〕

nang

馕（饢）

nao

挠（撓）
铙（鐃）
蛲（蟯）
恼（惱）
脑（腦）

---

① 读 me 轻声。读 yāo（夭）的么应作幺（么本字）。吆应作吆。麽读 mó（摩）时不简化，如幺麽小丑。　② 作为地名的亹源（在青海）已改为门源；但亹（wěi）字未简化，如“亹亹而谈”、“余音亹亹”。　③ 黾：简化字从口从电。

闹（閙）
〔鬧〕

ne

讷（訥）

nei

馁（餒）

nen

嫩〔嫰〕

neng

泞（濘）

ni

铌（鈮）
霓〔蜺〕
鲵（鯢）
拟（擬）
〔儗〕
你〔妳〕
昵〔暱〕
腻（膩）

nian

拈〔撚〕
年〔秊〕
鲇（鮎）
鲶（鯰）
辇（輦）
辗（輾）
撵（攆）
念〔唸〕

niang

娘〔孃〕
酿（釀）

niao

*鸟（鳥）①
茑（蔦）
袅（裊）
〔嫋嬝褭〕

nie

捏〔揑〕
*聂（聶）
涅〔湼〕
啮（嚙）
〔齧囓〕
嗫（囁）
镊（鑷）
镍（鎳）
颞（顳）
蹑（躡）
孽〔孼〕

ning

*宁（寧）②
〔寕甯〕
拧（擰）
咛（嚀）
狞（獰）
柠（檸）

聍（聹）
泞（濘）

niu

纽（紐）
钮（鈕）

nong

*农（農）
〔辳〕
侬（儂）
哝（噥）
浓（濃）
脓（膿）
弄〔挵〕

nu

驽（駑）

nü

钕（釹）
衄〔衂衄〕

nuan

暖〔煖暝煗〕

nüe

疟（瘧）

nuo

挪〔挼捼〕
傩（儺）
诺（諾）
锘（鍩）

糯〔穤粳〕

O

ou

*区（區）③
讴（謳）
沤（漚）
瓯（甌）
欧（歐）
殴（毆）
鸥（鷗）
呕（嘔）
怄（慪）

P

pan

盘（盤）
蹒（蹣）

pang

庞（龐）
鳑（鰟）

pao

炮〔砲礮〕
疱〔皰〕

pei

胚〔肧〕
赔（賠）

---

① 鸟：五笔。 ② 作门屏之间解的宁（古字罕用）读 zhù（柱）。为避免此宁字与寧的简化字混淆，原读 zhù 的宁作宀。 ③ 区：不作区。

锫（錇）
辔（轡）

pen

喷（噴）

peng

鹏（鵬）
碰〔掽踫〕

pi

纰（紕）
铍（鈹）
毗〔毘〕
鲏（鮍）
罴（羆）
匹〔疋〕
辟（闢）
䴙（鸊）

pian

骈（駢）
谝（諞）
骗（騙）

piao

缥（縹）
飘（飄）
〔飃〕
骠（驃）

pin

贫（貧）
频（頻）
嫔（嬪）
颦（顰）

ping

评（評）
苹（蘋）
冯（馮）
凭（憑）
〔凴〕
瓶〔缾〕
鲆（鮃）

po

钋（釙）
泼（潑）
颇（頗）
钹（鏺）
繁〔緐〕
迫〔廹〕
钷（鉕）

pu

扑（撲）
铺（鋪）
〔舖〕
仆（僕）①
镤（鏷）
朴（樸）
谱（譜）
镨（鐠）

Q

qi

栖〔棲〕
桤（榿）
凄〔淒悽〕
戚〔慼慽〕
期〔朞〕
缉（緝）
*齐（齊）
荠（薺）
颀（頎）
脐（臍）
骐（騏）
骑（騎）
棋〔碁棊〕
蛴（蠐）
旗〔旂〕
蕲（蘄）
鳍（鰭）
*岂（豈）
启（啓）
〔啟唘〕
绮〔綺〕
*气（氣）
讫（訖）
弃〔棄〕
碛（磧）
憩〔憇〕

qia

夹（袷）

qian

千（韆）
*迁（遷）
*佥（僉）
钎（釬）
牵（牽）
铅（鉛）
〔鈆〕
悭（慳）
谦（謙）
签（簽籤）
愆〔諐〕
鸽〔鴿〕
骞（騫）
荨（蕁）
钤（鈐）
钱（錢）
钳（鉗）
潜〔潛〕
浅（淺）
谴（譴）
缱（繾）

① 前仆后继的仆读 pū(扑)。

纤（縴）
堑（塹）
椠（槧）

qiang

抢（搶）
呛（嗆）
羌〔羗羌〕
玱（瑲）
枪（槍）
〔鎗〕
戗（戧）
将（將）
锵（鏘）
强〔彊強〕
墙（墻）
〔牆〕
蔷（薔）
嫱（嬙）
樯（檣）
〔艢〕
羟（羥）
镪（鏹）
襁〔繦〕
炝（熗）
跄（蹌）

qiao

硗（磽）
跷（蹺）
〔蹻〕
锹（鍬）
〔鍫〕
缲（繰）
*乔（喬）
侨（僑）
荞（蕎）
〔荍〕
桥（橋）
峤（嶠）
硚〔礄〕
翘（翹）
谯（譙）
鞒（鞽）
憔〔顦癄〕
*壳（殼）①
诮（誚）
峭〔陗〕
窍（竅）

qie

窃（竊）
惬（愜）
〔悏〕
锲（鍥）
箧（篋）

qin

钦（欽）
*亲（親）
骎（駸）
嵚（嶔）
琴〔琹〕
勤〔懃〕
锓（鋟）
寝（寢）
〔寑〕
揿（撳）
〔搇〕

qing

轻（輕）
氢（氫）
倾（傾）
鲭（鯖）
赍（賷）
顷（頃）
请（請）
庼（廎）
亲（親）
庆（慶）②

qiong

*穷（窮）
茕（煢）
䓖（藭）
琼（瓊）

qiu

丘〔坵〕
龟（龜）
秋（鞦）
〔烁穐〕
鹙（鶖）
鳅（鰍）
虬〔虯〕
球〔毬〕
巯（巰）
鳍（鰭）

qu

*区（區）③
曲（麯）
〔麴〕
岖（嶇）
诎（詘）
驱（驅）
〔駈敺〕
躯（軀）
趋（趨）
觑（覷）
鸲（鴝）
龋（齲）
阒（闃）

quan

权（權）
诠（詮）
铨（銓）
颧（顴）

① 见第18页注①。　② 庆：从大不从犬。　③ 见第24页注③。

绻（綣）
劝（勸）
券〔劵〕

que

阙（闕）
却〔卻郄〕
悫（慤）
确（確）
阕（闋）
鹊（鵲）
榷〔搉確〕

qun

裙〔帬裠〕
群〔羣〕

R

ran

髯〔髥〕
冉〔冄〕

rang

让（讓）

rao

荛（蕘）
饶（饒）
娆（嬈）
桡（橈）
扰（擾）
绕（繞）
〔遶〕

re

热（熱）

ren

认（認）
纫（紉）
韧（韌）
〔靭韌韧〕
轫（軔）
〔軔〕
饪（飪）
〔餁〕
妊〔姙〕
纴（紝）
衽〔袵〕

rong

荣（榮）
绒（絨）
〔羢毧〕
嵘（嶸）
熔〔鎔〕①
蝾（蠑）
融〔螎〕
冗〔宂〕

ru

铷（銣）
蠕〔蝡〕
颥（顬）

缛（縟）

ruan

软（軟）
〔輭〕

rui

蕊〔蕋橤蘂〕
锐（鋭）
睿〔叡〕

ruo

箬〔篛〕

run

闰（閏）
润（潤）

S

sa

洒（灑）
飒（颯）
〔颭〕
萨（薩）

sai

腮〔顋〕
鳃（鰓）
赛（賽）

san

毵（毿）
伞（傘）
〔繖〕
散〔散〕
馓（饊）

sang

丧（喪）
桑〔桒〕
颡（顙）

sao

骚（騷）
缫（繅）
扫（掃）

se

涩（澀）
〔澁濇〕
*啬（嗇）
铯（銫）
穑（穡）

sha

*杀（殺）
纱（紗）
铩（鎩）
鲨（鯊）
厦〔廈〕

shai

筛（篩）
酾（釃）
晒（曬）

① 鎔用作人名不作"熔"，可类推简化作"镕"。

shan
删〔刪〕
钐（釤）
姗〔姍〕
珊〔珊〕
栅〔柵〕
膻〔羶羴〕
闪（閃）
陕（陝）
掺（摻）
讪（訕）
单（單）
掸（撣）
禅（禪）
骟（騸）
铴（鐊）
缮（繕）
膳〔饍〕
赡（贍）
鳝（鱔）
〔鱓〕

shang
伤（傷）
汤（湯）
殇（殤）
觞（觴）
赏（賞）①

shao
烧（燒）
筲〔箾〕
绍（紹）

she
赊（賒）
蛇〔虵〕
舍（捨）
厍（厙）
设（設）
射〔躲〕
摄（攝）
滠（灄）
慑（懾）
〔慴〕

shei
谁（誰）

shen
*参（參）
〔蓡葠〕
绅（紳）
深〔滖〕
糁（糝）
沈（瀋）②
*审（審）
谂（諗）
谉（讅）
婶（嬸）
肾（腎）
谌（諶）
渗（滲）
瘆（瘮）
慎〔昚〕

sheng
升〔陞昇〕③
声（聲）
渑（澠）
绳（繩）
*圣（聖）
胜（勝）
乘〔乗椉〕
剩〔賸〕

shi
尸〔屍〕
*师（師）
诗（詩）
虱〔蝨〕
鸸（鳾）
狮（獅）
浉（溮）
湿（濕）
〔溼〕
*时（時）
〔旹〕
识（識）
实（實）
〔寔〕
蚀（蝕）
埘（塒）
莳（蒔）
鲥（鰣）
驶（駛）
势（勢）
饰（飾）
试（試）
视（視）
〔眡眎〕
贳（貰）
柿〔柹〕
是〔昰〕
适（適）④
轼（軾）

① 赏：不可误作尝。尝是嘗的简化字（见第8页 chang）。　② 瀋：只用于地名瀋阳（今沈阳）、瀋州、瀋水。　③ 用于帝王年号、地名、官署名仍用“昇”，如“昇明”（南朝宋顺宗）、“昇州”（今南京地区）、“昇平署”（清代掌管宫廷演剧的机构）。陞：除专名如内联陞、连陞店等外，一般废弃不用。　④ 古人南宫适、洪适的适（古字罕用）读 kuò（括）。此适字本作适，为了避免混淆，可恢复本字适。

铈（鈰）
释（釋）
谥（謚）
〔謚〕
shou
*寿（壽）
兽（獸）
绶（綬）
shu
书（書）
纾（紓）
枢（樞）
倏〔倐儵〕
疏〔踈〕
摅（攄）
输（輸）
赎（贖）
*属（屬）
数（數）
薯〔藷〕
术（術）①
树（樹）
竖（豎）
〔竪〕
庶〔庻〕
漱〔潄〕
shuai
帅（帥）

shuan
闩（閂）
shuang
*双（雙）
泷（瀧）
shui
说（説）
谁（誰）
shun
顺（順）
shuo
说（説）
烁（爍）
铄（鑠）
硕（碩）
数（數）
si
丝（絲）
咝（噝）
鸶（鷥）
蛳（螄）
缌（緦）
飔（颸）
厮〔廝〕
锶（鍶）
似〔佀〕
祀〔禩〕

饲（飼）
〔飤〕
驷（駟）
俟〔竢〕
song
松（鬆）
揿（擻）
怂（慫）
耸（聳）
讼（訟）
诵（誦）
颂（頌）
sou
搜〔蒐〕
馊（餿）
飕（颼）
锼（鎪）
擞（擻）
薮（藪）
嗽〔嗽〕
su
苏（蘇囌）
〔蘓甦〕
稣（穌）
诉（訴）
〔愬〕
*肃（肅）②

宿〔宿〕
谡（謖）
溯〔泝遡〕
sui
虽（雖）
绥（綏）
随（隨）
*岁（歲）
〔嵗〕
谇（誶）
sun
*孙（孫）
荪（蓀）
狲（猻）
飧〔飱〕
损（損）
笋〔筍〕
suo
挲〔挱〕
蓑〔簑〕
缩（縮）
唢（嗩）
琐（瑣）
〔璅〕
锁（鎖）
〔鎻〕

---

① 中药苍术、白术的术读 zhú（竹）。 ② 肃：中间一竖下面的两边从丿丶，下半中间不从米。

T

ta

它〔牠〕
铊（鉈）
塔〔墖〕
獭（獺）
拓〔搨〕
鳎（鰨）
挞（撻）
闼（闥）
溚（澾）

tai

台（臺檯颱）
骀（駘）
鲐（鮐）
态（態）
钛（鈦）

tan

贪（貪）
摊（攤）
滩（灘）
瘫（癱）
坛（壇罎）
〔罈壜〕
昙（曇）
谈（談）
弹（彈）
谭（譚）
钽（鉭）
袒〔襢〕
叹（嘆）
〔歎〕

tang

汤（湯）
趟〔跐蹚趟〕
镗（鏜）
饧（餳）
糖〔餹〕
傥（儻）
镋（钂）
烫（燙）

tao

涛（濤）
绦（縧）
〔絛縚〕
焘（燾）
掏〔搯〕
韬（韜）
讨（討）

te

铽（鋱）

teng

腾（騰）
誊（謄）
藤〔籐〕
螣（螣）

ti

体（體）
锑（銻）
鹈（鵜）
绨（綈）
啼〔嗁〕
鹈（鵜）
缇（緹）
题（題）
蹄〔蹏〕
剃〔薙鬀〕

tian

钿（鈿）
阗（闐）

tiao

*条（條）①
调（調）
龆（齠）
鲦（鰷）
眺〔覜〕
粜（糶）

tie

贴（貼）
铁（鐵）

ting

厅（廳）②
听（聽）
烃（烴）
铤（鋌）
颋（頲）

tong

同〔仝衕〕
峒〔峝〕
铜（銅）
鲖（鮦）
统（統）
筒〔筩〕
恸（慟）

tou

偷〔媮〕
头（頭）
钭（鈄）

tu

图（圖）
涂（塗）
钍（釷）
兔〔兎兔〕

tuan

团（團糰）
抟（摶）

tui

颓（頹）
〔穨〕
腿〔骽〕

---

① 条：上从夂，三笔，不从攵。 ② 厅：从厂，不从广。

tun

饨（飩）
臀〔臋〕

tuo

托〔託〕
饦（飥）
拖〔拕〕
驮（馱）
〔駄〕
驼（駝）
〔駞〕
鸵（鴕）
鼍（鼉）
椭（橢）
萚（蘀）
箨（籜）

W

wa

洼（窪）
娲（媧）
蛙〔鼃〕
袜（襪）①
〔韈韤〕

wai

㖞（喎）

wan

弯（彎）
湾（灣）
纨（紈）
玩〔翫〕
顽（頑）
挽〔輓〕
绾（綰）
碗〔盌椀瓮〕
*万（萬）

wang

亡〔亾〕
网（網）
罔〔罓〕
往〔徃〕
辋（輞）
望〔朢〕

wei

*韦（韋）
*为（爲）
圩（墟）
违（違）
围（圍）
帏（幃）
闱（闈）
沩（溈）
涠（潿）
硙（磑）
维（維）
潍（濰）
伟（偉）
伪（僞）
苇（葦）
纬（緯）
玮（瑋）
炜（煒）
诿（諉）
韪（韙）
鲔（鮪）
卫（衛）
谓（謂）
遗（遺）
喂〔餵餧〕
猬〔蝟〕

wen

鳁（鰛）
纹（紋）
闻〔聞〕
蚊〔螡蟁〕
阌（閿）
吻〔脗〕
稳（穩）
问（問）

weng

瓮〔甕罋〕

wo

挝（撾）
莴（萵）
涡（渦）
窝（窩）
蜗（蝸）
龌（齷）

wu

*乌（烏）②
邬（鄔）
污〔汙汚〕
呜（嗚）
钨（鎢）
诬（誣）
恶（惡）
*无（無）③
芜（蕪）
庑（廡）
怃（憮）
忤〔啎〕
妩（嫵）
鹉（鵡）
务（務）
坞（塢）
〔隖〕
误（誤）
骛（騖）
雾（霧）
鹜（鶩）

---

① 袜：从末，不从未。 ② 乌：四笔。 ③ 无：四笔。上从二，不可误作旡。

X

xi

饻（餏）
牺（犧）
晰〔晢晳〕
锡（錫）
溪〔谿〕
熙〔煕熈〕
嘻〔譆〕
膝〔厀〕
习（習）
席〔蓆〕
觋（覡）
袭（襲）
鳛（鰼）
玺（璽）
铣（銑）
戏（戲）
〔戯〕
饩（餼）
系（係繫）
细（細）
阋（鬩）

xia

虾（蝦）
侠（俠）
峡（峽）
狭（狹）
〔陿〕
硖（硤）
辖（轄）
吓（嚇）①

xian

仙〔僊〕
纤（纖）②
籼〔秈〕
跹（躚）
锨（鍁）
莶（薟）
鲜（鮮）
〔尠鱻尟〕
闲（閑）
〔閒〕
贤（賢）
弦〔絃〕
挦（撏）
咸（鹹）
涎〔次〕
娴（嫻）
〔嫺〕
衔（銜）
〔啣㘅〕
痫（癇）
鹇（鷴）
显（顯）
险（險）
蚬（蜆）
猃（獫）
铣（銑）
藓（蘚）
见（見）
苋（莧）
县（縣）③
岘（峴）
现（現）
线（綫）
〔線〕
宪（憲）
馅（餡）
*献（獻）

xiang

*乡（鄉）
芗（薌）
厢〔廂〕
缃（緗）
骧（驤）
镶（鑲）
详（詳）
享〔亯〕
响（響）
饷（餉）
〔饟〕
飨（饗）
鲞（鯗）
向（嚮）
〔曏〕
项（項）

xiao

枭（梟）
哓（嘵）
骁（驍）
鸮（鴞）
绡（綃）
萧（蕭）
销（銷）
箫（簫）
潇（瀟）
蟏（蠨）
嚣（囂）
淆〔殽〕
晓（曉）
笑〔咲〕
效〔効傚〕
啸（嘯）

xie

蝎〔蠍〕
协（協）
邪〔衺〕
胁（脅）
〔脇〕
挟（挾）

---

① 恐吓的吓读 hè(赫)。 ② 纤维的纤读 xiān(先)。 ③ 县：七笔。上从且。

谐（諧）
颉（頡）
携〔攜擕㩗
攜〕
撷（擷）
鞋〔鞵〕
缬（纈）
*写（寫）①
泄〔洩〕
泻（瀉）
绁（紲）
〔絏〕
亵〔褻〕
谢（謝）
燮〔爕〕
蟹〔蠏〕

xin

䜣（訢）②
锌（鋅）
镡（鐔）
衅（釁）

xing

兴（興）
饧（餳）
陉（陘）
荥（滎）
钘（鈃）

铏（鉶）
幸〔倖〕

xiong

凶〔兇〕
讻（訩）
汹〔洶〕
胸〔胷〕
诇（詗）

xiu

修〔脩〕
鸺（鵂）
馐（饈）
绣（綉）
〔繡〕
锈（銹）
〔鏽〕

xu

圩（墟）
须（須鬚）
顼（頊）
谞（諝）
许（許）
浒（滸）
诩（詡）
叙〔敍敘〕
恤〔䘏賉卹〕
勖〔勗〕

绪（緒）
续（續）
婿〔壻〕

xuan

轩（軒）
谖（諼）
萱〔萲蕿蘐
藼〕
喧〔諠〕
悬（懸）
璇〔璿〕
选（選）
癣（癬）
绚（絢）
铉（鉉）
旋（鏇）
楦〔楥〕

xue

靴〔鞾〕
峃（嶨）
学（學）
鳕（鱈）
谑（謔）

xun

勋（勛）
〔勳〕
埙（塤）
〔壎〕
熏〔燻〕
*寻（尋）
〔尋〕
荨（蕁）
巡〔廵〕
浔（潯）
鲟（鱘）
训（訓）
讯（訊）
驯（馴）
询（詢）
徇〔狥〕
逊（遜）
浚〔濬〕

Y

ya

丫〔枒椏〕
铔（錏）
压（壓）③
垭（埡）
鸦（鴉）
〔鵶〕
哑（啞）
鸭（鴨）

---

① 写：上从冖，不从宀。 ② 1986 年重新发表的《简化字总表》的说明，确认䜣字为类推简化的规范字，不再作为淘汰的异体字。 ③ 压：六笔。土的右旁有一点。

轧（軋）
*亚（亞）
讶（訝）
挜（掗）
娅（婭）
氩（氬）

yan

恹（懨）
胭〔臙〕
烟〔煙菸〕
阉（閹）
阏（閼）
腌〔醃〕
*严（嚴）
岩〔巗巖嵒〕
盐（鹽）
阎（閻）
颜（顏）
檐〔簷〕
俨（儼）
䶮（龑）
厣（厴）
魇（魘）
黡（黶）
鼹〔鼴〕
*厌（厭）
觃〔覎〕
砚（硯）
咽〔嚥〕
艳（艷）
〔豔豓〕
宴〔醼〕
验（驗）
〔騐〕
谚（諺）
雁〔鴈〕
焰〔燄〕
滟（灩）
酽（釅）
餍（饜）
谳（讞）
燕〔鷰〕
赝（贋）
〔贗〕
䜩（讌）

yang

鸯（鴦）
扬（揚）
〔颺敭〕
阳（陽）
杨（楊）
旸（暘）
炀（煬）
疡（瘍）
钖（鍚）
养（養）
痒（癢）
样（樣）

yao

夭〔殀〕
侥（僥）
*尧（堯）①
肴〔餚〕
淆〔殽〕
轺（軺）
峣（嶢）
铫（銚）
窑〔窯窰〕
谣（謠）
咬〔齩〕
疟（瘧）
药（藥）
钥（鑰）
鹞（鷂）
耀〔燿〕

ye

爷（爺）
野〔埜壄〕
*业（業）
叶（葉）②
*页（頁）
邺（鄴）
夜〔亱〕
晔（曄）
烨（燁）
〔爗〕
谒（謁）
靥（靨）

yi

医（醫）
祎（禕）
咿〔吚〕
铱（銥）
鹥（鷖）
仪（儀）
诒（詒）
饴（飴）
贻（貽）
移〔迻〕
遗（遺）
颐（頤）
以〔㕥㠯〕
蚁（蟻）
钇（釔）
亿（億）
*义（義）③
*艺（藝）
忆（憶）

① 尧：六笔。右上角无点，不可误作尧。 ② 叶韵的叶读 xié（协）。 ③ 义：从乂（读 yì）加点，不可误作叉（读 chā）。

议（議）
异〔異〕
呓（囈）
译（譯）
峄（嶧）
怿（懌）
诣（詣）
驿（驛）
绎（繹）
轶（軼）
谊（誼）
勚（勩）
缢（縊）
瘗（瘞）
镒（鎰）
翳〔瞖〕
镱（鐿）

yin

因〔囙〕
*阴(陰)
〔隂〕
姻〔婣〕
殷〔慇〕
铟（銦）
堙〔陻〕
喑〔瘖〕
吟〔唫〕
银（銀）
淫〔婬滛〕
龈（齦）
饮（飲）
〔㱃〕
*隐（隱）
瘾（癮）
荫（蔭）
〔廕〕
䲟〔鮣〕

ying

应（應）
莺（鶯）
〔鸎〕
婴（嬰）
撄（攖）
嘤（嚶）
罂（罌）
〔甖〕
缨（纓）
璎（瓔）
樱（櫻）
鹦（鸚）
鹰（鷹）
茔（塋）
荥（滎）
荧（熒）
莹（瑩）
萤（螢）
营（營）
萦（縈）
蝇（蠅）
赢（贏）
颍（潁）
颖（穎）
〔頴〕
瘿（癭）
映〔暎〕

yo

哟（喲）

yong

佣（傭）
拥（擁）
痈（癰）
雍〔雝〕
镛（鏞）
鳙（鱅）
颙（顒）
咏〔詠〕
涌〔湧〕
恿〔慂惥〕
踊（踴）

you

优（優）
忧（憂）
邮（郵）
*犹（猶）
莸（蕕）
铀（鈾）
鱿（魷）
游〔遊〕
铕（銪）
诱（誘）

yu

纡（紆）
欤（歟）
余（餘）①
*鱼（魚）
谀（諛）
渔（漁）
逾〔踰〕
觎（覦）
[illegible]（[illegible]）
舆（輿）
*与（與）
屿（嶼）
伛（傴）
语（語）
龉（齬）
驭（馭）

---

① “餘”是“余”的繁体字，在“餘”和“余”意义可能混淆时，《简化字总表》规定仍用“餘”，但要类推简化为“馀”，如“馀年无多”。

吁（籲）①
饫（飫）
妪（嫗）
郁（鬱）
〔鬰欝〕
狱（獄）
钰（鈺）
预（預）
欲〔慾〕
阈（閾）
谕（諭）
御（禦）
鹆（鵒）
寓〔庽〕
蓣（蕷）
愈〔瘉癒〕
澦（澦）
誉（譽）
鹬（鷸）

yuan

鸢（鳶）
鸳（鴛）
冤〔寃寃〕
渊（淵）
园（園）
员（員）
圆（圓）
鼋（黿）
缘（緣）
猿〔猨蝯〕
辕（轅）
橼（櫞）
远（遠）
愿（願）

yue

约（約）
哕（噦）
*乐（樂）
岳〔嶽〕
栎（櫟）
钥（鑰）
说（説）
钺（鉞）
阅（閲）
跃（躍）

yun

晕（暈）
缊（緼）
*云（雲）
芸（蕓）
员（員）
纭（紜）
郧（鄖）
涢（溳）
陨（隕）
殒（殞）
运（運）
郓（鄆）
恽（惲）
酝（醖）
韫（韞）
韵〔韻〕
蕴（藴）

Z

za

扎〔紮紥〕
匝〔帀〕
臜（臢）
杂（雜）
〔襍〕

zai

灾〔災烖菑〕
载（載）
再〔再再〕

zan

簪〔簮〕
咱〔喒偺偺
倃〕
攒（攢）
趱（趲）
暂（暫）
〔蹔〕
錾（鏨）
赞（贊）
〔賛讚〕
瓒（瓚）

zang

赃（贜）
脏（臟髒）
驵（駔）
葬〔塟塟〕

zao

糟〔蹧〕
凿（鑿）
枣（棗）
皂〔皁〕
灶（竈）
唣〔唕〕
噪〔譟〕

ze

则（則）
责（責）
择（擇）
泽（澤）
啧（嘖）
帻（幘）
箦（簀）

① 用于叹词如长吁（xū）短叹、拟声词如气喘吁吁（xū）、吆喝牲口停止前进的吁（yū）声，都不可转繁为“籲”。

赜（賾）

zei

贼（賊）
鲗（鰂）

zen

谮（譖）

zeng

综（綜）
锃（鋥）
缯（繒）
赠（贈）

zha

扎〔紮紥〕
札〔剳劄〕
轧（軋）
闸（閘）
〔牐〕
铡（鍘）
鲊（鮓）
鲝（鮺）
诈（詐）
咤〔吒〕
榨〔搾〕
馇（餷）

zhai

斋（齋）
〔亝〕
择（擇）
债（債）
寨〔砦〕

zhan

沾〔霑〕
毡（氈）
〔氊〕
谵（譫）
鹯（鸇）
鳣（鱣）
斩（斬）
盏（盞）
〔琖醆〕
崭（嶄）
〔嶃〕
辗（輾）
占〔佔〕
栈（棧）
战（戰）
绽（綻）
颤（顫）

zhang

张（張）
獐〔麞〕
*长（長）
涨（漲）
帐（帳）
账（賬）
胀（脹）

zhao

钊（釗）
诏（詔）
赵（趙）
棹〔櫂〕
照〔炤〕

zhe

折（摺）①
哲〔喆〕
辄（輒）
〔輙〕
蛰（蟄）
詟（讋）
谪（謫）
〔讁〕
辙（轍）
锗（鍺）
这（這）
浙〔淛〕
鹧（鷓）

zhen

贞（貞）
针（針）
〔鍼〕
侦（偵）
〔遉〕
珍〔珎〕
帧（幀）
浈（湞）
桢（楨）
砧〔碪〕
祯（禎）
诊（診）
轸（軫）
缜（縝）
阵（陣）
纼（紖）
鸩（鴆）
〔酖〕
赈（賑）
镇（鎮）

zheng

征（徵）②
钲（鉦）
症（癥）
铮（錚）
证（證）
*郑（鄭）
诤（諍）
𬮱（䦛）

---

① 在折和摺意义可能混淆时，摺仍用摺。 ② 宫商角徵羽的徵读 zhǐ（止），不简化。

zhi

只（隻衹）
卮〔巵〕
织（織）
栀〔梔〕
祗〔祇秖〕
*执（執）
侄〔姪妷〕
职（職）
絷（縶）
跖〔蹠〕
踯（躑）
址〔阯〕
纸（紙）
〔帋〕
志〔誌〕
识（識）
帜（幟）
帙〔袟袠〕
制（製）
*质（質）
栉（櫛）
贽（贄）
挚（摯）
轾（輊）
致（緻）
鸷（鷙）
掷（擲）
滞（滯）
骘（騭）
置〔寘〕
锧（鑕）
稚〔穉稺〕
踬（躓）

zhong

终（終）
钟（鐘鍾）
肿（腫）
种（種）①
冢〔塚〕
从（從）
众（衆）
〔眾〕

zhou

诌（謅）
周〔週〕
鸼（鵃）
赒（賙）
轴（軸）
帚〔箒〕
纣（紂）
㑇（㑳）
咒〔呪〕
㤘（㥮）
绉（縐）
荮（葤）
昼（晝）
皱（皺）
骤（驟）

zhu

朱（硃）
诛（誅）
诸（諸）
铢（銖）
猪〔豬〕
槠（櫧）
烛（燭）
煮〔煑〕
属（屬）
嘱（囑）
瞩（矚）
伫〔竚佇〕
贮（貯）
注〔註〕
驻（駐）
铸（鑄）
筑（築）②
箸〔筯〕

zhua

挝（撾）

zhuan

*专（專）
〔耑〕
䏝（膞）
砖（磚）
〔甎塼〕
颛（顓）
转（轉）
传（傳）
啭（囀）
赚（賺）
撰〔譔〕
馔（饌）
〔籑〕

zhuang

壮（壯）
妆（妝）
〔粧〕
庄（莊）③
桩（樁）
装（裝）
状（狀）
戆（戇）

---

① “种”是传承字，用于姓氏读 Chóng 和用于“幼小”义，返繁时仍作“种”，不可误为“種”。　② “筑”是传承字，用于姓氏和用于乐器义，返繁时仍作“筑”，不可误为“築”。　③ 庄：六笔。土的右旁无点。

zhui

骓（騅）
锥（錐）
坠（墜）
缀（綴）
缒（縋）
赘（贅）

zhun

谆（諄）
准（準）

zhuo

桌〔棹〕
镯（鐲）
斫〔斲斵斮〕
浊（濁）
缴（繳）
诼（諑）
镯（鐲）

zi

资（資）
〔貲〕
谘（諮）
缁（緇）
辎（輜）
锱（錙）
龇（齜）
镃（鎡）
鲻（鯔）
姊〔姉〕
眦〔眥〕
渍（漬）

zong

枞（樅）
综（綜）
棕〔椶〕
踪〔蹤〕
鬃〔騌騣鬉〕
总（總）
偬〔傯〕
纵（縱）
粽〔糉〕

zu

卒〔卆〕
镞（鏃）
诅（詛）
组（組）

zuan

钻（鑽）
〔鉆〕
躜（躦）
纂〔篹〕
缵（纘）
赚（賺）

zui

最〔冣冣〕
罪〔辠〕

zun

樽〔罇〕
鳟（鱒）

[附]1

台湾地区常用字用法举例

说明：

1. 凡在括号前的字是台湾地区习惯用字，括号内的字一般不采用。

2. 凡画＝的字，均以电脑字库现有的字为准，不强求字形统一。

3. 本资料是根据祖国大陆和台湾地区几家出版社的字表综合而成。

A

呆(獃)：～板、～子、發～、痴～

礙(碍)

B

寶(寳)

杯(桮、盃)

悖(誖)

繃(綳)

並(并)：～列、～肩、～且、～聯、～非、～不、～稱、相提～論

併(并)：合～、吞～、～發症、兼～、歸～

并：～州(地名，今太原)、～官(人名)

剝＝剝

布(佈)：～囊、～丁、～匹、～爾喬亞、宣～、公～、～道、～施、發～、分～、～告

C

人才(材)

才(纔)：剛～、結婚～三年、～来

采：風～、文～、豐～、神～、～邑、興高～烈、～氏(人名)

採：～納、～取、～訪、～摘、～用

彩(綵)：色～、精～、～排、光～、

掛～、喝～、五～繽紛、剪～、結～、～船、～車、～棚
倉卒(倉猝)
攙雜(摻雜)
禪(也读 shàn):～心、～宗、～定、～杖、～門、～客、～師、～讓
鏟(剷)
嘗(嚐):未～、～試、備～、～～滋味
廠(厰)
晁(鼂)
徹(澈):～底、～頭～尾
沈(沉):～重
恥=耻
衝:～鋒、要～、～擊、緩～、～突、～動、～撞、～南走、～勁
沖(冲):～茶、～毀、～喜、～虛、～洗、～犯、～塌、怒氣～～、怒髮～冠、～和先生(人名)
讎(讐):校～、仇～
丑:～角、小～、子～寅卯、～千(人名)
醜:～陋、～態、～行、～惡
齣(出)
牀=床
脣(唇)
湊(凑)
村(邨)

D

耽(躭)
擔(担)
膽(胆)
襌:～衣(=单衣)
澹:惨～經營、～臺(複姓)
淡:清～、～薄、～然、～泊、沖～
黨:朋～、政～、～羽、上～(地名)、～茂(人名)、～參
党:～項、～羌、～懷英(人名)
盪:～滌、震～、～～、直～(官名)、跳～(軍名)、～舟、動～、搖～、飄～、遊～
蕩:掃～、淫～、黄天～(地名)
導:報～
盜(盗)
雕(彫):～刻
堤(隄)
淀:～泊、魚兒～(湖名)、白洋～(湖名)
澱:沈～、積～、～粉
弔:～唁、憑～、～喪、形影相～
吊:～起、～車、上～、～銷
疊(叠、曡)
斗:北～星、～膽、～室、～量、星～、一～米、五～米教
鬥(鬭、鬪):～争、争～、战～、～毆、～法、～心眼
睹(覩)

朵(朶)

垛(垜)

E

惡：～劣、厭～、兇～

惡(噁)：～心

爾：～雅、尼泊～

F

發：～生、～起、～展、～動、～明、～揚光大

髮：鬚～、毫～、千钧一～

珐瑯(琺瑯)

范：～陽(地名)、～仲淹(人名)

範：規～、模～、～疇、～圍、～例、師～、～本

泛(汎、氾)

氾：～勝之(人名)

仿(倣、彷、髣)：～效、相～、～佛

吩咐(分付)

分：部～、充～、身～、水～、成～、～量、过～、知識～子、名～

份：省～、股～、年～、月～、每人一～、～額、湊～子

峰(峯)

覆：傾～、翻～、顛～、～没、～蓋、～滅、重蹈～轍

復：循環往～、～仇、～位、～原、～查、～信、～古、～活、～辟、～議、～興、答～、反～、恢～、報～、～工、～職、～員

複：重～、～雜、～本、～姓、～習、～數、～利、～製、繁～、～詞、～道、～壁、～写

G

乾：① 读 gān 音：～旱、～燥、～淨、包～、外强中～　② 读 qián音：～坤、～宅、～卦、～綱、～隆帝

幹：軀～、主～、樹～、枝～、才～、～部、～練、～活、～線、骨～

干：～戈、江～、若～、天～地支、～犯、～擾、～涉、～預、乌～达、一～人

杆：旗～、欄～、桅～、電線～

桿：秤～、槓～、～菌

稈(秆)：高粱～、玉米～、麥～

趕(赶)

個：一～、几～、～中、～裹、～案、～别、～～、矮～子

箇：～舊(地名)

閣(閤)：楼～、～下
谷：山～、～牧(人名)、幽～
穀：五～、～雨、～神、～梁傳
颳：～風
刮：～臉、～地皮、～目相看
掛(挂、罣)
館(舘)

H

捍：～衛
扞：～格
核(覈)
後：～代、～勤、～秦、先～、前～、～祺(人名)
后：君～、皇～、～妃、～羿、～稷、皇天～土、～蒼(人名)
胡：～服、～琴、～椒、～虜、～說、～鬧、～作非爲
鬍：～鬚、～匪、絡腮～
糊塗(胡塗)
花費(化費)
譁(嘩)
劃：～開、計～、規～、～歸、～分
划：～船、～拳、～算
奐(奂)
回：～家、～憶、～顧、～信、章～小說、返～、不圖～報、～族、～良玉(人名)、～頭是岸
迴：～轉、～廊、～旋、～避、～盪、迂～、輪～、～腸盪氣
毀(燬、譭)
匯：～合、～流、～款、～票、～率、外～、邮～、～兑、～豐银行
彙：～集、～刊、～報、～編、詞～、語～、字～
伙：～夫、～食、～房、～計、傢～
夥：合～、～同、～伴、一～人、種類甚～
穫：收～農作物
獲：～得、～救、～勝、～罪、繳～

J

飢：～餓、～飽
饑：～荒、～饉、～民
雞(鷄)
几：～案、茶～、～杖、窗明～淨
幾：～乎、～許、～個人、～時
跡(迹、蹟)：事～、痕～、蹤～、～象、绝～、足～
績：成～、業～、功～
傢：～具、～伙
家：～屬、～庭、～產、～鄉
奸：～臣、～佞、～邪、～詐
姦：～淫、～污、通～、強～

減(减)
鹹(碱、鹻)
鑑(鑒):~真、通~、~於
薦(荐)
姜:~子牙(人名)
薑:生~、~桂
角(角)(用於偏旁亦同)
腳(脚)
叫(叫)
傑(杰):~出、~作、豪~
誡:~詞、告~、女~
戒:受~、~備、警~、~律、~指
借:挪~、假~、~條、~鑑、~重、~錢
藉:~口、~故、~此、~以、~助、憑~、慰~、狼~
屆(届)
盡:詳~、~職、~忠、~心~力、~善~美、仁至義~、人~其才、不~相同、不~然
儘:~量、~管、~快、~先、~數、~可能
晉(晋)
淨(净)
徑(逕)
炯=烱
舉(擧)
巨:~大、~額、~人、艱~
鉅:~子、~公、~鹿之戰
据:拮~
據:根~、依~、收~、證~、~點
捲:~烟、~尺、~逃、~揚機、一~紙
卷:席~、試~、~宗、~次、案~
具:工~、初~規模、~結、~文、独~
俱:面面~到、一应~全、萬事~備、~樂部
決(决)
浚(濬)
雋(隽)

K

慨(嘅)
考(攷)
殼(殼、壳)
克:~服、~己、攻~、~制、~敵、六~重
剋(尅):~期、~日、~扣、~星
坑(阬)
況(况)
愧(媿)
誇:~海口、~獎、~耀、~大其詞
夸:~誕、~父(人名)
困:~難、圍~
睏:~覺
捆(綑)

L

臘(腊)
蠟(蜡)
纍：~囚
累：勞~、連~、~贅、~計、~積、~月經年
淚(泪)
楞：~角
愣：發~
漓：淋~、淋~盡致
灕：~江(地名)
裡(裏)：這~、~面、~頭、夜~、~外、~急後重、~应外合
里：~程、鄉~、故~、公~、華~、一去二三~、~拉(譯名)
歷：~史、~次、~年、經~、~程、~練、~~在目
曆：~法、~書、年~、黃~、萬年~、萬~(皇帝年号)
蒞(莅)
隸(隸、隷)
鍊(鏈)：項~、鎖~、~條
煉：~丹、修~、~鋼、提~、鍛~、千錘百~、~乳
練：洗~、簡~、~習
涼(凉)
梁(樑)
瞭：~望、~望臺
了：~解、明~、~結、~願、~債、~斷、走~、完~、死~
俘虜(俘擄)
呂(吕)
略(畧)

M

麻(蔴)
罵(駡)
脈(脉)
貓(猫)
牦(犛)
麼(么、麽)
蒙：~頭、啓~、~古族
矇：~騙
祕：神~、~密
秘：~書、便~、~魯(国名)
麵(麪)：~粉、米~、~包、~條
面：~孔、表~、方~、場~
模(糢)：~糊
模(摹)：~仿
摹：~写、按~、~登

N

那：～麼、～堪、～話兒、～吒（神名）
哪：～個、～位、～裡、～能、～一天
奈（柰）：～何、无～
黏（粘）
念（唸）
捏（揑）

P

盤（盘）
炮（砲、礮）：～彈、～製
匹（疋）：布～、～敵、～配、～夫
闢：開～、～田、開天～地
辟：復～、～除、～邪、～謠
拚：～命、～死、～搏
拼：～音、～圖、～湊
憑（凴、凭）
屏：～風、～退、～除
摒：～棄、～之門外
僕：～人、～從、風塵～～
仆：前～後繼
樸：～實、～素、純～
朴：《抱～子》、～刀、～根（人名）、～樹
鋪（舖）

Q

淒（凄）
棲（栖）：～息、～霞（地名）
啟＝啓
棄（弃）
簽：～名、～字、～約、～訂、～證、～署、～到
籤：抽～、求～、牙～、標～（亦作標簽）、上上～
潛（潜）
牆（墻）
強（强、彊）
麴（麯）：酒～、大～酒、～菌、～伯雅（人名）
曲：～折、彎～、戲～、～藝、～江居士
卻（却）
群（羣）

R

冗（宂）

S

灑(洒)
曬(晒)
殺(煞):抹~
舍:房~、~利佛、退避三~
捨:~棄、施~、~命
引申(伸)
什麼(甚麼)
沈:~没、下~、擊~、~括(人名)
瀋:~陽
升:~斗、~級、~天、上~、~降、~遷、旭日東~
昇(陞):~華、~平、~平之世、飛~、~汞、~山
屍:死~、~首、~體、殭~
尸:~位素餐、行~走肉、~祝、~臣
蝨(虱)
諡(謚)
廝(厮)
疏(踈)
豎(竪)
松:~樹、~香、~鼠、不老~
鬆:~緊、~綁、~懈、~弛、放~、輕~
搜(蒐)集
蘇:江~、~州、~軾(人名)
甦:~醒、復~
溯(泝、遡)
訴(愬)
筍(笋)

T

他:(第三人稱)、其~
她:(女性第三人稱)
它:(無生物第三人稱)
牠:(用於人以外的動物)
祂(用於上帝、耶穌、神的第三人稱)
抬(擡)
臺:~灣、舞~、~階、~板、電視~、工作~、~北
台:天~山、天~县、天~宗、~州、~輔、~銜、~衡、两~汽車
颱:~風
壇:花~、天~、文~
罈(壜、罎):酒~、醋~、~~罐罐
嘆(歎)
筒(箭)
塗:~改、糊~、~抹、肝腦~地、~脂抹粉、~山(人名)
涂:~長望(人名)

托：襯～、茶～、～舉、～起、烘～、～兒(指促销人)、和盤～出

託：信～、～付、～故、委～、～言、依～、假～、寄～、～名、囑～、拜～、～生、推～

拓：～荒、開～、～撲学

搨：～片、～本、石～

W

挽：～回、～留、～救、～袖子

輓：～聯、～幛、～籃、～辭

維(惟)：思～、～繫、～護、～持

唯(惟)：～一、～恐、～物論、～妙～肖、～利是圖、～～諾諾、～心論

餵(喂)：～食、～飯、～養、～馬

甕(瓮、罋)

吳(吴)

X

谿：(用於地名不改为溪)

席(蓆)

隙(隟)

系：～統、～列、體～、派～、族～、谱～、歷史～、石炭～

繫：～念、聯～、維～、～獄、～辭、～領帶、～鞋帶、～頭繩

係：關～、干～、～數、確～如此、～山東人

廈(厦)

閒：(除用於"防閑"義外，不作"閑")

銜(啣)

弦(絃)

線(綫)

羨(羡)

廂(厢)

像：肖～、偶～、畫～、圖～、想～、好～花一樣

象：大～、～牙、形～、星～、氣～、現～、表～、～徵、包羅萬～、～形、景～、～限、～來街(地名)

向：方～、～前、志～、動～、～來、～秀麗(人名)

嚮：～往、～導、～者、～邇、～明

相：真～、照～、互～、～同

销(消)：撤～

效(効、傚)：～果、仿～、～法、～勞、～力、～忠、～率

脅(脇)

攜(擕、携、攜、攜)

泄(洩)

叶：～韻(音 xié协)

倖：僥～、～存、～免於難

幸：～福、～運、寵～、臨～、～虧、～甚、～而、(姓氏)
凶：～險、～多吉少、吉～、～年、～信、四～、～歲、～事
兇：～手、～惡、～暴、窮～極惡
洶(汹)
繡(绣)
脩：束～、～金
修：～理、～建、～身養性
虛(虚)
敘(叙敍)
恤(卹、賉)
熏(燻)
勛(勳)
婿(壻)
靴(韡)
鏽(銹)
須：必～、～臾、～知
鬚：鬍～、～眉、觸～

Y

煙(烟、菸)
閻(閆)
岩(巖、巗)
兗(兖)
宴(醼)
咽(嚥)
雁(鴈)
焰(燄)
揚(颺)
肴(餚)
窯(窰、窑)
葉：樹～、落～、～落歸根、～聖陶(人名)
異(异)
慇：～懃
殷：～代、～墟、～實、～紅、(姓氏)
詠(咏)
湧(涌)
遊：～手好閒、～行、交～、～覽、～歷、～戲、《西～記》、漫～、～學、逍遥～、～玩、～牧、～説、～擊、～方、仙～、雲～、周～
游：上～、～民、～泳、～允常(人名)
祐 = 佑
於：～是、關～、由～、過～、生～某地
于：之子～歸、～役、～思、～飛、單～、～闐、鮮～、～右任(人名)
餘：剩～、多～、其～、～杭(地名)、扶～(地名)、～勇可賈、(姓氏)
余：～致力於國民革命、～吾(地名)、(姓氏)

逾（踰）
慾：～望、～念、情～、食～
欲：～言又止、～罷不能
郁：馥～、～烈、濃～、～～（有文采）、～达夫（人名）
鬱：憂～、～結、蒼～、～～（沈悶；草木茂盛）、～林（地名）、～壘神荼
愈：～益、～甚
癒（瘉）：病～、痊～
御：～筆、～璽、～駕、駕～、（姓氏）
禦：抵～、防～、～敵、～寒
吁
籲：呼～、～請
願（愿）
岳（嶽）：除"嶽麓山""嶽麓書院"外，均作"岳"。
云：人～亦～、子曰詩～、～～
雲：～霧、白～觀、白～、烏～、～霄、～南（地名）
韻（韵）

Z

紮（紥）：駐～、包～、～寨
扎（紮）：～花、～手、～根、～實、掙～、～猛子
札（劄、剳）：書～、信～、～記
災（灾）
贊：～成、～助、～許、～文
讚：～揚、稱～、～美、～頌、～賞、序～
沾（霑）
占（佔）
髒：骯～、～東西
臟：心～、五～、～腑
贓（贜）：貪～、～官、～物、分～不均、～款
折：～合、～扣、～價、～服、～騰、轉～
摺：～疊、～扇、奏～、存～
針：～尖、～織、～鋒相對
鍼：～砭、～灸
爭（争）
槍枝（支）
姪（侄）
著（着）
征：～戰、～討、～服、～伐、出～、長～、（姓氏）
徵：～兆、特～、象～、～召、～稅、～兵、（姓氏）、魏～（人名）、～集、～文
癥：～結
症：～候、熱～、併發～、疑難雜～
只（衹）：～要、～管、～是、～有
隻：一～鳥、～身出走、片言～字
制：～度、～裁、～定、～訂、～詔、管～、英～、公～、抵～

製：~造、~圖、~版、繪~、炮~
誌：墓~、標~、雜~、~哀、~喜
志：~向、意~、神~、地方~、《三国~》
致：情~、景~、興~、~力、~富、~死、~謝、~命、~使
緻：精~、細~、雅~、~密
鍾：~情、~愛、老態龍~、~山（地名）、（姓氏）、黄~大呂
鐘：時~、~樓、~乳石
冢（塚）
眾（衆、众）
周：~邊、圓~、~轉、~詳、~密、~到、~遊、~濟、~而復始、（姓氏）
週：~期、~日、~末、~刊、~報、每~、千~
咒（呪）
朱（硃）
豬（猪）
煮（煑）
註：~釋、~解、~册、~銷、備~
注：~入、~射、澆~、~意、关~、孤~一擲、命中~定
磚（塼、甎）
咨：~文
諮：~詢、~議
準：標~、水~、瞄~、~繩、~備、~確、~時、以……爲~
准：~許、~予、批~、獲~、~尉、~此
蹤（踪）
坐：用於“坐落、坐標”不作座

[附]2

中日汉字形体对照表

中	日
二　画	
儿(兒)	児
三　画	
才	才
与	与
乡(鄉)	郷
四　画	
劝(勸)	勧
艺	芸
丑	丑
丰(豐)	豊
厅	庁
办	弁
气	気
从(從)	従
五　画	
让(讓)	譲
对	対
边	辺
龙(龍)	竜、龍
归(歸)	帰
册	冊
写	写
处	処
发(發)	発
包	包
乐(樂)	楽
六　画	
齐	斉
冰	氷
关(關)	関
亚	亜
压	圧
灰	灰
扩	拡
欢(歡)	観
权(權)	権
收	収
团	団
延	延
价	価

续表

中	日
杂(雜)	雜
纤(纖)	纎
传	伝
争	争
七画	
应	応
怀(懷)	懐
亩	畝
译	訳
坏(壞)	壊
鸡(鷄)	鶏
严	厳
寿	寿
迟(遲)	遅
两	両
灵(靈)	霊
劳	労
听(聽)	聴
步	歩
姊	姉
纵(縱)	縦
佛	仏
每	毎
八画	
沿	沿

中	日
剂	剤
实	実
净	浄
浅	浅
泽	沢
单	単
变	変
驿	駅
画	画
肃	粛
转	転
卖	売
拂	払
拔	抜
齿	歯
图	図
卑	卑
九画	
觉	覚
举	挙
将	将
总(總)	総
荣	栄
带	帯
陷	陥
契	契

续表

中	日
险	険
残	残
毒	毒
药(藥)	薬
虐	虐
拜	拝
十　画	
涩	渋
涉	渉
烧	焼
递	逓
读	読
恋	恋
盐	塩
验	験
样(樣)	様
圆	円
继	継
臭	臭
乘	乗
脏	臓
铁	鉄
脑	脳
牺(犧)	犠
十一画	
港	港
兽(獸)	獣
窑	窯
隐	隠
据	拠
营	営
隆	隆
检	検
逸	逸
假	仮
巢	巣
续	続
猎	猟
绳	縄
十二画	
窗	窓
壹	壱
强	強
惠	恵
揭	掲
搜	捜
插	挿
黑	黒
释	釈

续表

中	日	中	日
铺	舗	樱	桜
十三画		敷	敷
溪	渓	豫	予
滨	浜	稻	稲
满	満	德	徳
碎	砕	十六画	
摄	摂	濑	瀬
赖	頼	薄	薄
龄	齢	器	器
触	触	默	黙
微	微	十七画以上	
叠	畳	藏	蔵
十四画		壤	壌
粹	粋	髓	髄
酿(釀)	醸	穗	穂
蝇	蝿	簿	簿
十五画		镰	鎌
增	増		

三、常用字使用正误表

出版物中的错别字,是错字和别字的合称。错字虽像字但不是字,一般较易辨识;别字是字,规范字典里有,但用在此处不当。由于别字往往出现在形、义均近似的语言环境里,要准确界定它只有辨别字义,因此有一定难度。在出版物上的差错中,别字所占比例相当高,称职的编辑和校对,应该具备识别错别字特别是别字的能力,要有职业的敏感,必须练就这一方面的基本功。

常见错别字的出错规律有以下几个方面:(1)音同混淆致误;(2)形似混淆致误;(3)义近混淆致误;(4)音、义均相近混淆致误;(5)义反致误;等等。下面列出近700例常见错别字,都是从编校实践中积累起来的实例。

A

正	误	正	误
矮墩墩	矮敦敦	安分	安份
黯然	暗然	氨水	胺水
安装	按装	安详	安祥
昂扬	昴扬	欸乃	款乃
艾滋病	爱滋病		

B

正	误	正	误
跋山涉水	爬山涉水	磅秤	磅称
百衲衣	百纳衣	斑斓	斑烂
白皙	白晰	鞭挞	鞭鞑
班师	搬师	鳊鱼	扁鱼
扳机	板机	暴躁	暴燥
抱怨	报怨	褊狭	偏狭

正	误	正	误
毕竟	必竟	变卦	变挂
辩驳	辨驳	半晌	半响
屏气	摒气	濒临	频临
病殃殃	病秧秧	裨益	俾益
苯铵	苯氨	拜谒	拜竭
孢子植物	胞子植物	编纂	编篡
稗官野史	裨官野史	剥落	驳落
钣金工	板金工	板着脸	扳着脸
绊脚石	拌脚石	百川汇合	百川会合
舶来品	泊来品	病原体	病源体
暴发户	爆发户	培植	培殖
变速挡	变速档	炮羊肉	爆羊肉
拔头筹	拨头筹	百衲本	百纳本
补偿	补尝	不至于	不致于
补丁	补钉	憋气	鳖气
斑驳	斑剥	龅牙	暴牙

C

正	误	正	误
嘈杂	噪杂	冲积平原	冲击平原
岔道	叉道	冲击波	冲积波
岔路口	叉路口	船舷	船弦
搀扶	掺扶	沉湎	沉缅
掺杂	参杂	床笫	床第
晨星	辰星	辍学	缀学
绰约	卓约	揣摩	揣磨
出份子	出分子	橱窗	厨窗
赐予	赐于	彩排	采排

正	误	正	误
凑合	凑和	雏形	雏型
粗犷	粗旷	刍议	雏议
粗粝	粗砺	促狭	捉狭
长住人口	常住人口	篡位	纂位
词的本义	词的本意	撤退	撒退
磁矩	磁距	驰骋	驰聘
醋酸乙烯酯	醋酸乙烯脂	宠信	庞信
凑份子	凑分子	船桨	船浆
葱茏	葱笼	晨曦	晨熹
藏匿	藏慝	扯淡	扯蛋
出挑	出跳	潺湲	潺缓
厨房	橱房	汆丸子	川丸子
催化剂	摧化剂	朝天蹬	朝天镫
漕运	槽运	刹那	霎那
菜薹	菜苔		

D

正	误	正	误
打钩	打勾	赌博	赌赙
打尖	打间	癫痫病	癫痌病
担待	担戴	大排档	大排挡
道具	导具	敌酋	敌酉
导致	导至	玷污	沾污
抵消	抵销	打醮	打谯
巅峰	颠峰	斗篷	斗蓬
钓竿	钓杆	挡车工	档车工
多咱	多咋	度假村	渡假村
陀螺	陀罗	渡难关	度难关

正	误	正	误
电讯稿	电信稿	疍户	蛋户
多多包涵	多多包含	电话通讯员	电话通信员
砥砺	砥励	吊唁	悼唁
凋敝	凋蔽	豆豉	豆鼓
鲂鱼	刀鱼		

E

正	误	正	误
噩耗	恶耗	噩梦	恶梦
厄运	恶运	饿殍	饿俘
二氧化碳	二氧化炭	二叠纪	二迭纪

F

正	误	正	误
砝码	法码	驸马	附马
分蘖	分孽	覆盖	复盖
蜚声	斐声	法郎	法朗
粉末	粉沫	蜂拥	蜂涌
丰采	丰彩	辐辏	辐凑
风采	风彩	纺锤	纺缒
辐条	幅条	烦躁	烦燥
辐照	幅照	番茄	蕃茄
辐散	幅散	防汛	防汎
辐射	幅射	付之于	付诸于
法制社会	法治社会	符合	附合
法治优于人治	法制优于人治	妨碍	防碍
佛教徒趺坐	佛教徒跌坐	发轫	发韧

G

正	误	正	误
蜾蠃	裸蠃	灌输	贯输
阁楼	搁楼	汩没	汨没
工楷	恭楷	关键	关健
工整	工正	挂彩	挂采
沟通	勾通	高品位	高品味
挂钩	挂勾	钢镚儿	钢硼儿
惯常	贯常	擀面杖	扞面杖
惯例	贯例	鬼蜮	鬼域
惯用	贯用	骨骼	骨胳
聒噪	刮噪	挂挡	挂档
旮旯儿	旯旮儿	孤零零	孤伶伶
坩埚	坩锅	呱呱叫	刮刮叫
鼓槌	鼓锤	干燥	干躁
桂圆	桂园	干练	干炼

H

正	误	正	误
何尝	何偿	彗星	慧星
后坐力	后座力	诨名	浑名
湖汊	湖叉	哈罗	哈啰
化妆品	化装品	黄疸病	黄胆病
欢度	欢渡	哈密瓜	哈蜜瓜
横膈膜	横隔膜	黄芩	黄苓
黄澄澄	黄橙橙	和泥	合泥
诲淫诲盗	秽淫秽盗	华彩	华采
昏庸	昏慵	豢养	卷养

正	误	正	误
和面	合面	黄连	黄莲
黄檗	黄蘗	花哨	花梢
寒暄	寒喧	胡诌	胡绉
幌子	晃子	和蔼	和霭
浩瀚	浩翰		

J

正	误	正	误
跻身	挤身	江湖义气	江湖意气
极致	极至	基因变异	基因变易
既然	即然	缴械降服	缴械降伏
笕(枧)槽	简槽	戒指	戒子
豇豆	江豆	痉挛	痉孪
娇宠	骄宠	矫健	骄健
娇小	姣小	骄纵	娇纵
矫饰	娇饰	姣好	佼好
精简	精减	诀窍	决窍
九州	九洲	伎俩	技俩
剧毒	巨毒	秸秆	秸杆
剧增	巨增	稽查	稽察
抉择	决择	畸形	畸型
检察院	检查院	惊诧	惊咤
娟秀	绢秀	间谍	间牒
枸橼	枸椽	金刚	金钢
惊蛰	惊蜇	尽管	仅管
狙击手	阻击手	焦炭	焦碳
聚氯乙烯	聚氯乙稀	家具	家俱
诀别	决别	竣工	峻工

正	误	正	误
几率	机率	箭镞	箭簇
急匆匆	急冲冲	金刚钻	金钢钻
金刚石	金钢石	景泰蓝	景泰兰
给予	给于	经纪人	经济人

K

正	误	正	误
开阔	开扩	暌隔	睽隔
磕巴	嗑巴	肯德基	肯德鸡
吭气	啃气	勘探	戡探
吭声	啃声	裤衩	裤叉
匮乏	馈乏	魁梧	魁武
垦殖	垦植	库仑定律	库仑定律
瞌睡	磕睡	磕头	瞌头
枯燥	枯躁	戡乱	勘乱
堪舆	勘舆	肯綮	肯絮
抠门	扣门	叩门	扣门

L

正	误	正	误
拉钩	拉勾	磷酸二丁酯	磷酸二丁脂
老两口	老俩口	拉呱	啦呱
俩钱儿	两钱儿	凛冽	凌冽
愣头青	楞头青	临摹	临摩
雷同	类同	遛马	溜马
两口子	俩口子	炼狱	练狱
伶俐	伶利	蜡染	腊染

正	误	正	误
刘海	留海	罗筛	箩筛
莨菪	茛菪	阑珊	阑姗
硫酸钠	硫酸纳	流窜	流蹿
硫酸铵	硫酸胺	绿阴	绿荫
立案侦查	立案侦察	乐陶陶	乐淘淘
力矩	力距	掠换	戾换
硫磺	硫黄	癞皮狗	赖皮狗
笼络	拢络	链霉素	连霉素
氯化铵	氯化胺	螺丝钉	螺蛳钉
氯化钠	氯化纳	绿绒绒	绿茸茸
馏馒头	溜馒头	绿茵茵	绿莹莹
硫酸二甲酯	硫酸二甲脂		

M

正	误	正	误
毛茛	毛莨	马镫	马蹬
蚂蟥	蚂蝗	猕猴桃	弥猴桃
脉络	脉胳	棉铃虫	棉蛉虫
蛮横	蛮狠	末梢	末稍
煤渣	煤碴	目连戏	目莲戏
蒙人	懵人	模型	模形
懵在那	瞢在那	脉搏	脉博
迷瞪	迷登	门栓	门拴
昴星	昂星	缅怀	湎怀
麦锈病	麦绣病	没落	末落
贸然	冒然		

N

正	误	正	误
拿乔	拿桥	碾碎	辗碎
霓虹灯	霓红灯	忸怩	扭怩
年份	年分	赧颜	赦颜
内讧	内哄	奈河桥	奈何桥
脓疱疮	浓疱疮		

O

正	误	正	误
殴打	欧打	怄气	呕气
耦合（物理现象）	偶合		

P

正	误	正	误
攀援	攀沿	疲软	皮软
陪嫁	赔嫁	排奡	排夏
赔不是	陪不是	胖墩墩	胖敦敦
佩带	配带	癖好	僻好
平白	凭白	平添	凭添
平息	平熄	笸箩	叵箩
破戒	破诫	破绽	破锭
赔礼	陪礼	偏僻	偏辟
苤蓝	苤兰	抨击	评击
膨胀	膨涨	品尝	品偿
纰漏	庇漏		

Q

正	误	正	误
颀长	硕长	情意绵绵	情义绵绵
气球	汽球	歉收	欠收
气概	气慨	轻易	轻意
气体	汽体	敲诈	敲榨
亲和力	亲合力	跷脚	翘脚
枪栓	枪拴	翘首	跷首
青烟	清烟	迁徙	迁徒
轻烟	清烟	诠释	铨释
屈光度	曲光度	前驱	前躯
躯干	躯杆	岐黄	歧黄
炔烃	炔羟	谯楼	醮楼
驱使	趋使	歧视	岐视
氢氧化钠	氢氧化纳	羟基酸	烃基酸
髂骨	骼骨	虔诚	忏诚
羟胺	烃胺	腈纶	晴纶
情义无价	情意无价	逡巡	梭巡
情意融融	情义融融	跷拇指	翘拇指

R

正	误	正	误
惹乱子	惹漏子	鞣酸	揉酸
偌大	诺大	鞣料	揉料
桡足类	挠足类	饶舌	哓舌
桡骨	挠骨	糅合	揉合
鞣革	揉革		

S

正	误	正	误
瘙痒	骚痒	砂纸	沙纸
撒种	洒种	砂轮	沙轮
色迷迷	色咪咪	砂锅	沙锅
煞白	刹白	神志不清	神智不清
砂糖	沙糖	三磴石阶	三蹬石阶
烧卖	烧麦	三叠纪	三迭纪
石碳纪	石炭纪	死刑犯伏法	死刑犯服法
身材	身裁	杀戮	杀戳
慑服	摄服	深邃	深遽
瘆人	碜人	拴住	栓住
时代变易	时代变异	首饰	手饰
水分	水份	纱锭	纱绽
神经元	神经原	赡养	瞻养
厮打	撕打	晌午	响午
树脂	树酯	神采	神彩
厮咬	嘶咬	省份	省分
碎末	碎沫	搔痒痒	瘙痒痒
索性	索兴	沙盘	砂盘
梭镖	梭标	抒发	舒发
唢呐	哨呐	霎时间	刹时间
怂恿	怂踊	四不像	四不象
树脂	树酯	手铐	手拷
松弛	松驰	蒜薹	蒜苔
神祇	神祗	耸立	纵立
撒谎	撤谎	书札	书扎
扫描	扫瞄	漱口	嗽口

正	误	正	误
数珠	素珠	树阴	树荫
随大流	随大溜		

T

正	误	正	误
袒露	坦露	通牒	通谍
袒护	坦护	捅娄子	捅漏子
天分	天份	炭疽病	炭疸病
碳元素	炭元素	碳素钢	炭素钢
碳酸	炭酸	汤婆子	烫婆子
调剂	调济	拓扑学	拓朴学
通铺	统铺	蜕皮	褪皮
脱钩	脱勾	碳酸氢铵	碳酸氢胺
通信兵	通讯兵	通讯社	通信社
通信联络	通讯联络	通讯网	通信网
鸵鸟	驼鸟	淘井	掏井
挺括	挺刮	抬头（旧时书信、公文中抬头的地方）	台头

W

正	误	正	误
惋惜	婉惜	威慑	威摄
枉费	妄费	雾霭	雾蔼
文章本意	文章本义	往上蹿	往上窜
於戏	于戏	於菟	于菟
於乎	于乎	文采	文彩
瓮声瓮气	嗡声嗡气	烷烃	烷羟

正	误	正	误
温驯	温训	挖墙脚	挖墙角
威胁	威协	雾凇	雾淞
文身	纹身	文绉绉	文诌诌

X

正	误	正	误
薰衣草	熏衣草	嬉戏	嘻戏
嬉皮士	嘻皮士	信息	讯息
消退	消褪	漩涡	漩窝
协奏曲	谐奏曲	炫人眼	眩人眼
修炼	修练	炫耀	眩耀
硝酸铵	硝酸氨	眩惑	炫惑
消火栓	消火拴	销假	消假
烯烃	烯羟	销赃	消赃
驯服	训服	绣眼鸟	秀眼鸟
驯化	训化	宣泄	渲泄
驯良	训良	渲染	宣染
驯顺	训顺	舷舱	弦舱
信件通信员	信件通讯员	炫目	眩目
星光荧荧	星光萤萤	眩晕	炫晕
星辰	星晨	陷阱	陷井
降伏烈马	降服烈马	循声	寻声
胸腔纵膈	胸腔纵隔	向导	响导
辛酸泪	心酸泪	心肌梗死	心肌梗塞
心酸落泪	辛酸落泪	宵小	屑小
霄壤	宵壤	欣赏	欣尝
嬉笑	嘻笑	熏陶	薰陶
须臾	须叟	猩红	腥红

正	误	正	误
心痒	心猝	消弭	消弥
雄赳赳	雄纠纠	祆教	袄教
囟门	卤门	喜滋滋	喜孜孜
细品味	细品位		

Y

正	误	正	误
眼眶	眼框	璎珞	缨络
遥控器	摇控器	赝品	膺品
一旦	一但	英镑(货币单位)	英磅
一贯	一惯	踊跃	涌跃
荧屏	萤屏	摇晃	摇幌
游弋	游曳	押车	压车
元凶	原凶	压阵	押阵
原木	圆木	掾史	椽史
蕴藉	蕴籍	夤夜	寅夜
乙酸乙酯	乙酸乙脂	元宵	元霄
养殖	养植	肄业	肆业
移植	移殖	杳然	沓然
约摸	约模	一沓	一搭
缘分	缘份	引申	引伸
倚老卖老	以老卖老	慵懒	庸懒
荧光粉	萤光粉	阳痿	阳萎
荧光灯	萤光灯	虞候	虞侯
萤石	荧石	雨凇	雨淞
荫庇	阴庇	一叠声	一迭声
熔铸	融铸	严峻	严竣
抑或	亦或	演绎	演释

正	误	正	误
一摊血	一滩血	一抔土	一捧土
野狐禅	野胡禅	一炷香	一柱香
一刹那	一霎那	一窝蜂	一窝风
一阕词	一阙词	一帖药	一贴药
养殖业	养植业	羊蝎子	羊羯子

Z

正	误	正	误
糟践	遭践	缜密	慎密
占便宜	沾便宜	皱纹	绉纹
招致	遭致	琢磨	琢摩
招致	招至	针砭	针贬
致使	至使	住持(佛家语)	主持
转氨酶	转胺酶	真谛	真缔
锱铢	锱珠	装订	装钉
醉醺醺	醉熏熏	中肯	中恳
坐月子	做月子	坐落	座落
作祟	作崇	坐标	座标
脂肪胺	脂肪氨	坐垫	座垫
侦察兵	侦查兵	追溯	追朔
侦查罪行	侦察罪行	诅咒	咀咒
蒸馏水	蒸溜水	栽赃	栽脏
乘幂	乘幕	传记	传纪
针灸	针炙	中彩	中采
蛰伏	蜇伏	雉堞	雉牒
蛰居	蜇居	锃亮	铮亮
侏罗纪	朱罗纪	作践	作残
再醮	再谯	主簿	主薄

正	误	正	误
主旋律	主弦律	醮墨水	醮墨水
蒸汽机	蒸气机	种植业	种殖业
罪孽	罪蘖	招数	招术
震撼	震憾		

四、成语、熟语正误表

成语、熟语，多为定型词组或短句，语法上称为“固定短语”，以四个字组成者居多。成语言简意赅，内涵丰富，使用得当，能起到画龙点睛、点石成金的效果；而一旦错用，则会产生歧义，甚至适得其反。编辑和校对，要在各自的岗位上严把语言文字纯净度这一关口。为此，要熟悉成语和熟语，理解它们的含义，从而准确使用它们。

这里列出近600个常见被错用的成语和熟语，供编校工作参考。

A

正	误	正	误
按部就班	按步就班	黯然失色	暗然失色
按捺不住	按耐不住	爱答不理	爱搭不理
安邦定国	安帮定国	安步当车	安步挡车
安分守己	安份守己	按图索骥	按图搜骥
安民告示	安民告事		

B

正	误	正	误
别出心裁	别出新裁	并行不悖	并行不背
不落窠臼	不落窝臼	标本兼治	表本兼治
	不落巢臼	百战不殆	百战不殚
不过尔尔	不过而而	变幻莫测	变幻莫察
不负众望	不孚众望		变换莫测

正	误	正	误
本固枝荣	本固支荣	不假思索	不加思索
秉笔直书	禀笔直书	不屈不挠	不屈不扰
卑躬屈膝	卑躬屈节	白璧无瑕	白壁无瑕
不胫而走	不径而走	不容置疑	不容质疑
不辨菽麦	不辨椒麦	病入膏肓	病入膏盲
不识时务	不识事物	辨证施治	辩证施治
兵荒马乱	兵慌马乱	不能自已	不能自己
备受关怀	倍受关怀	暴殄天物	爆殄天物
鞭辟入里	鞭辟入理	不愠不火	不温不火

C

正	误	正	误
寸草春晖	寸草春辉	璀璨夺目	璀灿夺目
长吁短叹	长嘘短叹	粲然一笑	灿然一笑
出其不意	出奇不意	唇枪舌剑	唇枪舌箭
吃里爬外	吃里扒外		唇枪舌战
传宗接代	传种接代	草菅人命	草管人命
传神阿堵	传神阿睹	瞅个空当	瞅个空档
层峦叠嶂	层峦叠障	常盛不衰	长盛不衰
	层峦迭障	长年在外	常年在外
踔厉风发	绰厉风发	吹毛求疵	吹毛求刺
察言观色	察颜观色	出神入化	出神入画
唱念做打	唱念坐打	插科打诨	插科打浑
成绩斐然	成绩蜚然	沉湎酒色	沉缅酒色
重蹈覆辙	重蹈复辙	蹉跎岁月	蹉砣岁月
	重踏覆辙	床笫私欢	床第私欢
参与决策	参予决策	出类拔萃	出类拔粹
川流不息	穿流不息	常驻代表	长驻代表

正	误	正	误
催人泪下	摧人泪下	陈词滥调	陈词烂调
出谋划策	出谋画策		

D

正	误	正	误
到了极致	到了极至	大桥合龙	大桥合拢
大辂椎轮	大辂推轮	独当一面	独挡一面
囤积居奇	屯积居奇	殚精竭虑	惮精竭虑
待价而沽	待价而估	渡过难关	度过难关
砥节砺行	砥节厉行	度日如年	渡日如年
倒打一耙	倒打一把	大相径庭	大相经庭
得鱼忘筌	得鱼忘荃	大器晚成	大气晚成
大快朵颐	大块朵颐	当垆卖酒	当炉卖酒
戴罪立功	带罪立功	当机立断	当即立断
吊儿郎当	吊儿浪当	丢三落四	丢三拉四
淡泊明志	淡薄明志	抵掌而谈	抵掌面谈
鼎鼎大名	顶顶大名	灯火阑珊	灯火阑姗
肚子发胀	肚子发涨	淡妆浓抹	淡装浓抹

E

正	误	正	误
额手称庆	额首称庆	恶贯满盈	恶惯满盈
恩断义绝	恩断义决		

F

正	误	正	误
负笈从师	负籍从师	风雨如晦	风雨如诲

正	误	正	误
风起青苹	风起青萍	沸沸扬扬	拂拂扬扬
飞扬跋扈	飞扬拔扈	风尘仆仆	风尘扑扑
风靡一时	风糜一时	发人深省	发人深醒
奉为圭臬	奉为圭皋	匪夷所思	非夷所思
废寝忘食	费寝忘食	风雨侵蚀	风雨浸蚀
沸反盈天	沸反赢天	繁文缛节	繁文褥节
蜂拥而至	蜂涌而至	方枘圆凿	方柄圆凿
翻来覆去	翻来复去	风声鹤唳	风声鹤戾
妇孺皆知	妇儒皆知	烽火连天	风火连天
发扬光大	发扬广大	赋予任务	赋于任务
蜚声文坛	斐声文坛	愤世嫉俗	愤世忌俗
风光不再	风光不在		

G

正	误	正	误
革命圣地	革命胜地	沟通信息	勾通信息
各行其是	各行其事	勾通盗匪	沟通盗匪
光亮炫目	光亮眩目	高瞻远瞩	高赡远瞩
工力悉敌	功力悉敌	旰食宵衣	盱食霄衣
故态复萌	故态复明	概莫能外	盖莫能外
膏粱子弟	膏梁子弟	嘎的一声	戛的一声
个中三昧	个中三味	攻城略地	攻城掠地
呱呱坠地	呱呱堕地	沽名钓誉	估名钓誉
歌声高亢	歌声高吭	鬼鬼祟祟	鬼鬼崇崇
关心备至	关心倍至	共商国是	共商国事
刚愎自用	刚腹自用		

H

正	误	正	误
河山壮丽	河山庄丽	虎视眈眈	虎视耽耽
红头涨脸	红头胀脸	蛊惑人心	盅惑人心
黑不溜秋	黑不溜湫	和盘托出	合盘托出
河清海晏	河清海宴	和衣而卧	合衣而卧
呼天抢地	呼天呛地	哄堂大笑	轰堂大笑
怙恶不悛	怙恶不俊	好整以暇	好整以瑕
浑身是胆	混身是胆	含英咀华	含英嘴华
胡作非为	胡做非为	闳中肆外	宏中肆外
花不棱登	花不愣登	怀璧其罪	怀壁其罪
好高骛远	好高鹜远	花拳绣腿	花拳秀腿
诲人不倦	悔人不倦	汗流浃背	汗流夹背
皇皇巨著	煌煌巨著	花里胡哨	花里胡梢
花花哨哨	花花梢梢	讳莫如深	韪莫如深
黄粱美梦	黄梁美梦	鼾声大作	酣声大作
婚丧嫁娶	婚丧嫁取		

J

正	误	正	误
金银首饰	金银手饰	见风使舵	见风驶舵
金乌西坠	金鸟西坠	赍志以殁	赉志以殁
尽情宣泄	尽情渲泄	江水溶溶	江水融融
集腋成裘	集掖成裘	九霄云外	九宵云外
竭泽而渔	竭泽而鱼	噤若寒蝉	禁若寒蝉
卷帙浩繁	卷秩浩繁	戛然而止	嘎然而止
谨言慎行	谨言缜行	精骛八极	精鹜八极
急躁冒进	急燥冒进	精神矍铄	精神矍烁

正	误	正	误
金刚怒目	金钢怒目	孑然一身	孓然一身
娇生惯养	骄生惯养	金碧辉煌	金壁辉煌
家长里短	家常里短	激浊扬清	击浊扬清
金榜题名	金榜提名	剑拔弩张	箭拔弩张
见怪不怪	见惯不怪	计日程功	计日成功
洎乎近世	泊乎近世	锦绣河山	锦秀河山
家常便饭	家长便饭	经验老到	经验老道
金蝉脱壳	金蝉蜕壳	居心叵测	居心巨测
赳赳武夫	纠纠武夫	精粹之师	精萃之师
敬谢不敏	敬谢不明	兢兢业业	竞竞业业
嗟来之食	嗟来之食	既往不咎	既往不究
挤挤插插	挤挤擦擦		

K

正	误	正	误
康庄大道	康壮大道	磕磕绊绊	磕磕拌拌
可乘之机	可趁之机	克绍箕裘	克绍其裘
困兽犹斗	困兽尤斗	苦思冥想	苦思瞑想
克敌制胜	克敌致胜	匡算一下	框算一下
脍炙人口	脍灸人口		

L

正	误	正	误
旅游胜地	旅游盛地	笼络人心	拢络人心
兰心蕙质	兰心惠质	络绎不绝	陆绎不绝
灵魂出窍	灵魂出壳	伶牙俐齿	伶牙利齿
了如指掌	料如指掌	锒铛入狱	锵铛入狱
列祖列宗	烈祖烈宗	厉行节约	励行节约

正	误	正	误
六根清净	六根清静	雷厉风行	雷励风行
礼尚往来	礼上往来	励精图治	厉精图治
荦荦大端	茕茕大端	来去匆匆	来去冲冲
流金铄石	流金烁石	寥若晨星	寥若辰星
拉马坠镫	拉马坠蹬	老实巴交	老实巴脚
寥寥无几	聊聊无几	流连忘返	留恋忘返
淋漓尽致	淋漓尽至	戮力同心	戳力同心
玲珑剔透	灵珑剔透	厉兵秣马	砺兵秣马
流芳百世	留芳百世	力屈计穷	力曲计穷
炉火纯青	炉火纯清	鳞次栉比	麟次栉比
滥竽充数	滥芋充数	老奸巨猾	老奸巨滑

M

正	误	正	误
摩肩接踵	摩肩接踪	名列前茅	名列前矛
马齿徒增	马齿陡增	弥天大谎	迷天大谎
米珠薪桂	米珠薪贵	绵里藏针	棉里藏针
满满当当	满满荡荡	毛骨悚然	毛骨怵然
冒天下之大不韪	冒天下之大不讳	名声大振	名声大震
		美轮美奂	美仑美奂
明日黄花	昨日黄花	糜烂不堪	靡烂不堪
明火执仗	明火执杖	靡靡之音	糜糜之音
墨守成规	墨守陈规	冥思苦想	瞑思苦想
冥顽不灵	瞑顽不灵	民生凋敝	民生凋蔽
明辨是非	明辩是非	名闻遐迩	名闻遐尔

N

正	误	正	误
恼羞成怒	脑羞成怒	奴颜婢膝	奴颜卑膝
拿腔作势	拿腔做势	能屈能伸	能曲能伸
拟于不伦	拟予不伦	拈轻怕重	捻轻怕重
蔫头耷脑	蔫头搭脑	年高德劭	年高德邵
袅袅婷婷	袅袅亭亭	浓墨重彩	浓墨重采

O

正	误	正	误
呕心沥血	呕心呖血	呕心沥血	沤心沥血

P

正	误	正	误
怦然心动	砰然心动	颇有招数	颇有招术
平白无故	凭白无故	脾气暴躁	脾气爆躁
凭空捏造	平空捏造	赔礼道歉	陪礼道歉
疲劳综合征	疲劳综合症	蓬荜生辉	蓬壁生辉
铺天盖地	扑天盖地	普度众生	普渡众生
平心而论	凭心而论	平白无故	平白无辜
批郤导窾	批却导窾	披沙拣金	披沙检金
袍笏登场	抱笏登场	迫不及待	迫不急待
破口大骂	泼口大骂	波光粼粼	波光鳞鳞
旁征博引	旁证博引	噼里啪啦	噼哩啪啦

Q

正	误	正	误
前提条件	前题条件	曲意逢迎	曲意奉迎
气喘吁吁	气喘嘘嘘	敲山震虎	敲山振虎
敲诈勒索	敲榨勒索	青红皂白	清红皂白
抢滩登陆	抢摊登陆	趋之若鹜	趋之若骛
青春期综合征	青春期综合症	穷兵黩武	穷兵赎武
前倨后恭	前倨后躬	清澈见底	清沏见底
千里鹅毛	千里鸿毛	轻歌曼舞	轻歌慢舞
曲尽其妙	曲尽奇妙	鹊巢鸠占	雀巢鸠占
曲突徙薪	曲突迁薪	青山绿水	清山绿水
茕茕孑立	茕茕孓立	罄竹难书	磬竹难书
清静无为	清净无为	千钧一发	千均一发
欺上罔下	欺上网下	屈指可数	曲指可数
其乐融融	其乐溶溶	情有独钟	情有独衷
岐黄之术	歧黄之术	气势汹汹	气势凶凶
恰如其分	恰如其份	锲而不舍	契而不舍

R

正	误	正	误
人才济济	人才挤挤	人尽其才	人尽其材
人心惶惶	人心慌慌	日上三竿	日上三杆
人言啧啧	人言唖唖	融会贯通	融汇贯通
如椽之笔	如掾之笔	熔于一炉	溶于一炉
孺子可教	儒子可教	惹是生非	惹事生非
弱不禁风	弱不经风	如法炮制	如法泡制
如火如荼	如火如茶	热情迸发	热情并发
人世沧桑	人世苍桑	人文荟萃	人文荟粹

正	误	正	误
偌大年纪	喏大年纪	任人唯贤	任人为贤

S

正	误	正	误
神气十足	神气实足	少安毋躁	稍安毋躁
首屈一指	手屈一指	授予奖旗	授于奖旗
山呼万岁	三呼万岁	搜罗人才	收罗人才
率尔操觚	率尔操弧	神色黯然	神色暗然
时乖命蹇	时乖命骞	世外桃源	世外桃园
俗不可耐	俗不可奈	神采奕奕	神采弈弈
色厉内荏	色厉内茬	声音洪亮	声音宏亮
事必躬亲	事必恭亲	声如洪钟	声如宏钟
所向披靡	所向披縻	事故迭出	事故叠出
姗姗来迟	跚跚来迟	山清水秀	山青水秀
食不果腹	食不裹腹	神态安详	神态安祥
食肉寝皮	食肉侵皮	事过境迁	事过景迁
水乳交融	水乳交溶	时过境迁	时过景迁
三三两两	仨仨俩俩	声誉鹊起	声誉雀起
善罢甘休	善罢干休	山洪暴发	山洪爆发
舐犊之情	舔犊之情	思辨哲学	思辩哲学
上蹿下跳	上窜下跳	随声附和	随声符合

T

正	误	正	误
亭亭玉立	婷婷玉立	涕泗滂沱	涕泪滂沱
推襟送抱	推襟送袍	天理良心	天地良心
头晕目眩	头晕目炫	铤而走险	挺而走险
田园废圮	田园废圯	头脑发胀	头脑发涨

正	误	正	误
趟水过河	淌水过河	天作之合	天作之和
同等学力	同等学历	忝列门墙	忝立门墙
甜言蜜语	甜言密语	投笔从戎	投笔从戍
提纲挈领	题纲挈领	抟土造人	搏土造人
唾手可得	垂手可得	通宵达旦	通霄达旦

W

正	误	正	误
万夫不当	万夫不挡	万古长青	万古常青
无妄之灾	无枉之灾	万事亨通	万事享通
瓦釜雷鸣	瓦斧雷鸣	温情脉脉	温情默默
乌飞兔走	鸟飞兔走	唯唯诺诺	唯唯喏喏
文恬武嬉	文恬武嘻	为民前驱	为民前躯
望文生义	望文生意	万事全休	凡事全休
万马齐喑	万马齐暗	万箭攒心	万箭钻心
无精打采	无精打彩	韦编三绝	苇编三绝
望而却步	望而怯步	五黄六月	五荒六月
委曲求全	委屈求全	无所事事	无所适事
无事生非	无是生非	歪门邪道	歪门斜道
万顷碧波	万倾碧波	万籁俱寂	万赖俱寂
无耻谰言	无耻滥言	毋庸讳言	勿用讳言
委(萎)靡不振	委糜不振	望风披靡	望风披糜
未尝不可	未偿不可	危如累卵	危如垒卵

X

正	误	正	误
小鸟依人	小鸟伊人	笑容可掬	笑容可鞠
习非成是	习非成事	相互厮打	相互撕打

正	误	正	误
形形色色	形形式式	形迹可疑	行迹可疑
形销骨立	形锁骨立	相形见绌	相形见拙
信马由缰	信马游缰	心余力绌	心余力拙
徇情枉法	循情枉法	心劳日拙	心劳日绌
闲情逸致	闲情逸志	心胸褊狭	心胸偏狭
相辅相成	相互相成	兴高采烈	兴高彩烈
心事重重	心事忡忡	栩栩如生	诩诩如生
细水长流	细水常流	嘘寒问暖	喧寒问暖
胁肩谄笑	协肩谄笑	嘘了口气	吁了口气
兴趣淡薄	兴趣淡泊	徇私舞弊	循私舞弊
修葺一新	修缉一新	须臾不离	须叟不离
循循善诱	谆谆善诱	学以致用	学以至用
循声而去	寻声而去	休养生息	修养生息
销声匿迹	消声匿迹	心怦怦跳	心砰砰跳
心不旁骛	心不旁鹜	嬉笑怒骂	喜笑怒骂
雄踞险关	雄居险关		

Y

正	误	正	误
一气呵成	一气哈成	移樽就教	移尊就教
一言九鼎	一言九顶	意气风发	意气奋发
一拥而上	一涌而上	洋洋洒洒	扬扬洒洒
一应俱全	一应具全	以德报怨	以德抱怨
一张一弛	一张一驰	以偏概全	以偏盖全
一泻千里	一泄千里	月色溶溶	月色融融
一笔勾销	一笔勾消	有迹可循	有迹可寻
一倡百和	一唱百和	越俎代庖	越俎代疱
一诺千金	一喏千金	引经据典	引证据典

正	误	正	误
一隅三反	一偶三反	雍容华贵	雍荣华贵
一碧万顷	一碧万倾	一以贯之	一以惯之
一曝十寒	一暴十寒	泱泱大国	央央大国
义薄云天	义簿云天	一副对联	一幅对联
云山雾罩	云山雾障	优柔寡断	忧柔寡断
延颈企踵	延颈企踪	一球致胜	一球置胜
运筹帷幄	运筹帏幄	扬汤止沸	扬汤至沸
余勇可贾	余勇可鼓	引吭高歌	引亢高歌
银样镴枪头	银样蜡枪头	怨天尤人	怨天忧人
以儆效尤	以敬效尤	贻笑大方	遗笑大方
湮没无闻	堙没无闻		怡笑大方
一言不合	一言不和	贻害无穷	遗害无穷
一筹莫展	一愁莫展	贻人口实	遗人口实
饮鸩止渴	饮鸠止渴	养虎遗患	养虎贻患
牙牙学语	呀呀学语	养痈遗患	养痈贻患
阳光和煦	阳光和熙	鱼肉百姓	渔肉百姓
一江如练	一江如链	芸芸众生	纭纭众生
源远流长	渊远流长	亦步亦趋	一步一趋
	渊源流长	与此同时	于此同时
以丰补歉	以丰补欠	一士谔谔	一士锷锷
优哉游哉	悠哉游哉	一串骊珠	一串丽珠
偃旗息鼓	揠旗息鼓	一枕黄粱	一枕黄梁
揠苗助长	抑苗助长	一食三叹	一日三叹
阴谋诡计	阴谋鬼计	一鼓作气	一鼓足气
一塌糊涂	一蹋糊涂	以汤沃雪	以汤夭雪
一文不名	一文不鸣	一丘之貉	一丘之骆
一抔黄土	一捧黄土	一惊一乍	一惊一咋

Z

正	误	正	误
追根溯源	追根朔源	知足常乐	知足长乐
自顾不暇	自顾不瑕	震古铄今	震古烁金
遵循遗教	尊循遗教	崭露头角	展露头角
左右逢源	左右逢原	至理名言	至理明言
左支右绌	左支右拙	忠贞不渝	忠贞不喻
恣意妄为	恣意枉为	蛛丝马迹	蛛丝蚂迹
自命不凡	自鸣不凡	龇牙咧嘴	龇牙裂嘴
自愧弗如	自愧勿如	仗义疏财	仗义输财
缜密思考	慎密思考	知书识礼	知书识理
椎心泣血	锥心泣血	知书达理	知书达礼
中不溜儿	中不溜湫	震撼人心	振撼人心
至高无上	至高无尚	走投无路	走头无路
中西合璧	中西合壁	坐镇指挥	坐阵指挥
自出机杼	自出机抒	锱铢必较	锱珠必较
众口铄金	众口烁金	卓尔不群	卓而不群
治丝益棼	治丝益纷	孜孜不倦	滋滋不倦
座无虚席	坐无虚席	支支吾吾	吱吱唔唔
仗义执言	仗义直言	直言不讳	直言不韪
走上正轨	走上正规	中规中矩	中轨中矩
振聋发聩	震聋发聩	直截了当	直接了当
战略部署	战略布署	坐收渔利	坐收鱼利
真相大白	真象大白	炙手可热	灸手可热
再接再厉	再接再励	钟磬齐鸣	钟罄齐鸣
中外杂糅	中外杂揉	针砭时弊	针贬时弊
捉襟见肘	促襟见肘	自力更生	自立更生

五、常见专名正误表

1. 常见人名错用

出版物中的人名出错，大多出现在人名中的音近、形似的字中。有的因是历史人物，编校人员不熟悉，产生差错；有的虽是近现代或当代人物，但因不知其名或失之粗疏而致误。不管什么原因造成的错用，都给出版物的文字质量带来损害，编校工作中应竭力避免。

社科类读物中，以下人名出错频率较高(破折号左边为正确，右边为错误)：

正	误	正	误
颍考叔——	颖考叔	耶稣——	耶苏
孟轲——	孟柯	拿破仑——	拿破伦
嬴政——	赢政	貂蝉——	貂婵
荆轲——	荆柯	华佗——	华陀
范雎——	范睢	佛陀——	佛佗
齐桓公——	齐恒公	哪吒——	哪叱
妲己——	妲已	韦驮——	韦驼
嵇康——	稽康	隋炀帝——	隋杨帝
阮籍——	阮藉	陈抟——	陈搏
祢衡——	弥衡	魏徵——	魏征
苻坚——	符坚	韦端己——	韦端已
苏洵——	苏询	石敬瑭——	石敬塘
方孝孺——	方孝儒	欧阳询——	欧阳洵
佘太君——	余太君	崇祯帝——	崇桢帝
陆徵祥——	陆征祥	文徵明——	文征明
和珅——	和坤	佘赛花——	余赛花
于右任——	于佑任	多尔衮——	多尔兖
廖仲恺——	廖仲凯	段祺瑞——	段琪瑞
李公朴——	李公仆	李济深——	李济琛

正	误
沈钧儒	沈均儒
蔡廷锴	蔡廷楷
陈嘉庚	陈嘉赓
宋霭龄	宋蔼龄
韩复榘	韩复渠
吴趼人	吴研人
张择端	张择瑞
钱君匋	钱君陶
朱屺瞻	朱屺赡
李政道	李振道
章士钊	章世钊
曾昭抡	曾昭伦
黄绍竑	黄绍雄
夏丏尊	夏丐尊
陈劭先	陈绍先
吴组缃	吴组湘
竺可桢	竺可祯
妈　祖	马　祖
哥伦布	哥仑布
野坂参三	野板参三

2. 常见地名错用

国内外地名在出版物中的使用频率较高，出错率也不低，与人名的错用一样，大多出在形似、音近的文字中。避免错用的最好办法是勤查地图和有关资料，并强记一部分经常被错用的地名，切勿凭想当然处理书稿和校样。

这里列举常见错用的地名，以备查。因所举例子不多，不再按省分列，仍以破折号左边为正，右边为误。

正	误
九　州	九　洲
神　州	神　洲
株　洲	株　州
满洲里	满州里
海州湾	海洲湾
普洱市	思茅市
泸　州	沪　州
林州市	林　县
兖　州	兗　州
荥　阳	荣　阳
颍　水	颖　水
南　诏	南　韶
凤　翔	凤　翔
枝　江	技　江
闽　侯	闽　候
莆　田	蒲　田
哈　密	哈　蜜
临　邛	临　邗
武　陟	武　陡
郴　州	彬　州

正	误
耒　阳	来　阳
枞　阳	纵　阳
弋　阳	戈　阳
临　颍	临　颖
汜　水	氾　水
番　禺	番　禹
察　隅（西藏）	察　禺
菏　泽	荷　泽
颍　上	颖　上
蓝　田	兰　田
扶　风	扶　凤
邢　台	刑　台
淅　川	浙　川
鹤　壁	鹤　璧
灵　璧	灵　壁
亳　县	毫　县
黄　埔（在广州）	
黄浦江（在上海）	
吴　淞	吴　松
甪　直	角　直
荣　成	荣　城
侯　马	候　马
邗　江	邘　江
峨眉山	峨嵋山
内蒙古	内　蒙
较场口	校场口
雷峰塔	雷锋塔
保俶塔	保叔塔

正	误
盂　县（河南）	
盂　县（山西）	
翼　城	冀　城
垦　利	恳　利
岷　县（甘肃）	泯　县
岐　山	歧　山
海参崴	海参威
图们江	图门江
北仑港	北仓港
华蓥山	华荣山
卢沟桥	芦沟桥
祁连山	祈连山
大庾岭	大庚岭
嘉峪关	嘉裕关
达坂城	达板城
千尺幢	千尺橦
采石矶	彩石矶
井冈山	井岗山
罗霄山	罗宵山
胶州湾	胶洲湾
四子王旗	四王子旗
五大连池	五大莲池
同蒲路	同浦路
多瑙河	多脑河
大　阪	大　坂
新　潟	新　泻
洛杉矶	洛杉机
印第安	印地安

正	误	正	误
西泠印社	西冷印社	格林尼治	格林威治
长　洲	长　州	首　尔	汉　城

3. 常见书名错用

出版物中书名错用的情况比人名、地名要少，但也有那么几种书名、剧名常被人们误记、误写：

正	误	正	误
管锥编	管锥篇	啼笑因缘	啼笑姻缘
旧约·创世记	旧约·创世纪	“三言”“二拍”	《三言》《二拍》
史记·□□纪	史记·□□记	“三吏”“三别”	《三吏》《三别》
记念刘和珍君	纪念刘和珍君	“四书”“五经”	《四书》《五经》
为了忘却的记念	为了忘却的纪念	目连戏	目莲戏
闲情偶寄	闲情偶记	目连救母	目莲救母
梦粱录	梦梁录	长坂坡	长板坡
莆仙戏	蒲仙戏	三岔口	三叉口
万历野获编	万历野获篇		

4. 国名的错用

国名的误写，不是小问题，编辑和校对要严肃对待此事。一旦错在某些重要场合，有可能产生不良政治影响。

20 世纪 90 年代末，一些国家分化组合，国名变动频繁，出版工作者要准确把握这一变化，做到不出差错。以下国名要特别注意它们的正确书写（括弧内为旧称或误写）：

朝鲜民主主义人民共和国（朝鲜民主人民共和国、朝鲜人民共和国）

大韩民国、韩国（南朝鲜）

蒙古国（蒙古人民共和国）

科特迪瓦（象牙海岸）

刚果民主共和国（扎伊尔）

塔吉克斯坦（塔吉克）

哈萨克斯坦（哈萨克）

乌兹别克斯坦(乌兹别克)
吉尔吉斯斯坦(吉尔吉斯)
土库曼斯坦(土库曼)
梵蒂冈(梵帝冈)

六、容易混淆错用的字词

(一) 常见容易混淆的字

1. 容易混淆的形似字

A

哀 āi　哀悼、哀怜、默哀、悲哀。
衷 zhōng　衷心、衷情、衷肠、无动于衷。

昂 áng　昂贵、激昂、气宇轩昂。
昴 mǎo　星名：昴宿。

毐 ǎi　嫪(Lào)毐(战国时秦国人)。
毒 dú　毒蛇、毒物、中毒、投毒、吸毒。

B

拔 bá　拔除、选拔、海拔、拔尖儿、出类拔萃。
拨 bō　拨门、拨款、拨冗、调拨、拨弄是非。
跋 bá　跋文、序跋、跋山涉水、飞扬跋扈。

扳 bān　扳机、扳手、扳闸、扳子。
板 bǎn　板书、板结、板栗、刻板、一板一眼、板着面孔。
版 bǎn　版本、版画、版面、版图、出版、制版。

扒 bā　扒皮、扒车、扒衣服、扒(pá)手。
趴 pā　趴在地上。

浜 bāng　小河：河浜。

滨 bīn　水边，近水的地方：海滨。

薄 báo　薄片、家底薄。

薄 bó　薄利、薄弱、单薄、轻薄、鄙薄、刻薄、日薄西山、如履薄冰。

簿 bù　主簿、册簿、账簿、练习簿。

暴 bào　① 凶狠：暴行。② 突然而猛烈：暴怒、山洪暴发。③ 糟蹋：自暴自弃。④ 突出：青筋暴凸。

爆 bào　猛然破裂，突然发生：爆破、火山爆发、爆发革命。

曝 bào　曝光。

pù　晒：曝晒、一曝十寒。

吡 bǐ　吡啶、吡咯（有机化合物）。

呲 cī　斥责：挨了一顿呲儿。

砭 biān　① 石针：针砭。② 刺：冷风砭骨。

贬 biǎn　贬值、贬低、褒贬。

眨 zhǎ　眨眼。

苯 běn　碳氢化合物：苯乙烯。

笨 bèn　笨拙、愚笨、笨手笨脚。

亳 bó　亳县（在安徽省）。

毫 háo　丝毫、毫不在乎、明察秋毫。

C

裁 cái　裁决、体裁、剪裁、量体裁衣。

栽 zāi　栽花、栽培、栽赃、栽跟头。

茬 chá　麦茬、换茬。
荏 rěn　软弱：色厉内荏。

春 chūn　立春、春色满园。
舂 chōng　舂米。

刺 cì　刺刀、刺探、刺杀、刺客、刺激、冲刺、讽刺、芒刺在背。
剌 là　怪僻，不合常理：乖剌、剌谬。

绌 chù　短绌、相形见绌。
拙 zhuō　拙劣、笨嘴拙舌、弄巧成拙。

汆 cuān　① 烹调方法：汆汤、汆丸子。② 用汆子把水烧开：汆了一壶水。
氽 tǔn　① 浮在水面上漂动：木板在水上氽。② 用油炸：油氽花生。

D

沓 dá　量词：一沓信纸。
杳 yǎo　杳然、杳无音信。

贷 dài　贷款、借贷、责无旁贷。
货 huò　货款、购货、货真价实。

叨 dāo　叨叨、叨唠。
叼 diāo　叼着一支烟。

惮 dàn　怕：肆无忌惮。
殚 dān　竭尽：殚精竭虑。

F

风 fēng　风度、风味、风骨、采风、风声鹤唳。
风 fèng　凤凰、龙凤呈祥。

G

杆 gān　杆子、木杆、旗杆。
　gǎn　一杆枪、一杆秤、钢笔杆。

秆 gǎn　庄稼的茎：麦秆、玉米秆、高粱秆、秆锈病。

贯 guàn　贯穿、连贯、籍贯、鱼贯而入。
贳 shì　赊欠：贳酒。

丐 gài　乞丐。
丏 miǎn　夏丏尊（人名）。

H

荷 hé　荷花、荷叶、荷塘、荷兰。
　hè　荷锄、电荷、荷枪实弹、肩负重荷。
菏 hé　菏泽（地名，在山东省）。

宦 huàn　① 宦官。② 做官：仕宦。③ 官吏：宦海。
宧 yí　古时房屋的东北角。

肓 huāng　古代医家指心脏和膈膜之间：病入膏肓。
盲 máng　盲目、盲然、问道于盲。

壶 hú　茶壶、鼻烟壶、箪食壶浆。
壸 kǔn　古时宫中的路：宫壸。

J

缉 jī　缉拿、缉私、通缉。
辑 jí　编辑、辑录。

己 jǐ　① 自己：己见、己任。② 天干的第六位：甲、乙、丙、丁、戊、己、庚、辛、壬、癸。
巳 sì　地支的第六位：巳时。
已 yǐ　已经、壮心不已、有加无已、不能自已。

菅 jiān　草菅人命。
管 guǎn　管理、总管、管中窥豹。

卷 juàn　卷宗、答卷、烟卷、卷帙浩繁。
券 quàn　票据或作为凭证的纸片：入场券、稳操胜券。

记 jì　记忆、记录、记取、登记、惦记、铭记、传记、博闻强记。
纪 jì　纪念、纪律、纪年、纪实、世纪、军纪、法纪、经纪、政纪。

茄 jiā　雪茄(用烟叶卷的烟)。
　qié　茄子(植物名)。
笳 jiā　胡笳(古代北方民族的一种乐器)。

浆 jiāng　浆液、浆洗、泥浆、玉液琼浆。
桨 jiǎng　船桨、螺旋桨。

娇 jiāo　娇气、娇嫩、撒娇、娇生惯养。
矫 jiǎo　① 强壮，勇武：矫健。② 矫正：矫枉过正。

灸 jiǔ　针灸。

炙 zhì　炙手可热、脍炙人口。

矩 jǔ　矩尺、循规蹈矩。
距 jù　距离、差距、相距。
炬 jù　火炬、目光如炬。

K

拷 kǎo　拷问、拷打、生丝拷、三拷六问。
铐 kào　铐人、手铐、镣铐。

坑 kēng　坑害、坑道、火坑、焚书坑儒。
炕 kàng　火炕。

慨 kǎi　慨叹、感慨、愤慨、慷慨。
概 gài　概观、概率、气概、梗概、概不赊欠。

L

肋 lèi　肋骨、两肋、肋膜。
胁 xié　胁迫、胁持、威胁、裹胁、胁生双翼、胁肩谄笑。

冷 lěng　冷落、冷饮、冷门、冷冷清清、冷眼旁观。
泠 líng　泠风、泠泠、清泠、西泠印社。

戮 lù　① 杀：杀戮。② 合：戮力同心。
戳 chuō　戳穿、戳记、邮戳。

孪 luán　孪生、孪兄弟。
挛 luán　挛缩、痉挛。

M

沬 Mèi　商朝的都城。

沫 mò　沫子、吐沫、泡沫、相濡以沫。

汨 mì　汨罗江。
汩 gǔ　汩汩(流水声)。

N

狞 níng　狞笑、狞恶、狰狞。
狩 shòu　狩猎、出狩。

暖 nuǎn　暖和、暖冬、温暖、春暖花开、风和日暖。
暧 ài　暧昧。

P

辟 pì　辟谣、开辟、精辟、透辟、开天辟地。
　bì　辟邪、复辟。
僻 pì　僻静、偏僻、荒僻、孤僻、冷僻、怪僻、生僻、穷乡僻壤。

抔 póu　一抔土。
杯 bēi　酒杯、杯水车薪、杯弓蛇影。

Q

沁 qìn　沁着头、沁人心脾。
泌 mì　分泌、泌尿器。
　bì　泌阳(县名)。

杞 qǐ　杞人忧天。
祀 sì　祀拜、祀祖、祭祀。

钤 qián　钤印、钤记。
铃 líng　铃铛、哑铃、电铃、杠铃、掩耳盗铃。

S

哨 shào　哨兵、前哨、放哨、花哨、花里胡哨。
梢 shāo　树梢、收梢、眉梢、末梢。
稍 shāo　稍微、稍候。
　shào　稍息。

赡 shàn　赡养、宏赡。
瞻 zhān　瞻仰、观瞻、高瞻远瞩、瞻前顾后。

呻 shēn　呻吟。
呷 xiā　吸饮：呷了一口汤。

氏 shì　姓氏、无名氏、氏族社会。
氐 dī　① 星宿名：氐宿。② 古代西戎部落名。

酥 sū　酥糖、酥脆、酥软、桃酥、骨软筋酥。
稣 sū　耶稣。

戍 shù　戍边、卫戍。
戌 xū　戌时、戊戌变法。

睢 suī　恣睢、睢县(在河南省)。
雎 jū　雎鸠(古书上说的一种鸟名)。

T

膛 táng　胸膛、枪膛、炉膛、开膛破肚。
瞠 chēng　瞪着眼睛看：瞠目结舌、瞠乎其后。

帖 tiē　帖服、妥帖、服服帖帖。

tiě 帖子、请帖、喜帖、换帖。
tiè 字帖、碑帖。
贴 tiē 贴身、贴补、津贴、一贴膏药。

徒 tú 徒步、徒劳、信徒、家徒四壁。
徙 xǐ ① 迁移：迁徙。② 流刑：徙边。

W

呜 wū 呜的一声、汽笛呜呜响。
鸣 míng 鸣响、争鸣、雷鸣、鸣冤叫屈、鸡鸣狗盗。

胃 wèi 胃病、反胃、脾胃不和。
胄 zhòu ① 古代头盔：甲胄。② 帝王或贵族的后裔：帝胄、贵胄。

味 wèi 味道、滋味、气味、趣味、乏味、美味佳肴、食不甘味。
昧 mèi ① 昏暗，不明：暧昧、晦昧不明。② 糊涂：蒙昧、愚昧。③ 欺瞒，隐藏：欺昧、拾金不昧。

X

析 xī 析疑、分析、剖析、条分缕析、分崩离析。
柝 tuò 旧时打更的木梆：木柝、击柝。

枭 xiāo ① 骁勇：枭雄、枭将。② 悬首示众：枭首。
袅 niǎo 细长柔弱：袅娜、炊烟袅袅。

诩 xǔ 夸耀：自诩。
栩 xǔ 栩栩如生（形容生动活泼的样子）。
翊 yì 辅佐：翊戴。

Y

钖 yáng 马额上的装饰物。

锡 xī　金属元素：锡矿。

羸 Yíng　姓：羸政。
赢 yíng　赢利、赢得、赢家、输赢。
羸 léi　弱，瘦：羸弱、身病体羸。

肄 yì　肄业、肄习。
肆 sì　肆意、放肆、茶楼酒肆、肆无忌惮。

竽 yú　滥竽充数。
竿 gān　竹竿、日上三竿。

Z

脏 zāng　脏土、脏话、肮脏。
　zàng　脏器、心脏、肾脏、五脏。
赃 zāng　赃物、赃款、分赃、栽赃、贪赃枉法、坐地分赃。

沾 zhān　沾染、沾光、沾亲带故、利益均沾。
玷 diàn　使有污点：玷污、玷辱。

渣 zhā　渣滓、油渣、沉渣泛起。
碴 chá　话碴儿、找碴儿、玻璃碴儿。

折 zhé　折断、折扣、折叠、转折、挫折、百折不挠、损兵折将。
　shé　折本、折耗、树枝折了。
拆 chāi　拆信、拆洗、拆卸、过河拆桥。

盅 zhōng　茶盅、酒盅儿。
蛊 gǔ　蛊惑（毒害，迷惑）。

第 zǐ　竹编的床席：床第。

第 dì　第一、府第、门第。

2. 容易混淆的音同字

A

〔蔼 · 霭〕

蔼 ǎi　和气，和善：和蔼、蔼然可亲。

霭 ǎi　云气：云霭、烟霭、暮霭。

〔暗 · 黯〕

暗 àn　光线不足：黑暗、阴暗、幽暗、天昏地暗。

黯 àn　阴暗，昏黑，情绪低落：黯然无光、黯然神伤、黯然失色。

B

〔班 · 斑〕

班 bān　班车、班机、班级、值班、班师。

斑 bān　错杂的条纹，杂色：斑马、斑竹、斑驳、窥豹一斑。

〔磅 · 镑〕

磅 bàng　① 英美制重量单位。② 指磅秤：过磅。

镑 bàng　英国货币单位：英镑。

〔备 · 倍〕

备 bèi　备课、装备、责备、关怀备至、备受欢迎。

倍 bèi　倍数、倍加、事半功倍、倍感亲切。

△ “备”、“倍”都可作副词，但表示意义不同：“备”表示都、完全；“倍”表示更加、格外。

〔毖 · 毙〕

毖 bì　谨慎：惩前毖后。

毙 bì　死：毙命、击毙、坐以待毙、作法自毙。

〔壁·璧〕

壁 bì　壁垒、墙壁、峭壁、作壁上观、悬崖绝壁。

璧 bì　圆而有孔的玉器：白璧微瑕、完璧归赵、珠联璧合。

〔蓖·篦〕

蓖 bì　蓖麻、蓖麻油。

篦 bì　用篦子梳：篦头。

〔辨·辩〕

辨 biàn　识别，分清：辨别、辨认、明辨是非。

辩 biàn　用理由和根据说明真伪、是非：辩论、辩护、答辩、争辩、不容置辩。

△“辨”、“辩”都有分辨的意思，但“辨”重在辨别、区分，根据不同事物的特点，在认识上加以区别；而“辩”重在辩解、辩论，但表现形式是用言词分析、争辩。

〔博·搏〕

博 bó　① 多，广：博学、渊博。② 取得：博得、聊博一笑。③ 赌博。

搏 bó　① 对打：搏斗、肉搏战。② 跳动：脉搏。

C

〔采·彩〕

采 cǎi　① 摘取：采花、采摘。② 搜集：采访、采风。③ 选取：采购、采用。④ 开采：采煤、采掘。⑤ 神态：神采奕奕、兴高采烈。

彩 cǎi　① 颜色：彩云、五彩缤纷。② 彩色的丝绸：剪彩。③ 表示称赞的欢呼：喝彩。④ 花样，精彩的成分：丰富多彩。

⑤ 赌博或某种游戏中给得胜者的东西：彩券、彩票、中彩。

⑥ 负伤流血：挂彩。

△“采”多作动词或语素，也可作名词或语素，只用于表示神色、神情；“彩”只能作名词或语素。

〔查 · 察〕

查 chá ① 检查：查收、查票、清查、复查、搜查。② 调查：查访、查办、追查、普查。

察 chá 仔细看：察看、察觉、视察、明察暗访。

△“查”一般指有标准、有范围、有目的的调查，是带有审核性的行动；“察”一般指在调查过程中仔细观看，认真思考和深入探究，是带有分析辨别性的行为。

〔弛 · 驰〕

弛 chí 放松，解除：弛缓、弛禁、松弛、废弛、一张一弛。

驰 chí ① 车马急行：驰骋、奔驰、背道而驰。② 向往：驰想、神驰、心驰神往。③ 传播：驰名、驰誉。

〔厨 · 橱〕

厨 chú 厨房、厨师、帮厨、庖厨。

橱 chú 放置衣物的家具：橱柜、书橱、碗橱、壁橱。

〔川 · 穿〕

川 chuān ① 河流：山川秀丽、川流不息。② 平地：米粮川、一马平川。

穿 chuān ① 使物体形成孔洞：穿孔、在墙上穿个洞。② 从空隙里通过：穿越、穿梭。③ 把物体串联起来：贯穿、穿项链。④ 把衣服、鞋袜等套在身上：穿衣戴帽。

△“川”只能作名词；“穿”主要作动词，作名词时只表示衣帽鞋袜等。

〔淳·醇〕

淳 chún　朴实,厚道：淳朴、淳厚。

醇 chún　纯粹：醇厚、清醇、香醇、大醇小疵。

〔磋·蹉〕

磋 cuō　① 磨制器物：磋磨。② 商讨：切磋、磋商。

蹉 cuō　蹉跎。

〔促·猝〕

促 cù　急迫：匆促、仓促、急促、短促。

猝 cù　突然,出乎意料：猝然、仓猝、猝不及防。

〔悴·瘁〕

悴 cuì　衰弱,精神不振：憔悴、萎悴。

瘁 cuì　过度劳累：心力交瘁、鞠躬尽瘁。

〔萃·粹〕

萃 cuì　① 聚集：荟萃、萃于一身。② 聚在一起的人或事物：出类拔萃。

粹 cuì　① 纯粹：粹白、粹而不杂。② 精华：精粹、国粹、选粹。

△“萃”的基本字义是聚集,没有精华的意思;“粹”多用于表示精华。凡表示遴选精品和精粹、精华的意思都应该用“粹”。“萃聚”、“文萃”、“出类拔萃”的“萃”不能用“粹”。

D

〔带·戴〕

带 dài　随身携带,拿着：带雨伞、带上钱。

戴 dài　把物品放在头、面、颈、胸、臂、手等处：戴帽子、戴眼镜、戴手表。

〔眈·耽〕

眈 dān　眼睛注视的样子：虎视眈眈。

耽 dān　① 迟延：耽误、耽搁。② 沉溺，入迷：耽酒、耽乐、耽迷、耽爱、耽于幻想。

〔弟·第〕

弟 dì　弟子、弟兄、徒弟、误人子弟、称兄道弟。

第 dì　第一、宅第、次第、及第、落第。

〔谍·堞·牒〕

谍 dié　谍报、间谍。

堞 dié　堞墙、城堞、雉堞。

牒 dié　通牒、度牒、史牒。

〔迭·叠〕

迭 dié　① 轮流，替换：更迭。② 屡次：迭连、迭次、迭忙、迭有新发现。③ 及：忙不迭。

叠 dié　① 重复地堆放，累积：重叠、堆叠、叠罗汉、叠床架屋、重峦叠嶂。② 折叠：叠衣服、叠被子。

△ 1986 年重新发表的《简化字总表》规定，“叠”不再作为“迭”的繁体字处理，而是个单独使用的规范字，恢复“叠”的原有用法。

〔订·定〕

订 dìng　① 装订：骑马订、订书机。② 经商讨而订立：订立、签订、制订、拟订、订公约、订计划。③ 改正文字错误：审订、修订、校订。④ 约定：订货、订购、订户、订机票。

定 dìng　决定，确定：定论、定稿、商定、审定、制定。

〔睹·赌〕

睹 dǔ　目睹、睹物伤情、先睹为快、有目共睹、熟视无睹。

赌 dǔ　赌博、赌场、赌徒、赌注、赌气、打赌。

〔度·渡〕

度 dù　由此时到彼时：度过、度假、虚度、欢度、度日如年。

渡 dù　越过空间：渡过险关、渡河、渡口、强渡、偷渡、远渡重洋、过渡时期。

△“度”、“渡”作动词用时，都有由此到彼或跨越的意思，但涉及的对象不同。“度”只指时间的越过；“渡”指空间的跨越，指从这里到那里，从此岸到彼岸。“渡”还可带有比喻色彩地用于时间，但只限于困难时期，如渡过难关。

F

〔番·翻〕

番 fān　番茄、轮番、翻了一番。

翻 fān　翻身、翻案、翻脸、翻译、推翻、翻修、翻江倒海。

〔废·费〕

废 fèi　① 停止，放弃：废除、废止、废弃、半途而废。② 无用的或失去原有作用的：废料、废品、废话、废纸、修旧利废。

费 fèi　花费，耗费：费力、费心、费电、浪费、耗费、费尽心机。

〔奋·愤〕

奋 fèn　① 振作，鼓起劲来：奋勇、奋力、奋进、勤奋、奋起直追。② 摇动，举起：奋臂高呼、奋笔疾书。

愤 fèn　因不满而激动，发怒：愤慨、义愤、气愤、激愤、民愤。

△“奋”表示振作、昂扬、积极向上，这种精神状态和行动是自发的；“愤”表示因不满而发怒或激动，这种心情、情绪是由于某些外界因素的影响产生的。

〔伏 · 服〕

伏 fú ① 屈服,低头承认:伏罪、伏输。② 使屈服:降伏、制伏、降龙伏虎。③ 低下去:此起彼伏。④ 隐藏:伏击。⑤ 身体向前靠在物体上:伏案。

服 fú ① 服从,信服:服输、服气、屈服、顺服、佩服。② 使信服:收服、说服、压服、征服、以理服人。③ 担任,承当:服役、服刑。④ 衣裳:西服。

〔付 · 副 · 傅〕

付 fù 交,给:付款、付印、拨付、垫付、给付、付诸实施、付之一炬。

副 fù ① 居第二位的:副班长、副团长。② 辅助的,次要的:副业、副食品、副作用。③ 符合:名副其实。④ 量词:一副对联、一副手套、一副笑脸。

傅 fù 传授技艺的人:师傅。

△“副”作量词,用于成双成对的东西,或用于面部,此时不能用“付”;“付”不是“副”、“傅”的简化字,“正副”的“副”,“师傅”的“傅”均不能用“付”。

〔复 · 覆〕

复 fù ① 重复:复习、复诊。② 反过来,转过去:反复无常、循环往复。③ 回答,回报:复仇、复信。④ 恢复:复职、收复失地。⑤ 又,再:死灰复燃、一去不复返。

覆 fù ① 底朝上翻过来:覆辙、天翻地覆。② 灭亡:覆灭、覆亡。③ 遮盖:覆盖。④ 同“复”②,现在通常写作“复”,如翻来复(不写作“覆”)去。

△“覆”曾经作为“复”的繁体字停止使用,1986 年重新发表的《简化字总表》确认“覆”为规范字,恢复原有字义,不再作为“复”的繁体字处理。

G

〔鬼·诡〕

鬼 guǐ　① 不可告人的打算和勾当：捣鬼、心里有鬼。② 不正当，不光明：鬼混、鬼鬼祟祟。③ 有不良嗜好或令人厌恶的人：酒鬼、吝啬鬼。④ 坏，恶劣：鬼主意、鬼天气。

诡 guǐ　① 狡诈，奸滑：诡诈、阴谋诡计。② 奇异：诡谲、奇诡。

〔诟·垢〕

诟 gòu　① 耻辱：忍辱含诟。② 责骂：诟骂。

垢 gòu　① 污秽肮脏的东西：污垢、油垢、藏污纳垢。② 不干净：蓬头垢面。

H

〔撼·憾〕

撼 hàn　摇动：摇撼、震撼、撼人心魄。

憾 hàn　失望，不满足：憾事、缺憾、遗憾、抱憾、引以为憾。

〔翰·瀚〕

翰 hàn　① 毛笔：翰墨、挥翰。② 诗文，书信：文翰、尺翰。

瀚 hàn　广大：瀚海、浩瀚。

〔宏·洪〕

宏 hóng　广大：宏大、宏图、宏伟、宏观、宏论、宽宏大量。

洪 hóng　大：洪大、洪亮、洪恩、洪钟、洪福。

△“宏”、“洪”都有“大”的意思，但适用对象有所不同：由“宏”组成的词，多表示规模，如宏图；由“洪”组成的词，多表示声音、体积、容量，如洪亮、洪量、洪炉。

〔汇·会〕

汇 huì ① 聚集,聚合:汇总、汇聚、汇编。② 水流汇合:百川所汇、汇成巨流。③ 通过有关经营单位寄款:汇款、电汇。

会 huì ① 聚合在一起:会演、会餐、会诊、会晤、约会、拜会。② 理解,懂得:体会、心领神会。③ 通晓,掌握:会英语、学会开车。④ 某些组织:学生会。⑤ 有一定目的的集会:报告会。

△“汇”、“会”都有聚合的意思,但“汇”多用于指事物的聚合,“会”多用于指人的聚合。“汇”用于人时,须是把人比喻为某一事物,如:人们汇合成一支铁流。

J

〔饥·肌〕

饥 jī 饿:饥饿、饥寒、充饥、如饥似渴。

肌 jī 肌肉:肌肤、肌体、面黄肌瘦。

〔迹·绩〕

迹 jì ① 前人留下的事物:古迹、史迹、遗迹。② 物体留下的印痕:事迹、轨迹、行迹、踪迹、绝迹、笔迹、血迹、销声匿迹。

绩 jì 功业,成果:功绩、劳绩、战绩、业绩、政绩、考绩、丰功伟绩。

〔佳·嘉〕

佳 jiā 美,好:佳丽、佳肴、佳话、佳节、佳音、佳期、最佳方案。

嘉 jiā ① 美好:嘉宾、嘉言。② 夸奖,赞许:嘉奖、嘉勉、精神可嘉。

△“佳”、“嘉”都可作形容词,表示美好,但它们的构词能力不同。“佳”构词能力较强,不仅可以和某些语素构成名词,如佳人、佳作,还可以和某些语素构成形容词,如佳丽、佳妙。“佳”还可以单用,如成绩甚佳。而“嘉”作形容词时已不能单用,构词能力也较弱,只能修饰极少数语素,如嘉宾、嘉树。“嘉”主要是作动词,如嘉奖、其志

可嘉。

〔娇·骄〕

娇 jiāo ① 美丽可爱：娇姿、娇柔。② 宠爱：娇纵、撒娇、娇生惯养。③ 怕吃苦，不坚强：娇气、娇贵。

骄 jiāo ① 傲慢自大：骄傲、骄纵、不骄不躁。② 猛烈：骄阳似火。

〔拣·捡〕

拣 jiǎn 挑，选择：挑拣、拣选、挑肥拣瘦。

捡 jiǎn 拾取：捡拾、捡柴、捡东西、捡破烂儿。

〔竞·竟〕

竞 jìng 比赛：竞赛、竞争、竞选、竞走。

竟 jìng ① 完毕：未竟的事业。② 终究：有志者事竟成。③ 表示出乎意料：竟敢、竟然。

〔掬·鞠〕

掬 jū 双手捧起：笑容可掬。

鞠 jū 弯曲：鞠躬、鞠躬尽瘁。

〔巨·剧〕

巨 jù 很大：巨人、巨变、艰巨、巨幅标语。

剧 jù ① 猛烈，厉害：剧变、剧痛、剧烈、急剧、病情加剧。② 戏剧：话剧。

〔决·绝〕

决 jué 决计、决意、决断、决赛、坚决、判决、决不罢休、犹豫不决。

绝 jué 绝交、绝望、绝密、绝境、绝妙、绝命、拒绝、绝无此事、弹尽粮绝。

△“决”、“绝”都可作副词,用在“不、无、非”等否定词前面,加强否定判断,但侧重点有所不同:“决”强调“一定”、“肯定”,如决不后退、决非危言耸听;而“绝”强调“绝对”、“全然”,如绝不答应、绝无此事。

〔峻·竣〕

峻 jùn　① 山高而陡:峻峭、险峻、崇山峻岭。② 严厉:严峻、冷峻。

竣 jùn　完成,结束:竣工、完竣、告竣。

K

〔棵·颗〕

棵 kē　量词:三棵树、几棵草、几棵白菜。

颗 kē　① 小而圆的东西:颗粒。② 量词:一颗子弹、几颗珠子、几颗黄豆、一颗红心。

△“棵”、“颗”都可作个体量词,但使用的范围不同。“棵”多用于植物;“颗”多用于小球或粒状的东西,有时也用于人的某些器官,除用于心外,多带贬义。如:你长几颗脑袋?

〔磕·瞌〕

磕 kē　碰,撞在硬的物体上:磕碰、磕头、磕打、磕磕绊绊、磕头碰脑。

瞌 kē　困倦想睡觉:瞌睡。

〔暌·睽〕

暌 kuí　隔开,分离:暌隔、暌违。

睽 kuí　众目睽睽。

L

〔蜡 · 腊〕

蜡 là　① 一种提炼的油质：石蜡、白蜡、蜡烛。② 指蜡烛：一支蜡、吹灯拔蜡。③ 淡黄如蜡的颜色：脸色蜡黄。

腊 là　① 农历十二月：腊月、腊八。② 冬天腌制后风干或熏干的(鱼、肉等)：腊肉、腊鱼。

〔兰 · 蓝 · 篮〕

兰 lán　兰草或兰花：玉兰、紫罗兰、春兰秋菊。

蓝 lán　① 一种颜色：蓝天、蔚蓝。② 蓼蓝，一种草本植物：青出于蓝。

篮 lán　① 竹、藤编的容器：竹篮、网篮、花篮。② 指篮球：投篮。

△“兰”不是“蓝”、“篮”的简化字，“兰”指兰草，“蓝”指颜色，“篮”指篮子。

〔烂 · 滥〕

烂 làn　烂泥、烂熟、烂醉、腐烂、灿烂、溃烂、破烂、稀烂、破铜烂铁、焦头烂额、天真烂漫。

滥 làn　滥用、滥调、泛滥、滥用职权、滥竽充数、陈词滥调、乱砍滥伐、宁缺毋滥。

〔历 · 厉 · 励 · 砺〕

历 lì　历时、历程、历代、历届、经历、来历、阅历、台历、阴历、挂历、历历在目。

厉 lì　厉害、严厉、凌厉、雷厉风行、厉行节约、再接再厉。

励 lì　鼓励、奖励、勉励、激励。

砺 lì　磨砺、砥砺。

〔连 · 联〕

连 lián　① 衔接：连接、连续、藕断丝连。② 一个接一个地：连声叫好。③ 甚至：连我都认不出了。④ 军队编制单位：连长。

联 lián ① 接续不断：联运、联绵、联袂、蝉联。② 结合在一起：联欢、联盟。③ 彼此有关系：联系、联络。

△“连”、“联”都可作动词，表示相同或不同事物的结合，但“连”重在两种或多种事物衔接在一起，其方式大多是线性的；“联”重在对等事物的聚合，各部分的关系是并列的。凡重在表示线性的连接、连续的，都用“连”；凡重在表示非线性联结、联合的，都用“联”。“连”作动词时可以单用，如心连着心；而“联”在现代汉语中一般不能单用，只能作构词语素。

〔练·炼〕

练 liàn ① 练习，训练：练兵、练功、教练、排练。② 经验多，纯熟：练达、老练、精练、熟练、干练、凝练。

炼 liàn ① 用火烧制出：炼钢、冶炼、熔炼、锻炼、千锤百炼。② 琢磨词句更精美简洁：炼字、炼句、锤炼字句。

〔梁·粱〕

梁 liáng ① 房屋中水平方向承重的长条形构件：横梁、大梁。② 桥：桥梁、津梁。③ 物体中间隆起成长条的部分：山梁、鼻梁。

粱 liáng ① 谷子的优良品种。② 精美的饭食：膏粱。

△“梁”、“粱”音同形似，字义不同。凡指承重的屋梁、桥梁或类似梁的物体都用“梁”；凡指粮食、食物的都用“粱”。

〔冽·洌〕

冽 liè 寒冷：凛冽。

洌 liè 清澈：清洌、泉水甘洌。

△“冽”、“洌”是字形相近的两个不同的形声字，声旁相同，都是“列”，而形旁不同，“冽”是寒冷，所以形旁为“冫”，“洌”是水清，所

以形旁为“氵(水)”。凡表示寒冷的都用“冽”,凡表示水(或酒)清澈的都用“洌”。

〔茏·笼〕

茏 lóng　葱茏。

笼 lóng　笼罩、笼屉、竹笼、灯笼、牢笼。

〔萝·箩〕

萝 luó　萝卜、藤萝、胡萝卜。

箩 luó　箩筐、笸箩、淘箩。

△“萝”、“箩”均为形声字,两字的字形区别在上边。“萝”指某些能爬蔓的植物,所以形旁为“艹”;“箩”指用竹子编的器具,所以形旁为“竹”。

M

〔谩·漫·慢〕

谩 màn　轻慢无礼:谩骂。

漫 màn　① 随便,无拘束:漫游、漫步、漫谈、散漫、漫不经心。② 遍:漫天大雾、漫山遍野。

慢 màn　① 速度低:慢车、慢些走。② 冷淡无礼:傲慢、怠慢。

〔芒·茫〕

芒 máng　① 谷类种子外壳上的尖毛:麦芒、芒刺在背。② 像芒的东西:光芒、锋芒毕露。

茫 máng　① 看不到边际:茫茫。② 无所知:茫然、茫无头绪。

〔咪·眯〕

咪 mī　形容猫叫声:小猫咪咪叫。

眯 mī　眼皮微合:眯缝、眯着眼、笑眯眯。

〔迷·谜〕

迷 mí ① 分辨不清：迷失、迷路、迷航。② 沉醉：迷恋、入迷、着迷。③ 使人迷惑：迷人、鬼迷心窍。

谜 mí ① 供人猜测的隐语：谜语、字谜、灯谜。② 还没弄明白的事物：不解之谜。

〔糜·靡〕

糜 mí 糜烂、肉糜、侈糜、糜费。

靡 mí 靡费、奢靡。

靡 mǐ 靡靡之音。

〔密·蜜·秘〕

密 mì ① 事物间距离近：密植、稠密、严密。② 关系近，感情好：密友、亲密。③ 秘密：密谋、机密、保密。

蜜 mì ① 蜂蜜：采蜜、酿蜜。② 甜美：甜蜜、甜言蜜语。

秘 mì ① 不公开的：秘诀、秘方、神秘、隐秘。② 保守秘密：秘而不宣、秘不示人。

〔绵·棉〕

绵 mián ① 接连不断：绵长、绵延、连绵。② 丝绵：绵绸、绵里藏针。③ 柔软，薄弱：绵软、绵薄、软绵绵。

棉 mián ① 木棉。② 棉花：棉纺、棉布。

N

〔恼·脑〕

恼 nǎo 恼怒、恼恨、苦恼、烦恼。

脑 nǎo 脑海、脑袋、脑筋、头脑、绞尽脑汁、针头线脑、探头探脑。

〔碾·蹍〕

碾 niǎn 用碾子破碎东西：碾米、碾碎。

蹍 niǎn 踩：蹍死一只害虫。

〔疟·虐〕

疟 nüè　疟疾。

虐 nüè　虐待、暴虐、肆虐。

〔孽·蘖〕

孽 niè　① 妖怪：妖孽。② 祸害，罪恶：造孽、作孽、罪孽、孽种。

蘖 niè　植物由茎的基部长出的分枝：蘖枝。

O

〔欧·殴〕

欧 ōu　欧洲、欧化、西欧。

殴 ōu　殴打、殴伤、斗殴、打架斗殴。

〔耦·藕〕

耦 ǒu　耦合（物理名词）。

藕 ǒu　藕色、藕粉、藕荷、藕断丝连。

P

〔盘·磐〕

盘 pán　盘绕、盘问、盘点、开盘、一盘散沙。

磐 pán　巨大的石头：安如磐石、风雨如磐。

〔陪·赔〕

陪 péi　做伴，协助：陪同、陪伴、陪衬、奉陪、失陪。

赔 péi　① 赔偿：赔款。② 道歉，认错：赔礼、赔罪。③ 做生意亏本：赔本、赔钱。

〔佩·配〕

佩 pèi　佩刀、佩戴、佩服、钦佩、敬佩、感佩。

配 pèi　配合、配备、配料、般配、搭配、调配、修配、装配、支配。

〔怦·砰〕

怦 pēng　形容心跳的声音：怦然心动、心怦怦跳。

砰 pēng　形容重物落地、撞击或爆裂的声音：砰的一声、枪声砰砰。

△“怦”、“砰”都可作拟声词，“怦”只形容心跳声，“砰”用来形容较大的声音，如枪声、重物落地或撞击声等。

〔蓬·篷〕

蓬 péng　① 松散，散乱：蓬松、蓬着头、蓬头垢面。② 量词，用于花草：一蓬茅草。

篷 péng　用帆布、竹木等搭制的遮蔽风雨的设备：敞篷、车篷、帐篷。

Q

〔岐·歧〕

岐 qí　岐山(县名，在陕西)。

歧 qí　歧路、歧义、歧视、歧途、分歧、歧路亡羊。

〔启·起〕

启 qǐ　① 打开：启封、开启。② 开导：启发、启蒙、启示。③ 开始：启用、启程、启运、启动、启行、启航。

起 qǐ　① 离开原来的位置：起立、起飞。② 发生：起风、起疑心。③ 开始：起点、起源。④ 用在动词后，表示动作开始：唱起歌。

△“启”、“起”都可以表示“开始”的意思，但功能不同。“启”表示开始时，不能单用，只能作构词语素；“起”表示开始时，可以单用，表示时间、地点的起始。

〔气·汽〕

气 qì　① 气体：氧气、煤气、毒气、沼气。② 空气：气压。③ 呼吸：喘气。④ 指人的精神状态、作风、习气、气质：朝气、官气、骄气、秀气。⑤ 指自然界现象：气候、节气。⑥ 受欺侮：忍气吞声。

汽 qì ① 液体或固体受热变成的气体。② 特指水蒸气：汽船、汽机。

△“气”、“汽”都可指气体，但“气”是指在自然状态下的各种气体，也可特指空气。空气、氢气、氧气、煤气、二氧化碳在自然状态下都是气体形态，所以凡是指这种自然状态下的气体或空气，不管是单用还是作构词语素，都应该用“气”。而“汽”是指液体或固体受热而变成的气体，也特指水蒸气。这些物质在自然状态下都是液体或固体，只有经过加热才可能变成气体，所以凡是指这种特殊状态下的气体，不管是单用或作构词语素，都应该用“汽”。

〔欠・歉〕

欠 qiàn 欠伸、欠安、欠妥、欠债、哈欠、拖欠、缺欠。

歉 qiàn 歉年、歉意、歉疚、歉收、抱歉、道歉。

R

〔韧・轫〕

韧 rèn 韧性、韧劲、韧带、柔韧、坚韧。

轫 rèn 支住车轮不使旋转的木头：发轫。

〔茸・绒〕

茸 róng 茸毛、茸茸、参茸、鹿茸。

绒 róng 绒毛、绒线、棉绒、丝绒、驼绒。

〔溶・熔・融〕

溶 róng 物质在液体中化开：溶化、溶液。

熔 róng 固体受热化为液体：熔点、熔炉、熔化、熔炼、熔铸。

融 róng ① 融化：消融。② 调和：融洽、水乳交融。

〔揉·糅〕

揉 róu　揉面、揉搓、矫揉造作。

糅 róu　混杂：糅合、糅杂、杂糅。

△“揉”、“糅”都可作动词，但表示意思不同。“揉”是用手来回擦或搓，“糅”是指两种或两种以上的事物混杂、混合在一起。

S

〔摄·慑〕

摄 shè　① 照相：摄影、拍摄。② 保养：摄生。③ 代理：摄理、摄政王。

慑 shè　惧怕：慑服、威慑、震慑。

〔受·授〕

受 shòu　① 接受：受礼、受贿、受聘、受奖、无功受禄。② 遭受：受灾、受委屈。

授 shòu　交付、给予：授旗、授奖、授权、授衔、授予。

〔暑·署〕

暑 shǔ　暑假、暑热、中暑、酷暑。

署 shǔ　署名、签署、部署。

T

〔摊·滩〕

摊 tān　摊派、摊牌、摊贩、均摊、摊鸡蛋、一摊泥、一摊血。

滩 tān　沙滩、浅滩、险滩、海滩、抢滩。

△“摊”可作量词，用于摊开的液体或糊状物；而“滩”不能作量词，只能作名词，表示江河中水浅流急的地方或江河湖海边上的淤积平地，所以“一摊血”、“一摊泥”的“摊”不能用“滩”。

〔炭·碳〕

炭 tàn　炭火、煤炭、焦炭、木炭、雪中送炭。

碳 tàn　碳酸、碳化、二氧化碳。

〔坦·袒〕

坦 tǎn　① 平而宽阔：坦途、平坦。② 直率：坦率、坦白。③ 心里平定：坦然。

袒 tǎn　① 脱去或敞开上衣，露出身体一部分：袒露、袒胸露怀。② 袒护：偏袒。

△“坦”、“袒”均为形声字，字形区别在左边，分别为“土”、“衤”。“坦”可作动词、形容词构词语素，“袒”只能作动词构词语素。

〔涛·滔〕

涛 tāo　波涛、松涛、林涛、怒涛、惊涛骇浪。

滔 tāo　浊浪滔天、滔滔不绝、洪水滔滔。

〔陶·淘〕

陶 táo　① 用黏土烧制的器物：陶器、彩陶。② 教育，培养：陶铸、陶冶。③ 快乐：陶然、陶醉、乐陶陶。

淘 táo　① 用水冲洗或在水中搅荡以除杂质：淘米、淘金、淘汰。② 从深处清除：淘井。③ 冲刷：大浪淘沙。④ 顽皮：淘气。

〔廷·庭〕

廷 tíng　廷试、朝廷、宫廷、龙廷。

庭 tíng　庭院、法庭、大庭广众、门庭若市、分庭抗礼、天庭饱满。

〔挺·铤〕

挺 tǐng　挺直、挺进、挺立、笔挺、硬挺、直挺挺、挺胸叠肚。

铤 tǐng　铤而走险。

〔筒·桶〕

筒 tǒng　较粗的竹管或其他筒状物：竹筒、笔筒、袖筒、传声筒。

桶 tǒng　盛东西的器具，多为圆筒形：水桶、吊桶、马桶、汽油桶。

〔驮·驼〕

驮 tuó　用背部承载人或物：驮运、驮筐、肩挑背驮。

驼 tuó　① 骆驼：驼峰、驼绒。② 背部弯曲：驼背。

W

〔弯·湾〕

弯 wān　① 曲折，不直：弯曲、弯路。② 曲折的部分：拐弯、转弯。

湾 wān　① 河流拐弯处：河湾、水湾。② 海岸凹入处：海湾、港湾。

〔宛·惋·婉〕

宛 wǎn　① 仿佛：宛若、宛如、宛然。② 曲折：宛曲。

惋 wǎn　痛惜：惋惜。

婉 wǎn　① 温和，柔顺：婉顺、和婉、温婉。② 委婉：婉拒、婉转、婉辞、婉谢、婉言相劝。

〔骛·鹜〕

骛 wù　纵横驰骋：驰骛、心无旁骛、感情外骛。

鹜 wù　鸭子：趋之若鹜。

〔勿·务〕

勿 wù　不要：请勿吸烟、非公勿入。

务 wù　① 从事：务商、不务正业。② 事情：商务。③ 一定，必须：务必、务须、除恶务尽。

X

〔嬉·嘻〕

嬉 xī　游玩,玩耍:嬉笑、嬉戏、嬉笑怒骂。

嘻 xī　形容笑声:笑嘻嘻、嘻嘻地笑着。

△“嬉”多作动词,表示玩耍、游戏;“嘻”多作拟声词,形容笑声。

〔象·像〕

象 xiàng　① 形状,样子:景象、形象、印象、气象、假象、抽象、具象、象征、万象更新。② 仿效,摹拟:象形、象声。③ 指大象:象牙。

像 xiàng　① 比照人物制成的形象:像章、画像、偶像、肖像、塑像、佛像、遗像、雕像。② 相似:你长得像妈妈。③ 比如,如同:像这种情况时有发生。④ 似乎,好像:她的样子像是很不高兴。

△ 1986 年重新发表的《简化字总表》明确规定:“像”不再作为“象”的繁体字处理,而是个规范字,恢复原有的字义。

“象”、“像”都可作名词,但表示的对象不同。“象”是指自然界或人、物等的形态、样子,如形象、表象、意象、星象、病象、天象、险象等;而“像”是指以模仿、比照等方法制成的人或物的形象,如图像、音像、影像、摄像、录像、人像、画像、神像、绣像等。

〔宵·霄〕

宵 xiāo　夜:宵禁、夜宵、良宵、春宵、元宵节、通宵达旦。

霄 xiāo　① 云:云霄、霄汉。② 天空:九霄、重霄、霄壤之别。

〔泄·泻〕

泄 xiè　① 排出:泄洪、排泄、水泄不通。② 尽量发出:泄恨、泄欲、发泄、泄私愤。③ 漏出,露出:泄密、泄露。④ 失去:泄气、泄劲。

泻 xiè　① 急速地流：倾泻、一泻千里。② 拉肚子：泻药、上吐下泻。

△“泄”、“泻”都可作动词，都可指液体的流动，但特点不同。“泄”本指水或其他液体在外力作用下排出；而“泻”是指水向低处迅速地自然流动。

〔形·型〕

形 xíng　① 实体，形体：无形、形影不离。② 形状，样子：地形、三角形、奇形怪状。③ 现出：喜形于色。④ 对照：相形见绌。

型 xíng　① 铸造的模具：模型、砂型。② 规格，种类：型号、类型、巨型、血型。③ 特定的形状或样式：新型、体型、发型。④ 楷模：典型。

△“形”、“型”都可表示人或物的样子，但“形”是指具体的、每个个体的形状；而“型”是指许多事物共同的、规范的形状，常用来表示人或物的类别。

〔须·需〕

须 xū　① 一定要：须知、须要、务须、无须、必须、须努力争取。② 等待：须晴日。

需 xū　① 需要：需用、需求、急需、必需。② 必需的东西：军需、不时之需。

△“须”、“需”都可作动词，但表示的意思不同，“须”表示一定要，“需”表示应该有或一定要有。

〔喧·暄〕

喧 xuān　高声说话，声音杂乱：喧哗、喧闹、喧嚷。

暄 xuān　阳光温暖：寒暄。

〔炫·眩〕

炫 xuàn　① 强光照射：光彩炫目。② 显示：炫耀、自炫其能。

眩 xuàn　① 昏花，晕：眩晕、头晕目眩。② 迷惑：眩惑、眩于名利。

〔熏·醺〕

熏 xūn　熏染、熏陶、熏制、烟熏火燎、臭气熏天。

醺 xūn　微醺、醉醺醺。

〔训·驯〕

训 xùn　① 教导，训诫：训话、训导、训斥、教训。② 教练：训练、培训、军训。

驯 xùn　① 顺从的：驯服、驯顺、温驯。② 使顺从：驯兽、驯养。

Y

〔奕·弈〕

奕 yì　奕奕有神、神采奕奕。

弈 yì　对弈、博弈、弈林高手。

〔义·意〕

义 yì　① 意思，意义：定义、含义、贬义。② 正义：道义、义不容辞。③ 情谊：情义。

意 yì　① 意思：立意、含意、词不达意。② 心愿：满意、得意、称心如意。③ 料想：意外、出其不意。

〔荧·萤·莹〕

荧 yíng　荧光、荧屏、荧光灯。

萤 yíng　萤石、萤火虫。

莹 yíng　莹洁、晶莹、蓝莹莹。

〔涌·踊〕

涌 yǒng　① 水或云气冒出：泉涌、风起云涌。② 像水冒出一样：人像潮水般涌进来。

踊 yǒng　向上跳：踊跃。

〔尤·犹〕

尤 yóu　① 突出的：尤物、无耻之尤。② 格外，更加：尤甚、尤为可爱。③ 过失：效尤。④ 怨恨：怨天尤人。

犹 yóu　① 如同：犹如、虽死犹生、过犹不及。② 还，尚且：言犹在耳、记忆犹新。

〔园·圆〕

园 yuán　园林、园艺、园陵、花园、果园、乐园、梨园、菜园。

圆 yuán　圆桌、圆形、圆规、圆滑、圆润、圆梦、圆滚滚、珠圆玉润、自圆其说、破镜重圆。

〔跃·越〕

跃 yuè　跳：跃动、飞跃、踊跃、一跃而起。

越 yuè　① 跳过，跨过：越墙、翻山越岭。② 经过：越冬、穿越。③ 超出：越权、越级。④ 胜过一般：卓越、优越。

〔陨·殒〕

陨 yǔn　从高空坠落：陨落、陨石、陨灭、陨星。

殒 yǔn　死：殒命、殒灭。

Z

〔燥·躁〕

燥 zào　干，干热：燥热、干燥。

躁 zào　性急，不冷静：急躁、烦躁、暴躁、浮躁、不骄不躁。

△“燥”、“躁”都可作形容词，但表示的意思不同：“燥”表示缺少

水分,而“躁”表示性情急躁。

〔振 · 震〕

振 zhèn ① 摇动,挥动:振翅、振臂、振笔疾书。② 奋起:振奋、振作、为之一振、一蹶不振。③ 通过中心位置往复运动:振动、共振。

震 zhèn ① 猛烈颤动:震撼、地震、震耳欲聋。② 情绪过分激动:震怒、震惊。

〔至 · 致〕

至 zhì ① 到:至今、自始至终。② 极,最:至多、至交、如获至宝。

致 zhì ① 给予,表达:致电、致谢。② 招引,使达到:致富、导致、学以致用。③ 竭尽:专心致志。④ 情趣:兴致、情致。⑤ 周密:细致、精致、极致。

〔州 · 洲〕

州 zhōu 行政区划名称:九州、广州、福州、自治州。

洲 zhōu ① 河流中的陆地:沙洲、三角洲。② 海洋所包围的大陆:非洲、欧洲、五洲四海。

△“州”是我国旧时的地方行政区划名,至今保留在地名里。有的地名却不是由行政区划而来,如“株洲”这个城市是湘江中游由泥沙淤积而成的陆地,所以“株洲”的“洲”不能用“州”。

〔尊 · 遵〕

尊 zūn 敬重:尊敬、尊重、尊贵、自尊。

遵 zūn 依照:遵命、遵照、遵循、遵守。

〔坐 · 座〕

坐 zuò ① 乘,搭:坐船、坐火车。② 背对着某一方向:坐东朝西。③ 守定不动:坐镇、坐享其成。④ 与“立”相对:坐下、静坐、坐卧不安。

座 zuò　① 坐位：座次、离座、座上客、高朋满座。② 托器物的东西：底座、钟座。③ 量词：一座高楼、一座宫殿。④ 旧时对某些官长的敬称：军座、局座。

△“坐”与“座”的根本区别在于：“坐”可作动词；“座”可作名词，也可作量词。

3. 容易混淆的义近字

〔哄·轰〕

哄 hōng　① 形容很多人同时大笑的声音：全场哄的一声笑起来。② 很多人同时发出声：哄传、哄堂大笑。(读 hǒng、hòng 时另作他义)

轰 hōng　① 形容巨大的声音：轰的一声巨响。② 雷鸣或爆炸、炮击声：轰炸、轰击、雷轰。③ 驱赶：轰走、轰鸟。

△“哄”、“轰”都可作拟声词，但运用时有所区别：“哄”只拟人的响声，如“哄笑”的“哄”不能用“轰”，“轰”只拟物的响声；“哄”强调声音多，“轰”强调声音大。

〔积·集〕

积 jī　① 逐渐聚集：积累、积存。② 长时间积累下来的：积习、积怨。

集 jí　① 汇聚：汇集、召集。② 汇辑作品的书册：诗集、选集。③ 集市：集日、赶集。

△“积”、“集”都可作动词，表示聚集的意思，但仍有一些不同。“积”是一点点积累，时间愈久，积聚愈多，如积压、积土成山；而“集”是把分散的东西聚合在一起，如集资、集邮。

〔漂·飘〕

漂 piāo　浮在液体表面，在水面上流动：漂浮、漂流。(读 piǎo、piào 时意义不一样)

飘 piāo　随风摆动或飞扬：飘扬、飘舞、飘荡、飘游、飘曳、轻飘飘。

△“漂”、“飘”都可作动词，都有移动的意思，但移动所凭借的动力不同，事物所在的处所不同。“漂”指物体在水面顺着风向或液体流动的方向移动，也可以指物体停留在液面；“飘”主要指物体在空中随风移动或飞扬。

〔跷·翘〕

跷 qiāo　① 抬起，竖起：跷着腿、跷起大拇指、跷跷板。② 只用脚尖着地：跷着脚。

翘 qiáo　① 抬起：翘首、翘望。② 高出于一般：翘楚。

qiào　物体的一端上扬：翘尾巴。

△“跷”、“翘”都可作动词，都可表示抬起的意思，但“跷”用于腿，“翘”用于头；“跷”又指竖起指头，“翘”又指一端向上扬起。

〔胀·涨〕

胀 zhàng　① 物体体积变大：膨胀、热胀冷缩。② 体内产生的膨胀感觉：肚子胀、头脑发胀。

涨 zhàng　① 体积增大：豆子泡涨了。② 充血：头昏脑涨。③ 多出，超出：钱花涨了。

zhǎng　上升：水涨船高、行情看涨。

△“胀”、“涨”都可作动词，表示体积增大，但变化的原因却不同。“胀”是物体受热后体积增大，而“涨”是固体吸收液体后体积变大。“胀”还指体内受刺激产生的膨胀感觉，“涨”还指充满，多指头部充血。

〔作·做〕

作 zuò　① 起：一鼓作气、枪声大作。② 写作：作曲、著作。③ 进行某种活动：作弊、作报告。④ 装：弄虚作假、装模作样。⑤ 当成：认贼作父。⑥ 作品：杰作、不朽之作。

做 zuò　① 制造：做衣服。② 从事某种工作或活动：做工、做梦、做生意。③ 写作：做诗、做文章。④ 充当，担任：做官、做律师。⑤ 用做：拿他做典型。⑥ 结成：做朋友。

△ “作”一般带意义较抽象的、有较浓书面语色彩的名词宾语，如作恶、作画、作操、作案、作弊、作价；“做”一般带意义较具体的、有较重口语色彩的名词宾语，如做官、做饭、做梦、做媒、做事、做主、做生日、做手脚。后面是双音节动词时，一般用“作”，如作调查、作斗争、作示范。成语多用“作”，如作威作福、自作聪明、以身作则、矫揉造作。“作”的构词能力比“做”强，复合名词大多都用“作”，如作业、作家、协作。

〔桔 · 橘〕

桔 jié　① 桔梗(多年生草本植物，根可作药材)。② 桔槔(一种旧式从井里汲水的工具)。

橘 jú　橘子树：橘子、甜橘、蜜橘。

△ “桔”、“橘”是字形、字音、字义完全不同的两个字，“桔”不是“橘”的简化字，“橘”不能写作“桔”。

〔苹 · 蘋〕

苹 píng　苹果。

蘋 pín　蕨类植物，生在浅水中：青蘋之末。

△ “苹”的繁体字是“蘋”，已不再使用；“蘋”是类推简化字。由于《简化字总表》未将“蘋”字的两个读音代表不同的字义区别开来，也未加以注释，人们误以为“蘋”一律简化作“苹”，而常常出现“(风)起于青苹之末”的错误。

〔粘 · 黏〕

粘 zhān　① 黏的东西附着在物体上或互相连结：粘连、手上粘了糖。② 用黏的东西把物品连接起来：粘贴、把破的书页粘好。

黏 nián　能使两种物体粘贴在一起的性质：黏液、黏性、这胶水真黏。

△ 1955 年公布的《第一批异体字整理表》将“黏”作为“粘”的异体字予以淘汰。1988 年在《现代汉语通用字表》中又确认“黏”为规范字，恢复原有字义，“粘”、“黏”成为字义不同的两个字，不能混用。

（二）常见容易用混的合成词

1. 音同混淆致误

B

〔必须 · 必需〕

必须 bìxū 事实上或情理上必要：你今天必须赶回来。

必需 bìxū 一定要有，不可缺少：这些是你生活必需的东西。

△“必须”、“必需”的词性不同，“必须”是副词，“必需”是动词。“必须”表示一定要、不这样不行的意思，有强调和命令的意味；“必需”表示一定要有、必不可少的意思，其对象是人力、物力、原料等。

〔辩证 · 辨证〕

辩证 biànzhèng 合乎辩证法的：应该辩证地看问题。

辨证 biànzhèng ① 辨析考证(同“辩证”)。② 辨别症候：中医讲究辨证施治。

C

〔长年 · 常年〕

长年 chángnián 整年连续不断：她长年坚持上班，节假日从不休息。

常年 chángnián 经常，中间可有时间较短的间断：采购员常年出差买货。

△“长年”、“常年”都有一年到头、长期的意思，但“长年”强调中间没有间断，“常年”强调经常，中间可以有短时的间断。

〔传诵·传颂〕

传诵 chuánsòng　辗转传布诵读：这件事在当地广为传诵。

传颂 chuánsòng　辗转传布颂扬：人们至今还在传颂着他的英雄事迹。

△“传诵”是辗转传布述说、诵读，也可以是微有褒义的称道，对象多是诗、文之类；“传颂”是辗转传布赞扬，对象是不平凡的、英雄的人物或事迹。

〔窜改·篡改〕

窜改 cuàngǎi　改动：对文章进行窜改。

篡改 cuàngǎi　用作伪的手段改动或曲解：决不允许篡改马列主义的理论。

△“窜改”、“篡改”都有改动的意思，但改动的目的和手段不同，涉及的对象也有所不同。“窜改”多是自以为是的随意改动，改动的对象多为成语、书或文件中的文句；“篡改”是为了达到某种不可告人的目的，采取作伪的手段，改动的对象多是重要的理论、观点、政策等。

F

〔法制·法治〕

法制 fǎzhì　法律制度(包括法律的制定、执行和遵守)：增强法制观念。

法治 fǎzhì　根据法律治理国家：树立法治思想。

〔反应·反映〕

反应 fǎnyìng　① 有机体受到体内或体外的刺激而引起的相应的活动：叫他两声没任何反应。② 指事情所引起的意见、态度或行动：这件事引起不同的反应。③ 打针或服药所引起的不良症状：过敏反应。

反映 fǎnyìng　① 比喻把客观事物的实质表现出来：影片反映了

现实生活的一个侧面。② 把情况或意见告诉上级或有关部门：如实反映情况。

△“反应”是名词，“反映”是动词。“反应”的基本意义是外界刺激或客观情况所引起的一种反响，而“反映”是对客观所采取的一种主动的行动。

G

〔国是·国事〕

国是 guóshì　国家大计：共商国是。

国事 guóshì　国家大事：进行国事访问。

△ 凡是国家的大事都可说是“国事”，而“国是”只能是指有关国家发展的大政方针。“国事”是普通用语，“国是”有较庄重的书面用语色彩。

H

〔化妆·化装〕

化妆 huàzhuāng　用脂粉等化妆品修饰容貌：她每天都要化妆。

化装 huàzhuāng　① 演员为了适合所扮演的角色的形象而修饰面貌：演员们正在后台化装。② 假扮：他化装成小商贩混迹其中。

△“化妆”、“化装”都有修饰容貌的意思，但目的、侧重点和范围都不同。“化妆”的目的是把容貌打扮得更美丽；“化装”的目的是改变原来的样子，使之成为另一类型的人。“化妆”主要是用化妆品修饰容貌，而“化装”不仅是面容的修饰，还要进行头饰、服饰等全身性装扮。

J

〔肌体、机体〕

肌体 jītǐ　① 身体：健康的肌体。② 比喻组织机构：不能让腐败现象危害党的肌体。

机体 jītǐ　有机物,即具有生命的个体的统称,包括动物和植物。

〔检查 · 检察〕

检查 jiǎnchá　① 为了发现问题而用心查看:检查卫生、检查身体。② 检讨:写检查。

检察 jiǎnchá　审查被检举的犯罪事实:检察院。

△“检查”、“检察”都有为发现问题而仔细调查的意思,但侧重点和适用范围不同。“检查”适用面较宽,指查看一般事物有没有问题;而“检察”只适用于政法工作,专用于审查被检举的犯罪事实。

〔界线 · 界限〕

界线 jièxiàn　① 两个地区分界的线:越过了界线。② 某些事物的边缘:他的地方没有界线。③ 有时可指不同事物的分界。

界限 jièxiàn　① 不同事物的分界:划清界限、生与死的界限。② 尽头处:霸权主义者的侵略野心是没有界限的。

△“界线”强调不同事物互相连接而又有明显的区分标志,比“界限”具体、清晰,多用于具体事物、地区、地点或场合之间的分界;有时也用于抽象事物的分界,但都带有把抽象的界限具体化的比喻色彩。“界限”强调作为不同事物范围据以划分开的东西,多用于抽象事物的分界,如思想界限、阶级界限等。有时也用于具体事物的分界,但都是在事物之间很难画出一道界线的情况下才用。

〔径自 · 竟自〕

径自 jìngzì　直接:他未和家人商量,径自报了名。

竟自 jìngzì　竟然:她自己边看书边学习,竟自学会了电脑打字。

△“径自”、“竟自”都是副词,在修饰动词时表示的意思有所不同。“径自”表示自己直接行动的样子,“竟自”表示有些出乎意料的语气。

〔巨变·剧变〕

巨变 jùbiàn　巨大的变化：几年来，他的家乡发生了巨变。

剧变 jùbiàn　剧烈的变化：形势剧变、思想剧变。

△“巨变”、“剧变”都指非同一般的大变化，但“巨变”强调变化的规模大、范围广；“剧变”强调变化的迅速、猛烈。

M

〔蒙眬·朦胧〕

蒙眬 ménglóng　①形容快要睡着或刚睡醒时，两眼带着睡意看东西模模糊糊的样子：睡眼蒙眬、蒙眬入睡、眼睛渐渐蒙眬起来。②形容醉时的神态：醉眼蒙眬。

朦胧 ménglóng　①形容月光不明：月色朦胧、朦胧的月光。②泛指模糊、不清楚，可用于灯光、物体、思想、认识、神态、风雪雾雨等：色彩朦胧、意识朦胧、朦胧的影子。

△在书报刊上经常可以见到把“蒙眬”写作“曚眬”，这是不对的，《简化字总表》中明确规定“曚”作为“蒙”的繁体字已停止使用，遇到“曚”字时应该用“蒙”这个规范字。“朦胧”可以叠用为“朦朦胧胧”，意思相同。

〔牟取·谋取〕

牟取 móuqǔ　用不正当手段取得：牟取暴利、牟取名利。

谋取 móuqǔ　想办法取得：谋取利益、谋取应有的权利。

△“牟取”、“谋取”都有设法取得的意思，但“牟取”涉及对象只限于名利，“谋取”涉及对象较广，不局限于名利。“牟取”是贬义词，“谋取”是中性词。

P

〔品位、品味〕

品位 pǐnwèi　① 矿石中所含有用成分的百分率：品位高低。② 物品的质量，文艺作品所达到的水平：高品位的钻戒、影片的艺术品位较高。

品味 pǐnwèi　① 品尝：仔细品味。② 玩味，仔细体会：把她的话再品味一番。

Q

〔启示·启事〕

启示 qǐshì　① 有所领悟的启发指示：深刻的启示、这话给我很大的启示。② 使有所领悟：老师要启示学生思考问题。

启事 qǐshì　为了某事而登在报刊等媒体上或贴在墙壁上的文字：招聘启事、征稿启事、征婚启事。

△“启示”是并列式合成词，启是启发、开导，示是指示；“启示”作动词时表示揭示道理而使人提高认识，没有表示公开声明某件事的意思。

“启事”是一种日常应用文体，是为了公开声明某件事，用简短的文字刊登在媒体上或贴在墙壁上，前面常加表示具体事情的修饰词语，如寻人、寻物、遗失、招聘、征婚等，这个“启事”不能用“启示”。

〔墙角、墙脚〕

墙角 qiángjiǎo　两堵墙相交而形成的角以及角附近的地方：墙角有裂缝。

墙脚 qiángjiǎo　① 墙根：靠着墙脚躺下。② 比喻基础：调走这两个人等于挖我们的墙脚。

〔权力·权利〕

权力 quánlì　① 政治上的强制力量：权力机关、你手中的权力是人民给的。② 职责范围内的支配力量(管理权、指挥权等): 行使你的权力、不能搞权力和金钱的交易。

权利 quánlì　公民或法人依法行使的权力和享受的利益: 公民有选举权利、保护消费者的权利。

△“权力”表示握有一定的统治、管辖、支配的力量,也可以指职责范围内的支配、指挥的力量;“权利”指依法应有的权力和应享受的利益。“权力”一般是国家机关或代表国家的负责人所具有的;“权利”一般是广大公民所具有的。

R

〔溶化·熔化〕

溶化 rónghuà　① 固体在一定条件下或直接变为液体: 奶里的糖溶化了。② 比喻具体的或抽象的事物消散、消失、分解: 心被溶化了、把党的教导溶化到血液中。

熔化 rónghuà　固体加热到一定程度化为液体: 熔化的铁水涌流出炉。

〔嚅动、蠕动〕

嚅动 rúdòng　想要说话而嘴唇微动: 奶奶嚅动着嘴唇。

蠕动 rúdòng　如蚯蚓爬行那样动: 他感到体内的肠胃在蠕动。

S

〔圣地·胜地〕

圣地 shèngdì　① 具有重大历史意义和作用的地方: 革命圣地延安。② 宗教徒称与教主有重大关系的地方。

胜地 shèngdì　有名的风景优美的地方: 旅游胜地、避暑胜地。

T

〔体形·体型〕

体形 tǐxíng　多指人或动物身体的形状，有时也指机器等的形状：保持体形、她的体形很美。

体型 tǐxíng　人体的类型：男人和女人在体型上有显著的差异。

△“体形”是指人或动物、机器外形的样子，“体型”是指人体的类型。

W

〔委曲·委屈〕

委曲 wěiqū　① 曲折，弯弯曲曲的：委曲婉转、委曲的道路。② 迁就，曲从：委曲求全。

委屈 wěiqū　① 受到不应有的指责或待遇而心里难过：感到委屈。② 让人受到委屈：委屈你了。

X

〔协调·谐调〕

协调 xiétiáo　① 配合适当：色彩协调、各部门之间的配合非常协调。② 使配合得适当：协调各部门关系。

谐调 xiétiáo　和谐：曲子的旋律十分谐调、这两种颜色配在一起不大谐调。

△“协调”、“谐调”都是形容词，都有配合得当的意思，但强调的重点和适应对象不同。“协调”重在形容各事物之间或事物内部各部分之间的安排合理、配合得当，也可形容各动作之间配合得当；“谐调”多形容声音、颜色、气氛、风格等方面配合得当，和谐匀称，有时也形容人与人之间的关系十分和谐。

〔行迹·形迹〕

行迹 xíngjì　行动的踪迹：行迹无定。

形迹 xíngjì　① 举止和神色：形迹可疑。② 迹象：不留形迹。③ 指礼貌：不拘形迹。

△“行迹”只指行动的踪迹，“形迹”比“行迹”包含的内容广，有时侧重于整体形象和面部神色。

〔休养·修养〕

休养 xiūyǎng　① 休息调养：因病在家休养。② 恢复并发展国家或人民的经济力量：休养民力。

修养 xiūyǎng　① 指思想、理论、知识、艺术等方面所达到的一定水平：文化修养、艺术修养。② 指养成的正确的待人处事的态度：这人很有修养。

△“休养”是动词，表示休息调养；“修养”是名词，表示一定的知识、思想水平或逐渐养成的正确待人处事的态度。

〔须要·需要〕

须要 xūyào　一定要，必须：这个问题须要认真研究解决、你们须要加快行动步伐。

需要 xūyào　① 应该有或必须有：工厂需要新设备、我们还需要高级管理人员。② 对事物的欲望或要求：满足人民的需要、她需要的是对方的理解。

△“须要”、“需要”都可以用在动词或形容词前面，表示事理或情理上的必要，但二者有以下不同：①“需要”作动词时，后面常带宾语，“须要”不能带宾语。②“需要”可以用在名词前边作定语，如“需要的经费”，而“须要”不能。③“需要”可以单独作谓语，如“我不需要”，而“须要”一般用在动词、形容词的前面，共同作谓语。

Y

〔淹没·湮没〕

淹没 yānmò　大水漫过，盖过：洪水把全村都淹没了、他的话被掌声淹没。

湮没 yānmò　淹没：湮没无闻。

△“淹没”指大水漫过，也可用于比喻义，表示盖过；“湮没”指历史上的人或事物因年代久远而被埋没。

〔以至·以致〕

以至 yǐzhì　① 表示在时间、数量、程度、范围上的延伸：循环往复以至无穷，许多妇女、儿童以至老年人都来看露天电影。② 用在下半句话的开头，表示由于前半句话所说的事态程度很深而形成的结果：他在专心写材料，以至进来人都毫无察觉。

以致 yǐzhì　用在下半句话的开头，表示由于上述原因而造成的后果：由于工作缺乏责任心，以致出了事故。

△“以致”比“以至”更强调原因。“以至”所连接的因果有由此及彼延伸的关系，“以致”不限。“以致”所连接的多是不好的结果，而“以至”不限。“以至”有“一直到”的意思，“以致”没有。

〔因缘·姻缘〕

因缘 yīnyuán　① 佛教指产生结果的直接原因和辅助条件。② 缘分。

姻缘 yīnyuán　婚姻的缘分：美满姻缘。

Z

〔增值·增殖〕

增值 zēngzhí　资产价值增加：增值税、货币增值。

增殖 zēngzhí　① 增生(生物体某一部分组织的细胞数目增加，体积扩大)：皮肤的增殖现象。② 繁殖：增殖率、增殖耕牛。

〔侦查·侦察〕

侦查 zhēnchá　公安机关、检察机构为确定犯罪事实和犯罪人而进行的调查：立案侦查、侦查核实案情。

侦察 zhēnchá　为了弄清敌情、地形及其他有关作战的情况而暗中进行的活动：侦察机、火力侦察、侦察敌情。

〔制订 · 制定〕

制订 zhìdìng　创制拟定：制订生产规划、制订文明公约。

制定 zhìdìng　定出：制定宪法、制定处罚条例。

△ “制订”只说这一行动本身，不指动作已完成，对象多是计划、公约、办法、方案等；“制定”强调动作已完成，有制订妥当的意思，对象多是纲领、法令、决议、政策、方针、路线、规定、章程等。

〔质疑 · 置疑〕

质疑 zhìyí　提出疑问，以求解答：质疑问难、提出质疑。

置疑 zhìyí　怀疑：不容置疑、无可置疑。

△ 质疑多用于肯定式，而“置疑”只能用于否定。

2. 义近混淆致误

C

〔储存 · 储藏〕

储存 chǔcún　把东西存放起来：储存白菜、储存资料。

储藏 chǔcáng　① 把东西收存起来保管好：储藏室。② 蕴藏：储藏丰富。

△ “储存”、“储藏”都是动词，都有收存的意思。其区别在于：“储存”侧重于存放，“储藏”侧重于保管、收藏；“储存”可用于存放东西，也可以用于存钱，而“储藏”只能用于东西。

D

〔诞生 · 诞辰〕

诞生 dànshēng　出生：他诞生在一个贫苦家庭。

诞辰 dànchén　生日：80 周年诞辰。

△“诞生”、“诞辰”的词性不同，“诞生”是动词，“诞辰”是名词，一般情况，名词前面能加数量词组，如 100 周年诞辰，动词则不能。多数动词后面能带数量词组，如诞生 100 周年；而名词则不能，如：“诞辰 100 周年”是不合语法的病句。

“诞生”可用于人，也可用于党、国家等重大事物；“诞辰”多用于对人类进步事业有卓越贡献并为人们所尊敬的人。

F

〔发祥·发源〕

发祥 fāxiáng　兴起，发生：发祥地。

发源 fāyuán　起源，开始：发源地。

△“发祥”、“发源”都有开始出现的意思，但“发祥”多用于革命、民族、文化等抽象事物，带有褒义；“发源”多用于河流、溪水，是中性词。

〔仿效·效法〕

仿效 fǎngxiào　模仿：她开始唱歌时喜欢仿效名歌手演唱。

效法 xiàofǎ　照着别人的做法去做，学习别人的长处：效法前人、这种精神值得效法。

△“仿效”着重在模仿，“效法”着重在学习；“仿效”的对象多是别人的具体式样、方法等，“效法”的对象多是别人的长处和优点。

〔范围·范畴〕

范围 fànwéi　周围界限：职权范围、活动范围、在全国范围掀起学习高潮。

范畴 fànchóu　① 反映客观事物的普遍本质的基本概念：化合、分解是化学的范畴。② 类型，范围：知识分子属于劳动者的范畴。

△“范围”是常用词，使用面较广；“范畴”是哲学术语，使用面较窄。

H

〔好像·犹如〕

好像 hǎoxiàng　有些像，似乎：好像是亲身经历一般、你最近好像有什么心事。

犹如 yóurú　如同：犹如蒸笼般闷热、犹如你在我的身边。

△“好像”是说某事物有些像另一事物，语意较轻；“犹如”是说某事物完全像另一事物，语意较重。“犹如”只能作动词，“好像”除作动词外，还可作副词。

〔忽视·轻视〕

忽视 hūshì　不重视，粗心对待：不容忽视、忽视思想教育工作必然要出问题。

轻视 qīngshì　不重视，不认真对待：轻视妇女、不要轻视体力劳动。

△“忽视”、“轻视”都表示不重视，但“轻视”是从思想上就不重视，看不起，所以不认真对待；“忽视”是由于一时疏忽大意，没有认真对待，而不是故意不重视。

〔涵养·修养〕

涵养 hányǎng　能控制情绪的修养功夫：他真有涵养、他的涵养很深。

修养 xiūyǎng　① 理论、思想、知识、艺术等方面的一定水平。② 指养成的良好的待人处事的态度。

△“涵养”着重指自制力比较强，能够控制自己的感情；“修养”着重指在政治思想、道德品质、文学艺术等方面经过一定的锻炼，达到一定的水平。

J

〔棘手 · 辣手〕

棘手 jíshǒu　形容事情难办像荆棘一样刺手：这件事十分棘手、再棘手的问题他也能妥善解决。

辣手 làshǒu　① 事情难办：他对这件事也感到辣手。② 毒辣的手段：对人下辣手。

△“棘手”、“辣手”都可以表示事情很难办，但“棘手”以荆棘刺手形容事情难办，有形象色彩，多用于书面语；“辣手”一般不用于正式的或郑重的场合，专用于口语。

〔具有 · 具备〕

具有 jùyǒu　有：具有信心、具有时代感。

具备 jùbèi　具有，齐备：应具备的美德、凡具备条件的人都可应聘。

△“具有”只表示存在，“具备”含有完备的意思。“具有”的使用范围较宽，凡意义、水平、趣味、风格、信心等都可用“具有”；而“具备”的使用范围较窄，一般用于条件、本领、技能、美德等。

〔截止 · 截至〕

截止 jiézhǐ　停止：报名在前天已经截止。

截至 jiézhì　截止到：报名日期截至 12 月 31 日。

△“截止”是动词，表示到一定期限停止，不再往前延伸；“截至”多作介词，表示在一个还没有结束的过程中，把其中某个时点切断，有截取、到此(不是终点)停止的意思。“截至”的后面可以带时间宾语，“截止”的后面不能带宾语。“截止”一般用在句末，“截至”多用在句中。如“截止到……”应该改为“截至……”。

〔经常 · 常常〕

经常 jīngcháng　① 平常，日常：这是他们的经常工作。② 时常，常常：经常化、要经常保持联系。

常常 chángcháng　表示行为、动作发生的次数多，而且时间相隔不久：姐姐常常帮别人做好事。

△“经常”、“常常”都是副词，都表示事情发生的次数多而且相隔不久，但“经常”的词义比“常常”更重些，表示发生的次数更频繁。“经常”可作形容词，“常常”不能。

S

〔实行·施行〕

实行 shíxíng　用行动来实现：明天开始实行、实行民主集中制。

施行 shīxíng　① 执行：本条例自公布之日起施行。② 用某种方式、办法去做：施行手术、施行报复手段。

△“实行”着重在实践，“施行”着重在实施。“实行”的对象可以是政府的、集体的，也可以是个人的，也不限于大事、小事。而“施行”的对象一般是大事，多是政府的、集体的，如法令、规章以及上级所交付的权力、任务等。

〔实验·试验〕

实验 shíyàn　① 为验证某种科学理论或假设而从事某种活动：实验室、实验报告。② 指实验的工作：科学实验。

试验 shìyàn　为了察看某事的结果或某物的性能而从事某种活动：飞行试验、新办法要经过试验后再推广。

△“实验”、“试验”都是一种科学活动，但“实验”是运用理论，指导实践，着重在实地验证；“试验”着重在试探观察，试试看其结果如何，进一步寻找规律。“试验”比“实验”应用范围广。

〔收集·搜集〕

收集 shōují　把事物聚集在一起：收集资料、收集废旧物品。

搜集 sōují　到处寻找并使事物聚集在一起：搜集意见、搜集物证。

△“收集”、“搜集”都有使事物聚集在一起的意思，但“收集”侧重

在使分散的东西聚集起来，多用于具体事物，对象可以是一般的，也可以是比较珍贵的；"搜集"侧重在到处积极寻找，适用于具体或抽象事物，一般是较珍贵、稀有的事物。

W

〔物质·物资〕

物质 wùzhì　① 独立存在于人的意识之外的客观存在：精神变物质。② 特指金钱、生产资料等：物质奖励、追求物质享受。

物资 wùzī　生产上和生活上所需要的物质资料：物资丰富、储备大量物资。

X

〔行为·行动〕

行为 xíngwéi　举动：侵权行为、他的行为已触犯刑法。

行动 xíngdòng　① 行走，走动：行动不便。② 行为，举动：行动自由。③ 指为实现某种意图而具体地进行活动：大家都行动起来。

△"行为"只指举动，"行动"有采取某种措施、做法的意思，可以和纲领、计划、准则、指南等词搭配，而"行为"不能。

〔吸取·汲取〕

吸取 xīqǔ　吸收采取：吸取养料、吸取经验教训。

汲取 jíqǔ　吸取，取得：汲取营养、汲取力量。

△"吸取"、"汲取"都是动词，都有把外在的东西取进来的意思，但"吸取"是接受、采纳，常和"意见"、"教训"、"经验"等词搭配。"汲取"原指从井里打水，所以凡是从"源泉"中吸取有益的东西就可以用"汲取"；它除适用于与水有关的事物外，还常与"力量"、"政治营养"等抽象事物搭配。

Y

〔抑制 · 控制〕

抑制 yìzhì　压下去：抑制不住心头怒火、抑制着内心的激动。

控制 kòngzhì　① 掌握住，操纵：自动控制、控制感情。② 使处于自己的管理、影响之下：这一地区已被我军控制。

△“抑制”侧重于压制、抑止，使不滋长或表露出来；“控制”侧重于限制、掌握，使听从支配。“抑制”的使用范围较窄，对象常是自己的情绪或感情；“控制”的使用范围较宽，对象可以是自己的感情，也可以是别的人或物，如国家、地方、政权、自然、速度、物价等。

Z

〔正轨 · 正规〕

正轨 zhèngguǐ　正常的发展道路：纳入正轨、走上正轨。

正规 zhèngguī　符合正式规定的或一般公认的标准的：正规学校、正规方法、经过正规训练。

△“正轨”是名词，表示的意思侧重在正道、常轨；“正规”是形容词，表示的意思侧重在合标准的。“正轨”常作宾语，“正规”常作定语。

〔自愿 · 志愿〕

自愿 zìyuàn　自己愿意：自觉自愿、我是自愿献血的。

志愿 zhìyuàn　① 志向和愿望：志愿书、共同的志愿、她的志愿是做工程师。② 自愿：志愿军。

△“自愿”指自己做某件事的心愿，“志愿”多指明确的、希望将来能实现的较大的意图和决心。“自愿”多用于一般的行为，“志愿”多用于较庄重的事情上，如志愿参军。

七、异形词

第一批异形词整理表

（2001 年 12 月 19 日中华人民共和国教育部、国家语言文字工作委员会发布，2002 年 3 月 31 日起试行）

1. 范围

本规范是推荐性试行规范。根据“积极稳妥、循序渐进、区别对待、分批整理”的工作方针，选取了普通话书面语中经常使用、公众的取舍倾向比较明显的 338 组（不含附录中的 44 组）异形词（包括词和固定短语）作为第一批进行整理，给出了每组异形词的推荐使用词形。

本规范适用于普通话书面语，包括语文教学、新闻出版、辞书编纂、信息处理等方面。

2. 规范性引用文件

第一批异体字整理表（1955 年 12 月 22 日中华人民共和国文化部、中国文字改革委员会发布）

汉语拼音方案（1958 年 2 月 11 日中华人民共和国第一届全国人民代表大会第五次会议批准）

普通话异读词审音表（1985 年 12 月 27 日国家语言文字工作委员会、国家教育委员会和广播电视部发布）

简化字总表（1986 年 10 月 10 日经国务院批准国家语言文字工作委员会重新发表）

现代汉语常用字表（1988 年 1 月 26 日国家语言文字工作委员会、国家教育委员会发布）

现代汉语通用字表（1988 年 3 月 25 日国家语言文字工作委员会、中华人民共和国新闻出版署发布）

GB/T 16159—1996　汉语拼音正词法基本规则

3. 术语

3.1　异形词

普通话书面语中并存并用的同音(本规范中指声、韵、调完全相同)、同义(本规范中指理性意义、色彩意义和语法意义完全相同)而书写形式不同的词语。

3.2　异体字

与规定的正体字同音、同义而写法不同的字。本规范中专指被《第一批异体字整理表》淘汰的异体字。

3.3　词形

本规范中指词语的书写形式。

3.4　语料

本规范中指用于词频统计的普通话书面语中的语言资料。

3.5　词频

在一定数量的语料中同一个词语出现的频度,一般用词语的出现次数或覆盖率来表示。本规范中指词语的出现次数。

4. 整理异形词的主要原则

现代汉语中异形词的出现有一个历史发展过程,涉及形、音、义等多个方面。整理异形词必须全面考虑、统筹兼顾。既立足于现实,又尊重历史;既充分注意语言的系统性,又承认发展演变中的特殊情况。

4.1　通用性原则

根据科学的词频统计和社会调查,选取公众目前普遍使用的词形作为推荐词形。把通用性原则作为整理异形词的首要原则,这是由语言的约定俗成的社会属性所决定的。据多方考察,90%以上的常见异形词在使用中词频逐渐出现显著性差异,符合通用性原则的词形绝大多数与理据性等原则是一致的。即使少数词频高的词形与语源或理据不完全一致,但一旦约定俗成,也应尊重社会的选择。如“毕恭毕敬24—必恭必敬0”(数字表示词频,下同),从源头来看,“必恭必敬”出现较早,但此成语在流传过程中意义发生了变化,由“必定恭敬”演变为“十分恭敬”,理据也有了不同。从目前的使用频率看,“毕恭毕敬”通用性强,故以“毕恭毕敬”为推荐词形。

4.2 理据性原则

某些异形词目前较少使用,或词频无显著性差异,难以依据通用性原则确定取舍,则从词语发展的理据性角度推荐一种较为合理的词形,以便于理解词义和方便使用。如“规诫1—规戒2”,“戒”“诫”为同源字,在古代二者皆有“告诫”和“警戒”义,因此两词形皆合语源。但现代汉语中“诫”多表“告诫”义,“戒”多表“警戒”义,“规诫”是以言相劝,“诫”的语素义与词义更为吻合,故以“规诫”为推荐词形。

4.3 系统性原则

词汇内部有较强的系统性,在整理异形词时要考虑同语素系列词用字的一致性。如“侈靡0—侈糜0|靡费3—糜费3”,根据使用频率,难以确定取舍。但同系列的异形词“奢靡87—奢糜17”,前者占有明显的优势,故整个系列都确定以含“靡”的词形为推荐词形。

以上三个原则只是异形词取舍的三个主要侧重点,具体到每组词还需要综合考虑决定取舍。

另外,目前社会上还流行着一批含有非规范字(即国家早已废止的异体字或已简化的繁体字)的异形词,造成书面语使用中的混乱。这次选择了一些影响较大的列为附录,明确作为非规范词形予以废除。

5.《第一批异形词整理表》说明

5.1 本表研制过程中,用《人民日报》1995—2000年全部作品作语料对异形词进行词频统计和分析,并逐条进行人工干预,尽可能排除电脑统计的误差,部分异形词还用《人民日报》1987—1995年语料以及1996—1997年的66种社会科学杂志和158种自然科学杂志的语料进行了抽样复查。同时参考了《现代汉语词典》《汉语大词典》《辞海》《新华词典》《现代汉语规范字典》等工具书和有关讨论异形词的文章。

5.2 每组异形词连接号前为选取的推荐词形。表中需要说明的个别问题,以注释方式附在表后。

5.3　本表所收的条目按首字的汉语拼音音序排列，同音的按笔画数由少到多排列。

5.4　附录中列出的非规范词形置于一字线后，已淘汰的异体字和已简化的繁体字在左上角用“＊”号标明。

A

按捺—按纳

按语—案语

B

百废俱兴—百废具兴

百叶窗—百页窗

斑白—班白、颁白

斑驳—班驳

孢子—胞子

保镖—保镳

保姆—保母、褓姆

辈分—辈份

本分—本份

笔画—笔划

毕恭毕敬—必恭必敬

编者按—编者案

扁豆—萹豆、稨豆、藊豆

标志—标识

鬓角—鬓脚

秉承—禀承

补丁—补靪、补钉

C

参与—参预

惨淡—惨澹

差池—差迟

掺和—搀和①

掺假—搀假

掺杂—搀杂

铲除—刬除

徜徉—倘佯

车厢—车箱

彻底—澈底

沉思—沈思②

称心—趁心

成分—成份

澄澈—澄彻

侈靡—侈糜

筹划—筹画

筹码—筹马

踌躇—踌蹰

出谋划策—出谋画策

① “掺”“搀”实行分工：“掺”表混合义，“搀”表搀扶义。　② “沉”本为“沈”的俗体，后来“沉”字成了通用字，与“沈”并存并用，并形成了许多异形词，如“沉没—沈没|沉思—沈思|深沉—深沈”等。现在“沈”只读 shěn，用于姓氏。地名沈阳的“沈”是“瀋”的简化字。表示“沉没”及其引申义，现在一般写作“沉”，读 chén。

喘吁吁—喘嘘嘘
瓷器—磁器
赐予—赐与
粗鲁—粗卤

D

搭档—搭当、搭挡
搭讪—搭赸、答讪
答复—答覆
戴孝—带孝
担心—耽心
担忧—耽忧
耽搁—担搁
淡泊—澹泊
淡然—澹然
倒霉—倒楣
低回—低徊①
凋敝—雕敝、雕弊②
凋零—雕零
凋落—雕落
凋谢—雕谢
跌宕—跌荡
跌跤—跌交
喋血—蹀血
叮咛—丁宁
订单—定单③
订户—定户
订婚—定婚
订货—定货
订阅—定阅
斗拱—枓拱、枓栱
逗留—逗遛
逗趣儿—斗趣儿
独角戏—独脚戏
端午—端五

E

二黄—二簧
二心—贰心

F

发酵—酦酵
发人深省—发人深醒
繁衍—蕃衍
吩咐—分付
分量—份量

---

①《普通话异读词审音表》审定"徊"统读 huái。"低回"一词只读 dīhuí,不读 dīhuái。
② "凋""雕"古代通用,1955 年《第一批异体字整理表》曾将"凋"作为"雕"的异体字予以淘汰。1988 年《现代汉语通用字表》确认"凋"为规范字,表示"凋谢"及其引申义。
③ "订""定"二字中古时本不同音,演变为同音字后,才在"预先约定"的义项上通用,形成了一批异形词。不过近几十年二字在此共同义项上又发生了细微的分化:"订"多指事先经过双方商讨的,只是约定,并非确定不变的;"定"侧重在确定,不轻易变动。故有些异形词现已分化为近义词,但本表所列的"订单—定单"等仍为全等异形词,应依据通用性原则予以规范。

分内—份内
分外—份外
分子—份子[①]
愤愤—忿忿
丰富多彩—丰富多采
风瘫—疯瘫
疯癫—疯颠
锋芒—锋铓
服侍—伏侍、服事
服输—伏输
服罪—伏罪
负隅顽抗—负嵎顽抗
附会—傅会
复信—覆信
覆辙—复辙

G

干预—干与
告诫—告戒
耿直—梗直、鲠直
恭维—恭惟
勾画—勾划
勾连—勾联
孤苦伶仃—孤苦零丁
辜负—孤负
古董—骨董
股份—股分
骨瘦如柴—骨瘦如豺
关联—关连
光彩—光采
归根结底—归根结柢
规诫—规戒
鬼哭狼嚎—鬼哭狼嗥
过分—过份

H

蛤蟆—虾蟆
含糊—含胡
含蓄—涵蓄
寒碜—寒伧
喝彩—喝采
喝倒彩—喝倒采
轰动—哄动
弘扬—宏扬
红彤彤—红通通
宏论—弘论
宏图—弘图、鸿图
宏愿—弘愿
宏旨—弘旨
洪福—鸿福

---

① 此词分子(读 fènzǐ)是指属于一定阶级、阶层、集团或具有某种特征的人,如"地主～|知识～|先进～"。与分母相对的"分子"、由原子构成的"分子"(读 fēnzǐ)、凑份子送礼的"份子"(读 fèn·zi),音、义均不同,不可混淆。

狐臭—胡臭
蝴蝶—胡蝶
糊涂—胡涂
琥珀—虎魄
花招—花着
划拳—豁拳、搳拳
恍惚—恍忽
辉映—晖映
溃脓—殨脓
浑水摸鱼—混水摸鱼
伙伴—火伴

J

机灵—机伶
激愤—激忿
计划—计画
纪念—记念
寄予—寄与
夹克—茄克
嘉宾—佳宾
驾驭—驾御
架势—架式
嫁妆—嫁装
简练—简炼
骄奢淫逸—骄奢淫佚
角门—脚门
狡猾—狡滑
脚跟—脚根
叫花子—叫化子
精彩—精采
纠合—鸠合
纠集—鸠集
就座—就坐
角色—脚色

K

克期—刻期
克日—刻日
刻画—刻划
阔佬—阔老

L

褴褛—蓝缕
烂漫—烂缦、烂熳
狼藉—狼籍
榔头—狼头、锒头
累赘—累坠
黧黑—黎黑
连贯—联贯
连接—联接
连绵—联绵①
连缀—联缀
联结—连结
联袂—连袂
联翩—连翩
踉跄—踉蹡

① “联绵字”“联绵词”中的“联”不能改写为“连”。

嘹亮—嘹喨
缭乱—撩乱
伶仃—零丁
囹圄—囹圉
溜达—蹓跶
流连—留连
喽啰—喽罗、偻㑩
鲁莽—卤莽
录像—录象、录相
络腮胡子—落腮胡子
落寞—落漠、落莫

M

麻痹—痳痹
麻风—痳风
麻疹—痳疹
马蜂—蚂蜂
马虎—马糊
门槛—门坎
靡费—糜费
绵连—绵联
腼腆—靦覥
模仿—摹仿
模糊—模胡
模拟—摹拟
摹写—模写
摩擦—磨擦
摩拳擦掌—磨拳擦掌
磨难—魔难
脉脉—眽眽
谋划—谋画

N

那么—那末
内讧—内哄
凝练—凝炼
牛仔裤—牛崽裤
纽扣—钮扣

P

扒手—掱手
盘根错节—蟠根错节
盘踞—盘据、蟠踞、蟠据
盘曲—蟠曲
盘陀—盘陁
磐石—盘石、蟠石
蹒跚—盘跚
彷徨—旁皇
披星戴月—披星带月
疲沓—疲塌
漂泊—飘泊
漂流—飘流
飘零—漂零
飘摇—飘飖
凭空—平空

Q

牵连—牵联
憔悴—蕉萃
清澈—清彻

情愫—情素
拳拳—惓惓
劝诫—劝戒

R

热乎乎—热呼呼
热乎—热呼
热衷—热中
人才—人材
日食—日蚀
入座—入坐

S

色彩—色采
杀一儆百—杀一警百
鲨鱼—沙鱼
山楂—山查
舢板—舢舨
艄公—梢公
奢靡—奢糜
申雪—伸雪
神采—神彩
湿漉漉—湿渌渌
什锦—十锦
收服—收伏
首座—首坐
书简—书柬
双簧—双锁
思维—思惟
死心塌地—死心踏地

T

踏实—塌实
甜菜—菾菜
铤而走险—挺而走险
透彻—透澈
图像—图象
推诿—推委

W

玩意儿—玩艺儿
魍魉—蝄蜽
诿过—委过
乌七八糟—污七八糟
无动于衷—无动于中
毋宁—无宁
毋庸—无庸
五彩缤纷—五采缤纷
五劳七伤—五痨七伤

X

息肉—瘜肉
稀罕—希罕
稀奇—希奇
稀少—希少
稀世—希世
稀有—希有
翕动—噏动
洗练—洗炼
贤惠—贤慧

香醇—香纯
香菇—香菰
相貌—像貌
潇洒—萧洒
小题大做—小题大作
卸载—卸儎
信口开河—信口开合
惺忪—惺松
秀外慧中—秀外惠中
序文—叙文
序言—叙言
训诫—训戒

Y

压服—压伏
押韵—压韵
鸦片—雅片
扬琴—洋琴
要么—要末
夜宵—夜消
一锤定音——槌定音
一股脑儿——古脑儿
衣襟—衣衿
衣着—衣著
义无反顾—义无返顾
淫雨—霪雨
盈余—赢余
影像—影象
余晖—余辉
渔具—鱼具
渔网—鱼网
与会—预会
与闻—预闻
驭手—御手
预备—豫备[①]
原来—元来
原煤—元煤
原原本本—源源本本、元元本本
缘故—原故
缘由—原由
月食—月蚀
月牙—月芽
芸豆—云豆

Z

杂沓—杂遝
再接再厉—再接再砺
崭新—斩新
辗转—展转

---

① "预""豫"二字,古代在"预先"的意义上通用,故形成了"预备—豫备|预防—豫防|预感—豫感|预期—豫期"等20多组异形词。现在此义项已完全由"预"承担。但考虑到鲁迅等名家习惯用"豫",他们的作品影响深远,故列出一组特作说明。

战栗—颤栗[①]
账本—帐本[②]
折中—折衷
这么—这末
正经八百—正经八摆
芝麻—脂麻
肢解—支解、枝解
直截了当—直捷了当、直接了当
指手画脚—指手划脚
周济—赒济
转悠—转游
装潢—装璜
孜孜—孳孳
姿势—姿式
仔细—子细
自个儿—自各儿
佐证—左证

【附　录】

含有非规范字的异形词(44组)

抵触—*牴触
抵牾—*牴牾
喋血—*啑血
仿佛—彷*彿、*髣*髴
飞扬—飞*颺
氛围—*雰围
构陷—*搆陷
浩渺—浩*淼
红果儿—红*菓儿
胡同—*衚*衕
糊口—*餬口
蒺藜—蒺*蔾
家伙—*傢伙
家具—*傢具
家什—*傢什
侥幸—*儌*倖、徼*倖

---

①“颤”有两读,读zhàn时,表示人发抖,与“战”相通;读chàn时,主要表示物体轻微振动,也可表示人发抖,如“颤动”既可用于物,也可用于人。什么时候读zhàn,什么时候读chàn,很难从意义上把握,统一写作“颤”必然会给读者带来一定困难,故宜根据目前大多数人的习惯读音来规范词形,以利于稳定读音,避免混读。如“颤动、颤抖、颤巍巍、颤音、颤悠、发颤”多读chàn,写作“颤”;“战栗、打冷战、打战、胆战心惊、冷战、寒战”等词习惯多读zhàn,写作“战”。　②“账”是“帐”的分化字。古人常把账目记于布帛上悬挂起来以利保存,故称日用的账目为“帐”。后来为了与帷帐分开,另造形声字“账”,表示与钱财有关。“账”“帐”并存并用后,形成了几十组异形词。《简化字总表》《现代汉语通用字表》中“账”“帐”均收,可见主张分化。二字分工如下:“账”用于货币和货物出入的记载、债务等,如“账本、报账、借账、还账”等;“帐”专表用布、纱、绸子等制成的遮蔽物,如“蚊帐、帐篷、青纱帐(比喻用法)”等。

局促—*侷促、*跼促
撅嘴—*噘嘴
克期—*剋期
空蒙—空*濛
昆仑—*崑*崙
劳动—劳*勳
绿豆—*菉豆
马扎—马*劄
蒙眬—*矇眬
蒙蒙—*濛*濛
弥漫—*瀰漫
弥蒙—*瀰*濛
迷蒙—迷*濛
渺茫—*淼茫
飘扬—飘*颺
憔悴—*顦*顇
轻扬—轻*颺
水果—水*菓
趟地—*蹚地
趟浑水—*蹚浑水
趟水—*蹚水
纨绔—纨*袴
丫杈—*椏杈
丫枝—*椏枝
殷勤—*慇*懃
札记—*劄记
枝丫—枝*椏
跖骨—*蹠骨

关于试用新整理 264 组异形词规范词形的建议

中国版协校对研究委员会　中国语文报刊协会
国家语委异形词研究课题组　《咬文嚼字》编委会

教育部、国家语委发布《第一批异形词整理表》，受到了广大群众尤其是语文工作者的欢迎。2002 年 7 月 17 日，教育部、国家语委、新闻出版总署、国家广播电影电视总局、信息产业部和国家工商行政管理总局六部委联合发文，要求在各自系统内认真贯彻执行。但是，《第一批异形词整理表》仅对 338 组异形词进行规范，远远不能满足语文教学、报刊编辑、书籍出版、信息处理等实际工作的需要。

鉴于上述情况，中国版协校对研究委员会、中国语文报刊协会、国家语委异形词研究课题组、《咬文嚼字》编委会四单位，结合工作实践和群众反映，组织专家多次研讨，吸收前人研究的成果，沿用整理《第一批异形词整理表》的方针、原则和方法，从通行辞书认定的异形词中抽选出一批群众较常使用、取舍倾向明显的,订成《264组异形词整理表》(草案),先作为行业规范,从2004年1月起,在各自系统内试用。

我们希望听取更多的反馈意见,总结经验,对本表作进一步修订,供有关部门研制《第二批异形词整理表》参考。

每组异形词连接号前为选定的推荐词形,需要说明的问题,见表后注释。本表所收条目按首字的汉语拼音音序排列,同音的按笔画数由少到多排列。如有特殊读音或容易误读的,在条目后标注汉语拼音。

2003年8月15日

264组异形词整理表(草案)

A

安分守己—安份守己
暗度陈仓—暗渡陈仓

B

把式—把势
般配—班配
棒槌—棒棰、棒锤
曝光—暴光
报道—报导
bàodào—bàodǎo[1]
悲愤—悲忿
悖理—背理
比划—比画
笔芯—笔心
筚路蓝缕—荜路蓝缕
辩白—辨白
辩词—辩辞[2]
拨浪鼓—波浪鼓、泼浪鼓
部分—部份

C

菜籽—菜子[3]
仓皇—仓惶、仓黄、仓遑
策划—策画
长年累月—常年累月
唱功—唱工
潮乎乎—潮呼呼、潮忽忽
撤销—撤消
承上启下—承上起下
吃里爬外—吃里扒外
踟蹰—踟躇
串联—串连
词汇—辞汇
辞令—词令

D

耷拉—搭拉
搭理—答理 dā·li
嗒嗒—哒哒
褡裢—搭裢、搭连、褡连、褡联
打冷战—打冷颤
dǎ lěng·zhan[4]
大放厥词—大放厥辞
当当—铛铛
当作—当做[5]
倒腾—捣腾
悼词—悼辞
得意洋洋—得意扬扬
灯芯—灯心[6]
嘀里嘟噜—滴里嘟噜
调包—掉包
调换—掉换
盯梢—钉梢
丢三落四—丢三拉四
冬不拉—东不拉
遁词—遁辞
哆嗦—哆唆

E

峨眉山—峨嵋山

F

发愣—发楞
幡然醒悟—翻然醒悟
反复—反覆
愤恨—忿恨
愤怒—忿怒
夫唱妇随—夫倡妇随
浮屠—浮图
辐辏—辐凑
福分—福份
俯首帖耳—俯首贴耳
赋予—赋与

G

胳肢窝—夹肢窝
干吗—干嘛
咯噔—格登
根底—根柢
哽咽—梗咽
宫廷—宫庭
勾勒—钩勒
钩针—勾针
够呛—够戗
孤零零—孤另另、孤伶伶
轱辘—轱轳、毂辘
故步自封—固步自封
故伎—故技
痼疾—锢疾、固疾
呱呱叫—刮刮叫

H

哈腰—呵腰
寒战—寒颤

号啕—嚎啕、号咷、嚎咷
好高骛远—好高务远
和事佬—和事老
贺词—贺辞
黑咕隆咚—黑鼓隆咚、黑古龙冬
黑压压—黑鸦鸦
哄堂大笑—轰堂大笑
哄笑—轰笑
洪亮—宏亮
呼哧—呼蚩、呼嗤、呼吃
花里胡哨—花狸狐哨
花哨—花梢、花稍
花销—花消
皇历—黄历
浑身—混身
混沌—浑沌

J

辑佚—辑逸
给予—给与
纪录片—记录片
纪要—记要
茧子—趼子[7]
交代—交待
脚丫子—脚鸭子
脚趾—脚指
较真—叫真
精华—菁华
警醒—警省
酒盅—酒钟
倔强—倔犟

K

开销—开消
侃大山—砍大山
看作—看做
夸大其词—夸大其辞
宽宏大量—宽洪大量

L

老茧—老趼
乐呵呵—乐和和
乐滋滋—乐孜孜
厉害—利害 lì·hai[8]
伶牙俐齿—伶牙利齿
流言蜚语—流言飞语
遛弯儿—蹓弯儿
乱哄哄—乱烘烘
螺纹—罗纹

M

漫道—慢道
漫说—慢说
毛骨悚然—毛骨耸然、毛骨竦然
贸然—冒然
棉籽—棉子
渺小—藐小
藐视—渺视
邈远—渺远
冥冥—溟溟

模棱两可—摸棱两可
秣马厉兵—秣马利兵、秣马砺兵
木樨—木犀

N

闹哄哄—闹轰轰、闹烘烘
黏稠—粘稠[9]
黏糊—粘糊
黏土—粘土
黏性—粘性
黏液—粘液
念叨—念道 niàn·dao
暖乎乎—暖呼呼

P

爬犁—扒犁
判词—判辞
皮黄—皮簧
剽悍—慓悍
缥缈—飘渺、漂渺、飘眇、飘邈
平白无故—凭白无故
匍匐—匍伏

Q

启程—起程
起锚—启锚
起讫—起迄
气门芯—气门心
迁就—牵就
遣词—遣辞
枪支—枪枝
情分—情份
屈服—屈伏
取消—取销
雀斑—雀瘢

R

热辣辣—热剌剌
如雷贯耳—如雷灌耳

S

散佚—散逸
砂锅—沙锅
砂壶—沙壶
砂浆—沙浆
砂糖—沙糖
煞风景—杀风景
煞尾—杀尾
霎时—刹时
山巅—山颠
煽风点火—扇风点火
闪烁其词—闪烁其辞
尚方宝剑—上方宝剑
深省—深醒
什么—甚么
神父—神甫
省份—省分
拾遗补缺—拾遗补阙
仕女画—士女画
视域—视阈

誓词—誓辞
授予—授与
摔跤—摔交
水分—水份
水涨船高—水长船高
思辨—思辩
死乞白赖—死气白赖
夙愿—宿愿
素来—夙来
宿敌—夙敌
宿儒—夙儒
宿怨—夙怨

T

体己—梯己 tī·ji
题词—题辞
倜傥—俶傥
瞳仁—瞳人
褪色—退色
托付—托咐

W

玩耍—顽耍
顽皮—玩皮
唯独—惟独[10]
唯恐—惟恐
唯利是图—惟利是图
唯命是从—惟命是从
唯其—惟其
唯我独尊—惟我独尊
唯一—惟一
唯有—惟有
委顿—萎顿
委婉—委宛
诿罪—委罪
萎靡—委靡
萎谢—委谢
文采—文彩[11]
无精打采—无精打彩
无上—无尚

X

唏嘘—欷歔
喜滋滋—喜孜孜
陷阱—陷井
项链—项练
消歇—销歇
销魂—消魂
兴高采烈—兴高彩烈
雄赳赳—雄纠纠
漩涡—旋涡
熏陶—薰陶

Y

丫环—丫鬟
押宝—压宝
哑巴—哑吧、哑叭
言不由衷—言不由中
邀功—要功 yāo·gōng
一唱百和—一倡百和

一塌糊涂——一蹋糊涂、一榻糊涂
一厢情愿——一相情愿
引申—引伸
硬邦邦—硬梆梆、硬帮帮
鱼汛—渔汛[12]
渔鼓—鱼鼓
约摸—约莫
陨落—殒落

Z

在座—在坐
糟蹋—糟踏、糟塌
张皇—张惶
照相—照像
珍馐—珍羞
真相—真象[13]
支吾—枝梧、枝捂
装聋作哑—装聋做哑
装束—妆束
装作—装做
仔畜—子畜
仔猪—子猪
籽粒—子粒
籽棉—子棉
籽实—子实
走漏—走露
作弊—做弊
作美—做美
作弄—做弄
作声—做声
作秀—做秀
坐落—座落
座次—坐次
座位—坐位

【注释】

[1] **报道—报导**

“报导”的“导”旧读 dào，“报导”和“报道”同音，意义完全相同。1985 年《普通话异读词审音表》确定“导”统读 dǎo，才出现二者读音的分化。

[2] **辩词—辩辞**

“词”“辞”，在表示词语和话语时古代通用，故形成了一系列异形复合词。现在表示词语和一般话语多用“词”，如“辩词、词汇、大放厥词、悼词、遁词、贺词、夸大其词、判词、遣词、闪烁其词、誓词、题词”等；表示交际场合得体的言语多用“辞”，如“辞令”等。

[3] **菜籽—菜子**

“籽”是“子”的分化字。古汉语中“子”除表示孩子等意义外，还表示种子；“籽”专指某些植物的种子。“子”“籽”并存并用后，形成了多组异形词。《现代汉语通用字表》中“子”“籽”

并收,可见二字应有所分工。根据人们的使用习惯,“子”指孩子、儿子等意义,也可泛指与植物种子有关的器官(如“子房”);“籽”专指植物的种子,如“棉籽、菜籽、籽棉”等。但作为食品的“瓜子”(口语中儿化为guā zǐr)不写作“瓜籽”。

[4] **打冷战—打冷颤**

《第一批异形词整理表》已对“战”与“颤”构成的异形词作了注释说明,指出“颤动、颤抖、颤巍巍、颤音、颤悠、发颤”等词中的“颤”读作chàn;“战栗、打战、打冷战、胆战心惊、冷战、寒战”等词中表示人发抖意义的“颤”读作zhàn,写作“战”。此外“打冷战”的“战”读轻声zhan,跟读去声zhàn的同形词意义不同。

[5] **当作—当做**

“做”是“作”的后起字。在“制作”“从事某种活动”等义项上与“作”通用。但在现实应用中已逐渐分化:“作”多用于抽象对象或不产生实物的活动,动作性较弱;“做”侧重于具体对象或产生实物的活动,动作性较强。据此,对“当作—当做”“看作—看做”“装聋作哑—装聋做哑”“装作—装做”“作弊—做弊”“作美—做美”“作弄—做弄”“作声—做声”“作秀—做秀”等组异形词进行了整理。

[6] **灯芯—灯心**

“芯”是“心”的分化字,特指某些植物或圆形物体的条状形中心部分。故对相关的异形词作了整理,如“灯芯”(包括“灯芯草”“灯芯绒”)“气门芯”“笔芯”等都宜用“芯”。

[7] **茧子—趼子**

二者的词义是包孕关系。“趼”是老茧的本字,因其状如蚕茧,人们常用“茧”字代替。今“趼”字几乎不用,故以“茧子”“老茧”为推荐词形。

[8] **厉害—利害**

在难以对付或忍受、剧烈、凶猛等意义上,二者音义相同。当“利害”不读轻声,读作lìhài时,表示事物“利”和“害”的两个方面,为另一个词。

[9] **黏稠—粘稠**

“粘”字两读,一读nián,一读zhān。1955年《第一批异体字整理表》将“黏”作为“粘”的异体字淘汰 ,1988年《现代汉语通用字表》确认“黏”为规范字。这样,二者基本有了分工:

"黏"读 nián,指胶水或糨糊之类物质所具有的黏糊性质;"粘"读 zhān,指使物体附着在另一个物体上。据此,在"黏稠—粘稠""黏糊—粘糊""黏土—粘土""黏液—粘液"等组异形词中,宜用"黏"。

[10] **唯独—惟独**

"唯"本表示应答的声音,如"唯唯诺诺"。"惟"本是动词,表示思考、想,如"伏惟"。二字都借作副词,都表示"仅""只有"的意思。于是"唯""惟"构成了一批异形词,从现代汉语使用的情况看,用"唯"的词频高。

[11] **文采—文彩**

"彩"是"采"的后起字,古义相通,今已分化。"彩"的意义比较实在,指具体的颜色,而"采"多用于比较抽象的引申意义。据此,把"文采""兴高采烈""无精打采"定为推荐词形。

[12] **鱼汛—渔汛**

"鱼"古代有捕鱼的意思,"鱼""渔"相通,以致时有混用。今"鱼"字已没有动词用法。"鱼汛—渔汛"指某些鱼类成群大量出现的时期,故以"鱼汛"为推荐词形。捕鱼工具的"渔具""渔网"(已见《第一批异形词整理表》)、打击乐器的"渔鼓"等词语中的"渔"为动作方式,不宜写作"鱼"。

[13] **真相—真象**

"真相"源于佛教用语,犹言本来面目,引申指事情的真实情况,与"假象"并不构成严格的反义关系,且通用性占绝对优势。根据通用性和理据性原则,宜以"真相"为推荐词形。

八、汉字简繁辨析

有些出版物,因为特殊需要,要求将简化字转换为繁体字。简转繁必须遵循一条规则:对应准确。

汉字简化的方法,大致有 8 种:(1) 简省笔画,保留原字轮廓。如娄(婁)、齐(齊)。(2) 保留原字特征部分。如奋(奮)、竞(競)。(3) 改换形体较简单的偏旁。如辽(遼)、沟(溝)。(4) 另造新会意字。如双(雙)、尘(塵)。(5) 用简单的符号代替繁体的一部分。如邓(鄧)、让(讓)。(6) 草书楷化。如长(長)、乐(樂)。(7) 利用古字。如虫(蟲)、与(與)、适(適)、党(黨)。(8)假借笔画少的字替代繁体字。如后(後)、价(價)、术(術)、系(系、繫)、台(臺、檯、枱、颱)。(1)至(6)的繁体简化,都是一对一,即一个繁体字被一个简化字替代。这类简化字转换为繁体字不会出现对应错误。(7)的一部分简化字和(8)的简化字,本身就是传承字,同时兼做另一个或几个繁体字的简化字,是一对二甚至是一对多,(2)中的少数简化字,如"复",也是一对二。这时简化字转繁就容易出现对应错误。举例说,后,是传承字,本义"国君",也指"诸侯",后来演变为"皇后";汉字简化时,被假借兼做"後"的简化字。这样一来,转繁时就得注意对应准确。例如"后","先后""前后""后来""后人"等词中的"后"应转繁为"後";但"皇后"不能转繁为"皇後"。又如"台",台是古字,原义"悦",后多用作敬词,改音为 tái,如"台候,台颜,台爱"。还用作山名、地名,如"天台山""台州,台安,台州十湾"。亭台、讲台、窗台及作量词用的"台",台湾省名称及姓氏的"台",均应转繁为"臺"。桌子类器物(如写字台,台球,台扇)的"台"应转繁为"檯"。台风的"台"应转繁为"颱"。枱也是古字,义为犁柄,后又作为"檯"的异体字。以下繁体字用圆括号( )括注,异体字用六角括号〔 〕括注。

摆

1. bǎi

(1) 摆(擺)

① 分开,排除:摆拨、摆落、摆脱。

② 摇摆,晃动:摆动、摆渡、摆轮。

③ 排列,铺排:摆当、摆供、摆钩。

④ 炫耀:摆阔、摆架子、摆擂台。

⑤ 摆布:摆划、摆弄、摆平。

⑥ 傣语音译,傣族人的群众集会;又为傣族的旧称:摆夷。

在汉字简化前,义项①至⑥中各词语的摆(读 bǎi)字写作繁体的(擺)。

(2) 摆(襬)

衣服的下摆:下摆。

在汉字简化之前,上面用法的摆(读 bǎi)字写作繁体的(襬)。

2. bēi

摆(襬)

裙子:《方言·四》:"裙,陈、

魏之间谓之帔，自关而东或谓之摆。”

在汉字简化之前，上面用法的摆（读 bēi）字写作繁体的（襬）。

［**辨析**］ 在汉字简化前，意思是“衣服下摆”和“裙子”的摆（读 bēi）字均写作繁体的（襬）。其他用法的摆字均写作繁体的（擺）。

板 bǎn

（1）板

① 片状较硬的物体：板报、板壁、板擦、板材、板尺、板锉、板凳。
② 生硬：呆板、板板、板滞、古板。
③ 端正：板正、板板正正。
④ 节拍：板式、板眼、鼓板、叫板。
⑤ 其他：板荡、板桥、板桐、板门店、板蓝根。

在汉字简化前后，义项①至⑤各词语中的板字均写作“板”。

（2）板（闆）

老板：老板娘

在汉字简化之前，“老板”的板字写作繁体的（闆）。

［**辨析**］ 在汉字简化之前，只有“老板”的板字写作繁体的（闆）。其他用法的板字均写作“板”。

表 biǎo

（1）表

① 外表：表层、表里、表面、表皮。
② 发表，表达：表白、表汗、表决、表礼、表露、表明。
③ 表彰：表功、表扬、表揭、表仪。
④ 榜样：表率、华表、为人师表。
⑤ 表亲：表哥、表姐、表妹、表叔。
⑥ 表格：表册、课表、年表。
⑦ 奏章：《陈情表》、《出师表》。
⑧ 测量器具：表笔、表尺、电表。
⑨ 标记：表记、表木、表识、表缀。

在汉字简化前后，义项①至⑨各词语中的表字均写作“表”。

（2）表（錶）

计时器具：表带、表镜、表盘。

在汉字简化前，上面义项中各词语的表字可写作繁体的（錶）。

［**辨析**］ 在汉字简化之前，只有意思是“计时器具”的表字

可以写作繁体的(錶)。其他用法的表字均写作“表”。

别 1. bié
别

① 分离：别离、别浦、别绪、分别。
② 另外的，特别的：别本、别裁、别才、别称、别的、别调、别格。
③ 区分：别白、别择、辨别、差别。
④ 类别：别集、别史、国别、派别、性别、职别。
⑤ 插，卡：别针、别子。
⑥ 不要：别管、别提。
⑦ 揣测：别是。
⑧ 地名用字：别府、别古河、别脚势。

在汉字简化前后，义项①至⑧各词语中的“别”字均写作“别”。

2. biè
别(彆)

别扭：闹别扭、别别扭扭。

在汉字简化之前，“别扭”的别字写作繁体的(彆)。

［辨析］ 在汉字简化之前，意思是“别扭”的“别”字写作繁体的(彆)。其他用法的“别”字均写作“别”。

卜 1. bǔ
卜

① 占卜：卜辞、卜骨、卜卦、卜甲。
② 预料：未卜先知、存亡未卜、胜负可卜。
③ 选择：卜居、卜邻、卜宅、卜筑。
④ 其他：卜商、卜式(姓名)；卜魁(地名)；卜算子(词牌名)。

在汉字简化前后，义项①至④各词语中的卜字均写作“卜”。

2. bo
卜(蔔)

萝卜：萝卜花、胡萝卜、水萝卜、耳萝卜螺、胡萝卜素。

在汉字简化之前，意思是“萝卜”的卜字均写作繁体的(蔔)。

［辨析］ 在汉字简化之前，只有“萝卜”的卜(读bo，不读bǔ)字写作繁体的(蔔)。其他用法的卜字均写作“卜”。

才 cái
(1) 才

① 才能：才分、才干、才华、才力。
② 有才能的人：才子、干才、鬼才、奇才、人才、天才。

③ 其他：才宽（姓名）；才溪（地名）。

在汉字简化前后，义项①至③各词语中的才字均写作“才”。

（2）才（纔）

① 刚才，方才：风才停，他才来，我才明白。

② 仅仅：他才18岁。

③ 强调所说的事：麦子长得才好呢。

④ 表示具备条件然后达到目标：能吃苦，才有作为。

在汉字简化之前，义项①至④各词语中的才字均写作繁体的（纔）。

［辨析］ 1. 在汉字简化之前，只有用作副词的才字（如刚才、方才），才能写成繁体的（纔）字。

2. 在汉字简化之前，词组“才能”既可以用作名词，也可以用作副词（意思是具备条件然后达到目标）。用作副词的写作繁体的（纔），用作名词的写作“才”。

厂 1. chǎng

厂（廠）

① 工厂：厂房、厂家、厂矿、厂商、厂条、厂长、厂址、纱厂。

② 棚舍：厂营、厂子、煤厂、木厂、水厂、粥厂。

③ 明代的特务机关：厂卫、东厂。

④ 地名用字：厂甸、琉璃厂。

在汉字简化之前，义项①至④各词语中的厂字均写作繁体的（廠）。

2. ān

厂

同“庵”，主要用作人名、室号。

在汉字简化前后，用作人名、室号的厂（读ān）字均写作“厂”。

3. hǎn

厂

山崖石穴

在汉字简化前后，意思是“山崖石穴“的厂（读hǎn）字均写作“厂”。

［辨析］ 1. 在汉字简化之前，只有读chǎng的厂字写作繁体的（廠）。

2. 用作人名、室号的厂（读ān）字和意思是“山崖石穴”的厂（读hǎn）字，均只写作“厂”。

冲 1. chōng

（1）冲

① 注水，也指水力冲击：冲波、

冲茶、冲服、冲沟、冲积、冲剂。
② 抵消：冲销、冲账。
③ 冲喜。
④ 直上天空：冲天、冲空机、冲天炉、干劲冲天。
⑤ 虚空，谦和：冲淡、冲和、冲怀、冲默、冲退。
⑥ 幼小：冲龄、冲昧、冲末、冲人。
⑦ 山区平地：冲田、韶山冲。
⑧ 其他：冲敬（姓名）；冲绳岛（地名）。

在汉字简化前后，义项①至⑧中各词语的冲字均写作“冲”。在异体字整理之前，“冲”字可以写成异体的〔沖〕。

(2) 冲（衝）
① 交通要道：冲要、要冲。
② 冲击敌城的战车：冲车、冲隆。
③ 冲击，碰撞：冲程、冲刺、冲动。
④ 相忌，相克：冲犯、冲克。
⑤ 向上冲撞：冲冲、冲脉、兴冲冲、怒发冲冠、怒气冲冲。
⑥ 天文学名词，从地球上看，太阳和外行星黄经相差180°，那时行星在子夜中天，叫做“冲”：大冲。

在汉字简化之前，义项①至⑥各词语中的冲字均写作繁体的（衝）。

2. chòng
冲（衝）
① 猛烈，浓烈：冲劲儿、酒味冲。
② 朝，向：冲你招手、坐南冲北。
③ 凭借，根据：冲你的面子，我也不能不答应。
④ 冲压：冲裁、冲床、冲模、冲子。

在汉字简化之前，义项①至④各词语中的冲字均写作繁体的（衝）。

［辨析］ 1. 在汉字简化前后，1.（1）各义项中各词语的冲（读chōng）字均写作“冲”。

2. 在汉字简化之前，1.（2）各义项下词语中的冲（读chōng）字和2. 各义项中词语的冲（读chòng）字，均写作繁体的（衝）。

丑 chǒu

(1) 丑
① 干支名，地支的第二位：丁丑、乙丑。
② 时辰名，夜间一时至三时：丑时。
③ 生肖名，牛：丑宝、丑座。

④ 戏剧角色：丑旦、丑角、文丑、武丑、小丑、丑婆子。
⑤ 其他：丑父、丑千（姓名）；丑平（年号）。

在汉字简化前后，义项①至⑤各词语中的丑字均写作“丑”。

（2）丑（醜）

① 丑陋：丑恶、丑化、丑话、丑末、美丑、小丑、丑八怪、丑丫头。
② 恶劣，令人厌恶：丑诋、丑地、丑剧、丑类、丑名、丑态、丑闻。
③ 相类：丑类、丑侪、丑夷。
④ 众多：丑虏、群丑。
⑤ 其他：丑长（姓氏）；丑奴儿（词牌名）。

在汉字简化之前，义项①至⑤各词语中的丑字均写作繁体的（醜）。

［辨析］ 1. 在汉字简化前后，(1)各义项中词语的丑字均写作“丑”。

2. 在汉字简化之前，(2)各义项中词语的丑字均写作繁体的（醜）。

3. 在汉字简化之前，“丑”和繁体的（醜）都用作姓氏，“丑”用作姓氏的如“丑父、丑千”；繁体的（醜）用作姓氏如“醜长”。

4. 在汉字简化之前，“小丑”的丑字写作“丑”时，意思是戏剧角色；写作繁体的（醜）时，意思是丑恶。

出 chū

（1）出

① 从里到外，离开：出奔、出殡、出兵、出操、出差、出帝、出定。
② 发出，拿出：出榜、出厂、出车、出乘、出倒、出发、出汗、出火。
③ 支出：出纳、出项、出账、出份子。
④ 超出：出超、出尘、出轨、出格。
⑤ 出产，产生，发生：出版、出处、出典、出苗、出品。
⑥ 显露，出现：出彩、出场、出丑、出工、出活。
⑦ 离弃：出夫、出妇、出母、出妻、七出。
⑧ 其他：出河店、出羽山地（地名）。

在汉字简化前后，上述义项词语中的出字均写作“出”。

（2）出（齣）

传奇或戏曲的段落名称：戏出、出头戏、单出戏、一出戏。

在汉字简化之前，意思为传奇或戏曲的段落名称的出字均写作繁体的(齣)。

［辨析］　在汉字简化之前，意思是传奇或戏曲的段落名称的出字均写作繁体的(齣)。其他用法的出字只写作“出”。

当 1. dāng

(1) 当(當)

① 相称：当量、当令、相当、门当户对、热功当量。

② 应当：当然、理当、当断不断。

③ 面对着：当面、当头、当众、当头棒喝、当头一棒、当众认错。

④ 正当，正在：当场、当初、当代、当道、当地、当即。

⑤ 充任，承担：当兵、当差、当官、当先、当选、当之无愧。

⑥ 掌管：当家、当局、当权、当关、当政。

⑦ 顶端：瓦当。

⑧ 其他：当归、列当(药名)；当涂、当阳(地名)；顺当、稳当；空当儿、空当子；直截了当。

在汉字简化之前，义项①至⑧各词语中的当字均写作繁体的(當)。

(2) 当(噹)

象声词，金属撞击声：当啷、叮当。

在汉字简化之前，意思是金属撞击声的当字均写作繁体的(噹)。

2. dàng

当(當)

① 典当：当当、当票、当铺、当头、赎当。

② 合适：得当、恰当、确当、失当。

③ 作为，认为：当真、当做。

④ 当时：当年、当日、当天、当月。

⑤ 圈套：上当。

⑥ 其他：家当。

在汉字简化之前，义项①至⑥各词语中的当字均写作繁体的(當)。

［辨析］　在汉字简化之前，只有描述金属撞击声的当字写作繁体的(噹)，其他用法的当字一律写作繁体的(當)。

党 dǎng

(1) 党

专名用字：党项、党项羌(古代西北民族名)；党进、党怀英(姓名)。

在汉字简化前后，民族名“党项”和某些姓名(如“党进”)中的党字均写作“党”。

(2) 党(黨)

① 政党：党报、党部、党阀、党纲、党棍、党籍、党纪。

② 因私人利害关系结成的集团：党锢、党祸、党见、党禁、党人、党徒。

③ 亲族：父党、母党、妻党。

④ 偏袒：党同伐异、(君子)群而不党。

⑤ 古代地方组织、五百家为党：党正。

⑥ 其他：党参(植物名)、党氏(姓氏)、党河(地名)。

在汉字简化之前，义项①至⑥中各词语的党字均写作繁体的(黨)。

[辨析] 1. 在汉字简化之前，除了民族名“党项、党项羌”和某些姓名中的党字写作“党”以外，其他用法的党字均写作繁体的(黨)。

2. 在汉字简化之前，“党”和繁体的(黨)都用作姓氏。“党”用作姓氏的有“党进，党怀英”；繁体的(黨)用作姓氏的如“黨还醇”。

淀 diàn

(1) 淀

浅水湖泊(用作地名)：淀河、茶淀、海淀、白洋淀、荷花淀。

在汉字简化前后，意思是浅水湖泊的淀字均写作“淀”。

(2) 淀(澱)

① 沉淀：淀粉、积淀、淀粉核、淀粉酶。

② 其他：淀山(山名)、淀山湖(旧称薛淀湖，湖泊名)。

在汉字简化之前，义项①至②中各词语的淀字均写作繁体的(澱)。

[辨析] 1. 在汉字简化之前，意思是“沉淀”的淀字和词语“淀淀”中的淀字均写作繁体的(澱)。

2. 在汉字简化之前，地名“淀山、淀山湖”中的淀字写作繁体的(澱)。其他地名中的淀字均写作“淀”。

冬 dōng

(1) 冬

① 冬季：冬菜、冬储、冬防、冬耕、冬菇、冬瓜、冬灌。

② 其他：冬宫、冬不拉(译音词)、冬逢、冬寿、冬郎(姓名)、冬官、冬卿、冬化、冬烘、冬心。

在汉字简化前后，义项①至②中各词语的冬字均写作“冬”。

(2) 冬(鼕)同"咚"

象声词,形容敲鼓或敲门的声音:冬冬、冬冬鼓。

在汉字简化之前,用作象声词的冬字应写成繁体的(鼕)。

[辨析] 在汉字简化之前,只有用作象声词的冬字可以写作繁体的(鼕)。其他用法的冬字均写作"冬"。

斗 1. dǒu

斗

① 量器名:斗储、斗级、斗力、斗筲、斗甬。

② 酒器:羹斗、斗酒学士、斗酒只鸡、酌以大斗。

③ 形状像斗的:斗车、斗胆、斗笠、斗锣、斗篷、斗食。

④ 圆形指纹:斗箕、斗记。

⑤ 星宿名:斗杓、斗柄、斗纲、斗衡、斗极、斗建。

⑥ 陡峭,险绝(通"陡"):斗绝、斗辟。

⑦ 突然(通"陡"):斗顿。

⑧ 其他:斗城、斗门(地名)、斗方、斗拱、斗门、斗渠、斗方名士。

在汉字简化前后,义项①至⑧中各词语的斗字均写作"斗"。

2. dòu

斗(鬥)〔鬦〕〔鬭〕〔鬪〕

① 对打,争斗:斗彩、斗草、斗茶、斗法、斗富、斗狠。

② 拼合,凑集:斗八、斗班、斗凑、斗脚、斗榫。

③ 其他:斗文、斗班、斗苞、斗伯比(姓名)。

在汉字简化之前,义项①至③中各词语的斗字均写作繁体的(鬥)。在异体字整理之前,繁体的(鬥)还可写作异体的〔鬦〕〔鬪〕〔鬭〕。

[辨析] 在汉字简化之前,意思是"对打,争斗"和"拼合,凑集"及用作姓氏的斗(都读dòu)字均写作繁体的(鬥)。其他用法的斗(都读dǒu)字均写作"斗"。

恶 1. è

恶(惡)

① 罪恶:恶报、恶道、恶逆、恶讪、恶业、丑恶、善恶、万恶、作恶。

② 凶狠:恶霸、恶毒、恶鬼、恶棍、恶汉、恶戾。

③ 恶劣:恶宾、恶德、恶地、恶风、恶妇、恶感。

④ 污秽:恶臭、恶疮、恶露、恶浊。

⑤ 很特别:恶怜、恶精神、恶

伶俐。

⑥ 其他：恶池、恶溪（地名）、恶来（姓名）、恶实（植物名）。

在汉字简化之前，义项①至⑥中各词语的恶字均写作繁体的（惡）。

2. ě

恶（噁）

恶心：恶阻、恶烦。

在汉字简化之前，意思是“恶心”的恶字均写作繁体的（噁）。

3. wū

恶（惡）

① 疑问语气词，何，哪里：恶足道哉（值得一提吗）？

② 叹词，表示惊讶：恶，是何言也（啊，这是什么话）！

在汉字简化之前，义项①至②中各词语的恶字均写作繁体的（惡）。

4. wù

恶（惡）

憎恨：好恶、厌恶、痛恶、憎恶。

在汉字简化之前，意思是憎恨的恶（读 wù）字均写作繁体的（惡）。

［辨析］ 在汉字简化之前，只有读 ě，意思是“恶心”的恶字写作繁体的（噁）。其他用法的恶字均写作繁体的（惡）。

发

1. fā

发（發）

① 发射：发炮、发机、发箭、发射点、发射机。

② 产生：发病、发电、发光、发明、发情。

③ 发送，发表：发榜、发包、发报、发布、发出、发单。

④ 起动：发兵、发凡、发动、发奋、发愤、发洪、发迹。

⑤ 生发，膨胀：发背、发财、发达、发粉、发福、发糕。

⑥ 放散：发潮、发臭、发汗、发霉、发热。

⑦ 开发：发覆、发策、发奸、发掘。

⑧ 感觉、表情：发愁、发憷、发呆、发抖、发烦、发疯。

⑨ 显现：发白、发绀、发黑、发红、发黄。

⑩ 其他：发鸠（地名）、发根（姓名）、发羌（民族名）、沙发、发格河、发罗拉、发尔冈反应（译音词）。

在汉字简化之前，义项①至⑩中各词语的发字均写作繁体的（發）。

2. fà

发（髮）

① 头发：发菜、发带、发鼓、发鸡、发际、发夹、发胶、发廊、发露。
② 古长度名：毫发。

在汉字简化之前，义项①至②中各词语的发字均写作繁体的(髮)。

[辨析] 1. 在汉字简化之前，意思是“毛发、头发”的发字和词语“毫发”的“发”(读 fà)字均写作繁体的(髮)。其他用法的发(均读 fā)字写作繁体的(發)。

2. 在汉字简化前，“发毛”的发字读 fā 时，写作繁体的(發)；读 fà 时，写作繁体的(髮)，意义有别。

范 fàn

(1) 范
① 蜂：《礼记·檀弓下》“范则冠”孔颖达疏：“范，蜂也。”
② 其他：范蠡、范增、范缜、范文澜、范仲淹(以上为姓名)；范县、范阳、范公堤、范家屯(以上为地名)；范德林特、范特荷甫、范德瓦耳斯力、范德瓦耳斯方程、范德格喇夫起电机(以上为译音词)。

在汉字简化前后，义项①至②中各词语的范字均写作“范”。

(2) 范(範)
① 模型，榜样：范本、范例、范式、范文、范性、范铸。
② 范围：范畴、就范、范围法。
③ 限制：防范。

在汉字简化之前，义项①至③中各词语的范字均写作繁体的(範)。

[辨析] 1. 在汉字简化前后，出现在姓氏、地名、译音词中的范字以及意思是“蜂”的范字均写作“范”。

2. 在汉字简化前，意思是“模型、范围和限制”的范字均写作繁体的(範)。

丰 fēng

(1) 丰
① 美好的容貌或姿态：丰采、丰容、丰神、丰韵、丰姿、丰姿绰约。
② 其他：丰茸。

在汉字简化前后，义项①至②中各词语的丰字均写作“丰”。

(2) 丰(豐)
① 丰富：丰本、丰产、丰炽、丰悴、丰登、丰丰、丰筋多力、五谷丰登、人寿年丰。

② 茂密，茂盛：丰草、丰茂、丰美、丰彤、丰蔚。

③ 高大：丰碑、丰狐、丰人、丰伟、丰注、丰功伟绩。

④ 其他：丰城、丰镐、丰宁、丰润、丰台、丰城剑气、丰满水电站（以上为地名）；丰子恺（姓名）；丰臣秀吉、丰田汽车公司（译音词）；丰侯（酒器）；丰岳（牛膝骨）；咸丰；丰货钱；丰瑞花。

在汉字简化之前，义项①至④中各词语的丰字均写作繁体的（豐）。

［辨析］ 在汉字简化之前，除了形容人美好的容貌或姿态的丰字和词语“丰茸”中的丰字写作“丰”以外，其他用法的丰字均写作繁体的（豐）。

复 fù

（1）复

走老路。

在汉字简化之前，意思是“走老路”的复字一般写作“复”。有时也写作繁体的（復）。

（2）复（複）

① 有夹里的衣服：复裙、复襦、复衣、复帐。

② 重复，繁复：复摆、复本、复比、复壁、复称、复词。

③ 土窟：复穴。

在汉字简化之前，义项①至③各词语的复字均写作繁体的（複）。

（3）复（復）

① 反复：反复无常、翻来复去、循环往复。

② 回答：复电、复命、复逆、复书、复信、复音。

③ 返，还，恢复：复工、复古、复婚、复活、复籍。

④ 报复：复仇、复血仇、复仇悲剧。

⑤ 再、又：复冰、复查、复次、复旦、复审、复思。

⑥ 免除：复除、复家、复卒。

⑦ 其他：复县、复州（地名）；复遂（姓名）；复陶；复育。

在汉字简化之前，义项①至⑦中各词语的复字均写作繁体的（復）。

［辨析］ 1. 在汉字简化之前，意思是“走老路”的复字写作“复”，有时也写作繁体的（復），但不能写作繁体的（複）。

2. 在汉字简化之前，意思是“有夹里的衣服”、“土窟”和“重复、繁复”的复字应写作繁体的（複）。其他用法的复字写作繁体的（復）。

3. 在汉字简化之前,“复道、复习、复穴”中的复字,既可以写作繁体的(復),也可以写成繁体(複),意义相同。

4. 在汉字简化之前,“复姓、复诊”中的复字,当其意义是“繁复”或“重复”时,写作繁体的(複);当其意义是“回复”时,则应写作繁体的(復)。

干

1. gān

(1) 干

① 盾牌:干城、干戈、干橹、干戚、干舞、干羽。
② 水边:河干、江干。
③ 天干:干支、十干。
④ 牵连,涉及:干碍、干连、干涉、干系、干预、干证。
⑤ 冒犯:干黩、干犯、干讳、干纪、干冒、干扰。
⑥ 求取:干进、干禄、干媚、干请、干求、干赏。
⑦ 个数:若干、一干人马。
⑧ 通“竿”:干旌、干栏、干旄、阑干、干栏居屋。
⑨ 其他:干宝、干将、干献(姓名);干坝、干山、干遂、干崖、干越(以上为地名);干地亚、乌干达(以上为译音词);干木(树木名);干休;干遮。

在汉字简化前后,义项①至⑨中各词语的干字均写作“干”。

(2) 干(乾)

① 干燥:干巴、干版、干贝、干瘪、干冰、干菜、干草。
② 竭、尽、空:干杯、干井、干净、干尽、包干。
③ 徒然的、白:干愁、干等、干急、干瞪眼、干着急、干打雷不下雨。
④ 只具形式的:干馆、干嚎、干咳、干呕、干笑。
⑤ 直接的:干脆、干股、干礼、干没、干隐。
⑥ 拜认的亲属:干爹、干娘、干亲、干哥(儿)们、干姐(儿)们。
⑦ 其他:干封、干侯、干时、干溪(地名);干皋、干余骨(鸟名);干单位重。

在汉字简化前,义项①至⑦中各词语中的干均写作繁体的(乾)。

2. gàn

(1) 干(幹)

① 事物的主体:干道、干流、干路、干母、干渠、干事、干水。
② 做:干当、干掉、干劲、干了、干吗、干什么、单干、公干。

③ 能干：干办、干才、干蛊、干济、干将、干局、干练。

④ 担任，从事：他干过队长。

⑤ 其他：干冲（姓名）。

在汉字简化前，义项①至⑤中各词语的干字均写作繁体的（幹）。

（2）干（幹）〔榦〕

树木的主茎：树干、枝干、枝小干大。

在汉字简化前，"枝干、树干"的干字写作繁体的（幹）。在异体字整理之前，也可写成异体的〔榦〕。

［辨析］ 1. 在汉字简化前后，1.（1）中各种用法的干字均写作"干"。

2. 在汉字简化之前，1.（2）中各种用法的干字均写作繁体的（乾）。

3. 在汉字简化前，2.（1）中各种用法的干（读 gàn）字写作繁体的（幹）。

4. 在汉字简化之前，意思是"树木主茎"的干字既可以写作繁体的（幹），也可以写作异体的〔榦〕。

5. 在汉字简化之前，"干支、十干"的干字有时也写作繁体的（幹）。

6. 乾字除了读 gān 外，又读 qián，如"乾坤、乾隆"等词语中的乾字。读 qián 的乾字不能简化成"干"。

谷

1. gǔ

（1）谷

① 两山之间狭长有出口的地带：谷地、谷坊、谷口、谷量、谷气。

② 穷困：进退维谷。

③ 其他：谷永、谷那、谷蠡（姓名）；谷水、谷宝江、谷口谣（地名）；布谷鸟（鸟名）；谷蓼（植物名）；谷次科、谷腾堡（译音词）

在汉字简化前后，义项①至③中各词语的谷字均写作"谷"。

（2）谷（穀）

① 谷类农作物：谷板、谷伯、谷仓、谷草、谷道、谷盗。

② 善良、美好：谷旦、谷圭、谷日、谷言、自称曰不谷。

③ 其他：谷昌、谷城、谷林、谷丘、谷熟、谷水（地名）；谷思、谷梁、谷梁赤（姓名）；谷谷（鸟鸣）；谷风（东风）。

在汉字简化前，义项①至③中各词语的谷字均写作繁体的（穀）。

2. yù

谷

① 古代西北少数民族名：吐谷浑。

② 古代西北地区少数民族的复姓：谷浑。

在汉字简化前后，出现在"吐谷浑"和"谷浑"中的谷（读 yù）字均写作"谷"。

3. lù

谷

谷蠡王，古代匈奴人的官职名。

在汉字简化前后，出现在"谷蠡王"中的谷（读 lù）字均写作"谷"。

［辨析］ 1. 在汉字简化前，1.（2）中①至③中各词语的谷字写作繁体的（穀）。

2. 在汉字简化之前，"谷"和繁体的（穀）都用作姓氏。"谷"作姓氏的如"谷永、谷那、谷蠡、谷正鼎、谷正伦、谷应泰"；繁体的（穀）用作姓氏的如"穀思、穀梁、穀梁赤"。不能混淆。

3. 在汉字简化前后，少数民族名"吐谷浑"和少数民族复姓"谷浑"中的谷（读 yù）字及词语"谷蠡王"中的谷（读 lù）字，均写作"谷"。

4. 在汉字简化之前，"谷谷"和"谷风（东风）"中的谷字，既可以写作"谷"，也可以写作繁体的（穀），意义不变。

5. 在汉字简化之前，"谷水"指的是山谷里的水和今上海市的松江；写作繁体的"穀水"指的是流经江苏和河南的河流名。要注意区别。

刮 guā

（1）刮

① 刮削：刮刀、刮锅、刮脸、刮磨、刮胡子、刮地器。

② 刷除：刮除、刮宫、刮肠洗胃、搜肠刮肚。

③ 摩擦，擦拭：刮痧、刮目相看。

④ 搜刮：刮地皮。

⑤ 其他：刮软（制革工序名）；刮地风（词牌名）、刮骨盐（曲调名）。

在汉字简化前，义项①至⑤中各词语的刮字均写作"刮"。

（2）刮（颳）

① 起：刮风。

② 吹：树让风刮倒了。

在汉字简化之前，义项①至②中各词语的刮字均写作繁体的（颳）。

［辨析］ 在汉字简化之前，

繁体的（颳）只出现在和风有关的词语中。其他用法的刮字写作“刮”。

广 1. guǎng

广（廣）

① 宽阔：广博、广场、广崇、广大、广度、广泛、广交。

② 多：广大、广嗣、广文、广有。

③ 扩大、扩充：广播、广告、推广、广播段、广播剧、广播电台。

④ 其他：广安、广岛、广东、广平、广皮、广武、两广（地名）；广汉、广成子（姓名）；广柑、广货、广东戏、广东音乐。

在汉字简化之前，义项①至④中各词语的广字均写作繁体的（廣）。

2. yǎn

广

依山崖建造的房子：韩愈《陪杜侍御游湘西两寺》：“剖竹走泉源，开廊架崖广。”

［辨析］　在汉字简化之前，除了意思是依山崖建造的房子的广（读 yǎn）字以外，其他用法的广字均写作繁体的（廣）。

合 1. gé

合（閤）

① 边门：合门使。

② 楼阁（通“阁”）：合间、合中、香合。

③ 其他：合皁山（地名）。

在汉字简化之前，义项①至③中各词语的合字应写作繁体的（閤）。

2. gě

合

计量名词，十分之一升。

在汉字简化前后，用作计量名词的合（读 gě）字均写作“合”。

3. hé

（1）合

① 关闭，环绕：合抱、合萼、合拱、合昏、合欢、合尖、合口。

② 结合，联合，汇合：合板、合办、合璧、合变、合并、合病。

③ 符合：合程、合度、合法、合符、合格、合乎、合节、合口。

④ 折合：合计、合算。

⑤ 全，满：合村、合共、合家、合门。

⑥ 应当：合该、合当、理合。

⑦ 天文学名词：合朔、上合、下合。

⑧ 中国民族音乐的音阶名。

⑨ 量词：回合。

⑩ 其他：合伯、合川、合肥、合

江、合黎、合浦、合水（地名）；合萌、合掌消（植物名）；合恩角（译音词）；合冬；合生；合下、合手下；百合；场合；合子；就合；合霉素；里应外合；前仰后合；合浦珠还。

在汉字简化之前，义项①至⑩中各词语的合字一般写作“合”。

（2）合（閤）

① 边门：合门使《汉书·公孙弘传》：“开东合。”

② 全、满（通“阖”）：合城、合家、合第光临、合府清泰。

在汉字简化之前，义项①至②中各词语的合字一般写作繁体的（閤）。

［辨析］ 1. 在汉字简化之前，只有下列用法的合字才可以写作繁体的（閤）。

（1）意思是“边门”的合字。如“合门使、开东合”中的合字。要注意这种用法的合字有两个读音：gé和hé。

（2）意思是“楼阁”的合字。这个合字读gé不读hé。如词语“合中、合间、香合”中的合字。

（3）在汉字简化之前，地名“合皁山”中的合字写作繁体的（閤）。

2. 现在，意思是“全、满”的合字既可以写作“合”，也可以写作“阖”，意义不变。在汉字简化之前，这种用法的合字有三种写法：“合”、（閤）及“阖”的繁体（闔）。

后 hòu

（1）后

① 古代君主：后辟、后帝、后土、后皇、后稷、后羿、皇天后土。

② 君主的妻子：后妃、皇后、王后。

③ 皇帝的母亲：太后、皇太后。

④ 其他：后坪（地名）；后处、后苍（姓名）；后马脱品（译名）；后发座。

在汉字简化前后，义项①至④中各词语的后字均写作“后”。

（2）后（後）

① 与前相对的方位：后碑、后背、后备、后边、后步、后槽、后车。

② 时间上较晚的、未来的：后凋、后爹、后夫、后福、后果、后汉。

③ 子孙：后辈、后代、后昆、后嗣。

④ 其他：后溪（穴位名）。

在汉字简化之前，义项①至④中各词语的后字均写作繁体的（後）。

［辨析］ 在汉字简化之前，繁体（後）的用法主要是“后面的、后来的”和“子孙、后代”。“后”字的主要用法是“后妃、古代君主、太后”以及用作姓氏。二者不能混淆。

胡 hú

（1）胡

① 古代西北各民族的通称：胡儿、胡姬、胡虏、胡骑。

② 出自西北各民族的：胡饼、胡床、胡葱、胡豆、胡粉。

③ 随意乱来：胡柴、胡扯、胡花、胡搅、胡来、胡乱、胡闹。

④ 迷乱：胡缠、胡话、胡涂、胡天、胡帝。

⑤ 疑问词、为什么：胡不归。

⑥ 下巴部分下垂的肉：狼跋其胡（《诗经·豳风·狼跋》）。

⑦ 长远的：胡考、胡福、永受胡福。

⑧ 其他：胡苏、胡桐林、胡卢河（地名）；胡适、胡宗南（姓名）；胡塞尔、胡桑试验（译名）；胡绳（植物名）；胡噜；柴胡；二胡；京胡；胡骨把胯。

在汉字简化前后，义项①至⑧中各词语的胡字均写作“胡”。

（2）胡（鬍）

① 胡须：胡子、胡子拉碴。

② 土匪：胡匪、胡子、红胡子。

在汉字简化前，义项①至②中各词语的“胡”字写作繁体的（鬍）。

（3）胡〔衚〕

胡同。

在异体字整理之前，“胡同”也写作〔衚衕〕。

［辨析］ 1. 在汉字简化之前，只有意思是“胡须”的胡字才必须写作繁体的（鬍）。

2. 在异体字整理之前，“胡同”的胡字可以写作〔衚〕。

3. 在汉字简化之前，“胡匪”等意思是土匪的词语中的胡字既可以写作繁体的（鬍），也可以写作“胡”。

划 1. huá

（1）划

① 拨水前进：划船、划桨、划艇、划龙舟、皮划艇。

② 合算：划算、划不来、划不着、划得来。

③ 豁拳：划拳。

在汉字简化前后，义项①至

③中各词语的划字均写作“划”。

(2) 划(劃)

擦、割：划拉、划玻璃、划火柴。

在汉字简化前，意思是“擦、割”的划字写作繁体的(劃)。

2. huà

划(劃)

① 分界：划定、划分、划界、划清、划一、规划。
② 划拨、转移：划付、划归、划款、划条、划头、划账。
③ 设计：划策、策划、擘划、筹划、出谋划策。
④ 刻画、书写线条或记号：划到、划供、划线、划押、比划、划十字。

在汉字简化前，义项①至④中各词语的划字写作繁体的(劃)。

[辨析] 1. 在汉字简化之前，意思是“拨水前进、合算”和“划拳”中的划(读 huá)字均写作“划”。其他用法的划字一律写作繁体的(劃)。

2. 在汉字简化之前，意思是“刻画、书写线条或记号”的划字以及词语“划策”中的划字也可以写作“画”。

回 huí

(1) 回

① 回族：回部、回纥、回回、回教、回历、回民、回文。
② 返回：回笔、回采、回茬、回潮、回程、回春、回返、回归、回锅。
③ 掉转：回顾、回身、回首、回手、回天、回头、回马枪、回头路。
④ 答复：回拜、回报、回禀、回答、回电、回访、回复。
⑤ 辞谢，退掉：回驳、回绝、回戏。
⑥ 量词：几回、两回事、一回生二回熟。
⑦ 段落：回合、章回。
⑧ 其他：回洛城、回溪阪(地名)；回满住(姓名)；回青(颜料名)。

在汉字简化前，义项①至⑧中各词语的“回”字一般写作“回”。也有少数例外，详见辨析。

(2) 回(迴)〔廻〕〔逥〕

曲折环绕、往复：回避、回肠、回车、回荡、回风、回合、回互。

在汉字简化之前，意思是“曲折环绕、往复”的回字写作繁体的(迴)。在异体字整理之前，繁体的(迴)还可以写作异体的〔廻〕和〔逥〕。

［辨析］　在汉字简化之前，只有意思是“曲折环绕、往复”的回字才能写成繁体的(迴)，其他用法的回字一般写作“回”。但在某些词组中这种区分不很严格。大致有以下四种情况。

(1) 双音节词中写作“回”，而在由这个词组成的多音节词中写作(迴)。如：

回馈/迴馈作用；回声/迴声探测；回音/迴音壁。

回转/迴转半径、回转臂、回转泵、回转窑、回转仪、回转耕耘器。

(斜线前的“回”字是简体，斜线后是繁体。下同。)

(2) 双音节词中写作“回”，而在由这个词组成的多音节词中有些写作(迴)，有的仍然写作“回”。如：回归、回归线、回归年、回归热、回归潮，回归分析、回归系数、回归直线。

(3) 同形词中的回字因表达的词语不同，既可以写作“回”，也可以写作繁体的(迴)。如：回合(段落)/迴合(环绕)。

(4) 在有些词语中既可以写作“回”，也可写作(迴)，意义相同。如：回避/迴避、回风/迴风、回首/迴首、回翔/迴翔、回向/迴向、回心/迴心、回光返照/迴光返照、回黄转绿/迴黄转绿。

汇 huì

(1) 汇(匯)〔滙〕

① 水流会合：汇合、汇聚、汇流、汇成江河、汇成巨流、百川所汇。

② 汇兑：汇费、汇付、汇划、汇款、汇率、汇票。

在汉字简化之前，义项①至②中各词语的汇字写作繁体的(匯)。在异体字整理前，繁体的(匯)可写作异体的〔滙〕。

(2) 汇(彙)

① 综合：汇报、汇编、汇合、汇集、汇聚、汇刊、汇总。

② 类聚：汇征、词汇、品汇、条汇、字汇、语汇、总汇。

③ 其他：姜汇(植物名)

在汉字简化之前，义项①至③中各词语的汇字写作繁体的(彙)。

［辨析］　1. 在汉字简化之前，意思是“水流会合”和“汇兑”的汇字写作繁体的(匯)。如“汇合、汇流、汇费、电汇”等。

2. 在汉字简化之前，意思是“综合、类聚”及词语“姜汇”中的汇字写作繁体的（彙）。如“汇报、汇编、汇征、词汇”等。

3. 在汉字简化之前，同形词中的汇字因表达的词语不同，既可以写作繁体的（匯），也可以写作繁体的（彙）。如：

汇合（水流会合）/彙合（综合）、汇聚（水流会合）/彙聚（综合）。[斜线前的汇字是（匯），斜线后的是（彙）。]

伙 1. huo

伙

只出现在“家伙”一词语中。

在汉字简化前后，“家伙”中的伙字均写作“伙”。

2. huǒ

(1) 伙

伙食：伙房、伙夫、包伙、起伙、入伙、伙食团。

在一般情况下，意为是“伙食”的伙字都应写作“伙”。在古代文献中，这个“伙”字也写作“火”。

(2) 伙（夥）

① 同伴：伙伴、伙计、伙友、店伙、同伙。

② 若干人组成的群体：伙长、伙子、大伙、合伙、结伙、群伙。

③ 共同，联合：伙办、伙耕、伙买、伙同、伙种、伙有共耕。

在汉字简化之前，义项①中③各词语的伙字写作繁体的（夥）。

[辨析] 1. 在汉字简化前后，意思是“伙食”的伙字和词语“家伙”中的伙（读 huo）字，不能写成繁体的（夥），但在古典文献中可以写作“火”。

2. 其他用法的“伙”字，在汉字简化之前一般写作（夥）。但“伙计、伙伴”中的“伙”字既可以写作（夥），也可以写成“伙”或“火”。即：夥伴/伙伴/火伴、夥计/伙计/火计。

3. 夥字除了用作“伙”的繁体字以外，还有众多的意思，如“获益甚夥”。这个意义的夥字不能简化成“伙”。

获 huò

(1) 获（獲）

① 捉住：获麟、捕获、俘获、擒获。

② 得到：获得、获救、获隽、获利、获取、获胜、获悉。

③ 能够：不获面辞、不获前来。

④ 射中箭靶：获旌、唱获、中获。

⑤ 其他：获嘉、获鹿、获水（地

名）。

在汉字简化之前，义项①至⑤中各词语的获字写作繁体的（獲）。

（2）获（穫）

收割、收成：收获。

在汉字简化之前，意思是“收割、收成”的获字写作繁体的（穫）。

［辨析］ 在汉字简化之前，除了意思是“收割、收成”的获字写作繁体的（穫）以外，其他用法的获字均写作繁体的（獲）。

饥 jī

（1）饥（飢）

① 饿：饥肠、饥饿、饥寒、饥火、饥渴、饥困、饥驱。

② 其他：饥恬（姓名）。

在汉字简化之前，义项①至②中各词语的饥字写作繁体的（飢）。

（2）饥（饑）

灾荒：饥荒、饥馑、饥民、饥溺。

在汉字简化之前，意思是“灾荒”的饥字写作繁体的（饑）。

［辨析］ 在汉字简化之前，意思是“饥饿”和用作姓氏的饥字写作繁体的（飢），而意思是“灾荒”的饥字则写作繁体的（饑）。

几 1. jī

（1）几

① 小桌子：几案、几阁、几席、几筵、茶几、搁几。

② 其他：几江、几山（地名）；几蘧（姓名）。

在汉字简化前后，义项①至②中各词语的几字均写作“几”。

（2）几（幾）

① 近于：几乎、几率。

② 危殆：几殆、几顿。

③ 细微：几初、几谏、几事、几微、几希、几赜。

④ 其他：几丁质、几维鸟（译音词）；几社。

在汉字简化之前，义项①至④中各词语的几字写成繁体的（幾）。

2. jǐ

（1）几

几几

在汉字简化前后，词语“几几”中的几字均写作“几”。

（2）几（幾）

① 询问数目：几多、几儿、几何、几时、几所、几许。

② 表示大于一小于十的数字：

几百人、几本书、十几个。

③ 其他：几何、几何体、几何学、几内亚(以上为译音词)。

在汉字简化之前，义项①至③中各词语的几字均写作繁体的(幾)。

[辨析] 1. 在汉字简化前后，意思是“小桌子”的几字和用作地名、姓氏(读 jī)以及词语“几几”中的几(读 jǐ)字均写作“几”。

2. 除了在上面提到的几种用法，其他用法的几字在汉字简化之前都写作繁体的(幾)。

3. 在汉字简化之前，译音词中的几字一律写成繁体的(幾)。

家 jiā

(1) 家

① 家庭：家兵、家产、家常、家臣、家丑、家传、家当、家道、家底。

② 掌握专门知识、技能，从事专门活动的人：船家、行家、农家、商家、渔家、杂家、专家。

③ 谦词：家慈、家弟、家父、家公、家姑、家舅、家君。

④ 学术流派：家数、道家、法家、佛家、墨家、儒家。

⑤ 用于家庭、店铺的量词：家家、家家户户、两家人家、三家商店。

⑥ 指方面和流辈的称谓词：人家、自家、姑娘家、孩子家、女人家、学生家、妇道人家、小孩子家。

⑦ 驯养的：家蚕、家畜、家鸽、家鸡、家禽、家鼠。

⑧ 借指单位：厂家。

⑨ 妻子：老三家、秋生家。

⑩ 其他：家安国(姓名)。

在汉字简化前后，义项①至⑩中各词语的家字均写作“家”。

(2) 家(傢)

器具：家伙、家具、家什、家私。

在汉字简化之前，上面各词语中的家字写作繁体的(傢)。

[辨析] 1. 繁体的(傢)只出现在意思是“家用器具”的词语中。而且，在汉字简化之前并不常见。在港台地区也是近年来才大量使用繁体的(傢)。

2. 在港台地区“家伙”这个词在指家用器具时，才可以写作(傢)。而指人时(如：小家伙、这家伙)则只写作“家”。

价 1. jià

价(價)

① 价格、价值：价比、价单、价款、价码、价目、价钱、价值。
② 化学名词：价标、价带、价电子、化合价。
③ 人的声望地位：声价。

在汉字简化之前，义项①至③中各词语的价字写作繁体的(價)。

2. jiè

价

① 信使、仆役：贵价、小价。
② 善：《诗经·大雅·板》："价人维藩。"

在汉字简化前后，义项①至②中各词语的价(读 jiè)字均写作"价"。

3. jie

价(價)

语气助词，相当于"地"的用法：别价、成天价忙。

在汉字简化之前，用作语气助词的"价"写作繁体的(價)。

［辨析］ 在汉字简化之前，除了读 jiè，意思是"信使"和"善"的价字以外，其他用法的价字均写作繁体的(價)。

荐 jiàn

(1) 荐

屡次：荐饥、荐及、荐降、荐仍、荐食、荐臻。

在汉字简化之前，意思是"屡次"的荐字写作"荐"。

(2) 荐(薦)

① 草：荐草、荐处、荐居、麋鹿食荐。
② 草席：草荐、稿荐、棕荐。
③ 衬垫：荐骨、荐椎、荐椎神经。
④ 推举、介绍：荐拔、荐店、荐鹗、荐籍、荐举、荐卷。
⑤ 进献：荐璧、荐贿、荐酒、荐享、荐新、荐羞。
⑥ 通"缙"：荐绅。

在汉字简化之前，义项①至⑥中各词语的荐字一般写作繁体的(薦)。

［辨析］ 1. 在汉字简化之前，除了意思是"屡次"的荐字写作"荐"以外，其他用法的"荐"字一般应写作繁体的(薦)。

2. 在汉字简化之前，"荐处、荐居、荐臻、荐刿"等词语中的荐字既可以写作"荐"，也可以写作繁体的(薦)，意义相同。

姜 jiāng

(1) 姜

① 姓氏：姜被、姜肱、姜夔、姜尚、姜维、姜太公、姜子牙。

② 其他：姜戎（古代民族名）；姜水（河流名）。

在汉字简化前后，义项①至②中各词语的姜字均写作“姜”。

(2) 姜（薑）

植物名：姜粉、姜桂、姜黄、姜汇、姜片、姜食、姜汤。

在汉字简化之前，用作植物名的“姜”字写作繁体的（薑）。

［辨析］ 在汉字简化之前，“姜”字用作姓氏、民族名及河流名；繁体的（薑）用作植物名。

借 jiè

(1) 借

① 借贷：借补、借出、借春、借词、借代、借当、借道、借对。

② 利用：借刀杀人、借风使船、借古讽今、借花献佛、借面吊丧、借尸还魂。

③ 假使：借令、借如、借使。

④ 帮助：借交报仇、借客报仇。

在汉字简化前后，义项①至④中各词语的借字均写作“借”。

(2) 借（藉）

① 假托：借词、借端、借故、借口。

② 依赖：借手、凭借、依借。

在汉字简化之前，义项①至②中各词语的借字一般写作繁体的（藉）。

［辨析］ 1. 在汉字简化之前，只有意思是“假托、依赖”的借字才可以写作繁体的（藉），其他用法的借字一律写作“借”。

2. 在汉字简化之前，词语“借端”中的借字既可以写作“借”，也可以写成繁体的（藉），意义不变。

3. 在汉字简化之前，词语“借词”中的借字写作“借”时，意为外来词；写作繁体的（藉）时，意思是托词、借口。

4. 藉字除了用作“借”字的繁体以外，还单独使用，读 jí，如“狼藉、杯盘狼藉”等；还用作姓氏。

尽 1. jǐn

尽（儘）

① 极尽、最：尽快、尽量、尽让、尽数、尽先、尽早。

② 任凭：尽管、尽拣、尽教、尽看、尽你吩咐。

③ 老是、只管：尽自、这些日子尽下雨。

在汉字简化之前，义项①至③中各词语的尽字应写作繁体的（儘）。

2. jìn

尽(盡)

① 全、所有的：尽日、尽室、尽数、尽岁、尽言、尽人皆知。

② 竭尽：尽哀、尽辞、尽瘁、尽欢、尽节、尽尽、尽礼、尽力、尽年。

③ 死亡：自尽。

④ 终止：尽头、尽根牙、无穷无尽、春蚕到死丝方尽。

⑤ 效力：尽命、尽孝、尽职、尽责、尽本分、尽人情。

⑥ 其他：尽言(姓名)。

在汉字简化之前，义项①至⑥中各词语的尽字写作繁体的(盡)。

［辨析］ 1. 在汉字简化之前，意思是“极尽、最、任凭、只管和老是”的尽(读 jǐn)字写作繁体的(儘)。

2. 在汉字简化之前，读 jìn，写作繁体的(盡)的尽字义项和用法比较复杂，使用时请尽可能参照上面给出的义项和词语。

3. “尽量”的“尽”字有两个读音，在汉字简化之前它的写法也有两种。读 jǐnliàng 时，意思是力争达到极限，写作繁体的(儘)。例如“尽量保证、尽量争取”等。读 jìnliàng 时，意思是饭量、酒量已经达到最大限度，此时写成繁体的(盡)。

据 1. jū

据

拮据。

在汉字简化前后，“拮据”的“据”字均写作“据”。

2. jù

据(據)

① 占据，据守：据点、据有、盘据、据为已有、据险固守。

② 靠、依托：据梧。

③ 依照：据此、据实、据说、根据、依据、据理力争。

④ 凭证：单据、根据、理据、论据、凭据、实据、收据。

⑤ 抓：据鞍。

⑥ 其他：据成、据梁(姓名)。

在汉字简化之前，义项①至⑥中各词语的据字写作繁体的(據)。

［辨析］ 在汉字简化之前，除了“拮据”的据(读 jū)字写作“据”以外，其他用法的据(读 jù)字一律写作繁体的(據)。

卷 1. juàn

卷

① 书籍：卷帙、书卷、卷帙浩繁、手不释卷。

② 可以卷起来的书画：卷轴、

画卷、手卷、卷轴装、卷子本、山水卷。

③ 书籍的分篇：卷一、论卷、上卷、下卷、第一卷、开卷有益。

④ 卷子：闭卷、答卷、发卷、改卷、交卷、开卷。

⑤ 文件：卷宗、案卷、查卷、调卷、文卷。

在汉字简化前后，义项①至⑤中各词语的卷字均写作“卷”。

2. juǎn

(1) 卷(捲)

① 弯转收聚：卷包、卷柏、卷尺、卷丹、卷耳、卷发、卷怀、卷领。

② 弯转收聚起来的东西：胶卷、烟卷、铺盖卷。

③ 裹挟：卷伴、卷人、卷逃、卷入旋涡、卷土重来。

④ 量词，用于成卷的东西：一卷纸、一卷铺盖。

汉字简化前，义项①至④中各词语的卷字写作繁体的(捲)。

(2) 卷(捲)

食品名称：卷子、蛋卷、花卷、金银卷。

在汉字简化之前，用作食品名称的卷字写作繁体的(捲)，也可以写作〔餸〕。

［辨析］ 1. 在汉字简化之前，用作动词和量词的卷(读juǎn)字一般写作繁体的(捲)。意思是“书籍、文件”的卷(读juàn)字写作“卷”。用作食品名称的卷字，一般写作“餸”，有时也写作(捲)。

2. 在汉字简化之前，下列词语中的“卷”字一般写作繁体的(捲)，但有时也写作“卷”。即：

卷柏、卷尺、卷丹、卷耳、卷发、卷怀、卷舌、卷曲、卷施、卷须、卷云、卷柏目、卷叶蛾、卷尾猴、卷土重来。

3. 在汉字简化之前，词语“卷子”有两种写法，其读音和意义也不相同。读 juǎnzi 时，意思是食品名称，卷字写作〔餸〕或(捲)。读作 juànzi(义为试卷)时，卷字写作“卷”。

克

1. kè

(1) 克

① 能够：克家、克家子、克爱克威、克勤克俭、不克分身。

② 战胜：克服、克复、攻克、克敌制胜、以柔克刚。

③ 约束：克己、克制、克己论、克己复礼、克己主义。

④ 重量或质量单位：千克、克

当量、克分子、克原子。

⑤ 藏族的量器名;藏族的重量单位;藏族计算耕地面积的单位。

⑥ 其他：克东、克山(地名);克山病;里克(姓名);克拉、克郎、夹克、里克、马克、扑克(以上为译音词)。

在汉字简化前,义项①至⑥中各词语的克字均写作“克”。

(2) 克(剋)〔尅〕

① 限期：克果、克期、克日、克期动工、克日完成。

② 制胜：克星、克择、生克。

③ 消化：克化、克食。

④ 其他：克臂、克核、克丝、克心、克意(通“刻”)、克扣。

在汉字简化之前,义项①至④中各词语的克字写作繁体的(剋)。在异体字整理前,繁体的(剋)还写作异体的〔尅〕。

2. kēi

克(剋)〔尅〕

打,申斥：克架、挨克。

在汉字简化之前,意思是“打、申斥”的克(读kēi)字写作繁体的(剋)。在异体字整理之前,繁体的(剋)还写作异体的〔尅〕。

［辨析］ 1. 繁体的(剋)字有两个读音：读kè和kēi。其主要用法如下：(1) 读kè的(剋)字的主要用法是“限期、制胜、消化”以及通“刻”。此外,“克扣”的克字在汉字简化之前也写作(剋)。

(2) 读kēi的(剋)字主要用来表示“打、申斥”的意思。

(3) 在异体字整理之前,繁体的(剋)字可写作异体的〔尅〕。

2. 在汉字简化之前,“克复、克期、克日”等词语中的克字既可以写作繁体的(剋)和异体的〔尅〕,也可以写作“克”,意义相同。

夸 kuā

(1) 夸

① 奢侈:《荀子·仲尼》:“贵而不为夸。”

② 其他：夸父、夸娥、夸父逐日(姓名);夸特、夸脱、夸克模型、夸美纽斯(译音词)。

在汉字简化前后,义项①至②中各词语的夸字均写作“夸”。

(2) 夸(誇)

① 夸大：夸诞、夸官、夸口、夸丽、夸人、夸示、夸饰。

② 夸奖：夸赞、自卖自夸。

在汉字简化之前，义项①至②中各词语的夸字写作繁体的(誇)。

［辨析］　在汉字简化之前，只有“夸大、夸奖”的夸字才能写作繁体的(誇)。其他用法的夸字一律只写作“夸”。

困 kùn

(1) 困

① 包围：围困、困守、困守孤城、困兽犹斗。

② 窘迫、受窘：困惑、困蒙、困学、困学纪闻。

③ 艰难痛苦：困隘、困处、困笃、困顿、困厄、困境。

④ 疲乏：困惫、困乏、困殖、困惫不堪、春困秋乏、人困马乏。

⑤ 其他：困敦、困泥。

在汉字简化前后，义项①至⑤中各词语的困字均写作“困”。

(2) 困(睏)

① 疲倦思睡：困倦、困人、困得睁不开眼睛了。

② 睡：困觉、困一会儿。

在汉字简化之前，义项①至②中各词语的困字写作繁体的(睏)。

［辨析］　在汉字简化之前，只有意思是“睡觉”和“疲乏想睡”的困字才能写成繁体的(睏)。其他用法的困字一律写作“困”。

腊

1. là

腊(蠟)〔臈〕

① 农历十二月：腊八、腊肥、腊鼓、腊祭、腊梅。

② 腌制后风干或熏干的：腊肠、腊鸡、腊肉、腊味、腊鸭。

③ 和尚受戒的年数：法腊、戒腊、僧腊、夏腊、一腊。

④ 其他：腊岭、腊子口(地名)；方腊(姓名)；腊克、腊戍、希腊(译音词)；腊叶标本。

在汉字简化前，义项①至④中各词语的腊字写作繁体的(蠟)。在异体字整理之前，繁体的(蠟)还可以写作异体〔臈〕。

2. xī

腊

① 干肉：《易·噬嗑卦》：“噬腊肉。”

② 晒干：《捕蛇者说》：“腊之以为饵。”

③ 皮肤皴皱：《山海经·西山经》：“其脂可以已腊(已，医治)。”

④ 极、很：《国语·周语》："厚味实腊毒。"

在汉字简化前后，义项①至④中各词语的腊（读 xī）字均写作"腊"。

［辨析］ 1. 读 xī 的"腊"字，只出现在古代文献中，现代罕用。除了"腊肉"以外，它不能构成其他词语。因而在汉字简化之前，凡遇到由"腊"构成的词语（"腊肉"除外），其字形一般写作繁体的（蠟）或异体〔臈〕。

2. 在汉字简化之前，"腊肉"的"腊"字有两个读音，它们的字形和意义也不同。写作"腊"时，读 xī，意思是干肉；写作（蠟）或〔臈〕时，读 là，意思是腌制的肉。要注意区分。

蜡 1. zhà

蜡

古代年终祭祀：蜡祭、蜡节、蜡氏、蜡月。

在汉字简化前，意思是"年终祭祀"的蜡（读 zhà）字均写作"蜡"。

2. là

蜡（蠟）

① 从动物、植物和矿物中提炼出来的一种油脂：蜡被、蜡板、蜡版、蜡笔、蜡茶、蜡虫、蜡峰。

② 蜡烛：蜡灯、蜡花、蜡炬、蜡泪、蜡铺、蜡台、蜡芯。

③ 涂蜡：蜡本、蜡屐、蜡笺、蜡染、蜡纸、蜡面茶。

④ 色淡黄如蜡：蜡鼻、蜡蒂、蜡梅、蜡樱、蜡嘴、蜡瓣花。

⑤ 其他：蜡儿、蜡兄（枇杷）；蜡耳山、蜡树下（地名）；蜡蚁春（酒名）。

在汉字简化前后，义项①至⑤中各词语的蜡（读 là）字写作繁体的（蠟）。

在异体字整理之前，繁体的（蠟）还可以写作异体的〔蝋〕。

［辨析］ 在汉字简化前，除了意为"年终祭祀"的蜡（读 zhà）字写作"蜡"以外，其他用法的"蜡"字一律写作繁体的（蠟）。

累 1. léi

(1) 累

累赘：累垂、累坠。

在汉字简化前后，意思是"累赘"的累字均写作"累"。

(2) 累（纍）

① 绳索：《汉书·李广传》："以剑斫绝累。"《庄子·外物》："揭干累。"

② 囚系：累臣、累囚、累绁、系累。
③ 连缀：累累、果实累累。
④ 缠绕：《诗经·小雅·南有嘉鱼》："甘瓠累之。"
⑤ 无罪被迫致死：湘累。
⑥ 其他：累彪（姓名）、累瓦结绳。

在汉字简化之前，义项①至⑥中各词语的累写作繁体的（纍）。

2. lěi

累

① 增加、积累、重叠：累积、累计、累茧、累减、累进、累卵。
② 屡次：累次、累犯、累累、累年、累迁。
③ 连续：累代、累年、累洽、累日、累时、累世、累岁。
④ 其他：累力、累内、累西腓、累根斯堡（译音词）；累牛。

在汉字简化前后，义项①至④中各词语的累字一般写作"累"。

3. lèi

累

① 疲劳：累恳、累人、累事、累死、累心、劳累。
② 负担：累兵、累重、国累、家累。
③ 亏欠：累德、累句、顾累、亏累、私累。
④ 牵涉：累及、累坐、带累、连累、牵累、累及无辜。

在汉字简化前后，义项①至④中各词语的累字均写作"累"。

［辨析］ 1. 在汉字简化之前，读 lěi 和 lèi 的累字一般写作"累"。

2. 在汉字简化之前，除了词语"累赘、累坠、累垂"中的累字写作"累"以外，其他读 léi 的累字均写作繁体的（纍）。

3. 在汉字简化之前，词语"累牛、系累、累绁"中的累字既可以写作繁体的（纍），也可以写作"累"，意义不变。

4. 在汉字简化之前，意思是"憔悴颓丧"的"累累"（如"累累如丧家之犬"）和意思是"连续、接连成串"的"累累"（如"果实累累"）写作繁体的（纍）；而意义为"屡次、积累"的"累累"只能写作"累"。

5. 在汉字简化之前，意思是"绳索"的累字和词语"系累"中的累字一般写作繁体的（纍），有时也写作"累"。

里 lǐ

(1) 里

① 居民聚居地：里党、里耳、里豪、里居、里闾、里落。

② 古代乡以下的行政单位：里甲、里君、里魁、里吏、里社。

③ 长度单位：里程、公里、海里、华里、市里、万里、英里。

④ 其他：里麻(土司名)；里克、里析(姓名)；下里、下里巴人；里昂、里根、里拉、长里、居里夫人、里约热内卢(译音词)。

在汉字简化前后，义项①至④中各词语的里字均写作"里"。

(2) 里(裏)〔裡〕

① 内部：里边、里带、里海、里脊、里急、里间、里面。

② 内层：里白、里子、被里、衣服里。

③ 指处所或时间：哪里、那里、日里、头里、夜里、这里。

④ 其他：里化、里塘、里下河、里运河、里下河区(地名)；里手、行家里手。

汉字简化前，义项①至④中各词语的里字写作繁体的(裏)。在异体字整理之前，繁体的(裏)字可以写成异体的〔裡〕。

［辨析］ 1. 在汉字简化前后，意思是"居民聚居地、行政单位、长度单位"的里字和用在译音词、姓名中的里字，均写作"里"。

2. 在汉字简化之前，繁体的(裏)字主要用来表示方位(与外相对)、处所和时间等，地名中的里字一般也写作繁体的(裏)。

历 lì

(1) 历(歷)〔歴〕〔厯〕

① 经过：历程、历阶、历节、历劫、历久、历块、历练、历时、历史。

② 各次、各个：历朝、历次、历代、历届、历来、历年、历稔、历代兵制。

③ 遍：历观、历试、历访各校。

④ 清晰：历历、历录、历历可数、历历在目。

⑤ 零乱：历齿、历乱、历落、历历落落。

⑥ 其他：历城、历山、历水、历下、历阳、历下亭(地名)。

在汉字简化之前，义项①至⑥中各词语的历字写作繁体的(歷)。在异体字整理之前，繁体的(歷)字还可以写作异体的

〔歷〕〔歴〕。

(2) 历(曆)

① 历法,记载历法的书籍:历本、历纪、历室、历书、历头、历尾。

② 年代或寿命:历命、历始、历数、历元。

③ 其他:历草、历荚(植物名);历纸。

在汉字简化之前,义项①至③中各词语的历字写作繁体的(曆)。

[辨析] 1. 在汉字简化之前,繁体的(歷)字主要用来表示“经过、各次、遍及、清晰或零乱”等意义,以及用作地名。

2. 繁体的(曆)字,在汉字简化之前,主要用来表示“历法”和与历法相关的“历法书籍、年代”等,也用作植物名。还要注意“历纸”的历字在汉字简化之前应写作繁体的(曆)。

3. 在汉字简化之前,“历元”的历字,既可以写作繁体的(歷),也可以写成繁体的(曆)。但它们的意义不一样。历字写作(曆)的“历元”是天文学名词,轨道要素之一;历字写成(歷)的“历元”表示历数(即年代或寿命)的开始。

帘 lián

(1) 帘

酒家用作招牌的旗帜:帘帜、酒帘、青帘。

在汉字简化前后,意思是“酒家用作招牌的旗帜”的帘字均写作“帘”。

(2) 帘(簾)

① 遮蔽门窗的器具:帘波、帘箔、帘布、帘儿、帘官。

② 其他:帘护军。

在汉字简化之前,义项①至②中各词语的帘字写作繁体的(簾)。

[辨析] 1. 在汉字简化之前,除了意思是“酒家用作招牌的旗帜”的帘字写作“帘”以外,其他用法的“帘”均写作繁体的(簾)。

2. 近年来,在港台地区“帘”字也用来表示遮蔽门窗的布幔。因而当“窗帘、门帘、帘儿和帘子”中的帘字的意义是遮蔽门窗的布幔时,也写作“帘”。

了 1. le

了

助词,用在动词、形容词和句子的末尾,表示完成:病了、吃了、多了、丢了、疯了、够了。

在汉字简化前后,用作助词

的了(读le)字均写作“了”。

2. liǎo

(1) 了

① 完毕,结束:了毕、了当、了断、了结、了局、了纳、了清。

② 表示可能:了得、来不了、受得了、做得了。

③ 完全:了不相涉、了无惧色、了无长进。

④ 聪明:了了、不堪了了、心中了了。

⑤ 其他:了戾;了鸟、知了;了不得、了不起;了歌王(植物名)。

在汉字简化前后,义项①至⑤中各词语的了字均写作“了”。

(2) 了(瞭)

明白:了解、了亮、了然、了义、明了、了如指掌、一目了然。

在汉字简化之前,意思是“明白”的“了”字一般写作繁体的(瞭)。

[辨析] 1. 在汉字简化之前,只有读liǎo,意思是“明白”的了字才可以写作繁体的(瞭)。

2. 1986年重新发表的《简化字总表》规定:繁体的(瞭)字读liǎo(了解)时,仍简作了,读liào(瞭望)时,作瞭,不简作“了”。因而下列词语中的(瞭)(读liào)字不能简化成“了”。如“瞭望,瞭高儿,瞭望车,瞭望哨,瞭望台”等。

卤 lǔ

(1) 卤(鹵)

① 盐碱地:斥卤。

② 盐卤:卤碱、卤水、卤盐、卤质。

③ 卤素:卤化、卤族、卤化物、卤代烃。

④ 粗率,冒失:卤钝、卤莽、粗卤、卤莽灭裂。

⑤ 其他:卤城(地名)。

在汉字简化之前,义项①至⑤中各词语的卤字写作繁体的(鹵)。

(2) 卤(滷)

① 卤汁:卤儿、茶卤、肉卤、鱼卤、打卤面。

② 烹饪法:卤煮、卤煮鸡、卤煮火烧、卤煮牛肉。

③ 用卤汁烹制的:卤蛋、卤菜、卤鸡、卤肉、卤味、卤虾。

④ 咸水:卤湖。

在汉字简化之前,义项①至④中各词语的卤字写作繁体的(滷)。

[辨析] 1. 在汉字简化之

前,繁体的(滷)字除了用在"卤湖"中的卤字(意思是"咸水")外,其他用法都和食物有关,如可以食用的卤汁、肉卤,用卤汁烹饪的卤煮,以及用卤汁烹制的卤蛋、卤味等。

2. 在汉字简化之前,意思是盐碱地的"卤"字(如"斥卤"的卤),有时也写作繁体的(滷)。

么 me
么(麽)

① 后缀:多么、那么、什么、怎么、这么、什么的。
② 歌词中的衬字:五月的花儿红呀么红似火。

在汉字简化之前,义项①至③中各词语的么字写作繁体的(麽)。用作后缀的么字也可写作"末"。

[辨析] 繁体的(麽)字除了作"么"的繁体以外,还能作为一个独立的字使用,读 mó,意思是细小,主要出现在"麽虫、麽眇幺麽、幺麽小丑"等词语中。

霉 méi
(1) 霉

① 因霉菌作用而变质:霉变、霉烂、霉气、霉天、霉雨、发霉。
② 晦气:霉头、倒霉、触霉头。

在汉字简化前后,义项①至②中各词语的霉字均写作"霉"。

(2) 霉(黴)

① 霉菌:根霉、黑霉、毛霉、青霉、曲霉。
② 面目垢黑:霉黑、霉瘠、霉黧。

在汉字简化之前,义项①至②中各词语的霉字写作繁体的(黴)。

[辨析] 在汉字简化之前,除了意思是"霉菌"和"面目垢黑"的霉字写作繁体的(黴)以外,其他用法的霉字均写作"霉"。

蒙 1. mēng
蒙(矇)

① 昏迷:发蒙、头发蒙、蒙头转向。
② 欺骗:蒙人、蒙事、蒙住、坑蒙拐骗、欺上蒙下。
③ 胡乱猜测:蒙着、蒙著、瞎蒙。
④ 其他:蒙蒙亮。

在汉字简化之前,义项①至④中各词语的蒙字一般写作繁体的(矇)。义项①至④中各词语的蒙字有时也写作"蒙"。

2. méng

(1) 蒙

① 草名。

② 遮盖：蒙版、蒙气、蒙翳、蒙面人。

③ 隐瞒：蒙蔽、蒙哄、蒙混、蒙骗、欺蒙、蒙混过关。

④ 承受、遭受：蒙尘、蒙化、蒙难、蒙受、承蒙。

⑤ 愚昧、幼稚：蒙馆、蒙昧、蒙求、蒙拾、蒙士、蒙学、蒙养。

⑥ 阴暗：蒙蒙、蒙灭。

⑦ 其他：蒙亳、蒙城、蒙顶、蒙谷、蒙化（以上为地名）；蒙恬、蒙武、王蒙、蒙得恩（以上为姓名）；蒙戈、蒙哥、蒙河、蒙克、蒙奇（以上为译音词）；蒙茏、蒙笼、蒙茸、蒙戎、蒙衫；蒙药、蒙汗药；蒙冲；蒙伐；蒙堂；蒙贵；蒙须。

在汉字简化之前，义项①至⑦中各词语的蒙字一般写作“蒙”。

(2) 蒙(濛)

① 细雨貌：蒙蒙、蒙雨、蒙松雨、蒙蒙细雨、烟雨迷蒙。

② 混沌、弥漫：蒙鸿、蒙涌、空蒙、迷蒙、溟蒙。

③ 其他：蒙泛；蒙江（地名）；蒙昧。

在汉字简化之前，义项①至③中各词语的蒙字一般写作繁体的(濛)。

(3) 蒙(矇)

① 睁眼瞎子：蒙聩、蒙龙、蒙瞀、蒙蒙、蒙瞍。

② 矇通“蒙”：蒙冒、蒙昧（愚昧）、蒙混。

在汉字简化之前，义项①至②中各词语的蒙字一般写作繁体的(矇)。

(4) 蒙(懞)

① 谨慎朴实：蒙汉、《管子·五辅》：“敦蒙纯固。”

② 昏昧：蒙懂。

在汉字简化之前，义项①至②中各词语的蒙字一般写作繁体的(懞)。

3. měng

蒙古族、蒙古族的：蒙文、蒙医、蒙族、内蒙古、蒙古包。

在汉字简化之前，译音词和民族名（蒙古）中的蒙字一般写作“蒙”。

[辨析] 蒙字对应的繁体比较多，只要了解了各个繁体的用法，就可以比较容易地弄清它们的对应关系。

1. 繁体的(懞)不常见，其主要用法是“谨慎朴实”，如“蒙汉”中的蒙字。再有就是“蒙懂”的蒙字有时也写作繁体的（懞）。

2. 繁体的（濛）字的义项主要有“微雨貌”和“混沌、弥漫”，如“蒙蒙、烟雨迷蒙、蒙鸿、空蒙”等词语中的蒙字。再有就是出现在地名“蒙江”中的蒙字。此外，在汉字简化之前，地名“蒙汜”中的蒙字和“蒙昧”的蒙字有时也写作繁体的（濛）。

3. 繁体的（矇）字的基本义项有：眼睛不明、昏迷、欺骗、胡乱猜测。在汉字简化之前，意义属于上面四个义项的蒙字一般写作繁体的（矇）。再有，意思是“隐瞒、愚昧”的蒙字（如词语“蒙混、蒙冒、蒙昧”中的蒙字）以及词语“蒙蒙亮”中的蒙字，有时也写作繁体的（矇）。“蒙昧”的蒙字有时还写作繁体的（懞）。

4. 在汉字简化之前，词语“发蒙”有两个读音，其写法和意义也不一样。读 mēng，写作繁体的（矇）的“发蒙”的意思是头发昏；读 méng，写作“发蒙”的词义是启蒙。

5. 在汉字简化之前，词语“蒙蒙”的写法有三种，写作繁体（濛濛）的，其意义是微雨貌，如“烟雨濛濛”；写作繁体（矇矇）的，词义是阴暗、不明了，这一意义也可以直接写作“蒙蒙”；意思是盛貌的则只能写作“蒙蒙”。

6. 在汉字简化之前，地名“蒙汜”的蒙字既可以写作“蒙”，也可以写作繁体的（濛），意义不变。

7. 在汉字简化前后，出现在译音词和民族名（蒙古）中的蒙字均写作“蒙”。

弥 mí

（1）弥（彌）

① 久远：弥留、弥甥、弥留之际。
② 更加：弥坚、欲盖弥彰。
③ 遍、满：弥亘、弥纶、弥襟、弥敬、弥罗、弥满、弥年。
④ 覆盖：弥封。
⑤ 填补：弥补、弥缝。
⑥ 终极。
⑦ 其他：弥渡、弥勒（地名）；弥姐、弥子瑕（姓名）；弥勒、弥撒、弥陀、沙弥（以上为译音词）；弥龙；弥牟；弥辔。
⑧ 通“弭”（读 mǐ 止息）：弥节、弥灾兵。

在汉字简化前，义项①至⑧

中各词语的弥字写作繁体的(彌)。

(2) 弥(瀰)

水满貌：弥漫、弥弥。

在汉字简化之前，意思是“水满貌”的弥字一般写作繁体的(瀰)。在古典文献中繁体的(瀰)还可以读作 mǐ。

[辨析] 1. 在汉字简化之前，除了意思是“水满貌”的弥字写作繁体的(瀰)以外，其他用法的“弥”字都应写作繁体的(彌)。

2. 在汉字简化之前，词语“弥漫”用来形容水的状态时，其中的“弥”字写作繁体的(瀰)；用来形容烟尘、雾气、风沙时写作繁体的(彌)。

3. 在汉字简化之前，“烟雾弥漫、风沙弥漫”中的弥字和“弥散”中的弥字偶尔也写作繁体的(瀰)。

面 miàn

(1) 面

① 脸面：面般、面帛、面部、面豆、面额、面骨、面花、面巾、面具。

② 面对、当面：面壁、面陈、面呈、面从、面缚、面会、面交、面监。

③ 部位或方面：面势、面面、北面、背面、侧面、东面、断面。

④ 表层：面砖、版面、表面、布面、创面、地面。

⑤ 平面：面角、面积、面宽、面网、斜面、面对称。

⑥ 量词：三面红旗、一面镜子、一面之交、见过一面。

在汉字简化之前，义项①至⑥中各词语的面字均写作“面”。

(2) 面(麵)〔麪〕

① 粮食磨成的粉末：面板、面包、面饼、面茶、面坊、面肥、面粉。

② 面条：面码、面坯、面汤、面线、炒面、抻面、挂面。

③ 粉末：面子、药面、胡椒面。

④ 柔软：面倭瓜。

⑤ 其他：面槠(植物名)。

在汉字简化之前，义项①至⑤中各词语的面字均写作繁体的(麵)。在异体字整理之前，繁体的(麵)可以写作异体的〔麪〕。

[辨析] 在汉字简化之前，只有意思是“面粉，面条，粉末和柔软”的面字以及词语“面槠”中的面字才能写作繁体的(麵)。

蔑 miè

(1) 蔑

① 轻视：蔑贱、蔑如、蔑弃、蔑视、轻蔑。

② 没有：蔑不有成、蔑以复加。

③ 欺负：侮蔑、污蔑。

④ 小：《法言·学行》："视日月而知众星之蔑也。"

⑤ 抛弃：《国语·周语》："不夺民时，不蔑民功。"

⑥ 其他：姑蔑（地名）；蔑挈那（译音词）；蔑蒙。

在汉字简化前后，义项①至⑥中各词语的蔑字均写作"蔑"。

(2) 蔑（衊）

① 污血。

② 诬陷：蔑染、污蔑、诬蔑。

汉字简化前，意思是"污血、诬陷"的蔑字写作繁体的（衊）。

[辨析] 1. 在汉字简化之前，只有意思是"诬陷"和"污血"的蔑字才能写作繁体的（衊）。其他用法的"蔑"字一律写作"蔑"。

2. 在汉字简化之前，"污蔑"中的蔑字一般写作繁体的（衊），有时也写作"蔑"，意义相同。

辟 1. bì

辟

① 君主：辟公、辟王、复辟。

② 排除：辟除、辟邪、辟兵符、辟兵缯、辟尘犀、辟寒金。

③ 征号：辟除、辟举、辟书、辟引、辟号、征辟。

④ 通"避"：辟兵、辟地、辟恶、辟疟、辟人、辟色、辟舍。

⑤ 其他：辟耳山（地名）；辟株（鸟名）；辟闾；辟辟；辟池辟雍、辟雍砚。

在汉字简化前后，义项①至⑤中各词语的辟（读 bì）字均写作"辟"。

2. pī

辟

辟头、辟头盖脸。

词语"辟头、辟头盖脸"中的辟（读 pī）字一般写作"劈"，有时也写作"辟"。

3. pì

(1) 辟

① 法律：大辟。

② 屏弃，通（闢）：辟蠹、辟除、辟谷、辟谷方。

③ 偏远、邪僻，通"僻"：辟布、辟回、辟陋、辟名、辟匿、辟违。

④ 其他：辟阳、辟强园（地名）；

辟芷(植物名);辟宫(动物名);辟支佛、辟尔唐人(译音词);辟剡;辟称;辟倪;辟踊;辟历;辟强。

在汉字简化之前,义项①至④中各词语的辟(读 pì)字一般写作“辟”。义项③中各词语的辟字在古代文献中一般写作“辟”,很少写作“僻”。

(2) 辟(闢)

① 开辟:辟垦、辟田。

② 透彻:精辟、透辟。

③ 驳斥或屏弃:辟除、辟佛、辟韩、辟邪、辟谣。

④ 其他:辟展(地名)。

在汉字简化之前,义项①至④中各词语的辟字一般写作繁体的(闢)。

[**辨析**] 1. 在汉字简化之前,只有意思是“开辟、透辟、驳斥或屏弃”的“辟”字和地名“辟展”中的“辟”(都读 pì)字才写作繁体的(闢)。

2. 词语“辟邪”的辟字有两个读音,也有两种写法。意思是“驱除邪恶”的“辟邪”中的辟字读 bì,写作“辟”;意思是“邪僻”和“驳斥邪说”的“辟邪”中的“辟”字都读 pì,但后者在汉字简化之前写作繁体的(闢),前者写作“辟”。

3. 词语“辟除”中的辟字,当其意义是排除、征召时,读 bì,写作“辟”;当其意义是屏弃时,读 pì,既可以写作“辟”,也可写作繁体的(闢)。

4. 词语“辟人”也有两个读音。读 bì 时意思是“躲避”;读 pì 时意思是“屏除”。但它们都只能写作“辟”。

苹 píng

(1) 苹

① 草名,属白蒿类:苹苹、食野之苹。

② 浮萍,同“萍”:湟潦生苹。

③ 用法同下(2)。

④ 其他:苹车(同“屏”,屏蔽);苹萦(回旋,其中苹字读 pēng)。

在汉字简化之前,义项①至④中各词语的苹字均写作“苹”。

(2) 苹(蘋)

苹果:苹果脸、苹果绿、苹果树、苹果酸、苹果巢蛾。

在汉字简化之前,意思为“苹果”的苹字一般写作繁体的(蘋)。

[**辨析**] 1. 在汉字简化之前,除了“苹果”的苹字写作繁

体的(蘋)以外,其他用法的苹字均写作“苹”,但“苹果”的“苹”字偶尔也写作“苹”。

2. 苹字的繁体(蘋)还可以独立使用,读 pín,意思是蕨类植物名,生在浅水中,也叫田字草。

凭 píng

(1) 凭

倚靠,同繁体的(憑):凭几、凭栏。

在汉字简化之前,意思是“倚靠”的一些词语偶尔也写作“凭”。

(2) 凭(憑)〔凴〕

① 倚靠:凭吊、凭高、凭几、凭肩、凭借。

② 证据:凭据、凭单、凭由、凭照、凭证、凭单日记账。

③ 依据:凭什么、凭票付款、凭票供应、凭票入场、凭单据入场。

④ 依从:任凭。

⑤ 其他:凭祥(地名);凭祥兴(姓名);凭陵、凭霄。

在汉字简化之前,义项①至⑤中各词语的凭字一般写作繁体的(憑)。在异体字整理之前,繁体的(憑)还可以写作异体的〔凴〕。

[辨析] 1. 在汉字简化之前,除了“凭几、凭栏”等少数词语偶尔写作“凭”以外,其他用法的凭字一律写作繁体的(憑)。

2. “凭”字的繁体(憑)还可以独立使用,意思是“满,愤懑”,仍然读 píng。这个(憑)字不能简化成“凭”。

扑 pū

(1) 扑

刑杖、教鞭、戒尺:敲扑、扑作教刑。

在汉字简化之前,上面义项中各词语的扑字一般写作“扑”。

(2) 扑(撲)

① 拍打:扑打、扑粉、扑卖、扑蝇、扑蝴蝶、扑蝶会、扑灯蛾子。

② 拍打的工具:扑儿、粉扑、毯扑。

③ 抖动、跳跃:扑棱、扑闪、扑扇、扑腾、扑翼机、扑朔迷离、颠扑不破。

④ 扑灭:扑罚、扑击、扑救、扑空、扑满、猛扑。

⑤ 压倒、趴:扑跌、扑虎、相扑、一心扑在工作上。

⑥ 直冲:扑鼻、扑脸、扑面、香气扑鼻。

⑦ 赌：扑买、扑卖、买扑。

⑧ 其他：扑哧、扑的、扑漉、扑扑、扑簌、扑腾、扑通（象声词）；扑克、扑克脸、扑草净、拓扑结构（以上为译音词）；扑落、扑地（通“仆”）；扑曲。

在汉字简化之前，义项①至⑧中各词语的扑字一般写作繁体的（撲）。

［辨析］ 1. 在汉字简化之前，除了意思是“刑杖、教鞭或戒尺”的扑字以外，其他用法的扑字一般写作繁体的（撲）。

2. 在汉字简化之前，“撲罚、撲击”中的撲字有时也写作“扑”。

仆

1. pū

仆

向前跌倒：仆倒、仆顿、仆灭、颠仆、前仆前继。

在汉字简化前后，意思是“向前跌倒”的仆字均写作“仆”。

2. pú

仆（僕）

① 奴仆：仆从、仆妇、仆欧、仆人。

② 古代男子谦称自己。

③ 驾车：仆夫。

④ 附着：仆缘。

⑤ 隐藏：仆区。

⑥ 周朝的官职名：车仆、祭仆、太仆、田仆。

⑦ 其他：仆固、仆淮、仆明、仆散揆（姓名）；仆姑；仆累；仆仆、风尘仆仆。

在汉字简化之前，义项①至⑦中各词语的仆字均写作繁体的（僕）。

［辨析］ 1. 在汉字简化之前，除了意思是“向前跌倒”的仆字写作“仆”以外，其他用法的仆字一律写作繁体的（僕）。

2. 用作姓氏的繁体的（僕）字可以不简化成“仆”。

朴

1. piáo

朴

姓氏：朴素、朴仁老、朴殷植、朴正熙、朴趾源。

在汉字简化前后，用作姓氏的朴（读 Piáo）字均写作“朴”。

2. pō

朴

朴刀。

在汉字简化前后，词语“朴刀”中的朴（读 pō）字写作“朴”。

3. pò

朴

① 朴树：厚朴、原朴。

② 朴硝。

在汉字简化前后，意思是“朴

树”、“朴硝”的朴(读 pò)字均写作“朴”。

4. pǔ

朴(樸)

① 未经加工的木材。

② 质朴：朴鄙、朴钝、朴厚、朴陋、朴鲁、朴讷、朴涩。

③ 本性：返朴归真、见素抱朴。

④ 原价,本钱

⑤ 其他：朴次茅斯、朴金野现象、朴次茅斯和约(译音词)；朴牛；朴属；朴渥；朴子蛮。

在汉字简化之前,义项①至⑤中各词语的朴字一般写作繁体的(樸)。

［辨析］ 在汉字简化之前,除了意义是“姓氏”、“朴树”和出现在词语“朴硝、朴刀”中的朴写作“朴”以外,其他用法的朴字一般写作繁体的(樸)。

千 qiān

(1) 千

① 数目：千把、千赫、千户、千均、千卡、千克、千米。

② 泛指多数：千般、千重、千叠、千夫、千古、千官、千和、千斤。

③ 务必：千万、千祈勿怪。

④ 其他：千河、千亩、千泉、千山、千童、千阳、千张(地名)；千献(姓名)；千里达(译音词)；千眠(同“芊”)；千能；千鸟；千日红。

在汉字简化前后,义项①至④中各词语的千字均写作“千”。

(2) 千(韆)

秋千。

在汉字简化之前,词语“秋千”中的千字写作繁体的(韆)。

［辨析］ 在汉字简化前,只有词语“秋千”中的千字写作繁体的(韆)。

签 qiān

(1) 签(簽)

① 署名：签到、签名、签收、签署、签退、签押。

② 题写简明的意见：签呈、签订、签定、签发、签揭、签军。

③ 拘捕犯人的凭证：签牌、火签、朱签。

在汉字简化之前,义项①至③中各词语的签字均写作繁体的(簽)。

(2) 签(籤)

① 细长尖锐的竹木条：签筹、签爪、签子、牙签、竹签。

② 记事或作标记用的片状物体：签帅、签捐、标签、抽签、

浮签、书签。

③ 卜具：签诗、签书、签语、求签。

④ 缝补。

在汉字简化之前，义项①至④中各词语的签字均写作繁体的(籤)。

［辨析］ 在汉字简化之前，意思是“署名、题写意见和拘捕犯人的凭证”的签字写作繁体的(簽)，其他用法的签字一律写作繁体的(籤)。

纤 1. qiàn

纤(縴)

绳索：纤夫、纤户、纤绳、纤手、拉纤。

汉字简化前，意思是“绳索”的纤字应均作繁体的(縴)。

2. xiān

纤(纖)

① 细小、轻巧：纤埃、纤尘、纤度、纤儿、纤毫、纤画、纤介。

② 细纹丝帛：纤缛、被文服纤。

③ 吝啬：纤啬。

④ 其他：纤阿(姓名)；纤离、纤骊。

在汉字简化之前，义项①至④中各词语的纤字写作繁体的(纖)。

［辨析］ 在汉字简化之前，除了意思是“绳索”的纤(读qiàn)字写作繁体的(縴)以外，其他用法的纤(读 xiān)字都应写作繁体的(纖)。

秋 qiū

(1) 秋〔烁〕〔龝〕

① 秋季：秋榜、秋播、秋蝉、秋操、秋曹、秋成、秋虫、秋地。

② 谷物成熟：大秋、麦秋、三秋、大秋作物、大麦二秋。

③ 一年：千秋、千秋万代、千秋万岁、一日不见如隔三秋。

④ 特定的时期：多事之秋、危急存亡之秋。

⑤ 飞腾：秋驾、秋秋。

⑥ 明亮的眼神：秋波、秋水、暗送秋波、望穿秋水。

⑦ 其他：秋浦、秋田(姓名)；秋胡、秋瑾、秋娘(姓名)；喀秋莎、秋明油田、秋田雨雀(译音词)；秋罗。

在汉字简化前，义项①至⑦中各词语的秋字均写作“秋”。在异体字整理之前，“秋”字可以写作异体的〔烁〕、〔龝〕。

(2) 秋(鞦)

① 秋千。

② 同“鞧”。挽具，牛马后部的革带：后秋。

在汉字简化前，“秋千”的秋

字和意思是“挽具”的秋字(同“鞧”)写作繁体的(鞦)。

[辨析] 在汉字简化之前，除了词语“秋千”、“后秋(挽具，同‘鞧’)”的秋字写作繁体的(鞦)以外，其他用法的秋字一律写作“秋”。

曲 1. qū

(1) 曲

① 弯曲：曲笔、曲庇、曲辩、曲兵、曲柄、曲畅、曲成、曲尺、曲当。

② 曲折隐秘：曲房、曲故、曲密、曲士、曲室、曲隐、河曲。

③ 局部：曲宴、曲知、部曲。

④ 理亏：曲直、曲赦、曲说、理曲、是非曲直。

⑤ 养蚕的器具：曲薄。

⑥ 其他：曲池、曲阿、曲阜、曲江、曲靖、曲女城(以上为地名)；曲端、曲环、曲证、曲诗文(以上为姓名)；曲蟮；曲诺。

在汉字简化之前，义项①至⑥中各词语的曲字均写作“曲”。

(2) 曲(麯)〔麴〕

① 酒曲：曲车、曲尘、曲封、曲监、曲酒、曲君、曲菌、曲霉。

② 其他：曲游、曲崇裕、曲信陵(姓名)。

在汉字简化前，义项①至②中各词语的曲字写作繁体的(麯)。在异体字整理前，繁体的(麯)可以写作异体的〔麴〕。

2. qǔ

① 中国古代韵文类型之一：曲录、曲律、曲品、曲破、曲谱。

② 曲调：曲本、曲度、曲话、曲剧、曲牌、曲式、曲体、曲艺。

在汉字简化前，义项①至②中各词语的曲(读 qǔ)字均写作“曲”。

[辨析] 1. 在汉字简化之前，意思是“酒曲”的曲字写作繁体的(麯)。

2. 汉字简化前，“曲”和繁体的(麯)字都可以用作姓氏。“曲”用作姓氏的人名如：曲端、曲环、曲证、曲诗文；繁体的(麯)用作姓氏的人名如：麯游、麯崇裕、麯信陵。

确 què

(1) 确

① 土地贫瘠：确瘠、丰确。

② 其他：确荦。

在汉字简化前后，义项①至②中各词语的确字均写作“确”。

(2) 确(確)

① 符合事实的：确当、确耗、确乎、确论、确切、确实、确诊。
② 坚定，坚固：确保、确定、确斗、确立、确然。
③ 其他：确山、确山惨案。

在汉字简化前，义项①至③中各词语的确字写作繁体的（碻）。

［辨析］ 1. 在汉字简化前，意思是“符合事实、坚定、坚固”的确字和用作地名的确字均写作繁体的（碻），其他用法的确字写作“确”。

2. 在汉字简化之前，词组“确切”中的确字，既可以写作“确”，也可以写作繁体的（碻），意思相同。

舍 1. shě
舍（捨）

① 放弃：舍得、舍禁、舍命、舍弃、舍去、舍身、舍生。
② 布施：舍财、舍药、舍粥、施舍、舍身饲虎。
③ 放射：《诗经·小雅·车攻》：“舍矢如破。”
④ 其他：舍敬（姓名）。

在汉字简化前，义项①至④中各词语的舍字一般写作繁体的（捨）。

2. shè
舍

① 房屋：舍间、舍监、舍下、舍长、敝舍、寒舍、旅舍。
② 棚圈：茅舍、牛舍、猪舍。
③ 休息，住宿：舍处、舍次、舍匿、舍营。
④ 对自己辈分低的亲属的谦称：舍弟、舍妹、舍亲、舍人、舍侄。
⑤ 古代三十里为舍：退避三舍。
⑥ 其他：舍金、舍勒、舍利、舍卫、舍赞、舍利子（以上为译音词）。

在汉字简化前后，义项①至⑥中各词语的舍字写作“舍”。

［辨析］ 1. 在汉字简化之前，只有意思是“放弃、布施、放射”和用作姓氏的“舍”（读 shě）字写作繁体的（捨），其他用法的舍字一律写作“舍”。

2. 繁体的（捨）是“舍”的后起增形字，即给“舍”字增加形符“扌”后产生的。所以在古代文献中，某些应该写作繁体的（捨）的地方，却写作“舍”，如“舍禁、舍矢如破”等词语中的舍字往往写作“舍”。

沈 1. chén

“沈”是“沉”的本字。现在的“沉”字古代写作“沈”。

2. shěn

(1) 沈

① 古国名。

② 姓氏：沈斌、沈复、沈遘、沈和、沈括、沈铨、沈仕。

③ 其他：沈丘、沈家门（以上为地名）。

在汉字简化前后，义项①至③中各词语的沈字均写作“沈”。

(2) 沈（瀋）

① 汁液：墨沈、墨沈未干。

② 地名，沈阳的简称：沈河、沈水、沈阳、沈州、辽沈。

在汉字简化前，义项①至②中各词语的沈字均写作繁体的（瀋）。

［辨析］　在汉字简化前，意思是“汁液”和用作沈阳简称的沈字写作繁体的（瀋），其他用法的沈字均写作“沈”。

术

1. shù

术（術）

① 城市中通行的道路：当衢向术。

② 技艺，学术：术画、术家、术科、术人、术士、术艺、术语、术知。

③ 方法，策略：术数、术治、道术、权术、心术、战术。

在汉字简化前，义项①至③中各词语的术字均写作繁体的（術）。

2. zhú

① 草名，即山蓟：白术、苍术。

② 其他：兀术、金兀术（人名）。

在汉字简化前后，义项①至②中各词语的术字均写作“术”。

［辨析］　在汉字简化之前，除了用作草名的术（如“白术、苍术”）和出现在人名“兀术、金兀术”中的术（读 zhú）字写作“术”以外，其他用法的术字均写作繁体的（術）。

松 sōng

(1) 松

① 松树：松柏、松钗、松肪、松貂、松羔、松鹤、松虎、松花。

② 其他：松乔、松筱、松子、武松、赤松子（以上为姓名）；松岛、松江、松坎、松林、松岭、松漠（以上为地名）；松巴、松下、松巴岛、松特兰、可的松、马拉松（以上为译音词）；松椟、松风草、松果芒、松花笺。

在汉字简化前后，义项①至

②中各词语的松字均写作“松”。

(2) 松(鬆)

① 解开、放开：松绑、松开、松口、松手、放松、松一把儿。

② 松懈：松弛、松紧、松劲、松气、松散、手松、稀松。

③ 宽松：松动、松泛、松快、松通、松心、蓬松、轻松。

④ 疏松：松脆、松软、酥松、松砂机、松土机。

⑤ 用肉类制作的碎末状食品：鸡松、肉松、鱼松。

在汉字简化之前，义项①至⑤中各词语的松字均写作繁体的(鬆)。

［辨析］ 在汉字简化之前，用作动词、形容词，意思是“放开、松懈、宽松和疏松”的松字和“鸡松、肉松、鱼松”等词语中的松字均写作繁体的(鬆)。其他用法的松字均写作“松”。

苏 1. sū

(1) 苏(蘇)〔蘓〕

① 植物名：苏方、苏枋、苏合、苏麻、苏木、苏铁。

② 割草：樵苏。

③ 穗状下垂物：苏头、流苏、金苏翠帷。

④ 指江苏或苏州：苏白、苏报、苏剧、苏绣。

⑤ 指苏维埃：苏俄、苏区。

⑥ 休养生息：苏功、苏息、苏坐。

⑦ 姓氏：苏绰、苏从、苏代、苏耽、苏秦、苏轼、苏武、苏辙、苏定方。

⑧ 其他：苏堤、苏门、苏塔、苏门啸、苏嘉铁路(以上为地名)；苏昌、苏打、苏丹、苏华(以上为译音词)；苏钢；苏膏；苏苏；苏援。

在汉字简化前，义项①至⑧中各词语的苏字均写作繁体的(蘇)；在异体字整理前，也可写作异体的〔蘓〕。

(2) 苏(蘇)〔甦〕〔蘓〕

苏醒：复苏、死而复苏。

在汉字简化之前，意思是“苏醒”的苏字均写作繁体的(蘇)。在异体字整理之前，也可写作异体的〔甦〕。

2. sū

苏(囌)

说话絮絮不休：噜苏。

在汉字简化之前，词语“噜苏”中的苏字写作繁体的(囌)。

［辨析］ 1. 在汉字简化前，除了词语“噜苏”中的苏字写作繁体的(囌)以外，其他用法的

苏字均写作繁体的(蘇)。

2. 在异体字整理之前,意思是“苏醒”的苏(繁体写作蘇)的异体作〔甦〕。

台

1. tāi

台

地名:台州、台州湾、天台山、天台县、天台乌药。

在汉字简化前后,上述地名中的台(读 tai)字均写作“台”。

2. tái

(1) 台

① 称呼对方的敬辞:台安、台从、台端、台函、台驾、台鉴。

② 星名:台鼎、台辅、台衡、台席、三台六星。

在汉字简化前后,义项①至②中各词语的台字一般写作“台”。

(2) 台(臺)

① 高而平的建筑物:台基、台榭、楼台、平台、塔台、瞭望台。

② 像台一样的设备:台车、台秤、台地、台阶、台帘、台钳、台盏。

③ 舞台:台本、台步、台词、台口、出台、登台、后台。

④ 搁置器物的底座:台灯、台座、灯台、锅台、蜡台、炉台。

⑤ 古代官署名:台臣、台城、台阁、台官、台谏、台省。

⑥ 场面:台面、台盘、倒台、垮台、塌台、坍台。

⑦ 台湾省的简称:台北、台币、台尺、台东、台盟。

⑧ 机构名称:敌台、电台、电视台、观象台、气象台。

⑨ 量词:台班、台份、台时、一台戏。

⑩ 其他:台安、台拱、台江、台山、丰台(以上为地名);澹台(复姓);台度、台吉、台伊(以上为译音词);台门;台刈;茅台酒。

在汉字简化前,义项①至⑩中各词语的台字一般写作繁体的(臺)。

(3) 台(檯)

桌子:台案、台布、台历、台球、台钟、镜台。

在汉字简化之前,意思是“桌子”的台字写作繁体的(檯)。

(4) 台(颱)

台风:台风眼。

在汉字简化之前,意思是台风的台字写作繁体的(颱)。

[辨析] 台字的简繁对应关系比较复杂,要把台字转换成正确的繁体形式,主要依靠意义

分析。

1. 繁体的(颱)字只出现在气象学名词中,如"台风、台风眼"等。但词语"台风"还有一个同形词,意思是演员表演风度,在汉字简化之前,这个意思的"台风"写作"臺风"。在简繁转换时要注意把它们区别开来。

2. 繁体的(檯)字的用法比较简单,主要出现在表示"桌子"或类似器物的词语中。

3. 在汉字简化之前,"台"字的用法主要有以下三种:

(1) 读 tāi 的地名中如"台州"等。

(2) 称呼对方的敬辞中如"台甫"等。

(3) 星名,如"台辅"等。

4. 在汉字简化之前,前面三种用法之外的台字一般写作繁体的(臺)。但下面的词组中的(臺)字有时也写作"台"。

(1) "台阶"。

(2) 与舞台表演有关的词组,如"台风、台词、台柱子"等。

(3) 某些称呼对方的敬辞,如"台函、台照、台候、台命、台鉴、台端、台光"等。

(4) 台湾省的简称,如"台湾"等。

(5) 所有用作量词的(臺),如"台时、一台电视机"等。

坛 tán

(1) 坛(壇)

① 用土石筑成的台:坛场、坛庙、坛席、坛域、坛宇、坛兆。

② 庭院中的土台:花坛。

③ 宗教组织:坛主。

④ 某种团体、行业的总称:歌坛、乒坛、球坛、诗坛、体坛。

⑤ 进行某种活动的场所:坛坫、法坛、讲坛、论坛、评坛。

⑥ 其他:坛卷;坛盏;坛山刻石;六祖坛经。

在汉字简化前,义项①至⑥中各词语的坛字均写作繁体的(壇)。

(2) 坛(罎)〔壜〕〔罈〕

口小肚大的陶器:坛子、菜坛、酒坛、坛子肉、醋坛子。

在汉字简化之前,意思是"陶器"的坛字写作繁体的(罎)。在异体字整理之前,繁体(罎)的异体作〔壜〕和〔罈〕。

[辨析] 在汉字简化之前,除了意思是"陶器"的坛字写作繁体的(罎)以外,其他用法的坛字一律写作繁体的(壇)。

涂 1. tú

(1) 涂

姓氏：涂禅、涂长望、涂文辅、涂正坤。

在汉字简化前后，用作姓氏的涂字均写作“涂”。

(2) 涂(塗)

① 泥沼：涂泥、涂笋、涂炭、涂田、海涂、滩涂。

② 涂抹：涂白、涂车、涂窜、涂地、涂掉、涂附、涂改。

③ 道路，通“途”：涂潦、涂说、涂巷。

④ 其他：涂山、当涂(以上为地名)；胡涂、糊涂、糊涂虫、一塌糊涂；涂柑；涂林；涂涂；涂山歌。

在汉字简化前，义项①至④中各词语的涂字均写作繁体的(塗)。

2. chú

涂

① 古代河流名，唐朝改“涂”为滁，即今滁河：涂水、涂中。

② 通“除”：涂月。

在汉字简化前后，义项①至②中各词语的涂(读 chú)字写作“涂”。

用作河流名的涂字在唐朝以后的文献中也写作“滁”。

［辨析］ 在汉字简化之前，除了用作姓氏的涂字和读 chú 的“涂”字写作“涂”以外，其他用法的涂字均写作繁体的(塗)。

团 tuán

(1) 团(團)

① 圆形的：团标、团茶、团城、团风、团花、团焦。

② 揉成球状：团矿、团弄、团泥球、团纸团。

③ 聚合：团拜、团粉、团结、团聚、团契、团圆、谜团。

④ 集体组织名称：团行、团伙、团练、团貌、团体、团头。

⑤ 军队编制单位：团部、团长、兵团、军团、师团、县团。

⑥ 量词：一团和气、一团乱麻、一团毛线、一团碎纸。

在汉字简化前，义项①至⑥中各词语的团字均写作繁体的(團)。

(2) 团(糰)

圆形食品：团子、面团、米团、汤团、菜团子。

在汉字简化之前，意思是“圆形食品”的团字均写作繁体的(糰)。

［辨析］ 1. 在汉字简化之前，除了意思是“圆形食品”的团字写作繁体的(糰)以外，其他用法的团字均写作繁体的

(團)。

2. “团弄”的团字可以写作“抟”。

万 1. mò
万

用作姓氏：万俟(读 Mòqí,复姓)、万俟咏。

在汉字简化前后,用作姓氏的万(读 mò)字均写作“万”。

2. wàn
万(萬)

① 数目,千的十倍：万把、万贯、万乘、万万、万一。
② 比喻众多：万般、万邦、万重、万代、万石、万端、万法。
③ 舞蹈名：万舞。
④ 其他：万树、万泰、万涛、万章、万宝常(以上为姓名)；万承、万冈、万宁、万泉(以上为地名)；万博、万伦、万隆、万延(以上为译音词)；万历(年号)；万古霉素。

在汉字简化前,义项①至④中各词语的万字均写作繁体的(萬)。

[辨析] 在汉字简化之前,除了用作姓氏的万(读 mò)字写作“万”以外,其他用法的万字均写作繁体的(萬)。

洼 1. guī
洼

姓氏：洼丹。

在汉字简化前后,用作姓氏的洼(读 Guī)字均写作“洼”。

2. wā
(1) 洼
河流名：渥洼。

在汉字简化前后,出现在河流名“渥洼”中的洼字均写作“洼”。

(2) 洼(窪)
① 水坑：洼然、洼水、水洼、坑坑洼洼。
② 凹陷：洼地、洼隆、洼陷、洼樽、低洼、地势低洼。

在汉字简化前,义项①至②中各词语的洼字一般写作繁体的(窪)。

[辨析] 1. 在汉字简化前后,用作姓氏的洼(读 Guī)字和出现在河流名“渥洼”中的洼字均写作“洼”。

2. 在汉字简化前,意思是“水坑、凹陷”的洼字一般写作繁体的(窪)。但“洼然、洼水、水洼”等词语中的(窪)字也写作“洼”。

系 1. jì
系(繫)

拴：系牧、系匏、系扣儿、系领带、系围裙。

在汉字简化之前，意思是“拴”的系字均写作繁体的(繫)。

2. xì

(1) 系

① 联属关系：系利、系录、系膜、系谱、系孙、系统、系族。

② 大学中的科别：系刊、学系、化学系、物理系。

③ 悬挂：系绊、系璧、悬系。

④ 其他：系益(姓名)。

在汉字简化前后，义项①至④中各词语的系字写作“系”。

(2) 系(係)

① 关联：系数、系嗣、系踵、关系、联系、维系。

② 是：确系、实系、成败系此一举。

③ 捆绑，同(繫)：系臂、系获、系颈、系累、系虏、系羁。

④ 挂念，同(繫)：系仰。

在汉字简化之前，义项①至④中各词语的系字写作繁体的(係)。

(3) 系(繫)

① 捆绑：系表、系缚、系马、系縻、系腰、系援、系爪。

② 连缀：系词、系辞、系亲、系世、系衔、系象。

③ 挂念：系怀、系恋、系念、系心。

④ 拘禁：系囚、系狱。

在汉字简化前，义项①至④中各词语的系字写作繁体的(繫)。

［辨析］ 1. 在汉字简化之前，意思是“捆绑、关联、连缀、挂念、拘禁”的系字一般写作繁体的(繫)，有时也写作繁体的(係)。但在具体词语中有固定的用法，详见上面列举的词语。

2. 在汉字简化前，“系风捕影”的系字既可以写作繁体的(係)，也可以写作繁体的(繫)。

咸 xián

(1) 咸

① 全、都：咸宜、咸受其益、咸五登三、天下咸服。

② 普遍：《国语·鲁语上》：“小赐不咸。”

③ 通“缄”(读 jiān)：咸绳。

④ 其他：咸安、咸淳、咸丰、咸和(以上为年号)；咸池、咸宁、咸丘、咸唐(以上为地名)；咸黑、咸宣、咸丘蒙(以上为姓名)；咸卦；咸平集；咸淳遗事、咸安官学。

在汉字简化前后，义项①至④中各词语的咸字均写作

“咸”。

(2) 咸(鹹)

① 盐的味道：咸菜、咸草、咸蛋、咸海、咸湖、咸解。

② 其他：春秋时期卫国和鲁国的地名。

在汉字简化前，义项①至②中各词语的咸字均写作繁体的(鹹)。

［辨析］ 在汉字简化之前，除了意思是“盐的味道”和用作春秋时期卫国和鲁国的地名的咸字写作繁体的(鹹)以外，其他用法的咸字均写作“咸”。

向 xiàng

(1) 向

① 朝北的窗子：《诗经·豳风·七月》：“塞向墐户。”

② 表示动作方向的介词：向东、向前、向荣、向上、向善。

③ 其他：向宠、向达、向父、向荣、向警予、向秀丽(以上为姓名)；向都、向九铁路(以上为地名)；向非、向令、向使。

在汉字简化前后，义项①至③中各词语的向字均写作“向”。

(2) 向(嚮)

① 方向：向导、向点、向量、向盘、导向、倒向、方向。

② 倾向：向背、向风、向慕、向往、向用、向着、动向。

③ 朝着，面对：向服、向后、向火、向前、向日、向上、向拓。

④ 临近：向晨、向迩、向晦、向明。

⑤ 从前，往昔：向来、向例、向者、一向、向无此例。

在汉字简化之前，义项①至⑤中各词语的向字的用法比较复杂，详见辨析。

［辨析］ 1. 在汉字简化前后，下列三种用法的向字均写作“向”。

(1) 用作介词、姓名、地名的向字。

(2) 意思是“朝北的窗子”的向字。

(3) “向非、向令、向使”等词语中的向字。

2. 在汉字简化之前，“向导、向晨、向迩、向晦、向明、向慕、向往、向用”等词语中的向字均写作繁体的(嚮)。

3. 其他用法的向字，在汉字简化之前一般写作“向”，有时也写作(嚮)。

4. 在异体字整理之前，意思是“从前，往昔”的繁体(嚮)也可以写作异体的〔曏〕。

须 xū

(1) 须(須)

① 一定：须得、须是、须索、须要、须知、须至。

② 等待：须次、须待、须老、须留。

③ 应该：杜甫《闻官军收河南河北》："白日放歌须纵酒，青春做伴好还乡。"

④ 本是：纪君祥《赵氏孤儿》："我须是屠岸贾门下人。"

⑤ 短暂：须摇、须臾。

⑥ 其他：须贾、须无、须元(以上为姓名)；须昌、须句、须朐(以上为地名)；须捷、须虑、须弥、须陀(以上为译音词)；须盾；须女。

在汉字简化前，义项①至⑥中各词语的须字均写作繁体的(須)。

(2) 须(鬚)

① 胡须：须疮、须发、须眉、须髯。

② 动物的触须：须子、触须、虾须、羊须。

③ 植物的细根、花蕊：须根、须子、花须、龙须菜。

在汉字简化前，义项①至③中各词语的须字均写作繁体的(鬚)。

［辨析］ 在汉字简化之前，只有意思是"胡须、动物的触须和植物的细根或花蕊"的须字写作繁体的(鬚)，其他用法的须字均写作繁体的(須)。

旋 1. xuán

旋

① 返回：旋背、旋复、旋归、旋里、旋马、凯旋。

② 随即：旋即、旋旋。

③ 转动：旋虫、旋度、旋儿、旋宫、旋胡、旋花、旋机、旋降。

在汉字简化前后，义项①至③中各词语的旋字均写作"旋"。

2. xuàn

(1) 旋

回旋的：旋风、旋子、旋风脚、旋风炮、旋风叶、旋风装。

在汉字简化前后，出现在词语"旋风、旋子"及由它们组成的词语中的旋(读 xuàn)字均写作"旋"。

(2) 旋(鏇)

① 器皿名称：旋粉、旋锅、旋子、金旋、酒旋。

② 旋转着切削：旋床、旋压、旋车轴、旋陀螺。

在汉字简化前，义项①至②中各词语的旋字均写作繁体的

(鏇)。

【辨析】 1. 在汉字简化之前,只读作 xuàn,用作器皿名称或意思是“旋转着切削”的旋字写作繁体的(鏇),其他用法的旋字均写作“旋”。

2. 在汉字简化之前,词语“旋子”的意思是器皿名称时,其中的旋字写作繁体的(鏇);意思是武术中的空翻动作时,写作“旋”。

药 1. yuè

药(葯)

① 白芷:《楚辞·九歌·湘夫人》:“辛夷楣兮药房。”

② 植物雄蕊产生的花粉:药瓣、药房、药隔、药囊、花药。

在汉字简化之前,义项①至②中各词语的药(读 yuè)字均写作繁体的(葯)。

2. yào

药(藥)

① 医药:药饼、药补、药材、药草、药叉、药典、药店、药饵。

② 化学物质:药膛、药筒、药线、药械、弹药、火药。

③ 治疗:药言、不可救药。

④ 用毒物杀伤:药害、药死、药虫子、药老鼠。

⑤ 芍药的简称:药蔓。

⑥ 其他:药冲、药崧(姓名);药杀水(译音词);药衡;池药;山药。

在汉字简化前,义项①至⑥中各词语的药字均写作繁体的(藥)。

[辨析] 1. 在汉字简化前,意思是“白芷”和“植物雄蕊产生的花粉”的药字写作繁体的(葯),其他用法的药字均写作繁体的(藥)。

2. 在汉字简化之前,词语“药房、药囊”中药字的意思是植物雄蕊产生的花粉时,药字写作繁体的(葯);其中的药字意思是医药时,写作繁体的(藥)。

叶 1. xié

叶

① 和谐:叶洽、叶韵。

② 其他:叶光。

在汉字简化前后,义项①至②中各词语的叶字均写作“叶”。

2. yè

叶(葉)

① 植物的营养器官之一,叶子:叶柄、叶蝉、叶刺、叶端、叶儿、落叶、树叶、烟叶、枝叶、叶斑病。

② 像叶子的:叶轮、叶舟、叶笔

石、百叶窗。

③ 历史时期的分段：叶语、初叶、末叶、中叶。

④ 其他：叶来、叶挺、叶梦得、叶圣陶（以上为姓名）；叶城、叶县、叶榆、叶柏寿（以上为地名）；叶慈、叶护、叶芝、叶赛宁（以上为译音词）；叶公好龙。

在汉字简化前，义项①至④中各词语的叶字均写作繁体的（葉）。

［**辨析**］ 在汉字简化之前，除了意思是“和谐”和词语“叶光”中的叶（读 xié）字写作“叶”以外，其他用法的叶字均写作繁体的（葉）。

余 1. xú

余

河流名：余吾、余吾水。

在汉字简化前后，出现在河流名“余吾”中的余（读 xú）字写作“余”。

2. yú

（1）余

① 我：余一人。

② 农历四月的别称：余月。

③ 其他：余家坳、余家山（以上为地名）；余怀、余集、余靖（以上为姓名）；余年；余无之戎。

在汉字简化之前，义项①至③中各词语的余字均写作“余”。

（2）余（餘）

① 剩下的，多出的：余波、余酲、余集、余悸、余角、余烬、余款。

② 用在整数后面表示零头：十余人、百余年。

③ 事后：余兴、公余、课余、业余、茶余饭后、兴奋之余。

④ 其他：余干、余杭、余江、余溪、余姚、余不溪（以上为地名）；余蔚（姓名）；余皇；余泉；余容；余胥；余杭窑、余姚腔、余姚之学。

在汉字简化前，义项①至④中各词语的余字写作繁体的（餘）。

［**辨析**］ 1. 汉字简化后，在“余”和（餘）意义可能混淆时，仍用（餘）（类推简化为馀），如“馀年无多”等。

2. 在汉字简化之前，用作人称代词、农历四月的别称及出现在河流名“余（读 xú）吾”中的余字均写作“余”。

3. 在汉字简化之前，地名“余干、余杭、余江、余溪、余姚、余不溪”和姓名“余蔚”中的余字均写作繁体的（餘），其他地名、姓名中的余字均写作“余”。

4. 在汉字简化之前，词语“余集”用作姓名时，写作“余”；表示剩余的意思时，写作繁体的（餘）。

5. 在汉字简化之前，表示“剩下的、多出的”的意思时，繁体的（餘）也写作“余”。

郁 yù

(1) 郁

① 文采显著：郁郁、文采郁郁。

② 香气浓厚：郁馥、郁烈、郁郁、浓郁。

③ 果实无核：郁朴。

④ 其他：郁木、郁夷（地名）；郁达夫（姓名）；郁李；郁蠹、郁毓；郁伊；郁穆；郁捋；郁离子。

在汉字简化前后，义项①至④中各词语的郁字写作“郁”。

(2) 郁(鬱)

① 草木茂密：郁勃、郁苍、郁葱、郁郁葱葱。

② 忧愁，蕴结：郁积、郁结、郁闷、郁悒、抑郁、郁悠、郁纡、郁郁。

③ 烟气蒸腾：郁律、郁泱。

④ 其他：郁江、郁林、郁南、郁水（以上为地名）；郁金、郁李、郁金黄（以上为植物名）；郁邑；郁华；郁人；郁刃；郁仪；郁攸；郁轮袍；郁垒、郁垒神荼。

在汉字简化前，义项①至④中各词语的郁字一般写作繁体的（鬱）。

［辨析］ 1. 在汉字简化之前，词语“郁郁”有三种写法，其意义也不相同：

（1）写作“郁郁”，意思是“文采显著”和“香气浓厚”。

（2）写作（鬱鬱），意思是“草木茂密”和“忧愁、蕴结”。

（3）写作“（鬱）郁”，意思是香。

2. 在汉字简化之前，词语“郁李、郁伊、郁李仁”中的郁字既可以写作繁体的（鬱），也可以写作“郁”。

御 yù

(1) 御

① 驾驭：御风、御龙、御马、御戎、御手、御者、驾御。

② 治理、统治：御伯、御气、御史、御世、御下、御正。

③ 天子的：御宝、御笔、御赐、御刀、御道、御书、御水、御医、御林军。

④ 其他：御龙、御鞅（姓名）；御谷、御李、御黄李；御国山；御女；御夫座。

在汉字简化前后，义项①至④中各词语的御字均写作“御”。

（2）御（禦）

① 抗拒，抵挡：御敌、御冬、御寒、御侮、抵御、防御。

② 其他：御儿、御夷镇（地名）。

在汉字简化前，义项①至②中各词语的御字均写作繁体的（禦）。

［辨析］ 在汉字简化之前，除了意义是“抗拒、抵挡”的御字和出现在地名“御儿、御夷镇”中的御字写作繁体的（禦）以外，其他用法的御字均写作“御”。

吁 1. xū

吁

① 叹息：吁嗟、吁气长叹、长吁短叹。

② 吐气：吁茶、吁吁、气喘吁吁。

③ 惊叹：吁俞。

在汉字简化前后，义项①至③中各词语的吁（读 xū）字均写作“吁”。

2. yū

吁

吆喝牲畜的声音。

在汉字简化前后，表示吆喝牲畜的声音的吁(读 yū)字均写作“吁”。

3. yù

吁(籲)

请求：吁俊、吁请、吁求、吁天、呼吁。

在汉字简化之前，意思是“请求”的吁字均写作繁体的(籲)。

［辨析］ 在汉字简化前，除了意思是“请求”的吁(读 yù)字写作繁体的(籲)以外，其他用法和读音的吁字均写作“吁”。

愿 yuàn

（1）愿

忠厚、诚实：诚愿、谨愿。

在汉字简化前后，意思是“忠厚、诚实”的愿字均写作“愿”。

（2）愿（願）

① 希望：愿海、愿书、愿望、初愿、请愿、如愿、夙愿、宿愿、心愿。

② 甘心：愿意、甘愿、情愿、自愿、愿学集、甘心情愿。

③ 愿心：愿力、愿行、愿斋、还愿、许愿。

在汉字简化前，义项①至③中各词语的愿字均写作繁体的

(願)。

【辨析】 在汉字简化之前，除了意思是“忠厚、诚实”的愿字写作“愿”以外，其他用法的愿字均写作繁体的(願)。

云 yún

(1) 云

① 说：云为、云云、古人云、人云亦云、不知所云。

② 语气助词：云乎、云尔、道之云远。

③ 其他：云亭(地名)；云敞、云都赤(姓名)；云何；云翔。

在汉字简化前后，义项①至③中各词语的云字均写作“云”。

(2) 云(雲)

① 云彩，像云彩的：云版、云豹、云海、云际、云肩、云锦、云柯、云里。

② 云南，云南的：云贵、云腿、云烟、云子、云白铜。

③ 云母：云胆、云核、云精、云液、云珠。

④ 其他：云杜、云浮、云盖、云冈、云谷、云和、云间、云林、云岭、云梦平原、云中都护府(以上为地名和自然名称)；云朝霞(姓名)；云肪、云膜、云蓝纸(纸名)；云英、云英岩、紫云英；云丹；云房；云汉；云麾；云锣；云门；云雀；云仍；云石；云实；云吞；云箫；云叶；云宅。

在汉字简化前，义项①至④中各词语的云字均写作繁体的(雲)。

[辨析] 1. 在汉字简化之前，“云”和繁体的(雲)都用作姓氏。“云”用作姓氏的如“云敞、云都赤”；繁体的(雲)用作姓氏的如“云朝霞”。

2. 在汉字简化之前，“云”和繁体的(雲)也都用作地名。除地名“云亭”中的云字写作“云”外，其他均写作繁体的(雲)。

3. 在汉字简化之前，除了意思是“说”和用作语气助词及词语“云何、云翔”中的云字写作“云”以外，其他用法(不含姓氏、地名)的云字均写作繁体的(雲)。

脏

1. zāng

脏(髒)

污秽：脏疮、脏房、脏净、脏钱、肮脏、脏东西。

在汉字简化之前，意思是“污秽”的脏字均写作繁体的(髒)。

2. zàng

脏(臟)

内脏：脏腑、脏器、肺脏、肝脏、五脏、心脏。

在汉字简化之前，意思是“内脏”的脏字均写作繁体的（臟）。

［辨析］　在汉字简化前，意思是“污秽”的脏（读 zāng）字写作繁体的（髒）；意思是“内脏”的脏（读 zàng）字写作繁体的（臟）。

折

1. shé

折

① 亏损：折本、折秤、折耗、折本生意。

② 断：折了、桌子腿折了。

在汉字简化前后，义项①至②中各词语的折（读shé）字均写作“折”。

2. zhē

折

翻转：折饼、折腾、折跟头、瞎折腾。

在汉字简化前后，意思是“翻转”的折字均写作“折”。

3. zhé

(1) 折

① 弄断：折齿、折床、折棰、折断、折骨、折桂。

② 弯曲：折光、折角、折射、折线、折腰、曲折。

③ 返回：折回、折盘、转折、折返段、转折点。

④ 挫辱：折北、折冲、折倒、折伏、折服、挫折、磨折。

⑤ 抵换：折半、折变、折当、折兑、折换、折算。

⑥ 减损：折福、折价、折旧、折扣、折杀、折煞、折寿。

⑦ 判断：折狱、折证、折狱鱼鉴。

⑧ 其他：折多、折多山（地名）；折象、折从阮（姓名）；折丹；折入；折威；折折；夭折；折子戏。

在汉字简化前后，义项①至⑧中各词语的折字均写作“折”。

(2) 折（摺）

① 折叠：折页、折纸、折奏、折叠床、折页机、折衣服。

② 折叠的：折尺、折痕、折扇、折子、存折、奏折、手折。

在汉字简化前，义项①至②中各词语的折字均写作繁体的（摺）。

4. zhě

折（摺）

皱褶：折儿、折子。

在汉字简化前，意思是“皱褶”中的折字均写作繁体的（摺）。

［辨析］ 1. 重新发表的《简化字总表》规定“在折、摺意义可能混淆时仍用摺”。

2. 在汉字简化之前，只有意思是“折叠、折叠的”的折（读zhé）字和意思是“皱褶”的折（读zhě）字写作繁体的（摺），其他用法的折字均写作“折”。

3. 在汉字简化前，意思是“折断、曲折”的折字偶尔也写作繁体的（摺），如“摺齿，转摺”。

征 zhēng

（1）征

① 远行：征鞍、征车、征尘、征程、征途、长征、远征。

② 讨伐：征骖、征伐、征服、征马、征戍、征讨、征战。

③ 收取、征用：征发、征赋、征购、征利、征敛、征粮。

④ 其他：征伯和（姓名）；征营；征钟。

在汉字简化前后，义项①至④中各词语的征字一般写作“征”。

（2）征（徵）

① 证明：征信、征验、征信录、征信所。

② 迹象：征候、征兰、征摄、征祥、征象、征验、征兆。

③ 召请：征举、征君、征辟、征聘、征士、征书。

④ 求取：征比、征兵、征调、征发、征赋、征稿。

⑤ 其他：征崇（姓名）；征和；征事；征逐；纳征；征仕郎。

在汉字简化前，义项①至⑤中各词语的征字一般写作繁体的（徵）。

［辨析］ 1. 徵字除了用作征的繁体字以外，还表示古代音阶名，读zhǐ，即“宫商角徵羽”的徵字。这种用法的徵字不能简化成征。词语“徵招、徵调”中的徵字也不能简化成“征”。

2. 在汉字简化之前，“征兵、征发、征赋、征收、征税、征用、征兵制、征收官吏”等词语中的征字既可以写作“征”，也可以写作繁体的（徵）。

3. 在汉字简化之前，词语“征役”的意思是调集军队时，写作（徵）；意思是行役或征税和徭役时，写作“征”。

4. 在汉字简化之前，姓名“征伯和”中的征字写作“征”；姓名“征崇”的征字写作繁体的（徵）。

症 1. zhēng

症（癥）

腹中的病块：症结、症瘕、五脏症结。

在汉字简化前，意思是腹中病块的症（读 zhēng）字写作繁体的（癥）。

2. zhèng

症

疾病：症候、症状、癌症、病症、急症、绝症。

在汉字简化前后，意思是“疾病”的症字均写作“症”。

［辨析］ 在汉字简化之前，意思是“腹中病块”的症字写作繁体的（癥）；意思是“疾病”的症字写作“症”，但在时代较早的文献中，这样的“症”字多写作（證）。

只 1. zhī

只（隻）

① 量词：船只、两只手、一只鸡、一只鞋。

② 单独的：只句、只立、只日、只身、只眼、只字。

在汉字简化前，义项①至②中各词语的只字均写作繁体的（隻）。

2. zhǐ

（1）只

① 语气助词：只且、《诗经·柏舟》：“母也天只！不谅人只！”

② 姓氏：只好仁。

在汉字简化前后，义项①至②中各词语的只字均写作“只”。

（2）只（衹）

仅，不过：只当、只道、只得、只该、只顾、只管。

在汉字简化之前，上述词语中的“只”字一般写作“只”，也可以写作繁体的（衹）。

［辨析］ 1. 在汉字简化之前，用作量词和意思是“单独的”的只（读 zhī）字均写作繁体的（隻）。

2. 在汉字简化前后，用作语气助词和姓氏的只（读 zhǐ）字均写作“只”。

3. 在汉字简化之前，意思是“仅、不过”的只字一般写作“只”，也可以写作繁体的（衹）。

致 zhì

（1）致

① 表达：致词、致辞、致奠、致贺、致敬、致礼、致谢、致意。

② 给予，归还：致电、致福、致函、致身、致仕。

③ 集中：致力、致志、一致、专心致志、致力于革命。

④ 达到：致富、致果、致师、致

用、致知。

⑤ 招致：致癌、致病、致命、致使、致死、导致、以致。

⑥ 情趣：致度、别致、景致、情致、兴致、野致。

⑦ 其他：致和；致女；致斋；致公党。

在汉字简化之前，义项①至⑦中各词语的致字均写作“致”。

(2) 致(緻)

精细：致密、标致、工致、精致、细致。

在汉字简化之前，意思是“精细”的致字均写作繁体的(緻)。

［辨析］ 在汉字简化之前，除了意思是“精细”的致字写作繁体的(緻)以外，其他用法的致字均写作“致”。

制 zhì

(1) 制

① 拟订：制定、制订、制宪、制宪权、因地制宜。

② 控制：制裁、制导、制动、制断、制伏、制服、制海。

③ 规约，程式：制币、制度、制服、定制、法制、改制、公制、机制。

④ 君主的命令：制策、制诰、制举、制科、制使、制书、制狱。

⑤ 其他：制线；制梃；制子。

在汉字简化前后，义项①至⑤中各词语的制字均写作“制”。

(2) 制(製)

① 制造：制版、制备、制币、制革、缝制、复制、赶制、炼制、炮制。

② 著作：制文、制序、佳制。

在汉字简化前，义项①至②中各词语的制字均写作繁体的(製)。

［辨析］ 1. 在汉字简化之前，除了意思是“制造、著作”的制字写作繁体的(製)以外，其他用法的制字均写作“制”。

2. 在汉字简化之前，词语“制裁”的意思是控制时，其中的制字写作“制”；“制裁”的意思是著作时，其中的制字写作繁体的(製)。

3. 在汉字简化之前，词语“制币”的意思是规定的钱币时，其中的制字写作“制”；“制币”的意思是制造钱币时，其中的制字写作繁体的(製)。

钟 zhōng

(1) 钟(锺)

① 量器：万钟、十釜为钟。

② 汇聚：钟爱、钟情、钟灵毓

秀、一见钟情。

③ 其他：钟城、钟阜、钟山（以上为地名）；钟传、钟馗、钟离、钟子期、汉钟离（以上为姓名）；酒钟（通“盅”）；钟官、钟氏（古代官名）；老态龙钟。

在汉字简化前，义项①至③中各词语的钟字均写作繁体的（锺）。

（2）钟（鐘）

① 打击乐器：钟鼎、钟楼、钟琴、钟声、钟师、洪钟、警钟。

② 外观像钟的：钟虫、钟乳、钟螅、钟乳石、石钟乳。

③ 计时器具：钟摆、钟表、钟点、钟头、摆钟、分钟、挂钟、闹钟。

在汉字简化前，义项①至③中各词语的钟字均写作繁体的（锺）。

［辨析］ 1. 在汉字简化之前，意思是“汇聚”和用作量器名称、地名、姓名和官名以及词语“龙钟、老态龙钟”的钟字均写作繁体的（锺）；意思是打击乐器、计时器具及外观像钟的钟字均写作繁体的（鐘）。

2. 在古代文献中，“钟鼎、钟乳、钟师、钟院”等词语中的钟字本来应该写作繁体的（鐘），但也有写作繁体（锺）的。

种 1. chóng

（1）种

姓氏：种放、种师道、种师中。

在汉字简化前后，用作姓氏的种（读 Chóng）字均写作“种”。

2. zhǒng

种（種）

① 生物赖以繁殖的物质：种畜、种蛋、种肥、拌种、变种、播种、传种、稻种。

② 泛指某些事物得以传播的根源：火种、谬种、谬种流传。

③ 族类，类别：种别、种差、种化、种类、种落、种名。

④ 其他：没种、有种、有没有种。

在汉字简化之前，义项①至④中各词语的种（读 zhǒng）字写作繁体的（種）。

3. zhòng

种（種）

① 栽种：种菜、种德、种地、种痘、种瓜、种花、种户、种粮。

② 其他：种蝇。

在汉字简化前，义项①至②中各词语的种（读 zhòng）字写作繁体的（種）。

［辨析］　在汉字简化之前，除了用作姓氏的种(读 Chóng)字写作“种”以外，其他用法的种字均写作繁体的(種)。

朱 zhū

(1) 朱

① 大红色：朱鳖、朱草、朱尘、朱颜、朱衣、朱英、朱樱、朱紫。

② 姓氏：朱弁、朱陈、朱耷、朱德、朱熹、朱湘、朱家骅。

③ 其他：朱方、朱提、朱雀桥(以上为地名)；朱离、朱诺、朱可夫(以上为译音词)；朱愚。

在汉字简化前后，义项①至③中各词语的朱字均写作“朱”。

(2) 朱(硃)

朱砂：朱笔、朱卷、朱批。

在汉字简化前，意思是“朱砂”的朱字一般写作繁体的(硃)。

［辨析］　在汉字简化之前，只有意思是“朱砂”的朱字写作繁体的(硃)，其他用法的朱字均写作“朱”。

筑 zhú

筑

① 古代弦乐器，类似于古琴：击筑。

② 贵州省省会贵阳市的别称。

③ 其他：筑阳(古国名)。

在汉字简化前后，义项①至③中各词语的筑字均写作“筑”。

2. zhù

筑(築)

① 建筑物：小筑、雅筑。

② 修建：筑城、筑堤、筑垒、筑路、筑造、构筑。

③ 其他：筑底；筑氏。

在汉字简化之前，义项①至③中各词语的筑字均写作繁体的(築)。

［辨析］　在汉字简化之前，除了用作古代弦乐器名称、贵阳市的别称及出现在古国名“筑阳”中的筑(都读 zhú)字写作“筑”以外，其他用法的筑(读 zhù)字均写作繁体的(築)。

准 zhǔn

(1) 准

① 允许：准许、准予、不准、核准、批准、准考证。

② 比照某类事物看待：准此、准将、准尉、准博士。

③ 其他：准伏；准格尔旗(地名)。

在汉字简化前后，义项①至

②中各词语的准字写作“准”。

(2) 准(準)

① 标准：准程、准的、准夫、准人、准绳、准式。

② 准确：准话、准斤、准时、准头、准星、不准。

③ 确定：准保、准成、准儿、准谱、定准、准落儿。

④ 预备：准备、准拟、准备活动、准拟射击。

⑤ 类似的：准安定、准地槽、准改组、准平原。

⑥ 其他：准噶尔盆地(地名)；准提(译音词)；隆准(鼻子)、准噶尔翼龙。

在汉字简化前，义项①至⑥中各词语的准字写作繁体的(準)。

[**辨析**] 1. 在汉字简化之前，除了意思是“允许”和“比照某类事物看待”的准字和词语“准伏”及地名“准格尔旗”中的准字写作“准”以外，其他用法的准字一般都写作繁体的(準)。

2. 在汉字简化之前，意思是“比照某类事物看待”的“准”字有时也写作繁体的(準)。

3. 在汉字简化前，意思是“类似的”繁体的(準)字有时也写作“准”。如词语“准式、准地槽、准平原、准静止锋、准地转平衡、准静态过程”中的准字在汉字简化前应写作繁体的(準)，但有时也写作“准”。

4. 在汉字简化之前，词语“不准”的准字意思是“准许”时，写作“准”；意思是“准确”时写作繁体的(準)。

九、汉语字词使用出错基本规律

(一) 古籍传刻翻刻臆改文字出错规律

1. 误(指误用别字)

(1) 抄刻而误

① 形近而误。即形体相似或近似混淆致误。如“曰祥”误作“日样”。

② 音近而误。包括音同而误、音近而误、双声而误、叠词而误。

③ 字近而误。指字在文句中距离不远相互发生影响而产生的

讹误。包括偏旁类化、偏旁搬家、一字分为二字、二字合为一字、涉上文而误、涉下文而误、涉注文而误等。

(2) 臆改而误

① 不识古字臆改而误

② 不谙古音臆改而误

③ 不知古义臆改而误

④ 不懂语法臆改而误

⑤ 不识专业用语臆改而误

(3) 其他误

① 符号误为字

② 古字当作今字

2. 脱(指原文漏去字句)

(1) 抄脱刻丢

① 字义相近之字脱去其一

② 重文脱去其一

③ 涉上下文而脱

(2) 臆改而脱

① 不知训诂臆删而脱

② 不懂语法臆删而脱

③ 不知句读臆删而脱

3. 衍(指比原文多出了文字)

(1) 抄刻而衍

① 涉上一字而衍出一形似字

② 涉下一字而衍出一形似字

③ 涉上文而衍

④ 涉下文而衍

⑤ 涉注文而衍

⑥ 涉联想而误衍

⑦ 涉篇名而衍

⑧ 误合两本异文而衍

⑨ 旁注误入正文而衍

(2) 臆改而衍

① 不懂训诂妄加而衍

② 不懂语法妄加而衍

③ 误断文句妄加而衍

④ 不懂修辞妄加而衍

4. 错位

错位是指文字位置颠倒错乱。包括一字错位、二字错位、数字错位、数十字错位、整篇错位、句中互倒、句间互倒、章间互倒、句中串、句间串、章间串、篇间串、互串等。

(1) 抄刻错位

① 涉注文而错位

② 分篇误而错位

③ 正文与注文互错

④ 涉后世常语而错位

⑤ 误读重文号而错位

(2) 臆改而错位

① 据注妄改正文而错位

② 不谙古音妄改而错位

③ 不懂训诂妄改而错位

④ 误断文句妄改而错位

⑤ 不懂语法妄改而错位

综上所述,造成讹误的原因10条,造成脱漏的原因6条,造成衍文的原因13条,造成错位的原因10条,总计39条文字出错规律。古文校雠家总结的古籍出错的这些规律,对于现代古籍校勘和校对有着直接的指导意义,对于现代图书的校对也有借鉴意义。

(二) 现代书稿和校样文字出错规律

1. 形似易讹

(1) 一横一撇之差别。如:干千,王壬,天夭,扦扦。

(2) 多一笔少一笔之差别。如:鸟乌,斥斤,泠冷,么幺,氐氏,凤风，刺剌，壶壸。

(3) 出头与不出头之差别。如：失矢，土工，肓胃，由田。

(4) 长横与短横之差别。如：末未，士土。

(5) 整体形象近似。如：己已巳，戌戍戊，庆厌，庄压，丐丏，崇祟，荏茬。

(6) 合体字的两个偏旁一个相同一个近似。如：抔杯，旷犷，圯圮，奕弈。

2. 音同易讹

(1) 音同形似。如：泡炮，辨辩，仗杖，淞凇，拴栓，弛驰，骛鹜。

(2) 音同形异。如(括号内为正字)：慢(曼)舞，宏(洪)亮，嘎(戛)然，带(戴)罪，璀灿(璨)，寒喧(暄)。

(3) 专名、成语、熟语错用同音字。如(括号内为正字)：棉蛉(铃)虫，图门(们)江，株州(洲)，弥(祢)衡，黄莲(连)，出奇致(制)胜，仗义直(执)言，以(倚)老卖老，金璧(碧)辉煌，稍(少)安勿(无或毋)燥，山青(清)水秀。

3. 义近易讹

两字或两词含义接近，容易混淆致讹。如：采彩，度渡，炼练，记纪，消销，熔融，作做，象像相，必须必需，含义含意，通信通讯，以至以致，截止截至。

4. 义连易讹

许多字可以和不同的字构成不同的词，因此写作时会由于下意识的联想而写别字。如：文化—文明，科学—科技，奥运会—奥动会。

5. 义反易讹

两词含义相反，也容易混淆致讹。如：以上—以下，向左—向右，东方—西方。

6. 错分致讹

一个字错分为两个字。如：腋—月夜，明—日月，好—女子。

7. 错合致讹

两个字错合为一个字。如：人人—从，口内—呐，又见—观。

8. 互倒致讹

许多多音词、合成词的两个字的位置互换，就会变成另一个词。如：人家—家人，爱人—人爱，办法—法办，书写—写书，北京—京北，女子—子女，开放—放开。

9. 草字误判致讹

作者手稿上的字迹潦草，编辑加工、校对改错字迹潦草，录排人员容易误判，造成莫名其妙的错误。如：① 结构误判，“千”误判作“4”，“乃”误判作“13”，“之”误判作“元”，“如”误判作“为”，“北”误判作“壮”，“反”误判作“仅”。② 偏旁误判，“氵讠亻”“扌木”“饣钅”“礻衤”等偏旁书写潦草几乎没有区别。③ 疏密无定，写字不讲间隔距离，极易造成误判而错分、错合。

10. 错简致讹

使用非规范简化字。主要有三种情况：① 错用已经废止的《第二次汉字简化方案（草案）》中的简化字；② 错误类推简化；③ 自造简化字。

11. 错繁致讹

简化转换繁体对应不准确。如：皇後（后），长徵（征），化学係（系）。

12. 误用已经废止的异体字、旧字形

13. 不同术语混淆错用

有些术语，音同但义异，常易混淆错用。如：电介质—电解质，服法—伏法，辩证—辨证。

14. 计算机录字排版出错

计算机录字排版采用键盘录入，同铅字排版的方式完全不同，出错规律也不尽相同。主要有：

（1）拆字失误。如“长”应拆分为“七”，代码为“TA”，若错拆成“丿、匕”，代码就变成“TX”，击键后输入的字是“第”不是“长”。

（2）击键错位。因手指移动不准或左右手动作不协调而错击邻键或对称键，造成输入别字。

（3）指令失误。指令给错或者给出指令后没有及时置换，都会造成大面积错误。

(4) 串行失误。录入时看原稿串行,改版时运用电脑自动搜字功能,将须改的字符键入令其自动搜检改错,都可能因指令失误而造成错误。

(5) 邻位邻行错改。改版时应改的错字未改而误将邻位、邻行的正字错改,造成旧错未改又添新错。

(6) 版式转换和制片失误,造成内容丢失或错乱。

(7) 储存失误。

语　法

一、语法基本知识

[语言三要素] 每种语言都包含有三个组成要素,就是语音、词汇和语法。语音是语言的物质外壳;词汇是造句的材料;语法是语言的结构规律。语言的这三个要素一个也不能缺少。缺少了其中的任何一个,语言也就不能成为交际工具。

[词法和句法] 语法包含有两大门类,就是词法和句法。词法也叫形态学,研究词的构成和变化的规律。包括:(1) 构形法,(2) 构词法,(3) 词类。句法也叫造句法,研究词语之间的结构关系。包括:(1) 短语的结构和功能,(2) 句子的结构,(3) 句子的类型。

[实词和虚词] 汉语的词分为实词和虚词两大类,每一大类再分为若干个类,有的类下还要分小类。实词表示实在的意义,能够作短语或句子的成分,能够独立成句。实词可以分为名词、动词、形容词、数词、量词和代词。虚词不表示实在的意义,一般不作短语或句子的成分,不能独立成句,主要用来表示语法关系。虚词可以分为副词、介词、连词、助词、叹词和拟声词。

[名词] 表示人或事物等的名称。如:手、车、命运、颜色、国家、现代化、积极性、奥林匹克。

[动词] 表示动作、行为、发展、变化。如:说、唱、鼓励、动员、示威、游行、要求、希望。

[形容词] 表示人或事物的性质,或者动作、行为的状态。如:大、小、高兴、沮丧、漂亮、丑陋、绿油油。

[数词] 表示数目。如:一、二、两、三、第一、第二、许多、不少。

[量词] 表示计算单位,包括人或事物的单位和动作行为的单位。如:个、条、件、次、人次、吨公里。数词和量词常常同时使用,组

成数量结构，也叫数量词。如：一本（书）、两个（人）、三件（衣服）、（去）一趟、（看）一遍。

[代词] 具有指示或替代作用。如：我、你、他、我们、谁、什么、这、那、哪。

[副词] 只能修饰动词、形容词作状语，表示程度、范围、时间、频率、语气等。如：很、十分、都、只、立刻、即将、屡次、居然。

[介词] 用在词或短语的前面，共同组成介宾短语，表示时间、处所、方式、对象、目的等。例如：从、自从、由、按照、对于、把、被。

[连词] 连接词、短语或句子，表示某种逻辑关系。如：和、同、不但、而且、既然、所以、虽然、否则。

[助词] 附着在词、短语上，表示某种语法意义。如：的、地、得、所、了、着、过、啊、吧。

[叹词] 表示感叹或呼唤、应答。如：啊、哎、哎呀、喂、哈哈。

[拟声词] 用来摹拟事物的声音。如：砰、轰隆、哗啦啦。

[短语] 也叫词组。指词和词按照一定的语法规律组合而成的造句单位。汉语的基本短语有五类，就是主谓短语、动宾短语、动补短语、偏正短语和联合短语。

[主谓短语] 由主语和谓语组成，两部分之间具有陈述和被陈述关系。主语是陈述的对象，谓语是对主语的陈述。如：会议结束、他教英语、我是教师、街道整洁、明天晴天。

[动宾短语] 由动词和它的宾语组成，两部分之间具有支配和被支配关系。如：写文章、讨论问题、发表意见、保持安静、告诉他。

[动补短语] 由动词、形容词和它的补语组成，两部分之间具有补充和被补充的关系。如：听明白、走过来、跳了一下、好得很、写得很漂亮。

[偏正短语] 由修饰语和中心语组成，两部分之间具有修饰和被修饰的关系。中心语是名词的，修饰语是定语。如：新书、高高的白杨树。中心语是动词、形容词的，修饰语是状语，如：热烈欢迎、高兴地跳了起来、十分慎重、不愉快。

[联合短语] 由两个或两个以上的同类的词或短语构成，各部分

之间的关系是平等的、并列的，不分主从。如：我和你和他、战争与和平、伟大而朴实、又说又笑、讨论并且通过。

[**句子**] 句子是语言的使用单位。从内容上说，每个句子都表示一个相对完整的意思，能够完成一次简单的交际；从语音上说，每个句子都带有一定的语调，句与句之间有较明显的停顿。

[**单句**] 又叫“简单句”，与“复句”相对。由一个词或一个短语构成的句子。“火！”“走！”是由一个词构成的句子。“我们唱歌”“开门！”“多美呀！”是由一个短语构成的句子。

[**复句**] 又叫“复合句”，与“单句”相对。由两个或两个以上在意义上有一定联系，在结构上互不包含的分句构成的句子。组成复句的单句叫分句。每一个分句都不作另一个分句的成分。复句根据各分句间的逻辑关系可以分为：并列关系、承接关系、递进关系、选择关系、转折关系、因果关系、假设关系、让步关系、条件关系、目的关系等。

[**陈述句**] 用来陈述事情的句子。有的是肯定的陈述，例如：“明天是国庆节。”有的是否定的陈述，例如：“明天不是国庆节。”

[**疑问句**] 用来表示疑问的句子。例如：“明天是星期几？”“你不认识他吗？”疑问句从结构上可以分为是非问句、特指问句、正反问句、选择问句。

[**祈使句**] 用来表示请求的句子。有的是请求对方做什么事情，例如：“请把窗子打开！”有的是请求对方不做什么事情，例如：“请不要吸烟！”

[**感叹句**] 用来表示比较强烈的感情的句子。例如：“真漂亮啊！”“这个地方好凉快呀！”

[**是非问句**] 发问的人说明一种情况，或提出一种看法，希望对方作出肯定或否定的回答，这种问句叫是非问句。例如：“你认识这个人吗？”“他这样做对吗？”

[**特指问句**] 发问的人用疑问代词“谁、什么、怎么、哪”等提出问题，希望对方针对这些疑问点作出回答，这种问句叫特指问句。例如：“这是谁的汽车？”“你都想买什么东西？”

[反复问句] 发问的人用肯定、否定相叠的方式提出问题，希望对方作出回答，这种问句叫反复问句。例如："明天你去不去上海?""你先休息一下，好不好?"

[选择问句] 发问的人提出几种可能、几种建议，希望对方从中加以选择作出回答，这种问句叫选择问句。例如："你准备学英语，还是学日语?""你是先去清华，还是先去北大?"

[是字句] 又叫判断句。指用判断动词"是"构成的句子。例如："牛是反刍动物。""到处是庄稼，遍地是牛羊。"

[把字句] 又叫处置式。指谓语动词前边有介词"把"的句子，表示对"把"的宾语的处置。例如："我们把罪犯抓住了。""把礼堂挤得水泄不通。"

[被字句] 指谓语动词前边有介词"被"的句子，表示主语的遭受。例如："犯罪嫌疑人被我们抓住了。""他被选为人民代表。"

[双宾语句] 是由给予意义的及物动词带两个宾语构成的句子。离动词近的宾语一般指人，叫间接宾语；离动词远的宾语一般指物，叫直接宾语。例如："他给我一本书。""我求你一件事。"

二、常见词法错误辨析

1. 名词、动词、形容词使用不当

[名词误用为动词] 动词主要作谓语，可以受状语的修饰，及物动词后面可以带宾语。在该用动词的地方用了名词，这个名词误用为动词。

(1) 日本目前几家最大的公司，如东京化妆公司、固力果食品公司和奶制品公司等，都盼望她能广告一下，以获得巨额利润。

(2) 画家田雨霖义务为学生讲座。

辨析： 例(1)"广告"的前面是动词"能"，后面是数量词"一下"。在"能……一下"这样的格式里出现的应该是动词，而在例(1)中出现的是名词"广告"，所以这个句子的语病是把名词"广告"误用为动词。可以把"广告"改为动词"宣传"。例(2)"为学生"是介宾

短语,后面没有助词“的”的时候,只能用作状语修饰动词或形容词,而“讲座”是名词,不能受介词短语的修饰。这句的语病是误把名词“讲座”当成了动词。可以把“讲座”改为“讲演”或“办讲座”。

[**名词误用为形容词**] 形容词可以受程度副词的修饰,如“很努力”“十分高兴”,名词不受程度副词的修饰。不要把名词误用为形容词。

(1) 有些人随意将牲畜赶入机场,把机场搞得坑坑洼洼,积水成潭,污垢极了。

(2) 青年们感到非常荣誉和高兴,个个劲头十足。

辨析: 例(1)“极了”表示程度深,要和形容词或表示心理活动的动词搭配。“污垢”的意思是附着在人身上或物体上的脏东西,是名词。“肮脏”的意思是脏、不干净,是形容词。要把“污垢”改为“肮脏”。例(2)“荣誉”和“高兴”并列,前面受“非常”修饰。“非常”在这里是副词,只能修饰动词和形容词,不能修饰名词。“荣誉”是名词,不能受“非常”修饰。可以把“荣誉”改为“光荣”,“光荣”是形容词。

[**不及物动词误用为及物动词**] 及物动词可以带宾语,不及物动词不能带宾语。不及物动词带了宾语就是误用为及物动词。

(1) 妻子亡故,他不得已而续弦了一位农家姑娘。

(2) 网络经济升级着我们的传统产业。

辨析: 例(1)“续弦”的意思是男人在妻子死后再娶,是不及物动词。可以把“续弦”改为“续娶”,“续娶”是及物动词。例(2)“升级”是不及物动词,不能带宾语。整个句子可以改为:“网络经济使我们的传统产业升级。”

[**形容词误用为动词**] 形容词不能带宾语,如果带了宾语就是用作动词。有的形容词可以用作动词,有的形容词不能用作动词。不能用作动词的形容词带了宾语,就成了误用。

(1) 他以奔放、豪迈的革命热情,唱出了民族危机的深重,激动着人民团结战斗的意志。

(2) 从这一点来说,不但是神话丰满了文学艺术,而且卓越的文学艺术反过来又给古代神话以新的生命力。

辨析：例(1)“激动”是形容词，不能带宾语。可以改为动词“激励”。例(2)“丰满”是形容词，不能带宾语。可以改为“丰富”。“丰富”这样用时是动词。

2. 数量表达混乱

［**指人名词的复数**］汉语指人的名词表示复数时有两种办法，一种是在名词的前面加上数量词，另一种是在名词的后面加助词“们”。不过这两种办法彼此排斥，不能同时使用。如果同时使用就造成了语病。例如：

三名重伤的战士们被迅速地送进了医院。

辨析：要把“们”去掉。

［**“二”和“两”**］“二”和“两”表示的数量相同，都是 1 加 1 的和，但是用法不同。表示基数只能用“两”，不能用“二”。“二次创业”指第二次创业；“两次创业”指一共创业两次。另外，基数“两”不能写为阿拉伯数字“2”。

(1) 上面的论述为我们的报刊管理提出了二个问题。

(2) 他已经连续 2 个晚上没有合眼。

辨析：例(1)“二个问题”要改为“两个问题”。例(2)“2”要改为“两”。

［**“俩”的用法**］“两个”可以说成“俩”，“俩”里面已经包含着量词“个”，后面不能再有“个”一类量词。

(1) 一户回民老大爷，老俩口都 70 多岁了，行动不便，还经常有病。

(2) 他们俩个简直被那五颜六色的人流、壁画、装饰品弄得头晕目眩。

辨析：例(1)可以说“老俩”或“老两口”，就是不能说“老俩口”。因为“俩”是“两个”，“老俩口”就成了“老两个口”。例(2)可以说“他们俩”或“他们两个”，但是不能说“他们俩个”。

［**数量的增加**］数量的增加，常用倍数。“增加了”不包括底数，“增加到”包括底数。

(1) 据说整个市场建于1935年,当时东京人口只有350万人,而现在东京人口已增加至1 100多万人,增加了3倍,供应量也相对大大增加。

(2) 通过连续三年的不懈治理,本市的社会用字规范率在稳步提高。1990年所查大街平均每条不规范字73个,今年所查大街平均每条不规范字9个,规范率提高了8倍。

辨析: 例(1)由350万增加到1 100万,净增数是1100万-350万=750万,净增数750万除以原来的数350万,得数是2.1。因此,要说"增加了2.1倍",或者说"是原来的3倍""增加到原来的3倍",但不能说"增加了3倍"。例(2)由73字减少到9字,净减数是73-9=64字。64字除以原来的数73字,得数是0.87。可以说"减少了87%",或者说"只有原来的13%"。这不是规范率。规范率是指规范字占全部字数的百分比。假定每条大街平均有汉字1000个,1990年每条大街的规范字数是1000-73=927,规范率927÷1000=92.7%。治理后每条大街的不规范字由73个下降为9个,治理后的规范率是(1000-9)÷1000=99.1%。把治理后的规范率和1990年的规范率相减,99.1%-92.7%=6.4%。应该说规范率提高了6.4%。

[数量的减少] 表示数量的减少,要用分数或小数,不能用倍数。

(1) 用此方法灭蚊,一是经济,比直接用电蚊香片或喷雾剂节约费用3—4倍。

(2) 由于化疗药物反应,朱鹏的白血球指数比正常值少整整三倍。

辨析: 例(1)节约不能说倍数。如果原来花100元,现在花40元,要说节约费用3/5,或者说只用了原来的2/5。例(2)白血球的正常值是4 000—10 000/立方毫米,以6 000为正常值。6 000的三倍就是18 000。说比正常值少18 000,无法理解。假定朱鹏的白血球是2000,应该说"比正常值少2/3",或者说"只有正常值的1/3"。

3. 指代不明

[代词“这”的使用]

(1) 对于学习较差的学生决不能采用体罚或变相体罚的办法。这对于调动学生的学习积极性是不利的。

(2) 脸上有了痤疮应注意不要用手指剥、挖,这样容易引起继发感染形成疖肿。疖肿治疗后会留下疤痕疙瘩,破坏脸容。

辨析: 例(1)从结构看,“这”指代的是“不能采用体罚或变相体罚的办法”,可是接下去却说“这对于调动学生的学习积极性是不利的”。照这样说,文章作者不是在提倡“体罚或变相体罚”了吗? 因为代词“这”使用不当,使得句子表达的意思和作者要说的正好相反。要把“这”改为“采用体罚或变相体罚的办法”。例(2)和例(1)的问题一样,要把“这样”改为“用手指剥、挖”。

[代词指代的同一性]

(1) 外电报道:深圳一动物园有人向游客出售活鸡,让他们抛给老虎和狮子活活吃掉。他们呼吁“制止这种残忍的活动”。

(2) 由于黑账户事件而声望大跌的德国前总理科尔,目前处境更为艰难。首先,他的亲密助手、党主席的继承人朔依贝勒已经与他疏远,并抱怨说,许多重要文件都绕过他。

辨析: 例(1)第一个“他们”指游客,第二个“他们”指外电的作者。相邻的两个“他们”所指不同,容易造成误解。可以把第一个“他们”改为“游客”。例(2)这两个句子里一共有三个“他”,前两个指科尔,第三个指科尔的亲密助手,容易造成理解错误。可以把第三个“他”改为“自已”。

[多个指代对象并存]

电视节目有令人疲惫不堪的,也有使人兴奋不已的,还有叫人恋恋不舍的。下面介绍的一幅英国幽默画就属于描写这种节目的。

辨析: 前面讲到了三种电视节目,读者不知道“这种”指的是哪一种。要根据实际情况加以修改。

[“其中”的误用]

人民出版社给杨义出文集,是想给中年学者树立标杆,谁值得出就出谁的。现在学术界有一种浮躁、好虚荣之风,甘愿坐冷板凳的人不多。杨义则是其中一个代表。

辨析: 前面说“学术界有一种浮躁、好虚荣之风”,接着说杨义就是“其中一个代表”。这样一来,杨义就也成了浮躁、好虚荣的学者了。这与事实正相反。可以改为“杨义则是个甘愿坐冷板凳的人”。

4. 副词使用不当

[“也”和“却”]

(1) 北京的水资源越来越少,北京人也越来越多。

(2) 昨晚,气象预报有雨,许多人却带着雨具。

辨析: 例(1)副词“也”表示两事相同。例如:“你是北大的学生,我也是北大的学生。”“水资源越来越少”和“北京人越来越多”,两件事情并不相同,不能用“也”来连接。要把“也”改为表示转折的副词“却”。例(2)气象预报有雨,所以许多人带着雨具,其间没有转折,用不着用“却”。可以把表示转折的“却”改为表示范围的“都”。

[“都”表示总括]

经过刻苦努力,期末考试,他六门功课平均成绩都在九十分以上。

辨析: 副词“都”表示总括,被总括的对象必须是复数。而“平均成绩”是单数,后面不能用“都”。要把“都”去掉。

[“越”和“愈”]

(1) 但是,越到后来就感到太实了,诗剧还是要有表现感情的东西。

(2) 在生产力愈是低下的社会阶段,人们对于自然现象的认识还很盲目,科学知识很不发达。

辨析: 副词“越”常常要两个连用,表示程度随着事态的变化而加深。“愈”(yù)的用法和“越”相同,只是带有文言色彩。例(1)可以改为“越到后来越感到太实了”。例(2)的“愈是”以去掉为好。

5. 介词的误用

[“把”字句]

(1) 他就是不吃你这一套,你又把他能怎么样?

(2) 我有点后悔:那天为什么把他不挡一挡?

(3) 这样大的事业,当然不是我一个人的力量所能够做得彻底的,我只想把我余年的力量做整理文献的工作。

辨析: 例(1)“把”字句内有能愿动词时,能愿动词要放在“把”的前面。这个句子要改为:“你又能把他怎么样?”例(2)“把”字句内有否定词时,否定词要放在“把”的前面。这个句子要改为:“那天为什么不把他挡一挡?”例(3)“把”字句表示处置。这个句子里“把”的宾语不是被处置的对象。“把”要改为介词“用”。

[“被”字句]

(1) 想要被大风不卷走,一定得加粗缆绳。

(2) 去年,他被当选为四川省全国人大代表。

(3) 一场斗殴受伤者少则二人,多则数十人,轻者忍受皮肉之苦,重者被致残、致死,给家庭和社会带来了不必要的损失。

辨析: 例(1)“被”字句内有否定词时,否定词要放在“被”的前面。这个句子要改为:“要想不被大风卷走,一定得加粗缆绳。”例(2)“当选”的意思是被选上,它的主语自然是受事,句子不必用“被”。这个“被”要去掉。例(3)“致残”的意思是造成残疾。它的主语是受事,句内不必用“被”。

[“对”字句]

(1) 墨西哥是我们的友好国家,墨西哥电影对我国观众并不陌生。

(2) 我们对毕达可夫在北大的那段工作留下了很深的印象,他的勤奋,他的认真,他的为人,都是可钦佩的。

(3) 王局长对基层干部、工人的住房困难时时放在心上。

辨析: 使用介词“对”时,要分清主体和客体,应该是主体对客体如何,不能相反。例(1)例(2)颠倒了主体和客体。例(1)“我国观众”是主体,“墨西哥电影”是客体。后半句要改为“我国观众对墨西哥电影并不陌生”。例(2)“毕达可夫”是20世纪50年代在北大讲学的苏联专家。使用“留下……印象”这个格式时,只能是主体给客体“留下……印象”。这个句子可以改为:“毕达可夫在北大的那段工作给我们留下了很深的印象……”如果要用“对”,后面不能用“留下……印象”,可以改为:“我们对毕达可夫在北大的那段工作给予很高的评价。”不过这样一改和原意不同了。例(3)应该用“把”字句,把“对”改为“把”。

6. 连词使用不当

[“和”与“或”]

(1) 现在,全队百分之八十的队员实际技术都达到三级和四级工的水平。

(2) 北京羊绒衫厂生产的雪莲牌羊绒衫,在手感、色泽、耐磨、弹性、缩水等方面,已达到和超过世界名牌产品。

辨析:例(1) 连词“和”与“或”表示的意义不同,“和”表示并列,“或”表示选择。“达到三级和四级工的水平”,意思成了“不但达到三级而且达到四级”,不符合原意。要把“和”改为“或”。例(2)“达到”和“超过”是递进关系,要把“和”改为连词“并”或者“并且”。

[表示转折的连词]

(1) 肌体由细胞组成,然而细胞的好坏又关系到肌体是否健康。

(2) 英国粒子物理和天文学研究委员会日前提出关闭英国皇家格林尼治天文台的建议,以节省开支。但是这一建议连日来遭到一些组织和个人的批评。

(3) 三十年前,以王进喜为代表的石油工人在萨尔图大草原揭开了石油大会战的序幕,然而这也正是新中国成立十年后的人祸天灾之年。

辨析:连词“但是”“然而”表示转折关系。用它连接的分句,意义一定要有转折。没有转折的不能用这类连词。例(1)要把“然而”改为表示顺接的连词“而”。例(2)去掉“但是”。例(3)“然而”改为连词“而”。

[“尽管”与“即使”]

(1) 尽管你的计划订得多好,不切合实际有什么用?

(2) 即使没有本世纪的所谓知识爆炸,包罗万象的百科全书也是不可能的。

辨析: 例(1)连词“尽管”表示让步关系,而本句的前一个分句表示的是无条件的关系。要把“尽管”改为“不管”。例(2)连词“即使”表示假设兼让步,而本句表示的是假设和结果的关系。要把“即使”改为“如果”。

[“或者”与“还是”]

人的意识是在人的精神世界里凭空产生出来的,或者它是客观世界的反映?

辨析:“或者”表示选择关系,只能用在陈述句里。例如:“这个门向里推或者向外拉都可以。”在疑问句里表示选择关系要用连词“还是”。例如:“你是考大学,还是就业?”上例里的“或者”要改为“还是”。

[“反而”的用法]

“两国论”不但遭到国际社会的一致反对,反而使“一个中国”的原则更进一步地得到广泛承认,使李登辉更加孤立。

辨析: 表示递进关系,常用“不但……而且……”,例如:“不但要增加产量,而且要提高质量。”如果前一分句是否定的,表示递进关系要用“不但不……反而……”。例如:“这样做不但不能解决问题,反而会增加新的困难。”上例里的前一分句是肯定的,后一分句不能用“反而”。要把“反而”改为“而且”。

[“否则”的用法]

(1) 我们只有将事物作全面的比较,才能找出它的主要方面,认清它的本质。否则,如果在一些次要问题上掂来捏去,斤斤计较,就会比到邪路上去。

(2) 法制报要向读者宣传国家的法规法纪,首先报纸自己要遵纪守法,这样,报纸才有感召力和说服力。否则,报纸让别人学法守法,而办报却违法犯法,不仅滑稽可笑,而且也是一种失职。

辨析:“否则”表示假设性让步,可以替换为“如果不这样,那么就……”。例如:“必须把场地清理好,否则无法施工。”例(1)要去掉“否则”。如果保留“否则”,就要去掉“如果……斤斤计较”。例(2)的“否则”要改为“如果”。

7. 助词使用不当

[**的、地、得**] 这三个是结构助词,读音相同,都读 de,但是用法不同。“的”用在定语的后面,“地”用在状语的后面,“得”用在补语的前面。例如:“我们的家乡”“愉快地加入”“收拾得非常整齐”。下面是结构助词使用不当的句子。

(1) 当那位死去的张益国厂里领导来询问哪位是张益国的母亲时,两位老太太都站了起来。

(2) 他避开我的目光,开始含含糊糊的嘟囔一些别人听不清楚的话。

(3) 这家酒店不论是内部的管理还是外部的联系都搞的很好。

辨析:例(1)“厂里领导”的前面要加上个“的”。例(2)“含含糊糊”的后面要用“地”。例(3)“搞的很好”里的“的”要改为“得”。

[**了、着、过**] 这三个是动态助词,主要附在动词的后面表示动作所处的状态。“了”表示完成态,表示动作、变化已经完成。“着”表示进行态,表示动作变化正在进行。“过”表示经历态,表示从前曾经有什么经验或情况。例如:“他已经吃了饭”“他正在吃着饭”“他早晨吃过饭”。

三、常见句法错误辨析

1. 搭配不当

[主语和谓语不搭配]

(1) 突然,意想不到的场面发生了。

(2) 以老舍先生名字命名的北京市具有最高荣誉和权威的文学大奖从今天开始全面展开。

(3) 因为人口出生率减少,在相当年代以后老人是会多一些,这是自然的事。

辨析: 例(1)“场面”不能说“发生”。可以把“场面”改为“情况”,或把“发生”改为“出现”。例(2)“文学大奖”是一项奖,不能说“全面展开”。可以在“文学大奖”的后面加上“评奖活动”。例(3)“出生率”只能说“提高”或“降低”,不能说“增加”或“减少”。把“减少”改为“降低”。

[联合短语作主语或谓语时的搭配问题]

(1) 报纸和广播都登了他的先进事迹。

(2) 战士们看着它,心情多么亲切,多么激动!

(3) 孩子的棉鞋、棉帽还能穿吗?

辨析: 主语或谓语如果是联合短语,要检查联合短语的每一项是不是能够搭配。如果有的不能搭配,要设法改正。例(1)“报纸”和“登”可以搭配,“广播”和“登”不能搭配。可以把“登”改为“宣传”。例(2)“心情”和“激动”可以搭配,不能和“亲切”搭配。可以改为:“战士们看着它,感到十分亲切,心情格外激动!”例(3)“棉鞋”可以说“穿”,“棉帽”不说“穿”,要说“戴”。可以改为:“孩子的棉鞋还能穿吗?棉帽还能戴吗?”

[动词和宾语不搭配]

(1) 剧场气氛异常热烈,演员与观众息息相通,台上台下相互呼应,达到很好的效果。

(2) 著名的历史学家翦伯赞同志,在史学界起过相当大的影响。

(3) 宴会进行中,身着民族服装的男女青年为中国朋友演唱了一个又一个菲律宾民族歌舞。

辨析: 例(1)“达到”和“效果”不搭配。可以把“达到”改为“收到”或“产生”。例(2)“起”和“影响”不搭配。可以把“起”改为“发生”或“产生”。例(3)“演唱”和“歌舞”不搭配。可以把“演唱”改为“表演”。

［联合短语作宾语时的搭配问题］

(1) 新的胜利更加鼓舞了全体指战员的勇气和信心。

(2)《意见》强调要更好地发挥总工程师在企业中的地位和作用。

(3) 一提起笔,我就好像看见你们的充满朝气的脸,发光的眼睛和响亮的、快乐的声音。

辨析:这三个句子的宾语都是联合短语,其中有的词语不能和动词搭配。例(1)和动词"鼓舞"搭配的是联合短语"勇气和信心",可是"鼓舞"只能和"勇气"搭配,不能和"信心"搭配。可以改为"鼓舞了勇气,增强了信心"。例(2)"发挥"和"作用"可以搭配,和"地位"不能搭配。可以改为:"《意见》强调要提高总工程师在企业中的地位,要更好地发挥他们的作用。"例(3)动词"看见"可以和宾语"你们的充满朝气的脸、发光的眼睛"搭配,但是不能和"响亮的、快乐的声音"搭配,因为"声音"是看不见的。可以改为:"……就好像看见你们充满朝气的脸、发光的眼睛,听见你们响亮的、快乐的声音。"

［"是"字句主语和宾语不搭配］

(1) 通过这次交流,中日两国有关的科学工作者认为,地震云确是一种值得探索的地震预报方法之一。

(2) 这座高炉是落实小平同志重要谈话和党的十四大精神取得的重大成果。

辨析:"是"字句的主语和宾语要能够搭配。例(1)"地震云"不是"地震预报方法之一","观测研究地震云"才是"地震预报方法"。另外,"之一"不必要,要去掉。例(2)"高炉"不是"取得的重大成果"。"建成这座高炉"或"这座高炉的投产",才是"取得的重大成果"。

［修饰语和中心语不搭配］

(1) 缅甸掸邦官员在芒市同云南边境官员会见,并参观了芒市为两国边境人民举办的展览馆。

(2)"法国电影周"的上映,将促进中法两国人民友谊的发展。

(3) 罗坤背着手,在铺满青草的路上走着,烦躁的心情急忙稳定不下来。

辨析: 上面三个句子里都有修饰语和中心语不搭配的毛病。例(1)“举办”和“展览馆”不搭配。可以改为“举办的展览”或“建立的展览馆”。例(2)“法国电影周”和“上映”不搭配。可以改为“法国电影的上映”或“‘法国电影周’的举办”。例(3)“急忙”不能修饰“稳定”。可以把“急忙”改为“一时”。

[**“一面”和“两面”不搭配**] 有些词语是从正反两方面说的,和它配合的也应该是从正反两面说的;如果用的是单方面的词语,就造成了一面和两面不搭配的毛病。

(1) 历史上是否存在过夏文化,现在已经没有疑问了。

(2) 构思好不好,关系到作品的好不好,正是作家在作品上显示出他的艺术本领。

(3) 从这些数字中,我悟出了一个道理:社会生产力的发展,绝不在于召开会议的多寡。

辨析: 例(1)“是否存在过夏文化”是两面的,“现在已经没有疑问了”是一面的,说存在过还是没有存在过呢?可以去掉“是否”,把前面也改为一面的,就能够和后面搭配了。例(2)“好不好”是两面的,“显示出他的艺术本领”是一面的。最后一个分句可以改为:“它能显示出作家艺术才能的高低。”例(3)“社会生产力的发展”是一面的,“召开会议的多寡”是两面的,不能搭配。把“社会生产力的发展”改为“社会生产力的能否发展”。

2. 成分残缺

[**主语残缺**]

(1) 通过宣传教育,使有的青年改邪归正,走上了正道。

(2) 在他们的辛勤的工作下,使蒙受冤屈的人员以及他们的家属放下了长期背着的政治包袱。

辨析: 例(1)例(2)都缺主语。例(1)“通过宣传教育”是介宾短语,不能作主语。要去掉“通过”,使“宣传教育”作主语;或者去掉

“使”,由“有的青年”作主语。例(2)“在……下”是介宾短语,不能作主语。要去掉“在”和“下”,或者去掉“使”。

[谓语残缺]

有八千多名职工的天津碱厂,1979 年以来,这个厂选拔了正副总工程师四人、副总会计师一人担任领导工作。

辨析:“有八千多名职工的天津碱厂”,缺少谓语。可以去掉“这个工厂”,或者把开头改为“天津碱厂有八千多名职工”。

[动词残缺]

(1) 党的十四届六中全会作出的《中共中央关于加强社会主义精神文明建设若干重要问题的决议》明确指出:“新闻媒体和出版物要为全社会正确使用祖国语言文字做出榜样。”这一号召对当前某些新闻媒体和出版物所存在的使用语言文字不规范等混乱现象,具有极其重要指导意义。

(2) 克林顿的风流韵事恐怕将在以后的世纪里永远流传下去了,一个登载克林顿性骚扰文件的网站日前正式开放,相信访问这个网站的人数比他下台后准备创办的“克林顿图书馆”要多得多。

辨析: 例(1)在第二个句子内,“对……所存在的……混乱现象”结构不完整。在“对”的后面要加上“纠正”或“克服”一类动词。例(2)“比”的后面要加上“访问”。后半句成为:“相信访问这个网站的人数比访问他下台后准备创办的‘克林顿图书馆’的要多得多。”

[宾语残缺]

(1) 在美国街头五光十色的广告牌上,人们到处看到一个身穿紧身衣、外披红披肩、胸佩 S 金字牌,潇洒自如地飞行在空中。

(2) 由真实事件改编的影片《紧急救助》,叙述了在田园大酒店的打工妹秀秀在一次意外事故中受伤,造成动脉破裂,生命危在旦夕。

辨析: 例(1)“看到”后面的宾语不完整。在“金字牌”的后面要补上“的飞行员”。例(2)“叙述”的宾语不完整。可以改为:“由真实事件改编的影片《紧急救助》,叙述的是在田园大酒店的打工妹秀秀在一次意外事故中受伤,造成动脉破裂,生命危在旦夕的故事。”

[修饰语残缺]

(1) 29 位市级领导和 49 位各区县领导还亲自联系一所基础薄弱校,为学校的发展出谋出力。

(2) 美国国家航空航天局已于 1979 年 9 月间用阿特拉斯火箭送入绕地轨道。

辨析:例(1)从字面看是这些领导共同联系一所学校,实际是每位领导联系一所学校。在“亲自”的前面加上“每人”。例(2)用火箭把什么送入轨道?没有说。根据文章的上下文,应该补上“把高能天文卫星”。

3. 成分多余

[没有必要的词语重复]

(1) 3 名警察守卫在阿根廷首都布宜诺斯艾利斯的一家专门治疗心脏和精神疾病的诊所外守卫,阿根廷足球明星马拉多纳目前正在这里住院治疗血压低和心律不正常等疾病。

(2) 办理卫生许可证、健康证,严格按国家有关法律法规规定的程序办理,不刁难,不拖延。

辨析:上面两句里都有同一个词的不必要的重复。这种语病只要写作时留心就可以发现并改正。例(1)里的两个“守卫”,例(2)里的两个“办理”,要各去掉一个。

[修饰语和中心语重复]

(1) 为此记者采访了市公交总公司保卫处和该车队的有关同志,他们肯定地讲这纯系一则毫无根据的谣言,希望大家能不信谣,不传谣。

(2) 四个小组的许多老师利用节假日进行无报酬的义务劳动,其积极性和热情使人感动。

(3) 我的小小说《玩名片》发表于 1990 年第 7 期《百花园》杂志,后来编入我的拙作《永远的门》。

辨析：例（1）“谣言”是毫无根据的话，有根据的话不叫谣言。“毫无根据的”要去掉。例（2）“义务劳动”指的是无报酬的劳动，有报酬的劳动不叫“义务劳动”。“无报酬的”要去掉。例（3）“拙作”是对自己作品的谦称，前面的“我的”是多余的。

［因为……原因］

（1）很多人之所以不愿意订阅报纸杂志，多是因为经常丢失，不能及时收到的原因。

（2）据分析，3月份工业生产下降的主要原因是由于库存品太多和存货的调整。

（3）《新青年》杂志本想以身作则，从第六卷起改为横行，但因当时由于印刷条件的限制，未能实现。

辨析：例（1）里的“因为……的原因”，例（2）里的“原因是由于”，例（3）里的“因……由于”，都是重复。例（1）要去掉“的原因”，例（2）去掉“由于”，例（3）去掉“因”。

［“重新”的误用］

（1）你把地址写错了，再重新填一张包裹单吧。

（2）该部成立一年以来还免费培训了219名下岗女工，使她们重新走上了再就业的岗位。

辨析：“重新”指再一次，这个词常常被用错。例（1）“再”和“重新”重复，两个里面要去掉一个。例（2）“重新”“再就业”成了两次“再就业”。“重新”和“再”两个要去掉一个。

［完全多余］

（1）我想，若现代设施与古朴悠久的饮茶文化相融合的茶馆不会没有市场，不仅便民利民，薄利多销，又具有中国特色，何乐而不为？

（2）充满力量的有高尚坚强的民族，才能使自己摆脱奴隶的命运。

辨析：例（1）里的“若”，例（2）里的“有”，都是多余的。有了它们，句子结构就不完整，意思就不明确了。

4. 语序不当

[不合语法]

(1) 我终日不听见他说话。

(2) 这部由北京十月文艺出版社推出的长篇小说,虽然没有在写作技巧上有新的开拓,但它涵盖的独特的生活内容给人以耳目一新之感。

辨析: 例(1)“不听见”不符合普通话的语法,要改为“听不见”。例(2)“在写作技巧上”要移到“没有”的前面。“有新的开拓”里的“有”要去掉。

[产生歧义]

(1) 姜老师根据季节变化,及时对学生进行卫生防病教育,定期建议学校调整学生座位。

(2) 这次到会的代表提交了各种中医、藏医学术论文九十一篇。

(3) 事后,小齐和母亲以及单位领导再三到部队表示感谢。

辨析: 语序不当有时会产生歧义,造成误解。例(1)里的“定期”的位置不妥,移到“学校”的后面。姜老师不是定期向学校提建议,而是建议学校定期调整学生的座位。例(2)里的“各种”的位置不对,要移到“藏医”的后面。不是有各种中医、藏医,而是提交有关中医、藏医的各种学术论文。例(3)里的“再三”的位置不对,要移到“部队”的后面。小齐和母亲等不是再三到部队,而是到部队再三表示感谢。

5. 句式杂糅

[把不同的句式捏合在一起]

(1) 一个人在学习当中,进步快慢,关键在于内因起决定作用。

(2) 在这里疗养,每期每人交 100 元,再由派出单位补贴 400 元,这包括膳宿以及疗养期间到杭州、苏州一带游览的费用全都有了。

辨析: 例(1)可以改为“关键在于内因”或“内因起决定作用”,

从中任选一个。例(2)可以改为"这包括……费用"或"膳宿以及……全都有了",从中任选一个。

[**比较复杂的杂糅**]

(1) 乙肝的治疗是世界医学三大难题之一,我国每年有一百多万人死于乙肝转肝癌、肝硬化腹水而死亡。

(2) 正在"千禧之旅"途中的余秋雨最近在巴格达致信华艺出版社,同意由该社出版将其在千禧之旅途中日记体散文结集出版,正式合同将在余秋雨回国后签订。

辨析:例(1)第二个分句犯了杂糅的毛病。有两个改法。一个是改为"我国每年有一百多万人死于乙肝转肝癌、肝硬化腹水";另一个改法是"我国每年有一百多万人因乙肝转肝癌、肝硬化腹水而死亡"。例(2)中间部分犯了杂糅的毛病。有两种改法。一种是改为"同意由该社出版在千禧之旅途中写下的日记体散文";另一种是改为:"同意该社将其在千禧之旅途中写下的日记体散文结集出版"。

[**另一种类型的杂糅**]

把含有相同词语的两个连贯的分句硬给紧缩为一个句子,也是杂糅。

(1)《早晨三点钟》将焦点对准了一个年轻妇女美丽的眼睛注视着桌上的时钟,而凌晨3点正是她丈夫设计的水电站竣工发电的时刻。

(2) 该社出版的第一本书是《茅盾论中国现代作家作品》。这本书收集了茅盾新中国成立前撰写的作家作品评论大部分散见于解放前的各种报纸杂志。

辨析:例(1)"年轻妇女"既作宾语,又作定语。可以拆为两句:"《早晨三点钟》将焦点对准了一个年轻妇女,她的美丽的眼睛正注视着桌上的时钟,而凌晨3点正是她丈夫设计的水电站竣工发电的时刻。"例(2)第二句里的"评论"既作前一部分的宾语,又兼作后一部分的定语。可以改为:"这本书收集了茅盾新中国成立前撰写的作家作品评论,这些评论大部分散见于解放前的各种报纸杂志。"

6. 不合事理

[顾此失彼]

(1) 考查一个干部是否符合党员的条件,难道不能在他日常生活中考验吗?为什么许多英模都在死后才被追认为党员或烈士呢?

(2) 这里是远离祖国的边疆,却又紧紧联系着祖国的心脏。

辨析: 例(1)英模可以在生前接受入党,可是烈士在生前怎么能确认呢?由"追认党员"连带说到"烈士",就出现了"追认烈士"的错误说法。改为:"为什么许多英模要到死后才追认为党员呢?"例(2)中的"边疆"指靠近国界的疆域,和"内地"相对。"边疆"距离首都可能十分遥远,但是并没有离开祖国。改为:"这里是祖国的边疆,却又紧紧联系着祖国的心脏。"

[因果倒置]

地面沉降则是地下水超采的主要原因。

辨析: 这个句子犯了因果倒置的毛病。地下水超采是因,造成地面沉降是果。要改为:"地下水超采是造成地面沉降的主要原因。"

[主客易位]

沈乾隆家境贫寒,学校免了他的学杂费,有一位热心人成了他长期助学的对象。

辨析: 沈乾隆和这位"热心人",谁帮助谁?因为沈乾隆家境贫寒,自然是热心人帮助他,可是这个句子把这种关系弄反了。可以改为:"沈乾隆家境贫寒,学校免了他的学杂费,有一位热心人把他当作长期助学的对象。"

[自相矛盾]

(1) 这些话虽然有点言过其实,但还是比较确切地反映了当时我国的研究状况。

(2) 我自己一向就是常常这样做的。

辨析: 例(1)中的"言过其实"的意思是话说得过分,不符合实际情况,和"比较确切"自相矛盾。例(2)中的"一向"就是向来,指过去的一段时间。“常常”就是时常,表示动作、行为频繁发生。“一向”和“常常”有矛盾。上面的两个句子要根据实际情况加以改正。

[误用反问]

(1) 面对这一派大好形势,能不无动于衷吗?

(2) 共产党、八路军的官兵一致,军民一致,军政一致,以往只是听说,而未实见。现在,从春华县委、春华营身上,完全体现了这高尚的风气。这样的党,这样的军队,焉能无往而不胜呢!

辨析: 例(1)“无动于衷”的意思是心里一点也不感动。反问等于一层否定。所以句子表达的意思和作者要说的正相反。要去掉“不”。例(2)“焉能无往而不胜”的意思是不能无往而不胜。要把反问句改为陈述句,即“是无往而不胜的”。

逻　　辑

一、逻辑基本知识

（一）逻辑和逻辑学

[逻辑] 英语 logic 系音译，源于希腊语λόγος（逻各斯），原意指理性、言辞、规律等。我国最早用此译名的是清末著名学者严复。"逻辑"一词有多种释义和用法。

1. 指客观事物的发展规律，如"历史的逻辑"、"生活的逻辑"等。

2. 指人的思维规律，如"论文的逻辑"、"演说的逻辑"等。

3. 指逻辑学，如"学点逻辑"、"逻辑应当普及"等。如果在"逻辑"前冠以"奇怪"、"强盗"、"荒谬"等词，则表示一种不合事理或强词夺理的错误言论。例如："把'侵略'说成'保护'，真是强盗逻辑。"

人们必须结合具体语境，才能确定"逻辑"一词的准确含义及用法。

[逻辑思维] 思维是人的认识过程的理性阶段，是人对客观事物间接、概括的反映。逻辑思维是指人在理性认识过程中运用概念、判断和推理的思维活动。概念、判断和推理是逻辑思维的三种基本形式。

[逻辑学] 又称名学、辩学、论理学、理则学、因明学等。逻辑学是一个门类众多的学科系统。包括三大门类：

1. 传统形式逻辑。即已有两千多年历史的传统逻辑，主要包括演绎逻辑和归纳逻辑，它为人们的日常思维和表达提供方法和规则（即本手册介绍的逻辑）。

2. 以数理逻辑为主的现代形式逻辑。近代由莱布尼茨所开创，在传统逻辑的基础上,用人工符号语言和形式化方法研究逻辑问题,也称符号逻辑或现代逻辑。

3. 辩证逻辑。研究辩证思维的形式、规则和方法的科学,目前仍在研究发展阶段。

传统形式逻辑,是研究思维的形式及其规律的科学。其学科性质包括:

1. 共有性。逻辑思维的形式及规律,对所有人一视同仁。任何人都要运用全人类共有的逻辑形式及逻辑规律进行思考和表达。

2. 基础性。逻辑思维的方法和规则是一切科学研究的依据,是培育人的思维素质和理性精神的基本内容。逻辑学被联合国教科文组织列为七门基础学科的第二位。

3. 工具性。逻辑思维的形式、方法和规则,是人类的重要思维工具。它的工具性要求人们必须把逻辑应用于实际,并熟练掌握它,这样才能有效地提高人的逻辑思维水平和成功交际的能力。

[**逻辑学的主要作用**]

1. 有助于由已知推未知,获得新知识。凡人们思维所涉及的领域,如日常的观察和判断,科学的发明或发现,调研或论证的结论,以及技术创新、侦察破案、医疗诊断、股市预测、气象预报等,都离不开逻辑。

2. 有助于准确表达思想和严密进行论证。尤其对写作、编校人员,或谈判、论辩和节目主持人员等,具备一定的逻辑知识和逻辑辨析能力,能使语言表达更为清晰和完美。

3. 有助于驳斥谬误及揭穿诡辩。日常表达中的谬误或诡辩,一般都是有意或无意违反逻辑造成的。运用逻辑分析,能更为有力和有效地给以揭露和驳斥。

[**逻辑和语法**] 逻辑研究思维的规律,语法研究语言表达的规律。思维是语言的内容,语言是思维的载体。思维要凭借语言才能进行和表达,而语言的表达方式是言语,即说话和写文章。因此,寓于思维中的逻辑与寓于语言中的语法,也是统一不可分的。语言学家王力说:“文章‘通顺’指的是合乎语法和逻辑。”(《我谈写文章》)

吕叔湘、朱德熙指出:“要把我们的意思正确表达出来,第一件事情是要讲逻辑。”“一般地说,语法要服从逻辑,一句话不但要有适当的结构,也要事理上讲得过去才算通。”(《语法修辞讲话》)逻辑与语法之间前者为“里”,后者为“表”。思维中构成的概念、判断和推理,是语言表达中用词、造句和篇章结构的内在依据。因此,要提高语言表达质量,不仅要掌握语法,更要掌握逻辑。

在语法分析中,往往把事理与逻辑当作一回事,不合事理即不合逻辑。但从严格意义上说,逻辑与事理并不完全等同,主要表现在对推理的分析中。有些推理的前提不合事理,推理形式却合乎逻辑;而有些推理的前提合乎事理,推理形式却不合逻辑。在语言表达中,这两种推理都不能成立。只有既合乎事理,又合乎逻辑的推理,才能成立。

(二) 概　念

[**概念**] 反映对象本质属性(或特有属性)的思维形式。本质属性是指在一事物的众多属性中对该事物起决定作用的属性。如“人”的本质属性是“能制造和使用生产工具的高等动物”,“商品”的本质属性是“用来交换的劳动产品”,等等。一旦思维中把握了事物的本质属性,也就掌握了对该事物的科学概念。

[**概念与语词**] 概念的语言形式是语词(词或词组)。如“人”、“人民”、“中国人民”等,都是概念。概念与语词的关系表现在:

1. 概念要通过语词表达,但并不是所有语词都表达概念。如助词、叹词等不表达概念。

2. 同一概念可以表达为不同的语词。如“大夫”与“医生”,“西红柿”与“番茄”。

3. 同一语词也可以表达不同的概念。如“花”既可指“花朵”,也可指“花费”;“劳动”既可指“体力劳动”,也可指“脑力劳动”。

[**概念的内涵和外延**] 概念的内涵和外延是概念的两个基本逻辑特征。内涵是反映在概念中的本质属性。如“三角形”概念的内涵是“三边封闭的平面图形”。外延是反映在概念中的对象的范围。如“三角形”概念的外延是“锐角三角形、直角三角形、钝角三角形”。

任何一个具有实在意义的概念，都具有内涵和外延两个方面，它们是相互依存的关系。随着事物的发展变化和人对事物认识的不断深化，内涵和外延也会发生变化。

［**单独概念和普遍概念**］单独概念是反映单个对象的概念。如“北京”、“珠穆朗玛峰”、“2007 年 1 月 1 日”等。普遍概念是反映一类对象的概念。如“山”、“河”、“车”、“房子”、“著名作家”、“出版社的年轻编辑”等。

［**集合概念和非集合概念**］集合概念是反映对象集合体的概念。如“丛书”、“花卉”、“鸟类”、“词汇”等。集合概念的特点是集合体中的个体不具有集合体的属性。如“丛书”中的每一本书不具有“丛书”的属性；“词汇”中的每一个词不具有“词汇”的属性。集合概念前面一般不能用表个体的数量词。如不能说“一本丛书”、“一只鸟类”等。非集合概念是反映非集合体的概念。如“书”、“花”、“鸟”、“词”等。一切不反映集合体的概念都属于非集合概念。在特定的语境下，非集合概念可作集合概念使用。如“中国古代诗歌是一天看不完的”，其中“中国古代诗歌”是非集合概念，但在该句中却用作集合概念，指中国古代诗歌总体。

［**正概念和负概念**］也称肯定概念和否定概念。正概念是反映对象具有某属性的概念。如“人”、“马”、“正义”、“公有制经济”、“私有企业”、“马克思主义”等。负概念是反映对象不具有某属性的概念。如“非正义”、“非公有制经济”、“无轨电车”、“无机物”等。负概念一般都带有否定词。但也有带否定词的专有名词不是负概念，如“非洲”、“不丹”等；正、负概念不涉及对事物的评价，如“有罪”是正概念，而“无罪”却是负概念。由于负概念外延过宽，不易明确，因而要明确正、负概念的论域。如“金属”与“非金属”的论域是“化学元素”，这样，“非金属”的外延就限定在“化学元素”范围内。

［**概念间的关系**］两个概念之间在外延上的关系有五种：

1. 全同关系：指两个概念内涵不同，外延同一的关系。如“北京”与“中华人民共和国首都”。

2. 真包含于关系：指一个概念包含在另一概念的外延之中，并小于其外延的关系。如“律师”与“法律工作者”。

3. 真包含关系：指一个概念包含着另一个概念，并大于其外延的关系。如“编辑”与“责任编辑”。

真包含于关系和真包含关系都可称为“属种关系”。其中外延大的概念叫“属概念”（或称“上位概念”），外延小的概念叫“种概念”（或称“下位概念”）。

在具有属种关系的两个概念间，其内涵与外延之间存在着“反变关系”，即其中一个概念的内涵越多，则其外延越小；反之，内涵越少，则其外延越大。如“中国人”与“人”之间，“中国人”相对“人”，则其内涵多，外延小；“人”相对“中国人”，则其内涵少，外延大。

4. 交叉关系：指两个概念的外延有部分重合的关系。如“青年”与“妇女”。

5. 全异关系：指两个概念的外延没有任何重合的关系。如“洗衣机”与“电冰箱”。全异关系概念，如果在同一属概念中可构成矛盾关系或反对关系。

(1) 矛盾关系：指在同一个属概念下的两个种概念的外延之和等于其属概念外延，这两个种概念则为矛盾关系。如“行为”下面的“合法行为”与“非法行为”。

(2) 反对关系：指在同一个属概念下的两个种概念的外延之和小于其属概念外延，这两个种概念则为反对关系。如“颜色”下面的“白色”与“黄色”。

以上五种两概念(a、b)间的关系见图1：

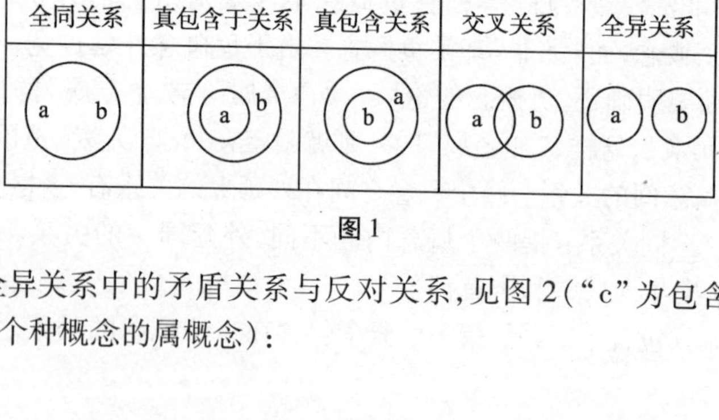

图1

全异关系中的矛盾关系与反对关系，见图2（“c”为包含“a”、“b”两个种概念的属概念）：

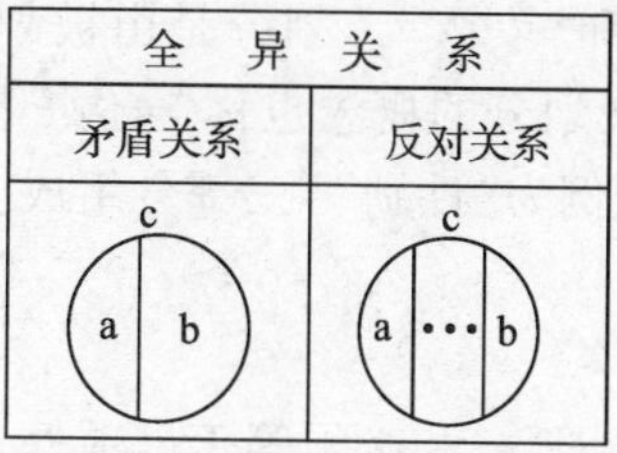

图 2

[概念的限制] 所谓“限制”就是通过增加概念的内涵从而缩小其外延的逻辑方法。如对“国家”增加“亚洲”属性,限制为“亚洲国家”。限制与被限制概念之间必须是属种关系。如果把整体分解为部分则不构成限制,如“树”不能限制为“树叶”。

[概念的概括] 所谓“概括”就是通过减少概念内涵从而扩大其外延的逻辑方法。如对“中国青年”减去“中国”属性,概括为“青年”。概括与被概括概念之间必须是属种关系,如果把部分扩大到整体则不构成概括,如“编辑部”不能概括到“出版社”。

[概念的定义] 揭示概念内涵的逻辑方法。定义是用简练的语句揭示事物的本质特征。例如,“宪法就是国家的根本法。”定义是由被定义概念(“宪法”)、定义概念(“国家的根本法”)及定义联项(“就是”)三部分组成的。

[定义的规则]

1. 定义概念与被定义概念的外延必须重合。如果定义概念的外延大于被定义概念的外延,则为“定义过宽”的错误;如果定义概念的外延小于被定义概念的外延,则为“定义过窄”的错误。

2. 定义概念不得依赖被定义概念。如果定义概念仍需被定义概念来解释,则为“循环定义”的错误。

3. 定义不得用否定陈述。如果用否定陈述,则为“否定定义”的错误。

4. 定义不得使用比喻。如果用比喻,则为“比喻定义”的错误。

[概念的划分] 揭示概念外延的逻辑方法。划分是把一个大类划分为若干小类,也就是把一个属概念划分为若干种概念。例如,把

“人”划分为“男人”和“女人”。划分是由被划分概念也称“母项”(上例为“人”)、用来划分的概念也称“子项”(上例为“男人”、“女人”)及划分根据(上例为“性别”)三部分组成。把整体分解为各个部分,不属于划分。

[**划分的规则**]

1. 划分的子项外延之和必须等于母项外延。如果划分的子项外延之和小于母项外延,则为“划分不全”的错误;如果划分的子项外延之和大于母项外延,则为“多出子项”的错误。

2. 划分出的子项外延之间必须互相排斥。如果子项之间外延相容,则为“子项相容”的错误。

3. 划分的根据在一次划分中只能有一个。如果同时使用了两个根据,则为“混淆根据”的错误。

(三) 判　断

[**判断**] 对思维对象有所断定的思维形式。例如,“中国是一个多民族的国家”、“如果长期吸烟,就会损害健康”等。

[**判断与语句**] 判断的语言形式是语句。判断与语句的关系如下:

1. 判断要通过语句表达,但并不是所有的语句都表达判断。有些不包含断定的感叹句、祈使句及疑问句不表达判断。

2. 同一判断可以表达为不同的语句。如“事物是运动的”与“难道有不运动的事物吗?”表达同一个判断。

3. 同一语句也可以表达不同的判断。如“他正在上课”,既可理解为“讲课”,也可理解为“听课”。

[**判断的种类**] 判断可分为简单判断(不包含其他判断的判断)和复合判断(包含其他判断的判断)。简单判断又可分为性质判断、关系判断、模态判断、规范判断等;复合判断又可分为联言判断、选言判断、假言判断、负判断等。

[**性质判断**] 断定对象是否具有某种属性的判断。如“所有的糖都是甜的”、“有些模特不是女性”等。性质判断是由主项(“糖”、“模特”,以“S”表示)、谓项(“甜的”、“女性”,以“P”表示)、联项

（“是”、“不是”）和量项（“所有”、“有些”）四部分组成。

［性质判断的种类］

1. 全称肯定判断。例如，“所有的猫都是哺乳动物”（所有 S 都是 P）简称“A”判断，公式：SAP。

2. 全称否定判断。例如，“所有的事物都不是静止的”（所有 S 都不是 P）简称为“E”判断，公式：SEP。

3. 特称肯定判断。例如，“有些青年是律师”（有 S 是 P）简称为“I”判断，公式：SIP。

4. 特称否定判断。例如，“有些文件不是公开的”（有 S 不是 P）简称为“O”判断，公式：SOP。

5. 单称肯定判断。例如，“北京是首都”（这 S 是 P）。

6. 单称否定判断。例如，“黄河不是中国最长的河”（这 S 不是 P）。

单称判断因其主项外延被全部断定，可作全称判断对待。

［性质判断中主、谓项周延性问题］ 性质判断中的主项或谓项，如果断定了自己的全部外延，则为周延；如果没有断定自己的全部外延，则为不周延。A、E、I、O 四种判断中的主、谓项周延情况见表 1。

表 1

判断类别	主　项	谓　项
A	周延	不周延
E	周延	周延
I	不周延	不周延
O	不周延	周延

［关系判断］ 断定对象之间具有某种关系的判断。例如，“一斤等于十两”、“五大于三”、“我热爱祖国”、“故宫在天安门与景山之间”等。关系判断是由关系项（“一斤”、“十两”，“五”、“三”，“我”、“祖国”，“故宫”、“天安门”、“景山”）、关系词（“等于”、“大于”、“热爱”、“……在……与……之间”）组成。关系项以 a、b、c……表示，关系词以 R 表示。公式：aRb 或 R(a,b,c……)。

[**模态判断**] 断定事物的可能性或必然性的判断。例如,"明天可能下雨"、"社会必然向前发展"等。

[**规范判断**] 断定行为规范("必须"、"允许"、"禁止"等)的判断。例如,"公民必须遵守宪法"、"允许私人开办企业"、"禁止重婚"等。

[**联言判断**] 断定几种情况同时存在的复合判断。例如,"郭沫若是诗人,并且,郭沫若是剧作家。"联言判断是由联言支("郭沫若是诗人"、"郭沫若是剧作家")和联结项("并且")组成的。以 p、q 表示联言支,联言判断的公式为: p 并且 q。

联言判断的语句形式主要是并列复句、递进复句和转折复句等。

[**选言判断**] 断定几种可能情况的复合判断。例如,"他或者是编辑,他或者是记者。"选言判断是由选言支("他是编辑"、"他是记者")和联结项("或者")组成。选言判断可分为两种:

1. 相容选言判断: 即选言支为相容关系的选言判断。例如,"张某或是演员,或是导演。"以 p、q 表示选言支,公式为: p 或者 q。

2. 不相容选言判断: 即选言支为不相容关系的选言判断。例如,"演员李某要么是男演员,要么是女演员。"以 p、q 表示选言支,公式为: 要么 p,要么 q。

选言判断的语句形式主要是选择复句、取舍复句等。

[**假言判断**] 有条件地断定某情况存在的复合判断。例如,"如果有阳光照射,物体就会发热。"假言判断是由假言支("有阳光照射"、"物体发热")和联结项("如果……就……")组成。表示"条件"的假言支叫"前件",表示依赖条件而产生的"结果"的假言支叫"后件",分别以 p、q 表示。假言判断可分为以下三种:

1. 充分条件假言判断: 即前件是后件充分条件的假言判断。例如,"如果天下雨,地就湿。"公式: 如果 p,就 q。充分条件假言判断的逻辑性质: 前件真,后件必真。

2. 必要条件假言判断: 即前件是后件必要条件的假言判断。例如,"只有考试及格,才能被录取。"公式: 只有 p,才 q。必要条件假言判断的逻辑性质: 前件假,后件必假。

3. 充分必要条件假言判断(简称“充要条件假言判断”):即前件是后件既充分又必要条件的假言判断。例如,“如果而且只有三角形等边,则(才)三角形等角。”公式:如果而且只有 p,就(才)q。充要条件假言判断的逻辑性质:前件真,后件必真;前件假,后件必假。

假言判断的语句形式主要是假设复句、条件复句等。

[**负判断**] 否定某个判断的判断。如“并非所有的植物都是可食的”。负判断是由支判断(例中的“所有的植物都是可食的”)和否定词(例中的“并非”)组成。以 p 表示其中的支判断,公式为:并非 p。负判断的逻辑性质:支判断假则负判断真;支判断真则负判断假。

(四) 推　理

[**推理**] 根据一个或几个已知判断推出一个新判断的思维形式。例如,“所有编辑都是新闻工作者,所以,有些新闻工作者是编辑”(由一个已知判断推出一个新判断),“凡是会计都应遵守财务制度,张某是会计,所以,张某应遵守财务制度”(由两个已知判断推出一个新判断)。推理是由前提(已知判断)和结论(推出的新判断)组成。前提与结论之间要有推出的关系。推理的语言形式是因果复句或句群。

[**推理的种类**] 推理可分为演绎推理(由一般性前提推出个别性结论)、归纳推理(由个别性前提推出一般性结论)和类比推理(由个别性前提推出个别性结论)。演绎推理又可分为简单判断推理(以简单判断为前提的推理)和复合判断推理(以复合判断为前提的推理)两种。简单判断推理主要有直接推理(由一个已知判断推出一个新判断)和三段论推理(由两个已知判断推出一个新判断)。复合判断推理主要有联言推理、选言推理和假言推理。归纳推理又可分为完全归纳推理和不完全归纳推理。

[**换质法**] 通过改变已知判断联项的性质,推出一个新判断的直接推理。例如,“法律是有强制性的,所以,法律不是没有强制性的。”换质法规则:

1. 改变联项性质(如上例将“是”变为“不是”)。

2. 用已知判断谓项的矛盾概念作新判断的谓项(如上例将“有强制性的”变为“没有强制性的”)。A、E、I、O 四种性质判断皆可进行换质法直接推理,并且都可以按规则反推。

[**换位法**] 通过调换已知判断主、谓项的位置,推出一个新判断的直接推理。例如,“黄金都是闪光的,所以,有些闪光的是黄金”。换位法规则:

1. 调换已知判断主、谓项的位置(如上例将“黄金”与“闪光的”对调)。

2. 在已知判断中不周延的概念,到新判断中不得变为周延(如上例的“闪光的”在原判断中不周延,到新判断中的主项位置,应在前面加“有些”予以限量,仍使其不周延)。

A、E、I、O 四种性质判断中,凡是 A 判断换位必须限量(如上例);E、I 判断都可直接换位,不需限量;O 判断则不能换位,如“有些学校不是大学”,如换位为“有些大学不是学校”,其中“学校”由不周延变为周延,违反规则。换位法可以与换质法结合使用,如由“英雄是不怕死的”推出“英雄不是怕死的”,再推出“怕死的不是英雄”(先换质后换位)。

[**三段论推理**] 根据两个已知判断(其中包含一个共同概念),推出一个新判断的推理。例如,“凡人皆有死,张三是人,所以,张三必有死”。三段论的组成:

1. 三个不同的项:(1) 小项:结论中的主项(上例的“张三”),以“S”表示;(2) 大项:结论中的谓项(上例的“有死”),以“P”表示;(3) 中项:前提中的共同概念(上例的“人”),以“M”表示。

2. 三个不同的判断:(1) 大前提:包含大项和中项的判断(P—M 或 M—P),如上例的“凡人皆有死”;(2) 小前提:包含小项和中项的判断(S—M 或 M—S),如上例的“张三是人”;(3) 结论:包含小项和大项的判断(S—P),如上例的“张三必有死”。

三段论的中项“M”可有四种不同的位置,故三段论的推理形式可有四种不同的“格”,如图示。

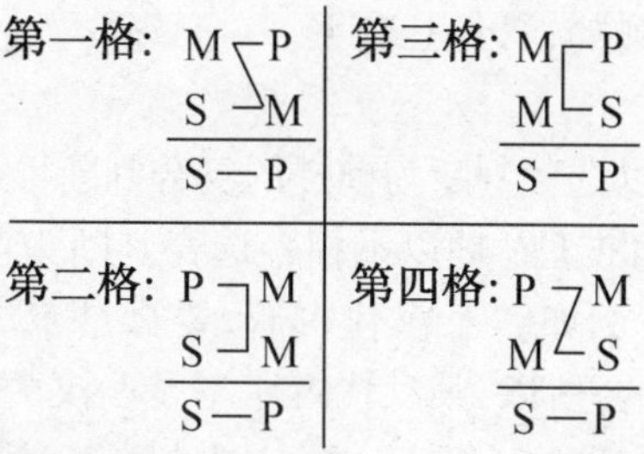

［**三段论的一般规则**］

1. 在一个三段论中只能有三个不同的项(概念)。如果出现四个不同的项,则为“四概念”(“四名词”)错误。

2. 中项在前提中至少周延一次。如果中项在前提中两次都不周延,则为“中项不周”的错误。

3. 在前提中不周延的项到结论中不得周延。如果大项在前提中不周延,到结论中变为周延,则为“大项扩大”的错误;如果小项在前提中不周延,到结论中变为周延,则为“小项扩大”的错误。

4. 两个否定前提不能推出结论。

5. 前提中有一个否定,如能得结论必是否定。

6. 两个特称前提不能得结论。

7. 前提中有一个特称,如能得结论必是特称。

［**三段论的省略式**］三段论的语言表达常用省略式:

1. 省略大前提。例如,“你是教师,所以,你应为人师表。”省略了大前提“凡教师都应为人师表”。

2. 省略小前提。例如,“所有珍稀动物都应被爱护,所以,大熊猫应被爱护。”省略了小前提“大熊猫是珍稀动物”。

3. 省略结论。例如,“凡是见义勇为者都应给予奖励,张刚是见义勇为者。”省略了结论“张刚应给予奖励”。

［**联言推理**］以联言判断为前提或结论的复合判断推理。有两种:

1. 分解式。例如,“桑菊感冒片中既有桑叶又有菊花,所以,桑菊感冒片中有菊花。”

2. 合成式。例如，“小王聪明，小王好学，所以，小王既聪明又好学。”

[**选言推理**] 以选言判断为前提的复合判断推理。有两种：

1. 不相容选言推理：即以不相容选言判断为前提的选言推理。(1) 肯定否定式。例如，“某汉代古瓶，要么是东汉的，要么是西汉的，经鉴定是东汉的，所以，某汉代古瓶不是西汉的。”(2) 否定肯定式。例如，“本次拆迁，要么回迁，要么别处购房，某户不回迁，所以，某户必是别处购房。”

2. 相容选言推理：即以相容选言判断为前提的选言推理。因选言支相容，只有否定肯定式。例如，“他或是数学家，或是物理学家，他不是数学家，所以，他是物理学家。”

选言推理，在严格意义上要求选言前提必须穷尽选言支，如果遗漏了选言支，不能保证得出必然真的结论。

[**假言推理**] 以假言判断为前提的复合判断推理。有三种：

1. 充分条件假言推理：即以充分条件假言判断为前提的假言推理。(1) 肯定前件式。例如，“如果要振兴中华，就要发展高科技，我们要振兴中华，所以，我们要发展高科技。”(2) 否定后件式。例如，“如果是作案人，就会有作案时间，某人没有作案时间，所以，某人不是作案人。”

2. 必要条件假言推理：即以必要条件假言判断为前提的假言推理。(1) 否定前件式。例如，“只有有了足够的资金，才能开办房地产开发公司，某集团没有足够的资金，所以，某集团不能开办房地产开发公司。”(2) 肯定后件式。例如，“只有加强素质教育，才能培养合格人才，我们要培养合格人才，所以，我们要加强素质教育。”

3. 充要条件假言推理：即以充要条件假言判断为前提的假言推理。(1) 肯定前件式，(2) 否定前件式，(3) 肯定后件式，(4) 否定后件式。

[**二难推理**] 以两个充分条件假言判断和一个选言判断为前提的复合判断推理。介绍两种主要形式：

1. 简单构成式。例如，“武松上山遇虎。如果打虎，虎要吃人；如果不打虎,虎也要吃人。或者打虎,或者不打虎,总之,虎要吃人。”

2. 复杂构成式。例如,“挑战主持人要我去参加。如果参加,怕赢不了;如果不参加,就失去了机会。或者参加,或者不参加。总之,或是怕赢不了,或是怕失去机会。”

[**完全归纳推理**] 根据前提中对一类事物中每一个对象的断定,从而推出对该类事物全部断定的归纳推理。例如,“锐角三角形内角和 180°,直角三角形内角和 180°,钝角三角形内角和 180°,并且这三种三角形是全部的三角形,所以,一切三角形内角和都是 180°。”完全归纳推理的特点是:

1. 对前提的全类中的每一对象都予以考察,无一遗漏。

2. 结论必然为真。

[**不完全归纳推理**] 根据前提中对一类事物中部分对象的断定,从而推出对该类事物全部断定的归纳推理。例如,“金导电、银导电、铜导电……金、银、铜是金属中的部分,所以,一切金属都导电。”不完全归纳推理的特点:

1. 前提中只对一类事物中部分对象予以考察,而且没有发现反例。

2. 结论是或然的。如能揭示出对象与属性之间的因果联系,则结论比较可靠。

[**类比推理**] 根据两个或两类对象,在某些属性上相同或相似,从而推断在其他属性上也相同或相似的推理。例如,“分析案件时发现,甲案件与乙案件的作案人在作案动机、手段、工具等方面都相同或相似。已知甲案件的作案人是张某,所以,乙案件的作案人也可能是张某。”类比推理的特点:

1. 前提是两个对象或两类对象之间的比较。

2. 结论是或然的。

(五)逻辑思维基本规律

[**同一律**] 正确思维必须遵守的基本规律之一。同一律的内容是:在同一思维过程中,反映某对象的概念或判断,必须保持其确定性。同一律的公式是:A 是 A。同一律是思维规律,不是事物规律,

因此它只要求思维的确定性，以便交流思想，取得共识。而当思维对象发生变化后，仍要遵守同一律，保持其不同条件下的确定性。例如，对中国社会性质的认识，在1949年中华人民共和国成立以前，是半殖民地半封建社会，而在此之后，则是社会主义社会。

违反同一律，就会犯“偷换概念”或“转移论题”的错误。

1. 偷换概念。例如，有人在法庭上发言：“被告曾立过三等功，根据刑法规定，凡立功者可减轻或免予处罚，请法庭考虑。”

2. 转移论题。例如，听完某歌星演唱后，有记者采访一听众：“您认为这位歌星演唱如何？”回答说：“今天的演唱会组织得不错。”

［**矛盾律**］正确思维必须遵守的基本规律之一。矛盾律的内容是：在同一思维过程中，反映某对象的概念或判断，不能自相矛盾，即两个互相反对或矛盾的思想，不能同时为真，必有一假。矛盾律的公式：A不是非A。矛盾律是思维规律，不是事物规律，因此它只要求思维过程不能出现逻辑矛盾，并不排斥客观事物的现实矛盾。例如，有人说：“我是南京人。”然后又说：“我不是南京人。”这是两个互相矛盾的判断，不能同真，必有一假。或者，有人说：“我是南京人。”又说：“我是上海人。”这是两个互相反对的判断（反对关系判断是指在两个判断以外还有第三种可能情况存在），也是不能同真，而且至少有一个是假的，还可能两者都是假的。以上两种说法，都违反了矛盾律。

违反矛盾律，就会犯“自相矛盾”的错误。例如，“我国有世界上没有的万里长城”、“这本书的出版时间不到一年多”、“王勇烈士在一次突围中壮烈牺牲”等。

运用矛盾律必须注意“在同一思维过程中”的特定语境或角度，如果是从不同的语境或不同的角度，作出互相矛盾的判断，则并不违反矛盾律。例如，有诗句说：“有的人活着，他已经死了；有的人死了，他还活着。”其中“死”与“活”是分别从“躯体”和“精神”两个方面来说的，不违反矛盾律。

［**排中律**］正确思维必须遵守的基本规律之一。排中律的内容是：在同一思维过程中，两个互相矛盾的判断，不能同假，必有一真。

排中律的公式是：或者A，或者非A。排中律与矛盾律的主要区别是：矛盾律要求相互反对或相互矛盾的判断不能同真，必有一假；而排中律只要求矛盾关系判断不能同假，必有一真，即在相互矛盾的两种思想面前，要明确表态。例如，在讨论一部作品是否要出版的会上，有人说："出版这部作品，我既不认为有社会效益，也不认为没有社会效益。"因为一部作品"有社会效益"与"没有社会效益"，是相互矛盾的思想，对这两种判断都加以否定，违反了排中律。

违反排中律，就会犯"两不可"的错误。例如，有人评论某人横渡长江说："他既不会成功，也不会失败。"事实上，横渡长江，只能是成功或失败，二者择一。对这两种情况都加以否定，违反了排中律，犯了"两不可"的错误。

运用排中律要注意，对没有明确结论的事情，或不需明确表态的情况，采取两不可的态度，并不违反排中律。例如，地球以外是否有宇宙人，尚无定论。对认为"有"和认为"没有"的两种看法持"两不可"态度，并不违反排中律。

（六）论　证

[论证] 根据已知的真实判断确定某一判断真实性的思维过程。论证由论题（被确立为真的判断）、论据（用来论证的已知判断）和论证方式（运用推理由论据推出论题的方式）三部分组成。

[直接论证] 从论据的真实性直接推出论题的真实性。例如：

> 我国必须不断进行科技创新，因为，如果要走进知识经济时代的先进行列，就要不断进行科技创新。我国要走进知识经济时代的先进行列，所以，我国就要不断进行科技创新。

这是运用一个充分条件假言推理肯定前件式的推理进行的直接论证。

[间接论证] 通过确定其他判断的虚假来确定论题真实性的论证。

1. 反证法：通过确定与论题相矛盾的判断（反论题）的虚假来确定论题真实性的论证。例如：

> 我国必须加强法制，因为，如果不加强法制，社会就不得安

宁。我国社会必须安宁稳定,所以,我国不能不加强法制。

这是运用一个充分条件假言推理否定后件式的推理形式进行的间接论证。

2. 选言证法:通过确定与论题有选言关系的其他判断的虚假来确定论题真实性的间接论证。例如:

某银行的盗窃案是内部作案。因为,某银行的盗窃案或是内部作案,或是外部作案,或是内外勾结作案,经查实,既不是外部作案,也不是内外勾结作案,所以,必是内部作案。

这是一个运用不相容选言推理否定肯定式的推理进行的间接论证。

[**论证的规则**]

1. 论题必须清楚明确,否则为“论旨不明”。
2. 论题必须保持同一,否则为“转移论题”。
3. 论据必须真实可靠,否则为“虚假理由”。
4. 论据不得依赖论题,否则为“循环论证”。
5. 论据不得使用未经证实的判断,否则为“预期理由”。
6. 论证必须由论据能合乎逻辑地推出论题,否则为“推不出来”。

二、常见逻辑错误辨析

(一) 概念错误

[**概念误用**] 在语句中使用了一个被错误理解了内涵的概念。

(1) 他是春节晚会的始作俑者。

(2) 国庆节快到了,为了迎接祖国58华诞,我单位准备举办大型文艺晚会。

辨析:例(1)“俑”原指殉葬用的偶像,“作俑”是比喻做不好的事。“始作俑者”其内涵是最初做坏事的人,这显然不是作者的本意,可改为“最初倡导者”。例(2)“祖国”其概念内涵是“自己的国家”,不能等同于“中华人民共和国”,更不可能只有58岁,应将“祖国58华诞”改为“中华人民共和国建国58周年”。

[**概念不明**] 在语句中使用了一个外延不明确的概念。

(1) 由上海开来的火车,于明日凌晨四十分到达北京。

(2) 张有德是应届毕业生,来银行才半年,工作干得不错。

辨析:例(1)“凌晨四十分”概念不明确,“凌晨”指天快亮的时候,如何能有“四十分”?由于概念内涵不明确,其外延也就无法确定所指,应将“凌晨四十分”改为火车到达的准确时间。例(2)“应届毕业生”概念不明确,它的外延可包括小学、初中、高中、大学和研究生的所有应届毕业生,应根据实际情况予以明确。

[**概念混淆**] 把两个内涵不同或部分相同的概念混同使用。

(1) 这种油,每斤售价125元,价值太高。

(2) 劳教所对在劳改期间表现好的20名劳教人员给以奖励。

辨析:例(1)“价值”是经济学的概念,指“体现在商品中的社会必要劳动”,而“价格”是指“价值的货币表现”,其内涵有所不同,应将“价值”改为“价格”。例(2)“劳改”属于刑事处罚,“劳教”属于行政处罚,二者性质不同,不能混用,既然是劳教所,就应改为“劳教期间”。

[**概念赘余**] 在语句中使用了一个内涵重复的概念。

(1) 她的第一篇处女作终于发表了。

(2) 伊斯兰教主要流传于西亚、北非和南亚各国,信徒约有六亿左右。

辨析:例(1)“第一篇”与“处女作”在概念内涵上重复,应去掉“第一篇”。例(2)“约”与“左右”都是不定数的概念,应去掉一个。

[**误用集合**] 在语句中应使用非集合概念的地方却用了集合概念。

(1) 在我国现代散文的灿烂星空中,独树一帜的“冰心体”散文,是一颗美丽而明亮的星座。

(2) 11月28日播出第一条关于赵松老人受虐待的消息,短短几天,数以百计的人们前去看望老人。

辨析:例(1)“星座”是若干星组成的群体,属集合概念,前面不能用表个体的数量词“一颗”,应将“星座”改为“星星”。例(2)“人们”是泛指许多人的集合概念，前面不能用“数以百计”来限制。应将“数以百计的人们”改为“有上百人”。

[外延过宽] 在语句中使用了一个外延过大的概念，也称“以属代种”。

(1) 节日到了，集贸市场上的蔬菜都涨到2元一斤。

(2) 自从爱迪生发明了灯，这个世界变得更加光明了。

辨析：例(1)“蔬菜”概念的外延是包括了所有的蔬菜，怎么能都涨到2元一斤呢？不合事理，应用一个外延较小的种概念，如“黄瓜”等。例(2)“灯”概念的外延是指所有的灯，包括油灯、汽灯、电灯等，实际上爱迪生不可能发明所有的灯，而是电灯。应将“灯”的外延缩小到“电灯”。

[限制不当] 在对概念的外延加以限制时，使用的限制词不恰当。

(1) 这个超市里，有一些质量差的次品也上了货架。

(2) 红星商场的商品，除了正常的渠道进货外，有不少是他们千方百计到外地自行采购来的。

辨析：例(1)对“次品”用“质量差的”来限制，实属多余，应去掉不必要的限制。例(2)“渠道”用“正常的”加以限制，在该句中，意味着“到外地自行采购”是不正常的渠道，而这并不是作者的本意，应将“正常”改为“通常”较为恰当。

[概括不当] 对若干种概念，使用了一个不恰当的属概念去概括。

(1) 我国的江、河、湖泽盛产鱼、虾、盐、碱等水产。

(2) 烤鸭店的老厨师研究利用鸭膀、鸭掌、鸭舌、鸭心、鸭胰和鸭胗肝等鸭内脏，制作出一百多种美味珍馐。

辨析：例(1)“盐”、“碱”不属于“水产”，它们之间没有属种关系，应去掉。例(2)“鸭膀、鸭掌、鸭舌”不属于“鸭内脏”，它们之间没有属种关系，应在“鸭舌”后改为逗号，“鸭心”前加“以及”。

[属种并列不当] 将具有属种关系的概念不恰当地加以并列使用。

(1) 我在英国留学期间,开始喜欢英国文学和欧洲文学。

(2) 我院图书馆最近买了许多小说和文艺作品。

辨析: 例(1)"英国文学"和"欧洲文学"并列使用,表示这两个概念在外延上没有关系,其实二者之间是属种关系,一般不应并列使用。可以改为"欧洲文学,尤其是英国文学"。例(2)"小说"与"文艺作品"是具有属种关系的两个概念,不应并列使用,可改为"小说及其他文艺作品"。

[**交叉并列不当**] 将具有交叉关系的概念不恰当地加以并列使用。

(1) 青年人,尤其是女同志,都想使自己的体形健美。

(2) 这种错误不仅在北京报刊上不应出现,而且在地方报刊上也不应出现。

辨析: 例(1)"青年人"和"女同志"是具有交叉关系的两个概念,一般不应并列使用,也不能加强调语词予以并列,因为二者之间没有属种关系,改为"青年人,尤其是女青年"则合乎逻辑。例(2)"北京报刊"与"地方报刊"是具有交叉关系的两个概念,并列使用会使读者认为二者没有关系,可把"北京报刊"改为"中央报刊"。

[**定义过宽**] 在下定义的表述中,下定义概念的外延大于被定义概念的外延。

(1) 法律就是由国家政权保证执行的行为规则。

(2) 体温计就是一种测量温度的仪器。

辨析: 例(1)作为定义,"法律"是被定义概念,"由国家政权保证执行的行为规则"是定义概念。定义要求,二者的外延必须是同一关系,而句中的定义概念"由国家政权保证执行的行为规则"的外延大于被定义概念"法律"的外延,应在该定义概念前加上"由立法机关制定",使二者在外延上构成同一关系。例(2)作为定义,句中的定义概念"一种测量温度的仪器"的外延大于被定义概念"体温计"的外延,应将"测量温度"改为"测量体温",才能构成定义。

[**定义过窄**] 在下定义的表述中,下定义概念的外延小于被定义概念的外延。

(1) 企业就是从事现代化生产的经济活动部门。

(2) 商品就是在商店里进行买卖交换的劳动产品。

辨析:例(1) 作为定义,下定义概念“从事现代化生产的经济活动部门”的外延小于被定义概念“企业”的外延,因为,非现代化生产的经济活动部门也是企业,应改为“企业就是从事生产、运输、贸易等经济活动的部门”。例(2) 作为定义,下定义概念“在商店里进行买卖交换的劳动产品”的外延小于被定义概念“商品”的外延,因为,在商店以外的行商、地摊上出售的也是商品,应改为“商品就是用来交换的劳动产品”。

[**循环定义**] 下定义概念中使用了被定义概念。

(1) 官僚主义就是指官僚主义的思想和作风。

(2) 科学家就是被人称为科学家的人。

辨析:例(1) 下定义概念中包含了被定义概念“官僚主义”,未能揭示“官僚主义”的本质内涵,应改为“官僚主义就是一种脱离实际、脱离群众的长官意志和工作作风”。例(2) 下定义概念中包含了被定义概念“科学家”,未能揭示“科学家”的本质内涵,应改为“科学家就是从事科学研究工作并有一定成就的人”。

[**否定定义**] 用否定陈述给概念下定义。

(1) 唯物主义就不是唯心主义。

(2) 剩余价值不是工人全部劳动创造的产品价值。

辨析:例(1) 作为定义,如果说“不是唯心主义”就是“唯物主义”,等于对唯物主义什么也没说,应从哲学上揭示出“唯物主义”的本质内涵。例(2) 作为定义,用“不是工人全部劳动创造的产品价值”,并不能揭示出“剩余价值”的本质内涵,必须从经济学上给出科学定义。

[**划分不全**] 划分出的子项外延之和小于被划分的母项外延。

(1) 人的血型可分为 A 型、B 型和 O 型三种。

(2) 高等院校的分类包括:综合大学、理工院校、农林院校、医药院校、财经院校、政法院校、师范院校、民族院校和国防工业院校。

辨析：例(1) 作为划分，子项外延之和必须等于母项外延，该划分显然缺少一个子项："AB 型"。例(2) 作为对"高等院校"按专业划分，还应包括艺术院校、体育院校、外语院校等。

[**多出子项**] 划分出的子项外延之和超出母项的外延。

(1) 文学形式有诗歌、戏剧、小说、散文、音乐和绘画。

(2) 直系亲属包括父母、子女、配偶及兄弟姐妹。

辨析：(1)"音乐""绘画"不属于文学形式，应属于艺术形式。例(2)"兄弟姐妹"不在"直系亲属"之内。

[**子项相容**] 划分出的子项外延之间具有相容关系。

(1) 今天到会的人很多，包括工人、农民、青年、干部及妇女等。

(2) 期刊包括有全国性期刊、地方性期刊、综合性期刊、月刊、季刊等。

辨析：例(1) 划分出的概念"工人""农民""干部"，分别与"青年""妇女"等概念具有交叉关系，而"青年"与"妇女"之间也具有交叉关系，应按一个划分标准作同一系列的划分，可改为"今天到会的人很多，有工人、农民、干部，其中有青年，也有妇女"。例(2) 对"期刊"划分出的子项"全国性期刊""地方性期刊"与"综合性期刊"以及"月刊""季刊"之间都有相容关系，划分混乱，应按不同标准作出不同的划分，使子项之间界限分明。

[**混淆根据**] 在一次划分过程中使用了两种或两种以上的划分根据。

(1) 邮件可分为国内件、国际件、平寄件和航空件。

(2) 编辑人员包括图书编辑、期刊编辑、报纸编辑、社科编辑、文学编辑、文字编辑、美术编辑等。

辨析：例(1) 对"邮件"的划分，同时使用了两个划分标准，按投递范围分为国内件和国外件，按投递方式分为平寄件和航空件，将这四个子项并列，造成了子项相容。例(2) 对"编辑人员"的划分分别使用了三个不同的标准，按传播媒介分为图书编辑、期刊编辑、报纸编辑，按学科分为社科编辑、文学编辑，按工作内容分为文字编辑、美术编辑。这样将三种根据混淆在一起的划分,造成了子项相容。“混淆根据”与“子项相容”的错误往往同时存在于一次划分当中,只是分析的角度不同而已。

(二) 判断错误

[**判断歧义**] 在一个判断语句中包含了两个不同的断定。

(1) 我市十五个出版社的门市部都粉刷一新。

(2) 星期天,张老师陪着班主任,访问了多病的张永明同学的父亲。

辨析:例(1) 该句既可以理解为指“十五个出版社”的所有“门市部”,也可以理解为仅指“十五个”“出版社的门市部”,两种理解区别很大,应作出一种明确断定。例(2) 句中“多病的张永明同学的父亲”,既可理解为“多病的张永明同学”,也可理解为“多病的……父亲”,应明确所指的对象。

[**主谓失合**] 在语句中的主项概念与谓项概念,在外延关系上断定错误。

(1) 王红的家乡是广东中山县人。

(2) 他各科成绩都优的原因,是他长期勤奋学习的结果。

辨析:例(1) 句中主项“王红的家乡”与谓项“广东中山县人”,是全异关系的两个概念,没有外延上的关系,应将“人”去掉。例(2) 句中主项“他各科成绩都优的原因”与谓项“他长期勤奋学习的结果”,一个是“原因”,一个是“结果”,二者外延上没有关系,只能说其“原因”是“他的长期勤奋学习”。

[**量项不当**] 在一个判断语句中,对其主项外延数量上断定不当。

(1) 凡到过西安的人,无不去华清池一游。

(2) 有些私分紧缺货的行为是不正之风。

辨析:例(1) 主项“到过西安的人”不可能全都去华清池一游,应为特称判断。例(2) 主项“私分紧缺货的行为”全都属于不正之风,应为全称判断。

[**联项不当**] 在一个判断语句中,肯定误作否定或否定误作

肯定。

(1) 在铁证面前,他还是否认没犯一点罪行。

(2) 孩子的早熟,不能不说与看那些不健康的光盘没有关系。

辨析:例(1)“否认没犯”是双重否定,句义表达的是“承认犯了罪行”。否定误作肯定,与作者原意相违。可表达为“在铁证面前,他还是否认自己的罪行”。例(2)“不能不说”是双重否定,表达的是肯定“孩子早熟与看那些不健康光盘没有关系”。本意要肯定“与看那些不健康光盘有关”,却表达成无关。肯定误作否定,与作者原意相违。可去掉“说”前面的“不”,或去掉后面的“没有”。

[**关系不合**] 在表达关系判断的语句中,不能准确使用关系项或关系词。

(1) 到了海边,小林张开嘴巴,尽情地呼吸着清新的空气、海水和阳光。

(2) 战后,这座城市正在恢复战争造成的创伤。

辨析:例(1)句中表达的关系判断是“小林呼吸空气、海水和阳光”,其中的关系项“海水”、“阳光”岂能“呼吸”? 属关系项不当的错误,应去掉不恰当的关系项。例(2)句中表达的关系判断是“这座城市正在恢复创伤”,其中的关系词“恢复”使用不当,“创伤”只能“医治”,不能“恢复”。

[**模态混淆**] 在表达模态判断的语句中,将“可能”误作“必然”,或将“必然”误作“可能”。

(1) 路窄人多,势必发生拥挤事故。

(2) 小明发烧39℃,可能是有病了。

辨析:例(1)句中表达的是必然肯定模态判断“必然发生事故”,实际上,“发生事故”只是“可能”,并非“必然”。例(2)句中表达的是或然肯定模态判断“可能是有病了”,实际上,“发烧39℃”必然是有病了,不应用“可能”。

[**规范不当**] 在表规范判断的语句中,将“必须”误作“允许”,或将“允许”误作“必须”。

(1) 警察可以着装上岗。

(2) 本地区的拆迁户必须回迁。

辨析：例(1) 句中表达的规范判断是“可以(允许)着装上岗”，实际上应表达为必须肯定规范判断：“警察必须着装上岗。”例(2)句中表达的规范判断是“必须回迁”，实际上应表达为允许肯定规范判断：“允许本地区的拆迁户回迁。”

[**联言不当**] 在表达联言判断的复合句中，包含有假的联言支，或不恰当的联结项。

(1) 造纸厂排放的废水，使附近的稻田大量减产和绝产。

(2) 这一批运到的生皮品种很多，由引进的五种，又新发展了六种。

辨析：例(1) 句中表达的联言断定是“减产和绝产”，而“减产”和“绝产”不能同时为真，应肯定其中一种真实情况。例(2) 句中表达的联言判断是“由引进的五种，又新发展了六种”，其中的联结项“由……又……”不规范，“由”应作“除”。

[**选言不当**] 在表达选言判断的复合句中，使用选言支不当，或联结项不当。

(1) 对死者进行调查取证后，他认为死因可能是他杀，也可能是投毒致死。

(2) 商品的注册商标上应写明厂家的厂名或地址。

辨析：例(1) 句中表达的选言判断是“可能是他杀，也可能是投毒致死”，实际上，选言支“投毒致死”即属于“他杀”范围，二者不存在选择关系，选言判断不能成立。例(2) 句中表达的选言判断是“写明厂名或地址”，实际上，注册商标不但要写上厂名，而且要写上地址，二者不是选择关系，而是联言关系，应将联结项“或”改为“和”。

[**假言不当**] 在表达假言判断的复合句中，“前件”与“后件”之间没有条件关系，或混淆了条件关系。

(1) 爱情之花，只有经过风吹雨打，才会更加鲜艳。

(2) 只有杀人盗窃，才是犯罪。

(3) 如果成绩合格,就一定被录取。

辨析:例(1) 句中表达的是必要条件假言判断"只有经过风吹雨打,才会更加鲜艳",但是爱情之花的鲜艳,并不一定要以"经过风吹雨打"作为必要条件。作为假言判断"前件"的"经过风吹雨打"与作为"后件"的"更加鲜艳"之间没有必要条件关系。例(2) 句中表达的是必要条件假言判断,但是,作为"前件"的"杀人盗窃"与作为"后件"的"犯罪"之间,不是必要条件关系,而是充分条件关系,应改为"如果杀人盗窃,就是犯罪"。例(3) 句中表达的是充分条件假言判断,但是,作为"前件"的"成绩合格"与作为"后件"的"一定被录取"之间,不是充分条件关系,而是必要条件关系,应改为"只有成绩合格,才会被录取"。

(三) 推理错误

[**换位误推**] 对全称肯定判断(A 判断),只作简单换位即推出结论。

所有犯罪行为都是违法行为,所以,所有违法行为都是犯罪行为。

辨析:该段表达的是全称肯定判断(A 判断)的换位法直接推理。根据推理规则,A 判断换位必须对结论的主项加以限量,应将结论改为:"有些违法行为是犯罪行为。"

[**前提虚假**] 在推理的前提中包含有虚假的判断而导致结论不真。

凡在北京居住的人都是北京人,陈某是在北京居住的人,所以,陈某是北京人。

辨析:该段表达的是三段论推理。但其大前提"凡在北京居住的人都是北京人"是一个虚假判断,因而,虽然推理形式正确,但也不能推出必然为真的结论。

[**"四概念"错误**] 在三段论推理的前提中包含了四个不同的概念,导致不能得出必真的结论。

温州人是很会经商的,小金是温州人,所以,小金是很会经商的。

辨析：该段表达的是三段论推理。但在前提中的两个中项“温州人”，虽然语词相同，却不是同一概念，大前提中的“温州人”是反映温州人总体的集合概念，而小前提中的“温州人”是非集合概念，因而犯了“四概念”错误，不能推出必真的结论。

［**中项不周**］在三段论推理中，前提里的两个中项两次都不周延。

许多领导干部都是党员，黄某是领导干部，所以，黄某必是党员。

辨析：该段表达的是三段论推理。但前提中的中项“领导干部”两次都不周延，违反“中项在前提中至少周延一次”的规则，因此，推出的结论不必然为真。

［**大项扩大**］在三段论推理中，前提中不周延的大项，到结论中变为周延。

凡劳模都应以身作则，起模范带头作用。我不是劳模，所以，我不应以身作则，起模范带头作用。

辨析：该段表达的是三段论推理。虽然前提都是真实判断，但推理过程违反规则“在前提中不周延的概念到结论中不得变为周延”。其中的大项“应以身作则，起模范带头作用”，在前提中不周延（肯定判断的谓项都不周延），而到了结论中变为周延（否定判断的谓项都周延），因而犯了“大项扩大”的错误，不能推出必真的结论。

［**选言误推**］在选言推理中，易犯的错误是对相容选言推理采用了肯定否定式推理形式。

工作出错或是由于主观原因，或是由于客观原因。赵某工作出错是由于主观原因，所以，赵某工作出错不是由于客观原因。

辨析：该段表达的是相容选言推理。因为选言支“主观原因”与“客观原因”可以同时存在，根据相容选言推理规则，只能构成否定肯定式，不能构成肯定否定式。上例即通过肯定其中一个选言支，从而否定另一个选言支，推出的结论不必然为真。

［**遗漏选言支**］在选言推理中，由于未能穷尽选言支而导致的推

理失误。

此次飞机失事的原因,或是由于机械故障,或是由于天气恶劣,或是由于人为破坏。经调查,既不是由于天气恶劣,也不是人为破坏,因此,一定是机械出了故障。

辨析: 该段表达一个相容选言推理否定肯定式。虽然推理形式正确,但由于选言前提中遗漏了其他可能,如"驾驶员操作失误",因而推出的结论不可靠。

[**假言误推**] 在假言推理中,将充分条件误作必要条件,或将必要条件误作充分条件。

(1) 如果是作案人,就有作案时间。某人有作案时间,所以,某人是作案人。

(2) 只有文笔好,才能成为作家。某人不是作家,所以,某人文笔不好。

辨析: 例(1) 该表述是充分条件假言推理。根据规则,充分条件假言推理只有肯定前件式和否定后件式,才是正确推理形式。而该推理是通过肯定后件("某人有作案时间"),推出肯定前件("某人是作案人"),违反规则,不能推出必真的结论。例(2) 该表述是必要条件假言推理。根据规则,必要条件假言推理只有否定前件式和肯定后件式,才是正确的推理形式。而该推理是通过否定后件("某人不是作家"),推出否定前件("某人文笔不好"),违反规则,不能推出必真的结论。

[**轻率概括**] 也称"以偏概全"。在不完全归纳推理中,根据若干个别性判断,轻易地推出一般性结论。

有一种叫治咳宁的特效药,张某服了有效,李某服了有效,王某服了也有效。可见,这种叫治咳宁的特效药对所有人都有效。

辨析: 该段表述是不完全归纳推理的简单枚举法,其推理过程所得的结论只能是或然的,而不是必然的。如果将结论作为必然的,就犯了"以偏概全"的错误。

[**机械类比**] 在类比推理中,仅根据两个对象间在某些方面偶然

或表面相同或相似,就推断出在其他方面也相同或相似的结论。

小周和小陈比较,他俩各方面都差不多,都好学、聪明,爱好体育和外语……小周考上了大学,小陈也一定能考上大学。

辨析:该表述是一个类比推理,其结论应是或然的,不能得出“小陈也一定能考上大学”的结论。

(四)违反逻辑思维基本规律的错误

[**偷换概念**] 在同一表述过程中,将两个不同的概念作为同一概念使用。

各国对急救医学的解释,随着急救工作的发展已基本趋向一致,对各种急重症以及威胁生命的意外事故采取紧急医疗措施,称之为急救。

辨析:前面是要说对“急救医学”的解释,最后却变成对“急救”的解释,违反了同一律,犯了“偷换概念”的错误。

[**转移论题**] 在同一表述过程中,把两个不同的论题混为一谈,当作同一论题使用。

什么是幸福?有的人认为有一个美满的小家庭就是幸福,有的人则认为工作舒适、轻松就是幸福。我觉得:要想得到幸福,必须奋斗。只有在奋斗中不断提高自己,为社会作出贡献,才会得到幸福。

辨析:前面提出的论题是:“什么是幸福?”而论述到最后说的却是“如何才能得到幸福”,违反了同一律,犯了“转移论题”的错误。

[**自相矛盾**] 在同一表述过程中,用两个互相矛盾或互相反对的判断,表达对同一事物的认识。

(1)我国有世界上没有的万里长城。

(2)中国园林建筑始于汉唐宫室。

辨析:例(1)“我国有万里长城”与“世界上没有万里长城”,是互相矛盾的两个判断,二者不能同真,却将其放在一个句子里表述,违反了矛盾律,犯了“自相矛盾”的错误。例(2)“中国园林建筑始于汉代宫室”与“中国园林建筑始于唐代宫室”,是互相反对的两个判断,二者不能同真,却将其放在一个句子里表述,违反了矛盾律,犯了“自相矛盾”的错误。

[“两不可”] 在同一表述过程中，对两个互相矛盾的判断，都给以否定。

有人说“这个新款手机是国产货”，也有人说“这个新款手机是外国货”。我认为这两种看法都不对，事实上，它是从英国买来的。

辨析： 对“这个新款手机是国产的”和“这个新款手机是外国货”两个互相矛盾的判断，都给以否认的说法，违反了排中律，犯了“两不可”错误。最后还说“它是从英国买来的”，又犯了“自相矛盾”的错误。

（五）论证错误

[论旨不明] 论题中概念的内涵不明确，或判断含糊不清，有歧义。

(1) 今天我提交论文的论题是：学习古代人的精神是弘扬民族精神的重要内容。

(2) 明星众多是影视界一大现象。有人说，明星众多是社会浮躁心态的反映。其实，明星众多有什么不好，社会发展需要各行各业的模范人物。模范是学习的楷模，明星越多对社会发展越有利。当然，明星多了，也会助长社会的浮躁心态。

辨析： 例(1)“古代人的精神”概念外延太宽。学习古代人的什么精神才能“弘扬民族精神”，应给以明确。例(2)前面所说的“明星”是指影视界明星，后边所说的“明星”变成了泛指所有的明星。同时又把“明星”与“模范人物”两个内涵不等同的概念混同使用。另外，前面否认“明星众多是社会浮躁心态的反映”，后面又肯定这种观点。这样提出论题，含混不清，不知所云。

[偷换论题] 在论证过程中，有意或无意地将论题偷换。

共产党员不应将个人利益放在第一位，比如在领奖金、享受福利待遇方面，就不应当考虑个人利益。

辨析： 前面提出要论证的论题是：“共产党员不应将个人利益放在第一位”，而在论述中却把论题改为“共产党员不应当考虑个人利益”。

[**虚假论据**] 在论证过程中,使用了虚假的论据。

这幅清代刘墉的书法作品是真迹,因为上面有清康熙皇帝的御批。

辨析:论证中使用的论据是“有清康熙皇帝的御批”,但是,刘墉是乾隆时期的人,怎能有康熙的御批?显然论据是虚假的。

[**循环论证**] 论证过程中,论据还要依赖论题,造成互为论据的循环。

月光是白色的,因为人感到它是白色的,而人为什么感到它是白色的,因为月光是白色的。

辨析:论题是“月光是白色的”,论据是“人感到它是白色的”,而这一论据又需要用论题“月光是白色的”作论据的论据,造成循环论证。

[**论据不足**] 论证过程中,使用的论据虽然真实,但不充分。

老张一定患了高血压症,因为,他今天量血压时,低压 90,高压 150。

辨析:虽然作为论据的“低压 90,高压 150”表明血压偏高是事实,但据此证明老张患了高血压症,理由不充分。

[**预期理由**] 论证过程中,使用的论据尚有待证实。

人的皮肤为什么不像许多陆生动物那样长有皮毛,反而像水生动物那样光滑无毛?因为,人类的祖先曾经是“海猿”,在水中生活了很多时间,长期演化的结果,致使长毛逐渐退去。

辨析:论题是“人的皮肤为什么没有长毛”,论据是“人曾经是海猿长期演化的结果”。但是,这个论据本身只是有的科学家提出的一种假说,尚未证实,不能论证论题所提出的问题。

[**以人为据**] 论证过程中,根据某人的某种情况或缺点,证明某人的观点错误。

他曾说过瞎话,所以他的话不能相信。

辨析:根据某人曾经说过瞎话,来证明他的话都不能相信,犯了“以偏概全”的错误,因为该人的某种情况与他的观点之间,没有必然的论证关系。

[推不出来] 论证过程中，虽然论据真实，但由论据推出论题的过程，违反了推理规则。

他一定是体操运动员，因为，他体形健美、肌肉发达，而许多体操运动员都是体形健美、肌肉发达。

辨析：论题是"他一定是体操运动员"。论据是"他体形健美、肌肉发达，而许多体操运动员都是体形健美、肌肉发达"。论证方式是运用三段论推理进行的论证。即：许多体操运动员都是体形健美、肌肉发达，他体形健美、肌肉发达，所以，他一定是体操运动员。但由于作为三段论推理两个前提中的中项"体形健美、肌肉发达(的人)"两次都不周延(肯定判断的谓项)，违反了"中项在前提中至少周延一次"的推理规则，犯了"中项不周"的错误，因而，以此作论据不能必然推出论题的真实性。

标点符号

一、标点符号的作用和种类

标点符号是辅助文字记录语言的符号,是书面语的有机组成部分,用来表示停顿、语气以及词句的性质和作用等。正确使用标点符号对准确表达文意、提高工作效率至关重要。

我国政府对标点符号的使用历来十分重视。1951 年 9 月,中央人民政府出版总署公布了《标点符号用法》。共列标点符号 14 种,包括句号(。)、逗号(,)、顿号(、)、分号(;)、冒号(:)、问号(?)、感叹号(!)、引号(“”)、括号(())、破折号(——)、省略号(……)、着重号(.)、专名号(____)和书名号(﹏﹏)。同年 10 月中央人民政府政务院下达指示,要求全国遵照使用。

20 世纪 60 年代后,我国书写和排印由直行改为横行,某些标点符号的用法也有了新的发展变化,有必要对原规定进行调整。1987 年国家语言文字工作委员会邀请专家,对《标点符号用法》进行修订。1990 年 3 月,国家语言文字工作委员会和中华人民共和国新闻出版署联合发布了修订后的《标点符号用法》。新颁《标点符号用法》增加了连接号(—)和间隔号(·),共列标点符号 16 种。此后,在听取社会各界意见后,国家语言文字工作委员会、新闻出版署和国家技术监督局共同决定将《标点符号用法》制定为国家标准,并于 1995 年 12 月正式发布。

常用的标点符号有 16 种,分为点号和标号两大类。点号的作用在于点断,主要表示说话时的停顿和语气。点号又分为句末点号和句内点号。句末点号用在句末,有句号、问号、叹号 3 种,表示句末的停顿,同时表示句子的语气。句内点号用在句内,有逗号、顿号、分号、冒号 4 种,表示句内各种不同性质的停顿。

标号的作用在于标明,主要标明语句的性质和作用。常用的标号有9种,即引号、括号、破折号、省略号、着重号、连接号、间隔号、书名号和专名号。

二、标点符号的用法和常见错误

(一)句　号

1. 句号的形式

句号的形式是一个小圆圈“。”,这是句号的基本形式。在科技文献和有西文的辞书等中也可以使用小圆点的句号。小圆点的句号是从西文标点符号中借用来的。《标点符号用法》规定小圆点的句号作为句号的补充形式,主要是考虑了科技界的使用习惯。在科技文献中使用小圆点的句号有时是为了避免可能和字母o或阿拉伯数字0相混。例如:

① 设A,B为二独立事件,$P(A\cup B)=0.6$,$P(A)=0.4$. 求$P(B)$.

西文辞书等使用小圆点的句号主要也是为了和西文书写习惯相一致。有的西文、中文句末都使用小圆点,有的只是西文部分用圆点,中文部分仍用圆圈。例如:

② very *adv.* 很;非常:a ～ important matter　十分重要的事 Thank you ～ much. 非常感谢。

③ 不错　[口](好)not bad;pretty good:这片子真～。This film is not bad at all. 庄稼长得挺～。The crops are growing quite well. 这本小说～。This novel is pretty.

2. 句号的主要用法

(1) 句号表示陈述句末尾的停顿。例如:

① 万有引力是自然科学中最大的发现之一。

② 科学家、艺术家和哲学家之所以可贵,是因为他们有非凡的创造力,这创造力就表现在他们能各自发现新的东西。

(2) 语气舒缓的祈使句末尾也用句号。例如:

① 请你把这个学校的大致情况给我介绍一下。

3. 句号使用常见错误

(1) 一逗到底

一个带有陈述语气的语言片段,只要意思表达完整了,无论长短都是一个句子,都应当在末尾用句号。但我们在文章中常常见到有的句子一个意思说完了该断句却不用句号而用了逗号,使几个本来是相对独立的句子牵连在一起,甚至很长一段文字一逗到底,最后才用一个句号,致使表述庞杂,语气拖沓。例如(* 为错误的例句,下同):

> *① 公交总公司各级领导对搞好内部治安防范工作给予了大力支持,并将此项工作纳入议事日程,日前,三公司领导亲自带队,对易发案的财务部门、票务室、月报发售点、加油站等重点部位进行了多次安全大检查,并组织制定和修改了一系列有关的规章制度。

> *② 许多有分量高质量的学术著作目前见不到书评,这不利于学术思想的传播,学术著作书评缺乏的现象,应该尽快改变,我们期待在新的一年里,书评市场能把成熟和繁荣同时呈现在读者面前。

例①应在"日前"前面用句号,前后分成两句话。例②其实是由三个互有联系的句子组成的,开始到"传播"是第一句,"学术"到"改变"是第二句,"我们"到末尾是第三句。应把第一句和第二句末的逗号改成句号。

一逗到底的原因可能除了对标点符号的使用漫不经心外,就是片面理解了句子和句子之间意思上的关联性,怕用上句号就割断了前后意思的联系。其实一段文字里句子和句子意思的联系有松有紧,是相对的。在关联相对较松的地方用句号,不但不会割断语意,倒会使表述清楚明白。在遇到几个语言片段觉得它们既有联系又有独立性,不好确定用逗号还是句号的时候,不妨试着多用用句号,效果可能更好。

(2) 频繁断句

不该用句号而频繁断句,会把一个意思完整的句子硬性拆散,使得语意支离破碎。常见的是该用逗号的地方用了句号。例如：

*① 建国后，作者曾于1950年和1952年两次赴朝。同中国人民志愿军生活战斗在一起。

*② 假如艺术不能把真理的火种传播于人间，假如艺术不能为人类的现在和未来而战斗，假如艺术不能拂拭去人们心灵上的锈迹和灰尘，假如艺术不能给予人民以支援和裨益。这样的艺术就毫无价值，也毫无意义。

两句都是前后承接，表达一个完整的意思。例①“赴朝”后的句号应改为逗号。例②“裨益”后面错用了句号，因为至此只说了一个完整意思的前一部分，前面的四个分句和后面的分句连起来才构成一个完整的复句，错用了句号就隔开了前后的联系，应改为逗号。

（二）问　号

1. 问号的主要用法

（1）疑问句末尾的停顿，用问号。例如：

① 你最近很忙吗？

② 萤火虫为什么会发光？

③ 这孩子是打算学文科还是学理科？

（2）反问句和设问句都是特殊的疑问句，末尾的停顿也用问号。例如：

① 虽然面积不大，但能有一个书房不是也很好了吗？

② 为什么说螳螂是一种有益的昆虫呢？因为螳螂能捕食苍蝇、蝗虫等人类害虫，它的卵鞘还有治病的功用。

2. 问号使用常见错误

（1）含有疑问词的非疑问句误用问号

疑问句大多会使用疑问词如“谁”“什么”“怎么”“哪儿”等，但是疑问词也可以用在非疑问句中。例如：

① 早上醒来，我一点都不记得昨晚自己做了什么噩梦。

② 可是，说来说去，村民们最关心的还是建水库的资金由谁来出。

这两个句子都不是疑问句而是陈述句，句子没有疑问语气，末尾当然不能用问句，而要用句号。所以，一个句子用不用问号不能以句子里有没有疑问词为依据，而是要由全句的语气来决定。下面两个句子都不是疑问句，而是疑问形式包含在句子中，是句子的组成部分，句末的问号用得都不对：

*③ 他推开父亲，将我拉到远远的无人处问到底是谁让我干的？

*④ 他们的行为举止、政治态度、审美趣味，甚至读什么书？用什么材料装饰居室？坐什么车？使用什么化妆品？都在媒介的掌握之中。

例③不是直接引用别人的问话而是用陈述语气间接引述别人的问话，句末的问号应改为句号。例④句子中间的停顿错用问号，都应改为逗号。说和读的时候，上面几处错用了问号的地方也不能带上疑问语气。

(2) 包含选择性疑问结构的非疑问句误用问号

有的句子内包含选择性的疑问结构如“是……还是……”“是否”等，但全句不是疑问语气，句末或这些疑问结构之后也不能用问号。例如：

*① 大家也不知道她是开玩笑随便说说的，还是真想那么做？

*② 干部决策是否科学？管理是否得当？都与人民利益得失息息相关。

这两例都是陈述句，例①句末不能用问号，要用句号，例②句中两处疑问结构后的停顿也不能用问号而应该用逗号。

(3) 问号叠用失当

有时候为了表示疑问语气特别强烈或表示问话的声音很大，有的人喜欢把两个甚至三个问号叠用在一起。例如：

① “出什么事了？你说什么??什么???”她近乎喊叫了，脸色变得煞白。

这种形式偶尔用用也未尝不可，但是不能用得过多过滥。下面例句中的几处问号叠用都不合适：

*② 我越想越纳闷：他俩到底想干什么呢??

*③ 老屋依旧，主人却早已长逝。自己贸然去拜访新主人合适吗？她若是追根究底问起我和故人的关系，我该怎么说呢?? 碰到小楠，我又怎么说呢??

两例中叠用的问号最好都改为单用。

（三）叹号

1. 叹号的主要用法

（1）感叹句末尾的停顿，用叹号。例如：

① 雪下得好大啊！

（2）语气强烈的祈使句和语气强烈的反问句末尾也用叹号（语气舒缓的祈使句末尾一般用句号，一般的反问句末尾用问号）。例如：

① 不许你在这儿无理取闹！

② 你难道连这么简单的道理都不懂！

（3）标语口号末尾常用叹号。例如：

① 人民英雄永垂不朽！

2. 叹号使用常见错误

（1）滥用叹号

叹号用于感叹句末尾，陈述句末尾一般是不能用叹号的。不能认为句子里有带感情的词语，就要在句子末尾用叹号。下面例句中的叹号用得都不对：

*① 苏云看到这里，双眉扬起，蓦地觉得浑身热血直往上涌！

*② 山顶上风很大，一股股迅猛的山风像轮番进攻的拳击手，又准又狠地朝人的口鼻砸来！

*③ 他在讲话中首先表示向教卫系统全体党员，特别是向我们的老前辈、老党员致以亲切的问候和同志的敬礼！

尽管句子有如“蓦地”“热血”“又准又狠”等带有某些感情色彩的词语，但句子的语气都不是感叹而是一般的陈述，因此句子末尾不能用叹号，应改用句号。例③的“向……致以亲切的问候和同志的敬礼”

虽带有强烈的感情,如果独立成句,确实可以在末尾用叹号,但在此它是作整个句子的宾语来用的,全句是陈述语气句,应改用句号。

(2) 叹号叠用失当

有人把两个或三个叹号叠用,用以表示特别强烈的语气。不能否认这种用法有它独特的表现力,特别是先单用,再顺次叠用,表示感情、语势的逐渐加强,用在人物对话或描写性文字里还是有特殊表达效果的。例如:

① 他不说话,他仍在那个世界里徘徊。

"倒酒!"兀地他吐出两个字。

秋兰压住心头微微的不满,说:

"你还是去躺躺,天都没亮,你一夜没睡。"

"倒酒!! 倒酒!!!"

秋兰只得从橱子里给他拿出一瓶酒、一个酒盅。

例中重复同一句话"倒酒",先是用单个叹号,接着叠用直至三个,表示语气越来越重,越来越坚决。也有用在拟声词后表示巨大声响的。例如:

② 轰!!!

在这天崩地塌价的声音中,女娲猛然醒来,同时也就向东南方直溜下去了。

叹号的叠用形式一定要在必需时使用,不宜多用。如果已经有文字描写说明了感情的强烈、声音的巨大等,就不一定再以并用的叹号表示了。如果用,比较多的是先单用,再叠用,叠用至三个也就到头了,没必要再多。下面的例子里叹号的叠用都不合适:

*③ 刘燕气哼哼地说:"搞什么名堂! 别理他!!"说着气冲冲地推门走了。

*④ 这才是真正的天籁之音呢! 你就看反响吧。老百姓辨得出好坏!!

*⑤各族人民大团结万岁!!!

三例叠用的叹号都应改成单用。

(3) 问号和叹号并用失当

问号和叹号的并用形式“?!”有时候有特殊的表达效果。例如：

①说那么多，无非是昆仑山苦。不苦，要我们这些人干吗?!

②“你和大毛去收拾一下。我们今晚下山。”

“今晚?!”小毛兴奋得简直要跳起来了。

例①的“不苦，要我们这些人干吗?!”是反问句，表示的感情、语气都很强烈。例②的“今晚?!”也是疑问句，但语气里还含有特别惊喜、激动的感情色彩。当需要表示上面所说的两种特殊语气时，可以使用“?!”形式。但也不是非用不可，如果例①就用叹号，例②就用问号也完全可以。

问叹并用一定要恰当，如果不是感情、语气特别强烈的反问句，或不是含有惊异、感叹语气的疑问句，就不能用“?!”。下面几例中的并用都不对：

*③一部《天鹅湖》火了中国芭蕾，一个贝多芬火了中国的交响乐，那么，中国的歌剧呢?《图兰朵》会不会是一个契机呢?!

*④如果这些设想都是可能的，你到底相信哪一个?!

*⑤在这场抗洪抢险的战斗中，涌现出了多少可歌可泣的英雄事迹啊?!

*⑥这事是不太好办，可是你不是已经答应人家了吗?!

例③④都是疑问句，语气没有什么特别的，用问号就可以了。例⑤是一个感叹句，应用叹号。例⑥虽是个反问句，但语气并不特别强烈，用问号就可以了。

应当注意在一篇作品中不要过多地使用问叹并用形式，用得多了，有时反倒不能突出那种特别的语气。

还需要注意的是，问叹并用所表达的语气问多于叹，使用时形式统一为问号在前叹号在后比较好，不要一会儿“?!”一会儿又是“!?”。问叹并用组成的是一个整体，使用时占一个字位置。

（四）逗　号

1. 逗号的主要用法

（1）单句内部各结构之间一般性的停顿，用逗号。例如：

① 光盘所具有的一般物质产品和满足人们精神文化生活需求的精神产品的双重属性，决定了非法光盘问题的研究要从经济和精神双重角度入手。

② 起来，不愿做奴隶的人们！

③ 脑，就是我们平常所说的脑子，它位于人体头部的颅腔内，指挥着人体各器官的活动。

④ 有的科学家认为，人们睡着以后大脑要有一个连睡带梦的过程，这样才能获得良好的休息。

⑤ 肚子饱的时候，任何好吃的东西吃起来都觉得没味道。

⑥ 小黄，我看这大概是最好的办法了。

⑦ 编辑心中要有读者，要不断强化自身的读者意识。首先，读者是编辑工作存在和发展的基础。其次，了解和研究读者心理是编辑必备的基本素质。第三，适应读者与引导读者是编辑工作的根本出发点。

例①主语较长，主谓之间需要有一个停顿，用了逗号。例②主谓倒装以突出谓语，中间用逗号。例③主语后有个停顿，有强调的意味，用了逗号。例④宾语较复杂、较长，不可能一气说下来，为便于阅读理解，谓语动词后要用一个逗号。例⑤状语位于全句开头，后面一般用逗号。例⑥称呼语“小黄”后面的停顿用逗号。例⑦“首先、其次、第三”等表示序次的词语后面的停顿，用逗号。

（2）复句内各分句之间的停顿除了有时要用分号外，一般用逗号。例如：

① 只有充分了解当前学术界已经取得的成绩，才能真正向前更进一步。

② 尽管生命在众多星球上存在的观点已为多数科学工作者所接受，但至今还没有在其他天体上找到生命，更谈不到地球以外的文明。

2. 逗号使用常见错误

(1) 该用其他点号时误用逗号

一种是该断句的时候不用句号而用逗号,使句子失去相对的独立性,一段话前后牵连过多,表述纷乱。(参看“句号使用常见错误”之“一逗到底”)

一种是有停顿却不加分辨一律使用逗号,结果使句子表意不明确。其实,表示句子内部停顿的点号还有顿号、冒号和分号,它们各有各的职能,逗号用在不适合使用它们的时候,表示一般性停顿。以为逗号万能,是错误的。例如:

*① 菜场就是要姓“菜”,菜场经营蔬菜,大副食品为主的方向不能动摇,要充分发挥菜场调控市场的作用。

*② 没有任何根据可以得出这样一种结论,市场经济越发展,消极腐败越严重。

*③ 观众可不是那么好伺候的。你以为有意思的,他们未必买账,他们看得津津有味的,你恰恰不屑一顾。

例①“菜场经营蔬菜,大副食品为主的方向不能动摇”中间的逗号应为顿号,误用逗号甚至有碍意思表达。例②“没有任何根据可以得出这样一种结论”是一句提示性的话,后面用冒号更明确。例③“买账”后的逗号应改为分号,因为前后是并列分句,意思联系较紧,并且分句里已经用了逗号,因此改用分号层次才更清楚。

(2) 无须停顿而误用逗号

逗号要用在一句话中确实有必要停顿的地方。有的地方,无论从句子结构还是说话的语气上看都无须停顿,或不能停顿。如果用上逗号,就会中断语气,支解语意,影响正常表达。例如:

*① 我的确没有想到这件事,后来怎么发生了那样急转直下的变化。

*② 无论处于多么艰难的境遇之中,都能找到欢乐和情趣的人,才是真正的强者。

*③ 他几步跨了过去,把小孙子搂在怀里,左边亲了,右边亲。

例①"这件事"后面不该有停顿,用了逗号反造成结构关系的混乱,影响了意思表达。这个逗号应去掉。如果觉得宾语长,要停顿也只能在谓语动词之后,但该例谓语动词"想到"后用不用逗号都可以。例②是复句形式"无论……都……"作定语,中间不宜用逗号断开,逗号也应去掉。例③"左边亲了右边亲"说的时候语气连下来,中间没有停顿,逗号也要去掉。

(五) 顿　号

1. 顿号的主要用法

句子内部并列词语之间需要停顿,用顿号。例如:

① 苍蝇、蚊子、牛虻、金龟子等许多害虫,都是蜘蛛的狩猎对象。

② 海马与我们常见的鱼类差异很大,但它是用鳃呼吸、以鳍游泳的水生脊椎动物,所以也是鱼。

2. 顿号使用常见错误

(1) 非并列关系的词语之间误用顿号。例如:

*① 昨天,陕西省戏曲研究院青年实验团、秦腔小生新秀李小锋拜著名京剧小生艺术家叶少兰为师。

*② 1984 年,第一家台资企业、上海联华合纤股份有限公司在沪诞生。

*③ 日前,新闻媒介披露了近三十种因质量不合格、被取缔的儿童食品。

例①顿号前后短语"陕西省戏曲研究院青年实验团"和"秦腔小生新秀李小锋"是领属关系,例②"第一家台资企业"和"上海联华合纤股份有限公司"是同位语关系,③"因质量不合格"和"被取缔"是因果关系,中间都不能用顿号。例①③顿号去掉,例②顿号可以改用破折号,也可以什么都不用。

(2) 不区分层次一律用顿号

并列词语内又包含有并列词语,并列词语之间的停顿不能一概用顿号,应当根据停顿所在的不同层次使用顿号或其他点号,以免混淆结构层次。下面的句子里不区分层次都用了顿号:

*① 在中国历史上,家训文化内涵十分丰富,包括治家之道、教子之道、修身、涉务之道。

*② 现实中的国有小企业由于规模小、技术、产品、管理水平落后、面临的竞争程度高、市场需求变化快,因而政府承担的风险要大于收益。

例①“治家之道”等三个并列短语之间如果保留顿号,“修身、涉务”之间的顿号就去掉;或者保留“修身、涉务”之间的顿号,而把另外两处顿号改为逗号。例②第一层次的并列也应改用逗号,次一层的用顿号,并配之以连词“和”“以及”等。可以改为:

现实中的国有小企业由于规模小,技术、产品和管理水平落后,面临的竞争程度高,以及市场需求变化快,因而政府承担的风险要大于收益。

(3)“特别是……”“包括……”等插说前的停顿,误用顿号

“特别是……、尤其是……、无论……、甚至……、也……、而且……、包括……、或者……”等短语可以插在句子当中,表示强调、补充等意思。这些短语之前如果有停顿,要用逗号,不要用顿号。例如:

① 地膜覆盖技术的大范围推广对提高单产,特别是对积温不足、干旱地区的农业生产产生了革命性的影响。

② 好在纠正这类偏向并不甚困难,几个月内已经大体上纠正过来了,或者正在纠正着。

③ 最后,也是最重要的,法律移植必须坚持以我为主的原则。

这种情形下常常有错用顿号的。例如:

*④ 现在,在全球范围内,人们对社区和社区发展的概念、尤其是政治行动者对它的关注呈上升趋势。

*⑤ 正如人们不应当割断历史一样,人们不应当、也不可能割断历史智慧同现代科学知识和认识能力之间的联系。

*⑥ 以往一些先进人物的宣传过分地强调人物身上的社会价值,而忽略了、甚至消失了人们身上的自我价值。

*⑦ 最近出版的这一百多种新书、包括一些外国文学名著，在书市上大受青年读者的欢迎。

例中顿号都应改用逗号。

(4) 没有明显停顿的并列词语间误用顿号

并列词语之间的停顿一般用顿号，但并不是说所有并列词语都要用顿号隔开。有些并列词语，并列的部分相互结合得很紧密，一般说起来都不停顿，中间不能用顿号隔开，用了顿号与一般习惯不符，也不便阅读，如“左右”“东西南北”“父母”“上下班”“男女生”“青少年”“中小学”“动植物”“离退休”等。下面例子中并列词语之间的顿号都应去掉。例如：

*① 元世祖继续进攻南宋，占领长江中、下游许多地方，遭到南宋军民的英勇抵抗。

*② 我们那里就不是这样，一听要跳舞，无论男、女都兴高采烈，有的人还暗暗买书来学呢。

*③ 我们的老祖宗最懂得辩证法，把生与死视作“红、白喜事”。

*④ 偏偏在这方面崔世诚一窍不通，老师教了一遍、又一遍，他只是傻呵呵地站在那儿。

(5) “七八个”等表概数的相邻数字中间误用顿号

相邻的数字连起来用如果是表示概数，如“七八个人、两三天、三四点钟、十一二岁”等，说的时候两个数字中间没有停顿，结构上也无须分开，中间不能用顿号。使用这种表达形式时出错的特别多。例如：

*① 南宋造船工匠能造各种船只，一般的大海船可以载五、六百人，较小的也载二、三百人。

*② 公司成立六年来，接手的版权交易越来越多，平均每年经手的版权交易书目数量在四、五十件以上。

例①应写作“五六百人”“二三百人”，例②应写作“四五十件”。

（六）分 号

1. 分号的主要用法

（1）复句内部并列分句之间的停顿，用分号。例如：

① 同样是液体，“打水”的“打”和“打酱油”的“打”就有不同的意思；同样是娱乐，能说“打扑克”“打麻将”不能说“打象棋”。

② 米勒只用了一个星期的模拟实验，居然在这种混合气体中得到了五种构成蛋白质的重要氨基酸；而在自然界中，完成这种转化需要几百万年。

两例分句之间都是并列关系，分句内部有停顿，已经用了逗号，因而分句之间的停顿就需要使用比逗号停顿更大的分号来表示。

（2）非并列关系的多重复句，第一层的前后两部分之间也用分号。这里说的非并列关系主要指转折关系和因果关系。例如：

① 倘使我没有这笔，也就是被欺侮到赴诉无门的一个；我觉悟了，所以要常用，尤其是用于使麒麟皮下露出马脚。

② 罗布人本是不与附近的其他居民来往的，因为相传与外人接触会带来天花；但是为了生计，他们却不得不向附近的邻人学习。

③ 不管一个人如何正确，他总是生活在一定的条件下；因此，他的见解，总是带有历史的局限性。

例①例②的第一层是转折关系，例③是因果关系，中间的停顿都用了分号。这里如果用逗号，前后的层次就不够显豁，如果用句号又会割断前后连贯的意思，所以用了分号。用分号既体现联系又显出层次。

2. 分号使用常见错误

（1）单句内并列短语之间误用分号

分号用于复句内分句之间，分号表示的停顿和分隔的层次大于逗号和顿号。单句里词或短语之间的停顿用顿号，有时可以用逗号，一般不能用分号。下面是误用的例子：

*① 历史中的战火硝烟；历史中的时代变迁；历史中的爱

国志士;历史中的文化光辉,一次次震动着我的心。

*②跨世纪学校体育必将形成既是体育,又是文化;既是运动,又是教育;既是锻炼,又是玩乐;既能参与又能观赏的社会文化教育现象。

两例都是单句。例①分号隔开的是句子中并列的四个短语,不是分句,不能用分号。应把分号改为逗号。例②并列的三个复句形式"既……又……"作句子成分(定语),中间也不能用分号,应改为逗号,此外,"既……又……"结构中间的逗号也可以去掉,使语气更紧凑。

(2) 不必要处使用分号

分号表示复句内并列分句之间的停顿,但并列关系的分句也不一定都要用分号。如果表述不复杂,层次没有那么多,相连的分句语气比较紧凑,分句内部也没有逗号,分句之间就没有必要使用分号,用逗号就可以了。例如:

① 好奇是追求学问的先声,想象是科学研究的翅膀。

如果用了分号会给人大材小用的感觉。例如:

*② 历史是无情的;历史也是无私的。

*③ 有些鱼身上有鳞片;有些鱼的皮很光滑;还有一些鱼的皮像砂纸一样粗糙。

*④ 这些智慧,一方面可以通过大量的物质财富折射出来;一方面又可以以精神产品的形式积累和传承。

上面三例里的分号都应改为逗号。

(3) 非并列分句之间误用分号

分号要用在并列关系的分句之间,不是并列关系,就不能用分号。例如:

*① 两头老母牛同时叫了一声;又将各自的孩子唤到了自己的身边;然后,虎视眈眈地盯着就要跑近的两个孩子,一股凛然不可侵犯的样子。

*② 虽然马雅可夫斯基生前遭到辱骂;他死后却被政府承认为苏俄伟大的诗人。

*③ 这些众多的外来事物石雕，不仅再次体现了盛唐时期广泛吸收、大胆使用的消化吸收能力之旺盛；而且也是盛唐时中外友好往来、广泛交流的见证。

例①是连贯关系复句，中间停顿用逗号就可以。例②是让步转折关系复句，例③是递进关系复句，而且都是简单复句，分句之间应当用逗号，不能用分号。

(4) 并列分句不处在多重复句的第一层次，却误用分号

如果是多重复句，第一层是并列关系，这个并列分句间的停顿较大，要用分号。例如：

① 春选择小草，‖因为它清新自然；|冬选择白雪，‖因为它洁白而高雅；|我选择面对风雨、奋发向上，‖因为风雨过后，我依然有笑对彩虹、拥抱阳光的激情。

不在第一层次而是在以下层次上的并列，分句之间的停顿不能用分号，否则结构层次就乱了。例如：

*② 只要在全社会形成"抓经济必须抓职业教育"的共识；只要全社会真正把重视职业教育落到实处，我国的中专教育，乃至整个职业教育就会迎来充满希望的春天。

*③ 虽然尼布尔受欧洲巴特派抗议运动的影响；虽然在巴特和尼布尔的作品之间可以找出相似之处，但是两人之间某些明显的分歧却随尼布尔思想的发展而发展。

*④ 如果是这样，那么我将对不起唐才常等"庚子六君子"；对不起血染菜市口的谭嗣同等"戊戌六君子"；对不起在多次起义中牺牲的成百成千烈士；对不起四万万人民！

三例都是多重复句，但其中并列关系都不在第一层次而在次一层次上，其中的分号都应改为逗号。只注意到分句的关系是并列，却忽略了这个并列所在的层次，因而造成了此类误用。

(5) 用逗号的句子里包含了分号；用分号的句子里包含了句号

句号是句末点号，分号和逗号都是句内点号。分号所表示的停顿或分隔的层次大于逗号小于句号。因此，用分号的几个并列分句不能由逗号统领，也不能由逗号总结。例如：

*① 动物吃植物的方式是多种多样的,有的动物会把整个植物吃掉,如原生动物和鱼类取食单细胞的浮游生物;有的动物会把植物的大部分吃掉,如鼠类和某些暴食性昆虫;有的动物因吃去植物的要害部位而引起植物的死亡,如鸟类吃掉发芽植物的嫩芽和小蠹虫沿着松树树干咬去一圈韧皮层。

*② 第一,请你不要翻看我的东西;第二,家里有客人,你的任务只是端茶倒水,要是再违反,我可要送你回家了。

例①开始一句是总括性地说动物吃植物方式多样,后面三个并列句是在总括之下具体列举各种方式。分说的并列分句之间用了分号,前面的总括句后就不能用逗号,应改为大于分号的句号,或改用冒号。例②是先分说,后总结,总结是对前面说的"第一、第二"两种情况的,但例子中并列的两个分说句之间用分号,完了却用逗号引出总结,似乎后面的总结句只是对第二个分说句而言而不管前一句的,这样有违原意。因此"端茶倒水"后那个逗号应改为句号。

用了句号的句子也不能包含在用分号的句子里。下面例子中标点使用不对:

*③全书分成两大部分。第一部分"社会学范畴学说",集中阐述了马克斯·韦伯的"理解社会学",他研究和论述的出发点是实际行动着的人及其环境。第一部分是理解与研究第二部分的前提条件,进而是理解与研究马克斯·韦伯的社会学和政治思想的重要基础;第二部分"经济与社会制度及权力"亦即"具体的"社会学部分。在这一部分里对事实的分析和论述则充分体现了马克斯·韦伯的特殊方法论。

例③"第二部分"前的分号要改成句号。

(6) 分号使用不一致

并列关系的各分句之间如果使用分号就应该统一都使用分号,不能一会儿用分号,一会儿又用逗号或句号,造成不一致,影响表达。例如:

*① 针对目前存在的专业结构和课程结构不合理、教学内容老化等问题,应采取以下对策:1. 调整专业结构,拓宽专业

口径,增强人才培养的针对性和适应性;2. 优化课程设置课程结构, 3. 强调课程内容的弹性与灵活性, 4. 增强实践性教学环节,提高学生应用知识的能力; 5. 实行主辅修制,以增强学生的竞争适应能力。

*②《环境保护责任书》规定各区县的工作任务是:一、加强本地区环境综合整治工作领导;二、组织制定并实施本地区环境保护规划和年度计划;三、组织环境保护执法检查,严格执行国家和地方各项环境保护法规。四、组织制定并完成每年的环境保护实事任务。

例①中并列的一、四两项后用了分号,可是二、三两项后却用了逗号,可能觉得一、四两项内部已经有了逗号,所以末尾就用了分号,而二、三两项比较短,就用逗号了,但是这种用法是不对的。为了统一,这里应该把二、三两项后的逗号改成分号。例②要么第三项后句号改为分号,要么第一、二两项后的分号改为句号。总之,用分号就都用分号,用句号就都用句号,要一致起来。

(七) 冒　号

1. 冒号的形式

冒号是上下排列的两个小圆点“:”,位置偏下,它和表示比例、比分的符号有所不同,比号也是上下排列的两个小圆点,但位置居中。

2. 冒号的主要用法

(1) 在称呼语后面,表示提起下文。例如:

女士们,先生们:

今天是一个不寻常的日子。……

(2) 用在有提示作用的“说、问、回答、证明、指出、认为、发现、宣布、透露、例如”等动词后面,提起较长的宾语。例如:

① 布朗说:“我钦佩并且尊敬杰克逊,但是我清楚任何人最后都要从教练位置上下来。”

② 现代生理学的研究证明:单调的刺激长期地作用于大脑皮质同一部分的各个点上,就会产生深重的抑制过程,向全部

大脑皮质扩散并下降至皮质下部分，引起困倦，从而进入睡眠。

(3) 用在总说性话语的后面，表示引起下文的分说。例如：

民事案件的一审程序，根据案情分为三种：普通程序、简易程序和特别程序。

(4) 用在需要解释的词语后面，表示引出解释或说明。例如：

① 为了证明这个现象，他们做了一个实验：把不同窝的蚂蚁放在一起，它们的触角一碰，就立刻咬杀起来；相反，把同窝蚂蚁放在一起，它们相遇以后，不但不打不咬，还能互相喂食。

② 奥：1) 古时指房屋的西南角。如"堂奥"。2) 含义深，不易理解。如"奥秘、奥妙、深奥"。

(5) 用在总括性话语的前面，表示总结上文。例如：

他知道露水怎么样洒在草叶上，露水的味道怎么样香甜；他知道星星怎么样眨眼，月亮怎么样笑；他知道夜间的田野怎么样沉静，花草树木怎么样安睡；他知道小虫们怎么样你找我、我找你，蝴蝶们怎么样恋爱：总之，夜间的一切他都知道得清清楚楚。

3. 冒号使用常见错误

(1) 没有停顿处误用冒号

冒号是句内点号，要用在句子中有停顿的地方。没有停顿的地方不能用冒号。例如：

*① 本着："保护为主，抢救第一"的文物工作方针，今年上半年，本市调动各方面资金积极抢修文物建筑。

*② 一个人为了自己的利益对别人说："你为什么不学雷锋？"的时候，他已经亵渎了道德。

例①"本着"和后面的宾语部分之间都没有停顿，误用了冒号，把前后联系断开了，应去掉。例②"一个人为了自己的利益对别人说：'你为什么不学雷锋？'"如果单独成句，"说"后可以用冒号表示停顿，但在这个例子中它是后面成分的定语，所以中间不能有停顿，不能用冒号，误用了冒号，破坏了结构的完整性，应去掉。

(2) 非提示性话语后面误用冒号。例如：

*① 专家们一看：眼睛都瞪直了，直“唏溜”着喘气，他们看了又看，最后拍了几张照片走了。

*② 上学期间和刚毕业的时候，几乎每一个同学都抱有成就一番事业的强烈愿望，所谓：“书生意气，挥斥方遒”。

*③ 行进队列渐渐呈现出：“再见”两个巨大的汉字，人们的眼里噙着泪，心在微微颤动。

例①冒号应改为逗号。例②③冒号都应去掉，例③如果用冒号，说法可以改为：

行进队列渐渐呈现出两个巨大的汉字：“再见”。人们的眼里噙着泪，心在微微颤动。

(3) 套用冒号

一般来说，在一个冒号概括的范围内不要再出现另一个冒号。套用两个甚至更多冒号的情形应当尽可能避免，否则会引起层次不清。例如：

*① 还有一个好消息：据建行总行住房与建筑业信贷部透露：1998 年的个人住房贷款业务不受贷款规模限制，充分满足个人贷款需求。

*② 关于总的目标和要求，概括地说有三点：第一点是：我们的党建工作要紧紧抓住一个主题：把党建设成领导社会主义现代化建设的更加坚强的领导核心；第二点是：要努力提高党的执政水平和领导水平；第三点是：要进一步增强党组织自身的凝聚力。

例①两个冒号套用，似乎第一个冒号管着第二个冒号。可以把前一个冒号改为逗号，也可以把后一个冒号改为逗号。例②甚至一连套用了三个冒号，该例只需保留一处，即第一层次上的冒号就可以了。第二层次的“第一点是”“第二点是”“第三点是”后面的冒号应去掉，可以改说成“一是……二是……三是……”。第三层次“要紧紧抓住一个主题”后的冒号也应去掉，用上一个逗号，逗号后可以加“即”或“就是”。这样稍作调整后可以是：

关于总的目标和要求，概括地说有三点：一是我们的党建工作要紧紧抓住一个主题，就是把党建设成领导社会主义现代化建设的更加坚强的领导核心；二是要努力提高党的执政水平和领导水平；三是要进一步增强党组织自身的凝聚力。

可见，有时候表面看只是冒号套用，其实和句子表述得不够好有关系。因此当出现冒号套用的时候，可以考虑重新组织一下句子，避免套用。

(4) 插在引文中间的“某某说”后误用冒号

行文中直接引用别人的话，一般要用“某某说”等指明话是谁说的。“某某说”后面怎样使用点号，要根据它所在的位置来定。“某某说”在引文之前，它后面常用冒号。例如：

① 老汪说：“好吧，交给我来办。让他直接跟我联系。”

“某某说”在引文之后，而且是句子末尾，它后面要用句号。例如：

② “丁先生，我有件事忘了说。”他说。

“什么事？”我回头看着他。

“某某说”插在引文中间，前后引文是同一个人的话，“某某说”后面要用逗号。例如：

③ “下雨总归好，”她说，“冲冲城市里的尘土。”

这种情况不能用冒号。用了冒号，好像“某某说”只管后不管前，前一半是谁的话就没了着落。例如：

*④ “太晚了，你也累了，”妈妈轻声说：“明天还得早起，快睡吧。”

*⑤ “哎哟，”一个小男孩惊叫起来：“大家快来看啊，这儿有一窝小老鼠！”

例④⑤两例中的冒号都应改为逗号。

（八）引　号

1. 引号的形式

引号有双引号和单引号两种。横行文稿双引号是“”，单引号是‘’。一般用双引号，如果引号里面还要用引号时，外面一层用双引号，里面一层用单引号。例如：

① 当我问到这些企业是否暴跳如雷、纠缠不休时，那位老

总开心地笑了:“怎么会呢?他们欢迎我们的忠告,给我们送来广告,说是‘花钱买批评’。”

如果出现三层引用,就第一层双,第二层单,第三层再用双,但是确实需要使用三层甚至更多层引号的情形并不多,文章中一般也都会避免。

直行文稿双引号是﹃﹄,单引号是﹁﹂。一般情况用双引号,需要两层引号时,也应是外双内单。用于直行文稿的引号不要用于横行文稿。例如:

*② 他们坚持﹃一手抓繁荣,一手抓管理﹄的原则,管理体系不断健全,管理制度日臻完善。

﹃﹄应改为“”。

2. 引号的主要用法

(1) 行文中直接引用的话,用引号标明。例如:

① 宋代理学家陆象山的语录中说:“如今读书且平平读,未晓处且放过,不必太滞。”这也是不因小失大的意思。

② 古语说“日有所思,夜有所梦”,这是很有道理的,因为梦的产生还多半出于我们的思想、回忆和想象。

(2) 需要着重论述的对象,用引号标明。例如:

中国古书上就有“蜉蝣朝生暮死”的说法,“朝”就是早晨,“暮”就是傍晚,早晨生了晚上就死,寿命岂不很短。

(3) 具有特殊含义的词语,也用引号标明。例如:

① 事实就是科学家的空气,你们如果不凭借事实,那你们的“理论”就会成了虚妄的挣扎。

② 悬崖间有石突出,飞瀑经此一分为二,成“人”字形,为瀑布中奇观。

3. 引号使用常见错误

(1) 直接引用而未用引号

直接引用他人的话或书中的语句,一般都要用引号标明,否则与写作者自己的话区别不开。例如:

*① 走了一段路,李小文忽然说我把袋子忘在餐馆里了。

他回去拿袋子,我站在路边等了他好久也不见回来。

*② 校领导对她说:这不是给你的奖金,这是你的科研成果转让后,按市政府的政策,按生产力要素分配,给你的转让收益。你应该心安理得地拿。

例①“说”后应加冒号,“我把袋子忘在餐馆里了。”用引号引起来。例②冒号后是“校领导”对“她”说的原话,四处使用“你”,是直接引用,应当用引号引起来。该例如果想用转述方式表达,不用引号,那么,冒号后的一段话里的四处“你”应相应改为“她”才对。

(2) 词语无特殊意义而滥用引号

有些词语用在某种特定场合下,含义和作用跟一般情况下有所不同,所以要用引号标明。在没有特殊意义或特殊作用的词语上加引号,是滥用引号的一种表现。例如:

*① 连日来持续高温,公共电汽车热得像“烤箱”,司售人员们坚持运营,十分辛苦。

*② 一些村还与有关院校联手,建立“农民夜校”、“农业广播大学”、“农业科技培训学校”等等。

*③ 并不是说高炉酒厂早先就没有章法。过去有,而且有据可查的规章制度还不少,有“七章”、“八十三节”之多。

例子中加了引号的词语都是正常意义上使用,没有什么特殊之处,引号用得全无必要,应当去掉。

滥用引号有时甚至会妨碍对文意的正确理解。例如:

*④ 二十多年过去了,她又一次来到老陆家,她仍然感受到了陆夫人的“亲切”。

用了引号的词从作者本意看没有什么特殊意思,但由于加了引号,反倒显得有什么特别,节外生枝,不好理解。引号应去掉。

(3) 引文末尾标点使用不当

引文末尾点号要根据不同情况作不同处理。如果是完整引用别人的话,引文独立运用时,引文末尾标点保留在引号里。例如:

① 我国战国时代的孟子有句很好的话:“富贵不能淫,贫贱不能移,威武不能屈,此之谓大丈夫。”

如果把引文作为作者自己的表述的一个组成部分,引文末尾的点号要去掉,再在后引号的后面根据需要加或不加标点,以及加哪种标点。例如:

② "言之无文,行而不远"这句话,说明了文采的重要。

③ 司马迁为了完成《史记》的写作,使之"藏之名山,传之其人",忍受了人间最大的侮辱,最后才达到目的。

④ 爱因斯坦非常赞赏玻尔的直觉,认为"很少有谁对隐秘的事物具有这样一种知觉的理解力,同时又兼有这样强有力的批判能力"。

例②引文末尾的标点去掉,后一半引号之后因为没有停顿,无须加任何点号。例③原文"人"后的逗号(见司马迁《报任安书》)去掉,后一半引号之后根据停顿需要加逗号。例④引文末尾原标点也去掉,由于引文完了也是句子结束的地方,所以后引号后用句号。

下面几例引文末尾点号使用不对:

*⑤ 在70年代初他曾写过:"思想大门洞开,情绪轻松愉快。锻炼、营养、药物,健康恢复快哉"。这四句话也许就是老人长期保持身心健康的秘诀。

*⑥ "白发三千丈,"是一种夸张;如果说"白发三尺长,"就什么意思都没有了。

*⑦ 吴祖光虽然打赢了官司,却并未感到欣慰,他在胜诉后仍认为"这是一种悲哀。"

例⑤引文是作为完整独立的话用的,句末原句号应保留在引号内,即后引号和句号位置调换。例⑥两对引号里面的逗号都要去掉,后一半引号后面用逗号,表示句子内部的停顿。例⑦引号里面的句号去掉,后引号后面加句号,这个句号表示全句末尾的停顿。

(九) 括　号

1. 括号的形式

括号有圆括号( )、方括号[ ]、六角括号〔 〕和方头括号【 】等几种。圆括号是最主要最常用的形式,其他形式往往依习惯使用,如国际音标一般使用方括号,方头括号、六角括号一般用在辞书、教科书

中,标明被解释的词语。例如:

①"妈麻马骂"这些字声母和韵母都一样,全是[ma]。

②【藩篱】篱笆。比喻门户或屏障。

如果有必要括号内再用括号,可以使用不同形式的括号以示区分,但不同形式的括号并没有严格的层次区别,仍依照习惯使用。例如:

③《国务院批转国家语委关于当前语言文字工作请示的通知》(国发[1992]63号文件)

④〔喋(dié)血〕血流满地。喋通蹀,践踏。这里用为转义:由践血转指流血多。

2. 括号的主要用法

行文中注释性的文字,用括号标明。括号分为句内括号和句外括号两种。括号里的文字是注释句子里某些词语的,这种括号叫做句内括号。句内括号要紧挨着被注释的词语,放在句内或句末的标点之前。括号里的文字是注释整个句子的,这种括号叫做句外括号。句外括号要用在句末点号的后面。例如:

① 1844年,经过详细的计算后,贝塞尔从理论上断定这颗星(后来叫天狼伴星)是存在的。

② 一女中的课业非常严,考上一女中的都是好学生。(我不知怎么会歪打正着地考了进来,这对我而言,简直是祸不是福。)人人都应付裕如,只有我一败涂地。

3. 括号使用常见错误

(1) 括注位置错误

句内括号要紧挨着被注释的词语,放在句内或句末的标点之前。句外括号要用在句末点号的后面。下面例子中的括号使用错误:

*① 在气温接近皮肤温度时(33摄氏度),出汗就明显了。

*② 不料许多病人买回这种草药服下后,发现对身体的康复根本没有什么帮助,而且价格昂贵,(每500毫升售价24元多)于是顾客纷纷要求退款,酿成许多纠纷。(有的甚至告到法院)

*③ 主人公顽强地抵抗着(这里又一次使用了逆光拍摄技巧)。

主人公中弹了(这里使用的也是逆光,并且再次使用了高速)!

*④ 我忍不住喊道:“你,快点回来!(我怎么用的是命令口气?大概是怕显出自己的胆怯吧。)”

“来了来了。”他应声跑过来。

例①括号里的话是注释“皮肤温度”的,应紧贴在“温度”之后。例②第一个括注是针对“价格昂贵”的,第二个括注是针对“纠纷”的,都没有紧跟着被注释的词语。应把前一个括注移到“昂贵”之后逗号之前,后一个移到句末点号之前。例③的两处括注都是针对前面整句话的,所以应把第一个括注移到句号之后,第二个移到叹号之后。例④括号里的话是对前面整个引语部分作补充评论的,不属于引语,因此这个句外括注应移到后引号外面才对。

(2) 滥用括号

行文中要不要用括号应根据是不是需要解释或补充说明而定。有时候根本用不着解释补充却用上个括号,或者本应归入正文说的话却被当作解释补充性的,硬是用括号括起来。例如:

*① 这种人造海蜇跟天然海蜇外观很相似,只是吃起来口感(口中的感觉)比天然海蜇稍微差一点。

*② 有意者请于登报之日起15日内将个人简历(有关证件、证书复印件,联系地址、电话等)寄给本院人事处。

*③ 世上有两种人(品格高尚的君子和品格低劣的小人),照理说,君子应受人尊重,小人应遭到唾弃,但偏偏有人怕招麻烦,宁得罪君子不得罪小人。

例①中的“口感”是很常用的词,根本不必加注。例②括号里的内容不是对“简历”的注释或补充,而是跟“简历”并列,同样重要,即简历和有关证件、联系地址电话等都需要,不得有缺,因此应作为正文看待。该例应去掉括号,同时在“简历”后加一个逗号。例③被放在括号中的话并不是可有可无的,而正是作者要谈论的话题,应作为正文。所以该例括号应去掉,括号后面的逗号改为句号,同时“两种人”后加一个逗号或冒号。

(3) 括号内文字标点使用不当

句内括号里的话如果不长,中间没有停顿,就什么点号也不用。如果有停顿,根据表达需要,中间可以使用各种句内点号,但末尾不能用句号。有的句内括注甚至可能不止一个句子,这样句内括号里就会用到句号;但即使这样,括注文字末尾也不能用句号。句外括号里面的话简短的,句内句末都不必用点号;如果中间有停顿或不止一个句子,末尾可以用句号。例如:

① 在我所认识的朋友中,就有不少是自修(开始当然需要人教,但不一定要入学校)外国文而能够阅读外国文书报的。

② 可是,“可持续”(顺便提一句,“可持续”中的“可”似乎可以去掉,去掉了,更顺口。把 Sustainable Development 译为“可持续发展”是直译,不是意译)终究是只回答了社会发展的一个侧面,只为解决当前与长远之间的矛盾提供了理论依据。

③ 这个诗意神话的破灭虽无西方式的剧烈的戏剧性,但却有最地道的中国式的地久天长的悲凉。(在这一点上,身为洋人的金介甫先生反倒比我们有更敏锐的体验和论述。)

问号和叹号虽然也是句末点号,但由于这两种点号还兼有表示语气的作用,所以句内括号里语句末尾可以使用问号和叹号。例如:

④ 日本出版行业也问题重重,其一即编辑人员日益“上班族化”(机关干部化?)。尤其大出版社编辑,安于现状,拿不出好选题,因而更依赖编辑制作公司。

⑤ 我到西树岭(变化多大呀!)不久,就得知两位老人已经过世好几年了。

下面是使用错误的例子:

*⑥ 长期以来,人们(包括个别专门从事民间文学研究的“内行”,)往往只注意到民间文学作为“文学”的这一面,却忽视甚至无视民间文学作为科学研究资料的另一面。

*⑦ 我们只能顺应市场运行的规律,对市场进行必要的干

预,减弱其负面效应或其负面效应的社会后果(如对被淘汰企业的职工实行失业保障制、进行失业职工的再培训等。)。

例⑥后括号前的逗号、例⑦后括号前的句号都应去掉。

(十)破折号

1. 破折号的形式

破折号是一条居中直线"——",占两个字的位置,中间不能断开。破折号一般用一个,必要时用一对。

2. 破折号的主要用法

(1) 用来引出对上文的解释说明。例如:

① 1997 年 7 月,出现了万古奇观　　彗木大碰撞。

解释说明的话如果是插在句子中间的,可以前后各用一个破折号。例如:

② 裁判者自身的素质——年资、声威、经验、知识等——是相当重要的因素,虽然一定的强制力作为威慑也是不可缺少的。

(2) 用来引出对上文的补充说明。例如:

伽利略的过人之处,就在于他的思想并未就此中断,而是继续向前,完成了认识上的飞跃——一个真正够得上飞跃的飞跃。

(3) 标明话题的突然转变。例如:

过了一会儿,小妹说:"我在珠海的公司干得挺顺心。老板对我不错,工资也挺高的,每月三千多呢!——我能抽支烟吗?"

(4) 标明说话的中断。例如:

"班长他牺——"小马话没说完就大哭起来。

(5) 标明声音的延长。例如:

"顺——山——倒——"林子里传出我们伐木连小伙子的喊声。

(6) 标明分行列举。例如:

中央与地方的关系,是国家政治经济体制的核心问题之一。当前迫切需要确立的主要原则有以下几点:

——民主集中制法制化原则;

——党的领导法制化原则；

——充分发挥中央与地方两个积极性的原则；

——政企职责分开的原则。

(7) 引出下文。引出的文字可能是一个甚至几个自然段，是对上文所说问题的具体论述或描写。例如：

在一篇题为《论气节》的文章里，他对“五四”以来中国知识分子的历史道路与现实处境作了这样一番总结——

……

(8) 引出对上文的总结。例如：

其实这位选评者不但缺乏古代文学艺术常识，甚至对一般古汉语词汇也不能理解。他把“挹注”（挹彼注此，损有余以补不足）讲成“不在乎，不注意”；把“含香之署”（尚书省的别称）讲成“有香味的房子”；把“怀刺”（怀里揣着名片，“刺”即今之名片）讲成“怀抱着有刺的东西”——都是全无根据地乱说一通。

(9) 用在文章标题后引出副标题。例如：

语言与哲学

——当代英美与德法哲学传统比较研究

(10) 用在引文后标明出处。例如：

日出江花红胜火，春来江水绿如蓝。

——白居易

(11) 标明歇后语的语底。例如：

卤水点豆腐——一物降一物。

3. 破折号使用常见错误

(1) 滥用破折号

破折号的用途比较多，用法也比较复杂。用得好，确实有一定的表现力；但也很容易用错。应当注意要在确有必要时才用，否则对表达没有帮助，甚至有害文意。例如：

*① 这个计划由国家拨款一百亿，其中包括七个领域的十五个主题项目——这七个领域是：生物技术、航天技术、信息技

术、激光技术、自动化技术、能源技术、材料技术。

*② 1986年4月5日——她走了。走得那么从容、平静、安详。

*③ 中华武术,广义而言——它包括各民族的武技拳术;狭义而言——它泛指汉民族诸多流派的武术。

*④ 阿格布拉着流浪人——拉吉的手,给他讲起自己当兵的事情。

例①破折号与后面的语句“这七个领域是”作用都是进一步解释说明,同时使用造成不必要的重复,应把破折号改为逗号或句号。例②“1986年4月5日”是句子的时间状语,后面只是一般性的停顿,用逗号就可以了,不必用破折号。例③“广义而言”“狭义而言”是两个插入语,后面就是一般性的停顿,应用逗号表示,去掉破折号。例④“拉吉”和“流浪人”是同位语关系,不是注释和被注释的关系,两部分关系紧密,说和读的时候也是连起来没有什么停顿的,因此破折号多余,应去掉。

(2) 破折号与括号混淆

破折号和括号虽然在标明注释说明或补充性语句这一用法上有相近之处,但两者还是有区别的。一般来讲,在写作者看来是比较重要的解释说明,就用破折号,破折号引出的解释说明是作为正文一部分的,读的时候要连着正文一起念出来。在写作者看来是比较一般的解释说明,不要它也不影响句子意思完整性的,就常常用括号。括号里面的话不算正文,只是一个注释,不必连着正文念出来。例如:

① 哈雷收集了从1337年到1698年间各种书刊上有关彗星的记录,在牛顿思想的启发下终于认出了他所关注的彗星(后人称之为哈雷彗星)。

② 我们要战胜日本侵略者,除其他一切外,还必须努力于经济工作,必须于两三年内完全学会这一门;而在今年——1945年,必须收到较前更大的成绩。

例①“后人称之为哈雷彗星”只是个注释,可以不念出来。例②的“1945年”与例①相比就显得比较重要,是正文,要读出来的。这两例中的括号和破折号从表达需要看，是不能互换的。有时候同样是解释说明的话，用括号还是用破折号，和作者的表达意图也很有关系。

使用中有把这两个标号混淆的。例如：

*③ 盛夏时节，北京城里暑气蒸人，而门头沟区两座名山（灵山和百花山）上，却凉爽宜人，温差在10摄氏度以上。

*④ 人家想借你字典用，你就痛痛快快借给人家，别麦秆子吹火（那么小气）。

两例都是宜用破折号而用了括号。例③括号内的"灵山和百花山"是该句里很关键的内容，是重要信息，不宜以括注形式出现，宜作为正文处理，把括号去掉，在"两座名山"后用一个破折号。这个破折号引出后面的解释说明，而且还有提起注意的作用。例④用了一个歇后语，歇后语的解释部分也正是要表达的重点，而不是可有可无的。比喻部分和解释部分之间宜用破折号。

下面两例情形相反，破折号都宜改为括号：

*⑤ 据不完全统计，截至去年年底，我国各类民办学校——包括幼儿园已有两万多所。

*⑥ 数学文化在现阶段的一个显著特色是数学尽管分支众多——主要分支达八十多种，发展迅猛，但仍是一个统一的思想体系。

例⑤的"包括幼儿园"和例⑥的"主要分支达八十多种"都与下文接不上，不宜作正文处理，宜改用括注说明形式。

（3）破折号与冒号混淆

用破折号引出下文的具体内容，有时有强调和提起注意的作用。这一点和冒号有些相似。但破折号和冒号毕竟是不同的两个标点符号，不可混淆。有些地方很明确该用冒号就不要用破折号。例如：

*① 在某大学，一位西方很有权威的社会学家兼经济学家曾问我——你对你们这一代人如何评价？

我毫不迟疑地回答——他们是中国当代社会的中坚。

对方又问——何以见得？

——他们的存在保持了时代的稳定。

——也就是中国目前的样子？

我不禁一怔。

*② 为纪念第二次世界大战中英勇牺牲的战马，匈牙利首都布达佩斯市建造了一座铝质战马塑像，底座上有这样一行字：——“献给忠诚的战友们”。

例①是一组对话，问话和答话用的都是直接引语，直接引语前的提示性话语后应用冒号。因此例中前面的三处破折号都应改为冒号，后面的两处破折号去掉，并把五句问答加上引号。例②“底座上有这样一行字”后面已经有冒号表示提起下文，不必再用个破折号，这个破折号应去掉。

下面一例是该用破折号而用了冒号的：

*③“小铁，想认识一下吗？这就是地区少年摔跤比赛冠军赵强：我的表哥。”

“我的表哥”是注释说明“地区少年摔跤比赛冠军赵强”的，适合用破折号而不适合用冒号，应把冒号改为破折号（此处也可以不用破折号，而用表示一般性停顿的逗号）。

（十一）省略号

1. 省略号的形式

省略号是6个小圆点“……”，占两个字的位置，上下居中。如果是表示整段甚至若干段文字的省略，可以用12个小圆点，占四个字的位置，自成一行。有些科技类文献、辞书等中习惯使用3个小圆点的省略号。例如：

① A的计算是在分别计算 A_1，A_2，…A_6 的基础上求和而得的。

②【东…西…】表示“这里…那里…”的意思：～奔～跑|～张～望|～拼～凑。

一般情况还是应当使用6个小圆点。

2. 省略号的主要用法

(1) 引文的省略，用省略号标明。例如：

爱因斯坦在《我的世界观》一文中写道："照亮我的道路，并不断给我新的勇气去愉快地正视生活的理想，是善、美、真。……要不是全神贯注于那个在艺术和科学研究领域永远也达不到的对象，那么人生在我看来就是空虚的。"

(2) 列举的省略，用省略号标明。例如：

在塔里木，如果你仔细观察就会发现，动物界的规矩简直比人类还多，野骆驼、野猪、狼、黄羊、山羊……直至塔里木兔、跳鼠，都是各行其路，决不混淆。

(3) 说话断断续续，用省略号标明。例如：

他吃力地抬起头说："我……对不起……大家，我没有……完成……任务。"

3. 省略号使用常见错误

(1) 省略号和"等""等等""之类"并用

表示列举未完有所省略时，省略号的作用相当于"等""等等""之类"。用了省略号，就不必再用"等""等等"或"之类"，用了"等""等等"或"之类"，也就不需要用省略号了。使用中常见有两者并用的。例如：

*① 应该说，股票、证券投资、收购产权、金融信贷……等，都是资本经营的一种形式。

*② 那整版整版的所谓"传真"，除了声色犬马的娱乐新闻，就是花样翻新的贩毒、诈骗、走私、绑架……之类，让人眼花缭乱。

*③ 该书涉及现代汉语语法学的各个方面，如语法研究的视野、语义与语法、语用与语法、变换分析、词类的划分、动词研究、句型研究、复句研究等等……，深入而又系统地介绍了语法研究的各种专门知识。

例①应把省略号去掉，保留"等"。例②可以保留省略号，但要把"之类"连同后面的逗号都去掉；或者去掉省略号保留"之类"。例③"等等"后省略号用得更无道理，应去掉。

(2) 省略号前后标点存去不当

省略号前面的标点，一般原则是，如果是句内点号，则不必保留。如果是句末点号，说明前面是完整的句子，应予以保留。例如：

① 我们在饭桌上背《岳阳楼记》，背《木兰辞》，背昆明大观楼的长联……大家抢着背，看谁背得多。

② 毛泽东同志在《整顿党的作风》中曾说："我们党内的主观主义有两种：一种是教条主义，一种是经验主义。……但是在这两种主观主义中，现在在我们党内还是教条主义更为严重。"

③ 看见别人用公款大吃大喝，我至少也得小吃小喝一番。你多占三间房，我多占一间也行。你开得后门，我有什么开不得？……于是，对于种种不正之风，尽管不满，却又往往不免沾点边。

例①省略号前是逗号，不必保留。例②省略号前是句号，例③省略号前是问号，都保留了。

省略号后面的标点，一般的趋势是不用，因为连文字都没有了，标点当然也可以不要。但是省略号后面如果还有别的话，省略的文字和后面的话不连着，有停顿，这时省略号后面可以用点号。例如：

④ "主席！"腰板微微地一弯，"各位先生！"腰板微微地一弯，"兄弟首先要请求各位原谅：我到会迟了点，而又要提前退席。……"

⑤ 罗布人的生活所需都是取自身边，针是红柳针，斧头是石斧，衣服是水鸟羽绒或罗布麻织就，房屋是芦苇和土坯垒起……。他们无法抗拒的，是外来的传染病。

例④省略号后面不必用其他点号，例⑤省略号后面还有话，前后是两个句子，中间需要用句号。

下面是使用不当的例子：

*⑥ 人需要的是空气中的氧气。可是空气里什么都有，灰尘、细菌、粉末、……样样俱全。

*⑦ 关于科学发现问题，他有一段话："每一种假说都是想象力发挥作用的产物，而想象力又是通过直觉发挥作用的……

但直觉常常变成一个很不可靠的同盟者，不管它在构成假说时是如何不可缺少。”

例⑥省略号前的顿号应去掉，例⑦省略号前应加句号。

(3) 滥用省略号

省略号的使用要得当，不要随意使用。应该让读者知道的意思不能省，不必用省略号；不想让读者知道的内容就不必说，也无须用省略号。但有的文章里省略号用得比较多，特别是文章末尾，似乎多用省略号就可以造成余味无穷的效果，其实单单一两个省略号是没有那么大作用的。下面三例中的省略号都没有使用的必要。例如：

* ① 老汉打了个冷噤，说：“你不要讲了，叫福生今天抽空来一趟吧。”……

* ② 我一再告诫自己，务必要保持清醒头脑，谦虚谨慎，再接再厉，把下一步的训练和比赛搞得更好，为中国的中长跑运动作出更大的贡献。……

* ③ 73 岁的萨马兰奇先生手捧大信封，正稳健地迈入专设的多功能新闻大厅。在这里，萨翁将亲自开启信封，向全世界揭示这一秘密……

例①“老汉”的话已经说完，后面的省略号属多余。例②也一样，意思已经表述完了，下面并没有什么未尽之意，用句号断句就可以了。例③是客观地叙述一个场面，尽管那一“秘密”很牵动人心，但作为一个叙述句，已经完了，没有更多的意思蕴涵其中，句末应改用句号收住。

(十二) 着重号

1. 着重号的主要用法

提请读者特别注意的字、词、句，用着重号标明。例如：

自己做不到的事千万勿要求别人；自己也要犯的毛病先批评自己，先改自己的。

2. 着重号使用常见错误

(1) 着重号与引号混淆

着重号的作用是标明请读者特别注意的字、词、句，是表示重要和强调的。引号的一种用法是用来标明行文中要论述的对象。两者是有区别的。例如：

① 语法和修辞的学习是只能帮助阅读和写作，不能代替阅读和写作的。

② 这种态度就是实事求是的态度。“实事”就是客观存在的一切事物，“是”就是客观事物的内部联系，即规律性，“求”就是我们去研究。

例①用着重号，是强调“帮助”和“代替”的不同，请读者注意。例②“实事”“是”“求”都是要具体解释论述的词语，用引号。两例中的着重号和引号不能互换。

但使用中有把这两个标号混淆的。例如：

*③ 知己知彼，是战争认识的主要法则，是“知胜”和“制胜”的认识基础。

*④ 连词因为通常用在句子开头，后面用所以，如：“因为他老是说话不算数，所以大家都不太爱跟他打交道。”

例③“知己知彼”是要论述的对象，可以用引号，但不应该用着重号。例④加引号的例句中“因为”“所以”下面标着重号是可以的，目的是为醒目，让读者注意，当然不用也可以，因为前面的文字已经作了说明。但前面的说明部分里“因为”“所以”是作为论述对象的，不能用着重号，应改用引号。

(2) 滥用着重号

着重号应在必要时使用，用多用滥，反而起不到应起的作用。满篇麻麻点点不好看，还会影响正常阅读。下面两例里的着重号就用得没什么必要。例如：

*① 赵小强发现，尽管他说这些话时非常真诚、自然、优雅，听他这些话的人却大多显出迷惑不解乃至不安的神色。

*② “那么你呢？”隆隆挑衅地说，而且故意说“你”。

例①“迷惑不解乃至不安的”下面不标着重号读者也会根据阅读习惯自然地比较注意这些词语，因此这几个着重号用得多余，应去掉。例②“而且故意说‘你’”的描写已经是对前面用“你”字的说明了，所以“你”字下面的着重号也应去掉。下面一例着重号用得太多了：

*③ 小说所表现的爱情内容是否真正符合爱情的理想，是否真是一种历史的逻辑趋势，是否是历史轨迹的必然结果，这是科学的任务。

密密麻麻的着重号，令读者无所适从，根本不能很好地突出重点。宜把所有着重号都去掉。

（十三）连 接 号

1. 连接号的形式

连接号是一个短横“—”，占一个字的位置，可以叫一字线。连接号还有半字线“-”（占半个字的位置）、浪纹“～”（占一个字的位置）等形式。一字线是基本的常用的形式。

2. 连接号的主要用法

（1）连接意义密切相关的字、词、字母、阿拉伯数字等，构成复合结构，表示一个意义单位。例如：

历史—文化基础|点—轴系统|加—中儿童健康基金会|实验—分析科学|淀粉—聚氯乙烯|锌—铬硫化物|波音737-300型|CH-53重型直升机|AV-8B“鹞”式飞机|多决定簇-调节模式|葡萄糖-基本培养基|锦纶-66|碳-14|2-二氯乙硫醚

以上用法一般使用一字线连接号。但在科技文献中也常常依习惯使用半字线连接号。

（2）连接相关的时间、地点或数字，表示起止或幅度。例如。

① 沈括（1031—1095）|北京—武夷山—广州航线|气温达-20℃—-50℃

连接数字表示数值范围的，特别在科技文献中，常用浪纹式连接号，例如：

② 目前，各国海军深水炸弹一般总重在70～250千克，装药量28～200千克，弹径203～375毫米，弹长0.7～2米，破坏半径达8～23米，射程数十米到数千米，可在300米水深使用。

（3）连接外国人的复姓或双名。例如：

哲学家让-吕克·马里翁|法国诗人苏里-普吕多姆

这里只能用半字线,不能用其他形式。

(4)连接相关的几个项目,表示具有连续性的一个过程。例如:

① 我想写出这样一个公式:单纯—复杂—单纯。说得详细一点,就是由原始的单纯,通过应有的复杂,达到新的圆满的单纯。

② 采取这些举措,实现了建房—出售—资金回收—再建房的良性循环。

3. 连接号使用常见错误

(1)连接号过长,误作破折号

连接号和破折号不同。连接号的基本形式是一个短横,占一个字的位置。破折号是一个长横,占两个字位置。连接号的作用在于连,破折号的作用在于断。两者不能相混。下面三例误把破折号作连接号用了:

*① 11 月 1 日,巴以加沙——杰里科委员会第 4 次会议结束,巴勒斯坦代表拒绝了以方提出的从被占领土加沙撤军的计划。

*② 当前,世界发展的一个基本现实,就是大国间抢夺世界主导权的斗争已经从谋取战略优势的军备竞赛,转变为以科技——经济为核心的综合国力较量。

*③ 健康成年人最适宜的运动强度是运动后心率在 140——150 次/分之间,50 至 60 岁者运动后心率在 120——130 次/分,60 岁以上老年人运动后心率在 100——120 次/分比较合适。

例①地名“加沙”和“杰里科”中间应该用一字线连接号,表示这是一个特殊的地理区域。例②“科技”和“经济”合起来构成一个复合的意义整体,中间应用一字线连接号,写作“科技—经济”。例③连接数字表示幅度,可改用一字线连接号或浪纹连接号。

(2)连接号过短

表示起止或幅度的连接号用一字线,也可以用占一个字位置的浪纹,但不能用半字线或半个字位置的浪纹。例如:

* 陈景润(1933-1996)| * 北京-杭州特快列车| * 每立方毫米血液约含 10 ~ 30 万个血小板

上例中连接号都应改为占一个字位置的直线或浪纹。

(3) 误将连接号作"到"或"至"使用

如果行文中用"从……到(至)……"的表达方法,其中的"到"或"至"不能写成连接号,只能写汉字。如不能写成"* 从 1960 年～1990 年的三十年间""* 从北京—广州的高速列车"(如果不用"从"字,连接号当然可以用)。下面例中错用连接号代替了汉字:

* 他对罗布荒原当时已经发现的楼兰王国遗迹作了统一标号,从 LA—LT,一共 20 个,并被沿用至今。

(十四) 间 隔 号

1. 间隔号的形式

间隔号是一个小圆点"·",用在需要隔开的词语中间,位置居中。与西文中位置居下的缩写点不同。

2. 间隔号的主要用法

(1) 标明外国人或某些少数民族人名内各部分的分界。例如:

阿尔伯特·爱因斯坦|伊萨克·牛顿|爱新觉罗·努尔哈赤

(2) 标明书名与篇(章、卷)名之间的分界。例如:

《史记·秦始皇本纪》|《中国大百科全书·语言文字》

(3) 标明诗体、词牌和诗、词标题之间的分界。例如:

《七律·长征》|《水调歌头·明月几时有》

(4) 以某月某日简称命名的事件、节日、活动等,月和日之间用间隔号。例如:

一二·九运动|一·二八事变|3·15 消费者权益日活动

(5) 作文章标题或书名的并列词语之间也有用间隔号的。例如:

《经济·社会·宗教》|《反思·对话·文化自觉》|《朴学·人类学·文学》

3. 间隔号使用常见错误

(1) 该用顿号的地方误用间隔号

间隔号可以用于文章标题或书名,把并列又有关联的词语间隔开来。这种用法的间隔号与顿号以及连词“和”有所不同,如下面标题中的顿号不能改用间隔号:

《知识、风格和道德》|《灵魂、基础和根本保证》|《生命的过去、现在和未来》

平等并列的署名之间也应使用顿号,例如:

中央宣传部、新闻出版总署(中宣发[2004]7号)

下面例子里间隔号用得不对,应改用顿号:

《道德·功利及其他》|《货币·信用与商业》|*《篱笆·女人和狗》|*中央宣传部·新闻出版总署(中宣发[2004]7号)

(2)间隔号与西文中的缩写符号混淆

外国人名中有用缩写字母的,缩写字母后用下脚点。这个下脚点是西文中的缩写符号,不是中文的间隔号,不能随便移到居中的位置,特别是一个名字当中又有缩写字母又有汉字的时候,字母后常用下脚点,译成汉字的部分和它后面的部分之间用间隔号,要注意不能写错。例如:

M. 普朗克|C. F. 高斯|A. 罗伯特·李

下面的写法是错误的:

*M·普朗克|C·F·高斯|A·罗伯特·李

(十五)书名号

1. 书名号的形式

书名号有双书名号“《》”和单书名号“〈〉”两种。一般用双书名号,书名号里面还要用书名号时,外面一层用双书名号,里面一层用单书名号。例如:

《〈农村调查〉的序言和跋》|《〈红楼梦〉考证》

一般的竖行文字,也用尖角书名号,需掉转90度。一般用双书名号,需要两层时,仍是外双内单。

古籍或文史著作中书名号可以仍用尖角号。如果同时还使用了专名号(____),为了和专名号配合,这类著作里的书名号可以用浪线式(﹏﹏)。例如：

①《春秋》之记臣杀君，子杀父者，以十数矣。

② 屈原放逐，乃赋离骚；左丘失明，厥有国语。

竖排文稿浪线式书名号放在字的左侧。

2. 书名号的主要用法

(1) 书名、篇名、报纸名、刊物名，用书名号标明。例如：

《红楼梦》|《纪念白求恩》|《文汇报》|《当代》

(2) 法律、规定、条例、通知等文件名称，用书名号标明。例如：

《中华人民共和国宪法》|《标点符号用法》|《中学生日常行为规范》|《出版管理条例》|《关于重申严格执行有关出版管理规定的通知》

(3) 电影、电视、戏剧、相声、音乐、歌曲、舞蹈、绘画、摄影、雕塑、邮品、音像制品、电子出版物等文化产品名称，可用书名号标明。例如：

电影《永不消逝的电波》|京剧名作《杨门女将》|歌曲《团结就是力量》|大型舞蹈史诗《东方红》|大理石雕塑《苏醒》|多媒体软件《轻轻松松背单词》|游戏软件《三国群英传》

(4) 报刊的栏目、板块名称，电台电视台的节目名称等现也多用书名号标明。例如：

《社会大特写》专栏|《民族大家庭》专题节目|《实话实说》节目|《球迷留言板》栏目

3. 书名号使用常见错误

(1) 滥用书名号

尽管书名号不限于标明书名、篇名等，但也不能随意使用。品牌、证照、展览、会议、活动、项目、团体、奖项、杯赛、课程等名称不能用书名号标明。例如：

*《长征四号》火箭|*颁发《敬老证》|*《甘肃文物精华展》|*《全国食用天然色素应用研讨会》|*开展《青工技术大比武》活动|*以《地球·人口·资源·灾害·环境》为题的大型宣传活动|*成立《钟山合唱团》|*青少年《神龙杯》书法大

赛|*开设《现代企业财务管理》课程

例中书名号都应去掉,必要处用引号。

(2) 书名号位置不准确

报刊名是专有名称,有的专有名称本身就带有“报、周报、月刊、杂志”等词,如《电脑报》《英语周报》《小说月报》《文史月刊》《中华血液学杂志》等,有的则没有。不带有这些词的报刊名称,书名号内不能有这些词,否则与实际名称不符。例如:

《人民邮电报》|《歌曲月刊》|*《编辑之友杂志》|*《红旗杂志》

应为

《人民邮电》|《歌曲》|《编辑之友》|《红旗》

标明不同版本、版别的文字,如书的“修订版”“重排本”,报纸的“海外版”,刊物的“合订本”等,可以不看作书报名本身,而只是一个注释说明。因此,行文中称述带有这类注释说明的书、报、刊等时,常用括号把它们括起来放在书名号外面。例如:

《辞源》(修订本)|《新华字典》(大字本)|《人民日报》(海外版)|《内科疾病鉴别诊断学》(第三版)|《语文建设通讯》(香港)|《建筑施工手册》(缩印本)

也可以不用括注,而跟在书名后补充说明,或在书名前事先交代,如:

《新华字典》大字本|香港《语文建设通讯》

法令、规定、方案、条例等的“草案”“试用稿”“初稿”等字样,如果原件就用括注放在书名号里边,称说时也应依照原件。例如:

《中华人民共和国义务教育法(草案)》|《中华人民共和国民事诉讼法(试行)》|《汉语拼音正词法基本规则(试用稿)》

下面的用法不对:

《现代汉语词典·第五版》|《人民日报·海外版》|*《人民日报(海外版)》

（十六）专名号

1. 专名号的形式

专名号是一条直线“____”。横行文稿标在专名下面，直行文稿标在专名左边。

2. 专名号的用法

专名号用来标明人名、地名、朝代名、国名、民族名、宗教名、年号，以及官署、组织机构等名称。例如：

① 曾子，名参，字子舆，南武城人，是孔子的学生，比孔子小四十六岁。

② 春秋初期，齐国内乱，便有公子纠和公子小白争夺齐国君位之战。

“曾子”“参”“子舆”“孔子”“公子纠”“公子小白”都是人名，“南武城”是地名，“春秋”是朝代名，“齐国”是国名。

专名号由于书写和排印都不方便，目前书刊一般都不使用这个符号，只在排印古籍或一些文史著作中使用。为了和专名号配合，这类著作中的书名号可以改用浪线式（﹏﹏）。例如：

③ 昔仲尼既殁，仲弓之徒追论夫子之言，谓之论语。

三、标点符号的位置

1. 横行文稿标点符号的位置

（1）句号、叹号、问号、逗号、顿号、分号、冒号这7种点号一般占一个字的位置，居左偏下，不出现在一行之首。如果正遇上在行首，最好是用“挤”的办法，即稍稍缩小上一行的字距，把这个点号挤在上行末尾。也可以用“松”的办法，即稍稍加大上一行的字距，把上一行末尾的一个字拉下来，使之居于下一行之首。但是如果拉下来的这个字正好是一段或全篇的末尾，用“松”的办法就不如“挤”的办法好，因为拉下来的一个字和一个点号独占一行，很不好看，特别是同时又遇上转页的情况。

（2）引号、括号、书名号的前一半不出现在一行之末，后一半不出现在一行之首。如果正遇上前一半在行末，应当用“挤”或“松”的办法把下一行开头的一个字挤到上行末尾或把前一半标号拉到下一行之首。正遇上后一半在行首,也应把它挤到上行末尾或把上行末一个字拉下来。同时也应尽量避免拉下来的一个字正好是一段或全篇的末尾,独占一行。

(3) 破折号、省略号占两个字的位置,上下居中,中间不能断成两截分处上行之末和下行之首。遇到行末排不下时,用"挤"或"松"的办法均可。

(4) 连接号和间隔号占一个字的位置,上下居中,最好也不出现在行首。

(5) 着重号、专名号和浪线式书名号标在字的下边。

2. 直行文稿标点符号的位置

(1) 句号、叹号、问号、逗号、顿号、分号、冒号这 7 种点号放在字下偏右。

(2) 破折号、省略号、连接号和间隔号放在字下居中。

(3) 引号改用双引号『』、单引号「」。括号和书名号改为上下位置︶、︽。

(4) 着重号标在字的右侧,专名号和浪线式书名号标在字的左侧。

(5) 横行文稿中某些标点符号不能居行首或行末的要求以及处理办法,同样适用于直行文稿。

量和单位

在出版物尤其是科技出版物中，量和单位的使用是很广泛的。然而，令人遗憾的是使用量和单位的差错也比较普遍。例如，使用废弃的量名称，使用不规范的量符号，使用非法定计量单位，使用错误的单位名称和中文符号，SI 词头和单位符号书写或使用错误，等等。

为了有助于新闻出版行业正确使用量和单位，依据《中华人民共和国法定计量单位》[1] 和强制性、基础性国家标准 GB 3100～3102—1993《量和单位》[2]，并在参照了众多相关文献资料[3-20] 的基础上，以表格的形式给出了《常见标准量名称与非标准量名称对照示例》（表 1）、《常见标准量名称与暂时许用的名称对照示例》（表 2）、《常见标准量符号与非标准量符号对照示例》（表 3）、《常见法定与非法定的计量单位对照示例》（表 4）、《国民经济及各类统计中常用的单位名称、符号示例》（表 5），供各个学科、各种类型出版物的编校人员参考。

表 1　常见标准量名称与非标准量名称对照示例

标准量			非标准量名称
名　称	符　号①	SI 单位②	
[平面]③角	$\alpha,\beta,\gamma,\theta,\varphi$	rad	角度，度数
长度	l,L	m	米数，公里数
面积	$A,(S)$	m^2	亩数
时间	t	s	天数，秒数
质量	m	kg	重量④，吨数
体积质量，[质量]密度	ρ	kg/m^3	比重，容重
相对体积质量，相对[质量]密度	d	1	比重

表1(续)

标准量			非标准量名称
名称	符号①	SI单位②	
线质量,线密度	ρ_l	kg/m	纤度
质量体积,比体积	v	m^3/kg	比容
引力常量	$G,(f)$	$N \cdot m^2/kg^2$	万有引力常数
[动力]黏度	$\eta,(\mu)$	Pa · s	绝对黏度
功率	P	W	瓦数,马力
质量流量	q_m	kg/s	重量流量,流量
体积流量	q_V	m^3/s	流率
热力学温度	$T,(\Theta)$	K	绝对温度,开氏温度
热,热量	Q	J	热能
热导率(导热系数)⑤	$\lambda,(\kappa)$	W/(m · K)	导热率
传热系数	$K,(k)$	$W/(m^2 \cdot K)$	放热系数,给热系数
热流量	Φ	W	热流率
面积热流量,热流[量]密度	q,φ	W/m^2	传热速度
热扩散率	a	m^2/s	导温系数
质量热容,比热容	c	J/(kg · K)	比热
质量定压热容,比定压热容	c_p		定压比热容,恒压比热,恒压热容
质量定容热容,比定容热容	c_V		定容比热容,恒容比热,恒容热容
质量饱和热容,比饱和热容	c_{sat}		饱和比热容,饱和比热,饱和热容
焓	H	J	热函
亥姆霍兹自由能	A,F		赫尔姆霍茨自由能
吉布斯自由能	G		吉卜斯自由能

表1(续)

标准量			非标准量名称
名称	符号①	SI单位②	
电流	I	A	电流强度
电荷[量]	Q⑥	C	电量
电导	G	S	导电率
电导率	γ,σ	S/m	比电导,导电率
电动势	E	V	电势
介电常数(电容率)	ε	F/m	介电系数,绝对电容率
磁通[量]密度,磁感应强度	B	T	磁场强度
电能[量]	W	J	电量
光通量	$\Phi,(\Phi_V)$	lm	光通,光流
发光强度	$I,(I_v)$	cd	光强度
辐[射]功率,辐[射能]通量	$P,\Phi,(\Phi_e)$	W	辐射通量
辐[射]能流率	φ,ψ	W/m^2	辐射通量密度
发射率	ε	l	比辐射
辐[射]亮度,辐射度	$L,(L_e)$	$W/(sr\cdot m^2)$	辐射率
辐[射]出[射]度	M,M_e	W/m^2	辐射发射率,辐射本领,出辐度
光谱定向发射率	$\varepsilon(\lambda,\theta,\varphi)$	1	方向发射率
光量	$Q,(Q_v)$	$lm\cdot s$	光能
[光]亮度	$L,(L_v)$	cd/m^2	发光率
光出射度	$M,(M_v)$	lm/m^2	面发光度,出光度
光视效能	K	lm/W	视见函数,可见度,光见度
光谱光视效能	$K(\lambda)$		相对视见函数,相对可见度

表1(续)

标准量			非标准量名称
名称	符号①	SI单位②	
光谱光视效率,(视见函数)	$V(\lambda)$	1	相对视见率,光谱光效率
色品坐标,三色坐标	x,y,z	1	色坐标,色度坐标
[光谱]光密度	$D(\lambda)$	1	吸光度
摩尔吸收系数	k	m^2/mol	克分子吸收系数,消光系数
折射率	n	1	折射系数
声速	c	m/s	音速
隔声量	R	dB	传声损失
相对原子质量	A_r	1	原子量,原子质量
相对分子质量	M_r	1	分子量,分子质量
物质的量	$n,(\nu)$	mol	摩尔数,克原子数,克分子数,克离子数,克当量数,克式量数,物量
阿伏加德罗常数	L,N_A	mol^{-1}	阿佛加德罗常数,阿伏伽德罗常数
摩尔质量	M	kg/mol	克分子量,克原子量,克式量
摩尔体积	V_m	m^3/mol	克分子体积
摩尔熵	S_m	J/(mol·K)	克分子熵
摩尔热容	C_m	J/(mol·K)	克分子热容
摩尔定压热容	$C_{p,m}$	J/(mol·K)	定压摩尔热容,定压克分子热容
摩尔定容热容	$C_{V,m}$	J/(mol·K)	定容摩尔热容,定容克分子热容

表 1(续)

标准量			非标准量名称
名　　称	符　号①	SI 单位②	
质量分数	w	1	重量百分数,质量百分比浓度,质量百分含量,质量百分数,浓度
体积分数	φ	1	体积百分比浓度,体积百分含量,体积百分数,体积浓度,浓度
质量浓度	ρ	kg/m^3	含量,浓度,重量体积百分浓度
物质的量浓度,浓度	c	mol/m^3	摩尔浓度,体积克分子浓度,克分子浓度,体积摩尔浓度,容模浓度,当量浓度
摩尔分数,物质的量分数,物质的量比	$x,(y)$	1	克分子百分数,克原子百分数,摩尔百分浓度,原子浓度
溶质 B 的质量摩尔浓度	b_B, m_B	mol/kg	重量克分子浓度,重量摩尔浓度,重模浓度
玻耳兹曼常数	k	J/K	玻尔兹曼常数
摩尔气体常数	R	J/(mol · K)	气体[定律]常数
电解质电导率	k, σ	S/m	比电导
摩尔电导率	Λ_m	$S \cdot m^2/mol$	当量电导率,克分子电导率
质量旋光本领,比旋光本领	α_m	$rad \cdot m^2/kg$	比旋光度
玻尔半径	a_0	m	波尔半径
[放射性]活度	A	Bq	放射性强度,放射性,放射活性

表1(续)

标准量			非标准量名称
名称	符号①	SI单位②	
粒子注量	Φ	m^{-2}	粒子剂量
对数能降	u	1	勒
不泄露概率	Λ		不泄露几率
剂量当量	H	Sv	相对生物效应剂量
比释动能	K	Gy	珂玛,克码
傅里叶数	Fo	1	付立叶数,傅立叶数,付里叶数
雷诺数	Re		雷诺准则
努塞尔数	Nu		努赛尔数⑦
布喇格角	θ	rad	布拉格角
洛伦兹系数	L	V^2/K^2	洛仑兹系数,洛仑茨系数
霍耳系数	A_H, R_H	m^3/C	霍尔系数⑦
费密能[量]	E_F, ε_F	J	费米能
弛豫时间	τ	s	驰豫时间
热力学超导临界磁通[量]密度	B_c	T	热力学超导临界[磁]场强[度]

注:① 此栏下逗号“,”后圆括号“( )”内的符号为备用符号。

② 其中只有隔声量的单位 dB 为非 SI 单位,但它是我国的法定计量单位。

③ 去掉“[ ]”时为全称,去掉“[ ]”及其中的文字时为简称。

④ 在人民生活和贸易中质量按习惯仍可称为重量,但在科学技术领域中不赞成这种习惯,应严格加以区分。

⑤ “( )”中的名称为同义语。

⑥ 电荷[量]的符号也可以使用 q,但国际标准化组织(ISO)和国际电工委员会(IEC)均未给出 q。

⑦ GB 3100～3102—1993《量和单位》中也有此差错。

表 2　常见标准量名称与暂时许用的名称对照示例

<table>
<tr><th>标准量名称</th><th>SI 单位</th><th>暂时许用的名称</th></tr>
<tr><td>角频率</td><td>rad/s, s^{-1}</td><td>圆频率</td></tr>
<tr><td>力偶矩</td><td>N · m</td><td>偶矩</td></tr>
<tr><td>弹性模量</td><td rowspan="2">Pa</td><td>杨氏模量</td></tr>
<tr><td>切变模量</td><td>库仑模量</td></tr>
<tr><td>摩擦因数</td><td>1</td><td>摩擦系数</td></tr>
<tr><td>热力学能</td><td>J</td><td>内能</td></tr>
<tr><td>质量热力学能,比热力学能</td><td>J/kg</td><td>质量内能,比内能</td></tr>
<tr><td>电通[量]密度</td><td>C/m^2</td><td>电位移</td></tr>
<tr><td>电通[量]</td><td>C</td><td>电位移通量</td></tr>
<tr><td>介电常数,(电容率)</td><td>F/m</td><td>绝对介电常数(绝对电容率)①,电常数②</td></tr>
<tr><td>耦合因数</td><td rowspan="2">1</td><td>耦合系数</td></tr>
<tr><td>漏磁因数</td><td>漏磁系数</td></tr>
<tr><td>磁导率</td><td rowspan="2">H/m</td><td>绝对磁导率①</td></tr>
<tr><td>真空磁导率</td><td>磁常数②</td></tr>
<tr><td>[面]磁矩</td><td>$A \cdot m^2$</td><td>电磁矩①</td></tr>
<tr><td>(瞬时)体积流量</td><td>m^3/s</td><td>体积速度</td></tr>
<tr><td>损耗因数</td><td rowspan="7">1</td><td>损耗系数</td></tr>
<tr><td>反射因数</td><td>反射系数</td></tr>
<tr><td>透射因数</td><td>透射系数</td></tr>
<tr><td>吸声因数</td><td>吸声系数</td></tr>
<tr><td>声压反射因数</td><td>声压反射系数</td></tr>
<tr><td>声压透射因数</td><td>声压透射系数</td></tr>
<tr><td>摩尔热力学能</td><td>J/mol</td><td>摩尔内能</td></tr>
</table>

表2(续)

标准量名称	SI 单位	暂时许用的名称
B 的活度因子	1	B 的活度系数
溶剂 A 的渗透因子		溶剂 A 的渗透系数
原子或电子的 g 因数,原子核或核子的 g 因数		g 值,朗德因数
比结合能	J	[每个核子的]平均结合能
中子分离能		最后一个中子结合能
质子分离能		最后一个质子结合能
半厚度	m	半值厚度,半值层
总线阻止本领	J/m	阻止本领
每次裂变的中子产额	1	ν 因数
每次吸收的中子产额		η 因数
反应堆时间常数	s	反应堆周期

注:① 国际电工委员会(IEC)给出的名称。

② 国际标准化组织(ISO)和 IEC 给出的名称。

表 3　常见标准量符号与非标准量符号对照示例

量　名　称	标准量符号	非标准量符号
曲率半径	ρ	r,R
曲率	κ	ρ,k
时间	t	T
凝血时间†	t_c	CT
频率	f,ν	ω
角频率	ω	ν,f
速度	v,c,u,w	V,C
临界速度†	v_c,v_{cr}	CV
计算速度†	v_c,v_{calc}	CV

表3(续)

量 名 称	标准量符号	非标准量符号
测量速度†	v_{m}, v_{mes}	MV
最大速度†	v_{m}, v_{max}	MV
平均速度†	v_{av}	AV
质量	m	M, W, G, μ
体质量†(体重)	$m, (m_{b}, m_{B})$	BW
干质量†(干重)	$m_{d}, (m_{D})$	DW
鲜质量†(鲜重)	$m_{f}, (m_{F})$	FW
相对体积质量,相对[质量]密度	d	r, d_4
动量	p	P
力	F	f, N, T
压力,压强	p	P
表面张力	γ, σ	f, F
势能,位能	$E_{p}, (V)$	E_{p}, E_{P}
动能	$E_{k}, (T)$	E_{k}, E_{K}
功率	P	p
输入功率†	P_{i}, P_{in}	Pi
输出功率†	P_{o}, P_{out}	Po
热力学温度	$T, (\Theta)$	t
摄氏温度	t, θ	T
临界高温†	$T_{c,h}$	TCH
临界低温†	$T_{c,l}$	TCL
稳态温度†	t_{s}, t_{st}, t_{stab}	ST
环境温度†	t_{amb}	AT
定子温度†	t_{s}, t_{st}, t_{sta}	ST

表3(续)

量名称	标准量符号	非标准量符号
线[膨]胀系数	α_l	α_1, α_L, a_l
体[膨]胀系数	α_V,(α, γ)	$\alpha_{\mathrm{V}}, \alpha_v, a_V$
热容	C	c
质量热容,比热容	c	C
质量定压热容,比定压热容	c_p	c_{p}, c_P, C_P
质量定容热容,比定容热容	c_V	c_{V}, c_v, C_V
质量饱和热容,比饱和热容	c_{sat}	$c_{\mathrm{s}}, C_{\mathrm{sat}}$
熵	S	s
质量熵,比熵	s	S
热力学能	U	E, W, u
质量能,比能	e	E
焓	H	h
质量焓,比焓	h	H
电位,(电势)	V, φ	U, Φ
电极化率	χ, χ_{e}	x, x_{e}
磁场强度	H	B
磁通[量]密度,磁感应强度	B	H
电磁波在真空中的速度	c, c_0	v, u
[有功]电能[量]	W,(W_P)	E
电能†	$W_{\mathrm{e}}, W_{\mathrm{el}}$	E
磁能†	$W_{\mathrm{m}}, W_{\mathrm{mag}}$	E
声能†	$W_{\mathrm{a}}, W_{\mathrm{ac}}$	E
信噪比†	$R_{\mathrm{SN}}, \gamma_{\mathrm{SN}}$	SNR
摩尔吸收系数	κ	k

表3(续)

量 名 称	标准量符号	非标准量符号
[光谱]光密度	$D(\lambda)$	D
顶焦度	F_{v}	F, F_v
静压	p_{s}, (p_0)	p_s, P_0
声速,(相速)	c	v, u
群速	c_{g}	c_g, v_{g}
声压级	L_p, (L)	L_{p}, SPL
A[计权]声[压]级†	$L_{p\mathrm{A}}$	L_{pA}, $ASPL$
频带声压级†	L_{pf}	L_{pf}
声功率级	L_W	L_{W}, L_w, SWL
A 声功率级†	$L_{W\mathrm{A}}$	L_{WA}, $ASWL$,
频带声功率级†	L_{Wf}	L_{wf}
声强级	L_I	L_{I}, L_i, SIL
A 声强级†	$L_{I\mathrm{A}}$	L_{IA}, $ASIL$
频带声强级†	L_{If}	L_{If}
感觉噪声级	L_{PN}	L_{PN}, PNL
“快挡”A 声级†	$L_{p\mathrm{AF}}$	L_{pAF}, $ASPLF$
“慢挡”A 声级†	$L_{p\mathrm{AS}}$	L_{pAS}, $ASPLS$
“脉冲”A 声级†	$L_{p\mathrm{AI}}$	L_{pAI}, $ASPLI$
“峰值”A 声级†	$L_{p\mathrm{AP}}$	L_{pAP}, $ASPLP$
平均声压级†	$L_{p\mathrm{m}}, \bar{L}_p$	L_{pm}, L_{pm}
平均频带声压级†	$L_{pF\mathrm{m}}, \bar{L}_{pf}$	$L_{pfm}, L_{\mathrm{pfm}}$
平均 A 声级†	$L_{p\mathrm{Am}}, \bar{L}_{p\mathrm{A}}$	$L_{pAm}, L_{\mathrm{pAm}}$
等效[连续 A]声级†	$L_{\mathrm{Aeq},T}$, (L_{eq})	$L_{\mathrm{Aeq,T}}$
相对原子质量	A_{r}	A, A_r

表3(续)

量名称	标准量符号	非标准量符号
相对分子质量	M_r	M,M_r
摩尔热力学能	U_m	U_m,E_m
摩尔定压热容	$C_{p\mathrm{m}}$	$C_{\mathrm{p,m}}$,c_{pm},$C_{P\mathrm{m}}$
摩尔定容热容	$C_{V\mathrm{m}}$	$C_{v\mathrm{m}}$,$c_{V\mathrm{m}}$,$C_{\mathrm{V,m}}$
B的分子浓度	C_B	c_B
HCl的质量浓度	$\rho(\mathrm{HCl})$	ρ_{HCl}
质量分数	w	ω
体积分数	φ	ψ
HCl的浓度	$c(\mathrm{HCl})$,[HCl]	c_{HCl},$C(\mathrm{HCl})$
CO_2的分压[力]	$p(\mathrm{CO_2})$	$p_{\mathrm{CO_2}}$,$\mathrm{PCO_2}$
渗透压力	Π	F,p
动脉血压†	p_a	AP
静脉血压†	p_v	VP
质子数	Z	N,z
元电荷	e	e
康普顿波长	λ_C	λ_c
半衰期	$T_{1/2}$	$t_{1/2}$,T,τ
α衰变能	Q_α	Q_a,E_α
反应能	Q	E,U
截面	σ	Σ
能谱角截面	$\sigma_{\Omega,E}$	$\sigma_{\Omega,\mathrm{E}}$
宏观截面	Σ	σ
粒子线电离	N_{il}	N_{il},N_{il},N_{il}
迁徙长度	M	L,l

表 3(续)

量　名　称	标准量符号	非标准量符号
迁徙面积	M^2	A,S
马赫数	Ma	Ma
德拜温度	Θ_{D}	$\Theta_D,\Theta_{\mathrm{d}},t_{\mathrm{D}}$
费密温度	T_{F}	$T_F,T_{\mathrm{f}},t_{\mathrm{F}}$
禁带宽度	E_{g}	E_g
本征载流子浓度,本征载流子数密度	n_{i}	n_i
施主浓度,施主数密度	n_{d}	n_d
物质 a 和 b 之间的温差电动势	E_{ab}	E_{ab}
有效质量	m^*	m
下临界磁通[量]密度	B_{c1}	H_{c1}
上临界磁通[量]密度	B_{c2}	H_{c2}

注：带"†"号的量,其量符号为依据有关标准的规定而提出的建议性符号,仅供参考。

表 4　常见法定与非法定的计量单位对照示例

量名称	法定单位①		非法定单位②		换算因数
	名称	符号	名称	符号	
[平面]角	弧度	rad			1 rad = 1 m/m = 1
	度	°			1° = 0.017 453 3 rad
	[角]分	′			1′ = (π/10 800) rad
	[角]秒	″			1″ = (π/648 000) rad
			冈	gon	1 gon = 0.015 707 96 rad
			弪		1 弪 = 1 rad
			角密耳	mil	1 mil = 10^{-3} rad = 0.056 25°
				arc	1 arc = 1 rad
立体角	球面度	sr			1 sr = 1 m^2/m^2 = 1
	平方度	$(°)^2$,□°			$1(°)^2 = 3.046\ 174\times10^{-4}$ sr
	平方分	$(′)^2$,□′			$1(′)^2 = 8.461\ 59\times10^{-8}$ sr
	平方秒	$(″)^2$,□″			$1(″)^2 = 2.350\ 443\times10^{-11}$ sr

表4(续)

量名称	法定单位①		非法定单位②		换算因数
	名称	符号	名称	符号	
			整球		1 整球 = 4π sr
			半球		1 半球 = 2π sr
			平方冈	$(^{g})^2$,□^{g}	$1(^{g})^2 = 2.467\ 401 \times 10^{-4}$ sr
			立弪		1 立弪 = 1 sr
长度	米	m			
	千米(公里)③	km			1 km = 1 000 m
	海里	n mile			1 n mile = 1 852 m(只用于航行)
			(米)	M	1 M = 1 m
			(千米)	Km	1 Km = 1 km
			(千米)	KM	1 KM = 1 km
			(微米)	um	1 um = 1 μm
			毫微米	mμm	1 mμm = 1 nm
			浬		1 浬 = 1 n mile
			埃†	Å	1 Å = 10^{-10} m
			光年	l. y.	1 l. y. = $9.460\ 730 \times 10^{15}$ m
			天文单位†	au	1 AU = $1.495\ 978\ 706\ 91 \times 10^{11}$ m
			秒差距	pc	1 pc = $30.856\ 78 \times 10^{15}$ m
			费米	fermi	1 fermi = 1 fm = 10^{-15} m
			X 单位		1 X 单位 ≈ 1.002×10^{-4} nm(用于表示 X 射线波长)
			(micron)	μ	1 μ = 1 μm = 10^{-6} m
			[市]里		1[市]里 = 500 m
			丈		1 丈 = (10/3) m
			尺		1 尺 = (1/3) m
			寸		1 寸 = (1/30) m
			分		1 分 = (1/300) m
			公尺		1 公尺 = 1 m
			公分		1 公分 = 1 cm
			忽米	cmm	1 cmm = 10 μm
			丝米	dmm	1 dmm = 100 μm
			英寸,吋	in	1 in = 2.54 cm
			英尺,呎	ft	1 ft = 0.304 8 m
			码	yd	1 yd = 0.914 4 m

表 4(续)

量名称	法定单位①		非法定单位②		换算因数
	名称	符号	名称	符号	
			英里,哩	mile	1 mile = 1 609.344 m
			磅(点)	p	1 p = 0.352 8 mm(用于印刷)
			密耳	mil	1 mil = 2.54×10^{-5} m
			俄里		1 俄里 = 1.066 80 km(俄罗斯长度单位)
面积	平方米	m^2			
	公顷	hm^2			1 hm^2 = 10^4 m^2(用于表示土地面积)
			千公顷		1 千公顷 = 1 000 hm^2
			(千米)^2		1(千米)^2 = 1 千米^2 = 1 km^2
			(平方米)	M^2	1 M^2 = 1 m^2
			平米		1 平米 = 1 m^2
			平方		1 平方 = 1 m^2
			垧		1 垧 = 1 hm^2
			[市]亩		1[市]亩 = $666.\dot{6}$ m^2
			[市]分		1[市]分 = $66.\dot{6}$ m^2
			[市]厘		1[市]厘 = $6.\dot{6}$ m^2
			[市]顷		1[市]顷 = 100[市]亩 = $6.66\dot{6}\times10^4$ m^2
			平方[市]里		1 平方[市]里 = 0.25 km^2
			平方尺		1 平方尺 = 11.111 111 dm^2
			平方寸		1 平方寸 = 11.111 111 cm^2
			公亩†	a	1 a = 100 m^2
			(公顷)†	ha	1 ha = 1 hm^2(ha 为非法定符号)
			靶恩†	b	1 b = 10^{-28} m^2(用于核物理学)
			建筑方		1 建筑方 = 100 ft^2 = 9.290 304 m^2
			平方英寸	in^2	1 in^2 = 6.451 6 cm^2
			平方英尺	ft^2	1 ft^2 = 9.290 304 dm^2
			平方码	yd^2	1 yd^2 = 0.836 127 36 m^2
			平方英里	$mile^2$	1 $mile^2$ = 2.589 988 110 336 km^2

表 4(续)

量名称	法定单位①		非法定单位②		换算因数
	名称	符号	名称	符号	
			英亩	acre	1 acre = 4 046.856 m^2
			坪		1 坪 = 3.305 79 m^2(日本面积单位)
			俄顷		1 俄顷 = 1.092 54 hm^2(俄罗斯面积单位)
体积	立方米	m^3			
	升	L,(l)④			1 L = 1 dm^3 = 1 000 mL = 10^{-3} m^3
			立升		1 立升 = 1 L
			公升		1 公升 = 1 L
			标准升	NL, L_n	1 NL = 1 L
			标准立方米	Nm^3, $m_n{}^3$	1 Nm^3 = 1 m^3
			千(米)^3		1 千(米)^3 = 1 000 m^3
			(厘米)^3		1(厘米)^3 = 1 厘米^3 = 1 cm^3
			[市]石		1[市]石 = 100 L
			斗		1 斗 = 10 L
			升		1 升 = 1 L
			立米		1 立米 = 1 m^3
			立方		1 立方 = 1 m^3
			方		1 方 = 1 m^3
			立方尺		1 立方尺 = 0.037 037 m^3
			立方寸		1 立方寸 = $3.703\ 7 \times 10^{-5}$ m^3
			施梯尔	st	1 st = 1 m^3(用于木材体积)
			兰姆达	λ	1 λ = 1 mm^3
			立方英寸	in^3	1 in^3 = 16.387 064 cm^3
			立方英尺	ft^3	1 ft^3 = 28.316 847 dm^3
			立方码	yd^3	1 yd^3 = 0.764 554 86 m^3
			液盎司	fl oz	1 fl oz(英) = 28.413 1 cm^3 1 fl oz(美) = 29.573 5 cm^2
			及尔	gi	1 gi(英) = 142.065 371 2 cm^3 1 gi(美) = 118.294 118 2 cm^3
			品脱	pt	1 pt(英) = 568.261 484 8 cm^3 1 pt(美,干) = 550.610 471 4 cm^3
			夸特	qt	1 qt(英) = 1.136 522 97 dm^3 1 qt(美) = 1.101 220 94 dm^3

表 4(续)

量名称	法定单位①		非法定单位②		换算因数
	名称	符号	名称	符号	
			加仑	gal	1 gal(英) = 4.546 091 878 dm^3 1 gal(美) = 3.785 411 784 dm^3
			蒲式耳	bu	1 bu(英) = 36.368 735 024 dm^3 1 bu(美) = 35.239 070 167 dm^3
			桶(美)		1 桶(美) = 158.987 294 928 dm^3
			西西	cc	1 cc = 1 cm^3 = 1 mL
时间	秒	s	(秒)	sec,″,S	1 sec = 1 s
	分	min	(分)	m,′	1 m = 1 min = 60 s
	[小]时⑥	h	([小]时)	hr	1 hr = 1 h = 60 min = 3 600 s
	天,(日)⑥	d	(天)	day	1 day = 1 d = 24 h = 86 400 s
			年⑤	a	1 a = 365.242 198 78 d
			(年)	y, yr	1 y = 1 a
			回归年	a_{trop}	1 a_{trop} ≈ 365.242 20 d
			(sigma)	σ	1 σ = 1 μs
			月⑤		
			周⑤		1 周 = 7 d
			钟头		1 个钟头 = 1 h
			分钟		1 分钟 = 1 min
			毫微秒	mμs	1 mμs = 1 ns
			千[小]时	kh	1 kh⑥ = 1 000 h
			百天	hd	1 hd⑥ = 100 d
速度	米每秒	m/s			
	千米每[小]时	km/h			1 km/h = 0.277 778 m/s
	节	kn			1 kn = 1 n mile/h = 0.514 444 m/s(只用于航行)
			秒米		1 秒米 = 1 m/s
			每秒米		1 每秒米 = 1 m/s
			英寸每分	in/min	1 in/min = 0.423 333 mm/s
			英寸每秒	in/s	1 in/s = 2.54 cm/s
			英尺每分	ft/min	1 ft/min = 5.08 mm/s
			英尺每秒	ft/s	1 ft/s = 0.304 8 m/s
			英里每[小]时	mile/h	1 mile/h = 0.447 04 m/s
			迈		1 迈 = 1 mile/h = 1.609 344 km/h
			(米每秒)	mps	1 mps = 1 m/s
			(千米每小时)	kmph	1 kmph = 1 km/h

表 4(续)

量名称	法定单位①		非法定单位②		换算因数
	名称	符号	名称	符号	
旋转频率	每秒	s^{-1}			
	转每秒	r/s	(转每秒)	rps	1 rps = 1 r/s = 2 π rad/s
			(转每分)	rpm	1 rpm = 1 r/min = (π/30) rad/s
波数	每米	m^{-1}			
			凯塞	K	1 K = 1 cm^{-1}
			里德伯	ry	1 ry = 100 m^{-1}
加速度	米每二次方秒	m/s^2			
			米每秒每秒		1 米每秒每秒 = 1 m/s^2
			伽	Gal	1 Gal = 0.01 m/s^2 (用于大地测量学)
			英尺每二次方秒	ft/s^2	1 ft/s^2 = 0.304 8 m/s^2
频率	赫[兹]	Hz			1 Hz = 1 s^{-1}
	每秒	s^{-1}			
			周	c	1 c = 1 Hz
			周每秒	cps	1 cps = 1 Hz
场[量]级					
	分贝	dB			
			奈培†	Np	1 Np = 8.685 89 dB
质量	千克(公斤)⑦	kg			
	吨	t			1 t = 1 000 kg
	原子质量单位	u			1 u = 1.660 540 2 × 10^{-27} kg
			(吨)	T	1 T = 1 t
			[市]担		1[市]担 = 50 kg
			[市]斤		1[市]斤 = 500 g
			[市]两		1[市]两 = 50 g
			[市]钱		1[市]钱 = 5 g
			[米制]克拉		1[米制]克拉 = 200 mg
			伽玛	γ	1 γ = 1 μg
			道尔顿	D	1 D = 1 u
			海尔	hyl	1 hyl = 9.806 65 g
			斯勒格	slug	1 slug = 14.593 902 94 kg
			打兰	dr	1 dr = 1.771 845 195 g

表4(续)

量名称	法定单位①		非法定单位②		换算因数
	名称	符号	名称	符号	
			克瑞		1 克瑞 =90.6 mg(用于气体)
			磅	lb	1 lb = 0.453 592 37 kg
			格令	gr	1 gr = 64.798 91 mg
			盎司,英两	oz	1 oz = 28.349 52 g
			英担	cwt	1 cwt(英) = 50.802 35 kg
			美担		1 cwt(美) = 45.359 237 kg
			英吨	ton	1 ton(英) = 1.016 047 t
			美吨		1 ton(美) = 0.907 184 7 t
			夸特	qr	1 qr = 12.700 586 kg
体积质量,[质量]密度,质量浓度	千克每立方米	kg/m^3			
	吨每立方米	t/m^3			$1\ t/m^3 = 1\ g/cm^3$
	千克每升	kg/L			$1\ kg/L = 1\ g/cm^3$
			磅每立方英尺	lb/ft^3	$1\ lb/ft^3 = 16.018\ 463\ 38\ kg/m^3$
			磅每立方英寸	lb/in^3	$1\ lb/in^3 = 2.767\ 990\ 471 \times 10^4\ kg/m^3$
			盎司每立方英寸	oz/in^3	$1\ oz/in^3 = 1.729\ 994\ 044 \times 10^3\ kg/m^3$
			格令每立方英尺	gr/ft^3	$1\ gr/ft^3 = 2.288\ 351\ 911 \times 10^{-3}\ kg/m^3$
线质量,线密度	千克每米	kg/m			
	特[克斯]	tex			1 tex = 1 g/km
			旦尼尔	den	1 den = (1/9) tex = 0.111 111 g/km
			德雷克斯	dx	1 dx = 0.1 tex
			磅每英尺	lb/ft	1 lb/ft = 1.488 163 9 kg/m
			磅每英寸	lb/ft	1 lb/ft = 17.857 967 kg/m
面质量,面密度	千克每平方米	kg/m^2			
	吨每公顷	t/hm^2			$1\ t/hm^2 = 0.1\ kg/m^2$
			[市]斤每[市]亩		1[市]斤每[市]亩 = 0.5 kg/667 m^2 = $7.5 \times 10^{-4}\ kg/m^2$
			千克每[市]亩		1 千克每[市]亩 = 15 kg/hm^2

表4(续)

量名称	法定单位①		非法定单位②		换算因数
	名称	符号	名称	符号	
			磅每平方英尺	lb/ft^2	$1\ lb/ft^2 = 4.882\ 43\ kg/m^2$
			磅每英亩	lb/acre	$1\ lb/acre = 1.120\ 851\ 16 \times 10^{-4}\ kg/m^2$
动量	千克米每秒	kg·m/s			
			达因秒	dyn·s	$1\ dyn \cdot s = 10^{-5}\ kg \cdot m/s$
			千克力秒	kgf·s	$1\ kgf \cdot s = 9.806\ 65\ kg \cdot m/s$
力，重量	牛[顿]	N			$1\ N = 1\ kg \cdot m/s^2$
			千克力	kgf	1 kgf = 9.806 65 N
			磅力	lbf	1 lbf = 4.448 221 615 N
			吨力	tf	1 tf = 9.806 65 kN
			达因	dyn	1 dyn = 10 μN
			福斯	f	1 f = 9.806 65 mN
			斯钦		1 斯钦 = 100 N
			斯坦	sn	1 sn = 1 kN
压力，压强	帕[斯卡]	Pa			$1\ Pa = 1\ N/m^2$
			（千帕）	Kpa	1 Kpa = 1 kPa
			（千帕）	kpa	1 kpa = 1 kPa
			标准大气压	atm	1 atm = 101 325 Pa
			托	Torr	1 Torr = 133.322 4 Pa
			工程大气压	at	1 at = 98 066.5 Pa
			巴†	bar	1 bar = 100 kPa
			毫巴†	mbar	1 mbar = 1 hPa
			毫米汞柱⑧	mmHg	1 mmHg = 133.322 4 Pa
			毫米水柱	mmH_2O	$1\ mmH_2O = 9.806\ 65\ Pa$
			巴以	dyn/cm^2	$1\ dyn/cm^2 = 0.1\ Pa$
			皮兹	pz	1 pz = 1 kPa
			千克力每平方米	kgf/m^2	$1\ kgf/m^2 = 9.806\ 65\ Pa$
			吨力每平方米	tf/m^2	$1\ tf/m^2 = 9.806\ 65\ kPa$
			千克力每平方厘米	kgf/cm^2	$1\ kgf/cm^2 = 98.066\ 5\ kPa$
			磅力每平方英寸	lbf/in^2	$1\ lbf/in^2 = 6.894\ 757\ 293\ kPa$

表4(续)

量名称	法定单位①		非法定单位②		换算因数
	名称	符号	名称	符号	
截面二次矩	四次方米	m^4			
			米四次方		1 米四次方 = 1 m^4
			四次方英寸	in^4	1 in^4 = 41.623 1 × 10^{-8} m^4
			四次方英尺	ft^4	1 ft^4 = 8.630 974 841 × 10^{-3} m^4
截面系数	三次方米	m^3			
			米三次方		1 米三次方 = 1 m^3
			立方米	m^3	1 立方米 = 1 三次方米 = 1 m^3
			三次方英寸	in^3	1 in^3 = 16.387 1 × 10^{-6} m^3
			三次方英尺	ft^3	1 ft^3 = 2.831 648 659 2 × 10^{-2} m^3
[动力]黏度	帕[斯卡]秒	Pa · s			
			泊	P	1 P = 0.1 Pa · s
			厘泊	cP	1 cP = 1 mPa · s
			伯肃叶	Pl	1 Pl = 1 Pa · s
			雷恩	Reyn	1 Reyn = 6.894 757 293 kPa · s
			千克力秒每平方米	kgf · s/m^2	1 kgf · s/m^2 = 9.806 65 Pa · s
			磅力秒每平方英尺	lbf · s/ft^2	1 lbf · s/ft^2 = 47.880 3 Pa · s
运动黏度	二次方米每秒	m^2/s			
			斯[托克斯]	St	1 St = 10^{-4} m^2/s
			厘斯[托克斯]	cSt	1 cSt = 10^{-6} m^2/s
			二次方英尺每秒	ft^2	1 ft^2 = 9.290 30 × 10^{-2} m^2/s

表4(续)

量名称	法定单位[①]		非法定单位[②]		换算因数
	名称	符号	名称	符号	
质量流量	千克每秒	kg/s			
			(千克每秒)	kgps	1 kgps = 1 kg/s
			(吨每天)	tpd	1 tpd = 1 t/d
			磅每小时	lb/h	1 lb/h = 0.125 998 g/s
			磅每秒	lb/s	1 lb/s = 0.453 592 kg/s
体积流量	立方米每秒	m^3/s			
			每秒立方米		1 每秒立方米 = 1 m^3/s
			秒公方		1 秒公方 = 1 m^3/s
			秒立米		1 秒立米 = 1 m^3/s
			库米克		1 库米克 = 1 m^3/s
			立方英尺每秒	ft^3/s	1 ft^3/s = 2.831 684 659 2 × 10^{-2} m^3/s
			立方英寸每秒	in^3/s	1 in^3/s = 1.638 706 4 × 10^{-5} m^3/s
功 能[量] 热[量]	焦[耳]	J			1 J = 1 N · m = 1 W · s
	电子伏	eV			1 eV = 1.602 177 33 × 10^{-19} J
	瓦[特小]时	W · h			1 W · h = 3.6 kJ
			电子伏特		1 电子伏特 = 1 电子伏 = 1 eV
			千克力米	kgf · m	1 kgf · m = 9.806 65 J
			尔格	erg	1 erg = 0.1 μJ
			度		1 度 = 1 kW · h = 3.6 MJ(用于电能)
			[米制]马力小时		1[米制]马力小时 = 2.647 795 5 MJ
			国际焦耳	J_{int}	1 J_{int} = 1.000 19 J
			电磁焦耳	aJ	1 aJ = 0.1 μJ
			英尺磅力	ft · lbf	1 ft · lbf = 1.355 818 J
			立方米标准大气压	m^3 · atm	1 m^3 · atm = 101 325 J
			升标准大气压	L · atm	1 L · atm = 101.325 J

表 4(续)

量名称	法定单位①		非法定单位②		换算因数
	名称	符号	名称	符号	
			英制热单位	Btu	1 Btu = 1.055 056 kJ
			舍姆		1 舍姆 = 10^5 Btu = 105.505 585 MJ
			夸德		1 夸德 = 10^{15} Btu = 1.055 EJ
			弗里高里	fg	1 fg = 4.185 5 kJ(用于制冷)
			克拉德	grad	1 grad = 10 μJ(用于授[予]能单位)
			舍米	th	1 th = 10^6 cal_{15} = 4.185 5 MJ
			15 摄氏度卡	cal_{15}	1 cal_{15} = 4.185 5 J
			国际蒸汽表卡	cal_{IT}	1 cal_{TT} = 4.186 8 J
			热化学卡	cal_{th}	1 cal_{th} = 4.184 0 J
			千卡(大卡)	kcal	1 kcal = 4.186 8 kJ
功率	瓦[特]	W			1 W = 1 J/s
			瓩		1 瓩 = 1 kW
			千兆瓦	kMW	1 kMW = 1 GW
			[米制]马力		1[米制]马力 = 735.498 75 W
			[英制]马力	hp	1 hp = 745.699 9 W
			乏	var	1 var = 1 W(用于无功功率)
			尔格每秒	erg/s	1 erg/s = 0.1 μW
			千克力米每秒	kgf · m/s	1 kgf · m/s = 9.806 65 W
			英尺磅力每秒	ft · lbf/s	1 ft · lbf/s = 1.355 818 W
			卡每秒	cal/s	1 cal/s = 4.186 8 W

表4(续)

量名称	法定单位①		非法定单位②		换算因数
	名称	符号	名称	符号	
			千卡每小时	kcal/h	1 kcal/h = 1.163 W
			弗里高里每小时	fg/h	1 fg/h = 1.162 64 W(用于制冷功率)
			居里兆电子伏	Ci · MeV	1 Ci · MeV = 5.93 mW
			电磁瓦特	aW	1 aW = 0.1 μW
			国际瓦特	W_{int}	1 W_{int} = 1.000 34 W
热力学温度	开[尔文]	K			
			兰氏度	°R	1 °R = (5/9) K
			开氏度	°K	1 °K = 1 K
			度	deg	1 deg = 1 K
			绝对度		1 绝对度 = 1 K
			卡诺	Ca	1 Ca = 0.801 7 mK
摄氏温度	摄氏度	℃			
			华氏度	℉	t_F/℉ = (9/5)(t/℃) + 32
			度	deg	1 deg = 1 ℃
热阻	开[尔文]每瓦[特]	K/W			
			热欧姆		1 热欧姆 = 1 K/W
熵	焦[耳]每开[尔文]	J/K			
			克劳	Cl	1 Cl = 4.186 8 J/K
			卡诺	Ca	1 Ca = 1 J/K
电流	安[培]	A			
			(安培)	amp	1 amp = 1 A
			电磁安培	aA	1 aA ≙ 10 A
			国际安培	A_{int}	1 A_{int} = 0.999 85 A
			安培匝	At	1 At = 1 A
			毕奥	Bi	1 Bi ≙ 10 A
			吉伯	Gb	1 Gb = 0.795 774 715 5 A

表4(续)

量名称	法定单位①		非法定单位②		换算因数
	名称	符号	名称	符号	
电荷[量]	库[仑]	C			1 C=1A·s
	安[培小]时	A·h			1 A·h=3.6 kC
			电磁库仑	aC	1 aC≙10 C
			国际库仑	C_{int}	1 C_{int}=0.999 85 C
			毕奥秒	Bi·s	1 Bi·s≙10 C
			富兰克林	Fr	1 Fr≙0.333 564 nC
电场强度	伏[特]每米	V/m			1 V/m=1 N/C
			电磁伏特每厘米	aV/cm	1 aV/cm≙1 μV/m
			国际伏特每厘米	V_{int}/cm	1 V_{int}/cm=100.034 V/m
电位,电位差,电压,电动势	伏[特]	V			1 V=1 W/A
			电磁伏特	aV	1 aV≙0.1 nV
			国际伏特	V_{int}	1 V_{int}=1.000 34 V
			尔格每富兰克林	erg/Fr	1 erg/Fr≙0.299 792 kV
电通[量]	库[仑]	C			
			富兰克林	Fr	1 Fr≙0.265 442 pC
电容	法[拉]	F			1 F=1 C/V
			微微法	μμF	1 μμF=1 pF
			电磁法拉	aF	1 aF≙1 GF
			国际法拉	F_{int}	1 F_{int}=0.999 51 F
			二次方富兰克林每尔格	Fr^2/erg	1 Fr^2/erg≙1.112 650 1 pF
电偶极矩	库[仑]米	C·m			
			德拜	D	1 D=3.335 64×10^{-30} C·m
			电磁库仑厘米	aC·cm	1 aC·cm≙0.1 C·m

表4(续)

量名称	法定单位①		非法定单位②		换算因数
	名称	符号	名称	符号	
			富兰克林厘米	Fr·cm	1 Fr≙3.335 64 pC·m
电流线密度	安[培]每米	A/m			
			楞次	Lenz	1 Lenz = 1 A/m
			安培每英寸	api	1 api = 39.370 1 A/m
自感,互感	亨[利]	H			1 H = 1 V·s/A
			电磁亨利	aH	1 aH≙1 nH
			国际亨利	H_{int}	1 H_{int} = 1.000 49 H
			尔格每二次方毕奥	erg/Bi^2	1 erg/Bi^2 ≙1 nH
电阻	欧[姆]	Ω			1 Ω = 1 V/A
			电磁欧姆	aΩ	1 aΩ≙1 nΩ
			国际欧姆	Ω_{int}	1 Ω_{int} = 1.000 49 Ω
电导	西[门子]	S			1 S = 1 Ω^{-1}
			姆欧		1 姆欧 = 1 S
			电磁姆欧		1 电磁姆欧≙1 GS
			电磁西门子	aS	1 aS≙1 Gs
			国际西门子	S_{int}	1 S_{int} = 0.999 51 S
磁通[量]密度,磁感应强度	特[斯拉]	T			1 T = 1 N/(A·m)
			伽玛	γ	1 γ = 1 nT
			高斯	Gs	1 Gs≙0.1 mT
			电磁特斯拉	aT	1 aT≙0.1 mT
			国际特斯拉	T_{int}	1 T_{int} = 1.000 34 T
磁通[量]	韦[伯]	Wb			1 Wb = 1 V·s

表 4(续)

量名称	法定单位[①] 名称	法定单位[①] 符号	非法定单位[②] 名称	非法定单位[②] 符号	换算因数
			电磁韦伯	aWb	1 aWb ≙ 0.1 nWb
			国际韦伯	Wb_{int}	1 Wb_{int} = 1.000 34 Wb
			麦克斯韦	Mx	1 Mx ≙ 0.1 nWb
磁场强度	安[培]每米	A/m			
			奥斯特	Oe	1 Oe ≙ 79.577 47 A/m
			安培每英寸	A/in	1 A/in = 33.970 1 A/m
			毕奥每厘米	Bi/cm	1 Bi/cm ≙ 79.577 47 A/m
磁位差(磁势差)	安[培]	A			
			吉伯	Gb	1 Gb = 0.795 775 A
			安培匝	At	1 At = 1 A
发光强度	坎[德拉]	cd			
			国际烛光	bi	1 bi = 1.02 cd
			新烛光	bn	1 bn = 1.00 cd
			亥夫纳烛光	HK	1 HK = 0.92 cd
			卡塞耳		1 卡塞耳 = 9.707 cd
辐[射]能流	焦[耳]每平方米	J/m^2			
			兰利	Ly	1 Ly = 41.868 kJ/m^2
[光]亮度	坎[德拉]每平方米	cd/m^2			
			尼特	nt	1 nt = 1 cd/m^2
			阿熙提	asb	1 asb = 0.318 310 cd/m^2
			熙提	sb	1 sb = 10 kcd/m^2
			郎伯	la	1 la = 3.183 098 882 kcd/m^2
			瑞利		1 瑞利 = 19.6 $\mu cd/m^2$
			斯柯特	sk	1sk = 0.318 310 mcd/m^2
光通量	流明	lm			1 lm = 1 cd · sr

表4(续)

量名称	法定单位①名称	法定单位①符号	非法定单位②名称	非法定单位②符号	换算因数
			(流明)	Lm	1 Lm = 1 lm
			国际流明	Ilm	1 Ilm = 1.019 lm
			亥夫纳流明	Hlm	1 Hlm = 0.903 lm
光量	流[明]秒	lm · s			
	流[明小]时	lm · h			1 lm · h = 3.6 klm · s
			仑伯格		1 仑伯格 = 0.1 μlm · s
[光]照度	勒[克斯]	lx			1 lx = 1 lm/m^2
			(勒克斯)	Lx	1 Lx = 1 lx
			(勒克斯)	lux	1 lux = 1 lx
			辐透	ph	1 ph = 10 klx
			米烛光	mc	1 mc = 1 lx
			英尺烛光	fc	1 fc = 10.763 910 42 lx
			诺克斯	nx	1 nx = 1 mlx
曝光量	勒[克斯]秒	lx · s			
	勒[克斯][小]时	lx · h			1 lx · h = 3.6 klx · s
			米烛光秒	mc · s	1 mc · s = 1 lx · s
透镜焦度,(光焦度)	每米	m^{-1}			
			屈光度	D	1 D = 1 m^{-1}
			delta	δ	1 δ = 1 m^{-1}
			凯塞		1 凯塞 = 100 m^{-1}
频程			倍频程†	(oct)	
响度级			方†	(phon)	
响度			宋†	(sone)	
音程			八度†	(oct)	
噪度			呐†	(noy)	
声阻抗	帕[斯卡]秒每立方米	$Pa \cdot s/m^3$			
			声欧姆	Ω_a	1 Ω_a = 0.1 $MPa \cdot s/m^3$

表 4(续)

量名称	法定单位①		非法定单位②		换算因数
	名称	符号	名称	符号	
			达因秒每五次方厘米	$dyn \cdot s/cm^5$	$1\ dyn \cdot s/cm^5 = 0.1\ MPa \cdot s/m^3$
力阻抗	牛[顿]秒每米	$N \cdot s/m$	力欧姆	$dyn \cdot s/cm$	$1dyn \cdot s/cm = 1mN \cdot s/m$
声阻抗率	帕[斯卡]秒每米	$Pa \cdot s/m$			
			瑞		1 瑞 $= 10\ Pa \cdot s/m$
吸声量	平方米	m^2			
			赛宾		1 赛宾 $= 9.290\ 30\ dam^2$
			平方英寸	in^2	$1\ in^2 = 6.451\ 6\ cm^2$
物质的量	摩[尔]	mol			
			(摩尔)	Mol	1 Mol = 1 mol
			克分子		1 克分子 = 1 mol
			克原子		1 克原子 = 1 mol
			克离子		1 克离子 = 1 mol
			克式量		1 克式量 = 1 mol
			克当量	Eq,(eq)	1 Eq = 1 mol/离子价
质量分数	—	1			
				wt%	$1\ wt\% = 10^{-2} = 1\%$
				%(*W*/*W*)	1 %(*W*/*W*) = 1%
				%(*m*/*m*)	1 %(*m*/*m*) = 1%
				ppm	$1\ ppm = 10^{-6}$
				pphm	$1\ pphm = 10^{-8}$
				ppb	$1\ ppb = 10^{-9}$(美、法等国)
					$1\ ppb = 10^{-12}$(英、德等国)
				ppmm	$1\ ppmm = 1\ mg/kg = 10^{-6}$
体积分数					
				v%	1 v% = 1%
				vot %	1 vot% = 1%
				%(*V*/*V*)	1%(*V*/*V*) = 1%
				ppmv	$1\ ppmv = 1\ cm^3/m^3 = 10^{-6}$
摩尔分数					
				M%	$1\ M\% = 10^{-2} = 1\%$
				mol%	1 mol% = 1%
				at%	1 at% = 1%

表4(续)

量名称	法定单位①		非法定单位②		换算因数
	名称	符号	名称	符号	
浓度	摩[尔]每立方米	mol/m³			
	摩[尔]每升	mol/L			1 mol/L = 1 kmol/m³
			体积克分子浓度	M,(M)	1 M = 1 kmol/m³ = 1 mol/L
			当量浓度	N,(N)	1 N = 1 mol/L ÷ 离子价
酶活性	卡塔⑨	kat			1 kat = 1 mol/s
			国际单位	U,(IU)	1 U = 16.67 × 10^{-9} mol/s = 16.67 nkat
[放射性]活度	贝可[勒尔]	Bq			1 Bq = 1 s^{-1}
			贝可	bq	1 bq = 1 Bq
			居里	Ci	1 Ci = 37 GBq
			卢瑟福	Rd	1 Rd = 1 MBq
质量活度，比活度	贝可[勒尔]每千克	Bq/kg			
			居里每千克	Ci/kg	1 Ci/kg = 37 GBq/kg
总原子阻止本领	焦[耳]二次方米	J · m²			
	电子伏二次方米	eV · m²			1 eV · m² = 1.602 177 33 J · m²
			尔格二次方厘米	erg · cm²	1 erg · cm² = 0.1 pJ · m²
总质量阻止本领	焦[耳]二次方米每千克	J · m²/kg			
	电子伏二次方米每千克	eV · m²/kg			1 eV · m²/kg = 1.602 177 33 J · m²/kg
			尔格二次方厘米每克	erg · cm²/g	1 erg · cm²/g = 10 nJ · m²/kg

表4(续)

量名称	法定单位①		非法定单位②		换算因数
	名称	符号	名称	符号	
比授[予]能	戈[瑞]	Gy			1 Gy = 1 J/kg
			拉德	rad,(rd)	1 rad = 10 mGy
吸收剂量	戈[瑞]	Gy			1 Gy = 1 J/kg
			拉德	rad(rd)	1 rad = 0.1 mGy
			雷普	rep	1 rep = 8.38 mGy
吸收剂量率	戈[瑞]每秒	Gy/s			1 Gy/s = 1 W/kg
			拉德每秒	rad/s	1 rad/s = 0.1 mGy/s
			尔格每克秒	erg/(g · s)	1 erg/(g · s) = 0.1 mGy/s
			雷普每秒	rep/s	1 rep/s = 8.38 mGy/s
剂量当量	希[沃特]	Sv			1 Sv = 1 J/kg
			雷姆	rem	1 rem = 10 mSv
照射量	库[仑]每千克	C/kg			
			伦琴	R	1 R = 0.258 mC/kg
照射量率	库[仑]每千克秒	C/(kg · s)			1 C/(kg · s) = 1 A/kg
			伦琴每秒	R/s	1 R/s = 0.258 mC/(kg · s) = 0.258 mA/kg

注: ① 此栏中虚线下面的单位是我国选定的作为国家法定计量单位的非SI单位。

② 此栏中标有“†”号的单位是国际计量大会(CGPM)认可的可以与SI单位并用或为满足专门领域需要暂时可与SI单位并用的非SI单位,在中文文献中如无特殊需要一般不要使用;单位名称栏内加括号“( )”中的名称为法定名称,其错误在于单位符号不正确。

③ 公里为千米的俗称。

④ “l”是升的备用符号,我国推荐使用“L”,当其前面加SI词头时也不必改为“l”,如“mL”不需要改为“ml”。

⑤ 年、月、周为常用的时间单位,不属于法定计量单位,在我国可以与法定计量单位并用。

⑥ 小时(h)和天(d)是不允许添加SI词头的法定计量单位,“1 kh”“1 hd”的表示是错误的。

⑦ 公斤是千克的同义词,一般用于日常生活及普通书刊中。

⑧ 非法定计量单位毫米汞柱(mmHg)仅可以用于表示血压,并须注明它与法定计量单位"kPa"的换算关系,其他场合仍不得使用。

⑨ "kat"已于1999年10月被CGPM批准为酶活性的具有专门名称的SI导出单位,其英文名称为katal,中文名称为卡塔(此名称尚未标准化),单位符号为kat。

表5 国民经济及各类统计中常用的单位名称、符号示例

统计项目	习用单位①	正确名称	中文符号	国际符号②	备注
钢产量	万吨	万吨	万吨	万t	也可用10^4 t
布产量	亿米	亿米	亿米	亿m	也可用10^8 m
化肥年产量	万吨/年	万吨每年	万吨/年	万t/a	也可用10^4 t/a
发电量	亿度	亿千瓦时	亿千瓦·时	亿kW·h	也可用亿MJ 1 kW·h=3.6 MJ
粮食产量	亿斤	万吨	万吨	万t	1亿斤=5万t
棉花产量	万担	万吨	万吨	万t	1万担=0.05万t=500 t
农用机械动力	万马力	万千瓦	万千瓦	万kW	1万马力=0.735 5万kW
土地面积	平方公里	平方千米③	千米^2	km^2	
农田面积	万亩	公顷	公顷	hm^2	1万亩=$666.\dot{6}$ hm^2
作物面积产量	斤/亩	千克④每公顷	千克/公顷	kg/hm^2	
住宅面积	万平方米	万平方米	万米^2	万m^2	也可用10^4 m^2
平均居住面积	平方米/人	平方米每人	米^2/人	m^2/人	
售房价格	元/平方米	元每平方米	元/米^2	元/m^2	
居民年均收入	元/年人	元每年人	元/(年·人)	元/(a·人)	
居民月均食物消耗量	公斤/月人	千克每月人	千克/(月·人)	kg/(月·人)	
货运量	万吨公里	万吨千米	万吨千米	万t·km	也可用10^4 t·km
自来水产量	万立方米	万立方米	万米^3	万m^3	也可用10^4 m^3
居民用气量	立方米	立方米	米^3	m^3	
变压器产量	万千伏安	万千瓦	万千瓦	万kW	也可用10^4 kW

表5(续)

统计项目	习用单位①	正确名称	中文符号	国际符号②	备注
钢耗钢铁料	公斤/吨	千克每吨	千克/吨	kg/t	
电炉钢耗电量	度/吨	千瓦时每吨	千瓦·时/吨	kW·h/t	也可用 MJ/t
发电耗煤量	克/度	克每千瓦时	克/(千瓦·时)	g/(kW·h)	也可用 g/MJ
煤气耗煤量	公斤/千立方米	千克每千立方米	千克/1 000 m^3	kg/1 000 m^3	
织布用电量	度/百米	千瓦时每百米	千瓦·时/百米	kW·h/hm	
印染耗碱量	公斤/百米	千克每百米	千克/百米	kg/hm	
自行车耗钢量	公斤/辆	千克每辆	千克/辆	kg/辆	
缝纫机耗铁量	公斤/台	千克每台	千克/台	kg/台	
卷烟耗烟叶量	公斤/箱	千克每箱	千克/箱	kg/箱	"箱"指装卷烟的箱
火柴耗木量	立方米/万件	立方米每万件	米^3/万件	m^3/万件	
铅笔耗木量	立方米/万支	立方米每万支	米^3/万支	m^3/万支	
制鞋用橡胶量	公斤/万双	千克每万双	千克/万双	kg/万双	建议改用"t/万双"或"g/双"
高炉利用系数	吨/立方米昼夜	吨每立方米天	吨/(米^3·天)	t/(m^3·d)	也可用 t/(m^3·24h)
平炉利用系数	吨/平方米昼夜	吨每平方米昼夜	吨/(米^2·天)	t/(m^2·d)	也可用 t/(m^2·24h)
平炉冶炼时间	时:分	时,分	…时…分	…h…min	
电炉利用系数	吨/百万伏安昼夜	吨每兆瓦天	吨/(兆瓦·天)	t/(MW·d)	
平板玻璃熔窑熔化能力	公斤/平方米天	千克每平方米天	千克/(米^2·天)	kg/(m^2·d)	

注: ① 人们日常习惯使用的单位形式,它们可能是单位名称,可能是单位的中文符

号,也可能什么都不是的错误形式。

② 此列中的单位有一部分由单位的国际符号与计数单位或单位的中文符号组合而成。

③ 在日常生活和普及性出版物中,千米也使用其俗称公里。

④ 在日常生活和普及性出版物中千克可使用其同义词公斤。

参考文献

[1] 中华人民共和国法定计量单位//国务院关于在我国统一实行法定计量单位的命令. 1984-02-27.

[2] GB 3100～3102—1993 量和单位. 北京: 中国标准出版社,1994.

[3] 陈浩元. 科技书刊标准化 18 讲. 北京: 北京师范大学出版社,2000: 81-116.

[4] 国际计量局. 国际单位制(SI). 7 版. 北京: 科学出版社,2000: 6-22.

[5] 蔡铭生. 法定计量单位使用手册. 北京: 中国计量出版社,1988.

[6] 李慎安,戴润生,赵燕. 作者编辑记者常用量和单位简明手册. 北京: 中国计量出版社,1997: 190-243.

[7] 王瑞金,张行远,周玉德. 量和法定计量单位辞典. 北京: 中国环境科学出版社,1990.

[8] 陈浩元. 科技出版物使用量和单位存在问题浅析: (一),(二),(三). 科技与出版,1996(3): 17-19;1996(4): 15-18;1996(5): 12-15.

[9] 国家技术监督局计量司,国家技术监督局标准化司. 国家标准统一宣贯教材: 量和单位国家标准实施指南. 北京: 中国标准出版社,1996.

[10] 陈岳书. 书刊中量和单位实用手册. 北京: 中国农业出版社,1998.

[11] 中国高等学校自然科学学报研究会. 中国高等学校自然科学学报编排规范. 北京: 北京工业大学出版社,1993: 24-54.

[12] 法定计量单位文件资料选编: 1984—1998. 北京: 国家质量技术监督局计量司,1998.

[13] 杜荷聪,陈维新,张振威. 计量单位及其换算. 北京: 计量出版社,1982.

[14] 刘军,姚磊. 医学法定计量单位换算辞典. 北京: 科学技术文献出版社,1991.

[15] 李慎安,李寿星. 计量单位实用指南. 北京: 中国计量出版社,1997:

208-229.

[16] 何扬举,董邦权,潘伯荣. kat 是酶活性的 SI 单位. 编辑学报,2004,16(1):30.

[17] 周麒. 出版校对培训教程. 北京:商务印书馆,2005:402-425.

[18] 陈浩元,赵燕,段方. 实施 GB 3100～3102—1993《量和单位》的若干问题:(一),(二),(三). 中国标准导报,1995(4):30-32;1995(5):24-25;1995(6):27-29.

[19] 国际电工委员会(IEC). 关于物理量下角标的建议. //国家技术监督局单位制办公室. 量和单位国家标准宣贯资料. 北京:科学技术文献出版社,1989:269-278.

[20] 李慎安,陈维新. 法定计量单位实用指南. 北京:中国计量出版社,1986:278-282.

版面格式

一、装帧设计基本知识

［**书**］装订成册的著作。

［**书籍**］书的总称。

［**装帧**］指构成书籍、刊物设计的必要物质材料和全部工艺活动的总和。

［**书籍装帧**］指构成书籍的必要物质材料和全部工艺活动的总和。

［**装帧设计**］在书籍和刊物生产之前，预先制定装帧的整体与局部、材料与工艺、思想与艺术、表面与内部等因素的完整方案。

［**书籍装帧设计**］在书籍生产之前，预先制定装帧的整体与局部、材料与工艺、思想与艺术、表面与内部等因素的完整方案，使开本、护封、封面、勒口、书脊、扉页、正文、编排、版式、色彩分布、质感、插图、装订等环节形成一个和谐的统一体，即整体设计。

［**图书设计**］将有关书的各种元素凝结在一本书中称为“图书设计”，也称为“书籍设计”。

［**书籍装帧艺术**］装帧设计者把艺术修养、艺术构思、美术手段、业务知识凝结在设计方案上，通过工人熟练的工艺技术，完成并体现出预想的设计艺术效果。

［**护封**］包在书籍封面外层的一张单页，亦称“外封”或“包封”。前后有勒口，把封面包住，有保护封面和装饰作用，多用于精装书。

［**勒口**］平装书、精装书护封的切口处向里折叠的部分，也称“折口”。勒口上可进行装饰或刊印内容提要、套书目录、作者简介、设计者名称等。

［**飘口**］精装书的外壳和护封，在天、地头和切口之处，三面要比

书心长出约 3 毫米,用以保护书心和增加美观,长出的部分称“飘口”。

[**封面**] 一本书的前表面,印有书名、作者名、出版者名等,也称“封一”、“前封面”、“封皮”,中国古代称“书衣”、“书面”。

[**书脊**] 连接书的封面和封底、书籍被订住的一边,也称“封脊”、“书背”。上面印有书名、册次(卷、集)、著译者、出版者,掩护着订口。

[**封底**] 一本书的最后一面,也称“封四”、“后封面”,印有条码、统一书号,也有的印定价、内容提要、作者简介等。

[**腰带**] 在封面外的一条纸,宽度为书籍长度的1/3～1/2,从前勒口绕过书脊到后勒口,其作用是宣传本书内容、套书情况和保护书籍,也有装饰作用。

[**书函**] 古籍外面由蓝布或其他织品做成的壳子,又称“书帙”、“书套”,用来保护书籍。

[**书壳**] 用纸板、硬质材料等做成的盒套,用来保护书籍,上面可以装饰。

[**衬页**] 在封面后、扉页前或正文后、封底前粘置的白页。在前面的称“前衬页”,在后面的称“后衬页”。有两张连接的衬页称“连环衬”(简称环衬)。

[**环衬**] 封面与书心之间,对折双连页,有时可以和内封连环在一起。上面的称“上环衬”,下面的称“下环衬”。放在封面和扉页之间的称“前环衬”,放在封底和正文之间的称“后环衬”。作用是保护封面平整,使封面翻平不起皱折、疏朗、美观。

[**扉页**] 在封面或衬页后、正文前印有书名、编著者、出版者的书页,也称“内封面”、“副封面”、“书名页”,起着保护正文和重现封面的作用。有前扉页后扉页之分,一般的书只有前扉页。

[**辑封**] 用于诗集和文艺作品分辑的首页或首部、篇的首页,也用于巨部书籍或手册的首页,或每章之前的插页 ,又称“篇章页”,只能用在单码。采用色纸的也称“隔页”。

[**篇章页**] 在书的正文各主要分类部分之间,单排一页,印有篇、

章或编的名称。它只占单页码,背面多为空白。

［**版权页**］在前扉页的背面或后扉页上,载有版权说明、图书在版编目(CIP)数据、版本记录等信息,记载书名、编著者、出版者、印刷厂、发行单位、出版时间、国际标准书号、定价、开本、印张、插页、字数、版次、历次印数等内容。以前把版权印在封底上。

［**版式**］书籍正文的全部格式,包括字体、字号、版心大小、排法、行距、留白、插图大小及位置等,以及所有这些元素的配合。

［**版式设计**］组成版面所有元素的和谐、合理、艺术的安排。

［**技术设计**］有关版式设计非美术方面的工作。

［**版面**］书籍一页纸的幅面,包括版心、书眉、正文、白边、页码等内容。

［**版心**］每一书页上的文字部分,不包括页码。

［**书眉**］在版心上端加印的篇章标题、字典的部首、字头或其他专供检索的条目、细线称"书眉"。书眉在版面中至少占一行宽度。一般是单页码书眉排篇名,双页码书眉排书名。

［**中缝**］直排书的篇章名、书名等印在切口处称"中缝"。

［**排序**］正文的字序和行序的排列方法,有直排形式,即字序自上而下,行序自右而左,其翻书方法俗称"中式翻身";横排形式,即字序自左而右,行序是自上而下,其翻书方法俗称"西式翻身"。

［**页码**］表示页数的数码。一般排在书的下角或上角,也有居中或根据需要设计位置的。书中奇数页码称"单页码",偶数页码称"双页码";单页码总在一张书页的前面,双页码总在书页的后面。篇、章名和没有文字的插图页不排页码(称"暗页码"、"空码");衬页、版权页、扉页、篇章页、口号页不排页码,但仍须计算在全书总页码内,但是插页不包括在内。前言、目录及类似这种性质的篇幅,页码另计。页码计算一般习惯从正文标起。分册装订的书,可以单本计算页码,亦可连接计算页码。

［**字体**］印刷活字的体式。常用的有宋体(老宋体)、楷体、仿宋体(真宋体)、黑体(方头体、等线体)、长仿宋体、扁体、长黑体字等。

［**字号**］根据字体大小、符合一定尺寸而制作的字称"字号"。

目前常用的字号有初号、一号、二号、三号、四号、小四号(新四号)、五号、小五号(新五号)、六号、七号等10种。

[印刷体] 印刷使用的字体,有宋体、仿宋体、黑体等。加以变化和美术加工而形成的笔画整齐、结构严谨的各种字体一般称印刷体美术字。

[美术字] 将字的结构和字形加以各种适当的美化和夸张,使其成为装饰性的美术字体。

[手写体] 用手直接书写的各种字体,我国书法中的各种字体都是手写体。

[版面装饰] 一种符合书籍性质的图案,作为题花、尾花,可用于全书各篇;另一种是用形象来表现文章中的主要内容情节,其作用和插图一样,只是比插图更富于装饰性,不能通篇用。

[白边] 版心离切口和订口四周的空白部分。分为天头、地脚、订口、切口。天头,也称"上白边";地脚,也称"下白边";订口,也称"内白边";切口,也称"外白边"。

[翻口] 也称"外切口"。直翻的书,翻口在左,订口在右,读时要从左向右翻,俗称"中式翻身",这种形式的书称"右开本";横排的书,翻口在右,订口在左,俗称"西式翻身",这种形式的书称"左开本"。

[出血版] 书中图片或插图的一边边界或两边边界在成书后被切去,这种版面形式称"出血版"。

[行距] 文内行与行之间的距离。

[字距] 文内字与字之间的距离。

[订口] 版心到装订处之间的空白部分。

[切口] 书籍三面切光的地方,也称"书口"。分上切口,又称"书顶";下切口,又称"书根";外切口,又称"裁口"。

[插图] 表现或说明内容的图,有文艺性插图和技术图解性插图。有文间插图、单页插图和集合插图三种形式。

[尾花] 装帧性图案,也称"压脚花"。往往放在文艺书籍文章结束后的版心空白处,作装饰、补白用。

［**精装**］用厚纸板或其他硬质材料做成硬壳的书，这种装订形式称“精装”。有脊、面同一种材料的精装和脊、面不同材料的精装。

［**精装本**］用精装方法制作的书称“精装本”书。

［**平装**］用普通或特种封面纸做成的软皮封面书，这种装订形式称“平装”。

［**假精装**］用卡纸作封面壳，包一层护书纸做成的封面，介于精平装、软硬之间，这种装订形式称“假精装”、“简精装”。

［**平脊**］书脊脊面呈平整、挺秀的称“平脊”。

［**圆脊**］书脊脊面呈月牙状的称“圆脊”。

［**圆角**］把书口的上下角切成弧形的称“圆角装”。

［**色口**］在书心的侧面刷色、滚色或喷色称做“色口”。

［**烫金**］在封面、书脊等地方烫电化铝或其他材料，这种形式称“烫金”。

［**毛边书**］书籍装订好以后没有切光毛边，这种书称“毛边书”。

［**版本**］指一本书在内容或形式上表现出的不同的状况。内容不同是指书的增订本、修订本、缩写本或节本、通俗本、节译本、译者不同。形式不同是指一本书的出版处不同、装订形式不同（平装本、精装本、普及本、线装本等）、排版不同（页数不同，横排或直排等）、合订或分订等。

［**开本**］指一本书幅面的大小，每全张纸裁成多少小张，就叫多少开本。由于全张纸的幅面尺寸不同，形成不同的开本称谓。用880 毫米 ×1 200 毫米裁切的开本称“国际开本”；用 850 毫米 ×1168 毫米裁切的开本称“大开本”；用 787 毫米 ×1 092 毫米裁切的开本称“普通开本”。这些都是以 2 的几何级数裁切的，便于折叠成册，如对开、4 开、8 开、16 开、32 开、64 开等，12 开以上为大型本，16—32 开为中型本，40 开以下为小型本。不属于这种切法的称“畸形开本”，如 25 开等。

［**居中**］文内标题、表头等以版心中线为准向两边排的称“左右居中”；表格内的文字或数字上下左右居中排的称“上下左右居中”。

二、版式处理

版式是指书刊中全部文章的排版格式,包括版心尺寸,通栏、双栏(多栏),横排、竖排,每面行数、行距,字体、字号,标题,书眉,注释,附录,索引,参考文献,插图,表格,数学式和化学式的转行、变形,以及特殊体例的要求等。

正确处理版式可以避免排版中出现的技术性差错;正确处理版式是提高书刊编校质量的一个环节。掌握处理版式的技巧和了解版式处理时应注意的事项是很有必要的。

1. 封面

封面是书刊的外包装,除具有准确、实用、精练、美观、醒目之外,还要符合国家法定要求和常规。一般说的封面是指封一,有时也包括书脊和封四(广义上说封面应包括封一、封二、封三、封四和书脊)。在封一、封四和书脊上应排有书名(副书名可不排)、作者名、出版者、定价、国际标准书号(国际标准连续出版物号)和条形码等六项内容。个别图书在封四上还可排有编辑、设计者、校对者、内容简介、丛书中其他各册书名等内容。无包封的封面上排印内容最少不得少于书名和出版者两项(有的精装书封一只排书名,在书脊上就必须排书名和出版者)。如封面(假)上不排字,那么所规定的内容项必须印在包封上。

期刊的封面上应载有刊名、出版年、卷次和期号(若该期为增刊,须标明“增刊”字样,若为“专辑”、“特辑”也应标明)、出版者。注:在封四上应载有国际标准连续出版物号(也可放在封面上)、条形码、责任者(主办单位或主编)、印刷者、发行者、定价。若刊中登有广告须载有广告经营许可证号。

注意事项:

(1) 书刊名一般不使用标点符号。

(2) 若有副书名时,其字号应小于正书名,以示区别。字体可相同,亦可不同。

(3) 若为丛书,在封面上印载丛书名和卷册号(各卷册格式应一致）；若为系列书，在封面上印载有本册书名和总书名（各册格式应一致）。

(4) 作者名一般应标有“著”、“编著”、“译”、“编译”等字样。作者名不能超过3人（其余的人用“等”字表示）；若有主编、副主编时只载有主编。

(5) 若作者须标明中国朝代、外国人国籍时用“（　）”括起来。

(6) 若书名、人名有汉语拼音时，书名中的每个词第一个字母要大写（也可全大写），虚词和实词分开排；人名中的姓第一个字母大写（也可全大写），名第一个字母大写，其余小写，且人名中不使用“-”（连字符）。如：Wang Xiaoshan(WANG Xiaoshan)。

（在学术期刊中，为了人名缩写准确，名为两个字时用“-”连接。如：Wang Xiao-shan）

(7) 汉语拼音一律横排。

(8) 书名在封面、扉页、版权页和图书在版编目（CIP）数据上应一致（指文字），在格式上可变动。

(9) 非初版书必须标明第几版（第几版的几字使用阿拉伯数字表示）。

(10) 翻译书应有作者名和译者名（校者名可不上）。属于拉丁和斯拉夫语系国家的作者，其姓氏用汉字译名，名字只列出首字母。全用汉字时姓和名之间用间隔号分开。

(11) 书脊名称一般采用竖排，若其中有阿拉伯数字、西文字母和汉语拼音应顶右底左（书脊较厚的也可以横排）。若出版物较厚，书脊名称也可横排；若出版物太薄（小于5 mm）时，可在封四靠书脊不大于15 mm处排边缘名称。套书要注意各册书脊上下切口距离的一致。

(12) 在书脊上，有的出版者只印有自己的徽标而不排出名称也可以。

【书脊上除排有书脊名称、出版者外，还可排有作者名和主

编名。】*

2. 书名页

书名页是指图书正文之前载有该书重要信息的书页,包括主书名页和附书名页。主书名页载有书名、作者名、版权说明、图书在版编目(CIP)数据、版本记录等内容。附书名页是指载有多卷书、丛书、翻译书等有关书名信息的书页,一般放在主书名页之前(附书名页可不要)。

主书名页正面即通常说的扉页,载有书名(包括正书名、并列书名、副书名)、作者名(翻译书应有原著者名和译者名)、出版者(出版者的下方应印有地址或出版日期)的信息。

注意事项:

(1) 主书名页正面的信息文字的字号应小于或等于封面上的字号。

(2) 主书名页正面和封面上相同项目的文字须一致。

(3) 比封面上多的项目要准确无误。

(4) 书名页不占页码。

主书名页背面即通常说的版权页,载有版权说明、图书在版编目(CIP)数据、版本记录等信息(在主书名页背面也可以排内容简介)。版权说明,按照有关法律法规的规定进行说明,如"版权所有翻印必究"等字样(非必要),并印在该页的上部。图书在版编目(CIP)数据,由著录数据和检索数据两部分组成。各出版社均按中国版本图书馆统一制作形式排印。印在该页的中间位置。版本记录载有印刷者、发行者、版次、印次、印张、印刷日期、印数、字数、定价、开本、附件等。印在该页下方。

注意事项:

(1) 图书在版编目(CIP)数据要按"书名页背面的印刷格式"(GB 12451—2001)的正确排法排印。

(2) 图书在版编目(CIP)数据中的日期与版本记录中的日期应

---

* 仅供参考。下同。

一致。

(3) 图书在版编目(CIP)数据中的检索内容和著录内容应一致,不可漏项。

(4) 图书在版编目(CIP)数据中规定符号须正确使用,"="、"/"、"·"居中占一格,":"、";"、","位于底线上占一格,".—"占两格。注:不得用"、"代替","。

(5) 印次、印数不管第几版必须从第1版累计算起(若为不同开本的书,印数分开计算)。

(6) 开本标注不得出现"×××✕××××毫米"字样。可为"×××✕××××"或"×××毫米✕××××毫米"。毫米也可写为mm。

(7) 附有单行印刷的图、表和附有录音带、录像带、光碟等要标明并标出数量。

(8) 非初版的图书出版年月须载有除本次印刷年月外,还必须载有第1版第1次印刷年月。

【作者、主编、编委名单的排法:① 形式上可以为×××著或著者×××(也可只有作者名,而不排"著""著者"字样)、×××主编或主编×××。若为丛书(系列书)各卷册应一致。② 多作者名单的排法,作者可按书中出现先后顺序排,也可按主次关系排,或按姓氏笔画和音序排。③ 编委名单可按主次关系排,也可按姓氏笔画和音序排。④ 丛书编委名单在前,本书编委名单在后。注:要做到作者名单和正文中出现的人名相符。】

3. 序言和后记

序言是说明书籍著述或出版意旨、编写体例、作者情况、作品评介和有关问题阐发的文章。也叫做"序"、"叙"等。序言包括丛书序、作者序、非作者序、译者序。著作书序言的编排顺序为:丛书非作者序、丛书序、本书非作者序、本书作者序;翻译书序言的编排顺序为:译者序、丛书序、非作者序、作者序。

后记多以评介书籍内容或说明写作经过等为主。也叫做"跋"、"编后语"等。可由作者、出版者、编辑、译校者撰写。

注意事项:

(1) 序言一般放在目录之前,单码排起。后记放在书文最后。

(2) 序言一般用楷体或仿宋体(字号也可以比正文字号大些)以便与正文加以区别。后记字体字号可与正文相同,也可以不同。

(3) 非作者序、非作者后记文后应署名(包括丛书编委会、主编等)。

(4) 丛书由出版社编写序言时则不署名。

(5) 如借用某文章充作序言时,在题后应加"(代序)"字样。

(6) 作者序也可用"前言"、"自序"表示,不署名。若为多作者书,非全部作者所写的序言则应署名。

(7) 翻译书原作者特为中译本写的序,用"中译本序"表示。

(8) 译者序也可用"译者前言"、"译者的话"表示。

(9) 多序言时可用序一、序二……表示,也可用×××(人名)序、×××序……表示。

(10) 丛书序用"××丛书"序(××代表一个词)、"×××××"丛书序(×××××代表短语)表示。也可以用《××丛书》序、《×××××》丛书序表示。

(11) 再版书的序言。本版的序言放在最前,第1版序言次之,其他版次的序言可择其重要者放在后面,也可每版序言均排出。另一种排法是本版序言放在最前,其他序言以时间为准按近至远依次排列(即第1版序言放在最后)。

(12) 有文字标题的序言,署名最好放在标题下方。

4. 目录

目录也叫做目次,狭义的目录是指书刊正文前的目次,它是书刊内容体系的缩影。目录由标题、(作者)、页码组成。目录是由字号、字体、格式三方面体现体系等级的。目录可分为跟正文走目录、分栏目录等。

目录主要用于书刊的文字部分,亦可用于插图、图版和表格(即插图目录、图版目录、表格目录)。目录的版式有以下6种。

(1) 章名顶格,节名缩两格。如:

第一章　××××××……………………………………………… 1

　　第一节　××××××…………………………………………… 3

(2) 篇名居中,章名顶格,节名缩两格。如:

第1编　××××

第1章　××××××………………………………………………1

　§1　×××××××……………………………………………5

(3) 章名顶格,节名接排。如:

第一章　××××××………………………………………………1

1. ×××(1)　2. ×××(5)　3. ×××(7)

(4) 分类系统阶梯排。如:

××纲………………………………………………………………6

　××目……………………………………………………………6

　　××科…………………………………………………………9

　　　××属 ……………………………………………………11

　　　　××种 …………………………………………………14

(5) 单篇论文集的排法。如:

××××××(标题)　………………………　×××(作者名)(18)

(6) 按栏目排。如:

论文

×××××× ……………………………　×××(作者名)(20)

×××××× ……………………………　×××(作者名)(40)

实验

×××××× ……………………………　×××(作者名)(50)

简讯

×××××× ……………………………　×××(作者名)(18)

注意事项:

(1) 图书目录须另页排,目录上方不得排书名。期刊目录另页排,目录上方要排刊名。期刊目录也可排在封一、封二、封三、封四上,但全卷的位置要一致。

(2) 标题与(作者)页码之间用导点相连(标题与[作者]页码之间的导点不得少于3个),导点在行末要缩3～6格。期刊缩6格,图书缩3格。

(3) 页码前无作者名时页码不用“(　　)”括起来;有作者名时页码用“(　　)”括起来。

(4) 目录回行时应缩1～2格(接排目录例外)。

(5) 目录一般只列至3级标题,各级标题要明显加以区别,一级标题顶格,其他级应顺缩两格(阶梯标题缩一格)。

(6) 目录前的辅文部分上目录时最好不用导点和页码。辅文部分在目录后则需加导点和页码。注:辅文部分也可不上目录。

(7) 不同字号的标题,页码字号也不同。

(8) 目录页本身的页码应不与正文连续(目录、正文页码各单独排序)。

(9) 同时有中外文目录时,目录顺序应一致。中文目录中的“简讯”、“消息报道”等在外文目录中可略去。

(10) 期刊目录中分期连载的文章应在文题后加“待续”、“续×”等字样。

(11) 期刊总目次可按期次排,也可按分栏排。

(12) 目录中的文字和页码与正文应绝对一致。但正文中标题上的注号和参考文献序号,不排在目录上。

5. 正文

正文是书刊的主体部分,是相对于序、目录、附录、跋等辅文而言的。狭义的正文版式是指文字和标点符号排版的格式。

注意事项:

(1) 每段行首缩两格(特殊版式特殊处理)。

(2) 每行之首不得排非成对的标点符号(破折号例外,着重点、专用号跟文字走),以及成对标点符号、成对专业符号的后半个。

(3) 每行之末不得排成对标点符号和成对专业符号的前半个。

(4) 非段落末的文字必须齐版口。

(5) 非另面起的版面必须排满版,不得出现吊脚。

(6) 除阶梯标题外,不得出现背题。背题是指标题居一页之末,其后无正文相随。末级标题,如边题、段首标题可排一页页末。

(7) 标点符号使用应一致(指句号句点全书一致)。小数点最好用四开标点,其他标点符号用全身、半身标点符号均可。

(8) 字距和行距。字距按同种文字密排,不同种文字不得密排的原则,不同文种一般空四开为宜(包括同种文字的正斜体的分开排)。行距空本身字号的1/2或3/4均可,但绝对不得密排。

(9) 双栏排时,右栏的行数可少于或等于左栏行数,但不得多于左栏行数。有通栏的图、表、公式时,以图、表、公式为界,上方左右两栏文字接续排,下方左右两栏文字接续排。

(10) 转行时下列情况不得分拆排:

① 用阿拉伯数字排印的整组数字(包括年份),如872。

② 数码前后有附加符号时,如95%。

③ 化学分子式前后的键号,如  。

④ 简单的化学分子式,如H_2O。

⑤ 不以键联系的化学结构式,如 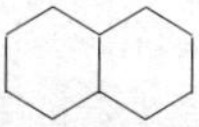 。

⑥ 分子分母均为单项式的分式,如a/b。

⑦ 简单的根式,如$\sqrt{a+b}$。

⑧ 单项的积分式、行列式、矩阵式,如$\begin{vmatrix} a & b \\ c & d \end{vmatrix}$。

⑨ 用外文字母的算符与被运算的对象,如$\cos\theta$。

⑩ 限制符号与字母,如$\triangle ABC$。

⑪ 上下角与主体,如x^2、x_2;×××1)、×××〔2〕。

⑫ 单音节的外文,如day。

⑬ 整组的缩写,如RNA。

⑭ 带词头的单位,如km。

⑮ 组合单位符号,如℃。

6. 标题

标题是书刊中文章的题目(包括篇章节名称)。标题以准确、精练、醒目、美观为原则。标题的版式有:

(1) 居中标题　此类标题使用较多,有不带数序或篇、章序的和有带数序或篇、章序的两种。

（2）阶梯标题　此类标题多用于生物学分类系统的书刊，每级标题缩一格呈阶梯状。

（3）边题　此类标题是另行靠边排。可顶格排，也可缩两格排。

（4）段首标题　此类标题是另行缩两格，题后空一格接排。

（5）提示标题　此类标题是顶格置于一段文字之首，题长一般4～6字上下叠排，四周用线框起来，如窗户一样，故也叫窗式标题。

注意事项：

（1）标题有等级之分，必须层次分明，因此标题字号应大于正文，最末一级标题可与正文字号相同，但须用字体加以区分。

（2）相应各级标题的字号、字体、格式要一致。

（3）两个字的居中标题字间空两格，三个字的标题字间空一格，四个字的标题字间空对开或四开均可，五个字的标题字间不空。

（4）标题转行时不得产生歧义。

（5）一、二级标题转行时不能割裂词组；一、二级标题中"的"字不得放在行首，"和"、"与"等字不得放在行末。

（6）一级标题的长度一般以不超过版心的4/5为宜。标题转行时一般上长下短，回行时可居中也可齐上行（有数序时以齐题为好），回行后最末一行不要一两个字就占一行。

（7）靠切口形式的标题，转行后也要以齐切口为准。

（8）黑体标题内容涉及向量、标量时，标量要用白体，以避免向量、标量混淆。

（9）标题末一般不使用标点符号，但社科类书刊标题末可使用标点符号。

（10）标题不可放在一页之末（即背题）。

【标题中不要出现非公知公用的缩写词、代号等。】

【装饰标题，在标题字周围加花边以求美观。图解标题，是以图画代替文字的标题（多以少儿读物为主）。条幅标题，以条幅的形式排出的标题。】

7. 页码

页码是书刊页顺序的编码。书刊页中的奇数页叫单码(单页码);偶数页叫双码(双页码);占页数而不排页码的叫暗码;空白页所占的暗码叫空码;翻译书刊中表示原书刊页码的叫边码(即在翻译书刊中排在靠切口白边处的页码)。

注意事项:

(1) 页码一般放在每面的下方靠切口处,也可以放在每面的上方靠切口处(上放书刊眉的居多)。

(2) 有书眉的工具书页码靠切口排,也可居中排。

(3) 封面、扉页、版权页不排页码也不占页码;书刊文前部分的题词、插图(照片)等不排页码也不占页码。

(4) 篇章页、空白页、超版口不超开本的图表不排页码,但以暗码计算页码顺序。篇章页也可不占页码,在目录中居中排或用其他字体加以区别。

(5) 文前部分(序、前言、目录等)、正文部分应各自编页码,不得顺编。一般文前部分用小罗马字或斜体阿拉伯数码编序,以和正文加以区别。有的书刊用正体阿拉伯数码编序,只要和正文各自编序就可以了。

(6) 文后部分(跋、后记)的页码和正文连续编排。

(7) 边码允许数序不顺排(翻译书刊的页码顺序和原书的顺序因图表或其他技术原因不一致造成的),边码排在原书每面首文字出现的翻译书刊中所在的位置靠切口白边处。

(8) 学术期刊的篇首页不排页码,但占页码(即暗码)。

(9) 分上下册的书,上下册页码应连续排(教材除外),若上册末为空白页则以暗码计(双码结尾),下册从单码起排。

(10) 横排书刊页码用阿拉伯数码(文前用小罗马),竖排书刊页码用中文(一、二、三……)编排。

8. 书眉

书眉是指横排书刊版心上端或下端排的书刊名、篇章名、标题或词条等文字。它是篇章节等变化的反映。它便于翻检,也可美化版面。

注意事项：

（1）不论上端书眉还是下端书眉都要用书眉线和正文隔开。书眉线可用一条细线、两条细线（学术期刊的篇首线）、文武线（粗线在上，细线在下）或花边线，线长通栏。若不用线分隔开，就必须和正文空行。

（2）书眉的文字和相应的正文标题一致（缩写的书眉例外）。

（3）书眉的字号应小于或等于正文，不得大于正文。

（4）单页书眉排小一级标题，双页书眉排大一级标题。全书的书眉等级要相同，不可任意改变。如双页章名，单页节名，不可在某章没有节名时，改为双页书名，单页章名。正确的排法为双页章名，单页也为章名。

（5）书眉中的页码一般排在切口处；工具书的书眉页码也可居中排。

（6）书眉文字一般居中排；工具书的书眉文字可靠切口排；教材书、参考书的书眉可靠订口排。

（7）书眉文字还可排成蝴蝶形，如双页靠订口处排章序号，单页靠订口处排章名（标题）。

（8）一页中同时有几个同级标题时，书眉排最后的标题，如同时有第一节、第二节，书眉排第二节标题。

（9）期刊的刊眉一般双页居中排刊名，靠订口排卷号（或年份）；单页居中排作者名、文章名，靠订口排期号。

（10）图书篇章首页可不排书眉，也可排书眉，但全书要一致。

（11）期刊篇首页刊眉上居中叠排中外文刊名，左叠排中文卷号、期号和出版年月，右叠排外文卷号、期号和出版年月。

（12）未超版口的整页图表应排书眉，超版口时则不排书眉。插页的图表不排书眉。

（13）竖排书的“书眉”叫中缝，双页排书名（下部排中文页码），单页排章名（下部排中文页码）。线装书的中缝排两页码中间，上部排书名，中部排篇章名（上下可加鱼尾号），下部排中文页码。

【工具书眉题的排法。中文：按分类排，靠切口排类别名称（双页一级类别名称，单页二级类别名称）；按笔画排，在切口排笔画和词的首字;按拼音排,在切口排拼音和字。外文:页码居中,左侧排该面首词(或前三个字母),右侧排该面末词(或前三个字母);每面切口排该面首词的前三个字母和末词的前三个字母,首词三个字母和末词三个字母之间用“-”相连;以合页版的形式,双页码切口排本面首词,单页码切口排本面的末词;为了便于查阅,页码和眉题分离放在版心下方单占一行也可。】

【直角书眉。双页码竖线左侧排书名(竖排),横线上方排篇名;单页码横线上方排章名,竖线右方排节名(竖排)。若没有节名,横线上方排章序号,竖线右方排章题名。页码排在每页的下方切口处。直角书眉使用较少。】

8. 注释

注释也叫注解,即正文中有些内容须加解释,又不宜作为正文来叙述的文字说明。有正文注、引文注、编者注、译者注、校者注等。在版式上可分为页末注(即脚注)、文内注(包括夹注、表注、图注)、文后注(包括篇、章、节后注,书末注)。

注意事项:

(1) 注释的文字字号应小于正文。

(2) 页末注用注线(细线)和正文隔开,注线的长度应为版心的1/4。注文顶格,回行时缩两格排;注文缩两格,回行时顶格排。全书要统一。

(3) 注序号在正文排上角,正文页下端页末注序号应平排,并使序号一一对应。

(4) 页末注的序号以一页为单位,不得数页连续编排。

(5) 页末注最好不要转页(特长注例外。转页后无正文者不加注线,如有正文时需在正文下加注线后再排注文)。

(6) 编者注、译者注、校者注在注文结束句号后应加一破折号,并在破折号后标明“编者注”、“译者注”、“校者注”字样。

(7) 表注、图注排在表和图的下方,不使用注线以和正文注加以区别。序号用1)、2)……或a)、b)……或星号均可,但全书应统一。

(8) 文后注应在注的上方加排“注释”(加鱼尾号或排黑体)字样。

（9）夹注可单行排也可双行排。

（10）竖排版靠切口白边处的注叫旁注，也应竖排。

（11）后面页的注释和前面页的注释（已排出）相同时，可排见（前）××页注释。但前面页的注释和后面页的注释（已排出）相同时，不得排见（后）××页注释（即前面注释不得见后面注释）。

9. 插图

插图是形象语言，具有直观、简洁和美化版面的作用。广义地说，凡是与书刊内容有关的图都叫插图；狭义地说，小于开本的图叫插图，超开本的图叫插页图。书刊中用不同纸张整页印刷的单色或彩色的图叫图版。

（1）小于1/2版面的图　如果一面上只有一个图，则随正文内容排在靠切口处，图旁串文。（见图a）有两个图则交叉排，先见的图排在靠切口处，后见的图排在靠订口处，图旁均串文。（见图b）若两图并排，图旁不串文。（见图c）有三个图也交叉排，第一个图靠切口排，第二个图靠订口排，第三个图靠切口排，图旁均串文。（见图d）若呈品字形叠排，图旁不串文。（见图e）

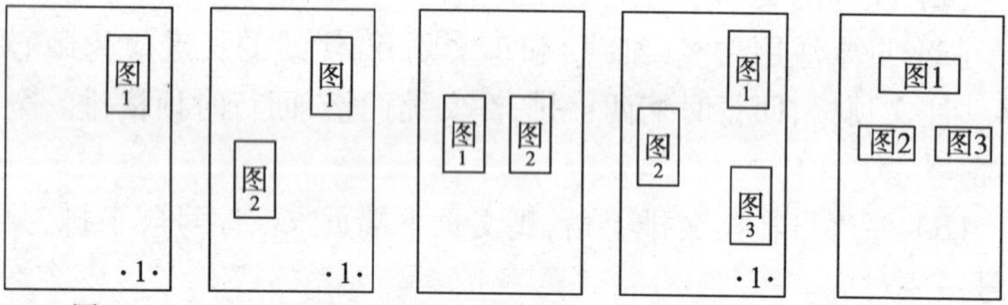

图a　图b　图c　图d　图e

（2）等于或大于1/2版面的图　等于或大于1/2版面的图均居中排，图旁不串文；但普及读物可靠切口排，可以串文。

（3）整面的图　整面的图或接近于整面的图，无论竖置或横置除图题图注外，不再排其他文字，应单独占一面。竖置的整面图，图题可排在同一视面其他页的下方，并用一通栏线和正文隔开。（见图a）横置的整面图，图题可排在下页（不论单双页），图题所占版面小于1/3的可串文，大于1/3的不串文。（见图b）图题也可转90°放

在同一视面页的下方,用一通栏线和正文隔开。(见图 c)

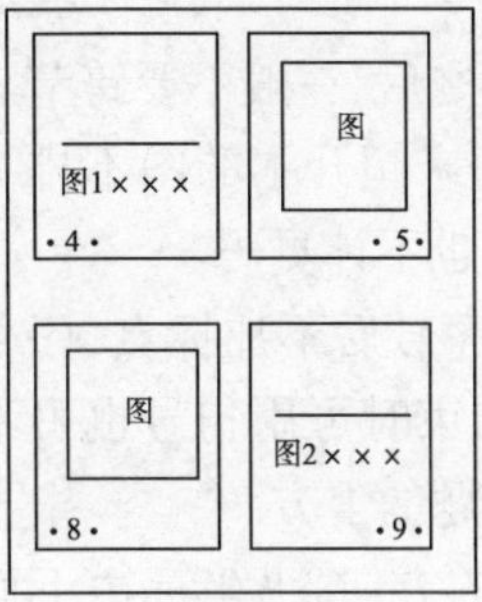

图 a

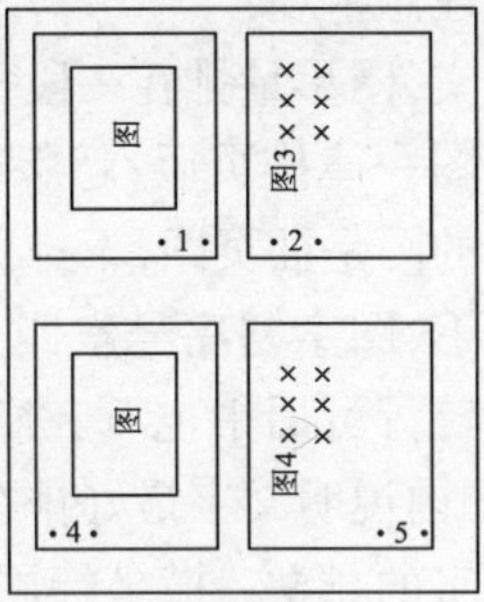

图 b

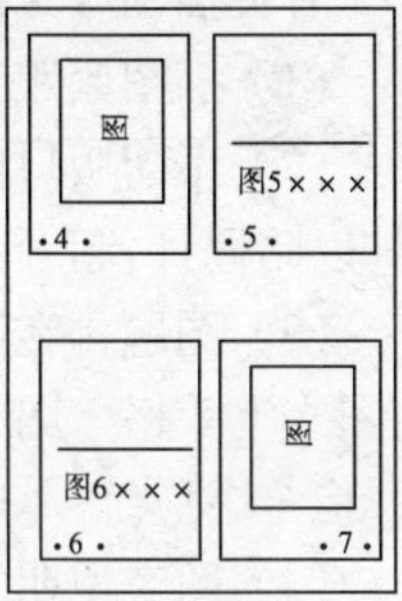

图 c

【竖置图如宽窄(图旁可排 4 ~5 个字)时,图题可排在图旁;横置图如高矮时,图题排在图下;异形图图题可排在空白处。】

(4) 超版口的图　无论纵向或横向超版口而未超开本的图都叫超版口图。超版口范围为 5 mm(出血版图与此无关)。图题放置可按整面图处理。

(5) 跨页的图　同一个图题下由几个分图组成的,必须占用两个页码的图叫跨页图。跨页图分为竖放跨页图和横放跨页图两种。

竖放跨页图

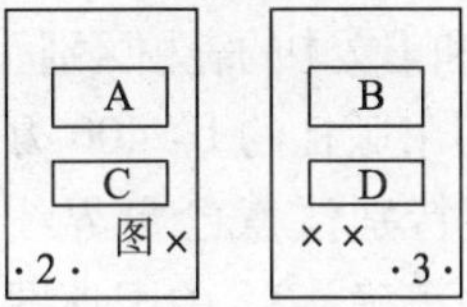

注意:① 双跨单排;② 图题也双跨单排;③ 图内序号横排,不得竖排,如

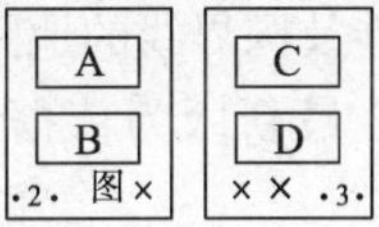

(×)。

横放跨页图

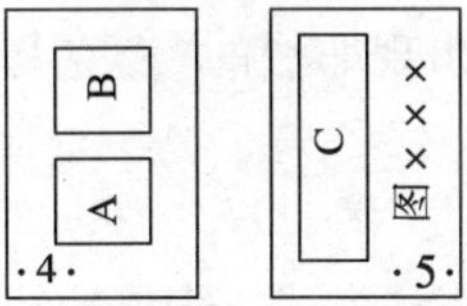

注意:① 双跨单排;② 图题排在单页码的靠切口处。

(6) 连续图　从单双页均可排起,需要两页或两页以上才能排完的图。有竖排和横排两种。图的首页排图题,以后每页排"图××(续)"字样。另一种排法是所有分图的最后排图题,但这种排法分图之间不得排正文文字。

有关插图版式的注意事项：

(1) 插图紧跟正文，图尽量排在一段文字之后，一般不要跨节。

(2) 不超版口的图一律排页码；超版口而未超开本的图不排页码，以暗码计；超开本的图是插页图，不排页码也不计页码。

(3) 图题排在图下，图字与序号空四开，序号后不加标点，序号与图文空一格。图文转行可居中也可齐肩，结束时可用句号也可不用，但全书应统一。图内说明文字最好排在图题的上方。

(4) 图旁说明文字的排法：横坐标同图的方向，纵坐标由下而上排即文字顶左底右。标目的量与单位采用比值形式。

(5) 图与正文内容相符（文字、数值、符号、单位等）；图与图题、图注相符。

(6) 图序编排等级全书一致（一级编序：图1、图2……；二级编序图1-1、图1-2……；三级编序：图1-1-1、图1-1-2……若无某级序号时用“0”表示）。

(7) 图内字的字号与图的大小相配，不宜过大或过小。

(8) 程序图（包括流程图、电路图等）最好一面排，若须两面排时应注意两面衔接的正确（最好用插页图）。

(9) 图中的附带表四周一般用细线框起来，以和正文中的表相区别。

【地图的要求：1. 涉及国界线的地图以地图出版社的1∶400万《中华人民共和国地图》最新版为依据。2. 要特别注意已定界线（├─┤·├─┤）和未定界线（├┄┤·├┄┤）的起止的正确。3. 中国地图不得漏绘台湾岛、南海诸岛，以及台湾岛东北方的钓鱼岛和赤尾屿等，以保证领土的完整。4. 中印边界东段不得出现非法的“麦克马洪线”。】

10. 表格

表格是记录数据或事物分类的一种简洁的表达方式。表格的特点是直观、准确，对比性强，节省版面，因此书刊中经常使用。表格的排版格式有两种，一是无线表，二是有线表。无线表就是表中不使用线条表示分隔，而只是用位置和空格表示分隔栏的表。有线表就是用线条分隔成栏目的表,它包括系统表和卡线表。不论横排或竖排都只用横线或竖线(也可用括弧)连接文字的表叫系统表(系统表多用于隶属关系的多层次的事项)。用横线和竖线将表中的文字或数字分成几栏排的表叫卡线表。表格主要由表题(排在表格的上方,说明表的内容)、表头(表格内上方的项目)、表身(表中说明文字或数据)、表注(表内项目的注释)等组成。无线表和系统表以占一面为原则,如表格较大即一面排不下,可作为插页表处理。

卡线表的版式处理如下:

(1) 表格的转栏,分为竖转和横转两种情况。

① 竖转　凡是项目横短竖长的表,为了节省版面和美观,可以竖转,如:

表5　×××

A	B
1	
2	
3	
4	
5	
6	
7	
8	

可转为

表5　×××

A	B	A	B
1		5	
2		6	
3		7	
4		8	

注意事项:A. 转栏后表题居中排;B. 右栏表头重排;C. 转栏后用双细线分隔;D. 分栏匀称(右栏可少一行);E. 表注从左下方排起。

② 横转　凡是表横宽超过版心,而竖的栏目较少,可横转,即叠排,如:

表10　×××

N	1	2	3	4	5	6	7	8	9	10	11	12
A												
B												

可转为

表10　×××

N	1	2	3	4	5	6
A						
B						
N	7	8	9	10	11	12
A						
B						

注意事项：A. 转栏后表题居中排；B. 左栏第一项重复排（若列为奇数项，有两种方法：一是左栏第一项不重复，二是转后右栏可少一项；若为三叠时左栏必须一致）；C. 叠排时用双细线分隔；D. 分栏要匀称。

（2）表头互换。书刊版心一般是竖长横短，如表格为竖短横长时，可将竖横栏目互换。反之亦然。如：

A / B	1	2	3	……	*n*
x					
y					
z					

可互换为

B / A	x	y	z
1			
2			
3			
⋮			
n			

(3) 合页表。凡是须占两页才能排下的表就叫合页表,分竖放合页表和横放合页表两种。

① 竖放合页表　横向超过版心,竖向等于或小于版心的须占两页排的表叫竖放合页表,如:

表×　××××

1	2	3	4	5	6

可排为

表×　　××××

1	2	3

·2·

4	5	6

·3·

注意事项: A. 必须是双跨单排; B. 表题必须跨页居中排; C. 双单页分栏要匀称; D. 双单页接合处的栏线放在单页上; E. 表注也应双跨单排(有序号者可例外); F. 双单页的栏线要对齐。

② 横放合页表　竖向超版心,横向等于或小于版心的须占两页排的表叫横放合页表,如:

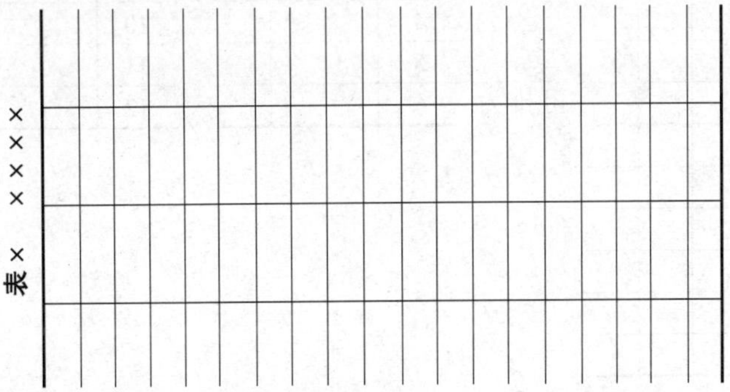

可排为

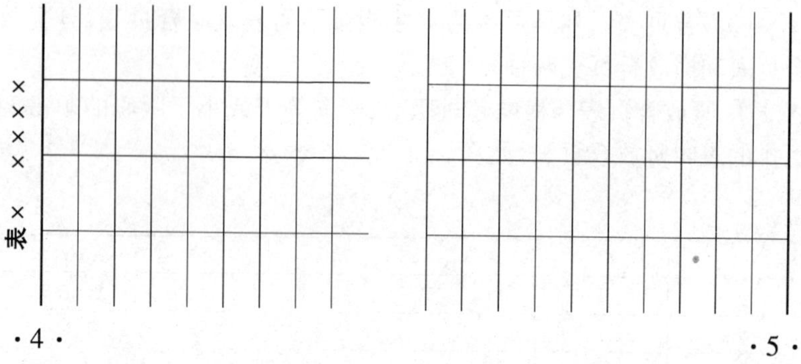

注意事项：A. 必须是双跨单排；B. 表题排在双页码的切口处（冲切口）；C. 双单页接合处的分栏线放在单页码之首；D. 双单页分栏要匀称；E. 表注排在单页码的切口处；F. 双单页的栏线要对齐。

（4）接排表。一页排不完需数页连续排的表叫接排表。接排表有竖向接排表和横向接排表两种。

① 竖向接排表　表的宽度等于或略小于版心宽度，而表的长度大于版心，一个版面排不完，须占两个版面或两个版面以上才能排完的表。如：

表×　×××

B \ A	x	y	z
1			
2			
3			
4			
5			
6			
7			
8			
9			
10			
11			
12			

可排为

表×　×××

B \ A	x	y	z
1			
2			
3			
4			
5			
6			

表×（续）

B \ A	x	y	z
7			
8			
9			
10			
11			
12			

注意事项：A. 从单双码起排均可；B. 不论单双码都必须加排表头；C. 除起排页外，其他每面都须在表的上方加排“表×（续）”或“续表”字样；D. 每面表的上下两条线均用反线（粗线）。

② 横向接排表　表的位置以版面上下为表的宽度，版面左右为表的长度，须占两面以上才能排完的表。如：

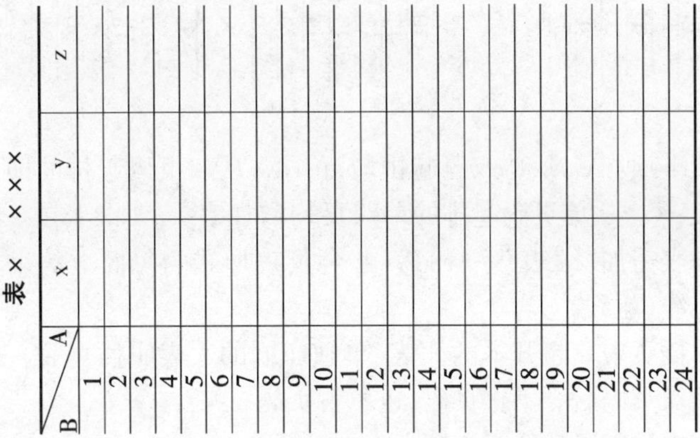

可排为

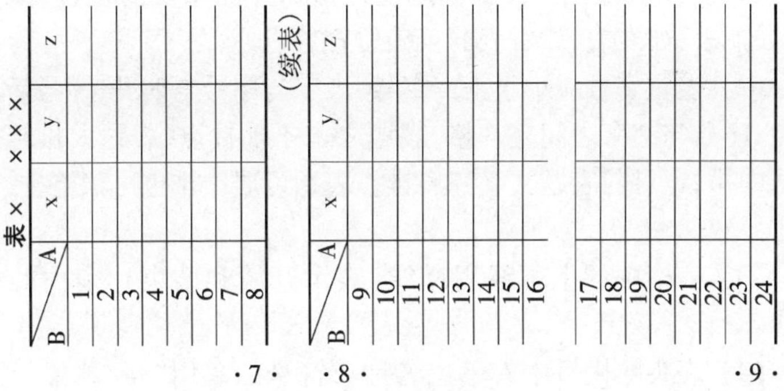

或

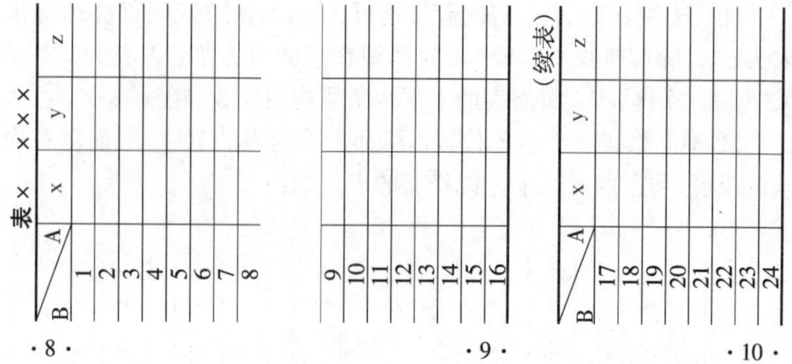

注意事项：A. 从单双码起排均可；B. 从双页码起排的即是横放合页表；C. 从单页码起排的单双页均需加表头；D. 不在一个视面上接排表需加“续表”字样；E. 非合页表形式的每面上的表上下线均为反线(粗线)。

(5) 插页表。超开本的大表、单独印刷的大表叫插页表。插页表必须插双页码后。不排页码，也不占页码。

有关表格版式的注意事项：

(1) 表格紧跟正文，尽量避免跨节。并注意表的位置，即如上表、如下表、如左表、如右表的正确位置。

(2) 表题字号应小于正文字号，表字与序号空四开，序号后不加标点，序号与文字之间空一格，表题之末不加标点，表题太长转行后可居中排，也可与表题文字齐肩排。表题可居中排也可顶格排，但全书应一致。

(3) 表格中的上下线用反线(表示开始和结束)，表内的线用正线。

(4) 表头的栏目中有单位名称或符号的采用“量/单位”形式，如“$v/(\mathrm{m}\cdot\mathrm{s}^{-1})$”。若表格内全部栏目中的单位都相同则把单位排在表格顶线上方的右端即可。

(5) 栏目中的文字不论横排竖排应一致(特殊要求例外)。

(6) 栏目中相同标目(单位)的数据应对齐(以个位、范围号、+ - 号为准)。不同标目的数据可不排齐。

（7）表中的说明文字与栏线要空四开或对开。若需分层次时可用缩格、顶格加以区别。

（8）表中行和列的数据、文字、图形不得错位，必须相应对齐。

（9）小于 1/2 版面的表要表旁串文，大于 1/2 版面的表可居中排。

（10）不超过版心的整页表占页码，超版心不超开本的表为暗码（不排页码，但占页码），超开本的表不占页码（即插页表）。

（11）接排表转页时，表中间不得插入正文的文字。

（12）表中不得使用“同上”、“同左”等字样，也不得使用“〃”来代替。

（13）表格不使用左右端线。

（14）表内有序号项的横排表和竖排表转页时，序号不得错位。如：

1		15	
2		16	
3		17	
4		18	
5		19	
6		20	
7		21	
8		22	
9		23	
10		24	
11		25	
12		26	
13		27	
14		28	

1		15	
2		16	
3		17	
4		18	
5		19	
6		20	
7		21	

·7·（错）

8		22	
9		23	
10		24	
11		25	
12		26	
13		27	
14		28	

·8·

1		8	
2		9	
3		10	
4		11	
5		12	
6		13	
7		14	

·7·（正确）

15		22	
16		23	
17		24	
18		25	
19		26	
20		27	
21		28	

·8·

【表序编排等级全书应一致。一级编排，如表 1；二级编排，如表

4-1(或表4.1);三级编排,如表5-2-1(或表5.2.1)。】

【竖排接排表在社科书刊中转页时也可在首页末用一正线,下页始用一正线表示连接,不再排表头,以后之页类推,表终结时用一反线即可。】

【推荐使用三线表。为了节省版面,现在国内外均在使用三线表。所谓三线表就是取消卡线表表身中不必要的横线,只剩有顶线、栏目线、底线。】

11. 数学式

数学式是文章中的重要组成部分。数学式是由数字、外文字母和数学符号构成的。数学式的版式处理主要指数学式的排法、数学式的转行和数学式的变形。

数学式的排法

(1) 重要数学式和带序号的数学式以居中排为原则(串文的数学式要接排),数学式的序号应加圆括号齐右版口排,数学式与序号之间不加导点。

(2) 数学式中的数学缩写运算符号应与字母、数字空三开或四开,不得密排,如 $\cos\theta$。

(3) 数学式中的代量字母排斜体,数学符号和数学缩写符号排正体。

(4) 数学式中的说明文字应另行顶格接排,尽量使用"为"、"是",不使用"——"、"="。即把——、=改为"为"、"是"。如α——线膨胀系数、γ——格林爱森常数,改为α为线膨胀系数、γ为格林爱森常数。

(5) 数学式前简短文字(如令、设……由此、代入……由此得、由此解得……)与数学式排在一行,不另行(如数学式较长已占一行者例外)。

(6) 数学式的主体应对齐,主体部分必须在一个水平线上。如:

$\lim\limits_{\substack{\Delta x\to 0\\ \Delta y\to 0\\ \Delta z\to 0}}\sum\sum_{i=1}^{n}\sum\Delta x_i\Delta y_i\Delta z_i$(lim 和$\sum$ 为主体)。

(7) 数学式主辅线要分清，并且要和 =、<、+、× 等符号在同一水平线上，如：$A=\dfrac{\frac{1}{x}}{\frac{2}{y}}$。

(8) 数学式中“线”的长短要严格分清，如：$\sqrt{abc}$ 和 $\sqrt{ab}\,c$；$\overline{a^2}$ 和 $\bar{a}^2$。

(9) 数学式中每个单元不能交叉排，如：$a=\int_{y}^{y+\Delta y} f(x)\,\mathrm{d}x$ 不得排为 $a=\int_{y}^{\substack{y+\Delta y\\ f(x)}}\mathrm{d}x$。

(10) 方程组可分页排，但必须有括号相连。如：

$$\left.\begin{array}{l} x=a+b\\ y=b+c \end{array}\right\}\text{(上页排)}$$

$$\left.z=c+d\right\}\text{(下页排)}$$

(11) 数学式中的上下限可排在符号的右上角和右下角，也可排在符号的上方和下方，如 $\int_b^a$、$\int\limits_b^a$，但全书应一致。

(12) 行列式、矩阵中的元素行和列均需对齐，并且每行每列的间距要一致，每列要清晰可分（列与列之间空一格）不得混淆。式中若有 + - 号时应对齐；对角矩阵不得交叉排；元素角标双符号制时不得密排，如 $a_{1\,1}$ 表示 a 的第一行第一列，不得排为 a_{11}，$a_{n+1\,1}$ 不得排为 a_{n+11}。

(13) $m\times n$ 型矩阵按新标准应排为 $\begin{pmatrix} A_{11} & \cdots & A_{1n}\\ \vdots & & \vdots\\ A_{m1} & \cdots & A_{mn} \end{pmatrix}$，若排成 $\begin{pmatrix} A_{11} & \cdots & A_{1n}\\ A_{m1} & \cdots & A_{mn} \end{pmatrix}$ 或 $\begin{pmatrix} A_{11} & \cdots & A_{1n}\\ \cdots\cdots & \cdots\cdots & \cdots\cdots\\ A_{m1} & \cdots & A_{mn} \end{pmatrix}$ 均错。（行列式同）

(14) 把带有上角的指数函数改为平排时，如 $\mathrm{e}^{\int(x+1)\mathrm{d}x}$ 改为

$\exp\int(x+1)\mathrm{d}x$，全书应一致。并注意运算对象的正确，如 $\sum_{l=1}^{\infty}\mathrm{e}^{\frac{l(l+1)\theta}{T}}\cdot(2l+1)\to\sum_{l=1}^{\infty}\exp\frac{l(l+1)\theta}{T}(2l+1)$（错误），$\to\sum_{l=1}^{\infty}(2l+1)\cdot\exp\frac{l(l+1)\theta}{T}$（正确）。

数学式的转行

无论是居中排的数学式还是叙述中的接排数学式受到版面限制时都不可避免地要转行。根据“当一个表示式或方程式需要断开、用两行或多行来表示时，最好在紧靠其中符号 =，+，-，±，∓，×，·或/后断开，而在下一行开头不应重复这一符号”的规定，简述如下。

（1）在等号处（包括<，>，≪，≫，≤，≥，≡，~等）转行。这种转行方法最好，不会产生歧义。注意：转行时把符号放在行末，不得放在行首。

（2）在 + -号处（包括 ± ∓等）转行。注意：转行时把符号放在行末，不得放在行首。

（3）在×（·）/号处转行。注意：转行时把符号放在行末，不得放在行首。特别注意暗含·处的转行，如 $u=\frac{1}{n}\exp(Z+W)$ 转行时应为 $u=\frac{1}{n}\cdot$

$\exp(Z+W)$。

（4）累次积分累次求和符号处转行。如 $a=\sum_{1}^{n}\alpha k\sum_{1}^{n-1}\upsilon k$ 应转行为 $a=\sum_{1}^{n}\alpha k\cdot$

$\sum_{1}^{n-1}\upsilon k$

（5）在逗号和分号处转行。如 $S_i\equiv\widetilde{S}_{i+1},i=1\cdots M-1$ 应转行为

$S_i\equiv\widetilde{S}_{i+1}$，

$i=1\cdots M-1$

(6) 分式的转行。分子分母均为多项式时在 + - 号处转行。如 $\frac{a+b+c+d}{x+y+z}$ 应转行为 $\frac{a+b+}{x+y+}\rightarrow$

$$\leftarrow\frac{c+d}{z}$$。

注意:转行时必须用"→←"符号连接。

分子分母为单项式时在适当处 (×) 转行, 如 $\frac{\frac{1}{\pi}(\operatorname{sign}A)\int\sin wt\,\mathrm{d}\,wt}{2\pi\int P_\lambda(\theta)\cos\theta\sin\theta\mathrm{d}\,\theta}$ 应转行为 $\frac{\frac{1}{\pi}(\operatorname{sign}A)}{2\pi}$

$$\times\frac{\int\sin wt\,\mathrm{d}\,wt}{\int P_\lambda(\theta)\cos\theta\sin\theta\mathrm{d}\,\theta}$$。

注意: 转行时必须用 × 号连接(放在行末)。分式竖排也可改为横排后转行,如 $\frac{a+b+c+d}{x+y+z}$ 改为横排 $(a+b+c+d)/(x+y+z)$ 在任何部位均可转行。

(7) 根式的转行。根式转行有三种方法。一是指数法,如 $\sqrt{a+b+c+d}$ 可改为指数形式 $(a+b+c+d)^{\frac{1}{2}}$,在任何部位均可转行。注意: 必须加括号。二是接线法,如 $\sqrt{a+b+c+d}$ 可转为 $\sqrt{a+b+}\rightarrow\leftarrow\overline{c+d}$。注意: 转行时必须用"→←"连接。三是去线法,如 $\sqrt{a+b+c+d}$ 可变为 $\surd(a+b+c+d)$(注意必须加括号),在任何部位均可转行。

数学式的变形

数学式变形是指数学式受到版面限制(或需转行时)和竖排改为横排时需要改变数学式的原来形式而数学意义不变的方法。在变形时要注意两点,一是变形后数学意义绝对正确,二是变形后符合数学式正确排法的要求。现以分式为例说明数学式变形应注意的事项。

（1）单项式的分式，必须分清分子分母的关系。

① 分子分母关系错，如$\frac{2}{3}M \to 2/3M$（×）$\to 2M/3$（✓）

② 多因子的分子分母，如$\frac{abc}{xyz} \to abc/xyz$（×·）$\to (abc)/(xyz)$（✓）

③ 分子为多因子的，如$\frac{ABC}{W} \to (ABC)/(W)$（×·）$\to (ABC)/W$（✓）

④ 被运算符号运算的，如$\cos\frac{\theta}{2} \to \cos\theta/2$（×）$\to \cos(\theta/2)$（✓）

⑤ 某一因子为多项式时，如$\frac{F}{M+N}(1-z) \to F/M+N(1-z)$（×）$\to F(1-z)/M+N$（×）$\to F(1-z)/(M+N)$（✓）

（2）多项式分式，必须把分子分母变为整体用括号括起来。

① 分子为单项式，分母为多项式，如$\frac{abc}{x+y+z} \to abc/x+y+z$（×）$\to (abc)/(x+y+z)$（✓）

② 分子分母均为多项式，如$\frac{a+b+c}{x^2+y^2+z^2} \to (a+b+c)/x^2+y^2+z^2$（×）$\to a+b+c/(x^2+y^2+z^2)$（×）$\to (a+b+c)/(x^2+y^2+z^2)$（✓）

③ 分子为多项式，分母为单项式，如$\frac{ax+by+cz}{ABC} \to ax+by+cz/ABC$（×）$\to (ax+by+cz)/(ABC)$（✓）也可表示为$\frac{1}{ABC}(ax+by+cz)$（✓）

④ 分式用指数形式表示，如$\frac{a+b+c}{Ax+By+Cz} \to (a+b+c)(Ax+By+Cz)^{-1}$（✓）

数学式结构复杂、层次多，因此应注意：

（1）数学式中数字、字母、符号的位置是否正确。

（2）数学符号是否正确、数学符号的附加成分是否正确，见第409页附表。

（3）字体、字号是否正确。

（4）数学符号的字母大小写是否正确。

（5）数学式中正斜体、黑白体是否正确。

（6）数学式的转行、变形是否正确。

（7）数学式排法是否规范、符合版式要求。

【根据《物理科学和技术中使用的数学符号》GB 3102.11－1993的标准，"变量（例如 x，y 等）、变动附标（例如 $\sum_i x_i$ 中的 i）及函数（例如 f，g 等）用斜体字母表示，点 A，线段 AB 及弧 CD 用斜体字母表示。对特定场合中视为常数的参数（例如 a，b 等）也用斜体字母表示。"1993 年标准还规定，对具有特殊定义的函数（例如 sin，exp，ln，Γ 等）用正体字母表示。其值不变的数学常数（例如 $\mathrm{e}=2.718$，$\pi=3.14$，$\mathrm{i}^2=-1$ 等）用正体字母表示。具有特殊定义的算子（例如 div，δx 中的 δ 及 dt/dx 中的 d）用正体字母表示。缩写字（例如 Rt△ABC中的 Rt，表示边角边的 SAS 等）也用正体表示。】

【数学符号使用中应注意：1. 同一个符号在不同学科和分支中有不同意义；2. 同一个数学意义可用不同符号表示，但全书应一致；3. 同一个字母正斜体、黑白体、大小写的不同数学意义也不同；4. 易混的符号要严格区分，如角括号"〈 〉"和大于小于号"＜ ＞"要分清；5. 符号"∵""∴"不再使用，用文字"因为""所以"，符号"⩾""⩽"不再使用，只使用"≥""≤"；6. 用"～"表示百分率范围时"～"前"%"不得省略；7. ctg x 和 arcctg x 不再使用，应为 cot x 和 arccot x，tg x 和 arctg x 用 tan x 和arctan x；8. 表示反三角函数的 arc 中的 a 不能大写，表示反三角函数时也不能使用－1 次方的形式，如 $\sin^{-1} x$；9. log x 不能代替 ln x、lg x、lb x，log x 表示 $\log_a x$、ln x 表示以 e 为底、lg x 表示以 10 为底、lb$x$ 表示以 2 为底的对数；10. 矩阵符号表示法，矩阵符号用大写的黑斜体字母表示，矩阵元素用白斜体字母表示。】

12. 化学式

化学式由化学元素符号、化学分子式、化学结构式、化学符号和数字组成。化学式的版式处理主要指排版格式、化学结构式变形和化学分子式、化学结构式、化学反应式的转行。

化学式的排法

（1）化学元素符号一般为正体（大写），表示额外元素时为斜体。元素符号为两个字母的首字母大写，第二个字母小写平排。元素符号后不加点。分子式各元素之间，元素与键号之间均密排。

（2）非元素符号的字母表示位序号、构形的均排斜体，如 *P*（对位）、*L*（左型）。

（3）数字可平排也可上下角排（表示核素的核子数应排在左上角，如^{14}N，排成 N^{14}是错的；表示分子中元素的原子数应排在右下角，如 H_2；表示核素的质子数应排在左下角，如$_7N$；表示核激发态和离子价数应排在右上角，如 Al^{+3}，排成 Al^{+++}或 Al^{3+}均是错的）。

（4）注意键号和其他符号的区别（—单键号和全身号、减号的区别；═双键号和等号的区别；≡叁键号与恒等号的区别；〈分枝键、〈包含键与小于号的区别；《环角键与小于等于号的区别；→配价键与反应号的区别；~高能键与波浪线的区别等）。

（5）化学方程式中表示回收和来源的虚线箭头必须对准该分子式的中部；结构式的元素符号必须和相应的键号对准（指单字母的元素符号和多字母的元素、原子团符号的大写首字母对准键号）。

（6）在环结构中元素符号嵌进与不嵌进要严格区别。

（7）反应号旁的文字字号应小于正文，反应号上的说明文字较长且反应号下无文字时可转行，排在反应号的上下方，反应号上下均有文字时不得转行。可逆反应号上或下有文字时均不得转行。

（8）反应式的主体部分要对齐，即反应号、+号在一个水平线上。

（9）化学方程式必须配平。

化学结构式变形

化学结构式受到版面限制时，在结构式意义不变的情况下，可变更结构式的形式，这样既可以美化版面又可以节省版面。如

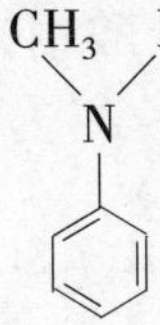 可改排为 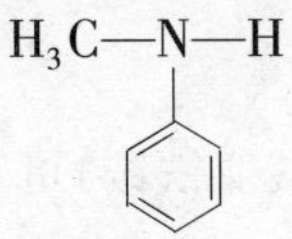 或 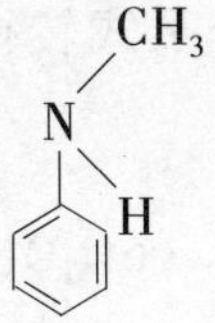

又如 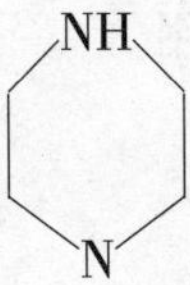 应改排为 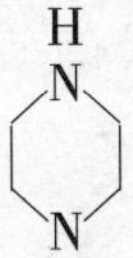

在变形时键号必须对准成键的双字母元素的首字母，如 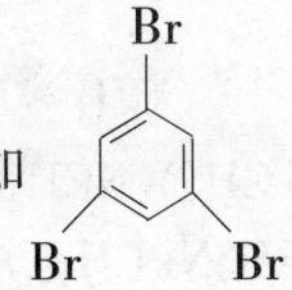

不能排成 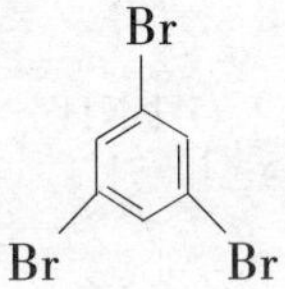

在变形时键号必须对准成键的原子团符号的首字母，如

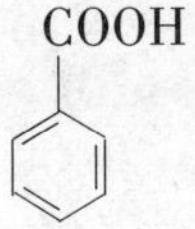 不能排成 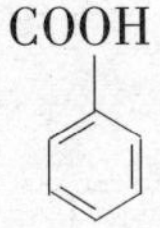

又如 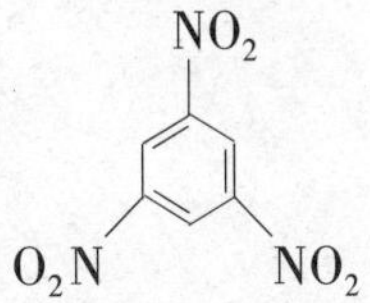 （为了使键号对准成键元素符号，可以调换第一个元素符号的位置，如 $NO_2 \rightarrow O_2N$。）

化学式的转行

化学分子式、化学结构式、化学反应式过长或在行文中需要占两行或两行以上时即为转行。化学分子式在根、官能团处转行，并在行末加连接符；化学结构式采用折转的方法转行；化学反应式在＋、→、＝、⇌、↔、—等符号处转行，符号均放在行末。

（1）化学分子式转行，如 $Cu_2(OH)_2CO_3$（碱式碳酸铜）可转为 $Cu_2(OH)_2$-
CO_3。

$FeSO_4(NH_4)_2SO_4 \cdot 6H_2O$（硫酸亚铁铵）可转为 $FeSO_4(NH_4)_2SO_4 \cdot$
$6H_2O$

（因为有 6 个结晶水，所以行末的连接符借用了 ·）；或 $FeSO_4$-
$(NH_4)_2SO_4 \cdot 6H_2O$；　或 $FeSO_4(NH_4)_2$-
$SO_4 \cdot 6H_2O$

CH_3COOH（乙酸）可转为 CH_3-
$COOH$。

$(CH_3)_2NCH_2CH_2N(CH_3)_2$［2-（二甲氨基）乙烷］可转为 $(CH_3)_2NCH_2$-
$CH_2N(CH_3)_2$；　或 $(CH_3)_2$-
$NCH_2CH_2N(CH_3)_2$；　或 $(CH_3)_2NCH_2CH_2N$-
$(CH_3)_2$。

（2）化学结构式转行，如

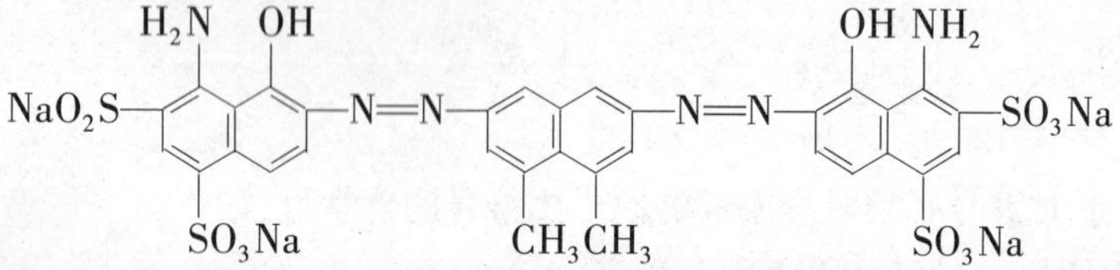

可转为：

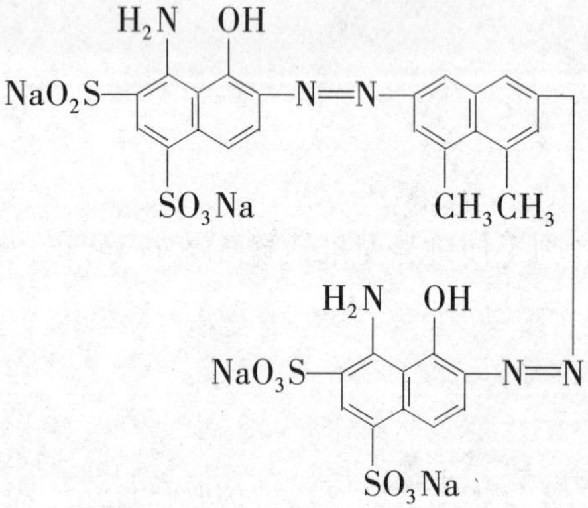

（3）化学反应式转行，如

$Zn + H_2SO_4$（稀）$=\!=\!= ZnSO_4 + H_2\uparrow$ 可转为

$Zn + H_2SO_4$（稀）$=\!=\!=$

$ZnSO_4 + H_2\uparrow$

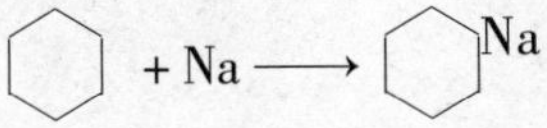 可转为：

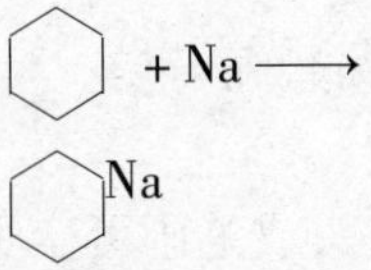

不能转行的有：① 简单的分子式，如 H_2O；② 简单的结构式，如 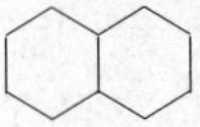；③ 生物化学中的缩写字，如 RNA。

13. 附录

附录是附加在正文之后的以文章、文件、图表、数据、资料等形式，向读者提供正文部分内容的详尽推导、证明、解释和说明的正文附件。附录的作用是有助于读者理解正文，便于读者查考，利于读者进一步探索有关问题，扩大读者的视野。

注意事项：

(1) 附录不是书刊必要的组成部分。

(2) 附录应是正式出版物。

(3) 附录应编入图书目录中。

(4) 附录放在参考文献之后，如有摘要、后记等则放在摘要、后记之前。

(5) 附录的页码与正文连续排(不另行编码)。

(6) 附录的字号大小可同正文，也可小于正文。

(7) 若有数个附录，按附录 A(或一)、附录 B(或二)……形式编排。

(8) 期刊、文集等的附录排在每篇文章之后，一般不上目录。

(9) 附录中的公式、图、表序号，按(A1)、(A2)；图 A1、图 A2；表 A1、表 A2 的形式编排。

14. 索引

索引是把书刊中各种事物名称分别摘录或注释，按字顺序或分类排列，记明出处的页码，置于书刊之末，以便读者查阅。

注意事项：

（1）索引不是书刊必要的组成部分。

（2）索引应编入目录中。

（3）索引的页码应和正文页码连续排（不另行编码）。

（4）索引的字号可同正文，也可小于正文。

（5）索引可采取双栏排，也可三栏排。字头或笔画可全页（即跨二、三栏）居中排，也可每栏居中排。

（6）按首字笔画为序时，相同笔画者按"横、竖、撇、点、折"排列，首字全同时按第二个字的笔画排列，依此类推（避免字的笔画错）。

（7）按首字汉语拼音字母顺序时，首字汉语拼音相同时，以声调"阴平、阳平、上声、去声"排列，首字全同时，按第二个字的汉语拼音为序排列，依此类推（避免汉字的读音错）。

（8）外文索引以字母顺序排列，第一个字母相同时按第二个字母顺序排列，依此类推。

（9）索引有派生词的，在主词下面缩进一格排，派生词词序排法与主词词序排法相同。

（10）索引词标注页码有两种形式：一是只标出首次出现时的或主要说明该词定义、内容的页码；二是标出与该词有关内容的各处页码，所标出页码之间用"，"隔开，并由小到大排列，最后不用句号（标注的页码以版面不再变动时为准）。

（11）期刊索引的页码不与正文连续，单独编码。

【图书索引有名词术语索引、姓名索引、地名索引、重大事件索引、图题索引、表题索引等。期刊索引有分类索引、著者索引、关键词索引、主题词索引等。】

附　物理科学和技术中使用的数学符号

表1　几何符号

符　号	意义或读法	符　号	意义或读法
$\overline{AB}$, AB	[直][1]线段 AB	⊙	圆
∠	[平面]角	⊥	垂直
$\widehat{AB}$	弧 AB(可用 $\widehat{AB}^{\circ}$ 表示圆弧 AB[对应]的平面角度)[2]	//, ∥	平行(╨用于表示平行且相等)
π	圆周率(π = 3.141 592 6…)	∽	相似
△	三角形	≌	全等
▱	平行四边形		

表2　集合论符号

符　号	应　用	意 义 或 读 法
∈	$x \in A$	x 属于 A;x 是集[合]A 的一个元[素]
∉	$y \notin A$	y 不属于 A;y 不是集合 A 的一个元[素](也可用∉或∉)
∋	$A \ni x$	集 A 包括[元]x
∌	$A \not\ni y$	集 A 不包含[元]y(也可用∌或∌)
{,…,}	$\{x_1, x_2, \cdots, x_n\}$	诸元素 $x_1, x_2, \cdots, x_n$ 构成的集(也可用 $\{x_i, i \in I\}$,这里的 I 表示指标集)
{|}	$\{x \in A \mid p(x)\}$	使命题 $p(x)$ 为真的 A 中诸元[素]之集(有时也可写成 $\{x \in A: p(x)\}$ 或 $\{x \in A; p(x)\}$)
card	card(A)	A 中诸元素的数目;A 的势(或基数)

---

① 行文中方括号内的汉字可以略去或不读,下同。

② 圆括号中的文字为注释及示例,下同。

表 2(续)

符 号	应 用	意义或读法
$\varnothing$		空集
$\mathbb{N}$,$\mathbf{N}$		非负整数集;自然数集($\mathbb{N}=\{0,1,2,3,\cdots\}$)
$\mathbb{Z}$,$\mathbf{Z}$		整数集($\mathbb{Z}=\{\cdots,-2,-1,0,1,2,\cdots\}$)
$\mathbb{Q}$,$\mathbf{Q}$		有理数集
$\mathbb{R}$,$\mathbf{R}$		实数集
$\mathbb{C}$,$\mathbf{C}$		复数集
[,]	$[a,b]$	$\mathbb{R}$ 中由 a 到 b 的闭区间($[a,b]=\{x\in\mathbb{R}\mid a\leqslant x\leqslant b\}$)
],][1] (,]	$]a,b]$ $(a,b]$	$\mathbb{R}$ 中由 a 到 b(含于内)的左半开区间($]a,b]=\{x\in\mathbb{R}\mid a<x\leqslant b\}$)
[,[[,)	$[a,b[$ $[a,b)$	$\mathbb{R}$ 中由 a(含于内)到 b 的右半开区间($[a,b[=\{x\in\mathbb{R}\mid a\leqslant x<b\}$)
],[(,)[2]	$]a,b[$ (a,b)	$\mathbb{R}$ 中由 a 到 b 的开区间($]a,b[=\{x\in\mathbb{R}\mid a<x<b\}$)
$\subseteq$	$B\subseteq A$	B 含于 A;B 是 A 的子集(B 的每一元均属于 A,也可以用$\subset$)
$\subsetneqq$	$B\subsetneqq A$	B 真包含于 A;B 是 A 的真子集(B 的每一元均属于 A,但 B 不等于 A)
$\nsubseteq$	$C\nsubseteq A$	C 不包含于 A;C 不是 A 的子集(也可用$\not\subset$)
$\supseteq$	$A\supseteq B$	A 包含 B[作为子集](A 包含了 B 的每一元,也可用$\supset$。$A\supseteq B$ 与 $B\subseteq A$ 的含义相同)
$\supsetneqq$	$A\supsetneqq B$	A 真包含 B(A 包含了 B 的每一元,但 A 不等于 B。$A\supsetneqq B$ 与 $B\subsetneqq A$ 的含义相同)
$\nsupseteq$	$A\nsupseteq C$	A 不包含 C[作为子集](也可用$\not\supset$。$A\nsupseteq C$ 与 $C\nsubseteq A$ 的含义相同)

① 原标准此处误印为“].]”。

② 原标准此处漏印该符号。

表 2(续)

符号	应用	意义或读法
$\cup$	$A\cup B$	A 与 B 的并集(属于 A 或属于 B 或属于两者的所有元的集。$A\cup B=\{x\mid x\in A\vee x\in B\}$)
$\cup$	$\bigcup\limits_{i=1}^{n}A_i$	诸集 $A_1,\cdots,A_n$ 的并集($\bigcup\limits_{i=1}^{n}A_i=A_1\cup A_2\cup\cdots\cup A_n$。至少属于诸集 $A_1,\cdots,A_n$ 之一的所有元的集。也可用$\cup_{i=1}^{n}$,$\bigcup\limits_{i\in I}$与$\cup_{i\in I}$,其中 I 表示指标集)
$\cap$	$A\cap B$	A 与 B 的交集(所有既属于 A 义属于 B 的元的集。$A\cap B=\{x\mid x\in A\wedge x\in B\}$)
$\cap$	$\bigcap\limits_{i=1}^{n}A_i$	诸集 $A_1,\cdots,A_n$ 的交集($\bigcap\limits_{i=1}A_i=A_1\cap A_2\cap\cdots\cap A_n$。共属于诸集 $A_1,\cdots,A_n$ 的所有元的集。也可用$\cap_{i=1}^{n}$,$\bigcap\limits_{i\in I}$及$\cap_{i\in I}$,其中 I 为指标集)
$\backslash$	$A\backslash B$	A 与 B 之差;A 减 B(所有属于 A 但不属于 B 的元的集。$A\backslash B=\{x\mid x\in A\wedge x\notin B\}$,也可用 $A-B$)
$\complement$	$\complement_A B$	A 中子集 B 的补集或余集(A 中不属于子集 B 的所有元的集。$\complement_A B=\{x\mid x\in A\wedge x\notin B\}$。如果行文中集 A 已很明确,则常可省去符号 A。亦可写成$\complement_A B=A\backslash B$)
$(\,,\,)$	(a,b)	有序偶 a,b;偶 a,b($(a,b)=(c,d)$ 当且仅当 $a=c$ 及 $b=d$。不与其他符号混淆时,也可用$<a,b>$)
$(\,,\cdots,\,)$	$(a_1,a_2,\cdots,a_n)$	有序 n 元组(也可用$<a_1,a_2,\cdots,a_n>$)
$\times$	$A\times B$	A 与 B 的笛卡儿积(所有由 $a\in A$ 与 $b\in B$ 作成的有序偶 (a,b) 的集。$A\times B=\{(a,b)\mid a\in A\wedge b\in B\}$,$A\times A\times\cdots\times A$ 记成 A^n,这里 n 为乘积中的因子数)

表 2(续)

符　号	应　用	意义或读法
Δ	Δ_A	$A\times A$ 中点对(x,x)的集,其中 $x\in A$;$A\times A$ 的对角集($\Delta_A=\{(x,x)\mid x\in A\}$,也可用 id_A)

表 3　数理逻辑符号

符号	应　用	符号名称	意义、读法及备注
$\wedge$	$p\wedge q$	合取符号	p 和 q
$\vee$	$p\vee q$	析取符号	p 或 q
$\neg$	$\neg p$	否定符号	p 的否定;不是 p;非 p
$\Rightarrow$	$p\Rightarrow q$	推断符号	若 p 则 q;p 蕴含 q。也可写为 $q\Leftarrow p$。有时也用→
$\Leftrightarrow$	$p\Leftrightarrow q$	等价符号	$p\Rightarrow q$ 且 $q\Rightarrow p$;p 等价于 q。有时也用↔
$\forall$	$\forall x\in A\quad p(x)$ $(\forall x\in A)\quad p(x)$	全称量词	命题 $p(x)$ 对于每一个属于 A 的 x 为真。当考虑的集合 A 从上下文看很明白时,可用记号 $\forall x\quad p(x)$
$\exists$	$\exists x\in A\quad p(x)$ $(\exists x\in A)\quad p(x)$	存在量词	存在 A 中的元 x 使 $p(x)$ 为真。当考虑的集合 A 从上下文看很明白时,可用记号 $\exists x\quad p(x)$。$\exists!$ 或 $\overset{1}{\exists}$ 用来表示存在一个且只有一个元素使 $p(x)$ 为真

表 4　杂类符号

符　号	应　用	意义或读法	备注及示例
$=$	$a=b$	a 等于 b	$\equiv$ 用来强调这一等式是数学上的恒等[式]
$\neq$	$a\neq b$	a 不等于 b	

表4(续)

符　号	应　用	意义或读法	备注及示例
$\stackrel{\text{def}}{=}$	$a \stackrel{\text{def}}{=} b$	按定义 a 等于 b 或 a 以 b 为定义	例:$p \stackrel{\text{def}}{=} mv$,式中 p 为动量,m 为质量,v 为速度。也可用 $\stackrel{d}{=}$
≙	$a \triangleq b$	a 相当于 b	例如在地图上 1cm 相当于 10km 长时,可写成 1cm≙10km
≈	$a \approx b$	a 约等于 b	符号≃被用于"渐近等于"
∝	$a \propto b$	a 与 b 成正比	
:	$a : b$	a 比 b	
<	$a < b$	a 小于 b	
>	$b > a$	b 大于 a	
⩽	$a \leqslant b$	a 小于或等于 b	不用≦
⩾	$b \geqslant a$	b 大于或等于 a	不用≧
≪	$a \ll b$	a 远小于 b	
≫	$b \gg a$	b 远大于 a	
∞		无穷[大]或无限[大]	
~	$a \sim b$	数字范围	这里的 a 和 b 为不同的实数
.	13.59	小数点	整数与小数之间用处于下方位置的小数点". "分开
$\dot{}\ \dot{}$	$3.1\dot{2}3\ 8\dot{2}$	循环小数	即 3.123 823 82 …
%	5% ~10%	百分率	~前的%不应省略
( )		圆括号	
[ ]		方括号	
{ }		花括号	
〈 〉		角括号	

表4(续)

符　号	应　用	意义或读法	备注及示例
$\pm$		正或负	
$\mp$		负或正	
max		最大	
min		最小	

表5　运算符号

符号及应用	意义或读法	备 注 及 示 例
$a+b$	a 加 b	
$a-b$	a 减 b	
$a \pm b$	a 加或减 b	
$a \mp b$	a 减或加 b	$-(a \pm b) = -a \mp b$
$ab, a \cdot b, a \times b$	a 乘以 b	数的乘号用叉(×)或上下居中的圆点(·)。如出现小数点符号时,数的相乘只能用叉
$\frac{a}{b}, a/b, ab^{-1}$	a 除以 b 或 a 被 b 除	
$\sum_{i=1}^{n} a_i$	$a_1 + a_2 + \cdots + a_n$	也可记为 $\sum_{i=1}^{n} a_i$, $\sum_i a_i$, $\sum_i a_i$, $\sum a_i$。$\sum_{i=1}^{\infty} a_i = a_1 + a_2 + \cdots + a_n + \cdots$
$\prod_{i=1}^{n} a_i$	$a_1 \cdot a_2 \cdot \cdots \cdot a_n$	也可记为 $\prod_{i=1}^{n} a_i$, $\prod_i a_i$, $\prod_i a_i$, $\prod a_i$。$\prod_{i=1}^{\infty} a_i = a_1 \cdot a_2 \cdot \cdots \cdot a_n \cdot \cdots$
a^p	a 的 p 次方或 a 的 p 次幂	

表5(续)

符号及应用	意义或读法	备注及示例
$a^{1/2}, a^{\frac{1}{2}}, \sqrt{a}, \surd a$	a 的1/2次方;a 的平方根	在使用$\surd$或$\sqrt[n]{}$时,为了避免混淆,应采用括号把被开方的复杂表达式括起来
$a^{1/n}, a^{\frac{1}{n}}, \sqrt[n]{a}, \sqrt[n]{}a$	a 的1/n 次方;a 的 n 次方根	
$\|a\|$	a 的绝对值;a 的模	也可以用 abs a
sgn a	a 的符号函数	对实数 a: $\text{sgn}\ a = \begin{cases} 1 & 当\ a>0, \\ 0 & 当\ a=0, \\ -1 & 当\ a<0。\end{cases}$ 对复数 a,当 $a \neq 0$ 时,sgn $a = a/\|a\| = \exp(\text{i} \arg a)$;当 $a=0$ 时,sgn $a=0$
$\bar{a}, \langle a \rangle$	a 的平均值	如果平均值的求法在文中不明了,则应指出其形成的方法。若 $\bar{a}$ 容易与 a 的复共轭混淆时,就用 $\langle a \rangle$
$n!$	n 的阶乘	$n \geqslant 1$ 时, $n! = \prod_{k=1}^{n} k = 1 \times 2 \times 3 \times \cdots \times n$; $n=0$ 时,$n!=1$
$\binom{n}{p}, C_n^p$	二项式系数;组合数	$\binom{n}{p} = \frac{n!}{n!(n-p)!}$
ent a, E(a)	小于或等于 a 的最大整数;示性 a	例:ent 2.4 = 2, ent(−2.4) = −3。有时也用[a]

表6　函数符号

符号及应用	意义或读法	备 注 及 示 例
f	函数f	也可以表示为$x \mapsto f(x)$①
$f(x)$ $f(x,y,\cdots)$	函数f在x或在$(x,y,\cdots)$的值	也表示以$x,y,\cdots$为自变量的函数f
$f(x)\|_a^b, [f(x)]_a^b$	$f(b)-f(a)$	这种表示法主要用于定积分计算
$g \circ f$	f与g的合成函数或复合函数	$(g \circ f)(x)=g(f(x))$
$x \to a$	x趋于a	用$x_n \to a$表示序列$\{x_n\}$的极限为a
$\lim\limits_{x \to a} f(x)$ $\lim_{x \to a} f(x)$	x趋于a时$f(x)$的极限	$\lim_{x \to a} f(x)=b$可以写为$f(x) \to b$，当$x \to a$。 右极限及左极限可分别表示为$\lim_{x \to a^+} f(x)$及$\lim_{x \to a^-} f(x)$
$\overline{\lim}$	上极限	
$\underline{\lim}$	下极限	
sup	上确界	
inf	下确界	
$\simeq$	渐近等于	例：$\dfrac{1}{\sin(x-a)} \simeq \dfrac{1}{x-a}$，当$x \to a$
$O(g(x))$	$f(x)=O(g(x))$的含义为$\|f(x)/g(x)\|$在行文所述的极限中有上界	当f/g与g/f都有界时，称f与g是同阶的

① 原标准此处误印为“$x \to f(x)$”。

表6(续)

符号及应用	意义或读法	备注及示例
$o(g(x))$	$f(x)=o(g(x))$表示在行文所述的极限中$f(x)/g(x)\to 0$	
Δx	x的[有限]增量	
$\frac{\mathrm{d}f}{\mathrm{d}x}$, $\mathrm{d}f/\mathrm{d}x$, f'	单变量函数f的导[函]数或微商	也可用$\mathrm{D}f$。即$\frac{\mathrm{d}f(x)}{\mathrm{d}x}$, $\mathrm{d}f(x)/\mathrm{d}x$, $f'(x)$, $\mathrm{D}f(x)$。若自变量是时间t,也可用$\dot{f}$来代替$\mathrm{d}f/\mathrm{d}t$
$\left(\frac{\mathrm{d}f}{\mathrm{d}x}\right)_{x=a}$ $(\mathrm{d}f/\mathrm{d}x)_{x=a}$ $f'(a)$	函数f的导[函]数在a的值	也可用$\left.\frac{\mathrm{d}f}{\mathrm{d}x}\right\|_{x=a}$或$\mathrm{D}f(a)$
$\frac{\mathrm{d}^n f}{\mathrm{d}x^n}$ $\mathrm{d}^n f/\mathrm{d}x^n$, $f^{(n)}$	单变量函数f的n阶导函数	也可用$\mathrm{D}^n f$。当$n=2,3$时,也可用f'', f'''来代替$f^{(n)}$。若自变量是时间t,也可用$\ddot{f}$来代替$\mathrm{d}^2 f/\mathrm{d}t^2$
$\frac{\partial f}{\partial x}$ $\partial f/\partial x$ $\partial_x f$	多变量$x,y,\cdots$的函数f对于x的偏微商或偏导数	即$\frac{\partial f(x,y,\cdots)}{\partial x}$, $\partial f(x,y,\cdots)/\partial x$, $\partial_x f(x,y,\cdots)$。 也可用f_x或$\left(\frac{\partial f}{\partial x}\right)_{y\cdots}$。$\mathrm{D}_x=\frac{1}{\mathrm{i}}\partial_x$等常用于Fourier变换
$\frac{\partial^{m+n} f}{\partial x^n \partial y^m}$	函数f先对y求m次偏微商,再对x求n次偏微商;混合偏导数	

表 6(续)

符号及应用	意义或读法	备 注 及 示 例
$\dfrac{\partial(u,v,w)}{\partial(x,y,z)}$	u,v,w 对 x,y,z 的函数行列式	即 $\begin{vmatrix} \frac{\partial u}{\partial x} & \frac{\partial u}{\partial y} & \frac{\partial u}{\partial z} \\ \frac{\partial v}{\partial x} & \frac{\partial v}{\partial y} & \frac{\partial v}{\partial z} \\ \frac{\partial w}{\partial x} & \frac{\partial w}{\partial y} & \frac{\partial w}{\partial z} \end{vmatrix}$
$\mathrm{d}f$	函数 f 的全微分	$\mathrm{d}f(x,y,\cdots)=\dfrac{\partial f}{\partial x}\mathrm{d}x+\dfrac{\partial f}{\partial y}\mathrm{d}y+\cdots$
δf	函数 f 的(无穷小)变分	
$\int f(x)\,\mathrm{d}x$	函数 f 的不定积分	
$\int\limits_a^b f(x)\,\mathrm{d}x,\int_a^b f(x)\,\mathrm{d}x$	函数 f 由 a 至 b 的定积分	
$\iint\limits_A f(x,y)\,\mathrm{d}A$	函数 $f(x,y)$ 在集合 A 上的二重积分	$\int_C,\int_S,\int_V,\oint$ 分别用于沿曲线 C,沿曲面 S,沿体积 V 和沿闭曲线或闭曲面的积分
δ_{ik}	克罗内克 δ 符号	$\delta_{ik}=\begin{cases}1 & 当\ i=k, \\ 0 & 当\ i\neq k,\end{cases}$ 式中 i 与 k 均为整数
ε_{ijk}	勒维-契维塔符号	$\varepsilon_{ijk}=\begin{cases}1 & 若\ ijk\ 为\ 1,2,3\ 的偶排列, \\ -1 & 若\ ijk\ 为\ 1,2,3\ 的奇排列, \\ 0 & 若\ ijk\ 为\ 1,2,3\ 的真重复排列\end{cases}$
$\delta(x)$	狄拉克 δ 分布[函数]	$\int\limits_{-\infty}^{+\infty} f(x)\delta(x)\,\mathrm{d}x=f(0)$

表 6(续)

符号及应用	意义或读法	备注及示例
$\varepsilon(x)$	单位阶跃函数;海维赛函数	$\varepsilon(x)=\begin{cases}1 & 当 x>0,\\ 0 & 当 x<0。\end{cases}$ 也可用 $H(x)$。 $\vartheta(t)$用于时间的单位阶跃函数
$f*g$	f 与 g 的卷积	$(f*g)(x)=\int_{-\infty}^{+\infty}f(y)g(x-y)\mathrm{d}y$

表 7　指数函数和对数函数符号

符号及表达式	意义或读法	备注及示例
a^x	x 的指数函数(以 a 为底)	
e	自然对数的底	$\mathrm{e}=\lim\limits_{n\to\infty}\left(1+\frac{1}{n}\right)^n=2.718\ 281\ 8\cdots$
e^x, $\exp x$	x 的指数函数(以 e 为底)	在同一场合中,只用其中一种符号
$\log_a x$	以 a 为底的 x 的对数	当底数不必指出时,常用 $\log x$ 表示
$\ln x$	$\ln x=\log_e x$, x 的自然对数	$\log x$ 不能用来代替 $\ln x$, $\lg x$, $\mathrm{lb}\,x$ 或 $\log_e x$, $\log_{10} x$, $\log_2 x$
$\lg x$	$\lg x=\log_{10} x$, x 的常用对数	
$\mathrm{lb}\,x$	$\mathrm{lb}\,x=\log_2 x$, x 的以 2 为底的对数	

表 8　三角函数和双曲函数符号

符号及表达式	意义或读法	备注及示例
$\sin x$	x 的正弦	
$\cos x$	x 的余弦	

表8(续)

符号及表达式	意义或读法	备注及示例
$\tan x$	x 的正切	
$\cot x$	x 的余切	$\cot x = 1/\tan x$
$\sec x$	x 的正割	$\sec x = 1/\cos x$
$\csc x$	x 的余割	也可用 $\mathrm{cosec}\, x$。$\csc x = 1/\sin x$
$\sin^m x$	$\sin x$ 的 m 次方	其他三角函数和双曲函数的 m 次方的表示法与此类似
$\arcsin x$①	x 的反正弦	$y = \arcsin x \Leftrightarrow x = \sin y$, $-\pi/2 \leqslant y \leqslant \pi/2$。反正弦函数是正弦函数在上述限制下的反函数
$\arccos x$	x 的反余弦	$y = \arccos x \Leftrightarrow x = \cos y$, $0 \leqslant y \leqslant \pi$。反余弦函数是余弦函数在上述限制下的反函数
$\arctan x$	x 的反正切	$y = \arctan x \Leftrightarrow x = \tan y$, $-\pi/2 < y < \pi/2$。反正切函数是正切函数在上述限制下的反函数
$\mathrm{arccot}\, x$	x 的反余切	$y = \mathrm{arccot}\, x \Leftrightarrow x = \cot y$, $0 < y < \pi$。反余切函数是余切函数在上述限制下的反函数
$\mathrm{arcsec}\, x$	x 的反正割	$y = \mathrm{arcsec}\, x \Leftrightarrow x = \sec y$, $0 \leqslant y \leqslant \pi$, $y \neq \pi/2$。反正割函数是正割函数在上述限制下的反函数
$\mathrm{arccsc}\, x$	x 的反余割	也可用 $\mathrm{arccosec}\, x$。$y = \mathrm{arccsc}\, x \Leftrightarrow x = \csc y$, $-\pi/2 \leqslant y \leqslant \pi/2$, $y \neq 0$。反余割函数是余割函数在上述限制下的反函数

① 对于 $\arcsin x$ 至 $\mathrm{arccsc}\, x$ 各项不采用 $\sin^{-1} x$, $\cos^{-1} x$ 等符号,因为可能被误解为 $(\sin x)^{-1}$, $(\cos x)^{-1}$ 等。

表 8(续)

符号及表达式	意义或读法	备注及示例
$\sinh x$	x 的双曲正弦	也可用 $\mathrm{sh}\, x$
$\cosh x$	x 的双曲余弦	也可用 $\mathrm{ch}\, x$
$\tanh x$	x 的双曲正切	也可用 $\mathrm{th}\, x$
$\coth x$	x 的双曲余切	$\coth x = 1/\tanh x$
$\mathrm{sech}\, x$	x 的双曲正割	$\mathrm{sech}\, x = 1/\cosh x$
$\mathrm{csch}\, x$	x 的双曲余割	也可用 $\mathrm{cosech}\, x$。$\mathrm{csch}\, x = 1/\sinh x$
$\mathrm{arsinh}\, x$①	x 的反双曲正弦	也可用 $\mathrm{arsh}\, x$。$y = \mathrm{arsinh}\, x \Leftrightarrow x = \sinh y$。反双曲正弦函数是双曲正弦函数的反函数
$\mathrm{arcosh}\, x$	x 的反双曲余弦	也可用 $\mathrm{arch}\, x$。$y = \mathrm{arcosh}\, x \Leftrightarrow x = \cosh y, y \geqslant 0$。反双曲余弦函数是双曲余弦函数在上述限制下的反函数
$\mathrm{artanh}\, x$	x 的反双曲正切	也可用 $\mathrm{arth}\, x$。$y = \mathrm{artanh}\, x \Leftrightarrow x = \tanh y$。反双曲正切函数是双曲正切函数的反函数
$\mathrm{arcoth}\, x$	x 的反双曲余切	$y = \mathrm{arcoth}\, x \Leftrightarrow x = \coth y, y \neq 0$。反双曲余切函数是双曲余切函数在上述限制下的反函数
$\mathrm{arsech}\, x$	x 的反双曲正割	$y = \mathrm{arsech}\, x \Leftrightarrow x = \mathrm{sech}\, y, y \geqslant 0$。反双曲正割函数是双曲正割函数在上述限制下的反函数
$\mathrm{arcsch}\, x$	x 的反双曲余割	也可用 $\mathrm{arcosech}\, x$。$y = \mathrm{arcsch}\, x \Leftrightarrow x = \mathrm{csch}\, y, y \neq 0$。反双曲余割函数是双曲余割函数在上述限制下的反函数

① 对于 $\mathrm{arsinh}\, x$ 至 $\mathrm{arcsch}\, x$ 各项不采用 $\sinh^{-1} x$, $\cosh^{-1} x$ 等符号,因为可能被误解为 $(\sinh x)^{-1}$, $(\cosh x)^{-1}$ 等。

表 9　复数符号

符号及表达式	意义或读法	备注及示例
i,j	虚数单位,$i^2 = -1$	在电工技术中常用 j
Re z	z 的实部	
Im z	z 的虚部	$z = x + iy$,其中 $x = \mathrm{Re}\, z, y = \mathrm{Im}\, z$
$\|z\|$	z 的绝对值;z 的模	也可用 mod z
arg z	z 的辐角;z 的相	$z = re^{i\varphi}$,其中 $r = \|z\|, \varphi = \arg z$,即 $\mathrm{Re}\, z = r\cos\varphi, \mathrm{Im}\, z = r\sin\varphi$
z^*	z 的[复]共轭	有时用 $\bar{z}$ 代替 z^*
sgn z	z 的单位模函数	当 $z \neq 0$ 时,$\mathrm{sgn}\, z = z/\|z\| = \exp(i \arg z)$;当 $z = 0$ 时,$\mathrm{sgn}\, z = 0$

表 10　矩阵符号

符号及表达式	意义或读法	备注及示例
$\boldsymbol{A}$ $\begin{pmatrix} A_{11} \cdots A_{1n} \\ \vdots \quad \vdots \\ A_{m1} \cdots A_{mn} \end{pmatrix}$	$m \times n$ 型的矩阵 $\boldsymbol{A}$	也可用 $\boldsymbol{A} = (A_{ij})$,$A_{ij}$ 是矩阵 $\boldsymbol{A}$ 的元素;m 为行数,n 为列数。当 $m = n$ 时,$\boldsymbol{A}$ 称为[正]方阵。矩阵元可用小写字母表示。也可用方括号代替矩阵表示中的圆括号
$\boldsymbol{AB}$	矩阵 $\boldsymbol{A}$ 与 $\boldsymbol{B}$ 的积	$(\boldsymbol{AB})_{ik} = \sum_j A_{ij}B_{jk}$,其中 $\boldsymbol{A}$ 的列数必须等于 $\boldsymbol{B}$ 的行数
$\boldsymbol{E}, \boldsymbol{I}$	单位矩阵	方阵的元素 $E_{ik} = \delta_{ik}$,参阅表 6 中的 δ_{ik} 项
$\boldsymbol{A}^{-1}$	方阵 $\boldsymbol{A}$ 的逆	$\boldsymbol{AA}^{-1} = \boldsymbol{A}^{-1}\boldsymbol{A} = \boldsymbol{E}$

表 10(续)

符号及表达式	意义或读法	备注及示例
$\boldsymbol{A}^{\mathrm{T}}, \tilde{\boldsymbol{A}}$	$\boldsymbol{A}$ 的转置矩阵	$(\boldsymbol{A}^{\mathrm{T}})_{ik} = A_{ki}$。也可用 $\boldsymbol{A}'$
$\boldsymbol{A}^{*}$	$\boldsymbol{A}$ 的复共轭矩阵	$(\boldsymbol{A}^{*})_{ik} = (A_{ik})^{*} = A_{ik}^{*}$。在数学中也常用 $\overline{\boldsymbol{A}}$
$\boldsymbol{A}^{\mathrm{H}}, \boldsymbol{A}^{\dagger}$	$\boldsymbol{A}$ 的厄米特共轭矩阵	$(\boldsymbol{A}^{\mathrm{H}})_{ik} = (A_{ki})^{*} = A_{ki}^{*}$。在数学中也常用 $\boldsymbol{A}^{*}$
$\det \boldsymbol{A}$ $\begin{vmatrix} A_{11} \cdots A_{1n} \\ \vdots \quad \vdots \\ A_{n1} \cdots A_{nn} \end{vmatrix}$	方阵 $\boldsymbol{A}$ 的行列式	
$\mathrm{tr}\,\boldsymbol{A}$	方阵 $\boldsymbol{A}$ 的迹	$\mathrm{tr}\,\boldsymbol{A} = \sum_{i} A_{ii}$
$\Vert \boldsymbol{A} \Vert$	矩阵 $\boldsymbol{A}$ 的范数	矩阵的范数有各种定义,例如范数 $\Vert \boldsymbol{A} \Vert = (\mathrm{tr}(\boldsymbol{A}\boldsymbol{A}^{\mathrm{H}}))^{1/2}$

表 11　坐标系符号

坐　标	径矢量及其微分	坐标系名称	备　注
x, y, z	$\boldsymbol{r} = x\boldsymbol{e}_x + y\boldsymbol{e}_y + z\boldsymbol{e}_z$, $\mathrm{d}\boldsymbol{r} = \mathrm{d}x\boldsymbol{e}_x + \mathrm{d}y\boldsymbol{e}_y + \mathrm{d}z\boldsymbol{e}_z$	笛卡儿坐标	$\boldsymbol{e}_x, \boldsymbol{e}_y$ 与 $\boldsymbol{e}_z$ 组成一标准正交右手系,见图 1
ρ, φ, z	$\boldsymbol{r} = \rho\boldsymbol{e}_\rho(\varphi) + z\boldsymbol{e}_z$, $\mathrm{d}\boldsymbol{r} = \mathrm{d}\rho\boldsymbol{e}_\rho(\varphi) + \rho\mathrm{d}\varphi\boldsymbol{e}_\varphi(\varphi) + \mathrm{d}z\boldsymbol{e}_z$	圆柱坐标	$\boldsymbol{e}_\rho, \boldsymbol{e}_\varphi$ 与 $\boldsymbol{e}_z$ 组成一标准正交右手系,见图 3 和图 4。若 $z=0$,则 ρ 与 φ 成为[平面]极坐标
r, θ, φ	$\boldsymbol{r} = r\boldsymbol{e}_r(\theta, \varphi)$, $\mathrm{d}\boldsymbol{r} = \mathrm{d}r\boldsymbol{e}_r(\theta, \varphi) + r\,\mathrm{d}\theta\boldsymbol{e}_\theta(\theta, \varphi) + r\sin\theta\mathrm{d}\varphi\boldsymbol{e}_\varphi(\varphi)$	球坐标	$\boldsymbol{e}_r, \boldsymbol{e}_\theta$ 与 $\boldsymbol{e}_\varphi$ 组成一标准正交右手系,见图 3 和图 5

注: 若为了某些目的,例外地使用左手坐标系(见第 424 页图 2)时,必须明确地说出,以免引起符号错误。

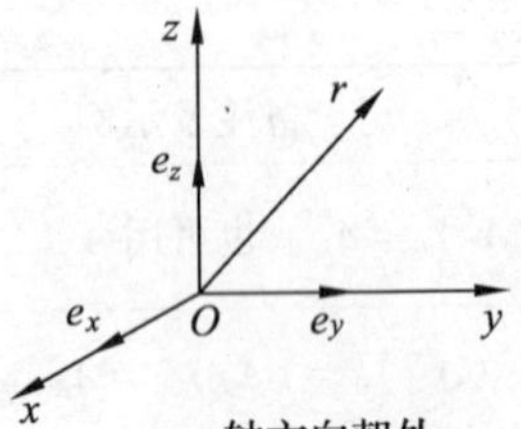

图 1　右手笛卡儿坐标系

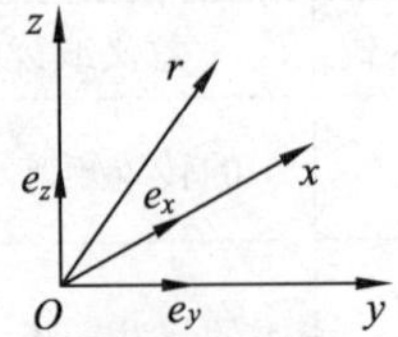

图 2　左手笛卡儿坐标系

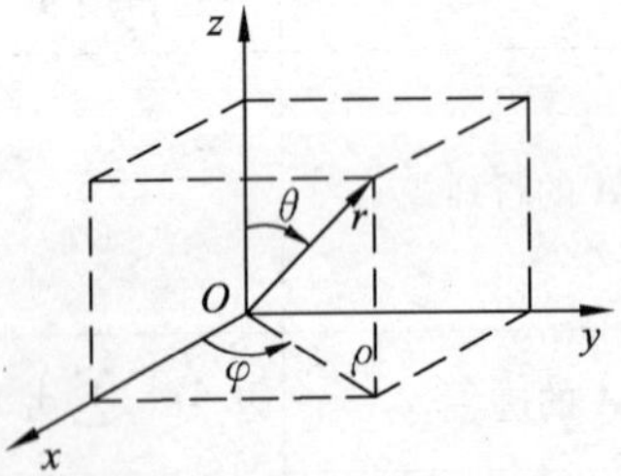

图 3　Oxyz 是右手坐标系

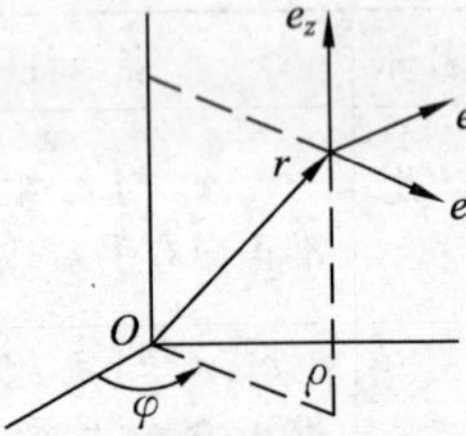

图 4　右手圆柱坐标系①

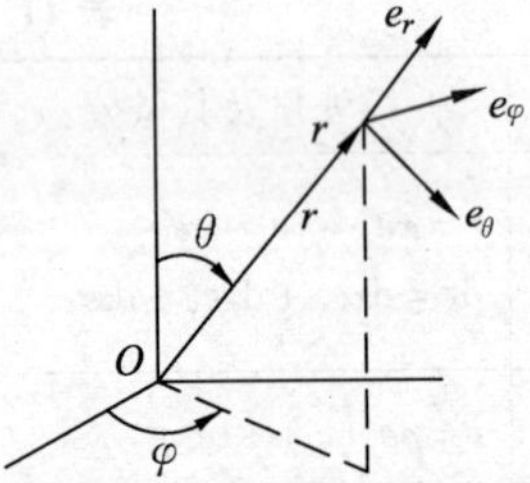

图 5　右手球坐标系②

---

① 原标准此处无“圆”和“系”字。

② 原标准此处无“系”字。

表 12　矢量和张量符号

符号及表达式	意义或读法	备注及示例
$\boldsymbol{a}, \vec{a}$	矢量或向量 $\boldsymbol{a}$	这里，笛卡儿坐标用 x, y, z 或 x_1, x_2, x_3 表示，在后一种情况，指标 i, j, k, l 从 1 到 3 取值，并采用下面的求和约定：如果在一项中某个指标出现 2 次，则表示该指标对 1,2,3 求和。 印刷用黑体 $\boldsymbol{a}$，书写用 $\vec{a}$
$a, \|\boldsymbol{a}\|$	矢量 $\boldsymbol{a}$ 的模或长度	也可用 $\\|\boldsymbol{a}\\|$
$\boldsymbol{e}_a$	$\boldsymbol{a}$ 方向的单位矢量	$\boldsymbol{e}_a = \boldsymbol{a}/\|\boldsymbol{a}\|$。$\boldsymbol{a} = a\boldsymbol{e}_a$
$\boldsymbol{e}_x, \boldsymbol{e}_y, \boldsymbol{e}_z$ $\boldsymbol{i}, \boldsymbol{j}, \boldsymbol{k}$ $\boldsymbol{e}_i$	在笛卡儿坐标轴方向的单位矢量	
a_x, a_y, a_z a_i	矢量 $\boldsymbol{a}$ 的笛卡儿分量	$\boldsymbol{a} = a_x\boldsymbol{e}_x + a_y\boldsymbol{e}_y + a_z\boldsymbol{e}_z = (a_x, a_y, a_z)$，$a_x\boldsymbol{e}_x$ 等为分矢量。 $\boldsymbol{r} = x\boldsymbol{e}_x + y\boldsymbol{e}_y + z\boldsymbol{e}_z$ 为矢径
$\boldsymbol{a} \cdot \boldsymbol{b}$	$\boldsymbol{a}$ 与 $\boldsymbol{b}$ 的标量积或数量积	$\boldsymbol{a} \cdot \boldsymbol{b} = a_x b_x + a_y b_y + a_z b_z$， $\boldsymbol{a} \cdot \boldsymbol{a} = \boldsymbol{a}^2 = \|\boldsymbol{a}\|^2 = a^2$， $\boldsymbol{a} \cdot \boldsymbol{b} = a_i b_i = \sum_i a_i b_i$。 在特殊场合，也可用 $(\boldsymbol{a}, \boldsymbol{b})$
$\boldsymbol{a} \times \boldsymbol{b}$	$\boldsymbol{a}$ 与 $\boldsymbol{b}$ 的矢量积或向量积	在右手笛卡儿坐标系中，分量 $(\boldsymbol{a} \times \boldsymbol{b})_x = a_y b_z - a_z b_y$， 一般 $(\boldsymbol{a} \times \boldsymbol{b})_i = \sum_j \sum_k \varepsilon_{ijk} a_j b_k$
$\nabla, \vec{\nabla}$	那勃勒算子或算符	也称矢量微分算子。 $\nabla = \boldsymbol{e}_x \frac{\partial}{\partial x} + \boldsymbol{e}_y \frac{\partial}{\partial y} + \boldsymbol{e}_z \frac{\partial}{\partial z} = \boldsymbol{e}_i \frac{\partial}{\partial x_i}$。 也可用 $\frac{\partial}{\partial \boldsymbol{r}}$

表 12(续)

符号及表达式	意义或读法	备注及示例
$\nabla\varphi$, **grad** φ	φ 的梯度	也可用 grad φ。$\nabla\varphi=\boldsymbol{e}_i\dfrac{\partial\varphi}{\partial x_i}$
$\nabla\cdot\boldsymbol{a}$, div $\boldsymbol{a}$	$\boldsymbol{a}$ 的散度	$\nabla\cdot\boldsymbol{a}=\dfrac{\partial a_i}{\partial x_i}$
$\nabla\times\boldsymbol{a}$ **rot** $\boldsymbol{a}$ **curl** $\boldsymbol{a}$	$\boldsymbol{a}$ 的旋度	气象学上称为涡度。也可用 rot $\boldsymbol{a}$, curl $\boldsymbol{a}$。$(\nabla\times\boldsymbol{a})_x=\dfrac{\partial a_z}{\partial y}-\dfrac{\partial a_y}{\partial z}$,一般$(\nabla\times\boldsymbol{a})_i=\sum\limits_j\sum\limits_k\varepsilon_{ijk}\dfrac{\partial a_k}{\partial x_j}$
∇^2, $\triangle$	拉普拉斯算子	$\triangle=\dfrac{\partial^2}{\partial x^2}+\dfrac{\partial^2}{\partial y^2}+\dfrac{\partial^2}{\partial z^2}$。若与有限增量符号$\triangle$容易混淆时,就用$\nabla^2$
$\square$	达朗贝尔算子	$\square=\dfrac{\partial^2}{\partial x^2}+\dfrac{\partial^2}{\partial y^2}+\dfrac{\partial^2}{\partial z^2}-\dfrac{1}{c_2}\dfrac{\partial^2}{\partial t^2}$,式中 c 为电磁波在真空中的传播速度
$\boldsymbol{T}$	二阶张量 $\boldsymbol{T}$	也用 $\vec{\vec{T}}$
$T_{xx}, T_{xy}, \cdots, T_{zz}$ T_{ij}	张量 $\boldsymbol{T}$ 的笛卡儿分量	$\boldsymbol{T}=T_{xx}\boldsymbol{e}_x\boldsymbol{e}_x+T_{xy}\boldsymbol{e}_x\boldsymbol{e}_y+\cdots$, $T_{xx}\boldsymbol{e}_x\boldsymbol{e}_x$ 等为分张量
$\boldsymbol{ab}$ $\boldsymbol{a}\otimes\boldsymbol{b}$	两矢量 $\boldsymbol{a}$ 与 $\boldsymbol{b}$ 的并矢积或张量积	即具有分量$(\boldsymbol{ab})_{ij}=a_ib_j$ 的二阶张量
$\boldsymbol{T}\otimes\boldsymbol{S}$	2 个二阶张量 $\boldsymbol{T}$ 与 $\boldsymbol{S}$ 的张量积	即具有分量$(\boldsymbol{T}\otimes\boldsymbol{S})_{ijkl}=T_{ij}S_{kl}$ 的四阶张量
$\boldsymbol{T}\cdot\boldsymbol{S}$	2 个二阶张量 $\boldsymbol{T}$ 与 $\boldsymbol{S}$ 的内积	即具有分量$(\boldsymbol{T}\cdot\boldsymbol{S})_{ik}=\sum\limits_j T_{ij}S_{jk}$ 的二阶张量

表 12(续)

符号及表达式	意义或读法	备注及示例
$\boldsymbol{T}\cdot\boldsymbol{a}$	二阶张量 $\boldsymbol{T}$ 与矢量 $\boldsymbol{a}$ 的内积	即具有分量 $(\boldsymbol{T}\cdot\boldsymbol{a})_i=\sum_j T_{ij}a_j$ 的矢量
$\boldsymbol{T}:\boldsymbol{S}$	2 个二阶张量 $\boldsymbol{T}$ 与 $\boldsymbol{S}$ 的标量积	即标量 $\boldsymbol{T}:\boldsymbol{S}=\sum_i\sum_j T_{ij}S_{ji}$

说明：矢量和张量往往用其分量的通用符号表示，例如矢量用 a_i，二阶张量用 T_{ij}，并矢积用 a_ib_j，等等。但这里指的都是张量的协变分量，张量还具有其他形式的分量，如逆变分量、混合分量等。

表 13　特殊函数符号

符号及表达式	意义或读法	备注及示例
$\mathrm{J}_l(x)$	[第一类]柱贝塞尔函数	即方程 $x^2y''+xy'+(x^2-l^2)y=0$ 的特解：$\mathrm{J}_l(x)=\sum_{k=0}^{\infty}\frac{(-1)^k(x/2)^{l+2k}}{k!\Gamma(l+k+1)}(l\geqslant 0)$
$\mathrm{N}_l(x)$	柱诺依曼函数；第二类柱贝塞尔函数	$\mathrm{N}_l(x)=\lim_{k\to l}\frac{\mathrm{J}_k(x)\cos k\pi-\mathrm{J}_{-k}(x)}{\sin k\pi}$。也记作 $\mathrm{Y}_l(x)$
$\mathrm{H}_l^{(1)}(x)$ $\mathrm{H}_l^{(2)}(x)$	柱汉开尔函数；第三类柱贝塞尔函数	$\mathrm{H}_l^{(1)}(x)=\mathrm{J}_l(x)+\mathrm{iN}_l(x)$， $\mathrm{H}_l^{(2)}(x)=\mathrm{J}_l(x)-\mathrm{iN}_l(x)$
$\mathrm{I}_l(x)$ $\mathrm{K}_l(x)$	修正的柱贝塞尔函数	$x^2y''+xy'-(x^2+l^2)y=0$ 的特解： $\mathrm{I}_l(x)=\mathrm{i}^{-l}\mathrm{J}_l(\mathrm{i}x)$， $\mathrm{K}_l(x)=(\pi/2)\mathrm{i}^{l+1}[\mathrm{J}_l(\mathrm{i}x)+\mathrm{iN}_l(\mathrm{i}x)]$
$\mathrm{j}_l(x)$	[第一类]球贝塞尔函数	$x^2y''+2xy'+[x^2-l(l+1)]y=0\quad(l\geqslant 0)$ 的特解：$\mathrm{j}_l(x)=(\pi/2x)^{1/2}\mathrm{J}_{l+1/2}(x)$

表 13(续)

符号及表达式	意义或读法	备注及示例
$\mathrm{n}_l(x)$	球诺依曼函数；第二类球贝塞尔函数	$\mathrm{n}_l(x)=(\pi/2x)^{1/2}\mathrm{N}_{l+1/2}(x)$。也记作 $y_l(x)$
$\mathrm{h}_l^{(1)}(x)$ $\mathrm{h}_l^{(2)}(x)$	球汉开尔函数；第三类球贝塞尔函数	$\mathrm{h}_l^{(1)}(x)=\mathrm{j}_l(x)+\mathrm{i}\mathrm{n}_l(x)=(\pi/2x)^{1/2}\times\mathrm{H}_{l+1/2}^{(1)}(x)$，$\mathrm{h}_l^{(2)}(x)=\mathrm{j}_l(x)-\mathrm{i}\mathrm{n}_l(x)=(\pi/2x)^{1/2}\mathrm{H}_{l+1/2}^{(2)}(x)$。修正的球贝塞尔函数分别写为 $\mathrm{i}_l(x)$ 和 $\mathrm{k}_l(x)$
$\mathrm{P}_l(x)$	勒让德多项式	$(1-x^2)y''-2xy'+l(l+1)y=0$ 的特解：$\mathrm{P}_l(x)=\dfrac{1}{2^l l!}\dfrac{\mathrm{d}^l}{\mathrm{d}x^l}(x^2-1)^l\quad(l\in\mathbb{N})$
$\mathrm{P}_l^m(x)$	关联勒让德函数	$(1-x^2)y''-2xy'+\left[l(l+1)-\dfrac{m^2}{1-x^2}\right]y=0$ 的特解：$\mathrm{P}_l^m(x)=(1-x^2)^{m/2}\dfrac{\mathrm{d}^m}{\mathrm{d}x^m}\mathrm{P}_l(x)$ $(l,m\in\mathbb{N};m\leqslant l)$
$\mathrm{Y}_l^m(\theta,\varphi)$	球面调和函数；球谐函数	$\dfrac{1}{\sin\theta}\dfrac{\partial}{\partial\theta}\left(\sin\theta\dfrac{\partial y}{\partial\theta}\right)+\dfrac{1}{\sin^2\theta}\dfrac{\partial^2 y}{\partial\varphi^2}+l(l+1)y=0$ 的特解：$\mathrm{Y}_l^m(\theta,\varphi)=(-1)^m\times\left[\dfrac{(2l+1)}{4\pi}\dfrac{(l-\lvert m\rvert)!}{(l+\lvert m\rvert)!}\right]^{1/2}\mathrm{P}_l^{\lvert m\rvert}(\cos\theta)\mathrm{e}^{\mathrm{i}m\varphi}$ $(l,\lvert m\rvert\in\mathbb{N};\lvert m\rvert\leqslant l)$
$\mathrm{H}_n(x)$	厄米特多项式	$y''-2xy'+2ny=0$ 的特解：$\mathrm{H}_n(x)=(-1)^n\mathrm{e}^{x^2}\dfrac{\mathrm{d}^n}{\mathrm{d}x^n}\mathrm{e}^{-x^2}\quad(n\in\mathbb{N})$
$\mathrm{L}_n(x)$	拉盖尔多项式	$xy''+(1-x)y'+ny=0$ 的特解：$\mathrm{L}_n(x)=\mathrm{e}^x\dfrac{\mathrm{d}^n}{\mathrm{d}x^n}(x^n\mathrm{e}^{-x})\quad(n\in\mathbb{N})$
$\mathrm{L}_n^m(x)$	关联拉盖尔多项式	$xy''+(m+1-x)y'+(n-m)y=0$ 的特解：$\mathrm{L}_n^m(x)=\dfrac{\mathrm{d}^m}{\mathrm{d}x^m}\mathrm{L}_n(x)\quad(m,n\in\mathbb{N};m\leqslant n)$

表13(续)

符号及表达式	意义或读法	备注及示例
$\mathrm{F}(a,b;c;x)$	超几何函数	$x(1-x)y''+[c-(a+b+c)x]y'-aby=0$ 的特解：$\mathrm{F}(a,b;c;x)=1+\frac{ab}{c}x+\frac{a(a+1)b(b+1)}{2!\ c(c+1)}x^2+\cdots$
$\mathrm{F}(a;c;x)$	合流超几何函数	$xy''+(c-x)y'-ay=0$ 的特解：$\mathrm{F}(a;c;x)=1+\frac{a}{c}x+\frac{a(a+1)}{2!\ c(c+1)}x^2+\cdots$
$\mathrm{F}(k,\varphi)$	第一类[不完全]椭圆积分	$\mathrm{F}(k,\varphi)=\int_0^{\varphi}\frac{\mathrm{d}\theta}{\sqrt{1-k^2\sin^2\theta}}$。$\mathrm{F}(k)=\mathrm{F}(k,\pi/2)$ $(0<k<1)$为第一类完全椭圆积分
$\mathrm{E}(k,\varphi)$	第二类[不完全]椭圆积分	$\mathrm{E}(k,\varphi)=\int_0^{\varphi}\sqrt{1-k^2\sin^2\theta}\,\mathrm{d}\theta$。$\mathrm{E}(k)=\mathrm{E}(k,\pi/2)(0<k<1)$为第二类完全椭圆积分
$\prod(k,n,\varphi)$	第三类[不完全]椭圆积分	$\prod(k,n,\varphi)=\int_0^{\varphi}\frac{\mathrm{d}\theta}{(1+n\sin^2\theta)\sqrt{1-k^2\sin^2\theta}}$。$\prod(k,n,\pi/2)$ $(0<k<1)$为第三类完全椭圆积分
$\Gamma(x)$	Γ(伽马)函数	$\Gamma(x)=\int_0^{\infty}t^{x-1}\mathrm{e}^{-t}\mathrm{d}t$ $(x>0)$。$\Gamma(n+1)=n!$ $(n\in\mathbb{N})$
$\mathrm{B}(x,y)$	B(贝塔)函数	$\mathrm{B}(x,y)=\int_0^1 t^{x-1}(1-t)^{y-1}\mathrm{d}t(x,y\in\mathbb{R};x>0,y>0)$。$\mathrm{B}(x,y)=\Gamma(x)\Gamma(y)/\Gamma(x+y)$
$\mathrm{Ei}\ x$	指数积分	$\mathrm{Ei}\ x=\int_x^{\infty}\frac{\mathrm{e}^{-t}}{t}\mathrm{d}t$ $(x\neq 0)$

表 13(续)

符号及表达式	意义或读法	备注及示例
erf x	误差函数	$\mathrm{erf}\,x=\frac{2}{\sqrt{\pi}}\int_0^x \mathrm{e}^{-t^2}\mathrm{d}t,\mathrm{erf}(\infty)=1$。 erfc x = 1 − erf x 称为余误差函数。 在统计学中,使用分布函数 $\Phi(x)=\frac{1}{\sqrt{2\pi}}\int_{-\infty}^x \mathrm{e}^{-t^2/2}\mathrm{d}t$
$\zeta(x)$	黎曼(泽塔)函数	$\zeta(x)=\frac{1}{1^x}+\frac{1}{2^x}+\frac{1}{3^x}+\cdots\quad(x>1)$

摘自《中华人民共和国国家标准〈物理科学和技术中使用的数学符号〉(GB 3102.11—1993)》。

文后参考文献的著录

2005年3月23日,国家质量监督检验检疫总局和中国标准化管理委员会发布了GB/T 7714—2005《文后参考文献著录规则》,代替GB/T 7714—1987。这一标准非等效采用了国际标准ISO 690和ISO 690-2,规定了各个学科、各种类型出版物的文后参考文献的著录项目、著录顺序、著录用的符号、各个著录项目的著录方法及参考文献在正文中的标注法。这是一个专供著者和编辑用于著录文后参考文献的国家标准。

一、新标准对旧标准的主要修改

(1) 依据ISO-2:1997《信息与文献　参考文献　第2部分:电子文献部分》增加了电子文献的著录规则。

(2) 规定了著录用标志符号为前置符,规范了9个符号的用法。

(3) 解决了多次引用同一作者的同一文献的著录问题,规定了著录方法:引文页码放在正文中,文献表中不再重复著录页码。

(4) 删去了专著和连续出版物中供选择的著录项目文献数量、丛编项、附注项、文献标准编号。

(5) 不要求著录主要责任者的责任。

(6) 对若干著录用符号做了修改:

① 用"//"代替".见:"或".In:"。

② 起讫页码和起讫序号间用半字线"-"代替"~"。

③ 专著析出页码前用":"代替"."。

④ 其他题名信息如图书的副题名、卷号、册次、大学学报的"××版"等前用":"。

⑤ 期刊的合期号间采用"/",不用"-"或","。

⑥ 参考文献的结尾可用"."。

⑦ 参考文献表中每条文献的序号上需加“[ ]”。

二、参考文献著录方法

国标给出了顺序编码制和著者-出版年制两种著录体系，文献[1]对此作过较详细的介绍。鉴于我国的出版物绝大多数采用顺序编码制，这里主要对其进行介绍。

（一）参考文献在正文中的标注法

（1）按正文中引用的文献出现的先后顺序用阿拉伯数字连续编码，并将序号置于方括号中。

（2）同一处引用多篇文献时，将各篇文献的序号在方括号中全部列出，各序号间用“，”。

（3）如遇连续序号，可标注起讫号“-”。

示例：张三[1]指出……李四[2-3]认为……形成了多种数学模型[7,9,11-13]……

（4）同一文献在论著中被多次引用，只编1个号；每次的引文页码不相同时，将页码放在“[ ]”外，文献表中不再重复著录页码。

采用著者-出版年制时，引文页码则放在“( )”外的上角标处。

示例1：张××等[4]15-17指出……；张××等[4]55认为……；文献[4]101-105……

示例2：……已有不少论述[1,3][2]156-160。……文献[2]199-201和[5-6]都指出……

示例3：……（张××等，2005）15-17；……张××等（2005）55认为……；……（张××等，2005）101-105。

（二）文献表著录使用的符号

国标规定著录用符号为前置符（“( )”“[ ]”“/”“-”除外），各篇文献的序号采用方括号（采用著者-出版年制的，每条文献的第1个著录项目[如主要责任者等]前不用任何标志符号）。

标志符号仅借用了标点符号，它们已没有标点符号的本来功能。

规定的标志符号如下：

. 用于题名项、析出文献题名项、其他责任者、析出文献其他责任者、版本项、出版项、出处项、专利文献的“公告日期或公开日期”项、获取和访问路径以及著者-出版年制中的出版年前。每条文献的结尾可用“.”号。

: 用于其他题名信息、出版者、引文页码、析出文献的页码、专利国别前。

, 用于同一著作方式的责任者、“等”“译”“et al”“Jr”等字样、出版年、期刊年卷期标志中的年或卷号、专利号、科技报告号前。

; 用于期刊后续的年卷期标志与页码、同一责任者的合订题名前。

// 用于专著中的析出文献的出处项前。

( ) 用于期刊年卷期标志中的期号、报纸的版次、电子文献更新或修改日期以及非公历纪年。

[ ] 用于文献序号、文献类型标志、电子文献的引用日期以及自拟的信息。

/ 用于合期的期号间及文献载体标志前。

- 用于起讫序号和起讫页码间。

(三) 几种主要文献的著录格式

这里主要介绍专著、专著中的析出文献、连续出版物中的析出文献、专利文献、电子文献的著录格式。鉴于连续出版物作为整体在论著中很少作为文后参考文献引用,这里不作介绍。

1. 专著

指以单行本或多卷册形式在限定期限内出版的非连续出版物,包括图书、古籍、学位论文、技术报告、会议文集、汇编、多卷书、丛书等。其著录格式为:

[序号] 主要责任者. 题名: 其他题名信息[文献类型标志(电子文献必备,其他文献任选)]. 其他责任者(任选). 版本项. 出版地: 出版者,出版年: 引文页码[引用日期(联机文献必备,其他电子文献任选)]. 获取和访问路径(联机文献必备).

(后面几种文献著录格式中,圆括号中的说明文字与此相同。)

示例:

［1］广西壮族自治区林业厅. 广西自然保护区［M］. 北京：中国林业出版社，1993.

［2］霍斯尼. 谷物科学与工艺学原理［M］. 李庆龙，译. 2 版. 北京：中国食品出版社，1989：15-20.

［3］孙玉文. 汉语变调构词研究［D］. 北京：北京大学出版社，2000.

［4］王夫之. 宋论［M］. 刻本. 金陵：曾氏，1865（清同治四年）.

［5］赵耀东. 新时代的工业工程师［M/OL］. 台北：天下文化出版社，1998［1998-09-26］. http://www.ie.nthu.edu.tw/info/ie.newie.htm.

［6］全国信息与文献工作标准化技术委员会出版物格式分委员会. GB/T 12450—2001　图书书名页［S］. 北京：中国标准出版社，2002.

［7］全国出版专业职业资格考试办公室. 全国出版专业职业资格考试辅导教材：出版专业理论与实务：中级［M］. 2004 版. 上海：上海辞书出版社，2004：299-307.

［8］World Health Organization. Factors regulating the immune response：report of WHO Scientific Group［R］. Geneva：WHO，1970.

［9］PEEBLES P Z，Jr. Probability，random variable，and random signal principles［M］. 4th ed. New York：McGraw Hill，2001.

2. 专著中的析出文献

［序号］析出文献主要责任者. 析出文献题名［文献类型标志］. 析出其他责任者//专著主要责任者. 专著题名. 出版地：出版者，出版年：析出的页码［引用日期］. 获取和访问路径.

示例：

［1］白书农. 植物开花研究［M］//李承森. 植物科学进展. 北京：高等教育出版社，1998：146-163.

［2］WEINSTEIN L，SWERTZ M N. Pathogenic properties of invading microorganism［M］//SODEMAN W A，Jr，SODEMAN W A. Pathologic physiology：mechanisms of disease. Philadephia：Saunders，1974：745-772.

[3] 韩吉人.论职工教育的特点[G]//中国职工教育研究会.职工教育研究论文集.北京：人民教育出版社,1985:90-99.

3. 期刊、报纸中的析出文献

[序号] 析出文献主要责任者.析出文献题名[文献类型标志].刊名：其他刊名信息,年,卷(期)：页码[引用日期].获取和访问路径.

[序号] 析出文献主要责任者. 析出文献题名[文献类型标志].报纸名：其他题名信息,年-月-日(版次)[引用日期]. 获取和访问路径.

示例：

[1] 张旭,张通和,易钟珍,等.采用磁过滤 MEVVA 源制备类金刚石膜的研究[J].北京师范大学学报：自然科学版,2002,38(4)：478-481.

[2] 周桂莲,许育彬,杨智全,等.认清市场形势　化解"学报情结"：我国农业学报的现状与发展趋势分析[J].编辑学报,2005,17(3)：209-211.

[3] 傅刚,赵承,李佳路.大风沙过后的思考[N/OL].北京青年报,2000-04-12(14)[2002-03-06].http://www.bjyouth.com.cn/Bqb/20000412/B/4216%5ED0412B1401.htm.

4. 专利文献

[序号] 专利申请者或所有者.专利题名：专利国别,专利号[文献类型标志].公告日期或公开日期[引用日期].获取和访问路径.

示例：

[1] 刘加林.多功能一次性压舌板：中国,92214985.2[P].1993-04-14.

[2] 西安电子科技大学.光折变自适应光外差探测方法：中国,01128771.2[P/OL].2002-03-06[2002-05-28].http://211.152.9.47/sipoasp/zljs/hyjs-yx-new.asp?recid=01128777.2&leixin=0.

5. 电子文献

凡属电子图书和电子图书、电子报刊等中的析出文献的著录格式分别按1～4节中的有关规则处理。除此而外的电子文献的著录格式如下：

［序号］主要责任者.题名：其他题名信息［文献类型标志/文献载体标志］.出版地：出版者，出版年（更新或修改日期）［引用日期］.获取和访问路径.

示例：

［1］萧钰.出版业信息化迈入快车道［EB/OL］.（2001-12-19）［2002-04-15］. http://www.creader.com/news/200112190019.htm.

［2］Online Computer Library Center, Inc. History of OCLC［EB/OL］.［2000-01-08］. http://www.oclc.org/about/history/default.htm.

［3］Scitor Corporation. Project scheduler［CP/DK］. Sunnyvale, Calif.: Scitor Corporation, c1983.

三、注意事项

（一）参考文献著录只有一个标准

编辑出版界广泛流传着一种说法[2]：关于参考文献著录有两个国家标准，一个是GB/T 7714，一是GB/T 15835，可选用其中之一。还有的说GB/T 7714适用于科技出版物，GB/T 15835适用于社会科学出版物。这些说法都是错误的。

现行有效的关于参考文献著录的国家标准只有一个，也就是GB/T 7714—2005《文后参考文献著录规则》，这是一个通用的、基础性的国家标准，适用于各个学科、各种类型的出版物。

（二）正文中参考文献的标注要正确

（1）用阿拉伯数字顺序编码的文献序号不能颠倒错乱。

（2）序号用方括号括起，同一处引用几篇文献，各篇文献的序号应置于一个方括号内，并用逗号分隔。

（3）多次引用同一作者的同一文献，只编一个首次引用时的序号。

（4）同一出版物中不要混用两种著录体系。

（5）文献表中的序号与正文中的要一一对应。

(三) 参考文献表的著录

(1) 文后参考文献原则上要求用文献本身的文字著录。著录西文文献时,大写字母的使用要符合文献本身文种的习惯用法。

(2) 每条文献的著录信息源是被著录文献本身。专著、论文集、科技报告、学位论文、专利文献等可依据书名页、版本记录页、封面等主要信息源著录各个项目;专著和论文集中析出的篇章及报刊的文章,依据参考文献本身著录析出文献的信息,并依据主要信息源著录析出文献的出处;网络信息依据特定网址中的信息著录。

(3) 每条文献的序号要加"[ ]"。

(4) 每条文献必备的著录项目应著录齐全,特别是从期刊中析出的文献其题名不能省略。

(5) 书刊名称不应加书名号,西文书刊名称也不必用斜体。

(6) 西文刊名可参照 ISO 4:1984《文献工作——期刊刊名缩写的国际规则》的规定缩写,缩写点可省略。

(四) 责任者的著录方法

(1) 3 人以下全部著录,超过 3 人可只著录前 3 人,后加",等",外文用",et al","et al"不必用斜体。

(2) 责任者之间用","分隔。

(3) 责任者姓名的著录一律采用姓前名后的格式。

欧美著者的名可缩写,并省略缩写点,姓可用全大写;如用中译名,可以只著录其姓。

示例 1: Einstein A 或 EINSTEIN A

(原题: Albert Einstein)

示例 2: 韦杰

(原题: 伏尔特·韦杰)

中国著者姓名的汉语拼音的拼写执行 GB/T 16159—1996 的规定,名字不能缩写。

示例: Zheng Guangmei 或 ZHENG Guangmei

(4) 不必著录主要责任者的责任。

示例: 陈浩元. 科技书刊标准化 18 讲

（原题：陈浩元主编.科技书刊标准化18讲）

（5）不要求著录责任者的国别、所在朝代。

（6）机关团体名称应由上至下分级著录。

示例1：中国科学院数学研究所

（原题：中国科学院数学研究所）

示例2：Stanford University. Department of Civil Engineering

（原题：Department of Civil Engineering, Stanford University）

（五）文后参考文献中数字的著录

（1）卷期号、年月顺序号、页码、出版年、专利文献号等用阿拉伯数字。卷号不必用黑体。页码、专利文献号超过4位数时，不必采用三位分节法或加“，”分节，国外专利文献号中的原有的分节号“，”在参考文献著录时删去。

（2）出版年或出版日期用全数字著录；如遇非公历纪年，则将其置于“（ ）”内。

示例1：2005-08-10

示例2：1938（民国二十七年）

（3）版本的著录采用阿拉伯数字、序号缩略形式或其他标志表示，第1版不著录，古籍的版本可著录“写本”“抄本”“刻本”等。

示例1：3版（原题：第三版或第3版）

示例2：5th ed.（原题：Fifth edition）

示例3：2005版（原题：2005年版）

（六）可作变通处理的著录项目

（1）某一条参考文献的责任者不明时，采用顺序编码制的此项可以省略；采用著者-出版制的可用“佚名”或“Anon”。

（2）无出版地可著录为[出版地不详]或[S.l.]。

示例1：[出版地不详]：三户图书刊行社，1990

示例2：[S.l.]：MacMillan，1985

（3）无出版者可著录为[出版者不详]或[s.n.]。

示例1：昆明：[出版者不详]，2005

示例2：New York：[s. n.],2001

注意：不要出现[S. l.]：[s. n.]这样的著录形式。

(4) 出版年无法确定时,可依次选用版权年、印刷年、估计的出版年,估计的出版年置于"[ ]"内。

示例1：c1986：146-149

示例2：1993 印刷：402-410

示例3：[1938]：28-35

(5) 未正式出版的学位论文,出版项可按"保存地：保存单位,保存年"顺序著录。

示例1：北京：中国科学院物理研究所,2004

示例2：Berkeley：Univ. of California. Depart. of Phys. ,2005

(6) 采用著者-出版年制标注时,联机文献的出版年根据更新或修改日期著录;倘若无更新或修改日期时,则可著录引用日期,并将其置于方括号内[3]。

示例1：……(李××,2006)。……(张×,[2005])……

示例2：SKINNER G. 2001. A new code of ethics for librarians? ALA codes and Johan Bekker's proposals[EB/OL].(2001-03-02)[2004-05-10]. http://www. redgraven...

示例3：HOPKINSON A. [1999]. UNIMARC and metadata：Dublin Core[EB/OL]. [1999-12-08]. http://www. ifla. org/...

(7) 当文献中载有多个出版地或多个出版者时,只需著录第一个出版地或出版者。

(8) 如果专著被作为阅读型和推荐型参考文献引用,其引文页码可以不著录,但作为引文献引用时则必须著录。

(9) 其他可以灵活处理的著录项目。

对 GB/T 7714—2005 未作"必须""应当"等规定的著录项目,同一出版物可选定一种,并做到前后一致[4]。

① 每条文献结尾可加"."。

② 文献类型标志,非电子文献任选。

③ 西文的著者名、刊名一般采用缩写字母,但也可以采用全名;

如果采用缩写字母，其缩写点可以省略，也可以保留。

④ 其他责任者可不著录（如果著录，则须标注其责任，如"译""指导"等）。

⑤ 联机文献的出版地、出版者、出版年以及更新或修改日期可以省略，但引用日期必须著录。

⑥ 期刊中析出文献的页码一般著录文章的起讫页，也可只著录起始页。

⑦ 责任者的姓，其字母可以全大写，也可只首字母大写。GB/T 7714—2005 并未作出全大写的规定，但有"大写字母的使用要符合文献本身文种的习惯用法"的指示，在外文文献中其实也是两种著录法并存。

⑧ 文献表中每条文献是否顶格排、序号与文献间留多大间隙及回行时如何排印，均未作统一规定。

⑨ "参考文献"四字排在何处，是否要编章节序号，均未作规定，可左顶格，也可居中。考虑到参考文献是论著的重要组成部分，也可编章节序号。

（七）正确著录期刊文献的年份、卷、期、页

示例1：　年，卷（期）：页

2005，10（2）：15-20

示例2：　年，卷：　页

2005，35：123-129

示例3：年（期）：　页

2005（1）：90-94

示例4：年（合期号）：　页

2005（1/2）：　40-43

2005（10/11/12）：15-20

在同一刊物连载的文献，其后续部分不必另行著录，可在原参考文献后直接注明后续部分的年份、卷、期、页。

示例5：年，　卷（期）：页；　年，卷（期）：　页

2005，15（1）：　12-15；2005，15（2）：　18-20

(八) 文献类型、电子文献载体类型及其标志代码要著录正确

电子文献类型和载体类型标志是必备的著录项目。非电子文献类型标志虽然为“任选”项目,但对其进行著录还是有意义的。著录时要尽可能区分准确,并正确著录。

文献类型标志如下:普通图书 M,会议录 C,汇编 G,报纸 N,期刊 J,学位论文 D,报告 R,标准 S,专利 P,数据库 DB,计算机程序 CP,电子公告 EB。

会议录 C 指座谈会、研讨会、学术年会等会议的文集;汇编 G 指多著者或个人著者的论文集;S 标志的文献还包括政策、法律、法规等文件[5]。

电子文献载体类型标志如下:磁带 MT,磁盘 DK,光盘 CD,联机网络 OL。

参考文献

[1] 段明莲.我国新旧《文后参考文献著录规则》比较研究[J].中国科技期刊研究,2003,14(6):630-633.

[2] 厉兵.采编工作中的语言文字规范[G]//新闻出版总署教育培训中心.第6期全国出版社新编辑培训班讲义.2005:45.

[3] 段明莲,陈浩元.文后参考文献著录指南[M].北京:中国标准出版社,2006:113-114.

[4] 陈浩元.著录文后参考文献的规则及注意事项[J].编辑学报,2005,17(6):413-415.

[5] 全国文献工作标准化技术委员会.GB/T 3469—1983 文献类型与文献载体代码[S]//中国标准出版社第四编辑室.作者编辑出版常用国家标准.北京:中国标准出版社,1993:161-163.

编校工作规范

一、图书编辑工作基本规程

前　言

工作规程是人们从事实践经验的总结和客观规律的反映，又是用以规范工作的共同遵守的标准。编辑工作是一种创造性的精神劳动，较之物质生产有着不同特性，具有自身发展的客观规律，包括多个环节，有许多人参加，因此需要加以规范，以保障工作的有序化和成果的优化。不过，编辑工作规程要比物质生产规程复杂，更需要我们按照编辑工作的规律去探索、总结。同时，工作规程既有相对的稳定性，又要随着实践的推移和对客观规律认识的深化，逐步加以修正、完善，正确处理规范与创新的关系。本文乃是这方面的一种尝试。

本文主要讲述图书编辑工作的性质、方针和任务，要经过哪些过程，有哪些工作要做和怎样做，它们之间有什么联系；既总结实践证明行之有效的经验，又注意新形势下出现的新情况、新问题，使基本规程与积极创新相结合。目的是使编辑工作做到精细有序，实现从粗放型向集约型的转变，促进图书质量提高。

在社会主义市场经济和高新科技条件下，图书编辑工作过程正在发生新的变化；各类图书的编辑工作既具共性，又有特性。本文只是从现实情况出发，一般地阐明图书编辑工作的基本规程，不包括电子出版物的编辑工作，也不可能照顾到方方面面的需要，写得很全面、具体，希望使用者从各自的实际出发，总结自己的经验，加以丰富、充实。

本文的征求意见稿于1996年4月写出，由中国编辑学会组织北京和其他部分省市的专家进行讨论、修改或提出建议，在这个基础上，于1996年7月改写成初稿。初稿在一定范围内征求意见，并作修改后，提交1996年8月召开的中国编辑学会第三届年会讨论。年会充分肯定了编写基本规程的必要性和初稿主要内容，同时提出了一些修改补充意见。据此再次作了修改，送中国编辑学会审核后，形成现在的《图书编辑工作基本规程》。

中国编辑学会湖
北省编辑学会
1997年3月6日

1. 总述

1.1 我国的出版事业是中国共产党领导的社会主义事业的一个重要组成部分。编辑工作是整个出版工作的中心环节，在社会主义市场经济条件下仍然如此。编辑工作的质量决定出版物的质量，是实现图书社会效益和经济效益的基础。市场对编辑工作有积极和消极两方面的影响，编辑工作既要适应市场，以多方面、多层次的优质出版物满足读者需要；又不能片面地追逐市场，以市场为唯一导向，降低工作的要求和出版物的品位。要在社会主义市场经济条件下探索出版业发展的规律，不断有所发现，有所创造，有所前进。

1.2 编辑工作必须坚持为人民服务、为社会主义服务的方向，贯彻百花齐放、百家争鸣、古为今用、洋为中用的方针，坚持以马克思列宁主义、毛泽东思想和邓小平建设有中国特色社会主义理论为指导，传播和积累一切有益于提高民族素质、有益于经济发展和社会全面进步的科学技术和文化知识，弘扬民族优秀文化，促进国际文化交流，丰富和提高人民的精神生活，为建设社会主义物质文明和精神文明服务。落实编辑工作的方针、任务，必须坚持党的基本路线和基本方针，要讲政治，树立全局观念，正确处理好改革、发展和稳定的关系；坚持以社会效益为最高准则，实现社会效益与经济效益的最佳结合；坚持质量第一的原则；坚持以科学的理论武装人，以正确的舆论引导人，以高尚的精神塑造人，以优秀的作品鼓舞人，为社会主义现代化建设提供智力支持、精神动力和舆论环境。

1.3　编辑工作不是简单的技术工作,有其自身的规律。编辑学是一门独立的学科。要在选题、组稿、审稿、加工整理、整体设计等编辑实践中总结探索它的规律性,并以此指导实践活动。如此循环往复,逐步建立和完善编辑学理论,才能使编辑工作不致成为盲目的实践,而成为自觉的创造性劳动。

1.4　编辑工作是一项系统工程。各环节相互联系、制约和促进,具有严密的整体性,而每一环节又具有相对的独立性。各环节中有许多工序,相互之间同样具有制约性和相对独立性。一个环节、工序的工作影响着另一个或几个环节、工序乃至全部编辑工作。这就既要从宏观上把握编辑工作的整体性,又要在微观上抓好每一个环节、工序的工作,处理好局部和全局的关系。要用严密的制度规范各自的职责和相互关系,使整个编辑工作协调一致,高效率运转。

1.5　编辑工作是一项高尚、光荣的职业,又是艰苦、细致的劳动。编辑人员要具有崇高的职业道德,包括无私奉献的品德,开拓进取的精神,敬业乐业的责任感和使命感,廉正奉公的精神,严谨认真的态度,一丝不苟的作风。编辑人员还要具有广博的学识和专业修养,至少熟练掌握一门外语,并不间断地学习和汲取新的知识,以适应现代编辑工作的需要。编辑工作不单纯是个体作业,它是个体和集体的积极性、创造性的结合,每项成果都凝聚着集体的智慧。因此,做好编辑工作,不仅要有一批人才,有一支优秀的编辑队伍,同时要有集合人才的凝聚力,组成团结和谐的编辑工作的集体。

1.6　编辑人员和作者的关系是同志式的互助合作关系。编辑人员必须依靠作者,尊重作者,与作者建立真诚的友谊。出版社要以自己的出书特色、优势和坚持不懈的工作,发现、吸引和团结作者,形成一支优秀的作者队伍。它同一支优秀的编辑队伍相配合,是出版优质高效图书的基础。

1.7　编辑人员要真诚地为读者服务,广泛地、经常地征求读者意见,同他们保持密切联系。在工作中要为读者着想,注意各层次读者不同的阅读需要和阅读兴趣,充分满足读者的正当读书要求,引导和提高他们的欣赏趣味和鉴赏能力,从而在出版社周围形成一支稳定的读者群。

1.8　在高新科技条件下，编辑工作手段日趋现代化，电脑及信息网络与编辑工作各环节的关系越来越密切。因此，编辑人员要能熟练使用电脑，掌握电子知识，懂得使用各种软件，并注意研究解决编辑工作应用高新科技中出现的新情况和新问题。

2. 信息

2.1　信息是选题之源。选题不是来自闭门造车，而是来自对信息的广泛收集、积累和提炼、研究。耳目闭塞，不可能做好编辑工作。当今社会信息急剧增加，瞬息万变，更要重视信息工作。出版社要有专门的机构和人员，运用先进的科学技术手段，收集、存储信息，为策划、论证选题和整个出版工作服务。

2.2　信息是一项经常性的基础工作。要从各个出版社的出书范围出发，收集国内外同行的编辑出版信息，有关的科研、著述及作者信息，本社及同行的图书销售信息，社会调查及统计资料信息，优秀图书编辑出版信息，专家对本社出版图书评价及读者需求信息。总之，一切为编辑工作所需的信息，都要收集、存储，并及时补充，逐步形成比较完备的编辑出版信息库。

2.3　出版社一定要有资料室。资料室要为编辑工作服务。马克思、恩格斯、列宁、斯大林、毛泽东、邓小平以及党和国家领导人的著作，党中央、国务院公开发表的文件，法律、法规（包括新闻出版工作的法律、法规），标点符号及计量单位等国家标准，重要古籍和中外文工具书，与本社专业分工有关的重要著作和专业工具书，以及编辑人员需要阅读、查询的其他书报刊，都应尽量备齐。有条件的出版社可将有关资料输入电脑，以便检索。

2.4　收集信息要多渠道、多方位。编辑和其他人员参加国内外书市、书展、考察和学术活动，调查研究和参与图书销售，开会和与作者交谈，以及阅读书报刊所获取的信息，都要形成文字并输入电脑存查。此项工作宜形成制度。

2.5　信息要鉴别和不断筛选，去伪存真，弃旧续新。对数据要进行比较和核实，选用权威性机构和著作的材料，使决策建立在真实可靠的定量分析基础上。信息要开发利用,如开会发布、分析信息、编发信息资料等。

2.6　信息贯穿编辑工作的始终。无论选题、组稿、审读、加工整理及后续工作,都不能离开对信息的积累、研究。编辑人员要关心天下大事,多走、多听、多读、多记,随时注意收集信息,使自己耳聪目明,头脑敏锐,并充分利用信息不断改进编辑工作。

2.7　建立信息网络。在出版社内部及本地和外地同行之间,可以形成电脑局域网络和远程网络,及时交流信息,以实现信息资源共享。

3. 选题

3.1　选题源于信息,但信息不等于选题。选题是对准备出版的图书的构思和策划,是依据党的方针、政策和一定时期的形势、任务,以及各个学科的研究状况和产业发展状况,对信息提炼、集中、升华的结果。编辑人员的构思和策划,对于制定选题和选题计划是十分重要的。单个的和系列的选题,是编辑构思和策划的产物;年度的和长远的选题计划,是社长、总编辑总体构思和总策划的产物。成功的选题策划,是出版优质高效图书的基础,同时又反映了编辑人员自觉的创造性劳动。因此,积极主动地策划选题,是各级编辑人员的一项基本职责。

3.2　选题是对文化的选择,具有导向作用。出版什么图书,不出版什么图书,反映了编辑人员的政治素质和文化修养。精神生产的基本要求是创新。要使图书受到读者欢迎,促进经济发展和社会全面进步,获得社会效益和经济效益,必须重视选题的优化,使选题具有特色,避免平庸重复。选题还必须体现出版社的专业分工,遵守新闻出版署核定的出书范围和有关规定。要注重抓精品,每年策划出版一批高水平的图书,包括优秀的普及读物。

3.3　选题不能只是一个题目,它一般应包括提出的依据,国内外有无同类的图书,有关学术界或行业的研究状况,本选题的大致内容、题材及特色,主要读者对象及市场需求,社会效益和经济效益预测,拟约或已有作者状况等。对于选题申报表的各项要求,都要逐项填写,越具体越能反映提出者对选题的把握程度。如果是一套丛书,则要求有一个详细、具体的编辑方案,除上述内容外,还要有丛书的规模、体例,各分册的联系,主编状况,专家及有关方面意见等。制定丛书选题计划宜作社会调查研究,并要有记录或报告。

3.4　选题和选题计划必须经过论证。这是因为单个的和系列的选题以及年度的和长远的选题计划,是一种重大的出版经营决策。选题的优劣,不仅影响图书质量,也在一定程度上决定出版社的成败兴衰,须慎重对待。要对选题和选题计划进行多方面的论证,既要从微观上论证选题的可行性,又要从宏观上考虑各类选题的合理结构。论证会由社内各方面的代表参加,充分讨论,开展质疑和答辩。论证会要成为一次科研鉴定会,要有会议记录。选题提出者要根据论证意见修改、充实选题设计。有些选题还要请社外专家论证。论证也许要进行多次,使选题的优化和可行性更有保证。

3.5　选题必须经过审批。选题经过论证以后,还要由社长、总编辑和副总编辑及有关部门负责人共同讨论。因为不论是分管哪方面工作的成员,不能不过问选题,社长、总编辑只有掌握全部情况,对选题的决策才会是科学的和民主的。出版社年度选题计划要报送主管部门审批。对涉及政治、军事、外交、统战、宗教、民族等敏感问题和其他需宏观调控的选题,按照规定还要专项报有关领导部门批准。

3.6　年度和长远选题计划的制订,是一个从上到下和从下到上多次反复形成共识的过程。先由社长、总编辑提出出书的指导思想、重点、结构等方面的要求,再由各编辑部门提出具体选题,经过反复讨论,最后形成选题计划。年度和长远选题计划要体现出版社的特色、优势和重点,要优化结构,不能是没有明确指导思想的选题汇集。要注意上下年度计划之间和长远选题计划之间内容的衔接和历史连续性,体现出版社的特色定位。要让全社职工都知道选题计划的内容和要求,使人人都为实现选题计划尽力。

3.7　年度选题计划既包括新书计划又包括再版、重印书计划,两者要保持合理的比例。要在保证质量的前提下考虑增加新书品种,不宜过分追求新书品种逐年增加。要努力提高图书质量,以增加再版、重印书的比例。

4. 组稿

4.1 组稿同选题密切相关。选题有些由编辑人员提出,有些由作者提出;年度和长远选题计划中,有些已有作者,有些则要物色作者。把组稿作为一个单独的环节,是要强调组稿是一项有计划、有目的、有组织的工作,以便通过组稿,补充、修改和落实选题计划。好的选题没有合适的作者,就难以体现编辑思想,产生应有的效果。

4.2 组稿应有准备。事先要了解选题的要求、阅读有关资料、调查研究和向有关专家请教,对书稿的内容、题材、规模和读者对象等做到心中有数,然后向作者提出写作要求,并征求作者的意见。经过充分协商后形成共识。

4.3 作者要选准。不仅要了解作者的学识水平、专业修养、治学态度、语言文字功底,还要了解作者是否适合承担此项写作任务,对本选题涉及学科的研究水平,以及对特定读者对象是否熟悉。一般可通过阅读作者论著和有关专家推荐选定。作者选择不准,好选题不一定能成为好书。

4.4 审读写作提纲和试写(试译)稿。写作提纲要明确具体,有章节安排、主要论点和资料来源,不能只是书稿的内容简介,而应是书稿的框架。试写(试译)稿则要能基本反映书稿的质量和面貌。责任编辑要认真审读写作提纲和试写(试译)稿,复审和终审人员也要参与审读、讨论。经过审读并与作者商量修改写作提纲和试写(试译)稿后,书稿质量就有了初步保证。在写作过程中要与作者经常联系,了解写作进度。

4.5 交稿要求书写清晰,稿面整洁;语言文字、标点符号使用规范;数字、计量单位用法符合规定;引文、数据经过核对,注明出处和参考书目;体例一致,篇、章、节安排协调。可从各类图书的实际情况出发,制定一个《交稿须知》,在编写前向作者提出。众手合成的手稿,应由主编或专人负责统稿。交稿如是打印稿,字号不能小于五号,行距要宽松;如是软盘,要附有打印稿,其录入时的编辑排版系统要与出版社编辑排版系统相一致。

4.6　签订出版合同。书稿经出版社同意接受出版后，要按照《著作权法》签订图书出版合同。不签订合同，不利于保护作者和出版者的权益，不利于加强出版社管理和著作权管理及促进出版繁荣。在合同约定期间，出版社享有专有出版权，他人不得出版该作品。合同期满后经协商同意可以续订。

5. 审稿

5.1　审读活动贯穿出版工作的全过程。在选题、组稿过程中的审读是事先审读，图书出版后的成书质量检查是事后审读。作为编辑工作一个阶段的审稿，是对书稿整体质量的全面审读，旨在对书稿作出基本评价，决定取舍，并对有修改基础的书稿提出修改建议。审稿的基本职责是坚持为人民服务、为社会主义服务的方向，按照出版工作的方针和政策，对书稿进行评价、选择和把关，以促进优秀图书的出版，防止有害读物流入社会。

5.2　审稿是编辑工作的决定性环节。写成的书稿只有经过审稿决定采用才能传播和发挥效益。审稿是一种对书稿进行科学分析判断的理性活动。它不同于对图书的浏览和阅读，不是根据审读者个人的观点和爱好情趣决定取舍，而是代表社会和读者对书稿作出的理性判断。它也不同于研究者对研究资料的阅读，而是从出版专业的角度，对书稿内容由表及里、由浅入深、全面反复地进行审视，以作出取舍的正确判断。即使是名家的书稿，也要认真审读。轻视、放松甚至放弃审稿，无异于放弃编辑责任、取消编辑工作。审稿与加工整理相互联系又各有分工，一般应先审稿，经确认采用后再加工整理。

5.3　审稿坚持三级审稿制度，即责任编辑初审，编辑室主任复审，社长、总编辑（或由他们授权的具有正、副编审专业技术职务的人员）终审。三级审稿缺一不可。因为只有经过多人多次审读，才能使认识深化，判断符合书稿实际。在三审过程中，始终要注意政治和政策性问题，同时切实检查书稿的科学性、艺术性和知识性问题。三审的要求各有侧重。初审是三审的基础。要坚持责任编辑制度。一般由具有编辑专业技术职务的人员或具备一定条件的助理编辑人员担任责任编辑。责任编辑必须逐字逐句地认真审读全稿，对书稿的政治倾向、思想品位、学术或艺术价值、科学性、知识性、结构体例、文字水平等各个方面进行把关，对其质量、社会效益和经济效益进行评价，并提出取舍意见和修改建议。复审应审读全部书稿，并对书稿质量和初审报告提出意见，作出总的评价。终审根据初审、复审意见，主要负责对书稿内容，包括思想政治倾向、社会效果、是否符合党和国家的政策规定等方面作出评价，如果书稿涉及敏感问题，选题属专项报批的，初审和复审意见不一致的，终审者也应通读书稿，在此基础上，对书稿是否采用作出决定。有些重要的书稿可由比较多的人审读、讨论。有些本社难以判断的专业性很强的书稿，经过社内审读后，还需请社外专家审读。翻译书稿要由有关的外语专家校订。

5.4　审稿要注意政治。书稿中凡涉及“一个中心、两个基本点”的基本路线和重大方针政策，对党和国家领导人的评价，国家法律，国界、政治、军事、外交、统战、宗教、民族、保密等重大问题，以及涉嫌宣扬淫秽色情、封建迷信、荒诞无稽等内容的，不论明显的或隐性的，均须认真审读，慎重对待，提出处理意见。属于按规定需报党中央、国务院有关部门审定的书稿，须履行专题报批手续。其一般程序是：先由出版社写出申请报告和对书稿的审读意见（写明没有把握要请示的问题），连同书稿一并报主管部门；主管部门经审读如认为有出版价值，再写出申请报告，连同出版社的报告、审读意见和书稿一并报新闻出版署；新闻出版署审核后决定是否出版，或先送党中央和国务院有关部门审查，根据审查意见，决定是否出版。

5.5　审稿时要注意发现和积极支持学术上有创见、艺术上有创新、勇于探索、发挥独创精神的著作和作品，贯彻“百花齐放、百家争鸣”的方针，鼓励不同论点的学术著作和不同流派、不同风格的文艺创作。编辑人员要具有胆识和慧眼，积极扶持新人和有创见的著作出版，使人才脱颖而出，使有价值的著作不断出现。有些书稿有一定价值，但不宜公开发行，可采取内部发行，供有关读者阅读参考。

5.6　审稿方法因作者水平、书稿质量情况而异，一般要把握书稿整体，采用比较、分析、综合、归纳等方法。衡量一部书稿的思想、科学价值，要依据马克思主义经典著作和党的方针、政策看观点，对比同类著作看特色,对比学术争鸣看创见。同时,分析书稿整体与部分的联系,主题思想的发展脉络,内容的主次关系,叙述的连贯性,以及说理是否充分,论据是否可靠,结论是否正确,思想表达是否清楚,体例规格是否一致等。然后对书稿的优缺点、质量进行综合思考。不仅要对书稿的整体内容,全面地进行综合思考,还要对影响本书稿出版的社会因素,如出版管理规定、政治环境、社会影响、市场变化等,进行综合思考。最后将比较、分析、综合的结果加以归纳,对书稿作出基本评价。译稿的审稿包括原著内容和译稿质量两方面,二者都不可忽略。审读译稿可采取“对读”和“通读”相结合的方法。“对读”是从译稿的前、中、后部分抽查若干段落,对照原著审读。“通读”是脱离原著审读译稿一部分,发现问题再核对原著。不仅要检查正文,还要抽查注释、引文等辅文。

5.7　审读意见书是衡量编辑人员对书稿内容质量掌握程度的标尺。一般地重复书稿内容,加上空洞的评语,主要是由于没有认真审稿或不重视写审稿意见书。审稿意见书应有比较深入的分析和论述,不过与一般图书评介不同,它更带出版专业性。初审意见书一般应包括选题、组稿情况,书稿特点的分析和研究成果的介绍,对观点、论证的评价,对结构、体例、语言文字质量的看法,对书稿的取舍意见和修改建议等。有专家意见的可附上。初审意见书要尽可能详尽。复审、终审的意见书文字不一定很多,但要明确回答初审提出的问题,是对书稿的鉴定书。

5.8　对于需退修的书稿,要将意见综合向作者反映。重大的增删和篇、章、节调整,一些重要观点和原则性的修改意见,要同作者协商,特别是学术观点,要尊重作者意见,避免强加于人。涉及内容的重要修改由作者动手,有问题尽量提请作者解决,避免编辑在加工整理时大动。书稿不符合“齐、清、定”要求,应在退修过程中解决。修改意见和作者意见都要有书面记录,以备加工整理时查阅和归档。经过退修的书稿同样要进行三审,写出审读意见。编辑人员应在退修过程中加强与作者的联系,使书稿修改后符合出版要求。经作者授权,责任编辑可以对书稿进行修改,但重大修改要经作者同意。

5.9 经审读或退修不符合出版要求的书稿，要区别不同情况，采取妥善的方式退稿。如系约稿并订有出版合同的，应按合同支付一定酬金；如系投稿且未退修和签订出版合同的，可不支付酬金。但不论哪种情况，都要向作者诚恳地、恰如其分地说明退稿原因，并退还全部原稿。原稿污损、不全或丢失的，要支付赔偿费。

6. 加工整理

6.1 加工整理是编辑工作不可缺少的环节。经过审稿决定采用的书稿，在内容、体例、引用材料、语言文字、逻辑推理等方面难免存在一些问题，需要进行加工整理，使内容更完善，体例更严谨，材料更准确，语言文字更通达，逻辑更严密，消除一般技术性、常识性差错，防止出现原则性错误，并符合排版和校对要求。此项工作可由责任编辑担任，亦可设置专门机构或配备专人负责。加工整理较之前阶段的审稿，更为深入具体，要求认真细致，一句一字一符地推敲修改，不能放过一个疑点。

6.2 加工整理的方法主要有：修饰，即对文字作修改润色，使表达准确；改错，即改正不当提法和错别字等；校订，即根据可靠资料，订正引文、事实、数据等方面的差错；增删，指经作者授权所作少量的内容增删；整理，指为使书稿符合排版要求而进行的技术性加工，包括统一体例、用字用语、书写格式，描清字符，标注说明有关事项，保持书稿整齐清洁等；写辅文，如内容提要、出版说明、编者注等。根据书稿情况，还可以采用其他一些方法。不论哪种方法，对书稿内容的改动都要征得作者同意。

6.3 加工整理应严格遵守国家有关标准，如 GB/T 3252—1992《中文书刊名称汉语拼音拼写法》、《中国人名汉语拼音字母拼写法》、《中国地名汉语拼音字母拼写规则》，GB/T 8170—1987《数值修约规则》，GB/T 15834—1995《标点符号用法》，GB/T 15835—1995《出版物上数字用法的规定》，GB 3101—1993《有关量、单位和符号的一般原则》，GB/T 7714—1987《文后参考文献著录规则》①，

① 此标准最新版本为 GB/T 7714—2005《文后参考文献著录规则》。

GB/T 12450—1990《图书书名页》①,等等。中国标准出版社出版的《作者编辑常用标准及规范》②,编辑人员应人手一册,以备查检。

6.4 篇、章、节、目层次及体例的加工整理。论文集、集体写作的作品、大型工具书、丛书类书稿,往往出现前后不一、层次不清、目录正文不符、技术规格混乱等问题,需统一规范整理。

6.5 人物、事实、时间和引文的核对。人名容易混淆,事实叙述容易有出入,时间容易颠倒,特别是引文容易出错。加工整理时,要根据国内外有定评的工具书及原著检查,有不同版次的应依据最新版本。书稿引文要有注释,引同一种书的版本应当统一,注释的版式、格式、注码符号及其位置应当统一。编辑要有一定的版本目录学知识,懂得如何使用工具书,以便查对。

6.6 语言文字、标点符号的检查。不规范的字和错别字及使用不当的标点符号要加以改正,难以辨认的笔画要描述清楚;数字用法要按照国家标准核改;对所引外文要进行核对,人名、地名译法要加以统一规范,将手写体改成印刷体;汉语拼音要注意遵守拼写规则;成语典故应加核对。

6.7 逻辑推理的检查。概念、判断的使用是否正确,论证是否恰当,观点材料是否统一,论述有无自相矛盾之处等,都要注意检查改正。

6.8 插图、表格、符号、计量单位的检查。对科技读物尤应注意核改。插图要绘制准确,缩放比例要恰当。要注意检查表格中的文字、数据和百分比,这些方面往往容易出错。一些已经废止使用的计量单位要换算成法定计量单位。编辑人员应熟练掌握有关规定,学习这方面的知识,不懂的地方可查规定。使用统计数字,特别是国名、地名、单位名涉及政治问题,必须仔细核对,采用法定的称谓,避免出现政治差错。

6.9 参考文献、注释、索引等辅文的检查。要对照正文核对有

① 此标准最新版本为 GB/T 12450—2001《图书书名页》。

② 此书已有最新修订版本《作者编辑常用标准及规范(第二版)》。

无脱漏和是否一致,注释内容有无问题,互见处有无矛盾,著录格式是否规范等。参考文献最好请作者提供部分原作,便于核实。

6.10　加工整理过程中发现和改正的问题要载入记录表,一是送复审、终审、作者审核认可,避免漏改和误改;二是便于积累资料,总结经验;三是作为考核工作的依据。

6.11　软盘的加工整理。目前我国出版社大都是在随附的打印稿上进行加工整理,然后输入电脑;少数直接使用电脑加工整理书稿的,会出现原稿和修改内容混淆不清,责任不明,差错难以记录等问题。可将编辑加工前的书稿和编辑加工后的书稿,分别加以复制,制成硬拷贝,妥善保留备查。

7. 整体设计

7.1　整体设计是图书外部装帧和内文版式的全面设计,包括封面及其附件、正文及辅文,以及开本、装订形式、使用材料等设计,是一个相互联系的整体。设计质量是图书整体质量的重要组成部分。

7.2　图书的整体设计是一门艺术。它要运用形象、图案、色彩等艺术手法,利用先进的科学技术手段与物资材料,反映书稿的内容、气质和风格,体现出版社的风貌和特色;同时具有实用性,字体字号、书名字大小、书脊设计等,都要为读者、发行者着想。整体设计同样是一种创造性劳动。

7.3　整体设计要有总体构思和方案。随着读者审美情趣和生活水平的提高,审美意识逐渐渗入社会生产、生活的各方面,艺术和实用结合日益紧密,图书整体设计要适应这一趋势。封面设计是整体设计的重要方面,电脑设计已摆脱传统设计的局限,给设计者以充分发挥智慧和艺术想象的自由,创作出各种风格的作品。版式设计也出现了多样化的发展趋势。但各项设计要服从总体构思,色彩、布局、风格相互协调,浑然一体,各显其个性美,又呈现和谐的整体设计的美。多卷本的整体设计更须协调一致。在一定的意义上说,图书是一种艺术品,既要求内容美,又要求内容与形式和谐统一的整体美。

7.4　纸张、油墨等物资材料和先进印刷技术的采用,是整体设计的内容之一。设计者要了解排印装设备的性能、使用材料的特性和工人的技术水平,力求通过物资材料和先进印刷技术达到整体设计的预期目的。同时,要考虑现有物资和排印装条件及图书成本,以尽可能少的投入取得最大限度的效果。

7.5　每部书稿,都要指定一名具有相应专业技术职务的编辑担任责任设计编辑,主要负责提出设计方案、具体设计或委托他人设计和对设计的成品质量负责审定。但整体设计涉及各个方面,要求有关方面相互配合。关于书稿的选题组稿计划、写作提纲、题材内容、作者要求等,责任编辑都要及时与设计编辑通气,提供资料,商讨设计方案。丛书在制定计划时,设计编辑就应参与。设计编辑要会同责任编辑检查、核改封面样和版式设计样,要注意书名、作者、文字规范、汉语拼音拼写、外语翻译等方面有无差错。总编辑要把整体设计作为一门艺术和提高图书整体质量的重要工作来对待,发挥指挥、协调作用,充分调动各方面的积极性,形成合力。

8. 发稿

8.1　发稿是将经过加工整理和整体设计的书稿转化成印刷符号的一个中间环节,既关系到前段编辑工作的成果,又关系到后续工作的质量。因此,对发稿工作必须引起足够重视,不能简单地作为一种例行手续。

8.2　发稿的基本要求是"齐、清、定"。"齐",即书稿各部分包括文稿和图稿、正文和辅文、封面及其附件等一次发齐。"清",即书稿纸规格统一,语言文字规范,笔画端正,外文和公式、图表中字母符号的文种、大小写、正斜体、上下角标等清晰可辨,字体字号、照片图表位置及其他版式要求批注明确,改动处勾画清楚,改动过多处应重新誊抄。"定",即发排的书稿应是定稿,发稿后如无特殊情况,一般不再在校样上作大的增删、修改。

8.3　复查。经过加工整理的书稿,责任编辑还要按照"齐、清、定"要求进行检查,看有无疏忽遗漏之处,经复审复核后,送作者核阅,并向作者说明加工整理情况及原因。作者复核后,责任编辑要检查退回的书稿,看作者有无改动和改动是否适当。

8.4 填写发稿单。发稿单的项目如书名、作者(编、著、译者)、开本、字体字号等,要逐项填写清楚,注意与书稿内容及整体设计要求一致,有特殊要求的要具体标明,分别由责任编辑和复审、终审者签字。

9. 校对

9.1 校对广义上包括专业校对和非专业校对(编辑校对、作者校对),狭义上指专业校对。校对是编辑工作的继续。专业校对应对原稿负责,消灭一切排版上的错误。发现原稿有错漏和不妥之处,应及时提交编辑部门解决。与编辑加工整理书稿不同的是,校对人员不能改动原稿,只能提出疑问,请编辑人员研究处理。如同专业校对不能代替编辑一样,编辑也不能代替专业校对。校对工作有自身的规律,是一门学问。原稿排版出现差错常有某种规律可循,专业校对人员的职业修养,能独具慧眼,发现编辑、作者难以发现的差错。电脑排版和智能校对系统固然能减轻校对劳动,但不能完全取代人脑思维;校对方式将出现变化,但专业校对工作不能取消。著、编、校分工合作是出版事业发展的要求。出版社必须配备足够的具有专业技术职务的专职校对人员。轻视、取消专业校对工作,必然导致图书质量滑坡。

9.2 专业校对、编辑校对、作者校对的基本功能一致,即通过"校异同"以消灭排版差错,通过"校是非"以防止原稿差错,但校对工作的侧重点不同。专业校对主要是以校样对照原稿校对,侧重发现排版差错;编辑、作者校对是读校,侧重发现原稿疏漏,三者带有互补性。编辑必须看二校样,特别是字数多和多卷本的著作,原稿积筐盈尺,看校样易于发现审读和加工整理中疏忽的问题。编辑对专业校对人员提出的疑问必须重视,逐一核实改正,没有把握的可向作者提出,不须改正的要说明原因。编辑还要读清样,旨在消除文字差错和防止专业校对的失误。要将副样送交作者校阅,主要是防止专业校对和编辑校对的失误,但要求作者不要作大的改动,以避免增加工作量。编辑不看或不认真看校样,以及不送请作者校阅副样的做法,不利于保证提高图书质量,应加以改变。

9.3　坚持三校一读责任校对制度。重要读物还须适当增加校次。三校一读必须多人交替进行,不能由一人独立完成。这是因为校对容易使视力疲劳,重复校对同一内容的书稿,难免注意力分散,由不同的人分别校对,易于发现前校的失误。因此,校对一部书稿至少要有2～3人。誊样和核红同样十分重要,稍有不慎,就会造成失误。为防止出差错,宜由两人进行,一人誊写、初核,另一人复核。在多人分别校对的情况下,宜指定一人担任责任校对,负责校样的文字技术整理工作,包括核对目录和书眉,检查标题、注释、索引等的顺序,改正笔误和非规范字,综合质疑送交编辑等,并监督、检查各校次的质量。终校要由有中级以上专业技术职务的专业校对人员担任。业余校对要由具有相应专业技术职务和校对经验的人担任,并要加强监督、检查和管理。

9.4　电脑排版的校对。电脑排版具有许多优点,同时也出现了一些新情况、新问题。由于汉字录入时一键多字根、重码现象的存在,以及操作不慎或病毒污染,校样上往往出现字体字号差错,非文中符号和错别字,推行倒版时的差错,图表与正文匹配不好,图空差错,打印机输出与屏幕显示不一致,改样错位,甚至校样消失,特别是拼造非常用字时容易出现错改。电脑排版即使清样无错,如指令失误,软片也会出现版式变动和文字、行款错乱。电脑排版的校对工作要适应这种变化。一是校对人员要熟悉电脑知识和现有电脑设备的性能,以便掌握电脑排版的出错规律。二是校对方式上要作调整,如清样要做到一处不改才能出片,只凭“改正出片”往往出错;确需软片处理的,要核对软片;要通读软片或软片样;软片重制必须检查。

9.5　考核校对工作的标准主要是质量而不是数量。质量考核要定量化。依据原稿,文字差错率低于0.25/10 000的优质品要给予奖励。质疑按采用量给予奖励。数字超额宜与质量考核综合考虑,制定数量、质量相结合的奖惩标准。专业校对没有校出的原稿差错,要按差错的不同性质(如属文字性、技术性、常识性错误或专业性、学术性错误等),以及校对主体不同的专业技术职务和职责加以区别对待,有的不究,有的批评,有的处罚。在校对考核中,文字差错率超过 1/10 000 的,应视不同情况给予批评或处罚。

10. 质量检查

10.1　上机样检查。在图书临印前,组织专人对封面、正文进行检查,一是对在此以前的编辑工作质量进行监督,二是防止可能存在的质量差错,以免造成政治和经济损失。如发现问题,要尽快采取措施加以改正。

10.2　图书成批装订前的样书检查。承印厂在图书印刷完毕、未成批装订以前,要先装订样书送出版社查验。出版社负责联系印刷的业务人员、责任编辑、责任校对及主管社领导,应从总体上对样书的质量进行审核。如发现问题,要及时通知印刷厂封存印成品,并根据情况提出处理意见。如无问题,要正式具文通知印刷厂开始装订。样书检查是对读者负责的表现,关系着出版社的声誉和形象。较之物质产品,精神产品更应严格质量要求。这样做,也可促使以前诸环节坚持制度,加强责任感。

10.3　出书后的质量评审。出版社要成立由本社具有高级专业技术职务的人员(包括符合条件的离退休人员)和社会上的有关专家学者组成的图书质量评审委员会,定期对本社新出版的图书质量进行审读、评议。根据评议结果,奖优罚劣;对质量有问题的图书,根据有关规定,进行相应处理。

10.4　图书质量检查。按照 1997 年新闻出版署颁布的《图书质量管理规定》,出版社须设立图书质量管理机构,制定图书质量管理制度,建立质量管理和质量保证体系,于每年 1 月 31 日前上报上一年度的图书质量检查结果和有关情况。经检查为质量不合格的图书,须采取技术处理或改正重印,方可继续在市场上销售。同时,应切实加强图书出版前的质量把关,把每一流程应做的工作认真做好。

10.5　再版、重印图书检查。图书再版或重印,责任编辑须根据样书检查和图书质量检查记录及作者修改过的样书,对图书进行检查。这是因为国内外形势的变化,政策的某些调整,学术研究的进展,图书引用材料的更新等,都会要求对图书内容作某些修改。图书内容要与科学技术发展和时代需要同步。再版、重印图书由责任编辑检查修改后,须组织具有高级专业技术职务的人员(含离退休者)进行审核,写出书面审核意见,经过复审、终审认可和作者同意,才可再版或重印;内容不需修改的,再版、重印也要征得作者同意授权,否则是一种侵犯著作权行为。

10.6 严格依据标准进行检查。《图书质量管理规定》对图书质量的分级、标准、管理、奖罚作出了规定,并将编校质量差错率的计算方法加以量化,必须严格执行。审读者的专业修养和掌握标准宽严尺度不一,是质量分级出现不一致的重要原因。因此,审读者要严格依据标准进行检查,秉公办事,不徇私情。同时,出版社要按照条件认真物色、聘请审读员,并对审读员提出严格要求和实行监督。所有检查,不论内容质量、装帧设计质量、印刷装订质量、成品图书质量,都要具体填写差错记录,统计差错数量,划分质量等级并说明原因。成书经过检查仍存在差错的,对审读者要追究责任;检查中如有误判,责任编辑应提出异议。

10.7 图书质量分析。出版社要定期公布质量检查情况,并充分利用质量检查的材料,进行综合分析,找出一定时期或某些方面的突出问题和倾向,总结经验教训,讨论制定改进措施。可以开展群众性的讨论或召开专题质量分析会,以充分发挥质量检查的作用。

11. 图书的宣传、评介

11.1 图书宣传的目的。图书出版不是编辑工作的终结,图书要获得读者认可,自觉购买阅读,从中汲取有益的精神营养,才能实现其社会效益和经济效益。图书宣传就是及时把优秀图书的出版信息传播给读者,在出版者和读者中架起一座精神文明建设的桥梁。图书宣传不只是单纯宣传图书,同时还要在社会和读者中树立出版社的良好声誉和形象。这主要依靠图书整体质量,但宣传的作用不可低估。

11.2 充分运用各种方式进行图书宣传。要印发各种图书目录、书讯,刊登新书广告,开展读书、赠书活动。将出版社有储备、售缺即重印或再版以保证供应的图书编制《可供书目》,使发货店、销货店、图书馆及读者知道何处有可供销售和购买的图书,有利于促进图书销售和提高图书的质量及重版率。加强与各种新闻媒体的联系,利用其宣传优势,扩大出版社和图书的社会影响,也是一种行之有效的方式。

11.3　图书评介和评奖。它是促进图书质量提高的重要措施。图书要接受社会检验,社会评价是衡量图书优劣的重要标准,也是改进编辑工作的重要依据。图书评介还起着引导阅读的作用。出版社要重视图书评介工作,指定专人负责组织书评的撰写。重点图书更要精心组织评介。要提倡和鼓励编辑人员撰写书评。出版社要积极参与正规的图书评介和评奖活动,接受社会和读者对本社图书的检验,同时扩大宣传本社图书。

11.4　图书评论意见的收集与反馈。图书出版后,要注意学术界、发行部门、图书馆和读者的反映,还可通过座谈会、专访、售书等方式征求意见,包括肯定的意见和批评的意见。要有专人负责读者来信来访工作,涉及哪个方面的意见交由哪个部门处理。各种意见也是一种信息,要分门别类整理,进行分析,及时反馈。

12. 编务工作

12.1　总编室是编务工作的组织者和管理者。它是总编辑的指挥和参谋机构,基本职责是组织编辑工作各项计划的制订、实施,协调各环节的关系,联系作者、读者,管理版权业务,为编辑工作提供优质服务,促进图书质量的提高。工作内容涉及编辑工作各方面,是承接、联系编辑部上下左右及内外的桥梁和纽带。其重要作用在于促进出版方针的贯彻,出版管理的加强,信息的沟通,编辑工作流程的通畅,各部门关系的协调,工作步调的一致,上下环节的衔接。编务工作是一种政策性很强的编辑组织管理工作。

12.2　做好作者工作。出版社要加强与作者的联系,经常了解他们的情况,在可能条件下为他们的著作提供必要的条件,虚心听取他们的意见,以改进工作。经常掌握作者及其研究、著述的基本情况,建立完备的作者档案。依照《著作权法》保障著译者的权益,督促、检查出版合同的签订和认真执行。如果发生问题,要尽量争取协商解决。配合财务部门及时结算、支付稿酬,按规定赠送作者样书和向上级部门缴送样书。

12.3 做好编辑、印刷、发行各环节的协调工作。编制发稿计划,合理安排各编辑室的发稿,并使整体设计与正文发稿相衔接。配合出版部门安排好书稿的排校印装,了解进度和存在的问题,防止彼此之间工作脱节。编制征订目录,认真执行图书在版编目国家标准,及时报送在版编目信息,配合发行部门做好图书征订工作。出版、发行部门为推销图书印制的征订广告,应当如实介绍图书,并需事先经总编室负责人和责任编辑审核同意,出具书面意见。

12.4 图书档案的整理、保管和利用。图书档案由责任编辑负责收集、整理、立卷,经编辑室审核签交总编室归档管理。图书档案是一本书的历史,全部图书档案是一家出版社的社史。健全图书档案,对于总结经验、继承传统、教育职工、提高图书质量都十分重要。要按照1992年新闻出版署、国家档案局印发的《出版社书稿档案管理办法》建立和管理书稿档案。每一种图书的书稿档案,应反映编辑出版的全过程,其内容是:(1) 选题、组稿、出版情况记录和书稿的有关合同、协议书(包括合作出版);(2) 各级审稿意见和外审、会审意见及加工整理记录;(3) 有关书稿出版过程中的请示、报告,上级的指示、批复,重要电话、面洽、会议的记录;(4) 原稿或复制件(原稿退还作者应有作者签收单);(5) 封面设计、重要人物的题词和手迹等材料;(6) 与作者有关书稿问题的往来信件和退改意见;(7) 图书出版通知单、清样、样书;(8) 发稿后的变动(如书名、作者署名、发行方式的改变,停发、停印、停售及报废等)情况及变动的根据;(9) 稿酬、版税通知单;(10) 获奖、受惩处情况的记录;(11) 有参考价值的读者来信和对图书的重要评论等。档案以书名立卷,按出版年度归档,分类整理编目,便于查询,并妥善保管。借阅使用要有规定,不能散失。

12.5 编务工作的现代化管理。编务工作繁杂具体,牵涉到方方面面,要做到管理有序,应有管理的规章制度,同时利用先进科学技术手段,逐步使各项工作实行电脑管理,并与社内其他部门电脑管理联网。

二、图书校对工作基本规程

中国出版工作者协会
(2004年10月12日)

前　言

我国出版事业迅猛发展,需要制定校对工作规程,作为规范校对工作的基本准则,以保障校对工作的有序化和校对质量的优化。《图书校对工作基本规程》是校对理论与校对实践相结合的产物,是校对工作客观规律的反映,是现代校对实践经验的总结。

本《规程》包含七项内容:校对的地位和作用;校对的功能;校对的基本方法;现代校对的其他方法;校对工作的基本制度;书稿及校样差错的基本类型;校对管理。

本《规程》对校对工作提出的规范要求,着眼于全国,着眼于宏观,各地版协校对工作委员会和各出版社校对科室,可以据此制定适合本地本社实际的"实施细则"或"具体规程"。

1. 校对的地位和作用

1.1　校对是最重要的出版条件　古代校雠学将"校勘"的目的界定为:改正书面材料上的错误。多出善本,不出错本,是我国出版工作的优良传统。做好校对工作,是出善本、不出错本的基本条件,这是既对作者负责、又对读者负责,功在当代、利及后人的事。

1.2　图书是一种思想文化信息载体,其作用在于将负载的信息传递给读者,并作为文化遗产积累传承。实现文化传播和文化积累,最重要的条件是"保真",即准确无误,完整无缺;失真的、残缺的信息是没有传播和积累价值的。图书是通过文字符号传递和贮存信息的,信息的"保真",有赖于字、词乃至标点符号使用的准确无误。真理与谬误之间,有时只是一字一点之差。

1.3　图书出版过程存在的价值,在于以作者的原创作品为对象,在作者劳动成果的基础上进行再创造,这种再创造贯穿于图书编校工作的全过程。在校对过程中,再创造的表现有二:其一,消灭书稿在录排过程出现的错漏,保证作者劳动成果不错、不漏地转换成印刷文本;其二,发现书稿本身可能存在的错漏,弥补作者创作和编辑加工的疏漏。校对是编辑工作的重要组成部分,是特殊的编辑工作,是学识性、文字性的创造性劳动。“校对是简单劳动”的观点是错误的。校对在图书出版生产流程中,处在编辑后、印制前的关键环节,是图书质量保障体系的最后防线。

1.4　综上所述,关于校对工作在出版工作中的地位和作用,可以作如下界定:校对工作是图书出版生产流程中的独立工序,其作用是将文字差错和其他差错消灭在图书出版之前,从而保证图书的传播和积累价值,因而是最重要的出版条件。编辑工作和校对工作,相互衔接又相互独立,共同构筑图书质量保障体系。

2. 校对的功能

2.1　校对的基本功能有二:校异同;校是非。这是校对的性质决定的。“校对”是个集合概念,包含着“校”(校是非)和“对”(校异同)的双重含义,应当全面地认识和实现校对的功能。

“校异同”的要旨在“异同”,是指将校样跟原稿逐字逐句比照,通过查找两者异同的方法,发现并改正录排错漏。其功能是:保证原稿不错、不漏地转换成印刷文本。

“校是非”的要旨在“是非”,是指通过对原稿内在矛盾的是非判断,发现并改正原稿可能存在的错漏。其功能是:弥补编辑工作的疏漏,使书稿趋于完善。

校对的两个基本功能,同样重要,不可偏废。不校异同,则不能保证作者的劳动成果准确而完整地转换;而不校是非,则不能发现和弥补作者创作和编辑加工的疏漏。偏废校异同或者偏废校是非,后果是一样的,都会造成谬误流传,损害作者,贻误读者。

2.2　传统校对以校异同为主要功能。传统校对有两个客体:一个是加工定稿后的编辑发排文本,通称“原稿”;一个是依据原稿排字拼版打印的样张,通称“校样”。校对的首要任务是:将校样与原稿逐字逐句比照,检查两者的异同,发现了“异”,即校样上与原稿不同之处,原则上依据原稿改正校样。这样做的目的是:消灭排字拼版过程的错漏,保证排版与原稿完全一致。在此基础上,再进行通读检查,发现原稿可能存在的错漏,然后以质疑形式向编辑提出。

现在,客观形势发生了变化,多数作者交给编辑的不再是手写书稿,而是一块磁盘,磁盘打印稿将传统的原稿与校样合二而一了,也将录排差错与写作差错合二而一了。编辑在磁盘打印稿上加工,排版人员根据编辑的加工修改磁盘稿,再按照版式设计要求进行版式转换,打印出来就是校样。这个校样除编辑加工修改部分以外,与磁盘稿并无二致。因此,校样上可能存在5类差错:(1)作者录入差错;(2)作者写作差错;(3)编辑错改;(4)排版人员修改磁盘稿时的漏改、错改;(5)版式转换过程可能发生的内容丢失和错乱。这5类差错除第4类、第5类差错可以用核红、对校方法发现外,均以是非形式隐藏在校样的字里行间。校对主体实际上是进行"无原稿校对"操作,通过是非判断发现差错。"校是非"上升为校对的主要功能。

2.3　现代校对的校是非,有5个方面的任务:(1)发现并改正常见错别字;(2)发现并改正违反语言文字、标点符号、数字、量和单位等使用的国家规范标准的错误;(3)发现并改正违反语法规则和逻辑规律的错误;(4)发现并改正事实性、知识性和政治性错误;(5)做好版面格式规范统一的工作。总之,凡是非录排造成的、用机械比照发现不了的差错,都属于"校是非"的范畴。

2.4　图书质量保障体系有两个主体:编辑和校对。编辑清源,校对净后,共同构筑图书质量保障体系。上述"校是非"任务(1)(2)(5)是校对员的职责。(3)(4)两类错误,本应在编辑加工过程中予以消灭,因而不应让校对员承担责任。但要建立激励机制,鼓励校对员发现这两类错误,并以质疑形式向责任编辑提出改正建议,以求达到消灭一切差错的目的。

2.5　要树立现代校对工作的理念。现代校对工作不能只"对原稿负责",而应成为"编辑工作的必要延续",负起协助编辑"把一切差错消灭在图书出版之前"的责任,即在消灭录排差错的基础上"校是非",发现并改正原稿可能存在的错漏,从而发挥"对编辑工作的补充和完善”的作用。校对工作者必须与时俱进,树立“对读者负责,对社会负责”的现代校对理念。

3. 校对的基本方法

校对基本方法有4种:对校法;本校法;他校法;理校法。这4种方法是古籍校雠的基本方法,完全适用于现代图书校对工作,因而也是现代校对的基本方法。

3.1　对校法　对校法的特点是:“照本改字,不讹不漏。”对校的客体有两个——原稿和校样,采用比照原稿核对校样的方法,通过查找异同而发现差错。现代校对的折校、点校、读校等技术,都属于对校法。发现了校样上与原稿相异之处,原则上依据原稿改正校样。

3.2　本校法　本校法的特点是:“定本子之是非。”现代校对的“本子”即原稿。本校的客体只有一个——改正录排错漏后的校样,采用通读检查的方法,通过文中内在矛盾发现问题,然后进行是非判断而发现原稿的差错。发现了原稿的差错,用铅笔在校样上标注,提出改正差错的建议,同时填《校对质疑表》,向编辑质疑。校是非不同于文字加工,只管改错、补漏、删重,而不做文字润色。

3.3　他校法　他校法的特点是:“以他书校本书。”“他书”指其他的书。“改必有据”是校对改错的重要原则。在通读检查中发现了问题,又难以判断是非时,就得去查检相关的权威工具书或权威著作,找到判断是非、改正错误的可靠依据。

3.4　理校法　理校法的特点是:推理判断。在发现疑问又找不到可靠根据时,即应进行推理判断,包括分析字词含义、进行逻辑推理等。

上述4种基本校对方法,在实践中应当综合运用,以求得到相辅相成之效果,最大限度地消灭差错。

4. 现代校对的其他方法

现代校对实践还有其他校对方法,主要有:人机结合校对;过红与核红;文字技术整理。这些校对新方法和校对的4种基本方法一起,构成现代校对方法系统,必须综合运用。

4.1　人机结合校对　校对软件查检常见错别字及成语、专名中的错别字辨识率高,速度快,是校对的得力工具。但是,计算机校对的本质决定了它只能处理可以形式化的问题,而文字的形式符号是一个十分有限的形式系统,自然语言更不可能彻底形式化,所以校对软件查错能力是有限的,不可能完全取代人工校对。正确的做法是人校与机校结合。人机结合校对需要找到优势互补的最佳结合模式。鉴于计算机校对误报率高,错漏多的一校样宜由人工校对,二校再用机校,机校后不改版,由人接着三校。三校的任务是:先对机校报错及改错建议逐一判断,然后通读检查一遍,发现并改正机器漏校。三校后再改版。这种"二三连校"模式,有利于人机优势互补、缩短校对周期。也可以在编辑加工之前,先实行机校,将机校的报错与改错建议作为加工时的参考;三校之后再用机校,清扫残留差错;然后,由人工通读检查。这种"清源净后"的人机结合模式,也可收到人机优势互补之效果。

4.2 过红与核红 二校样应一式三份,一份(通称正样)由校对人员校对,另两份(通称副样)分送作者和责任编辑校对。"过红"即将作者和编辑在"副样"上所作修改的字符,誊录到校对员校过的正样上。如果正样改动少而副样改动多,也可将正样誊录到副样上。誊录时,要注意副样上的修改是否合理,若有疑义则应提请责任编辑解决。如果副样上增删较大,导致版面变动,则要精心调整版面,有的还要增加校次。过红由责任校对或责任编辑负责。

核红即核对上校次纠错的字符是否改正,有无错改。核红的技术要领是:第一步,核对上校次改动的字符,至少反复核对两次;第二步,如果发现应改而未改的字符,除了重新改正外,还要搜检上下左右相邻字符有无错改,以避免邻行、邻位错改;第三步,比对红样(上校次校改样)与校样(改后打印样)四周字符有无胀缩,如有胀缩,就要对相关行及其上下行逐字细查,找出胀缩原因,改正可能存在的错误。二校、三校和通读检查,均应先核红后校对。

4.3 文字技术整理简称"整理" 整理是现代校对的必要程序。其作用有三:(1) 弥补版式设计的疏漏;(2) 改正排版造成的技术性错误;(3) 防范多人交叉校对产生的文字处理和版面格式的不统一。

文字技术整理是一项细致的技术性工作 整理的内容有如下10项:(1) 核对封面和书名页,使书名、著译者或主编者姓名、出版单位名称、出版日期等完全一致;(2) 根据正文标题核对目录上的标题和书眉上的篇名、章名,检查文字是否一致,页码是否相同;(3) 检查正文各级标题的字体、字号、占行和位置是否符合设计要求,同级标题字体、字号、占行和位置是否一致,书眉双页、单页上的标题是否符合规范;(4) 检查插图的形象与文字说明是否相符;(5) 检查图表、公式与正文是否衔接,图表、公式的编序形式是否正确,序码(应连续)有无缺失或重复;(6) 检查表格和公式的格式是否规范,表格转页、跨页和公式转行是否符合规范,公式的变形是否正确;(7) 检查正文注码与注文注码是否相符,参见、互见页码是否准确;(8) 检查前言(序)、后记(跋)、内容提要等指示性文字,与正文内容是否相符;(9) 如系全集、文集、套书,要检查是否成龙配套,版式、体例是否一致;(10) 解决相互关联的其他问题。整理工作必须十分认真,一丝不苟。每个校次校后均应做整理工作,终校后应由责任校对进行全面整理。

5. 校对工作的基本制度

校对活动是校对主体与客体矛盾运动的过程,一方面客体存在讹误,一方面主体要改正讹误,两者相互对立又相互依存。只有当客体的讹误得到改正,主体查错正误的目标得以实现,校对活动的矛盾运动才会终止。校对又是群体活动,校对主体的多元性和校对过程的集体交叉性,不可避免地会产生校对主体之间的矛盾。只有解决好矛盾,协调好关系,才能形成合力,使校对活动健康开展,从而保证校对工作的质量。而要解决矛盾,协调关系,形成合力,就必须建立和完善校对工作制度。

校对工作的基本制度有如下4项:

5.1 三校一读及样书检查 “三校”即三个校次。“一读”即终校改版后的通读检查。由于校对客体差错的复杂性和出错原因的多样性,“校书如扫落叶”,校对活动不可能“毕其功于一役”,必须投入必要的校对工作量（即校次）。“三校一读”是《图书质量保障体系》规定的必须坚持的最低限度的校次；重要书稿和校对难度大的书稿，如经典著作、文件、辞书、古籍、学术著作、教科书及教辅读物等，还应相应增加校次。作者校对、编辑校对不能顶替校次，交给他们校对的校样是“副样”，“正样”仍由校对人员校对，三个校次都必须由经过专业训练的校对人员来完成。计算机校对如果使用得当，可以顶替一个校次。三校改版后打出的校样，不能算作付印清样，还必须进行一次通读检查，通读检查后改版打出的校样，才能算作付印清样。

为了保证校对的质量，凡遇到如下情况之一的校样，校对者有权提出增加 1 ～2 个校次：(1) 初校样的差错率超过 15/10 000 的；(2) 编辑发排的书稿没有齐、清、定，而在校样上修改的页码超过 1/3 的；(3) 终校样的差错超过 3/10 000 的。增加校次的决定权属于专业校对机构。

样书检查，指图书成批装订前先装订几本样书分由责任编辑、责任校对检查，经检查确认无误后，方能成批装订出厂。

5.2　校对主体多元化与专业化相结合　现代校对的特征之一，是校对主体多元化与专业化相结合。所谓主体多元化，是指作者、编者和专职校对员共同参与校对，还有社外人员参与校对活动，从而形成校对主体群。作者校对属于自校，编辑校对属于半自校。他们共同的优势是：对书稿内容的把握，对相关知识的熟悉。共同的劣势是：因习惯线性阅读难以感知个体字符的差异，因思维定式而往往对差错“熟视无睹”。社外校对人员，技术、经验、心态和责任心一般不如社内专职校对员。因此，校对主体多元化必须与专业化相结合，并且以社内专职校对员为校对主体群的核心。所谓以社内专职校对员为核心，有三层意思：其一，出版社必须建立专业校对机构，对全社校对工作进行统一组织和全程监控；其二，出版社必须配备足够的专职校对员（编校人员配备的科学比例为 3 ∶ 1，不应少于 5 ∶ 1），并由专职校对员担任责任校对；其三，必须由中级以上职称的校对员或工作认真、经验丰富的其他校对员来做三校，把好终校关。

5.3　集体交叉校对与责任校对相结合　现代校对的特征之二，

是集体交叉校对与责任校对相结合。集体交叉校对，是指由不同职级、不同专长的校对者分别负责不同校次的校对，一般不得采取一人包校的做法。集体交叉校对，可以避免一人包校的知识局限，和反复校读导致对差错“熟视无睹”，有利于最大限度地消灭差错。同时，集体交叉校对还是一种相互检查、相互监督的有效方式。但是，集体交叉校对也存在不足，主要是校对者对差错的认定不会完全一致，大部头书稿分章集体交叉校对，还会造成版面格式处理的不统一。因此，在集体交叉校对的基础上，还必须实行责任校对制。责任校对是本书校对工作的总责任人和总协调员，参与本书校对全过程，承担终校或通读检查（通读检查也可以由责任编辑承担）以及文字技术整理，协助责任编辑解决校对质疑，并最后核对付印清样。责任校对应在书名页上署名，以示对本书的校对质量负责。

5.4　校对质疑与编辑排疑相结合　校对质疑编辑排疑，是现代校是非的基本形式。校对员的校是非，不同于编辑的文字加工，两者有质的区别。校是非的任务是改错，即通常说的清除硬伤，不做篇章布局调整、思想内容提升和文字润色的工作。对于明显的错字、别字、多字、漏字、错简字、错繁字、互倒、异体字、旧字形、非规范的异形词，专名错误，不符合国家规范标准的标点符号用法、数字用法、量和单位名称及符号书写，不符合设计要求和规范的版面格式，校对员应当予以改正，但改后须经责任编辑过目认定。发现了语法错误、逻辑错误以及事实性、知识性、政治性错误，校对员无权修改，只能用灰色铅笔标注表示质疑，并且提出修改建议，填写“校对质疑表”，连同校样由责任校对送给责任编辑排疑。责任编辑应当认真地对待校对质疑，虚心采纳正确的修改建议。对于认定的修改建议，用色笔圈画表示照此修改；对于不拟采纳的修改建议，则打×表示删去（不要用色笔涂抹，保留校对质疑笔迹，以备需要时查检）。要建立激励机制，鼓励校对员质疑，校对员质疑经责任编辑认定后，应当给予质疑者适当的奖励，其质疑表应当存入个人业务档案，作为考察校对员业务水平、晋升专业职称的依据。

6. 书稿及校样差错的基本类型

校对以猎错改错为基本职责,校对工作者对原稿和校样上可能存在的差错类型心中要有数,这样才能更加自觉地猎错改错。

原稿和校样上存在着各种差错,归纳起来主要有如下 10 种类型:

6.1 文字差错 包括错别字、多字、漏字、错简、错繁、互倒、异体字、旧字形等,出现频率最高的是错别字。错别字是错字和别字的合称。像字但不是字叫做错字;是字但用在此处不当的字叫做别字。通常说的错别字,主要是指别字。

文字差错还有一种类型,即外文字母使用错误和汉语拼音错误。常见的错误有:各文种字母混用;大小写、正斜体不符合规范;汉语拼音违反《汉语拼音正词法基本规则》及声调标注错误。

6.2 词语差错 常见的词语差错有:(1) 错用词语;(2) 褒贬不分;(3) 异形词选用不符合规范;(4) 生造词;(5) 错用成语。

6.3 语法错误 包括词法错误和句法错误。

常见的词法错误有:(1) 名词、动词、形容词使用不当;(2) 数量表达混乱;(3) 指代不明;(4) 副词、介词、连词使用不当。

常见的句法错误有:(1) 搭配不当;(2) 成分多余或残缺;(3) 语序不当;(4) 句式杂糅;(5) 歧义;(6) 不合事理。

6.4 数字使用差错 《出版物上数字用法的规定》(GB/T 15835—1995)是判断数字使用正误的国家标准,但对不同类型的图书有不同的要求:(1)《出版物上数字用法的规定》不适用于文学作品和重排古籍;(2) 使用阿拉伯数字,要求“得体”和“局部统一”;(3) 科技图书必须严格遵循《出版物上数字用法的规定》的标准。

6.5 标点符号使用差错 《标点符号用法》(GB/T 15834—1995)是判断标点符号使用正误的国家标准。标点符号有两大类:点号(7 个)和标号(9 个)。常见的标点符号使用差错,主要是点号错用:(1) 该断句的不用句号;(2) 句子内部该停顿的地方没用逗号,不该停顿的地方误用逗号;(3) 非并列词语之间误用顿号,没有停顿的并列词语之间误用顿号,不同层次的停顿使用顿号造成结构层次混淆;(4) 滥用分号,如并列词语之间误用分号,非并列关系的单重复句内分句间误用分号,不在第一层的并列分句之间误用分号,应该用句号断开的两个独立的句子误用分号;(5) 有疑问词但并非疑问句误用问号;(6) 有惊叹词但并非惊叹句误用叹号;(7) 整句引文误将句号置于引号外,非整句引文误将句号置于引号内;(8) 表示约数的两个数字误用阿拉伯数字或两个汉字数字之间误用顿号。

6.6　量和单位使用差错　除古籍和文学读物外,所有出版物特别是教科书和科技图书,在使用量和单位的名称、符号、书写规则时,都应符合国家技术监督局 1993 年发布的国家标准《量和单位》(GB 3100～3102—1993)的规定。常见的量和单位使用错误有:(1) 量名称不规范;(2) 量符号不规范;(3) 单位名称书写错误;(4) 单位中文符号的书写和使用不准确;(5) 单位国际符号书写和使用错误;(6) SI 词头符号的书写和使用不正确;(7) 组合单位中文符号和国际符号混合构成的错误;(8) 使用非法定单位或已废弃的单位名称;(9) 图表中在特定单位表示量的数值时未采用标准化表示方式;(10) 数理公式和数学符号的书写或使用不正确。

6.7　版面格式错误　常见的版面格式错误有:(1) 规格体例不统一;(2) 相关项目不一致;(3) 文图、文表不衔接,不配套;(4) 各种附件与正文排版格式不规范。

6.8　事实性错误　常见的错误有:事实有误;年代有误;数据有误。

6.9　知识性错误　要注意防范一般知识性错误,更要特别注意防范伪科学和反科学。

6.10　政治性错误　要注意防范政治立场、政治观点、政治倾向错误以及导向性、政策性错误。

7. 校对管理

7.1　校对人才培养　校对是出版行业里的特殊专业,需要具备特殊素质的特殊人才。现代校对人才必须具备如下基本素质:(1) 熟悉语言文字的各种规范,掌握语言文字的出错规律,对语言文字使用错误有较强的辨识力;(2) 通晓图书版面格式知识,能敏锐地发现版面格式错误;(3) 熟练地掌握各种校对方法,并且善于综合运用;(4) 具备比较广博的知识积累,不同学科图书的校对人才还必须掌握相关学科的基本知识;(5) 能够熟练地使用工具书;(6) 具备良好的心理素质,耐得寂寞,注意集中,自觉地控制情绪,保持良好的心态。

应当提高专职校对员从业准入学历,从事校对职业的学历为大学本科。对校对人员应进行系统的岗位培训,坚持持证上岗制度。按照终身教育的要求,对校对从业人员实行定期轮训的制度。校对专业技术职务,应纳入编辑系列,注重培养副编审、编审级的高级校对人才。

7.2　人本化管理　管理者要以人为本,尊重人才,善待人才,满足校对人员的精神需求,提高他们的思想、道德、文化和业务素质,培养社会责任意识,激发积极性、主动性和创造性。要营造人与人之间沟通、和谐、合作的氛围,使管理成为一种文化、一种凝合剂、一种驱动力。校对工作适合量化管理,不但工作任务可以量化,工作质量也可以量化。但是,在实施量化管理时,要同时建立激励机制,在校对功能向“校是非”为主转移的当代,单纯的量化奖惩的作用是有限的。校是非是一种心理过程,不仅是个人文化和技能功底的展现,还是个人职业道德和心理素质的展现。校对管理要培养人的职业志趣,激发人的成就感,为人的自我发展、为高级校对人才的成长创造条件。

7.3　量化管理　包括校对任务量化和校对质量量化两个方面。

校对任务量化管理,通称定额管理,即给校对人员规定校对工作量定额。校对工作量定额以字数为单位,日定额即每人一个工作日应当完成的校对字数,月定额即每人一个月实际工作日内应当完成的校对字数。当月月定额与实际完成校对字数之差,即当月的超额或缺额。超额部分按超额劳动另付报酬。缺额部分应在下月补齐。校对工作是脑体并用的劳动,过度的身心疲劳会影响校对质量,因此,非特殊情况不宜加班加点校对,平时也应对超额劳动进行必要的限制。按照平均先进的原则,一个工作日的校对定额以 20 000 字为宜,每月按20个工作日计算,月定额以400 000字为宜。这个定额是一般标准,不同类型的书稿,校对定额应当有所差别,这个差别可用系数方法求出,增减幅度以日定额最低15 000字、最高25 000字为宜。核红、过红与文字技术整理的工作量可折算校对字数。二校、三校前的核红,过红与文字技术整理,均按校样总字数的20%折算工作量。机校及其整理工作,按校样总字数的30%折算工作量。样书检查按图书总字数的30%折算工作量。

质量量化管理　即将校对质量进行量化,对不同校次规定"灭错率"或"留错率"。灭错率按百分比计算,即以差错总数为分母,以发现并改正的差错为分子,乘以100/100,得出百分比。留错率即漏改的差错占校对总字数的比率,按万分比计算,以校对总字数为分母,以校后遗留差错为分子,乘以10 000/10 000,得出万分比。通常要求:一校灭错率为75%;二校灭错率为一校留错的75%;三校原则上要消灭全部残存差错,最低标准为留错率不超过1/10 000,超过此限的为不合格。

在实施校对管理时,既要计算校对完成量(定额),又要检查校对质量指标。如果质量没有达到规定的量化指标,就应扣减相应校对完成字数作为惩罚;如果校对质量高于规定的量化指标,则应增加相应校对完成字数作为奖励。校对人员发现了原稿的错误,应视错误的性质给予物质奖励。校对字数计算方法,依据《图书质量管理规定》的附件《图书编校质量差错率的计算方法》的相关规定。

7.4　校对档案管理　校对的档案是出版档案的组成部分,一种图书的校对工作完成之后,应将校对档案及时整理归档。校对档案的内容包括:(1)校对登记表;(2)校对质疑表;(3)样书质量检查记录;(4)重印书质量检查记录;(5)送审图书质量检查记录。

7.5　外校管理　外校即由社外人员承担部分校对任务。在社内专职校对人员不足的情况下,适当使用社外校对力量,作为社内校对力量的补充,实践证明是可行的。但是,外校活动在社外循环,如果放任自流,质量是毫无保证的。所以,必须加强外校管理,将社外校对活动置于统一的、有效的监控之下。外校管理的主要内容如下:

(1) 严格考核选用合适人才,建立素质较高、适合本社出书学科门类需要、相对稳定的社外校对队伍;(2) 对社外校对人员定期进行业务培训和业务考核,不适合继续做校对工作的要及时淘汰;(3) 外校人员一般只能承担一校、二校,只有少数退休的专业校对人员,或经过考核确能胜任者,方可委以三校;(4) 由专业校对机构统一组织外校,统一实施外校全程监控;(5) 外校管理也应以人为本,尊重外校人员,激发他们的积极性、主动性和创造性;(6) 实行计件付酬和质量量化检查相结合的管理制度,外校按千字为单位计酬,报酬应根据书稿类型及校对难易度而定,一般每千字校对报酬 1 ～5 元。没有达到质量指标者扣减相应计件报酬,校对质量高于规定指标,或排除了重大错误,应当提高报酬标准,或给予物质奖励。

三、图书编校质量差错认定细则

中国出版工作者协会校对研究委员会

(2005 年修订)

一　总　则

第一条　为了贯彻实施新闻出版署发布的《图书质量保障体系》和《图书质量管理规定》,做好图书编校质量检查和评比工作,特对图书中常见的文字、词语、语法、标点符号、数字用法、量和单位、版面格式等方面的差错,提出一个便于操作的认定细则,供出版管理部门及各出版社参考。

第二条　版面编排格式的判别,以《图书书名页》(GB/T 12450—1990)[①]、《文后参考文献著录规则》(GB/T 7714—1987)[②]等国家标准为依据。标点符号正误的判别,以《标点符号用法》(GB/T 15834—1995)为依据。数字用法正误的判别,以《出版物上数字用法的规定》(GB/T 15835—1995)为依据。规范汉字正误的判别,以国家语

① 此标准最新版本为 GB/T 12450—2001《图书书名页》。

② 此标准最新版本为 GB/T 7714—2005《文后参考文献著录规则》。

言文字工作委员会1986年重新发表的《简化字总表》,1955年文化部和中国文字改革委员会联合发布的《第一批异体字整理表》(少数字后来有调整),1988年国家语言文字工作委员会、中华人民共和国新闻出版署联合发布的《现代汉语通用字表》为依据。异形词正误的判别,以教育部、国家语言文字工作委员会发布的《第一批异形词整理表》为依据。汉语拼音拼写正误的判别,以《汉语拼音正词法基本规则》(GB/T 16159—1996)、《中文书刊名称汉语拼音拼写法》(GB/T 3252—1992)、《中国人名汉语拼音字母拼写法》和《中国地名汉语拼音字母拼写规则(汉语地名部分)》等为依据。自然科学名词正误的判别,以1990年国家科委、中国科学院、国家教委、新闻出版署联合发布的《关于使用全国自然科学名词审定委员会公布的科技名词的通知》为依据。量和单位正误的判别,以1993年国家技术监督局公布的国家标准《量和单位》(GB 3100~3102—1993)为依据。语言文字正误的判别,以《现代汉语词典》(2002年增补本)①、《新华字典》(1998年修订本)等常用工具书为参考依据。

第三条 语言文字现象是复杂的,科学知识是无穷的,因此,本细则不可能涵盖各类问题,只列举图书中常见的一些差错,以期举一反三。为便于评比操作,有些不宜计错的情形也一并择要列出。

二 文 字

第四条 文字差错包括错别字、多字、漏字、颠倒字、已明令停止使用的异体字、不符合《现代汉语通用字表》字形规定的旧字形,以及汉语拼音和外文等方面的差错。

第五条 错别字是错字和别字的合称。错字,指像字但不是字,规范字典里查不出的字;别字,指把甲字写成乙字,规范字典里虽然有,但用在这里不当的字。

第六条 错字虽然与正字形似,但不是字,比较容易判别;而别字则不同,或者形似,或者音同,或者义近,似是而非,判别并不是那

① 此词典最新版本为《现代汉语词典(第5版)》。

么容易的。因此，判别别字，要从字义入手。现将常见的词语中一些较难界定的别字列举如下（括号里的字是错的）：

和蔼（霭），安（按）装，酒吧（巴），暴（爆）发户，炮（爆）羊肉，凋敝（蔽），奴颜婢（卑）膝，金碧（壁）辉煌，明辨（辩）是非，辨（辩）析，辨（辩）证施治，心胸褊（偏）狭，针砭（贬）时弊，治标（表）不治本，濒（频）临，赌博（赙），脉搏（博、膊），按部（步）就班，战略部（布）署，兴高采（彩）烈，璀璨（灿），最高检察（查）院，察（查）言观色，惊诧（咤），一刹（霎）那，万古长（常）青，不齿（耻）于人类，相形见绌（拙），川（穿）流不息，串（窜）门，吹毛求疵（刺），氽（川）丸子，精粹（萃），催（摧）化剂，戴（带）罪立功，虎视眈眈（耽），担（耽）心，殚（惮）精竭虑，好搭档（挡），大排档（挡），挡（当）车工，变速挡（档），到（倒）底怎么样，马镫（蹬），真谛（缔），玷（沾）污，间谍（牒），通牒（谍），大名鼎鼎（顶），装订（钉）书籍，纱锭（绽），度（渡）假村，举一反（返）三，成绩斐（蜚）然，凑份（分）子，省份（分），年份（分），水分（份），分（份）量，名分（份），分（份）内，分（份）外，辈分（份），竹竿（杆），麦秆（杆），金刚（钢），横膈（隔）膜，沟（勾）通信息，勾（沟）结敌人，变卦（挂），诡（鬼）计多端，走上正轨（规），灌（贯）输，坩埚（锅），震撼（振憾），浩瀚（翰），引吭（亢）高歌，随声附和（合），和（合）盘托出，哄（轰）堂大笑，内讧（哄），变幻（换）莫测，《黄（皇）帝内经》，皇皇（煌）巨著，彗（慧）星，融会（汇）贯通，诨（浑）号，候（后）补委员，负笈（籍）从师，不假（加）思索，汗流浃（夹）背，戛（嘎）然而止，佼佼（姣）者，挖墙脚（角），直截（接）了当，电介（解）质[指绝缘体]，电解（介）质[指导电体]，噤（禁）若寒蝉，尽（仅）管，陷阱（井），不胫（径）而走，腈（晴）纶，赳赳（纠纠）武夫，抉（决）择，诀（决）别，勘（堪）探，堪（勘）舆，戡（堪）乱，中肯（恳），抠（扣）字眼，蜡（腊）染，蜡（腊）纸，谰（烂）言，滥（烂）调，同等学力（历），再接再厉（励），黄连（莲）素，链（连）霉素，项链（练），黄粱（梁）美梦，寥寥（廖）无几，鳞（麟）次栉比，棉铃（蛉）虫，蒸馏（溜）水，流（留）芳百世，螺（罗）丝钉，温情脉脉（默），贸（冒）然，笑眯眯（咪），甜言蜜（密）语，弥（迷）天大谎，沉湎（缅）酒色，一文不名（明），没（末）落，墨(默)守成规,拇(姆)指,百衲(纳)本,唯唯诺诺(喏喏),呕(沤)心沥血,如法炮(泡)制,赔(陪)礼道歉,抨(评)击,裨(俾)益,偏僻(辟),癖(僻)好,平(凭)添,风尘仆仆(扑),大器(气)晚成,青(清)山绿水,山清(青)水秀,屈(曲)指可数,一阕(阙)词,声名鹊(雀)起,发轫(韧),杂糅(揉),繁文缛(褥)节,偌(喏)大年纪,砂(沙)轮,霎(刹)时间,少(稍)安毋躁,威慑(摄),革命圣(胜)地,旅游胜(圣)地,长盛(胜)不衰,各行其是(事),招工启事(示),神气十(实)足,首(手)屈一指,金银首(手)饰,抒(舒)情,精神矍铄(烁),追溯(朔),唢(哨)呐,鞭挞(鞑),碳(炭)元素,煤炭(碳),碳(炭)素钢,一摊(滩)泥,前提(题),提(题)纲,字帖(贴),铤(挺)而走险,走投(头)无路,抟(搏)土造人,高品位(味),任人唯(为)贤,魁梧(武),好高骛(鹜)远,趋之若鹜(骛),文恬武嬉(嘻),祆(袄、妖)教,安详(祥),销(消)声匿迹,元宵(霄)节,通宵(霄)达旦,威胁(协),别出心(新)裁,锦绣(秀)河山,麦锈(绣)病,戊戌(戍)变法,栩栩(诩)如生,寒暄(喧),宣(渲)泄,主旋(弦)律,徇(循)私,赝(膺)品,集腋(掖)成裘,谒(竭)见,神采奕奕(弈),弈(奕)棋,肄(肆)业,圯(圮)上老人,优(忧)柔寡断,给予(于),予(于)以表扬,滥竽(芋)充数,竭泽而渔(鱼),鱼(渔)肉百姓,左右逢源(圆),世外桃源(园),芸芸(纭纭)众生,雍容(荣)华贵,书札(扎),敲诈(榨)勒索,明火执仗(杖),膨胀(涨),缜(慎)密,旁征(证)博引,卷帙(秩)浩繁,仗义执(直)言,养殖(植)业,学以致(至)用,树脂(酯),硫酸二甲酯(脂),摩肩接踵(踪),文绉绉(诌),高瞻远瞩(嘱),一炷(柱)香,编纂(篡),康庄(壮)大道,急躁(燥),恣(姿)意妄为,诅(咀)咒。

第七条 图书中应当使用《简化字总表》规定的简化字,不得使用已经废止的《第二次汉字简化方案(草案)》(1977 年)中的简化字。横线左侧的字不能作为横线右侧的字的简化字:代—戴,付—副,干—赣,笈—籍,亍—街,兰—蓝、篮,令—龄,另—零,欠—歉,蒜—算,仃—停,太—泰,午—舞,圹—塘,予—预,迂—遇,园—圆,正—整,咀—嘴,等等。“桔”(音 jié)不是“橘”的简化字,只用于“桔梗”、“桔槔”,不能代替“橘”字。

第八条 1986年重新发表的《简化字总表》对几个字作了调整。该表的说明中指出："原《简化字总表》中的个别字，作了调整。'叠'、'覆'、'像'、'囉'不再作'迭'、'复'、'象'、'罗'的繁体字处理。……'囉'依简化偏旁'罗'类推简化为'啰'。'瞭'字读'liǎo'(了解)时，仍简作'了'，读'liào'(瞭望)时作'瞭'，不简作'了'。"据此，"叠"字的"重叠"(一层加一层)义，例如"叠石为山"、"层见叠出"、"折叠"、"叠床架屋"、"叠翠"、"叠罗汉"、"叠印"、"叠韵"、"叠嶂"、"叠彩山"等词语，不得使用"迭"字。"覆"字的翻倒义，如"覆巢"、"覆灭"、"覆亡"、"覆辙"、"覆被"等词语，不得使用"复"字。"像"字用于人物图像、好像、相似等义，例如"肖像"、"录像"、"相像"、"好像"、"像话"、"像样"等词语，不得使用"象"字。"啰嗦"的"啰"和作为助词的"啰"，不可使用"罗"字。此外，藉，简化为"借"，如"藉口""凭藉"应作"借口""凭借"；但"慰藉""狼藉"的"藉"仍用"藉"。"萧条"、"萧索"的"萧"没有简化为"肖"；用于姓氏，随原稿，不计错。

第九条 凡用繁体字排版的图书，在用简化字本翻排繁体字本时，必须对应准确。特别是那些古代就有、现在作为简化字的传承字，在翻排繁体字本时不得误用，如："党项"的"党"不得用"黨"，"长征"的"征"不得用"徵"，洞山良价(人名，佛教曹洞宗的创始人之一，"价"，音jié)的"价"不得用"價"，"南宫适"(人名)的"适"(音kuò)不得用"適"，"万俟"(姓氏，音Mòqí)的"万"不得用"萬"，"体夫"(抬棺材的人)的"体"(音bèn)不得用"體"，"人云亦云"的"云"不得用"雲"，姓种的"种"(音Chóng)不得用"種"，作为乐器的"筑"不得用"築"，允准的"准"不得用"準"，"窗明几净"的"几"不得用"幾"，"白术"的"术"(音zhú)不得用"術"，等等。误用的繁体字应视为错字。

第十条 文化部和文字改革委员会于1955年12月发布的《第一批异体字整理表》，要求从1956年2月1日起在全国实施，规定"从实施之日起，全国出版的报纸、杂志、图书一律停止使用表中括弧内的异体字。但翻印古书须用原文原字的，可作例外。""停止使用的异体字中,有用作姓氏的,在报刊图书中可以保留……”随后,国家语委根据实施过程中各方面的反映,1956 年 3 月恢复“阪、挫”2 字。1986 年 10 月恢复“诉、谦、晔、詟、诃、鳍、绌、刬、鲙、诓、雠”11 字。1988 年 3 月恢复“翦、邱、於、澹、骼、彷、菰、溷、徼、薰、黏、桉、愣、晖、凋”15 字。3 次共恢复 28 字,这些字不作为异体字对待。

此外,根据实际情况,本细则再放宽两点:一是引用古籍的文字,尽可能使用通用字,但个别容易引起歧义的可使用异体字;二是该《整理表》中原只限于姓氏使用异体字,用在名字中也不计错。如:镕、淼、椠、邨、珮等。

第十一条 根据国家教委和国家语委 1988 年 7 月公布的《汉语拼音正词法基本规则》的要求,汉语拼音的拼写以词为单位连写,如:“中国社会科学院”应拼写为“Zhongguo Shehui Kexueyuan”,不可拼写为“ZhongguoShehuiKexueyuan”,也不可拼写为“Zhong Guo She Hui Ke Xue Yuan”。转行规则参照英文,必须在一个完整的音节处转行,并加转行线“-”(占一个汉字的 1/3)。

三 词 语

第十二条 词语误用的根本原因是误解词义。如:“截至 1997 年 12 月底”的“截至”不能使用“截止”,“报名日期 1 月 30 日截止”的“截止”不能使用“截至”;“公民的权利与义务”的“权利”不能使用“权力”,“最高国家权力机关是全国人民代表大会”的“权力”不能使用“权利”;“招工启事”的“启事”不能使用“启示”,“战争启示录”的“启示”不能使用“启事”;“老师爱护学生”的“爱护”不能使用“爱戴”;“随声附和”的“附和”不能使用“符合”;等等。因为“截至”与“截止”、“权利”与“权力”、“启事”与“启示”、“爱护”与“爱戴”、“附和”与“符合”的含义是不同的,误用了就不能正确地表情达意。类似的误用词语还有:有利—有力,以至—以致,合龙—合拢,化装—化妆,经纪—经济,学历—学力,反应—反映,检察—检查,查看—察看,服法—伏法,处置—处治,品味—品位,等等。

第十三条 异形词是现代汉语书面语中并存并用的同音(声、

韵、调完全相同)、同义(理性意义、色彩意义和语法意义完全相同)而书写形式不同的词语。图书编校时遇到异形词应使用《第一批异形词整理表》里的推荐形式。例如(括号内是淘汰的形式):按语(案语)、百废俱兴(百废具兴)、本分(本份)、笔画(笔划)、参与(参预)、成分(成份)、赐予(赐与)、戴孝(带孝)、淡泊(澹泊)、订单(定单)、订户(定户)、订婚(定婚)、订阅(定阅)、分量(份量)、丰富多彩(丰富多采)、复信(覆信)、告诫(告戒)、过分(过份)、轰动(哄动)、角色(脚色)。《第一批异形词整理表》未收的异形词可以采用《现代汉语词典》的推荐形式。如果没有采用《现代汉语词典》的推荐形式,也不扣分。

第十四条 误用成语的实质是破坏了成语结构的定型性和意义的完整性。结构的定型性,是说成语的构成成分和构成方式比较固定,使用时不能随意改动。如:“有的放矢”不能说成“有的放箭”,“万紫千红”不能说成“千紫万红”,“源远流长”不能改为“渊远流长”,“意气风发”不能改为“意气奋发”,“明日黄花”不能改为“昨日黄花”,等等。意义的完整性,是说成语的意义不是它的构成成分的简单相加,而是由构成成分的意义经过概括而形成的、带有比喻和形容的性质。下面几种情形应按误用词语处理,每处计1个差错。

(一)意义理解错误。例如:

1. 不少前往泉州旅游、观光的海外游客乘车行驶在无树的公路上,任凭风尘、烈日的侵袭,纷纷摇头叹息,叹为观止。(“叹为观止”是用来赞美看到的事物好到了极点的。)

2. 在成都地区的考古发掘中,至今还没有发现第二座惠陵古冢,应该说,刘备墓在成都已无可厚非了。(“无可厚非”意思是没有可以过分责难的,应改为“毫无疑义”。)

3. 这一次扑灭森林大火,解放军又一次首当其冲。(“首当其冲”意思是处于冲要位置首先被冲击,与“冲锋在前”的含义完全不同。)

(二)把成语拆开使用而导致不当。例如:

1. 大凡热心荐贤的人,也总是十分爱贤。不因求全而责备,不因小过而废之。(“求全责备”不能拆开。)

2. 他的作品,既不矫揉,也不造作。(“矫揉造作”形容过分做作、极不自然,不能拆开。)

第十五条 使用缩略语要防止造成误解。每篇文章首见时最好使用全称,以后可使用缩略语。但应注意有些词是不能省略的,如“省人大常委会主任”,不能缩略为“省人大主任”,因为作为省级最高权力机关的人大会议,只有执行主席,它的常委会才有主任的职务。使用缩略语不恰当一般不计错,但省略掉必要成分,已经构成知识性差错,就要计错了。

第十六条 人名、地名、单位名称要正确。外国人名(知名度高的)的译名采用通用的译法或者通行的写法。知名度不高的一般可参照新华社译名手册译出。国内外地名的写法以中国地图出版社出版的最新地图和地名录为准。小的地名应冠以省、市、地区名称,小单位应冠以大的地域和上一级领导单位名称。译名不合常规和无法判断地域的地名和单位名,应当计错。

四　语　法

第十七条 图书中常见的语法差错,大致可以分为:词性误用,数量表达混乱,指代不明,虚词使用不当,搭配不当,成分残缺,等等。

第十八条 词性误用。例如:

1. 画家田雨霖义务为学生讲座。(“讲座”是名词,应改为动词“讲课”。)

2. 运输企业的代表向乘客坦诚了春运的苦衷。(“坦诚”是形容词,应改为动词“说出”。)

3. 他由于顶不住压迫而丧失了原则。(“压迫”是动词,应改为名词“压力”。)

第十九条 数量表达混乱。例如:

1. 三名重伤的战士们在接受手术。(“战士”前面有了数量词“三名”,后面就不能有“们”。)

2. 去年,有13个海岛人均收入超过千元以上。(“超过”后面应该是确定的数,而“千元以上”是不确定的。)

3. 由于化疗药物反应,朱鹏的白血球指数比正常值少三倍。(表示数量的减少,不能用倍数,只能用分数。本句可以改为“只是正常值的1/3”。)

第二十条　指代不明。例如:

1. 张总经理和李总工程师正在讨论一个技术改造项目,他同意他的看法。(两个“他”,不知道哪个是指张总经理,哪个是指李总工程师。)

2. 外电报道:深圳一动物园有人向游客出售活鸡,让他们抛给老虎和狮子活活吃掉。他们呼吁“制止这种残忍的活动”。(两个“他们”指代不同。应把第二个“他们”改为“有关人士”一类的词语。)

3. 对于学习较差的学生决不能采用体罚或变相体罚的办法。这对于调动学生的学习积极性是不利的。(“这”指代的是前面的句子,结果句子的意思和作者要表达的正好相反。可以把“这”改为“体罚或变相体罚”。)

第二十一条　虚词使用不当。例如:

1. 每隔一段时间,他们就组织人员昼夜观察,对大熊猫发出的每一个声音都记录下来。(“对”要改为“把”。)

2. 法制报要向读者宣传国家的法规法纪,首先报纸自己要遵纪守法,这样,报纸才有感召力。否则报纸让别人学法守法,而办报却违法犯法,就是失职。(“否则”的意思是“如果不这样,那么就……”。要把“否则”改为“如果”。或改为“否则就是失职”。)

3. 现场嘉宾和观众对他的机智和幽默报以了会心的掌声。(“以”是介词,后面不能有助词“了”。)

第二十二条　搭配不当。例如:

1. 目前我国城市分布很不均匀,东部沿海一带有城市275座,而西部地区城市数量较少,这不利于减少东西部差距。(“减少”和“差距”不搭配。可以把“减少”改为“缩小”。)

2. 在香山老人的传说里,曹雪芹的足迹走遍了香山。(“足迹”

和“走遍”不搭配。可以把“走遍”改为“遍布”。)

3. 他们说服了老师的劝阻。(“说服”和“劝阻”不搭配。可以改为“说服了进行劝阻的老师”。)

第二十三条 成分残缺。例如:

1. 我国入世在即,入世后必将为我国国民经济提供更大的发展空间。(缺主语。去掉“后”,让“入世”作主语。)

2. 盗版盗印是近些年图书库存积压不断攀升的重要原因之一。(缺动词。在“近些年”后面加上“造成”。)

五 标点符号

第二十四条 1995 年 12 月国家技术监督局发布的国家标准《标点符号用法》,是判别标点符号正误的依据。

第二十五条 句号(。)表示陈述句末尾的停顿,是句末点号,只能用在句子的末尾,而不能用在句子的里面。句号的误用主要有两种情形。

(一) 是句子而不用句号断句。常见一段文字一逗到底。例如:

已经 25 岁了,我终于成为专业合唱队的演员,遗憾的是没唱几年歌,领导却让我改唱评戏,由于唱法路子不对而毁了嗓子,我被迫含着眼泪离开了舞台。(这一段文字有三个句子,“演员”和“评戏”后的逗号应改为句号。)

(二) 不是句子而用了句号。把一个句子拆成几个句子。例如:

1. 电视短剧《荷花》通过一个卖扇子的小女孩同小偷勇敢斗争的故事。表现了小女孩的纯洁、善良、勇敢的性格。反映了小女孩高尚的情操和美好的心灵。(这是一个复句,前两个句号应改为逗号。)

2. 产生经费紧张的原因,一个是实在缺得多。另一个是在经费使用效率上也存在一些问题。(这是一个复句,第一个句号应改为逗号。)

第二十六条 逗号(,)表示句子内部的一般性停顿。逗号的误用有两种情形。

（一）不该停顿的地方用了逗号。例如：

总之，这部文集，触及了当代一系列重大的学术问题，相信有心的读者，会从中得到深刻的启示。（“文集”和“读者”后面的逗号应删。）

（二）该停顿的地方没用逗号。例如：

我在武汉听了毛委员演说三个月之后又在郑州听到谭延闿对湖南农民运动的恶毒攻击……（“演说”的后面应该加逗号。）

第二十七条 分号（；）表示复句内部并列分句之间的停顿。判别分号用法正误，要掌握3条原则：（1）从停顿的长短看，句号 > 分号 > 逗号 > 顿号；（2）分号不用在普通单句中；（3）分号一般用在并列复句里，被分号隔开的各分句中，至少有一组内部有逗号。分号的误用主要有4种情形。

（一）并列词语间误用分号。并列词语间的停顿要用顿号或逗号，不能用分号。例如：

《湖畔》中人物的对话；《鲜花开放的地方》中环境的点染；《大钱饺子》里的铺叙议论，都十分富有特色。（并列短语作主语，短语内的两个分号都应改为逗号。）

（二）非并列关系的单重复句内分句间误用分号。非并列关系的多重复句的第一层可以使用分号，为的是分清分句间的结构关系。单重复句不存在这个问题，所以不能使用分号。例如：

去年12月13日，在河北省香河县公安局的配合下，通州区公安局破获了盗窃高压输电线路铁塔塔材的案件；抓获犯罪分子二十余人。（分号应改为逗号。）

（三）不在第一层的并列分句间误用了分号。分句间用不用分号，要看并列分句是不是在第一层上，不在第一层上就不能用分号。例如：

对于一切犯错误的同志，要历史地全面地评价他们的功过是非，不要一犯错误就全盘否定；也不要纠缠历史上发生过而已经查清的问题。（第一层分界在“功过是非”的后面。“不要……”与“也不要……”之间不能用分号，分号应改为逗号。）

(四) 两个句子间误用分号。例如:

这样的豪言壮语,究竟出自谁人之口呢?不是别人,正是林彪;它是否合乎马克思主义呢?它是赤裸裸的反马克思主义的谬论。(“林彪”后面的分号应改为句号。)

第二十八条 顿号(、)表示句子内部并列词语之间的停顿。用顿号隔开的并列词语可以充当各种句法成分。并列词语间的停顿,也可以用逗号。停顿较长时用逗号,停顿较短时用顿号,难以分清长短时,一般用顿号。顿号的误用主要有5种情形。

(一) 非并列词语间误用顿号。例如:

这几年,报刊上报道的因主持正义、被顶头上司打击报复的人,也不是个别的。(“因主持正义”与“被顶头上司打击报复”不是并列关系,而是因果关系,中间不应该用顿号。可以改为“因主持正义而被顶头上司打击报复”。)

(二) 没有停顿的并列词语间误用顿号。例如:

他们过着牛、马不如的生活。(“牛马”中间没有停顿,不应该用顿号。)

(三) 不同层次的停顿都使用顿号,混淆了结构层次。例如:

中央顾问委员会秘书长、国家体委顾问荣高棠、国家体委主任李梦华和中华全国体育总会主席钟师统等应邀参加十佳运动员评选揭晓和发奖大会。(3位领导人的名字,构成第一层的并列关系,荣高棠的两个职衔构成第二层的关系。第一层用逗号,第二层用顿号,不能都用顿号。)

(四) 相邻数字连用表示概数时,不能用顿号隔开。例如:

我们曾经去过六、七个这样的购物中心,看到二、三十位老人……(两个顿号都应该去掉。)

(五) 在一些序次语的后面误用了顿号。例如:

第一、第二、首先、其次、(顿号应改为逗号。)

(一)、(二)、(三)、(1)、(2)、(3)、①、②、③、(序次语既然用了括号,或者本身就是圈码,后边就不必再加顿号。)

1、2、3、A、B、C、(顿号应改为下脚圆点。)

第二十九条 问号(?)主要用来表示疑问句末尾的停顿。问号还用来表示设问句、反问句末尾的停顿。问号的误用主要是把非疑问句误作疑问句。这种情况多发生在有“谁”、“哪”、“什么”、“怎么”、“怎样”等疑问词和带有“是……还是”疑问结构的句子里。例如:

1. 他不得不认真思考企业的生产为什么会滑坡?怎样才能扩大产品的销路?(第一个问号应改为逗号,句末的问号应改为句号。)

2. 关于什么是智力?国内外争论多年也没有定论。(前面的问号应改为逗号。)

3. 他独自走着,低着头,分不清天上下的是雨,是雪,还是雪珠儿?(句末的问号应改为句号。)

第三十条 叹号(!)主要用来表示感叹句末尾的停顿。例如:为祖国的繁荣昌盛而奋斗!语气强烈的祈使句、陈述句和反问句末尾的停顿也应该使用叹号。叹号的误用多发生在语气舒缓的祈使句、陈述句和反问句中。例如:

1. 小李,你还是多休息几天再上班吧!(这是一个语气舒缓的祈使句,句末叹号应改为句号。)

2. 实践告诉我们:只有开拓技术市场,实行技术商品化,才能使科学技术迅速转化为生产力!(这是一个语气舒缓的陈述句,句末叹号应改为句号。)

第三十一条 冒号(:)表示提示性话语之后的停顿,用来提起下文。冒号的误用表现为5种情形。

(一)“某某说”插在引文的中间,“说”字后面用了冒号。例如:

“唔。”老张一面听,一面应,一面伸手过来说:“你给我吧。”(“说”字后面的冒号应改为逗号。)

(二)在没有停顿的地方用了冒号。例如:

我跳下车来,说了声:“忠爷爷再见!”就往家里走去。(“说了声”后面的冒号应删去。)

(三)在一个句子里出现了两重冒号。例如:

也还有另一种观点:当作品涉及某些阴暗现象的时候,有的同志会说:"你写的现象虽然是真实的,但要考虑文艺的党性原则。"(第一个冒号应改为逗号。)

(四)该用冒号的地方没用冒号。例如:

企业长期亏损,出路只有一条,改革。(提示性话语"出路只有一条"后面的逗号应改为冒号。)

(五)冒号(:)误为比号(∶)。

第三十二条 引号(横行为""'',竖行为『』「」)的作用有三个:一是把引文和本文区别开来;二是标明具有特殊含义的词语;三是标明需要着重论述的对象。为了分清引文的层次,横行引文规定第一层引文用双引号,引文中的引文用单引号;竖行引文规定第一层引文用双引号(或单引号),引文中的引文用单引号(或双引号)。引号的误用有5种情形。

(一)上下引号不配套,即:有上引无下引或有下引无上引,单双引混用,上下引一顺,等等。

(二)竖行引文引号单双引号次序混乱(即一会儿先双后单,一会儿又先单后双),都属于差错。

(三)引文末尾标点位置混乱。例如:

1. 古人云:"多行不义必自毙"。(引文完整而独立,末尾的句号应放在引号里面。)

2. 大革命虽然失败了,但火种犹存。共产党人"从地下爬起来,揩干净身上的血迹,掩埋好同伴的尸首,他们又继续战斗了。"(引文不独立,末尾的句号应放在引号外面。)

(四)转述的文字加了引号。例如:

老太太说,"她儿子是个工人,出来好几年了,她是第一次来抚顺。"(删去引号,或将引号内第三人称的"她"改为第一人称的"我",并将说后逗号改为冒号。)

(五)带有特殊含义(比喻义或贬义)的词语未加引号。例如:

自私,不听从合理的指导,没有自尊心,都是性格上很大的弱点。这些弱点都是老牌的慈母送给她们孩子的恩物。("慈母"和"恩物"

都带有贬义,应当加引号。)

第三十三条 书名号(《》〈〉)是表示文化精神产品的专名号。书名号的误用主要是使用范围扩大化。

(一) 书名(包括篇名)、报纸名(包括板块、栏目名)、期刊名(包括栏目名),以及其他文化精神产品(电影、戏剧、乐曲、舞蹈、摄影、绘画、雕塑、工艺品、邮票、相声、小品等)的题目可用书名号,非文化精神产品不能使用书名号。例如:物质产品名、商品名、商标名、课程名、证件名、单位名、组织名、奖项名、活动名、展览名、集会名、称号名等等,均不能使用书名号,用了要计错。

(二) 丛书名要使用书名号,如《五角丛书》《当代农村百事通丛书》。

(三) 书名号里面的名称要与实际名称相符。如《人民邮电》报,《求是》杂志。

第三十四条 括号([ ]( ))的功能是对正文的补充和注释。括号的误用,除了不配套外就是位置不适当。

(一) 句内括号放在了句外。例如:

唯心论历来反映剥削阶级的利益,代表剥削阶级的意识形态,是“反动派的武器,反动派的宣传工具”。(列宁:《我们的取消派》)(括号应当放在句号前面。)

(二) 括号离开了被注释的文字。例如:

不久,国民议会迁到法皇的内宫凡尔赛去(在巴黎城西南18公里)。(括号应放在“去”字前面。)

第三十五条 省略号(……)标明行文中省略了的文字。省略号的误用,除了形状不合规定(不是6个连点)外,还有两种情形。

(一) 省略号前后保留了不应该使用的顿号、逗号、分号。例如:

写到这里,赵朴老的神采又活现在我的眼前,与他相关的好几件事又从记忆中浮出……。(省略号后的句号应删去。)

(二) 省略号与“等”、“等等”并用。例如:

在另一领域中,人却超越了自然力,如飞机、火箭、电视、计算机……等等。(“等等”和句号,应当删去。)

第三十六条 连接号的形式为一字线“—”(占一个字的位置)。连接号还有另外3种形式,即长横“——”(占两个字的位置)、半字线“-”(占半个字的位置)和浪纹“～”(占一个字的位置)。要注意区分它们的使用场合,相同场合前后不一致的计错。

(一)连接两个相关的名词构成一个意义单位,用一字线。如:原子—分子论,中国—芬兰协会。(也可以用半字线,但不要用长横)

(二)连接相关的地点、时间表示走向或起止,用一字线。如:北京—上海特快列车,鲁迅(1881—1936)。(前者也可以用长横,后者也可以用浪纹,但不要用半字线)

(三)连接相关的汉字或外文和阿拉伯数字表示产品型号,用一字线。如:TPC—3海底光缆,东方红—75型拖拉机。(也可以用半字线)

(四)标准代号。如:《标点符号用法》GB/T 15834—1995,国内统一刊号CN ll—1102/I。(用了半字线也不算错,但不要用长横)

(五)连接相关的阿拉伯数字表示范围,用浪纹。如:2 500万元～3 000万元,-36℃～8℃。(也可以用一字线,但不要用半字线或长横)

第三十七条 间隔号(·)用在被隔开的词语中间。间隔号的误用有两种情形。

(一)间隔号误为顿号。例如:

大卫、李嘉图(误用了顿号就成为两个人了。)

(二)间隔号误为下脚圆点。例如:

“3.15”消费者日(误用了下脚圆点就成了小数点。)

第三十八条 破折号(——)标明行文中解释说明的语句。破折号的误用有4种情形。

(一)破折号的前后两部分所指不相同。例如:

他久久地凝视着庭园中央——这张X光片子的主人。(“庭园中央”与“这张X光片子的主人”所指的概念不相当。)

(二)补充说明前未用破折号。例如:

二氧化碳和水在合成车间,叶绿体里发生奇妙的变化。(“合成车间”就是“叶绿体”,且语义的重点在后者,所以,“合成车间”后面的逗号应改为破折号。)

(三)破折号误为两个一字线(— —)、四个半字线(- - - -)或一个化学单键号(—)。

(四)破折号误作一字线或半字线。

第三十九条 省年号(’)使用高撇号,用于省年形式,如1998年写作“’98”。这是近年来从国外引进的一种符号,中文常用于“标题式”的名称中。例如:“’98春节联欢晚会”。省年号的误用有两种情形。

(一)省年号(’)误置于年份后面。例如:

98’春节联欢晚会。

(二)省年号后面误加了“年”字。例如:

’98年春节联欢晚会。

六 数 字

第四十条 1995年12月国家技术监督局发布的国家标准《出版物上数字用法的规定》指出,阿拉伯数字笔画简单,结构科学,形象清晰,组数简短,应当广泛应用。实施过程中碰到一些问题,归纳起来就是,什么情况下应当用阿拉伯数字,什么情况下不能用阿拉伯数字。

(一)应当使用阿拉伯数字的:

1. 物理量量值中的数字,如1 m(1米)、3 kg(3千克)、5 d(5天)、20 ℃(20摄氏度)、0.5 A(0.5安)、25 mol(25摩)。

2. 非物理量量词(计数单位)前的数字,如3人、50元、100根。

3. 计数的数值,如正负整数(3,-6)、小数(0.28)、分数(1/3)、百分数(96.25%)、比例(3∶7)及一部分概数(10多、500余、3 000左右)。

4. 公历世纪、年代、年、月、日、时刻。

5. 代号、代码和序号中的数字,如GB 3100—1993、国办发

[1998]3号文件、ISBN 7-303-04761-X、HP-3000型电子计算机、第1卷、第18届年会。

（二）必须使用汉字数字的：

1. 定型的词、词组、成语、惯用语、缩略语或具有修辞色彩的词语中作为语素的数字。

2. 相邻数字连用表示的概数和带“几”字的概数。如七八个人、五十四五岁、十几、三千几百。

3. 非公历纪年一律用汉字数字，但应采用阿拉伯数字括注公历。

4. 含有月日简称表示事件、节日和其他意义的词组中的数字，应使用汉字数字。当涉及1月、11月、12月时，应用间隔号“·”将表示月和日的数字隔开，并外加引号；涉及其他月份时，不用间隔号。

5. 古籍中的数字。

6. 文学著作一般使用汉字数字，但也可以适当使用阿拉伯数字，如公历世纪、年代、年、月、日、时刻，计量或计数单位前的数字，纯数字等。

7. 竖排文字中的数字，除与字母连用可顺时针转90°排外，一律改用汉字数字。

（三）阿拉伯数字的书写规则：

1. 为使多位数字便于阅读，可将数字分成组，从小数点起，向左或向右每3位分成1组，组间留一空隙（约为1个汉字的1/4），但不得用逗号、圆点或其他方式。非科技出版物中也可不分节。

2. 纯小数必须写出小数点前用以定位的“0”。

3. 阿拉伯数字不得与除万、亿及法定计量单位词头外的汉字数字连用。如453 000 000可写成45 300万或4.53亿或4亿5 300万，但不能写作4亿5千3百万；三千元可写成3 000元或0.3万元，但不能写成3千元；三千米可写成3千米，这里的“千”是词头。

4. 一个用阿拉伯数字书写的数值（包括小数和百分数）不能拆开转行。

5. 表示用阿拉伯数字书写的数值范围，使用浪纹号“～”。如：

10%～20%，(2～6)×10^3 或 2×10^3～6×10^3，30～40 km(也可写成 30 km～40 km)。

七　量和单位

第四十一条　除古籍和文学书籍外，所有出版物特别是教科书和科技书刊，在使用量和单位的名称、符号、书写规则时，都应符合1993 年国家技术监督局发布的国家标准《量和单位》(GB 3100～3102—1993)的规定。

第四十二条　使用不规范的量名称，主要表现在：使用已废弃的旧名称，同一个名称出现多种写法，使用自造的名称，等等。

(一) 使用已废弃的旧名称。例如(括号里是废弃的)：质量(重量，但人民生活和贸易中质量仍可按习惯称为重量)；体积质量，密度或相对体积质量，相对密度(比重)；质量热容，比热容(比热)；质量定压热容，比定压热容(定压比热容，恒压热容)；电流(电流强度)；物质的量(摩尔数，克原子数，克分子数，克离子数，克当量)；B的质量分数(重量百分数，质量百分比浓度)；B 的体积分数(体积百分比浓度，体积百分含量)；B 的浓度，B 的物质的量浓度(摩尔浓度，体积克分子浓度，当量浓度)；粒子注量(粒子剂量)；[放射性]活度(放射性强度，放射性)。

(二) 同一名称出现多种书写法，这是不允许的。例如：吉布斯自由能(吉卜斯自由能)，阿伏加德罗常数(阿伏伽德罗常数，阿佛加德罗常数)。

(三) 使用以“单位+数”构成的名称。例如：长度叫“米数”，时间叫“秒数”，装载质量叫“吨数”，功率叫“瓦数”，物质的量叫“摩尔数”，等等。

第四十三条　量符号的使用不规范，表现为 6 种情形：

(一) 量符号错用了正体字母。国标规定：量符号必须使用斜体，对于矢量和张量，还应使用黑斜体；只有 pH 是例外。实际上，有的全部使用正体，有的时而正体、时而斜体，这都是不允许的。

(二) 没有使用国标规定的符号。例如：质量的规范符号是 m，

但常见用 W,P,Q,μ 等表示；阿伏加德罗常数的符号为 L 或 N_A，而一些课本中用 N 或 N_0。

（三）用多个字母构成一个量符号。例如：用 IAT 作为内部空气温度的量符号，用 CHT 作为临界高温的量符号，实际上二者都是3个单词的缩写。有些书刊把输入功率表示成 Pi，输出功率表示成 Po，也是不对的，规范的表示应分别为 P_{i} 和 P_{o}。

（四）把化学元素符号作量符号使用。例如：“$H_2 : O_2 = 2 : 1$”，这是不规范的表示方式。正确的表示方式为：

指质量比，应为 $m(H_2) : m(O_2) = 2 : 1$；

指体积比，应为 $V(H_2) : V(O_2) = 2 : 1$。

（五）把量符号当作纯数使用。如“物质的量为 n mol”，正确的表示为“物质的量为 n，单位用 mol”。

（六）量符号的下标不规范，主要表现为：没有优先采用国标规定的下标，正斜体混乱，大小写混乱。

1. 没有采用国标已规定的下标，有的用量名称的汉语拼音缩写作下标，有的甚至用汉字作下标。如：辐射能，国标规定的符号为 E_{R}，但有的书刊用 E_{F}，有的干脆用 $E_{\text{辐}}$，这些都是不规范的。

2. 正斜体混乱。凡量符号和代表变动性数字、坐标轴名称及几何图形中表示点线面体的字母作下标，采用斜体；其他情况为正体。例如：体胀系数 α_V（V 为体积量符号）；电能 W_i（$i = 1,2,3\cdots$）（i 代表变动性数字）；力的 y 分量 F_y（y 为坐标轴符号）；$\triangle ABC$ 的面积 $S_{\triangle ABC}$。

3. 大小写混乱。区别大小写的规则为：量符号作下标，其字母大小写同原符号；来源于人名的缩写作下标用大写正体；不是来源于人名的缩写作下标，一般都用小写正体。

第四十四条 单位名称书写错误。主要表现在对相除组合单位和乘方形式的单位名称书写错误。

（一）相除组合单位名称与其符号的顺序不一致，名称中的“每”字多于1个。例如：速度单位 m/s 的名称是“米每秒”，而不是“秒米”“米秒”“每秒米”“秒分之米”；质量热容单位 J/(kg·K)的名称是“焦耳每千克开尔文”或“焦每千克开”，而不是“焦耳每千克每开尔文”或“焦每千克每开”。

（二）乘方形式的单位名称错误。例如：截面系数单位 m^3 的名称是“三次方米”，而不是“米三次方”“米立方”“立方米”；面积单位 m^2 的名称是“平方米”，而不是“二次方米”“米平方”“米二次方”“平方”。

（三）在组合单位名称中加了符号。例如：摩尔体积单位 m^3/mol 的名称是“立方米每摩尔”或“立方米每摩”，而不是“立方米/摩尔”“立方米/每摩尔”“米^3/每摩”“米^3 摩$^{-1}$”等。

第四十五条 单位中文符号的书写和使用不准确。主要表现在：把名称或不是中文符号的“符号”当中文符号使用，组合单位中既有国际符号又有中文符号，非普及性书刊中使用了中文符号，等等。

（一）把单位的名称作为中文符号使用。例如：单位 N · m 的中文符号是“牛 · 米”，而不是“牛米”或“牛顿米”。

（二）使用既不是单位名称也不是中文符号的“符号”，如“牛顿/平方米”的写法是错误的。如果是压强单位的名称，则应为“牛顿每平方米”或“牛每平方米”；如果是压强单位的中文符号，则应为“牛/米^2”或“牛 · 米$^{-2}$”。类似的错误用法还有：“千克/摩尔”应为“千克/摩”，“焦尔/开尔文”应为“焦/开”，“立方米/秒”应为“米^3/秒”，“安培每米^2”应为“安/米^2”，“韦伯 · 米$^{-1}$”应为“韦 · 米$^{-1}$”，“瓦开$^{-1}$”应为“瓦 · 开$^{-1}$”。

（三）组合单位中两种符号并用。例如：速度单位不应写作“km/时”，而应写作“km/h”或“千米/时”；流量单位不应写作“m^3/分”，而应写作“m^3/min”或“米^3/分”；用药量单位不应写作“mg/(kg · 天)”，而应写作“mg/(kg · d)”或“毫克/(千克 · 天)”。

（四）非普及性书刊和高中以上教科书使用单位的中文符号或名称。按国标要求，非普及性书刊和高中以上教科书在表达量值时都应使用单位的国际符号，如把 m、K、min、Hz、Ω、m/s^2 分别写作米、开、分、赫、欧、米/秒^2 是违反国标规定的，中文符号只在小学、初中教科书和普通书刊中在有必要时使用。

第四十六条 单位国际符号书写和使用错误。主要表现为如下7个方面:

（一）单位符号错用了斜体字母。

（二）单位符号的大小写错误。国标规定,一般单位符号为小写体(只有升的符号例外,可用大写体L),来源于人名的单位符号其首字母大写。常见错误如:把m(米)、s(秒)、t(吨)、1x(勒)分别写成M、S、T、Lx,把Pa(帕)、W(瓦)、Hz(赫)分别写成pa、w、HZ或H_z。

（三）把单位英文名称的非标准缩写或全称作为单位符号使用,如把min(分)、s(秒)、d(天)、h(小时)、a(年)、1x(勒)、r/min(转每分)分别写成m、sec、day、hr、y或yr、lux、rpm。

（四）把ppm、pphm、ppb、ppt等表示数量份额的缩写字作为单位符号使用。应改用它们分别代表的数值10^{-6}、10^{-8}、10^{-9}(美、法等国)或10^{-12}(英、德等国)、10^{-12}(美、法等国)或10^{-18}(英、德等国)。

（五）相除组合单位中的斜线"/"多于1条。例如把服药量的单位mg/(kg·d)和血管阻力单位kPa·s/L错误地表示为mg/kg/d和kPa/L/s。

（六）对单位符号进行修饰,主要表现是:加下标,在组合单位中插入说明性字符,修饰单位1等。例如:

1. 把最小电流表示为$I = 3\mathrm{A}_{\mathrm{min}}$,正确表示应为$I_{\mathrm{min}} = 3\mathrm{A}$。

2. 把Pb的质量浓度为0.1 mg/L表示为0.1 mg(Pb)/L或0.1 mg铅/L,规范表示应为$\rho(\mathrm{Pb}) = 0.1$ mg/L。

3. 把Ca的质量分数表示为Ca为25% (*m/m*)或Ca为25% (*W/W*),规范表示应为$w(\mathrm{Ca}) = 25\%$。

4. 使用习惯上常用的经过修饰的单位符号,如标准立方米Nm^3、m_n^3,标准升NL、L_n,正确的符号应为立方米m^3,升L或l。

（七）书写量值时,数值与单位符号间未留适当空隙,或把单位插在数值中间。如:15 mol应为15 mol,1m75应为1.75 m或175 cm,10s01应为10.01s。

第四十七条 SI词头符号的书写和使用不正确。主要表现为:词头大小写混淆,独立使用,重叠使用,对不许采用词头的单位加了词头,对乘方形式的单位加错了词头等。

（一）混淆大小写。20 个 SI 词头中,代表的因数$\geqslant 10^6$的 7 个词头 M(兆)、G(吉)、T(太)、P(拍)、E(艾)、Z(泽)、Y(尧)要采用大写正体,代表的因数$\leqslant 10^3$的 13 个词头 k(千)、h(百)、da(十)、d(分)、c(厘)、m(毫)、μ(微)、n(纳)、p(皮)、f(飞)、a(阿)、z(仄)、y(幺)要采用小写正体。

（二）独立使用。词头只有跟单位结合才有意义,如 10 μm 不得写作 10 μ,5 MΩ 不得写作 5 M。

（三）重叠使用。例如:mμm、mμs、μμF、μkg、kMW 应分别改为 nm、ns、pF、mg、GW。

（四）对不许加词头的单位°(度)、′([角]分)、″([角]秒)、d(天)、h(时)、min(分)、r/min(转每分)、n mile(海里)、kn(节)等加了词头。

（五）对乘方形式的单位加错了词头。例如:把 7 200 m^3/d 错写成 7.2 km^3/d,把 10 000 000 m^{-2} 错写成 10 Mm^{-2},正确的表示应分别为 7.2 dam^3/d 和 10 mm^{-2}。

第四十八条 使用非法定单位或已废弃的单位名称。主要表现为以下 4 种情形。

（一）使用市制单位,如尺、寸、担、斤、两、钱、亩等。在普通书刊特别是以农民为读者对象的书刊中,在表达小面积时还可以使用“亩”,但要括注法定计量单位“公顷”。

（二）使用早已停用的“公字号”单位。除公斤、公里、公顷以外的所有“公字号”单位都应停止使用,如公尺(米、m),公分(厘米、cm),公亩(百平方米、100 m^2),公升(升、L),公方(立方米、m^3),公吨(吨、t)等(括号中为法定名称及符号)。公斤、公里也不要用于教科书中,而应分别改用千克 kg、千米 km。

（三）使用英制单位。英制单位是必须废弃的。当确有必要出现英制单位时,一般采用括注的形式,如 51 cm(20 英寸)。

（四）使用 CGS 制中有专门名称的导出单位及其他杂类单位。这些常见废弃单位及其换算因数如下表所示:

单位名称	符号	换算因素
微(米)	μ	1 μ = 1 μm
费密	Fermi	1 Fermi = 10^{-15} m = 1 fm
达因	dyn	1 dyn = 10^{-5} N
千克力	kgf	1 kgf = 9.806 65 N
吨力	tf	1 tf = 9.806 65 kN
标准大气压	atm	1 atm = 101.325 kPa
工程大气压	at	1 at = $9.806\ 65 \times 10^4$ Pa
托	Torr	1 Torr = 133.322 Pa
毫米汞柱	mmHg	1 mmHg = 133.322 Pa
毫米水柱	mmH_2O	1 mmH_2O = 9.806 65 Pa
泊	P	1 P = 0.1 Pa・s
斯[托克斯]	St	1 St = 1 cm^2/s
西西	cc	1 cc = 1 mL
丹尼尔	den	1 den = (1/9) tex
兰氏度	°R	1°R = (5/9) K
华氏度	°F	$\frac{t_F}{°F} = \frac{9}{5}\frac{T}{K} - 459.67$
道尔顿	D, Da	1 D = 1 u
[米制]克拉	carat	1 carat = 200 mg
尔格	erg	1 erg = 10^{-7} J
卡	cal	1 cal = 4.186 8 J
大卡,千卡	kcal	1 kcal = 4.186 8 kJ
度(电能)		1 度 = 1 kW・h
[米制]马力		1 马力 = 735.499 W
辐透	ph	1 ph = 10^4 lx
熙提	sb	1 sb = 10^4 cd/m^2
尼特	nt	1 nt = 1 cd/m^2
屈光度	D	1 D = 1 m^{-1}
奥斯特	Oe	1 Oe ≙ 79.578 A/m
高斯	Gs	1 Gs ≙ 10^{-4} T
麦克斯韦	Mx	1 Mx ≙ 10^{-8} Wb
体积克分子浓度	*M*	1 *M* = 1 mol/L
当量浓度	*N*	

第四十九条　在图、表等中在用特定单位表示量的数值时未采用标准化表示方式。国标规定了两种方式：即 a. 用量和单位的比值；b. 把量的符号加上花括号，并用单位的符号作为下标，并建议采用第一种方式。例如：$v/(\mathrm{m\cdot s^{-1}})$或$v/(\mathrm{m/s})$，而不表示成“$v(\mathrm{m/s})$”或“$v,\mathrm{m/s}$”的形式。如有需要也可以表示成$\frac{v}{\mathrm{m\cdot s^{-1}}}$或$\frac{v}{\mathrm{m/s}}$的形式，但水平分式线不能省略。

第五十条　数理公式和数学符号的书写或使用不正确。主要表现在字母、符号的正、斜体混淆，数理公式的转行不符合规定等。

（一）该用正体的字母用了斜体。例如：对其值不变的数学常数 e（=2.718 281 8…）、π（=3.141 592 6…）、i（=$\sqrt{-1}$，电工学中常用 j），已定义的算子符号 div（散度）、d（微分号）、Δ（有限增量符号）、δ（变分号）等，有特殊含义的缩写字 max（极大值）、Re（实部）、T（转置）、Rt（直角）、ASA（角边角）等，使用了斜体字母。

（二）该用斜体的字母用了正体。例如：对变数 x、y，函数 f，$\varphi(t)$，Ψ_i 中变动的附标 i，几何图形中表示点线面体的字母（像点 P、线段 CD、平面 Σ、△ABC、三棱锥 P-ABC）等，使用了正体字母。

（三）数理公式转行不符合规定。新标准规定：“当一个表示式或方程式需断开、用 2 行或多行来表示时，最好在紧靠其中记号 =，+，−，±，∓，×，· 或/后断开，而在下一行开头不应重复这一记号。”例如：

$$ax+by-cz=$$
$$m-n+p。$$

（四）其他常见错误，如下表所示：

名称、含义	正确符号	错误符号
比例号	∶	:
数值范围	～	—、-、——
约等于	≈	≃、≐、~
渐近等于	≃	~、≌
角括号	< >	< >

续表

名称、含义	正确符号	错误符号
远小于	≪	《
远大于	≫	》
余切	cot α	ctg α
x 的反余切	arccot x	arcctg x
x 的反正弦	arcsin x	$\sin^{-1}x$
x 的常用对数	lg x	log x
$m\times n$ 型矩阵	$A=\begin{pmatrix} A_{11}\cdots A_{1n} \\ \vdots \qquad \vdots \\ A_{m1}\cdots A_{mn} \end{pmatrix}$	$A=\begin{pmatrix} A_{11}\cdots A_{1n} \\ A_{m1}\cdots A_{mn} \end{pmatrix}$、$A=\begin{pmatrix} A_{11}\cdots A_{1n} \\ \cdots\cdots \\ A_{m1}\cdots A_{mn} \end{pmatrix}$

八　版面格式

第五十一条　版面格式是图书的包装形式,但它又不是单纯的形式。图书的版面格式应当体现美观、实用、准确3个原则。不同的版面有着不同的格式,从封面、书名页、目录、书眉、标题、注释、插图、表格、索引,一直到正文,都有着不同的格式,审校版面格式与正文内容具有同等重要的意义。

第五十二条　封面(包括包封),是图书的外包装,除应体现美观、实用、准确三原则外,还应按照常规和法定要求,在固定的位置刊登书名、著译者名、出版者名、条码、定价、国际标准书号等项内容。编校者除保证各种版面格式和内容准确外,还应使其相关项目保持一致。

第五十三条　根据国家标准《图书书名页》(GB/T 12450—1990)①的规定,图书正文之前必须设置载有书名信息的书名页。书名页包括主书名页和附书名页。主书名页正面必须提供书名、著作责任者、出版者等信息,位于单数页码面。主书名页背面必须提供图

① 此标准最新版本为GB/T 12450—1990《图书书名页》。

书的版权说明、在版编目数据和版本记录等信息，位于双数页码面。凡不严格执行本标准的图书应当计错。

第五十四条 目录，是图书内容体系的缩影，除要求标题、作者名、附缀页码必须与正文一致外，本身还须眉目清楚，即从字体、字号和版面格式 3 个方面体现标题体系。如：同一级题字体字号要一致，无题序的题目转行要缩进 1 字排，副标题也要缩进 1 字排，等等。

第五十五条 书眉，是正文章节变化的反映，除必须与正文章节标题文字保持一致外，还有其固定的版面格式，即双数页码排第 1 级题，单数页码排第 2 级题（如无第 2 级题，单双页码均可排第 1 级题）；同一面上有两个第 2 级题时，应排后出现的；眉题一般排在外版口一侧或居中排。

第五十六条 标题，是反映图书内容的纲，而且是成体系的。标题的格式应以不同的字体、字号、占行、位置等来体现其隶属关系。较长标题转行时不应割裂词汇，更不应因转行而产生歧义或相反义。此外，还应避免出现"背题"，即题目下无正文的现象。

第五十七条 注释，是对正文的解释和交代。版面格式有夹注、脚注、篇末注或书末注 3 种。脚注格式最复杂，编校者必须根据正文版面的实际变化，调整脚注的顺次和版面格式，使之与正文注码对口。篇末注中的"见本书页码"要特别注意核对准确。书末注中附缀的正文页码，也要核对准确。

第五十八条 插图，是图书的重要内容，分为随文插图和单页插图两种。随文插图的位置要根据设计标注核对准确。要特别注意插图与正文内容的衔接问题，图的位置一般不要超前，可以略微拖后，但不能超越本节范围。有说明文字的，一般排在图下或图的侧面，要特别注意核对图与文是否配套，防止张冠李戴。图中人物的左右应依读者立场来分。跨页图必须双码跨单码。横置图一律朝向左侧，即反时针转 90°。图的顺序号应按章编排。此外，还要防止图的倒置和反片。

第五十九条 表格，是图书内容的一种重要表现形式。表格的格式一般是先排表序、表题，然后排表头、横竖表线、数字、注释、资料来源等。表序一般以章节顺序和表格顺序组成；表头有横竖两种，必要时可以互换;项目中的隶属关系要清晰,小项目要缩格排;续表必须加排表头;跨页表必须双页跨单页;表中数字一般以末位数对齐,注意不要错格。

第六十条 索引,一般分为人名、地名、文献、主题或名目4种。索引的编排一般按笔画或拼音排序,也有用四角号码的。无论哪一种编排方法,都应注意笔画、拼音和号码的准确无误。特别要核对准确条目的附缀正文页码;正文页码有变动,要相应改正索引的附缀页码。

第六十一条 学术性专著文后参考文献,必须根据国家标准《文后参考文献著录规则》(GB/T 7714—1987)[①]进行编排,不合要求的可以适当计错。

第六十二条 清样页码(包括边码),要着重(或反复)清点,有暗码的要在清样上标明"暗××页"。

第六十三条 正文版面格式,应注意:另面、另页、暗码的编排,段落的另起和接排,引文的缩格或变换字体要前后一致,内文中的空行、空字等等,都要校对准确。

九 附 则

第六十四条 图书编校质量差错计算方法按照2004年12月24日新闻出版总署发布的《图书质量管理规定》附件《图书编校质量差错率计算方法》执行。

第六十五条 本细则力求照顾到各个学科,但是,所列举的问题远不可能涵盖所有内容,比如,自然科学名词、学科符号、外文、译名差错的判别依据,事实性、知识性、一般政治性差错的判别依据等,由于资料的不足和技术上的困难而暂缺。各地区、各出版社可根据实际情况,制定自己的差错认定细则。

第六十六条 本细则由中国出版工作者协会校对研究委员会拟制,并邀请国家语言文字工作委员会、北京大学、北京师范大学的若

① 文后参考文献的著录规则按最新版本GB/T 7714—2005《文后参考文献著录规则》进行编排。

干专家参与审定。

四、图书编校质量差错率计算方法

(一) 图书编校差错率

图书编校差错率,是指一本图书的编校差错数占全书总字数的比率,用万分比表示。实际鉴定时,可以依据抽查结果对全书进行认定。如检查的总字数为 10 万,检查后发现两个差错,则其差错率为 0.2/10 000。

(二) 图书总字数的计算方法

图书总字数的计算方法,一律以该书的版面字数为准,即:总字数 = 每行字数 × 每面行数 × 总面数。

1. 除环衬等空白面不计字数外,凡连续编排页码的正文、目录、辅文等,不论是否排字,均按一面满版计算字数。分栏排版的图书,各栏之间的空白也计算版面字数。

2. 书眉(或中缝)和单排的页码、边码作为行数或每行字数计入正文,一并计算字数。

3. 索引、附录等字号有变化时,分别按实际版面计算字数。

4. 用小号字排版的脚注文字超过 5 行不足 10 行的,该面按正文满版字数加 15% 计算;超过 10 行的,该面按注文满版计算字数。对小号字排版的夹注文字,可采用折合行数的方法,比照脚注文字进行计算。

5. 封一、封二、封三、封底、护封、封套、扉页,除空白面不计以外,每面按正文满版字数的 50% 计算;版权页、书脊、有文字的勒口,各按正文的一面满版计算。

6. 正文中的插图、表格,按正文的版面字数计算;插图占一面的,按正文满版字数的 20% 计算字数。

7. 以图片为主的图书,有文字说明的版面,按满版字数的 50% 计算;没有文字说明的版面,按满版字数的 20% 计算。

8. 乐谱类图书、地图类图书,按满版字数全额计算。

9. 外文图书,少数民族文字图书,拼音图书的拼音部分,以对应字号的中文满版字数加 30% 计算。

（三）图书编校差错的计算方法

1. 文字差错的计算标准

（1）封底、勒口、版权页、正文、目录、出版说明（或凡例）、前言（或序）、后记（或跋）、注释、索引、图表、附录、参考文献等中的一般性错字、别字、多字、漏字、倒字，每处计 1 个差错。前后颠倒字，可以用一个校对符号改正的，每处计 1 个差错。书眉（或中缝）中的差错，每处计 1 个差错；同样性质的差错重复出现，全书按一面差错基数加 1 倍计算。阿拉伯数字、罗马数字差错，无论几位数，都计 1 个差错。

（2）同一错字重复出现，每面计 1 个差错，全书最多计 4 个差错。每处多、漏 2～5 个字，计 2 个差错，5 个字以上计 4 个差错。

（3）封一、扉页上的文字差错，每处计 2 个差错；相关文字不一致，有一项计 1 个差错。

（4）知识性、逻辑性、语法性差错，每处计 2 个差错。

（5）外文、少数民族文字、国际音标，以一个单词为单位，无论其中几处有错，计 1 个差错。汉语拼音不符合《汉语拼音方案》和《汉语拼音正词法基本规则》（GB/T 16159—1996）规定的，以一个对应的汉字或词组为单位，计 1 个差错。

（6）字母大小写和正斜体、黑白体误用，不同文种字母混用的（如把英文字母 N 错为俄文字母 И），字母与其他符号混用的（如把汉字的 0 错为英文字母 O），每处计 0.5 个差错；同一差错在全书超过 3 处，计 1.5 个差错。

（7）简化字、繁体字混用，每处计 0.5 个差错；同一差错在全书超过 3 处，计 1.5 个差错。

（8）工具书的科技条目、科技类教材、学习辅导书和其他科技图书，使用计量单位不符合国家标准《量和单位》（GB 3100～3102—1993）的中文名称的、使用科技术语不符合全国科学技术名词审定委员会公布的规范词的，每处计 1 个差错；同一差错多次出现，每面只计 1 个差错，同一错误全书最多计 3 个差错。

（9）阿拉伯数字与汉语数字用法不符合《出版物上数字用法的规定》（GB/T 15835—1995）的，每处计 0.1 个差错。全书最多计 1

个差错。

2. 标点符号和其他符号差错的计算标准

（1）标点符号的一般错用、漏用、多用，每处计0.1个差错。

（2）小数点误为中圆点，或中圆点误为小数点的，以及冒号误为比号，或比号误为冒号的，每处计0.1个差错。专名线、着重点的错位、多、漏，每处计0.1个差错。

（3）破折号误为一字线、半字线，每处计0.1个差错。标点符号误在行首、行末的，每处计0.1个差错。

（4）外文复合词、外文单词按音节转行，漏排连接号的，每处计0.1个差错；同样差错在每面超过3个，计0.3个差错，全书最多计1个差错。

（5）法定计量单位符号、科学技术各学科中的科学符号、乐谱符号等差错，每处计0.5个差错；同样差错同一面内不重复计算，全书最多计1.5个差错。

（6）图序、表序、公式序等标注差错，每处计0.1个差错；全书超过3处，计1个差错。

3. 格式差错的计算标准

（1）影响文意、不合版式要求的另页、另面、另段、另行、接排、空行，需要空行、空格而未空的，每处计0.1个差错。

（2）字体错、字号错或字体、字号同时错，每处计0.1个差错；同一面内不重复计算，全书最多计1个差错。

（3）同一面上几个同级标题的位置、转行格式不统一且影响理解的，计0.1个差错；需要空格而未空格的，每处计0.1个差错。

（4）阿拉伯数字、外文缩写词转行的，外文单词未按音节转行的，每处计0.1个差错。

（5）图、表的位置错，每处计1个差错。图、表的内容与说明文字不符，每处计2个差错。

（6）书眉单双页位置互错，每处计0.1个差错，全书最多计1个差错。

（7）正文注码与注文注码不符，每处计0.1个差错。

工具书及其使用

熟悉掌握工具书,对于编辑出版中的编校工作有着极为重要的意义,因为借助各种工具书可以提高书刊质量,减少差错,提高编校工作的效率和效益。编校人员应该掌握工具书的基本知识和主要的检索方式,包括工具书的定义、特点和作用,熟悉工具书的类型及功用,对常用的电子版工具书也应有所了解。

在编辑出版工作中,编校人员遇到难以解决的问题时,可以依靠工具书来加以判断、解决。可以说,工具书以知识性、资料性和检索性为特征的工具书是编校工作必不可缺的工具。

一、工具书基本知识

(一) 工具书的定义、特点与性质

工具书就是专供翻检查阅的书。它的定义通常可以这样表述:汇集较为完备的知识或资料,按特定的方式加以编排,专供查阅以解难释疑的图书。它主要具有以下几方面的特点:

(1) 收录广泛。从取材范围来看,工具书总是把有关的材料尽可能全面地收集进来,并注意概括地加以反映,有较强的完备性。

(2) 编排系统。从编制方法来看,工具书多种方式并用,或按分类,或按音序,或按时间,或按地域,或按主题,或按字顺。各类资料井然有序,有较强的系统性。

(3) 查阅方便。工具书大多不是供人们从头至尾系统阅读的,而主要是供人们有目的地查考翻检,解决某些疑难问题的,属于检索性图书,有较强的便检性。但其所列条目、文章、资料也具有可读性。

可见,工具书的性质可以归结为完备性、系统性、便检性。收录广泛体现完备性,编排特殊体现系统性,专供查阅体现便检性。我们

甚至可以用这几性来检验各类工具书质量的高低。

（二）工具书的作用

工具书的作用可以从两方面来分析：一是读书治学的利器，能够指引读书门径，解决疑难问题，提供资料线索，节省时间精力。二是校对工作及编辑出版工作的需要。灵活使用工具书，可以达到事半功倍的效果。

（三）工具书常用的排检方法

熟悉各种排检方法是打开工具书大门的钥匙，初步了解后还要在检索实践中熟练运用。各种文献信息的排检法共有100多种，最基本的可以分成五大类，即字顺法、分类法、时序法、地域法、主题法。以下分别介绍。

1. 字顺法

字顺法分形序法（笔画法、笔形法、部首法等）、音序法（汉语拼音法、韵部法等）及号码法（四角号码法、中国字庋撷法）。字顺法使用很广泛，字典、词典、百科全书、索引等大多采用此法编排。外文工具书多采用字母顺序编排。

（1）部首法。就是按汉字形体结构，将相同部位（偏旁）归为部首，按部首依次排列汉字的方法。同偏旁的字都归于同一部首之下，部首按笔画多少顺序排列。许多辞书的部首数有所不同，如《说文解字》有540个部首，《康熙字典》有214个部首，《辞海》有250个部首，所以部首法有时难以掌握，不好归部，部首位置也不固定。新编辞书一般都对此作了相应的调整和规定。无论何种部首法，都要采用笔画法作为辅助，同部首的字按笔画数排列。

（2）笔画法。就是按照汉字笔画数目多少顺次排列的方法。这种方法简单，但使用并不方便，同笔画数的字较多，查找很慢，且笔画多的字计算费时，不易数准确。故要辅以其他方法编排。

（3）汉语拼音法。就是按照拼音字母的顺序排列汉字的方法。此法查找方便。为弥补不知读音无法查找的不足，一般字典、词典都另外编有笔画索引或四角号码索引。《新华字典》、《现代汉语词典》均按此法排列，另附多种索引。

（4）四角号码法。是号码查字法的一种，最初由王云五提出，称为四角号码检字法。此法较其他查字法简便易学，使用颇广。此法以数字0～9分别代表汉字的10种不同笔形，取号时依左上、右上、左下、右下的顺序取汉字4个角的笔形号码，联为一组。尽量取复笔笔形的号码；为便于排列，还要取一“附角”。

2. 分类法

把文献或知识单元按照学科体系或内容性质分门别类加以组织并顺序排列的方法。我国古代的词典、类书一般是按事物性质分类编排的。20世纪出现的图书分类法如中国图书馆分类法就是按学科体系分类的。这种分类法的基本原则是知识的系统性，按学科体系层层类分，每一类目下集中同类文献或词目，便于按类查考，较全面地得到同一类的资料。包括古代的四部分类法和现代的中国图书馆分类法，许多书目、索引、专科词典都采用学科体系分类法。

3. 时序法

按时间先后顺序编排的方法。年表和历表一般都是按时序排列的，如《中国历史纪年表》、《中外历史年表》；编制的个人著述目录和生卒年表也是以时间先后为序的，如《张舜徽先生著述目录》、《马克思恩格斯生平事业年表》等。馆藏报刊目录亦在同刊名下按时序编排。

4. 地域法

按照国别或地区，一国之内按行政区划编排资料的方法，如地图集等。地方文献目录，如《湖南地方志目录》、《湖南地方报刊大全》等，或先按地区再按内容，或先按内容再按地区。

5. 主题法

按照一定的主题，将文献或知识单元集中加以编排的方法。主题用经过规范化的主题词来表示，并用字顺法排列。这种方法较之分类法更易于查找到所需资料，可以把属于不同学科，但涉及同一主题的资料集中在一起。使用主题法编排的以索引居多，如《马克思恩格斯全集索引》及《中国出版年鉴》的卷末内容分析索引。图书馆编制的馆藏专题书目多按主题法编排。

综合排序法。对标目以一种排序方法（拼音或笔画）为主，对以数字、外文字母开头的标目，按数字大小或英文字母顺序排列，并列于最前面，由此综合形成的序列，称为综合排序法。另外还有数字排序法等。

二、工具书的类型及功用

工具书的种类繁多，对它进行分类的标准也有多种，目前尚无完全一致的分类标准。根据其编辑目的和形式结构，通常可以划分为辞书类工具书、资料性工具书、线索性工具书、表谱性工具书和图录类工具书五类。其中辞书类工具书包括字典、词典、类书、政书和百科全书；资料性工具书包括年鉴、手册、指南、便览等；线索性工具书包括书目、索引、文摘、题录；表谱性工具书包括历表、年表、地理沿革表、历代职官表；图录类工具书包括地图、图谱、图鉴等。

（一）辞书类工具书

1. 字典、词典的定义、特点与功用

（1）字典

主要以字为收录单位，解释文字形、音、义的辞书类工具书。我国古代字典可分为形书和韵书。形书以《说文解字》为首，一般以部首检字法排列；韵书以《切韵》为首，一般以韵目检字法排列。现代辞书研究者一般把字典分为详解字典和特种字典。前者对字的形、音、义进行全面的解释，如《康熙字典》、《新华字典》、《古汉语常用字字典》、《汉语大字典》等。后者属专门字典，仅就字的某一方面进行解释，如《中国书法大字典》、《异体字字典》等。字典主要用于检查单字的形音义。

《新华字典》是我国发行量最大、使用最为经常、以查常用字为主的最有代表性的字典。《新华字典》（第10版）共收单字10 000余个，复音词3 500多个。以一般常用字为主，兼收部分古籍、方言和各行各业的常用字。《新华字典》的特点是汉字的形体和读音比较规范、准确，释义和例句简明易懂，能起到正字、正音和释义的作用，还能及时地体现国家现行的语文政策。

《古汉语常用字字典》是便于查找古汉语常用字形、音、义的专门字典。商务印书馆出版的最新修订第四版(2005 版)在前三版原收录的 4 200 多个古汉语常用字基础上,新收入 400 个常用字,并将原收字 2 500 多个的附录《难字表》撤掉,取其中常用的 1 800 个字入正文,共计收古汉语常用字 6 400 余个(不包括异体字)。其编写原则和体例遵循并沿用了王力主编的《古代汉语》中"常用词"部分的体式,注重对字词意义的梳理和辨析。如:义项的排列体现字词意义的源流和演变;对同义词和近义词一般作出辨析;对字词意义在发展过程中需要注意的地方,一般均作出提示。选用书证强调典型性和普及性,繁难例句均作注解或串讲,便于初学者使用。

《汉语大字典》是目前收字数量最多的一部以解释汉字形、音、义为主要内容的大型历史性详解字典。全书共收列单字 54 678 个,基本上囊括了我国历代辞书和古今著作中出现的楷书单字。《汉语大字典》的突出特点是,以"字"为中心,形、音、义兼顾,历史地、全面地、正确地反映其演变和发展。在字形、字音、字义三个方面都注意历史的发展变化,梳理演变的轨迹,形成了演进的系统,使人们可以清楚地了解汉字的全部意义,以及字义演变的进程和规律。

(2) 词典

以词语为收录单位,说明一般语词和特殊语词的概念、用法和读音的辞书类工具书。我国古代以《尔雅》为首的义类字书即属此类。词典有时亦写作"辞典",但在使用范围上有所不同。狭义的词典仅指以词为收录单位的语文词典,而广义的词典则可包括一切种类的词典。辞典则可以包括语文词典、专科及百科辞典。辞典的检查功能较广,除了一般语词的音义之外,还可以用于查找典故、名句、人物和地理资料,以及其他各类知识等。对于编校人员和广大读者来说,需要经常使用的词典有以下三部:《辞源》、《现代汉语词典》和《辞海》。它们在性质、对象、目的、内容、排检法等方面各具特点,试以表 1 加以比较:

表1　三部常用辞书比较表

	《辞源》（1979—1983）	《现代汉语词典》（1978、1983、1996、2002、2005）	《辞海》（1979、1989、1999）
性质	古汉语词典	现代汉语词典	综合性百科辞典
目的	专门解释古汉语中的语词典故、古代文物、典章制度	推广普通话，促进汉语规范化	既为普及也为提高，提供广泛的学科知识（大小学科109个）
对象	研究古典文献的文史工作者	人人可备，人人可用	中等以上文化程度
内容	共收单字12 890个，复词84 134条，总计词目97 024条，1983版分四册。收词止于鸦片战争（1840），不收现代自然科学、社会科学和应用科学的语词	共收词条65 000条（2005），主要收录"五四"以来口语里和书面上通用的语汇，特别是新中国成立后的新词新义。酌收常见方言、专门术语	共收单字14 872个，词目91 706条(1979)，10年一修订。过于冷僻的古汉语词汇和过于浅显一望而知的通用语均不收，只保留词义较复杂不易了解的词语
特点	书证详明，重在溯源，释义用文言，繁体	简明，谨严，通俗，语言规范	规模大，学科多，内容新，观点稳，繁简有效
排检	按部首检字，附四角号码及其索引	按汉语拼音排列，附四角号码、部首检字	按部首检字排列，附汉语拼音索引和笔画查字表，另有附册《辞海四角号码查字表》

受国外出版界的启发与影响，20世纪80年代以来，国内编辑出版了大量冠以"词典"名称，将名篇佳作的赏析文章汇集在一起的所谓"鉴赏词典"，据不完全统计，已近百部。有通代诗文鉴赏词典，如《中国历代诗歌鉴赏词典》；有断代诗文鉴赏词典，如《唐诗鉴赏辞典》；有专类诗文鉴赏辞典，如《山水诗歌鉴赏词典》；有专书鉴赏词典，如《红楼梦鉴赏词典》；甚至还有书画鉴赏词典，如《中国书画鉴赏词典》。然而，从内容到编辑体例来看，目前人们对此持有不同的看法。有人承认这是辞典的一种类型；有人不赞成这是词典之书；还

有人认为这是工具书的一种类型,他们称之为“鉴赏书”。由于这类书冠以“词典”,这里顺便简述,供编校人员和读者参考。

2. 类书、政书的定义、特点与功用

(1) 类书

它是我国古代辑录文献资料,按类或分韵编排的资料性工具书。类书博采群书,随类相从,资料丰富,也被称为古代的百科全书。类书按取材范围可分为综合性类书和专门性类书,按内容性质可分为辑录史实的类书和搜集诗赋文章典故和俪词骈语的类书。其编纂方法是采集抄录,大多事以类聚。除了分类与编排外,不发表作者的看法,实际上是起了资料库的作用。

类书的作用是多方面的。不少类书可以查找事物的起源。由于其门类广泛,举凡典章制度、诗赋文章、辞藻典故等各类知识均可查找。类书在古籍整理方面还有校勘和辑佚作用。就文献检索而言,由于类书将资料分门别类地汇辑在一起,有时还注明出处,当然可以发挥“索引”的功能。

(2) 政书

它是我国古代辑录典章制度源流与文献的资料性工具书。政书可分为历代与断代两大类。查考历代典章制度,主要利用“十通”,即唐杜佑编的《通典》,宋郑樵编的《通志》,元马端临编的《文献通考》,清代官修的《续通典》、《续通志》、《续文献通考》、《清朝通典》、《清朝通志》、《清朝文献通考》和刘锦藻编的《清朝续文献通考》。这十部政书记述了我国自上古至清末5000年典制的发展沿革。可与商务印书馆编辑的《十通索引》相配合使用。

查断代典章多用“会要”、“会典”。其中“会要”以事类相从,记一代典章制度的沿革之制,详而不烦,简而有要,多为私修。“会典”则以官署机构分门立类,以汇编官府的典章规则为主要内容,皆为官修。

3. 百科全书的定义、特点与功能

百科全书是全面系统概述人类一切知识门类的完备的辞书类工具书。其特点是:在内容方面,概述各门学科领域的历史、发展与现状,而且力求全面、客观、富有时代感,堪称最新成就的总库。撰稿人多为各学科领域的专家学者。在编排体例方面,以条目为基本单位,按词典形式加以编排。有完备的检索系统和完整的参见系统,有连续不断的修订制度。百科全书按收录范围可分为综合性百科全书和专业性百科全书;按文献容量的大小可分为30卷以上的大百科全书、10～20卷左右的中型百科全书和1～3卷本的小百科;按所收内容涉及的地域范围可分为世界性百科全书、地域性百科全书;按读者年龄和文化程度可分为成年人百科全书、中学生百科全书、少年儿童百科全书。许多国家出版的综合性百科全书不断修订,具有世界影响,如《不列颠百科全书》、《苏联大百科全书》等,《中国大百科全书》也正在修订,准备出第二版。

百科全书的功用是多方面的。它被称为“工具书之王”,具有各类工具书的作用。它以知识启迪愚昧之蒙,而且不断更新知识宝库;除查考性外,还有教育性。它可以补充学校教育之不足,被誉为“没有围墙的大学”。由于条目较词典长得多,又有可读性,能满足人们检索有关资料和系统学习研究学科知识的需要。

现代信息技术的进步给百科全书的发展带来巨大变化。百科全书信息含量大大增加,内容展示更加多样化;超链接的检索系统使读者有多样选择;光盘版百科全书体积更小,价格更便宜;网络对信息的无限容纳能力使百科全书在内容、形式和功能等方面具有更大的优势,呈现“集成型”和全能化的趋势。

(二)资料性工具书

1. 年鉴的定义、特点与功用

年鉴是概述上一年度事物发展,记录最新事实,汇集统计资料,逐年编辑,连续出版的资料工具书。它既有宏观的全局资料,又有微观的典型资料;既有历史回溯资料,又有现实时事资料;既有原始文献资料,又有统计数字资料;既全面系统,又准确真实。它汇万册于一卷,缩一年为一册,信息密集,叙述简明,出版及时,为读者查阅一年内的事实资料提供了极大的方便。年鉴主要有以下几方面的特点:

(1) 资料权威。年鉴多为国家和各级政府有关部门、出版社、科研单位所编。它以事实为依据，通过对大量原始信息、文献进行筛选、整理分析、加工，最后以高密度的形态将各种信息、情报传递给读者。选材严格，翔实可靠。国外综合性年鉴，多数由大的通讯社、报社出版，其资料、文献、数据大都来自报刊、政府公报或统计部门，具有权威性。

(2) 反映及时。年鉴逐年出版，及时反映上一年度的情况、成就。资料新颖，反映及时，这是情报信息的根本特征，也恰是年鉴的特点。从文献传播的时效意义来看，年鉴较其他工具书具有更高的情报价值。

(3) 出版连续。年鉴的内容不断更新，但它的结构体系、栏目设置等是相对稳定的，其内容是上下衔接连续记载的，故有较大的累积总结作用。读者可以通过不同时期的不同记录作比较分析，从而把握事态的变化和发展趋势。

(4) 功能齐全。年鉴不仅种类繁多，而且每一部年鉴的编纂形式也是多样化的，能将各种类型工具书的形式兼容并包。这决定了年鉴的功能齐全。此外众多的编纂手段和多功能性，是年鉴区别于其他类型工具书的又一重要特征。

年鉴的作用是可以查找时事大事、新颁行的法规文献、各类统计数字、机构产品名录、实用指南便览及回溯或预测资料。

2. 手册的定义、特点与功用

手册是汇集某一领域或某一学科需要经常查考的基本知识、资料或数据，实用便捷的资料工具书。手册有许多异名，如指南、便览、大全等，一般分为综合性和专门性两类，其中专门性手册中大量是关于自然科学、工程技术和家庭生活方面的。手册包括的内容比较广泛，作为实用资料工具书，它要求对各类专著、教科书、论文、词典以及操作规范中的基本概念、基本理论、基本事实、基本方法以及常用数据进行综合概括，以深入浅出的文字介绍给使用者。手册中有相当一部分内容属于操作指南，所以具有实用指导性和便捷性的特点。如《校对手册》、《编辑出版印刷手册》、《国内工具书指南》、《大学文科书目便览》。

手册与年鉴虽然同属于资料书,但前者包含的是基本的、确定的静态型知识信息;而后者记录的是发展的、变化的动态型知识信息。手册可以用来检查各类知识、数据和操作方法。

(三) 线索性工具书

1. 书目的定义、特点与功用

书目不仅在文献学、文史社科诸领域的研究中有重要学术价值,在经济、军事、地理、农医和其他自然科学领域研究中,同样具有重要的参考价值。

我国颁布的国家标准《文献著录总则》(GB/T 3792.1—1983)中指出:目录是"将一批款目按照一定的次序编排而成的一种文献报道和检索工具"。文献目录以各种文献为揭示对象,揭示内容都是与文献有关的特征。如题名、作者、出版者、出版日期、载体形态、主题内容、获得方式等。文献目录是为了传播有关文献的信息而制作的目录,它可以帮助人们了解文献的收藏或出版的情况,掌握文献的基本特征及获取途径。由于文献品种繁多,所以,文献目录又常根据不同种类文献的名称来命名。例如:图书目录、论文目录、标准文目录、专利目录、报刊目录、产品样本目录、图表目录、乐谱目录、磁带目录、唱片目录、金石目录、档案目录等。一般说来,当某种文献的数量达到一定程度时,为了便于控制和利用,都应编制相应的目录。所以,文献目录的品种和数量总是随着文献品种和数量的增加而不断增加。书目仅是文献目录中的一种。

根据多年来的目录学研究及书目的实际情况,还可以从如下几方面把书目进一步划分为不同的类型。按编制目的和用途分登记书目、通报书目、推荐书目、专题书目和征集书目;按收录文献的内容分综合书目、专题书目、地方文献书目、个人著述书目、书目之书目;按文献收藏情况分馆藏书目、联合书目;按文献出版与书目编制时间的内容分现行书目、回溯书目和预告书目。书目的种类远不止这些,例如古典书目中就有官修书目、史志书目、私家藏书目录、版本目录、佛经目录等,此不赘述。

在编制书目时,要对文献内容和形式特征进行分析、选择和记录,这一过程称为著录,著录的结果叫款目。款目又称目录著录项目的组合,是构成书目的基本单位,内容包括著者、书名、版本、出版情况(出版时间、单位、字数、印数、定价)和书目题要。书目题要比较深入地揭示文献的内容特征,包括书名沿革,题意解释,文献论述的内容和主题,学术创获,科学和艺术价值,作者生平事迹、学术思想、创作意图,版本真伪优劣,刊刻年代及其沿革,附录,图表,参考文献等。书目题要可以是说明性的,仅对内容作简略说明,也可以是评论性的,或者是二者兼有。

2. 索引的定义、特点与功用

索引一词是外来语,它由日文音译而来。英文 index,音译为"引得",也称通检,意为指点、指向、标志,由罗马人首先发明。我国原有类似于国外索引的韵编,产生于三国曹魏时期。民国初年引进现代索引。现在索引广泛编制、使用,成为检索文献信息最重要的工具、手段、途径。索引的定义,国内外有不同的解释,多侧重文献领域。英国的国家标准释为"图书、期刊及其他出版物中的语词、概念或其他项目的系统指南。索引是由一系列款目组成,这些款目不是按照它们在出版物中出现的次序,而是按照其他次序(如字母顺序)排列,以便用户迅速找到这些出版物"。我国《辞海》对索引的解释是:"将图书、报刊、资料中的各种事物名称(如字、词、人名、书名、刊名、篇名、内容主题名等)分别摘录,或加注释,记明出处页数,按字顺或分类排列,附在一书之后或单独编辑成册,称为索引。"

从上述定义可见,索引多是针对传统的文献而制作的快速查找文献内容的检索工具。现代社会,信息载体形式发生很大变化,各种信息实体、事实、数据乃至计算机存储的数据库都可以成为索引的对象,索引成为广泛应用的信息揭示检索工具,所以,论及索引的类型,应有机构索引、商品索引、物质索引、档案索引、会议索引、病历索引、公文索引、计算机数据文件或数据库索引。总之,无论哪一方面的信息,信息记录、信息实体积累到一定数量,若要快速查检所需信息线索,都可以编制相关索引。

其中,图书索引中又可细分为篇目索引、语词索引、文句索引、主题词索引(包括人名索引、地名索引、事件索引等),以及单一索引、综合索引、简式索引、复式索引、书内索引、书外索引等。

编辑出版工作者不但要学会使用索引,还应重视书后索引的编辑工作。我国出版的书籍附索引的少,该附索引的书籍大多数没有索引,许多工具书索引不完备,这些问题早已存在,一直未能解决。书籍附有必要的索引,是科研人员和广大读者的需求,同时也是出版者应尽的职责和出版业自身发展的需要。随着计算机技术的发展,编辑索引的劳动强度已大大减轻,我国索引工作落后的局面应该得到改观。

由中国出版科学研究所、中国出版工作者协会或编辑学会主持制定有关书籍索引的行业标准或试行办法,条件成熟时改为国家标准,可以说是实现我国出版业现代化不可缺少的、能造福子孙后代的一项重要建设工程。

3. 文摘的定义、特点与功用

文摘,又称"摘要",其英文 abstract 一词来源于拉丁文 abstractus,原意是"抽取",经过引申、扩展,现已具有丰富的内涵。国际标准认为,文摘是"对原文献内容准确、扼要而不附加解释或评论的简略表述"。我国国家标准认为,文摘是"以提供文摘内容梗概为目的,不加评论和补充解释,简明、确切地记述文献重要内容的短文"。严格按文摘标准编写的文摘,必然具有忠于原文、语义连贯、语言简明确切这三个显著而共有的特征。

文摘有多种类型。其中最主要的是按文献编写报道的方式,划分为如下三种:

(1) 指示性文摘。指概略地指明原文的研究对象、主题范围和所用方法的文摘。它只能告诉读者原文中含有何种情报,而不能定量地报道其具体内容,因此,不能代替原文。它只以不使读者发生误解为限度,从而使读者判定原文与自己的需要是否有关,是否需要阅读原文。一般以 200 字左右为宜。

(2) 报道性文摘。指能用于报道原文内容要点,向读者提供文献中的定性情报（如新理论、新发现、新技术、新方法、新材料、新设备和重要结论）和定量情报（如技术参数、特性数据和重要公式）的文摘。它对原文内容摘录详细，信息量大，是原文内容的浓缩，一般为400字左右。阅读这种文摘，一般可代替阅读原文。在帮助读者了解某些难得文献和克服语言障碍方面，其作用尤为突出。它适用于那些学术价值较高、内容丰富新颖、主题集中专一的文献，如学术论文、科技报告、会议论文和专利说明书等。

（3）指示报道性文摘。又称半报道性文献，是指介于指示性文摘与报道性文摘之间的一种文摘。它以报道性文摘的形式对原文的主要部分进行详细摘录，同时又以指示性文摘的形式对原文中的其余部分作简略介绍，从而使其既吸收两者的长处，又克服两者的不足。在实际工作中，指示报道性文摘极其有用。尤其当原文篇幅过长或受文摘字数限制时，更适宜采用。一般以300字左右为宜。

4. 题录的定义、特点与功用

题录是介于书目和索引之间的一种二次文献，因为它反映的对象既有书名，又有报刊中的文章篇名，所以它似乎更靠近索引，也可以理解为是索引的一种形式。题录的著录事项包括篇名、著者、文献出处。题录不需要揭示文献的具体内容，是二次文献中最迅速、最便捷的报道形式。例如：《新疆年鉴》中所载的“新疆地方文献题录”就属于这一种。《武汉年鉴》自1989年起开始编制的“报刊文章题录”，专门收录了发表在国内外报刊上研究武汉的文章。此外还有专门的题录文献，如《中国社会科学文献题录》、《化工专利题录》、《中国科技期刊题录》等。

（四）表谱性工具书

表谱是用编年体或表格形式反映复杂事物的工具书。表谱按内容可分为年表、历表、职官表、地理沿革表、年谱等。其中年表又可分为专科年表、大事年表、年谱、人物生卒年表等。表谱具有条理清晰、文约事丰的特点。以大事记为例，尽管覆盖面广，举凡政治、军事、经济、文化、民族、边疆等各个侧面与层次的大事均要涉及，但由于以年系事，纵横脉络井然有序，行文简约，给人以“登泰山而小天下”的感觉,检索也极为敏捷,可以按时索事。

表谱内容广泛。有单纯供查找不同历法年代或年月日的年表、历表,如《中国历史纪年表》、《两千年中西历对照表》等;有既纪年又记事的大事年表或大事记,如《中外历史年表》、《中华人民共和国大事记》等;有记载地理沿革的地理沿革表,如《历代地理沿革表》、《历代疆域表》等;有记述学术发展源流的学术年表,如《先秦学术年表》、《中国文学年表》等;有供查考历史人物生卒年或生平事迹的年表、年谱,如《历代人物年里碑传综表》、《汤显祖年谱》等;有职官表与职官年表,如《历代职官表》、《清代职官年表》等。

1. 历表的定义、特点与功用

历表也称历书,是一种按一定历法排列年月日,以供查考的工具书。一般是以表格的形式编制成书,有的只记录一种历法的年月日序,更多的则是将多种历法的年月日序加以对照记录。它是把用来记录时间的不同符号,统一地反映在一定形式的表格上,形成一种指示时间概念、辅助历史科学的有效手段。

任何一部历表都是根据一定的历法编制而成,古今中外出现过许多种原理不同的、格式各异的历法,但就其本质而言,大体可分为三类:阳历、阴历和阴阳历。

(1)阳历是以地球绕行太阳一周的时间为根据制定的历法。地球绕日一周的时间是365.2422日,即365日5小时48分46秒,称为一回归年。而历法中规定的年(称历法年)又必须是整日数,如365日。这样,二者之间就存在一个差数的累积,为此采用了置闰的办法,就是每隔几年在某一年某一月份中增加一日,这一年是366日,叫闰年,相对来说,365日的这一年叫平年。置闰的具体方法、一年中月份的划分及各月有多少日数等,都是人为规定的。古今就有多种太阳历。现在国际通用的公历是太阳历的一种。

(2)阴历是以月亮(太阴)盈亏周期的时长为根据规定的历法,和地球绕日运动周期无关,所以也叫阴历。月亮盈亏周期是29.5306日,即29日12小时44分3秒,称为一朔望月。而历法月又必须是整日数,这样,一年中有些月份是29日,有些月份就须是30

日,这样调整历法的平均时长,使之与月亮的盈亏周期相一致。至于历法月的起止与日数分配等,则是人为规定的。太阴历也有好几种,伊斯兰教历就是其中之一。太阴历的月份与季节寒暑没有关系。

(3) 阴阳历既考虑月亮盈亏的周期,也考虑地球绕日运动的周期,即把朔望月与回归年同时作为制定历法的根据。历法月的日数有的是29日,有的是30日,但其平均时长与朔月是一致的。一年中可以有12个月,也可以有13个月(加一个闰月),但其历法年时长的多年平均时长与回归年相一致,并规定年的开始与太阳历年的开始的差数变化始终不能很大。这样阴阳合历的月份与季节变化就有相当密切的联系,虽然密切程度不如太阳历。中国的农历(也称夏历)、藏历和傣历都属于阴阳合历(也叫阴阳历)。中国传统历书上的每一个日子下面都有注释,或宜嫁娶,或宜沐浴。此外如移徙、出行、动土、疗病、扫舍宇等,也无一不与日常生活有关。而伐木捕捉、牧养等属于农渔牧的范围,更是其中的主要项目。

著名的历表有《二十史溯闰表》、《中国近代史历表》、《两千年中西历对照表》、《近世中西史日对照表》、《中西回史日历》等。

2. 年表的定义、特点与功用

年表是按年代时间顺序列举历史大事,反映时间和历史概念,专供查考历史年代和历史大事的表册型工具书,可分为纪元年表和记事年表两种类型。纪元年表主要用于查考历史年代、帝王庙号、谥号、公元及各种历史纪元,如《中国历史纪元表》、《中国历史年表》等;记事年表又称大事记,是按时间顺序记载史事,专供查考编年史事的工具书,如《中国历史大事年表》、《中国财政金融年表》、《中华人民共和国商业大事记:1949—1985》、《中国革命根据地经济大事记:1927—1937、1937—1949》等。

3. 地理沿革表的定义、特点与功用

地理沿革表是一种以表格的形式反映政区设置的变迁、历史沿革的工具书。其编制结构一般是地名和时期经纬交织,对应揭示具体地名在不同时期的变动情况,必要时辅以一定注释说明。在内容上一般侧重政区沿革,不像地名词典那样兼及概貌。这类采用表格形式的工具书，具有眉目清晰、提纲挈领、易于概略了解某地在不同时期的变异等优点，但同时也容易出现难以准确应对、不能及时细致反映变化等不足。如《历代地理沿革表》、《中国近现代政区沿革表》等。此外还有两种常见的以政区沿革表为主体内容的手册型工具书，如《中华人民共和国行政区划手册》、《中国县市政区资料手册》。

4. 历代职官表的定义、特点与功用

历代职官表是用来查考不同朝代的职官演变或任职人员变动的表谱类工具书。我国长期的封建统治，产生了一个庞大的官僚机构，文官武职，大小官名约有 2 万个。我国古代各种职官的名称、建置、职掌的变迁，品级、员额的增减，不仅历代屡经变动，就是一代之中也往往废置无常。因此，查找官名，首先应对古代的官制有所了解。历代职官表的功用主要是查考职官演变，从中可以了解到某种官名使用于哪一朝代，具有怎样的职权范围，甚至可以查出某一朝代重要官职的历任人员姓名及人事动态。通常分为简述、表解、简释 3 个部分。“简述”部分叙述官制的演变；“表解”部分列有各朝官制爵号、俸给、品秩等简表；“简释”部分简介历代官制、兵制、科举制等专有名词。常用的职官表有：《历代职官表》、《清代职官年表》、《中国历代官制、兵制、科举制度表释》。

（五）图录类工具书

图录是用画图、照片等手段形象地表现复杂事物的工具书。图录主要以历史资料为收录对象，通过观看，如亲临其境，亲见其物，可以加深对事物概念的认识，生动地再现事物形象，具有任何文字资料所不具备的特殊功能。一般分为历史图录、文物图录、艺术图录和人物图录，但各类之间互有交叉。图录的内容包括重大历史事件、人物和文化艺术品的图画和实物照片以及简约的文字说明，是了解历史形象而生动的资料。图录主要包括地图、历史文物图谱、人物图像等基本类型。如《世界地图表》、《中国综合地图表》、《中国近代史参考图谱》、《中国古钱币简谱》、《当代世界货币图集》、《世界硬币图录精编》、《世界金币大全》等。以下主要对两类常见的图录类工具书作一下介绍。

1. 地图的定义、特点与功用

地图是按一定的制图法则,形象地反映自然与社会现象的地理分布及其相互联系的平面图形的工具书。地图多指单幅的挂图、地形图、平面图等。将一批相关的地图按一定的方式汇编起来,就成了地图集。通常可分为普通地图、历史地图与专业地图。普通地图是综合反映地面上物体和现象一般特征的地图,内容包括地理要素和社会经济要素。它有助于对地理知识的学习和查阅。如《中华人民共和国地图集》就是这一类地图。历史地图是展示人类各个历史时期发展情况的地图,内容包括各历史时期疆域、政区、政治形式、人民起义、对外战争等方面的概况,著名的《泰晤士世界历史地图集》为此类地图的代表。专业地图属于专业内容的地图,如《中国工程地质图》、《北美教育地图》等。

2. 图谱的定义、特点与功用

图谱是以图像表示事物形象的工具书。通常分为历史图谱、文物图录、人物图录、艺术图录、科技图录谱等。其中历史图谱则是汇集了重要历史事件的画面、实物照片、人物肖像及珍贵的历史文献图片,以揭示文物或事物的形象,加深对历史了解的工具,如《中国古代历史图谱》。文物图录如《上海古代历史文物图录》、《中国古代体育文物图录》则有助于我们详尽和形象地了解各种文物的情况。此外科技图录谱可帮助学习各种学科的专业知识,如《中国水分气候图集》、《中国动物图谱》、《矿物红外光谱图集》、《彩色组织学图集》等。

三、电子版工具书及其使用

(一)电子版工具书概述

1. 定义

电子版工具书,又称机读版工具书,它是利用光磁材料作为存储介质,将某一方面或多方面的材料汇集编著并按照特定的方法加以编排,专供人们利用计算机进行检索查考的文献信息的集合。它是传统参考工具书和现代信息技术相结合的产物,往往基于享有盛誉的印刷版工具书进行开发。近年来随着计算机及网络知识的普及、电脑价格的下降及正版电子工具书的低价促销（比如《中国大百科全书》光盘版，4 张只卖 50 元），电子版工具书已经进入百姓家中，并以其诸多优点深受各类用户的青睐。

2. 特点

一般来说，与传统印刷型工具书相比，电子版工具书具有以下优势：

（1）强大的检索系统。检索入口多，检索智能化，检索效率高。

印刷型工具书，也可称书本型工具书，限于成本，一般只能提供有限的检索途径。而计算机中存储介质低廉的价格和数据独特的排序结构及光盘介质的海量存储，则使这些问题不复存在。比如反映我国图书出版现状的大型检索工具书《中国国家书目》，书本型只有书名索引、作者索引、分类检索功能，而该书的光盘版则具有题名、作者、主题、关键词、分类号、出版社、题名及作者汉语拼音等 8 个检索入口。书本型《汉语大词典》仅有部首、笔画两种检索途径，而其 1.0 光盘版则可从 20 多种途径查考任一单字。

电子版工具书中所特有的全文检索功能可在整本书内查到任何位置上的词汇，而不仅仅限于条目。这种功能是书本型工具书所不具备的，所以说电子版工具书大大提高了已有信息的利用率。检索效率，不仅体现在查全率、查准率上，而且还体现在查检所用的时间上。电子版工具书的查检时间可以达到毫秒级水平。

（2）占用空间小，保管方便。电子版工具书存储在软盘、光盘或者是服务器的硬盘上，只占用户极少的空间，免除了用户收藏整理图书的麻烦，更不必担心虫蛀、受潮，而且携带方便。

（3）具有统计分析与评价功能。传统工具书主要服务于检索查考文献，无法实现对检索结果的自动统计分析。即便使用人工统计，也需要庞大烦杂的累加计算工作，费时费力费财。而电子版工具书的支撑软件往往具备统计功能。如一般的机编索引均可实现字词出现频率等基本数据的统计。《中国学术期刊》（光盘版）具有科研产出能力评价、科研背景分析、学术期刊评价等多项咨询服务功能。

(4) 内容更新迅速及时。人类知识更新的进程变得越来越快，一本工具书是否涉及相关学科的最新知识已成为衡量其优劣的重要标准。因此大型的传统工具书都有修订制度，如《辞海》就依国际惯例每10年更新一次。鉴于编辑出版工艺与成本的局限，其更新周期很难再缩短。而电子版工具书则无此忧，在更新周期与速度上极具优势。如《中国国家书目》光盘的更新周期为半年，《中文社科报刊篇名数据库》的更新周期为三个月。

(5) 强大的多媒体功能。传统的工具书以文字为主，附有少量图片。随着多媒体技术的发展，集文字、图像、声音、视频等多种媒体形态于一体的工具书开始出现，它向人们提供某一检索点的全方位信息，使人具有强烈的现场感，感受更加深刻，更容易记忆和理解相关知识。如微软公司的《Encarta 百科全书》就附有大量的文字、图片、音频和视频资料。比如检索“毛泽东”这一条目，不仅可以通过文字了解他的基本资料，还可以通过图片了解他各个时期的风貌，甚至可以听到他在开国大典上的讲话。再如《汉语大词典》1.0光盘版便有男女声单字发音功能。

(6) 突破地理局限，检索范围更广，内容更全。网络版工具书是电子版工具书的重要类型之一，读者只要联入网络，完成相关手续，就可以突破地理局限，检索任意语种的网上数据库，从而使检索范围更广，检索内容更全。

(7) 深度揭示工具书的内涵及内在联系。这主要是就电子版工具书的超文本功能而言。超文本检索是要把文献文本中处于不同序列、不同层次上的相关信息以非线性形式链接起来，以适用不同读者查考需要。它构成的参见系统实现起来方便快捷，与传统工具书相比，不仅制作方便，更省去了读者的翻检之劳；它构成的即时解释功能，使读者在阅读中遇到不懂的词语时，只需轻点鼠标，便可得到该词的详细解释，甚至可以得到它的相应译文。

(8) 可以对工具书的潜在功能进行开发。这一直是工具书利用、研究的一个重要课题，比如从综合性的工具书中，利用不同的检索方式，就可以派生出许多专科性工具书或是具有某一特色的工具书。如利用《中国大百科全书》中收录的人物词条,便可组成一本相当不错的"世界名人录";利用其不同卷的资料,还可生成各专业的专业词典等。

当然电子版工具书也有劣势,它需要借助专门的检索设备,有时还必须具备网络接口,检索费用相对昂贵。

3. 分类

根据不同的分类标准,可以将电子版工具书划分为不同的类型。

(1) 根据载体形态,可将其分为软盘版、光盘版、网络版。软盘版在初期阶段占有优势,现在已被逐步淘汰。目前比较流行的是光盘版和网络版,而二者之中,以网络版为好。因为它更新更及时,可以很快查到最新的文献。而光盘版则不必支付网络通信费,同时在本机运行,查检速度也比较快。光盘版数据有时也被作为网络版数据备份。

(2) 根据著录方式,可将其分为题录型、文摘型、索引型、全文型、数值型、多媒体型。前三种都不能得到待查文献的原始内容,后三种则可做到。全文型除了为文献作题录外,还对正文作索引,理论上正文中任何一个词都可作为检索入口。数值型专门以数值表格方式提供各种数据服务,这些数据均来自原始文献的统计数据、调查数据或经过处理的其他数据集合,以商业、经济的居多。多媒体型的是在全文型的基础上增加图形、图像、音频、视频信息,或者是专门的图形库。该类有声有色、图文并茂,可以对图像视频资料进行检索。

参照传统工具书的分类法将电子版工具书分为字词典、百科全书、类书、政书、年鉴、手册、书目、索引、表谱、图录、地图、名录等。

根据收录内容所属的学科领域,按"中图法"分类。

(二) 电子版工具书检索基础

1. 检索途径

检索途径就是检索文献信息时所遵循的思想线索,也可以说是检索时的切入点,其出发点是待检文献的内容特征和外表特征。按内容特征进行检索的途径有分类途径、主题途径等;按外表特征进行检索的途径有文献名称、著者、序号、出版日期等。

2. 检索方式

根据不同检索系统对检索词的匹配能力,可以将其分为以下几种:

(1) 目录式浏览。基本不对检索词进行匹配,它只是对原始文献进行分类,并提供分类目录。由检索者自己选择目录,逐一浏览原始文献。

(2) 简单检索。检索时只需输入检索词,系统不论检索词是出现在文献的名称、著者、序号、出版日期,还是正文之中,将满足条件的所有文献检出。另外,它也不支持多个检索词之间的逻辑匹配。

(3) 二次检索。即在第一次检索结果的基础上,输入另一检索词,对这些结果进行进一步检索。其功能相当于复杂检索中对两个检索词进行"与"逻辑匹配。

(4) 复杂检索(也称高级检索、强力检索)。简单检索往往检出的无效纪录过多,给查考带来不便。于是复杂检索功能应运而生,它通过对检索词进行一些检索逻辑匹配,使检索结果的查准率大大提高。

(三) 常用电子版工具书介绍

1.《中国法律检索系统》

《中国法律检索系统》是我国最早的法律信息查询软件,由北京大学法律系于 1985 年研制成功,至今拥有 60 余个中、英文法律数据库,4 万多篇法规文件,2 亿多字,是当前国内最全、最具权威的法律数据库软件之一。其中包括了自新中国成立以来全国人民代表大会发布的法律、国务院发布或批准的行政法规、国务院各部门发布的部门规章、最高人民法院和最高人民检察院颁布的司法解释、各地方人民代表大会和政府发布的地方性法规规章、中国政府与外国政府签订的经济和科技协定、香港台湾的经济法律、国际公约和商业惯例及合同范本和法律文书。

北大 10 年中对该系统进行了 5 次升级,至今拥有软盘版、光盘版、局域网络版和 INTERNET 版等多种版本。光盘版由北京大学法制信息中心、北京中天软件公司研制,北京大学出版社出版,并分为专业版和普及版。专业版专为律师、法官、企业法律顾问等法律专业人士设计，得到法律界同仁的一致称赞。普及版则适合律师、司法人员、企管人员、法学师生、律考人员和法律爱好者使用。网络版则运行在由北大英华科技公司和北大法制信息中心共同创办的大型综合性法律网站——北大法律信息网（www. chinalawinfo. com）上，有部分免费查询服务。它坚持不懈地每两个月为用户进行一次信息更新服务，是国内更新频率最快的法律数据库。

《中国法律检索系统》普及版，又称《中国法律法规大全》，简称《大全》，是全国发行量最大的法律类电子出版物，至今已发行数万张，用户遍布世界各地。《大全》包括近 3 000 篇法规文件，全面收录中华人民共和国法律、行政法规和重要的司法解释、权威的判例、律考法规和试题答案、法律网址大全。1999 年新版首创导航、检索和超文本链接相结合的三维查询。

它提供的检索入口有：发布部门、法律法规名称关键词、正文关键词、发布日期、发文字号；在检索方式上，支持复杂检索中的布尔逻辑匹配，支持二次检索和目录式浏览；在检索结果呈示上，允许指定每次显示的结果数，并对检索结果总数进行统计。

2.《中国国家书目》

由北京图书馆图新书目数据中心制作，收录了自 1949 年以来的中国国家书目。目前只有光盘版，分别是《中国国家书目光盘（1988—1997）》，数据量约 36 万条；《中国国家书目回溯光盘（1949—1987）》，数据量约 40 万条。

《中国国家书目》全面系统地揭示与报道了中国的出版物，包括中文普通图书、连续出版物、地图、乐谱、盲文读物、博士论文、技术标准、非书资料、书目索引、少数民族图书及中国出版的外文文献。著录项目齐全、规范。

其检索入口有题名、作者、主题、关键词、分类号、出版社、题名作者汉语拼音；检索方式有模糊（任意一致）检索、精确检索、单项检索、布尔逻辑组配检索；检索结果呈示方式为题录方式，可以以字段形式或卡片形式显示与打印，也可以以机读记录格式存盘。目前的更新周期为半年一次。

3.《汉语大词典》光盘版

该系统由汉语大词典出版社和商务印书馆(香港)有限公司联合开发,于1998年面市,它将《汉语大词典》12卷印刷本的绝大部分字、词及其释义和关联信息(例证未收)浓缩于一张光盘上。光盘版在印刷版的基础上,扩充了大量电子信息,大大丰富了原书的信息量。本电子词典共收入27 986个汉字字头,343 470条复词,23 650条成语,512 000项释义,40多万项汉字的字信息,20多种查询方法。在查阅手段上,很好地解决了传统方式查找字词时繁琐且效率低的弊病。光盘版有强大的多媒体功能,每个汉字均可发声,包括多音字,还收入了印刷本的520幅黑白图片。该光盘是查考字、词、成语释义的得力工具。

(1) 字的检索。可以通过直接输入汉字查询释义,也可以通过全浏览方式(并可以根据部首笔画、汉字总笔画、汉语拼音、国语注音顺序排列)逐一查找,还可以通过部首查询、音读查询、笔顺查询、专业查询四种检索方式,或者是这四种方式两两结合,查找想要的字,并输出其释义。

(2) 词的检索。可以通过直接输入词语查询释义,并可以进行匹配查询(可加通配符? *,相当于截词和屏蔽查询),也可以通过全浏览方式(首字笔画顺序、尾字笔画顺序、首字拼音顺序、尾字拼音顺序)逐一查找,还可以通过首字部首查询、首字音读查询、首字总笔画数查询、专业查询四种检索方式,或者是这四种方式的两两结合,查找想要的词语,并输出其释义。

(3) 成语的检索。可以通过直接输入成语查询释义,并可以进行匹配查询(可加通配符? *,相当于截词和屏蔽查询),也可以通过全浏览方式(首字部首笔画顺序、尾字部首笔画顺序、首字拼音顺序、首字注音顺序)逐一查找,还可以通过首字部首查询、首字音读查询、首字总笔画数查询三种检索方式,或者是这三种方式的两两结合,查找想要的成语,并输出其释义。

此外,该系统还具有以下几项比较突出的功能:

(1) 具有比较强大的多媒体功能,包括选择男声或女声进行汉字发音,展示相关词条的图片等。

(2) 具备显示"查询历史"的功能,可以看到所有查询过的字、词、成语。

(3) 具备字"关联"功能,通过使用此功能,可以得到该字的简化字与繁体字,正体字与异体字,古字与今字,通假字与被通假字,正字与讹字,新字形与旧字形,中文汉字与日文汉字。

4. 中国学术期刊

该期刊是经国家新闻出版署批准,由清华大学主办,以电子期刊方式按月连续出版的大型集成化学术期刊全文数据库。它是我国自然科学、工程技术、人文社会科学核心期刊和专业特色期刊的大型全文电子检索系统,配备国际先进水平的全文检索管理软件,保持所收录期刊印刷版全貌,集检索、咨询、评价等多种功能于一体,并基本上与印刷版期刊同步出版。

中国学术期刊系列电子工具书是由清华大学光盘国家工程研究中心学术电子出版物编辑部与清华信息系统工程公司联合编辑制作开发的。其开发研制工作始于 1995 年,1996 年初正式出版。最初只有光盘版,目前已发展成为拥有光盘版和网络版两个版本、包括多个系列的全文检索类电子版工具书。

至今它共收录国内 6 600 种核心与专业特色中英文期刊的全文,其中精选 5 500 种期刊全部全文文献进行数字化建库;覆盖理工 A(数理科学)、理工 B(化学化工能源与材料)、理工 C(工业技术)、农业、医药卫生、文史哲、经济政治与法律、教育与社会科学、电子技术与信息科学 9 大领域。其全文数据库,积累全文文献 500 多万篇,题录 1 500 万余条,分 9 大专辑,126 个专题文献数据库,提供《中国期刊网专题全文数据库》、《中国学术期刊(光盘版)》和《中国学术期刊专题全文数据库光盘》三种形式的产品。其更新频率为网上数据每日更新,光盘每月更新。

5.《中国大百科全书》电子版

《中国大百科全书》是我国第一部大型现代综合性百科全书,其印刷版共 74 卷,共收条目 77 895 条,共计 12 568 万字,图表 49 765 幅。内容涵盖了哲学、社会科学、文学艺术、文化教育、自然科学、工程技术等66 个学科领域。自 1978 年起,在全国各学科、各领域、各部门20 672 位著名的专家、学者和中国大百科全书出版社老中青三代编辑出版人员的共同努力下,历经 15 个春秋,于 1993 年编纂完成,其光盘版的研制工作则由中国大百科全书出版社和北京东方鼎电子有限公司从 1995 年开始着手。截至目前,已推出光盘版三个版本:1999 年 10 月推出的《中国大百科全书》图文数据光盘(共 24 张,获首届国家电子出版物大奖),2000 年 10 月推出的《中国大百科全书》光盘 1.1 版(4 张盘),2002 年 3 月推出的《中国大百科全书》光盘 1.2 版(4 张盘)。

《中国大百科全书》提供的检索入口有:条目中文名称、条目英文名称、条目汉语拼音、彩图名称、条目撰稿人名称、条目主题词、条目笔画、条目内容。提供的检索方式:1.0 和 1.1 版只有模糊检索,1.2 版增加了逻辑检索功能。不过这三个版本都有非常完善的目录式浏览功能,可以分别按条目分类、条目笔画、条目拼音、条目外文、条目主题词、条目撰稿人、彩图目录等浏览相关词条内容。在检索结果处理上,有简单的统计功能,但 1.1 版为只读光盘,它只供阅读,不能下载,不能复制,不能打印。

汉语拼音和外文拼写知识

一、汉语拼音

1.1 汉语拼音字母表

罗马体		哥特体		字母名称读音	
正体	斜体	正体	斜体	汉语拼音	国际音标
A a	*A a*	A ɑ	*A ɑ*	a	[a]
B b	*B b*	B b	*B b*	bê	[b̥ɛ]
C c	*C c*	C c	*C c*	cê	[ts'ɛ]
D d	*D d*	D d	*D d*	dê	[d̥ɛ]
E e	*E e*	E e	*E e*	e	[ə]
F f	*F f*	F f	*F f*	êf	[ɛf]
G g	*G g*	G g	*G g*	gê	[g̊ɛ]
H h	*H h*	H h	*H h*	ha	[xa]
I i	*I i*	I i	*I i*	yi	[i]
J j	*J j*	J j	*J j*	jie	[tɕiɛ]
K k	*K k*	K k	*K k*	kê	[k'ɛ]
L l	*L l*	L l	*L l*	êl	[ɛl]
M m	*M m*	M m	*M m*	êm	[ɛm]
N n	*N n*	N n	*N n*	nê	[nɛ]
O o	*O o*	O o	*O o*	o	[o]
P p	*P p*	P p	*P p*	pê	[p'ɛ]
Q q	*Q q*	Q q	*Q q*	qiu	[tɕ'iu]
R r	*R r*	R r	*R r*	ar	[ar]
S s	*S s*	S s	*S s*	ês	[ɛs]
T t	*T t*	T t	*T t*	tê	[t'ɛ]
U u	*U u*	U u	*U u*	wu	[u]
V v	*V v*	V v	*V v*	vê	[vɛ]
W w	*W w*	W w	*W w*	wa	[wa]
X x	*X x*	X x	*X x*	xi	[ɕi]
Y y	*Y y*	Y y	*Y y*	ya	[ja]
Z z	*Z z*	Z z	*Z z*	zê	[tsɛ]

注：① 本表中汉语拼音字母罗马体和哥特体均为印刷体，罗马体为“泰晤士新罗马体”，哥特体为国内出版的一些常用字典和词典给汉字注音使用的字体。

② 字母名称读音以1982年8月17日国家标准局和中国文字改革委员会联合发出的国标〔1982〕339号文件《汉语拼音字母名称读音》为准。[b̥ɛ][d̥ɛ][g̊ɛ] 中的“。”是清音化符号。[ts'ɛ]等国际音标中的“'”是送气符号。

1.2 汉语拼音字母和符号

《汉语拼音方案》1958年2月11日由第一届全国人民代表大会第五次会议批准施行。国际标准化组织1982年8月通过ISO 7098《文献工作——中文罗马字母拼写法》，决定拼写中文以《汉语拼音方案》为国际标准，“按中文字的普通话读法记录其读音”。《中华人民共和国国家通用语言文字法》规定国家通用语言文字以《汉语拼音方案》作为拼写和注音的工具。

方案分字母表、声母表、韵母表、声调符号和隔音符号五部分。字母表采用世界通用的26个拉丁字母，规定v只用来拼写外来语、少数民族语言和方言，字母的手写体依照拉丁字母的一般书写习惯。字母表的元音字母有a、e、i、o、u 5个，其他字母为辅音字母，其中的y、w是带元音性质的辅音。y、w发音时声带振动，有轻微的摩擦成分，出现在音节的界音位置上，所以语音学上称为“半元音”或“半辅音”；它们位于韵头，作隔音字母使用，在小学汉语拼音教学中作为辅音字母看待。声母表和韵母表分别列出普通话的21个声母和35个韵母。韵母表中的单韵母有a、o、e、i、u、ü 6个，此外还有一个单用时写成ê的韵母。在给汉字注音的时候，为了使拼式简短，双辅音字母zh、ch、sh、ng可以省作ẑ、ĉ、ŝ、ŋ。ü、ẑ、ĉ、ŝ等加符字母均不列入字母表。普通话的4个声调符号为阴平ˉ、阳平ˊ、上声ˇ、去声ˋ，标在音节的主要元音上，轻声不标。

汉语拼音拼写的依据除《汉语拼音方案》外，主要有GB/T 16159－1996《汉语拼音正词法基本规则》、GB/T 3304－1992《中国各民族的罗马字母拼写法和代码》、GB/T 3259－1992《中文书刊名称汉语拼音拼写法》、《中国人名汉语拼音字母拼写法》(1976年)、《中国地名汉语拼音拼写规则(汉语地名部分)》(1984年)等。因为一般汉语词典给字注音都标明声调,可供查阅,下面介绍分词连写法和大写字母的用法时,不加声调符号。

1.3 汉语拼音的分词连写

《汉语拼音正词法基本规则》规定:拼写普通话基本上以词为书写单位,并适当考虑语音、语义等因素,同时考虑词形长短适度。

1.3.1 连写

在以下 15 种场合连写:

(1) 表示整体概念,不能按词或者按语节划分的多音节结构。如:dahui(大会)、chidexiao(吃得消)、yanjiushengyuan(研究生院)、gushengwuxuejia(古生物学家)。

(2) 单音节重叠的结构。如:niannian(年年)、shuoshuo(说说)、tiaotiao(条条)。

(3) 专名化的称呼。如:Xishi(西施)、Mengchangjun(孟尝君)。

(4) 名词和单音节前加和后加成分。如:feijinshu(非金属)、kexuexing(科学性)、zonggongchengshimen(总工程师们)。

(5) 代词和后加成分。如:women(我们)、tamen(他们)。

(6) 汉语地名中的专名或通名和单音节附加成分。如:Xiliao He(西辽河)、Chaoyangmennei Nanxiaojie(朝阳门内南小街)。

(7) 自然村镇名称和不需要区分专名和通名的地名。如:Wangcun(王村)、Jiuxianqiao(酒仙桥)。

(8) 动词和"着""过""了"。如:jinxingzhe(进行着)、kanguo(看过)、kanle(看了)。

"了"用在动词后面或句子末尾,不是表示动作完成而是表示语气的分写。如:Zou le, zou le, bu neng zai deng le.(走了,走了,不能再等了。)

(9) 单音节动词(或形容词)和单音节补语。如:dasi(打死)、shutou(熟透)。

(10) 单音节形容词和重叠的前加和后加成分。如:mengmengliang(蒙蒙亮)、liangtangtang(亮堂堂)。

(11) "这""那""哪"和"些""么""样""般""里""边""会儿"

“个”。如:zhexie(这些)、zhege(这个)、nayang(那样)。

(12) 从十一到九十九(汉字数字)的整数。如:shiwu(十五)、jiushijiu(九十九)。

(13)“百”“千”“万”“亿”和前面的单音节数。如:sanbai(三百)、erqian(二千)、shiwan(十万)、baiwan(百万)、qianwan(千万)、jiuyi(九亿)、wanyi(万亿)。

(14)“几”和前面或后面的“十”。如:jishi(几十)、shiji(十几)。

(15) 不能按两段来念的四言成语、熟语。如:buyilehu(不亦乐乎)、aimonengzhu(爱莫能助)。

1.3.2 分写

在以下14种场合分写:

(1) 表示整体概念但可以按词或者按语节划分的多音节结构。如:wufeng gangguan(无缝钢管)、Zhongguo Shehui Kexueyuan(中国社会科学院)。

(2) ABAB式双音节词重叠的结构。如:changshi changshi(尝试尝试)、xuebai xuebai(雪白雪白)。

(3) 名词和后面的方位词。如:shan shang(山上)、shu xia(树下)、men waimian(门外面)。

已经成词的,连写。如:tianshang(天上)、dixia(地下)、haiwai(海外)。

(4) 姓和名。如:Mei Lanfang(梅兰芳)、Dongfang Shuo(东方朔)。

(5) 姓名和职务、称呼。如:Tian Zhuren(田主任)、Lao Qian(老钱)。

(6) 汉语地名中的专名和通名。如:Hebei Sheng(河北省)、Yalu Jiang(鸭绿江)。

(7) 动词和宾语。如:chi yu(吃鱼)、kai wanxiao(开玩笑)。

(8) 动词(或形容词)和补语,其中有多音节的。如:zou jinlai(走进来)、zhengli hao(整理好)。

(9) 形容词和后面的“些”“一些”“点儿”“一点儿”。如: da xie(大些)、kuai dianr(快点儿)。

(10) “这”“那”“哪”“各”“每”“某”“本”“该”“我”“你”和名词或量词。如: zhe ren(这人)、na ci huiyi(那次会议)、ben shi(本市)、wo xiao(我校)。

(11) “万”“亿”和前面双音节或多音节的数。如: shiyi wan(十一万)、wubai wan(五百万)、qiqian wan(七千万)、siwan wan(四万万)、liushisan yi(六十三亿)。

(12) 数词和量词。如: liang ge ren(两个人)、wushisan renci(五十三人次)。

(13) 数词、量词和“多”“来”“几”。如: yibai duo ge(一百多个)、shi lai wan ren(十来万人)、ji tian gongfu(几天工夫)。

(14) 副词、介词、连词、结构助词等虚词和其他词语。如: zui da(最大)、guanyu zhege wenti(关于这个问题)、gongren he nongmin(工人和农民)、hao de hen(好得很)。

1.3.3 半连

在以下4种场合半连,加短横作连字符:

(1) AABB式重叠并列结构。如: shuoshuo-xiaoxiao(说说笑笑)、wanwan-ququ(弯弯曲曲)。ABAB式双音节词重叠的结构,如changshi changshi(尝试尝试)、xuebai xuebai(雪白雪白)是两个词重叠,所以分写;“说说笑笑”“弯弯曲曲”是一个词,拼音在原则上要连写成shuoshuoxiaoxiao、wanwanququ,中间加短横是为了便于阅读。

(2) 某些并列的缩略成分、表示概数的词语。如: Ying-Han Cidian(英汉词典)、hai-lu-kongjun(海陆空军)、shiqi-ba sui(十七八岁)。

(3) “第”和数词。如: di-shisan(第十三)、di-ershiba(第二十八)。

(4) 某些可以分成两个双音节来念的四言成语。如: fengping-langjing(风平浪静)、guangming-leiluo(光明磊落)。“风平”“浪静”“光明”“磊落”成词或可以独立使用。“水到渠成”“颠三倒四”虽然可以分成两个双音节来念,但“水到”“渠成”“颠三”“倒四”不成词,一般不独立使用,宜分写为“shui dao qu cheng”“dian san dao si”。

当“环保”“公关”作为“环境保护”“公共关系”的简称新出现时,拼写成 huan-bao、gong-guan,中间加短横是为了便于理解;现在“环保”“公关”已成为大家熟悉的常用词,可不加短横,直接连写为 huanbao、gongguan。

1.4 隔音符号的用法

《汉语拼音方案》规定:“a,o,e 开头的音节连接在其他音节后面的时候,如果音节的界限发生混淆,用隔音符号(’)隔开。”例如:pi’ao(皮袄)、dang’an(档案),不加隔音符号就是 piao(飘)、dangan(单干)。有些 a、o、e 开头的音节与前面音节的界限虽然懂普通话的人不会混淆,但按照惯例也要加隔音符号,例如:cao’an(草案)、mu’ou(木偶)、chao’e(超额)。假如“超额”拼写成 chaoe,即不加隔音符号,不懂汉语普通话的人,特别是方言里或本族语里有 oe 音节的人,对音节界限的划分是在 cha 和 oe 之间还是在 chao 和 e 之间可能会产生疑惑。实际上的执行情况是:为了拼读的方便,凡是以 a、o、e 开头的非第一音节,一律加隔音符号同前面的音节隔开。像Nibo’er(尼泊尔)这样的音译外国专名加了隔音符号,任何人阅读都不会对音节的划分产生疑惑。多音节词必要的时候可以用两个隔音符号,例如:qi’ang’ang(气昂昂)。

1.5 大写字母用法

(1) 句子开头字母、诗歌每行开头字母大写。专有名词的第一个字母大写。

(2) 汉语人名的姓和名第一个字母大写。如:Sima Qian(司马迁)、Li Bai(李白)、Li Shizhen(李时珍)。

专名化的称呼第一个字母大写。如:Kongzi(孔子)、Xishi(西施)。

(3) 国名和地名第一个字母大写;分段书写的,每段第一个字母大写。如:Zhongguo(中国)、Zhonghua Renmin Gongheguo(中华人民共和国)、Taiwan Haixia(台湾海峡)、Heilongjiang Sheng(黑龙江省)、Beijing Shi(北京市)、Sanyanjing Hutong(三眼井胡同)、Dongnan Ya(东南亚)。

(4) 机关、团体、学校、企事业单位和其他组织机构专名各段第一个字母大写。如:Guojia Banquanju(国家版权局)、Zhongguo Zuojia Xiehui(中国作家协会)、Qinghua Daxue(清华大学)、Renmin Chubanshe(人民出版社)、Xinhua Shudian(新华书店)、Haiyang Gongcheng Gongsi(海洋工程公司)。

(5) 民族、语言、方言、某国人、某地人第一个字母大写。如:Daizu(傣族)、Hanyu(汉语)、Guangzhouhua(广州话)、Zhongguoren(中国人)、Shanghairen(上海人)。

(6) 节日名称各段第一个字母大写。如:Chun Jie(春节)、Guoji Laodong Jie(国际劳动节)。

(7) 朝代和历史事件专名部分和通名部分第一个字母大写。如:Tang Chao(唐朝)、Xi Zhou(西周)、Hou Jin(后金),Lugouqiao Shibian(卢沟桥事变)、Qiushou Qiyi(秋收起义)。

(8) 专有名词和普通名词连写在一起仍作专名用的第一个字母大写;已经转化为普通名词的,第一个字母小写。如:Songshi(宋史)、songtizi(宋体字),Zhongshanren(中山人)、zhongshanfu(中山服)。

(9) 书报刊和作品名称第一个字母和各个实词第一个字母大写,虚词(连词、介词等)小写。如:Deng Xiaoping Wenxuan(邓小平文选)、Renmin Ribao(人民日报)、Bianji Xuekan(编辑学刊)、Dadi zhi Ge(大地之歌)、Hong yu Hei(红与黑)、Qingnian Yundong de Fangxiang(青年运动的方向)。

设计需要时,名称中的虚词可以大写,名称的各个词也可以全用大写。

1.6 一些特殊拼写法

一般的音节至少包含一个元音,但有个别特殊音节没有元音,例如某些鼻辅音发音时声带震动,声音响亮,可以自成音节,在语音学上称为“成音节辅音”或“韵化辅音”。这些特殊音节在拼写时加声调符号。如：姆妈(m̄mā) /嗯(ňg)！你怎么还没去？/他嗯(ǹg)了一声，就走了。

省名的汉语拼音不标调时，“山西省”写成 Shanxi Sheng，为了区别，“陕西省”则写成 Shaanxi Sheng。

1.7 移行规则

多音节词按音节分开，在行末的音节末尾加短横，其后的音节移到下行。如：ke-xuejia。一个音节即使包含两个元音字母也不能在中间拆分。如 guang-ming(非 gu-angming)、yuan-xiong(非 yu-anxiong 或 yuanxi-ong)。不能把一个字母留在行末或移到下行，也不能把单音节的声母和韵母拆开，把韵母移到下行。例如 Alaboren(阿拉伯人)的移行方式有 Ala-boren、Alabo-ren，非 A-laboren、Alabore-n、Alabor-en。

1.8 汉语拼音字母的标准字体及其他字体的应用情况

汉语拼音采用世界通用的 26 个拉丁字母。西方最早的金属活字为黑字母体(Blackletter)，又称哥特体(Gothic)，我国俗称“花体”。欧洲金属活字发明人谷登堡 1455 年在美因茨印刷出版的第一种书籍——拉丁文《四十二行圣经》就是采用这种字体，其字形模仿西欧中世纪晚期修道院书籍抄本普遍使用的艺术书写体——哥特体，字身狭长，结体紧密，主笔画垂直、粗重，多折角和分杈，几乎没有圆曲线，与中世纪晚期的哥特式建筑的艺术风格一致。德文字母从 15 世纪中期至第二次世界大战以经过改进的哥特体为标准字体，因这种字体往往在折笔处把原来连续书写的圆曲线分割成带尖角的线段，因而德国人自己称之为“折断体”(Frakturschrift)。德国从 1941 年 1 月起以拉丁字母罗马体取代 15－16 世纪以来使用的哥特体(折断体)作为官方文件、语文教学和出版物的标准字体(Normal-Schrift)。印刷用的拉丁字母罗马体是 15 世纪 60－70 年代在意大利刊印的第一批书籍中最先使用的，15 世纪末 16 世纪初以来法国、英国等西方大多数国家也相继使用罗马体作为印刷出版物的标准字体。英国书史专家约翰·费瑟在《书史词典》(英国克鲁姆·赫尔姆公司 1986

年版)的《罗马体》条中说“由意大利人文主义者在15世纪创制的一种手写体演变而来的罗马体现为全世界拉丁字母的标准字体(standard typeface)”(Feather J. Roman //A Dictionary of Book History. Kent: Croom Helm Ltd, 1986: 232)。各种西文字母表和越南文字母表所用的字体为罗马体。《汉语拼音方案》也是以拉丁字母罗马体为标准字体。

文字改革出版社在1978年3月出版的《汉语拼音方案》单行本(统一书号9069·124)汇集了4个有关文件:

(1)全国人民代表大会关于汉语拼音方案的决议(1958年2月11日第一届全国人民代表大会第五次会议通过)。

(2)关于公布汉语拼音方案草案的决议(1957年11月1日国务院全体会议第60次会议通过)。

(3)汉语拼音方案。

(4)中国文字改革委员会主任吴玉章的《关于当前文字改革工作和汉语拼音方案的报告》(1958年2月3日在第一届全国人民代表大会第五次会议上)。

这是《汉语拼音方案》在1977年9月经联合国第三届地名标准化会议通过成为国际标准后由我国主管机构编印出版的《汉语拼音方案》标准本,在其他场合出版的《汉语拼音方案》大都是作为附录或作为单独的文件收入书中,不附吴玉章的报告。要正确了解方案的制订经过和它的用处,不可不读吴玉章的报告。

《汉语拼音方案》单行本的汉语拼音字母采用的字体为当时和目前世界各国西文书报刊正文最通用的有衬线体——“泰晤士新罗马体”(Times New Roman™)。这种字体是伦敦《泰晤士报》委托兰斯顿蒙纳公司设计的,1932年10月3日开始使用,现在也是一般个人计算机的默认字体。如果用户不另外选择字体,键入拉丁字母,在计算机屏幕上显示出来的西文就是这种罗马体。吴玉章报告的附注中介绍汉语拼音方法的例句,如“g 和 ao 相拼,就可以拼出‘高’(gao)字的音来”,也是用罗马体,与《汉语拼音方案》一致。《汉语拼音方案》颁布实施后,《人民日报》开始在报头的汉字报名下方加汉语拼音——RENMIN RIBAO,用的是罗马体全大写,至今不变。文字改革出版社于1958年出版中国文字改革委员会词汇组编的《汉语拼音词汇(初稿)》(收词21 000多条)在语文工具书中率先按照《汉语拼音方案》用汉语拼音字母罗马体给汉字注音。此书后来的增订本,包括国家语言文字工作委员会依据《汉语拼音正词法基本规则》组织编写的《汉语拼音词汇(1989年重编本)》(语文出版社1991年版),继续使用罗马体不变。汉语拼音是我国少数民族创制和改革文字的共同基础。周有光《比较文字学初探》(语文出版社1998年版)一书中提供了壮文、布依文等14种以汉语拼音为基础创制的少数民族文字的样品,其字母无一不是采用罗马体。

目前出版物使用的汉语拼音字母主要有两种字体:一种是以小写拉丁字母a、g为代表的罗马体(Roman),属于笔画宽度分粗细和成比例的有衬线字体(serifed typefaces);另一种是以ɑ、ɡ为代表、笔画等宽或大体等宽的无衬线字体(sans-serif typefaces)。后一种又称"哥特体"(Gothic),这是美国英语最先起的名称,我国的一些语文教材也这么用,但须注意所指的是现代无衬线体,不是指有装饰线的老哥特体(花体)。《现代汉语知识》在介绍汉语拼音字母的体式时写道:"汉语拼音字母共有四种体式:大楷、小楷、大草、小草。楷体是印刷用的字体,草体是手写的字体。语文课本上用的汉语拼音字母叫哥特体……。它是楷体,但又接近草体,线条均匀,没有粗细之分,没有装饰线,便于书写。哥特体同常见的罗马体有两个字母字形差别较大,一个是ɑ、a,一个是ɡ、g。"(人民教育出版社中学语文室编著《现代汉语知识》第一册1995年版第26页)。英语管a、g叫做"双层的a、g",而ɑ、ɡ则叫做"单层的ɑ、ɡ",以示区别。所谓"双层"(two-storey),是指a有两层圆曲线,g上下两层都是环形笔画;所谓"单层"(single-storey),是指ɑ、ɡ只有一层环形笔画。根据不同的字形,a又称"钩形a"(hook a),ɑ又称"碗形ɑ"(bowl ɑ)。

《新华字典》1953—1957年版用注音字母注音,1959年由商务印书馆出版修订本时,改用汉语拼音注音(注音字母仍保留,排在汉语拼音之后），所使用的拉丁字母为罗马体。《新华字典》1962 年修订重排本正文和附录《汉语拼音方案》汉语拼音字母均用罗马体，封三的《汉语拼音字母的印刷体和手写体》提供了这两种字体 26 个大小写字母的不同样式，印刷体为罗马体，手写体为草体。《新华字典》1962 年修订重排本和《现代汉语词典》1973 年试用本这两种书的附录《汉语拼音方案》所用的罗马体看来都是“世纪书目体”（Century Catalogue）。

《新华字典》从 1971 年修订重排本起，汉语拼音改用哥特体。《现代汉语词典》出版以来在正文中给汉字注音一直用哥特体。吕叔湘主编的《现代汉语八百词》（1980 年第 1 版及后来的增订本）的词目注音用罗马体。《新华字典》第 10 版和《现代汉语词典》第 5 版的汉语拼音主要采用哥特体类的“赫尔维提卡体”（Helvetica），《辞海》1999 年版和《大辞海·语言学卷》2003 年版的汉语拼音则主要采用哥特体类的“通用体”（Univers），采用时仅对原字体的个别字母有变动，例如用接近手写体的ɑ 替换原字体的 a 等。a 为赫尔维提卡标准体，ɑ 属赫尔维提卡教科书体。赫尔维提卡体的圆曲线为椭圆形的，如ɑbcdgopq。还有一些书刊采用一种属于几何图形体类的等线体，称“世纪哥特体”（Century Gothic），其圆曲线为正圆形的，如ɑbcdgopq。汉语拼音在出版物和语文教学中采用什么字体是可以根据不同的需要自行选择的，是否得体，那是《汉语拼音方案》的具体应用问题；但是在语文工具书、教材或其他出版物中收录《汉语拼音方案》时，不宜把《汉语拼音方案》自身原来使用的罗马体改为哥特体，以免读者误以为汉语拼音字母的标准体为哥特体。全国人大教科文卫工作委员会和教育部语言文字应用管理司编写的《中华人民共和国国家通用语言文字法学习读本》（语文出版社 2001 年初版）所附的《汉语拼音方案》照原方案用拉丁字母罗马体。为了保持字体的统一，该书收录的其他有关文件，如《汉语拼音正词法基本规则》《普通话异读词审音表》《普通话水平测试等级标准（试行）》《简化字总表》等，其中的拼音字母依照《汉语拼音方案》一律用罗马体，不用哥特体。

罗马体和哥特体各有适用的范围。在印刷字体中,拉丁字母的罗马体相当于汉字的宋体,笔画有一定的粗细对比度,带衬线,适宜于排印书报刊正文、公文和长篇文章,也可以用于大小标题。哥特体,相当于汉字的楷体,无衬线,基本笔画简单,粗细一致(等线体)或大体一致,接近手写体,容易书写,主要适用于小学语文教学、儿童读物、短文、工具书的词目、报刊标题、路名标牌、公示语、一般展览资料,特别是广告宣传。这种字体本来就是工业革命的产物,在 19 世纪早期为适应日益增长的广告宣传的需要而产生的,通常使用较大的字体以吸引人。哥特体有一个缺陷就是形似的字母多,例如罗马体大写的 I 和小写的 l 换成哥特体的等线体就不易看出区别。英语 ill(有病的)在句子开头用罗马体写作 Ill,依靠衬线可以把不同的字母区别开来。如果罗马体改用哥特体来书写,其对应关系为:第一个字母 I→l,第二和第三个字母 ll→ll,三个字母 Ill→lll。三个字母像三条等宽的竖线,机读可以靠内码识别这是由什么字母组成的词,人读靠视觉是难以推断这三条等宽的竖线到底代表什么。罗马体字形差别大,有衬线,实践证明其易读性(legibility)即易分辨的程度高于哥特体。试比较"高架桥的"汉语拼音的两种字体:

哥特体　gāojiàqiáo de(10.5 点)

罗马体　gāojiàqiáo de(10.5 点)

汉语拼音两种字体的字号同样是10.5点(相当于汉字 5 号字),哥特体靠增大 x 高度——小写字母主体(占四线格的中格)的高度——来提高易读性,这样一来,上伸部分(占上格)和下延部分(占下格)就不得不相应地缩短。从上面的样例可以看出,o 的右侧的弧线变直便是a,而 a 的竖画上伸一点便是 d,下延一点便是 q,往左弯便是 g,要逐个字母把上下延伸部分仔细看清楚才能分辨出字形的细微区别,阅读速度自然快不了。成年人用的汉语词典的多音节词目和正文一般用 6 号字,与之匹配的拼音字母的字号用 8 点,所有大小写字母的整个字身高度都低于同级汉字,已经缩得很短的小写字母上下延伸部分更难看清楚。10.5 点或 8 点的罗马体,即使把小写字母的上下延伸部分掩盖住,主笔画仍然清晰可辨。例如,g 去掉下延的曲尾巴，连接上字碗和下字环的曲线(字颈)及下字环上部的横画尚在，上字碗右上角有“耳朵”，仍可根据这些特征判断这个字母是 g，而不可能是其他字母。a 和 o 彼此有显著的区别，它们跟去掉上下延伸部分的 q、d 也有区别。d 去掉上伸部分，留下竖画向右上挑的衬线，便使它有别于去掉下延部分的 q。多年的汉语拼音教学实验证明，ɑ 即使在字号较大的儿童注音识字读物中也不容易与其他近似的字母区分清楚，影响阅读速度。近年的人教版小学一年级语文课本的汉语拼音已把 ɑ 右边的竖画改为竖弯(同 t 的主笔画一样)，以提高它的易读性。北京史家胡同小学编写的、与人教版最新教材同步的《小学一年级语文辅导(上)》对这个字母的书写指导是：先写左半圆，再写右竖弯。

有经验的读者看西文书报，往往先采用扫读的方式快速浏览，在慢读时也是以整个词为单位而不是以字母为单位来阅读的。罗马体字母的垂直衬线把一个词中间的字母分隔开来，水平衬线又把构成一个词的几个字母更紧密地连在成一起，衬线不仅有助于看清词形，而且还能指引读者的眼球顺着基准线运动进行快速阅读。书报刊正文的标准字号为 10－10.5 点(相当于汉字 5 号字)，正文字号大小变动的幅度在 9 点和 12 点(相当于汉字小 5 号和小 4 号字)之间。哥特体字形近似的字母多，在西文读物中一般要较大的字号，不适宜排长篇文章；如果用哥特体较小的字号排长篇文章，阅读速度慢，眼睛容易疲劳。

有些作者使用与ɑ、ɡ 相似的 α、g 给汉字注音，以为它们是汉语拼音常用的哥特体字母。其实 α、g 仅仅是在形式上像哥特体而已，这两个字母的字体是罗马体的变种，圆曲线是单层的，笔画有粗细对比，不是等宽的。α 的左半圆中段粗，上下段接近右边的竖画时逐渐变细，竖线末尾稍向右弯；g 右边的竖画粗，向左下延伸的曲线变细，末尾为直径大于细线的线珠。α、g 和其他罗马体字母搭配使用，如 guójiā(国家)。依字体归类，ɑ、ɡ 属哥特体，α、g 属罗马体。“guójiā”这类形式的罗马体变体虽然有人使用，但不是《汉语拼音方案》所用的罗马体标准体(在下节有具体说明)。

1.9 差错和问题

(1)《汉语拼音方案》是国家的法律文件，它自身所用的汉语拼音标准字体是不能随便更改的。目前许多辞书和语文教材收录的《汉语拼音方案》把1958年第一届全国人民代表大会第五次会议批准施行的《汉语拼音方案》所用的标准字体由罗马体（相当于汉字的宋体）改为哥特体（相当于汉字的楷体），造成出版物上汉语拼音标准字体应用的混乱。这好比《现代汉语通用字表》（1988）所确定的印刷宋体字形是目前我国规范汉字的标准字形，这个字表改用楷体来排印是不行的。《汉语拼音方案》的韵母表最后一条说明在辞书和语文教材中往往排成“在给汉字注音的时候，为了使拼式简短，ng可以省作ŋ”。ng是无衬线哥特体，n的左边的竖画上下端以及右边的竖画下端都没有衬线，g也没有衬线，笔画看来一样粗。ŋ为罗马体ng的省写形式，是有衬线罗马体，其特征是：左边的竖画上端左侧有楔形衬线，下端有水平衬线；右边的曲线的上下线段比中间线段细，曲线以线珠收尾。有衬线体的ŋ没有相应地换成无衬线的ŋ，两种不同的字体掺杂在一起，不了解情况的读者会误以为这是《汉语拼音方案》本身原有的缺陷。依照文字改革出版社出版的《汉语拼音方案》标准本，这一条的写法应为“在给汉字注音的时候，为了使拼式简短，ng可以省作ŋ”。同一音节三个字母都是罗马体的“ang、eng、ong”中的“ng”省作“ŋ”后，ŋ的字身高度跟a、e、o一样，字体是完全协调的。哥特体小写字母ɑng、eng、ong字身的顶线高于罗马体ang、eng、ong字身的顶线，自然也高于罗马体ŋ的顶线。“ɑng、eng、ong”中的哥特体的“ng”省作罗马体的“ŋ”后，哥特体的ɑ、e、o便跟高度比它们低的罗马体的ŋ排在一起了。同一个音节排两种字体，字身高低不齐，笔画粗细不一，衬线前无后有，显得极不协调。

(2) 哥特体的ɑ、g和外观相似的单层的ɑ、ɡ罗马体混淆。汉语拼音guójiā（国家）有人以为是哥特体，其实是罗马体。“国家”一词依照《汉语拼音方案》规定的印刷标准体拼写，应当用a、g式罗马体，拼作guójiā。国际音标用a和ɑ代表不同的音值，前者表示前元音，后者表示后元音；在国际音标表上一般用ɡ表示舌根浊塞音。汉语拼音字母 g 的名称读音用国际音标表示为[g̊ɛ],g 上方的小圆圈为清音化符号,见本文《汉语拼音字母表》下面的解释。西文书报刊的正文通常用 a、g 与其他罗马体字母配套,很少看到 ɑ、ɡ 与其他罗马体字母搭配使用,因为不符合几百年来的使用习惯,容易与哥特体的ɑ 、ɡ 混淆。在印刷字体中,拉丁字母的哥特体相当于汉字的楷体,笔画匀称,无衬线,便于书写;罗马体相当于汉字的宋体——笔画有一定的粗细对比或粗细变化,带衬线。国际标准 ISO/IEC 9541-1 附录 A《字体设计分类》把汉字明朝体(宋体)列入有衬线体类。有些词典【楷体】条的释义为“名 ❶楷书。❷指拼音字母的印刷体”,义项❷不大准确。楷体不过是拼音字母印刷体之一种,哥特体可以算一种;历史更悠久、使用范围更广泛的罗马体则属于另一类字体。有的教材把罗马体称为“正楷体”更不适宜,因为罗马体不属于楷体,它除了正体之外,还有斜体。把罗马体和哥特体都归入楷体类,就模糊了两种不同字体的分类界限。

（3）一本国家标准和规范文件汇编本在同一文件中罗马体的正体和斜体混用。如:“按捺—按纳 *à*nn*à*……告诫—告戒 g*à*ojiè”(《第一批异形词整理表》)。*a* 为罗马体 a 的斜体,非哥特体。上文的汉语拼音宜统一用罗马体正体的 ànnà 和 gàojiè。

（4）罗马体和哥特体混用。如:“不要把 ji、qi、xi 读成 ɡi、ki、hi”。ɡ 为哥特体,其他字母为罗马体,ɡ 宜改为罗马体的 g。

（5）汉语拼音的阳平符号和外文附加符号混淆。汉语拼音阳平符号“ˊ”为提号,笔锋向上,写法由左下朝右上提,下粗上细;外文附加符号“ ´”(如拉丁语和西班牙语重音符、法语闭音符)为撇号,笔锋向下,写法由右上往左下撇,上粗下细。许多书刊往往把汉语拼音的阳平符号排成外文的撇号。例如 ZHŌNGGUÓ YǓWÉN(《中国语文》2007 年第 1 期刊名)宜把 Ó、É(撇号)改为Ó、É(提号)。北京小学一年级语文课本 2007 年版有多种版本,汉语拼音阳平符号有的用提号,有的用撇号(多年来就如此);如果允许两种符号随便选用一种,便不可能实现阳平符号用法的统一。

(6) 没有以词为单位书写,分连不适当。如:

书名 CHUBANKEXUELUNCONG(《出版科学论丛》)不能连写成一长串,要按词分写为 CHUBAN KEXUE LUNCONG。书名 DA ZI RAN GUAN(《大自然观》)表示一个整体概念,要把全部字母连写为 DAZIRANGUAN。书名 GUO MO RUO ZHUAN(《郭沫若传》)中的名字部分要连写为 MORUO。《克林顿——只争朝夕的年轻人》书名汉语拼音中的 Ke Lin Dun 宜连写为 Kelindun。

(7) 连字符漏用、误用。例如:《辽沈决战》和《中国近现代人名大辞典》书名汉语拼音中的 LIAOSHEN 和 JINXIANDAI,要分别加连字符改为 LIAO-SHEN 和 JIN-XIANDAI。《东西互助　共同发展》书名汉语拼音中的 DONGXI 要加连字符改为 DONG-XI。这里的"东西"指东部和西部,如果是作物品讲的"东西"则不加连字符。bowuxue-jia(博物学家)不应加连字符。

(8) 隔音符号漏用。例如:书名 LIXING DE BEIAI(《理性的悲哀》)和 Taigeer Shixuan(《泰戈尔诗选》)中的 BEIAI 和 Taigeer,要分别加隔音符号写作 BEI'AI 和 Taige'er。

(9) 大小写有误。有些词典的专有名词条目全部小写,或有时大写,有时小写。专有名词都应大写。例如:mòqí(万俟)、mòzǐ(墨子)、dōngxiāngzú(东乡族)、xiàmén(厦门)开头字母要大写,即改为 Mòqí(万俟)、Mòzǐ(墨子)、Dōngxiāngzú(东乡族)、Xiàmén(厦门)。dōng Hàn(东汉)的 dōng 开头字母也要大写,改为 Dōng。

二、日语

2.1 日语假名字母表

下面的清音表、浊音表、半浊音表、拗音表依据日语假名表和日本政府 1954 年颁布的《罗马字拼写法》编制。日语罗马字有训令式、黑本式和日本式三种拼写法。表中的少数罗马字冠以序号 1 的取自《罗马字拼写法》第 1 表,冠以序号 2 的取自第 2 表。后加"训"、"黑"或"日"字表示属于什么方式的拼写法。如:"1. si 训、日/2. shi 黑""1. zi 训、黑/2. di 日"。占大多数的未编序号的罗马字为训令式、黑本式和日本式三式共同的拼写法。

2.1.1　五十音图：清音表

平假名/片假名	あ/ア段	い/イ段	う/ウ段	え/エ段	お/オ段
あ/ア行	あ/ア a	い/イ i	う/ウ u	え/エ e	お/オ o
か/カ行	か/カ ka	き/キ ki	く/ク ku	け/ケ ke	こ/コ ko
さ/サ行	さ/サ sa	し/シ 1. si 训、日 2. shi 黑	す/ス su	せ/セ se	そ/ソ so
た/タ行	た/タ ta	ち/チ 1. ti 训、日 2. chi 黑	つ/ツ 1. tu 训、日 2. tsu 黑	て/テ te	と/ト to
な/ナ行	な/ナ na	に/ニ ni	ぬ/ヌ nu	ね/ネ ne	の/ノ no
は/ハ行	は/ハ ha	ひ/ヒ hi	ふ/フ 1. hu 训、日 2. fu 黑	へ/ヘ he	ほ/ホ ho
ま/マ行	ま/マ ma	み/ミ mi	む/ム mu	め/メ me	も/モ mo
や/ヤ行	や/ヤ ya	（い/イ） i	ゆ/ユ yu	（え/エ） e	よ/ヨ yo
ら/ラ行	ら/ラ ra	り/リ ri	る/ル ru	れ/レ re	ろ/ロ ro
わ/ワ行	わ/ワ wa	（ゐ/ヰ） （i）	（う/ウ） （u）	（ゑ/ヱ） （e）	を/（ヲ） 1. o 训、黑 2. wo 日
					ん/ン n

2.1.2　浊音表

平假名/片假名	あ/ア段	い/イ段	う/ウ段	え/エ段	お/オ段
が/ガ行	が/ガ ga	ぎ/ギ gi	ぐ/グ gu	げ/ゲ ge	ご/ゴ go
ざ/ザ行	ざ/ザ za	じ/ジ 1. zi 训、日 2. ji 黑	ず/ズ zu	ぜ/ゼ ze	ぞ/ゾ zo
だ/ダ行	だ/ダ da	ぢ/ヂ 1. zi 训、黑 2. di 日	づ/ヅ 1. zu 训、黑 2. du 日	で/デ de	ど/ド do
ば/バ行	ば/バ ba	び/ビ bi	ぶ/ブ bu	べ/ベ be	ぼ/ボ bo

2.1.3 半浊音表

平假名/片假名	あ/ア段	い/イ段	う/ウ段	え/エ段	お/オ段
ぱ/パ行	ぱ/パ pa	ぴ/ピ pi	ぷ/プ pu	ぺ/ペ pe	ぽ/ポ po

2.1.4 拗音表

	や/ヤ	ゆ/ユ	よ/ヨ
か/カ行	きゃ/キャ kya	きゅ/キュ kyu	きょ/キョ kyo
が/ガ行	ぎゃ/ギャ gya	ぎゅ/ギュ gyu	ぎょ/ギョ gyo
さ/サ行	しゃ/シャ 1. sya 训、日 2. sha 黑	しゅ/シュ 1. syu 训、日 2. shu 黑	しょ/ショ 1. syo 训、日 2. sho 黑
ざ/ザ行	じゃ/ジャ 1. zya 训、日 2. ja 黑	じゅ/ジュ 1. zyu 训、日 2. ju 黑	じょ/ジョ 1. zyo 训、日 2. jo 黑
た/タ行	ちゃ/チャ 1. tya 训、日 2. cha 黑	ちゅ/チュ 1. tyu 训、日 2. chu 黑	ちょ/チョ 1. tyo 训、日 2. cho 黑
だ/ダ行	ぢゃ/ヂャ 1. zya 训、黑 2. dya 日	ぢゅ/ヂュ 1. zyu 训、黑 2. dyu 日	ぢょ/ヂョ 1. zyo 训、黑 2. dyo 日
な/ナ行	にゃ/ニャ nya	にゅ/ニュ nyu	にょ/ニョ nyo
は/ハ行	ひゃ/ヒャ hya	ひゅ/ヒュ hyu	ひょ/ヒョ hyo
ば/バ行	びゃ/ビャ bya	びゅ/ビュ byu	びょ/ビョ byo
ぱ/パ行	ぴゃ/ピャ pya	ぴゅ/ピュ pyu	ぴょ/ピョ pyo
ま/マ行	みゃ/ミャ mya	みゅ/ミュ myu	みょ/ミョ myo
ら/ラ行	りゃ/リャ rya	りゅ/リュ ryu	りょ/リョ ryo

2.1.5 字母表的说明

五十音图是按日语音系编排的日语基本字母表,起源于平安时代中期,排列方式经过历史演变,在现代定型。图中50个表示清音的假名,在横排的书刊中的排列以5个基本元音为纵轴,命名为“段”(列),共5段,每段有10个假名,含a的叫“あ段”,含i的叫“い段”,含u的叫“う段”,含e的叫“え段”,含o的叫“お段”;以辅音同与这5个基本元音相拼而成的假名为横轴,命名为“行”,共10行,每行有5个假名。辅音相同的假名同行,元音相同的假名同段,每行都以第一个假名命名。例如:第一行“あいうえお”,叫“あ行”,由纯元音a、i、u、e、o构成,辅音为零;第二行“かきくけこ”叫“か行”,辅音均为k,元音分别为a、i、u、e、o;第三行“さしすせそ”叫“さ行”,5个元音均以s为辅音;余类推。在竖排的书刊中则依照五十音图本来的排列法:行竖排,自上而下读;段横排,从右至左读。

あ/ア行的假名い/イ和え/エ在や/ヤ行中重出,う/ウ在わ/ワ行中重出,外加括号表示。因此,五十音图的清音实际上只有47个假名,わ/ワ行带括号的历史假名“(ゐ/ヰ)”“(ゑ/ヱ)”“(ヲ)”在1946年文字改革后已废弃不用。わ行的を和あ行的お都读作/o/,を仅作助词用,在其他场合写作お。五十音图的末尾依习惯附上一个拨音ん/ン(表示鼻音,非清音)。这个假名是后加的,不在五十音之列。

由于日语不断吸收外来词语和自身的发展变化,由清音构成的五十音图不能完全体现现代日语的语音体系,所以后来除拨音外又补充了称为“浊音”和“半浊音”的假名和其他语音符号。日语字母表中的“清音”“浊音”“半浊音”是沿用传统音韵学的名称,与我国现代语音学以声带是否振动来划分辅音清浊不完全相同。日语的清音只有一部分是由“清辅音+元音”构成:か/カ行、さ/サ行、た/タ行、は/ハ行的辅音k、s、t、h是清辅音,な/ナ行、ま/マ行、ら/ラ行的辅音n、m、r是浊辅音,而あ/ア行由元音构成,都是浊音,不含辅音。

浊音表中的浊音由浊塞音g、d、b和浊塞擦音z加元音构成,其中じ/ジ和ぢ/ヂ同音,ず/ズ和づ/ヅ同音,用来区别同音异义词。

ぱ/パは的半浊音与ば/バ行的浊音对应,所包含双唇无声破裂音 p 实际上是清辅音。浊音符号为两点“゛”,半浊音符号为小圆圈“゜”,附加在假名的右上方。

清音、浊音、半浊音由一个假名构成,统称直音。拗音是与直音相对而言,用两个假名表示一个音节,把い/イ段的假名辅音与や/ヤ行偏右下小写的ゃ/ャ、ゅ/ュ、ょ/ョ相拼形成。从罗马字拼音可以看出,拗音的构成方式是:辅音 + 半元音 y + 元音。拗音可以有:(1) 拗长音,如ちょうりゅう(tyôryû 潮流);(2) 拗促音,如しゅっぱん(syuppan 出版);(3) 拗拨音,如じゅんじょ(zyunzyo 顺序)。

2.2 日语假名和音节

日语文字主要使用汉字和假名,也常常夹用罗马字(拉丁字母)。“假名”意为“假借的字”,是借用笔画简单的汉字或把汉字的草书极度简化或利用汉字楷书的部分笔画造成的日语字母。每一种假名都有两种写法:一种是平假名,即草体假名,用于一般书写;另一种是片假名,即楷体假名,用于外来语、外国人地名(本来用汉字的除外)和一些特殊词语。

日语一个假名表示一个音节。一般音节为开音节,由 a、i、u、e、o 等五个基本元音单独构成,或由辅音/半元音 + 元音构成。此外,还有拨音、促音和长音等三个特殊音素构成的音节。半元音是介于元音和辅音之间的音,发音时带轻微的摩擦。や/ヤ行的三个假名や/ヤya、ゆ/ユyu、よ/ヨyo,分别由半元音 y[j]与元音 a、u、o 相拼而成。わ/ワ行假名由半元音 w[w]与元音 a 相拼而成。现代日语使用的假名共 70 个,其中清音假名 44 个、浊音假名 20 个、半浊音假名 5 个、拨音假名 1 个。此外还有一个假名“ヴ”是为必要时音译西文字母“v”而设,不列入字母表。若不用这个假名,ヴァ、ヴィ、ヴ、ヴェ、ヴォ可分别写作バ、ブ、ベ、ボ,如 Venus(维纳斯)译作ヴィーナス或ビーナス。用假名拼写各种语音,日语的整个音系比较稳定的音节总共有一百上下。

2.3 日语的三个特殊音素

2.3.1 拨音

拨音ん/ン起源于汉字音读中的鼻韵尾,也叫鼻音。它的特殊性在于:音值多变(有[n][m][ɲ][ŋ]等),自成音节;但一般不单独使用,不出现于词头和促音前面,其位置总是处于其他音节后面,也不自相重叠。

2.3.2 促音

促音用小写的っ/ッ表示,偏右下书写。日语的促音发音短促,类似汉语某些入声字的发音(如类似广州话“木瓜”[mukkuɑ]和“页边”[ji:ppin]中第一个字音末尾的 k 和 p),通常出现在か/カ、た/タ、ぱ/パ、さ/サ行的爆破音或摩擦音之前,在外来语中也出现在浊音之前。作为促音,っ/ッ不代表原来的读音 tu(tsu),它的音值取决于后续音,罗马字通常用重叠随后一个音节的第一个辅音字母来表示。如:いっき/イッキ(一期 ikki)、いったい/イッタイ(一体 ittai)、いっぽ/イッポ(一步 ippo)、いっそく/イッソク(一足 issoku)。あっ(感叹词“啊”)和やっ(感叹词“呀”)以っ结尾,罗马字分别写作 a' 和 ya',在字母后加省字符(')。

2.3.3 长音

长音是与短音相对来说的。五十音图的音都是短音。短音延长一倍是长音,短音为一个音节,长音为两个音节。音节的长短具有辨义作用,如:おい(老い)——おおい(多い)。长音的表示方法为:(1)在あ段、い段、う段的假名后分别加あ、い、う。如:おかあさん(お母さん)、ちいさい(小さい)、くふう(工夫)。(2)在え段后加え或い。如:ねえさん(姉さん)、とけい(時計)、せいだく(清濁)。(3)在お段后加お或う。如:おおきい(大きい)、こうぎ(講義)。

2.4 日语罗马字

2.4.1 日语罗马字的三种拼写法

日语罗马字拼写法有三种方式:(1)黑本式,以美国传教士黑本(J. C. Hepburn,1815—1911)1867 年《和英语林集成》创始的日语罗马字拼写法为基础制定,属于英语式表记法,明治以来在国际交往中广泛使用。经过修正的黑本式又称标准式。(2)日本式,最初由日本人田中馆爱橘(田中館愛橘)在1885年提出,后由日本罗马字社推广,其特点是采用音位制,五十音图各行假名的辅音都使用同一个单字母拼写。例如ち、つ均写作ti、tu,不像黑本式采用音素制,参照英语的拼音用双辅音分别写作chi、tsu。(3)训令式,指日本政府1937年以来颁行的拼写方案规定的拼写方式。现行的拼写方案是1954年以内阁告示的形式颁布的《罗马字拼写法》。国际标准化组织采用训令式作为书写日语的国际标准,见表1。

表1　三种拼写方案差异比较表

假名	训令式	黑本式	日本式
し	si	shi	si
ち　つ	ti　tu	chi　tsu	ti　tu
ふ	hu	fu	hu
じ	zi	ji	zi
ぢ	zi	ji	di
づ	zu	zu	du
しゃ　しゅ　しょ	sya　syu　syo	sha　shu　sho	sya　syu　syo
ちゃ　ちゅ　ちょ	tya　tyu　tyo	cha　chu　cho	tya　tyu　tyo
じゃ　じゅ　じょ	zya　zyu　zyo	ja　ju　jo	zya　zyu　zyo
ぢゃ　ぢゅ　ぢょ	zya　zyu　zyo	ja　ju　jo	dya　dyu　dyo
くゎ	–	–	kwa
ぐゎ	–	–	gwa
を	o	o	wo

2.4.2　《罗马字拼写法》附则的六项规定

1954年颁布的《罗马字拼写法》包含前言、第1表和第2表、附则三部分。第1表为训令式,第2表是折中黑本式和日本式而成。前言规定:① 一般书写日本国语时要遵照第1表所示拼写法。② 第2表的使用只限于在国际关系等方面业已形成的惯例一时难以改变的场合。③ 附则的内容适用于前两项。下面举例说明《罗马字拼写法》附则的六项原则性规定,并介绍其他不同拼写法供比较。

(1) 拨音一律写作 n。

例如:さんめん(三面)sanmen、しんぶん(新聞)sinbun、さんぽ(散步)sanpo、おんな(女)onna。

而按照黑本式,拨音出现在唇辅音 m、b、p 之前依实际的发音写作 m,其余写作 n。如:sammen、shimbun、sampo、onna。

美国梅里亚姆-韦伯斯特公司与日本研究社合作出版的《日英学习词典》(1993 年版)采用标准式,对黑本式拼写法作了一些变通。拨音用 n̄(n 的上方加短横)同な/ナ行的辅音 n 相区别。如:san̄men、shin̄bun、san̄po、on̄na。

(2) 表示拨音的 n 与后续的元音字母或 y 有分开拼音的必要时,在 n 的后面加隔音符号(')。

例如:たんい(單位)tan'i、きんえん(禁煙)kin'en、きんゆう(金融)kin'yû、こんやく(婚約)kon'yaku。

与不加隔音符号(')比较:たに(谷)tani、きねん(記念)kinen、きにゅう(記入)kinyû。懂日语的人不会把 konyaku 分成 ko-nyaku 来读,但日语存在拗音 nya,为了体例的统一、便于分清音节界限,こんやく仍加隔音符号写作 kon'yaku。

上述《日英学习词典》的拼写法为たんいtan̄i、たにtani、きんえんkin̄en、きねんkinen,きんゆうkin̄yuu、きにゅうkinyuu、こんやくkon̄yaku。因为按照该书的体例,n̄(跟假名ん一样)不同后续的元音字母或 y 相拼,不会产生音节混淆的问题,所以不用加隔音符号。

(3) 促音用重叠后面音节的第一个辅音字母来表示。

例如: 加マッチ(音译英语 match)matti、いっち(一致)itti、かっこ(括弧)kakko、ざっし(雑誌)zassi。

按照黑本式拼写法,チ写作 chi,前面有促音时,不重复写 c,而在 chi 前加 t。マッチ写作 matchi(非 macch),いっち写作 itchi(非 icchi)。

(4) 长音在字母的上方加符号(^)表示。大写时也可用并列的两个元音字母表示。

例如: おかあさん(お母さん)okâsan、ねえさん(姉さん)

nêsan、とうきょう(东京)Tôkyô、おおさか(大阪)Oosaka。

但是日本国际交流基金会和日本的出版社同外国合作出版的日语工具书多按照黑本式的拼写法以短横为长音符,如 nēsan、Tōkyō。值得注意的是:i 的长音习惯写作 ii,如いいわけ(言い訳)iiwake、おにいさん(お兄さん)oniisan;长音えい习惯写作 ei,如えいが(映画)eiga、めいれい(命令)meirei、とけい(時計)tokei。《日英学习词典》则按照自身的体例一律重叠两个元音字母写作 iiwake、oniisañ、eega、meeree、tokee(非 tokei)。けいと(毛系)不是由作为长音的けい和と构成,而是由け(毛)和いと(系)构成,意为“生丝”,该词典写作 keito,不写作 keeto,便可避免混淆。

用片假名书写外来语或外国人地名时,长音节依照日本官方文件和习惯都是用长音符“ー”(相当于一个全身假名的长度)来表示。如:テープ(tape/磁带)、メーデー(May Day/五一节)、ローマ(Rome/罗马)。长音符有时也用等线体的“−”。

(5) 特殊音的拼写法可按音自由拼写。

例如:“フィルム”可写作 firumu 或 film 等。

(6) 句子开头和专有名词的第一个字母大写。还有专有名词以外的名词的词头也可以依照惯例大写。

例如:Anata wa Nihongo o hanasẹmasu ka?(あなたは日本語を話せますか。)句中的“は”作为助词读作 wa。

2.5 日语辞书条目的排列顺序·英语字母的日语读音

2.5.1 日语辞书条目的排列顺序

日语辞书条目的排列顺序遵循基本固定的原则,但有时会有一些差别。我国商务印书馆与日本小学馆合作出版的《现代日汉大词典》(宋文军主编,1997 年版),其词头的排列顺序为:(1) 按五十音图顺序排列(片假名排在平假名之前)。(2) 词名的假名相同时,按清音、浊音、半浊音顺序(如は→ば→ぱ等)排列。促音或拗音列在直音的“つ”或“や·ゆ·よ”之后(如きやく〔規約〕→きゃく〔客〕)。外来语小写的“ア·イ·ウ·エ·オ”列于普通写法之后。(3) 假名的写法完全相同的词按所说明的“名词、代名词、动词、形

容词、副词、连体词、助动词、助词、接续词、感叹词、接头词、接尾词、造语成分、汉语造语成分、连语”等17个类别顺序排列。(4)词类相同的同音词,按和语、汉语、外来语顺序排列。(5)读音相同的汉语造语成分之间,按汉语笔画顺序排列。(6)外来语的长音,看作前面假名的元音的延长,排在相当于“ア・イ・ウ・エ・オ”的位置。例如“コーヒー”排在相当于“コオヒイ”的位置,“セーター”排在相当于“セエタア”的位置。

日本小学馆1982年出版的《国语大辞典》的排列法不同于《现代日汉大词典》的是:(1)平假名排在片假名之前。(2)小写字排在大写字之前(如きゃく→きやく)。(3)汉语词按照汉字笔画多少排列,笔画少的在前;笔画数相同的,按《康熙字典》的顺序排列。我国出版的辞书以西文字母开头的词语跟汉字词目是分开编排的。日本讲谈社出版的《NAVIX大事典(当代知识百科全书)》(1997年版)所收西文字母条头跟假名条头、汉字条头是混合编排的,按假名音序排列。同音条目的排列顺序是:片假名→西文字母(读音用平假名表示)→平假名→汉字。例如:アイ→I→あい→愛。每个拉丁字母有一定的名称,以英语读音为依据,例如ISBN(国际标准书号)读作“アイエスビ−エヌ”,在书上标明这个读音,把它排在“アイアイ”条后,“あいお”条前。又如WTO读作ダブリュ−ティ−オ−(长音符照原书用等线体)。日文中的外来词源自英语的占多数,查日文辞书中的西文字母词,需要了解英语字母的日语读音。

2.5.2 英语字母的日语读音

A	エ−	H	エイチ	O	オ−	V	ブィ
B	ビ−	I	アイ	P	ピ−	W	ダブリュ−
C	シ−	J	ジェ−	Q	キュ−	X	エックス
D	ディ−	K	ケ−	R	ア−ル	Y	ワィ
E	イ−	L	エル	S	エス	Z	ゼット
F	エフ	M	エム	T	ティ−		
G	ジ−	N	エヌ	U	ユ−		

2.6 差错和问题

(1) 假名与近似的汉字混淆。例如“他方の場合には”误作“他方の場合汇は”。

(2) 字形相似的假名误排。例如“アングル”(Angles 盎格鲁人)误作“アンゲル”。

(3) 浊音和清音混淆。例如“にくらべて”(比较)误作“にくらへて”。

(4) 大写和小写混淆。例如:① “ピリオド”(period 句号)误作“ピリォド”。小写的“ォ”要改为大写的“オ”,因为它在这里单独成为一个音节,不与前面的“リ”相拼。② “マイクロフィルム”(microfilm 缩微胶卷)误作“マイクロフイルム”。第二个“イ”要同前面的辅音“フ”相拼,不自成音节,所以要用小写,不宜用大写。第一个“イ”和“マ”各自成音节,所以用大写。③ “ブラケット”(brackets 方括号)误作“ブラケツト”。“ッ”在这里是表示促音的符号,所以要用小写。④ “アシェット”(Hachette 阿歇特出版社)误作“アシエット”。“ッ”在这里是促音符号,用小写是对的,但前面的“エ”也要用小写,因为“シ”同“ェ”和“ット”合成一个音节。

为避免大小写混淆的差错,要知道哪些字母分大小写,小写可用于什么音节。日语假名分大小写的有あぁ/アァ、いぃ/イィ、うぅ/ウゥ、えぇ/エェ、おぉ/オォ、つっ/ツッ、やゃ/ヤャ、ゆゅ/ユュ、よょ/ヨョ、わゎ/ワヮ。除日语常用的拗音和促音包含小写字母外,书写外来语包含小写的音节还有 シェ、チェ、ツァ、ツェ、ツォ、ティ、ファ、フィ、フェ、フォ、ジェ、ディ、デュ(优先使用),イェ、ウィ、ウェ、ウォ、クァ、クィ、クェ、クォ、ツィ、トゥ、グァ、ドゥ、ヴァ、ヴィ、ヴェ、ヴォ、テュ、フュ、ヴュ(必要时使用)等。

2.7 附录：日本假名字源表

平假名					片假名				
あ安	い以	う宇	え衣	お於	ア阿	イ伊	ウ宇	エ江	オ於
か加	き幾	く久	け計	こ己	カ加	キ幾	ク久	ケ介	コ己
さ左	し之	す寸	せ世	そ曾	サ散	シ之	ス須	セ世	ソ曾
た太	ち知	つ川	て天	と止	タ多	チ千	ツ川	テ天	ト止
な奈	に仁	ぬ奴	ね祢	の乃	ナ奈	ニ二	ヌ奴	ネ祢	ノ乃
は波	ひ比	ふ不	へ部	ほ保	ハ八	ヒ比	フ不	ヘ部	ホ保
ま末	み美	む武	め女	も毛	マ万	ミ三	ム牟	メ女	モ毛
や也		ゆ由		よ与	ヤ也		ユ由		ヨ与
ら良	り利	る留	れ礼	ろ吕	ラ良	リ利	ル流	レ礼	ロ吕
わ和	ゐ為	う宇	ゑ惠	を遠	ワ和	ヰ井	ウ宇	ヱ慧	ヲ乎
ん无					ン(拨音符号演变而成)				

三、英语

3.1 英语字母表

印刷体 正体	印刷体 斜体	手写体	字母读音	印刷体 正体	印刷体 斜体	手写体	字母读音
A a	*A a*	*Aa*	[eɪ]	N n	*N n*	*Nn*	[ɛn]
B b	*B b*	*Bb*	[biː]	O o	*O o*	*Oo*	[əʊ]
C c	*C c*	*Cc*	[siː]	P p	*P p*	*Pp*	[piː]
D d	*D d*	*Dd*	[diː]	Q q	*Q q*	*Qq*	[kjuː]
E e	*E e*	*Ee*	[iː]	R r	*R r*	*Rr*	[ɑː]
F f	*F f*	*Ff*	[ɛf]	S s	*S s*	*Ss*	[ɛs]
G g	*G g*	*Gg*	[dʒiː]	T t	*T t*	*Tt*	[tiː]
H h	*H h*	*Hh*	[eɪtʃ]	U u	*U u*	*Uu*	[juː]
I i	*I i*	*Ii*	[aɪ]	V v	*V v*	*Vv*	[viː]
J j	*J j*	*Jj*	[dʒeɪ]	W w	*W w*	*Ww*	[ˈdʌb(ə)ljuː]
K k	*K k*	*Kk*	[keɪ]	X x	*X x*	*Xx*	[ɛks]
L l	*L l*	*Ll*	[ɛl]	Y y	*Y y*	*Yy*	[waɪ]
M m	*M m*	*Mm*	[ɛm]	Z z	*Z z*	*Zz*	[zɛd/ziː]

注：本表中印刷体为“泰晤士新罗马体”，手写体为“自由体”（Freestyle Script）。

3.2 英语字母的特点

英语采用26个拉丁字母。a、e、i、o、u、y为元音字母,其余为辅音字母。y除代表元音[aɪ]和[i]外,常用来代表半元音[j],因而也被认为是半元音字母。公元7世纪,抄书手用uu(大写则为VV)代表/w/音,后来这两个双字母演变成合体字母W,称作double u。英语固有词不使用加符字母,但外来语除外,如借自法语的communiqué(公报)用加符字母é。英语来源于希腊语或拉丁语的词曾使用合体字母Æ、æ和Œ、œ,现在改为ae、oe,如:Aeschylus、Caesar、Oedipus、Phoenicia。拼写古英语词仍用合体字母,如Ælfric。

3.3 大小写的使用

下面讲某个词语"大写"时指首字母大写,讲某个词语"全大写"时指全部字母大写。

(1) 句子和标题第一个词大写。

(2) 诗歌各行的首字母大写。

(3) 论文大纲中各行的首字母大写。

以上三项在现代各种西文中都要大写。

(4) 人名及与之连用的称呼、职称、头衔、诨号大写。如:Daniel Defoe(丹尼尔·笛福)、Oliver C. Fairbanks Jr.(小奥利弗·C.费尔班克斯)、Uncle Tom(汤姆叔叔)、Senator Bradley(布莱德利参议员)、Lieutenant Colonel Smith(史密斯中校)、Professor Johnson(约翰逊教授)、Stonewall Jackson(石壁杰克逊)。

原籍为爱尔兰、苏格兰等地的人有许多姓以O'、Mac、Mc为词头。如:O'Hara(奥哈拉)、MacDonald(麦克唐纳)、McKinley(麦金莱)。

英语国家法、西、葡、意、德、荷裔的人名在姓前往往带有de、della、du、der、d'、der la、la、l'、van、van der、von、ten、ter、zur等附加成分,用大写还是小写从家族或个人习惯,在移民的祖籍国小写的较多。不用全名,只提姓时一般要带附加成分。如:Eugen D'Albert(D'Albert), Lee De Forest(De Forest), Walter de la Mare(de la Mare), Martin Van Braun(Van Braun), Werner von Braun(von

Braun)。附加成分在句子开头大写。如:the paintings of de Kooning/De Kooning's paintings are over there.

(5) 星系、恒星、行星、卫星、星座等天体名称大写。如:Milky Way(银河系)、North Star(北极星)、Saturn(土星)、Phobos(火卫一)、Ursa Major(大熊星座)。

但 sun(太阳)、earth(地球)、moon(月球)通常小写,除非它们作为太阳系特定天体名称出现,或同其他大写天体名称连用,如 the Moon and Mars(月球和火星)。the solar system(太阳系)也小写。

(6) 海洋、海峡、港湾、岛屿、半岛、湖泊、河流、山脉、高原、平原、沙漠等自然界事物的通名作为专名的一部分时大写。如:Atlantic Ocean(大西洋)、Rocky Mountains(落基山脉)、Strait of Gibraltar(直布罗陀海峡)、Rhode Island(罗得岛)、Hudson River(哈得孙河)。

通名不作为专名的一部分时小写。如:the Caribbean islands(加勒比海诸岛)、the river Thames(泰晤士河)、the river Nile(尼罗河)。

(7) 东、西、南、北、中等方位名词作为专名的一部分时大写。如:East Asia(东亚)、South Carolina(南卡罗来纳州)、the Middle East(中东)。

仅指方向时小写。如: south by east(南偏东)、west of London(伦敦西)。

(8) 省、州、市、县、乡、区等行政区划单位名称作为专名的一部分时大写,作为普通名词时小写。如: the Province of Antario(安大略省)、Hainan Province(海南省)、Washington State 或 the state of Washington(华盛顿州)、New England states(新英格兰各州)、New York City(纽约市)或 the city of New York(纽约城)、Palm Beach County(棕榈滩县)、Evanston Township(埃文斯顿乡)、Seventh Congressional District(第七国会选区)或 his congressional district(他的国会选区)。

(9) 街道、公园、广场、建筑物、名胜古迹等专名大写。如: Wall Street(华尔街)、Fifth Avenue(第五大道)、Hyde Park(海德公园)、Times Square(时代广场)、Empire State Building(帝国大厦)、Golden

Gate Bridge(金门桥)、Leaning Tower of Pisa(比萨斜塔)、the Sphinx(狮身人面像)。

(10) 组织机构等专名大写,其中的虚词小写。如:World Trade Organization(世界贸易组织)、House of Representatives(众议院)、Department of State(国务院)、the Supreme Court(最高法院)、Republican Party(共和党)、Textile Workers Union of America(美国纺织工人联合会)、the Library of Congress(国会图书馆)、Macmillan Publishers Ltd.(麦克米伦出版公司)、Oxford University(牛津大学)。

(11) 国家、民族、语言名称大写。如:Canada(加拿大)、Jews(犹太人)、English(英语)。

(12) 某国人、某地人的名称大写。如:Austrians(奥地利人)、Asians(亚洲人)、Caucasians(高加索人)、Londoners(伦敦人)、New Yorkers(纽约市人/纽约州人)。

国名、地名、民族名、语言名称派生的形容词或作形容词用时也大写。如:Asian 作名词时指"亚洲人",作形容词时指"亚洲的、亚洲人的";Chinese 作名词时指"中国人、中国话",作形容词时指"中国的、中国人的、中国话的"。

(13) 地质年代、历史时期、历史事件大写。如:the Pliocene(上新世)、Bronze Age(青铜时代)、Hellenistic Period(希腊化时期)、Middle Ages(中世纪)、Victorian Era(维多利亚时代)、Roaring Twenties(兴旺的 20 世纪 20 年代)、the Renaissance(文艺复兴)、Yalta Conference(雅尔塔会议)、Korean War(朝鲜战争)。

大写的 Ice Age 为新生代第四纪的"冰川时代",小写的 ice age 为"冰期"。

历史时期用于泛指时小写。如:classical period(古典时期)、colonial period(殖民地时期)、gold age(黄金时代)、atomic age(原子时代)。

(14) 星期、月份、节日的首字母大写。如:Sunday(星期日)、April(四月)、Children's Day(儿童节)。

四季名称小写,带四季名称的节气也小写。如:spring equinox

(春分)、winter solstice(冬至)。中国二十四节气的英译名一律大写。如:the Beginning of Spring(立春)、the End of Heat(处暑)、the Winter Solstice(冬至)。

(15) 宗教专名大写。如:God(上帝)、Allah(真主)、Society of Jesus(耶稣会)、High Church(高教会派)、Puritans(清教徒)、Zen(禅宗)。

(16) 军队专名大写。如:U. S. Marine Corp(美国海军陆战队)、the Eighth Route Army(八路军)。泛指某种部队时小写,如naval air force(海军航空兵)。

(17) 奖金、奖章、勋章等专名的首字母大写。如:Nobel Prize(诺贝尔奖)、Oscar(奥斯卡奖)、National Book Award(国家图书奖)、Silver Star(银星奖章)、Medal of Honor(荣誉勋章)。

(18) 注册商标、服务标志的首字母大写。如:Coca-Cola(可口可乐)、Kodak(柯达)、Pliofilm(普利薄膜)、Air Express(航空快递)。

(19) 来源于专名的主义、思想、学说、学派大写。如:Hellenism(希腊主义)、Marxism(马克思主义)、Mao Zedong Thought(毛泽东思想)、Neoplatonism(新柏拉图主义)、Stoics(斯多葛派)。

不是来源于专名的小写。如:existentialism(存在主义)、postmodernism(后现代主义)、big bang theory(大爆炸说)、theory of relativity(相对论)、physiocrat(重农主义者)。

(20) 宪法、法律、条约、政府文件名各个实词大写。如:United States Constitution(美国宪+法)、Atomic Energy Act(原子能法案)、Treaty of Versailles(凡尔赛条约)、Tenth Five-Year Plan(第十个五年计划)。

(21) 被人格化的事物大写。如:Dame Fortune(命运女士)、obey the commands of Nature(服从大自然的命令)。

(22) 被强调的词语全大写。如:All applications must be submitted IN WRITING before January 31(所有申请都必须在1月31日以前以书面的形式提交)、Proofreading is NOT copyediting(校对不是编辑加工)。

(23) 书信开头的称呼语和信尾的客套语大写。如：Dear Mr. Jones(亲爱的琼斯先生)、Yours sincerely(谨上)。

(24) 代词 I 和叹词 O 大写。

(25) 表示形态的字母大写。如：V-shaped(V 字形的)、T square(丁字尺)。

(26) 专有形容词通常大写。如：Gregorian chant(格列高利圣咏)、Raphaelesque(拉斐尔风格的)、Venetian carpets(威尼斯地毯)、Roman law(罗马法)。

已经成为一般用语的小写。如：venetian blinds(软百叶帘)、roman type(正体字)。

(27) 首字母组合词一般全大写。如：OPEC(石油输出国组织)、MIRV(多弹头分导再入飞行器)。

已经在日常生活中作为普通名词用的通常小写。如：laser(激光)、radar(雷达)。

(28) 在某些场合有时用“小大写”(small capitals)，大写字母同小写字母的高度一样。例如：the Han Dynasty(206 BC - AD 220)，用于表示“公元”的缩写词；Press ALT + CTRL + PLUS + SIGN on the numeric keyboard，用于计算机指令。

(29) 出版物和作品名称常用的“标题式大写法”为：第一个词和最后一个词的首字母以及名词、动词、形容词、副词、代词的首字母大写；名称内的冠词、连词、介词(不位于名称开头或末尾时)、动词不定式的标志 to 通常小写，超过四个字母的介词、连词有些作者使用大写。因设计的需要，标题也可以全大写(如扉页上的书名)，但在文中引用时仍要分大小写。

3.4 斜体字的使用

(1) 书籍(包括辞书、学术著作、小说、长诗、作品集等)、报纸、期刊等出版物的名称和电影、绘画、雕塑的名称为同正文其他文字区别通常用斜体。如：*The Oxford English Dictionary*(《牛津英语词典》)、*Chicago Tribune*(《芝加哥论坛报》)、*Publishers Weekly*(《出版商周刊》、Milton's *Paradise Lost*(弥尔顿的长诗《失乐园》)、Kyd's

Spanish Tragedy（基德的剧作《西班牙悲剧》）、Chaplin's *Modern Times*（卓别林的影片《摩登时代》）、van Gogh's *Sunflowers*（凡·高的绘画《向日葵》）、Rodin's *The Thinker*（罗丹的雕塑《思想者》）。*The Oxford English Dictionary* 开头的冠词是书名的一部分，在文献著录时要保留；在行文中使用不得体时可省略，如 the 20-volume *Oxford English Dictionary*。报纸的名称如果以冠词开头，出现在新闻报道中冠词不用斜体，也不大写。如《纽约时报》全称为 *The New York Times*，出现在"... reported in the *New York Times*"中 The 改为 the，这时的 the 是行文需要的冠词，不作为报纸名称的一部分看待。

剧作（包括歌剧）不管长短，是单独出版或收入作品集中，其名称用斜体。如：Shaw's *Arms and the Man*, in volume 2 of his *Play: Pleasant and Unpleasant*（萧伯纳的《武器与人》，收在他的《愉快的和不愉快的戏剧集》第 2 卷中）、Mozart's *The Marriage of Figaro*（莫扎特的《费加罗的婚礼》）。

乐曲通常用正体字，如 Symphony in B Major（B 大调交响曲）、Fantasia in C Minor（c 小调幻想曲）。作为某个人的作品名称时用斜体字，如 Chopin's *Fantasie in F Minor*（肖邦的《f 小调幻想曲》）。

演说、短诗、短篇故事、散文、会议论文、报刊文章、广播电视节目的名称，以及作品集中的篇名和书籍的章节名，在正文中用正体并加引号。如："Foreign Aid Re-examined" carried in last week's *New York Times*（上周《纽约时报》刊载的《外援再检讨》）、"Gettysburg Address" in Lincoln's *Collected Works*（载《林肯著作集》的《葛底斯堡演说》）、"Formal and Semiformal Reports", chapter 11 of *Modern Technical Writing*（《现代科技写作》第 11 章《正式和半正式报告》）、listening to "News in Brief "（听《简要新闻》）、watching "Oriental Horizon"（看《东方时空》）。

丛书名称用大写、正体字，不加引号。series（丛书）是丛书名称的一部分时大写，否则小写。如：Penguin Books（《企鹅丛书》）、Everyman's Library（《人人丛书》）、Child Welfare Monograph Series（《儿童福利专著丛书》）、Chicago History of American Civilization series(《芝加哥版美国文明史》丛书)。

作品名称中的作品名称通常加引号,若不加引号可以改用正体字以示区别。如:*On First Reading* "*Ode to the West Wind*"或 *On First Reading* Ode to the West Wind(《初读〈西风颂〉》)。

如果一篇评论文章中包含种类不同、长短不等的各色各样的作品,可统一用斜体。

(2)船只、飞机、航天器、人造卫星的专名用斜体字。如:邮船 *Queen Elizabeth*(伊丽莎白女王号)、飞机 *Spirit of Saint Louis*(圣路易斯精神号)、航天飞船 *Apollo*13(阿波罗13号)、人造地球卫星 *Sputnik* Ⅱ(旅伴2号)。

飞机种类、型号大写,不用斜体。如:Spitfire(喷火式战斗机)、Boeing 747(波音747)。

(3)作为例示的或被解释的词、字母、数字用斜体字。例如:

The word *effect* is often used incorrectly.(effect一词往往用错。)

The g in *align* is silent.(align中的g不发音。)

The first 1 and the last 7 are barely legible.(第一个1和最后一个7几乎看不清。)

(4)表示强调的词语用斜体字。如:Women's place *was* in the home; it certainly isn't today.(妇女的位置过去是在家里,现在当然不是了。)

(5)剧本中舞台提示用斜体字。例如:

ROBERT Ah yes, of course. Sit down, sit down, please, Mrs. Ross. [*She sits as if this made matter rather worse.*]

PHLIP (*Standing guard by her side.*) My wife is a little agitated.

上面的用例摘自陆谷孙主编《英汉大词典》。舞台提示在对话前的加圆括号,在对话后的加方括号。多幕剧各场开头的场景介绍有些剧本也用斜体字,以便同正文区别。

(6)法庭案例名称中的当事者用斜体字。如:the *Dennis* case(丹尼斯案)、*Authors' Guild* v. *Replica Corp.*(作者协会告里普利卡公司)。v是versus(对=against)的缩写字,前面是原告,后面是被告。

（7）象声词用斜体字。如：We sat listening to the *chat-chat-chat* of the sonar.（我们坐下来听声呐的嚓嚓嚓声。）

（8）未归化的外来词语用斜体字。如：*a de facto* government（现存政府）、resign *en bloc*（集体辞职）。拉丁文缩写词过去习惯用斜体，现在通常用正体。如 et al. ,i. e. ,ibid. ,id. ,ca. ,cf. ,viz,e. g. 等。

3.5 英语文献著录的格式和字体

英语文献著录的格式常用的有三种：（1）顺序编码制。对引用的文献按在论著中出现的先后用阿拉伯数字加方括号连续标注序号，编制参考文献表时依次列出。（2）著者-出版年制。多用于科技著作，近年也推广到人文科学著作。引用文献时通常在正文中括注作者的姓或姓名和出版年份，在文末或书末扩充成为参考文献表。（3）文献注释制。多用于人文科学著作，以脚注或其他注释方式交代引证的文献材料的来源，文末或书末可能附也可能不附参考文献表。《芝加哥文字规范手册》第 14 版（1993 年）以下面的示例说明后两种著录格式的异同。

Ⅰ. 文献注释制

Smith, John Q. *Urban Turmoil*: *The Politics of Hope*. New City: Polis Publishing Co. , 1986.

Wise, Penelope. "Money Today: Two Cents for a Dollar." *No Profit Review* 2 (1987): 123–42.

Ⅱ. 著者-出版年制

Smith, J. Q. 1986. *Urban turmoil*: *The politics of hope*. New City: Polis.

Wise, P. 1987. Money today: Two cents for a dollar. *No Profit Rev*. 2:123–42.

（1）著者的名字Ⅰ式通常写出全称，有时也用首字母缩写式（特别是美国人的中间名），Ⅱ式只给出首字母。（2）出版年Ⅱ式直接放在著者的姓名后，Ⅰ式放在书的出版社名后或刊物的期号后。（3）书名和文章篇名Ⅰ式采用"标题式大写法"；Ⅱ式采用"正文句子式大写法”,即仅正题和副题的第一个词和题名包含的专名大写。刊名Ⅰ式和Ⅱ式都用标题式大写法,书名用斜体字。(4) 正题和副题Ⅰ式全部给出,Ⅱ式可以全部给出,也可以把副题(示例中冒号后的标题)略去。(5) 报刊文章篇名(及书的章节和短诗标题)Ⅰ式加引号,Ⅱ式不加。(6) 出版社名和刊名Ⅱ式比Ⅰ式更常用简化的形式。

3.6　移行规则

英语词的拆分(word division)有两种方式:一是依据词源(词的结构、派生关系)划分音节,二是依据读音划分音节。依词源拆分和依读音拆分在一部分词是一致的,如:trans-form、post-harvest、strict-ness;在另一些词则不一致,如:trans-action[træn'zækʃən](依词源拆分,不依读音分作 tran-saction),post-humous['pɒstjʊməs/'pɑstʃəməs](依词源拆分,不依读音分作 pos-thumous)、stric-ture(依读音拆分,不依词源分作 strict-ure)。一般英语词典的词条都标明音节的分界,但不是每一个分界处都适宜于行末加连字符转行,所以需要制定一些移行规则。下面介绍一些带普遍性的移行规则。

(1) 单音节词不拆分。如:bribe(非 bri-be)、change(非 chan-ge)、judge(非 jud-ge)、straight(非 stra-ight)、through(非 thro-ugh)、friends(非 fri-ends)。

(2) 相连的元音字母,若分别发音可以在其间拆分,否则不能拆分。如:cre-ate、crea-ture(非 cre-ature)、li-aison、strenu-ous。

(3) 元音之间的单个辅音字母的处理办法为:① 若前一个音节为长元音或二合元音构成的开音节,这个辅音字母划归第二音节。如:Mongo-lian、re-cently、so-cial、thou-sand。② 若前一个音节的元音为重读的短元音,则这个辅音字母划归前一音节以构成闭音节。如:lec-ithin、lig-and、lig-ature、peas-ant、phys-ical、prej-udice、prop-erty、sep-arate、thor-oughly。在闭音节的后面如果是自成音节的单元音,在这个单元音后拆分(即将其留在上行)更适宜。如:leci-thin(优于 lec-ithin),liga-ture(优于 lig-ature),physi-cal(优于 phys-ical),preju-dice(优于 prej-udice),sepa-rate(优于 sep-arate)。

有些同形异义异读词根据含义和读音采取不同的拆分法（斜线前为开音节，斜线后为闭音节）。如：pre-sent（动词“赠送”）/pres-ent（形容词“目前的”），re-cord（动词“记录”）/ rec-ord（名词“记事录”），pro-duce（动词“制造”）/ prod-uce（名词“产品”），pro-ject（动词“规划”）/ proj-ect（名词“方案”）。

（4）合成词（复合词、加前缀/后缀构成的词）的处理办法：

① 在词源和读音兼顾的前提下在主要组成部分的接合处拆分；如行长不合适，再考虑在其他音节拆分，但要注意避免结构错乱和理解困难。如：colour-blind（非 col-ourblind），handle-bar（优于 han-dle-bar），leader-ship（优于 lead-ership），news-paper（非 newspa-per），railway-man（非 rail-wayman），re-adjust（非 read-just），throw-away（非 throwa-way），un-equal（非 une-qual）。

② 若词源和读音不能兼顾，一般依照读音拆分。如：ab-stract（依读音拆分，不依词源分作 abs-tract）；anti-proton、anti-pode [ˈæntɪpəʊd]（词源和读音兼顾），antip-odes [ænˈtɪpədiːz]（依读音拆分，不依词源分作 anti-podes，更好是分作 antipo-des）；aurif-erous（依读音拆分，不依词源分作 auri-ferous）；demo-crat（词源和读音兼顾），democ-racy（依照读音拆分，不依词源分作 demo-cracy）；extraor-dinary（依读音拆分，不依词源分作 extra-ordinary）；struc-ture（依读音拆分，不依词源分作 struct-ure）；steno-graphic（词源和读音兼顾），stenog-rapher（依读音，不依词源分作 steno-grapher）。

③ 若词源和读音不能兼顾，有时依照词源拆分。如：dis-able（词源和读音兼顾），dis-aster [dɪˈzɑːstə]（依词源拆分，不依读音分作 di-saster）；inter-pret（词源和读音兼顾），inter-est（依词源拆分，不依读音分作 inte-rest）；sub-order（词源和读音兼顾），sub-ordinate [səˈbɔːdlnət]（依词源拆分，不依读音分作 su-bordinate）。

④ 在词源不明的情况下，依读音拆分，如 mas-sacre（非 mass-acre）。

（5）元音之间两个辅音字母（包括相同的辅音）相连时通常分属前后两个音节。如：ad-van-tage、des-perate、es-tab-lish、equilibrium、ex-ces-sive、finan-cier、fin-ger、foun-dation、im-por-tant、In-dian、moun-tain、pol-lute(但 poll-ing day)、pop-pet。若前一音节为开音节，则两个辅音字母均属后一音节。如：be-tween、de-spite。

元音之间的 bt、lk、lm、gh、gn、sh、th、ph、sc 等双辅音字母表示一个辅音(包括其中一个不发音)时作为单辅音字母看待，不拆分，而根据词的构成和读音确定归属。如：talka-tive、calm-est、wash-able、hemo-therapy、hy-phen、poign-ant(但 preg-nant，g 和 n 分别发音)、de-scend(但 des-cant，s 和 c 分别发音)。

(6) 多数动名词和现在分词允许在-ing 前拆分移行，例如 carry-ing、crown-ing、divid-ing、eat-ing、sew-ing、sweep-ing、work-ing。动词末尾加-ing 时重复的最后一个辅音，同-ing 一起移行，如 forget-ting、run-ning。词根原有的重叠辅音不拆分，如 discuss-ing、sell-ing。以-le 为结尾的动词拆分法为：bris-tling、chuck-ling、dwin-dling、han-dling、puz-zling、ram-bling、ruf-fling、star-tling、trick-ling、twin-kling。

(7) 动词或过去分词词尾的-ed 的处理办法：

① -ed 如果自成音节(e 发音)，可以拆分。如：end-ed、start-ed。若-ed 前面有两个或更多的音节，则要考虑行长是否允许在前一个音节拆分。例如：integrated 能分作 inte-grated 则不分作 integrat-ed，divided 能分作 di-vided 则不分作 divid-ed。u·nit·ed 因为 u 是单字母，只能分作 unit-ed。

② -ed 如果不自成音节(e 不发音)，则不能拆分。如 aimed、climbed、helped、passed、spelled、vexed 等属单音节词，不能拆分成 aim-ed 等。

③ 动词末尾加-ed 时重复的最后一个辅音，同-ed 一起移行，如：permit-ted、rag-ged。abbreviated 中的 t 是词根中原有的，与 a 组成一个音节，可分成 abbrevi-ated 或 abbreviat-ed，不能分成 abbrevia-ted 移行。

(8) -ceous、-cial、-cious、-cion、-geous、-gion、-gious、-sial、-sion、-tial、-tion、-tious 等后缀虽然在诗节中偶尔作为两个音节使用，实际上是一个音节，因此不拆分。如：coura-geous、espe-cial。

(9) -ism、-ist、istic 等后缀可以移行，如 capital-ism、chem-ist、

Marx-ist、character-istic；但-ism 前面是 c、ch 时习惯连在一起，如 criti-cism、fas-cism、anar-chism。

（10）移行时不允许把单个字母留在上行末或移到下行。因此，a·cre、a·lone 、a·gain、a·plomb、e·nough、e·vent、i·dea、o·nus、o·boe、u·nite、hoar·y 这类双音节词有一个音节为单字母，不拆分移行。O-hi-o虽有三个音节，第一个和第三音节为单字母，也不能拆分移行。但是，e-book（电子书）、p-book（纸印书）等原来有连字符的合成词可把连字符和前面的单个字母留在行末。

（11）英美出版的词典对词的拆分大体是一致的，都以读音为主要依据；但有时由于英美的读音不同，或由于一些词典更多地考虑词源因素，各种英语词典对某些词的拆分不尽相同，下表举例说明以供参考。在查阅不同的英语词典时要考虑哪一种拆分法更加适合所处理作品的需要。

三种英语词典对词的不同拆分法比较表

英国《科林斯英语词典》	英国《朗文当代英语词典》	美国《韦氏第九版大学词典》
at+mos+phere 英国读音②	at·mo·sphere 英国读音①	at·mo·sphere 美国读音③
cor+re+spond+ence①	cor·re·spond·ence①	cor·re·spon·dence②
de+pend+ence①	de·pen·dence②	de·pen·dence②
in+ex+pli+ca·ble①	in·ex·plic·a·ble②	in·ex·pli·ca·ble①
read+a·ble①	rea·da·ble②	read·able①
pro+gress（*n*）英国读音③	pro·gress（*n*）英国读音③	prog·ress（*n*）美国读音②
con+vert+i·ble①	con·ver·ti·ble②	con·vert·ible①
for+ci·ble②	for·ci·ble②	forc·ible①
wast+rel①	was·trel②	wast·rel①

注：① 加下画直线表示依词源不依读音拆分，② 加下画曲线表示依读音不依词源拆分，③ 加双下画线表示词源和读音兼顾。

比较表中音节分界处用小圆点标示，依照《朗文》、《韦氏》和其他一般英语词典的体例，都适宜于移行，位于词首和词尾的单字母音节除外。用小圆点标示音节分界处，依照《科林斯》的体例不适宜于移行，适宜于移行的音节分界处，另用加号（+）标示。《科林斯》的《凡例》说明，如有可能则应当避免该词典用小圆点标示的音节分界处拆分移行。西方英语辞书界有一种观点认为："ble"的 e 不发音，"ble"是依靠响辅音"l"构成的音节，尽可能避免单独移行。《科林斯》是据此处理的，词尾-able、-ible 不拆分。该书认为：inexplicable 可分作 inexpli-cable，不宜分作 inexplica-ble；convertible 可分作 con-vert-ible，不宜分作 converti-ble。而《朗文》等一些英语词典则认为"ble"必要时是可以单独移行的。

（12）互联网上的 URL（统一资源定位器）和 e-mail 地址有自己的句法，在印刷出版物中排版使用的移行规则不同于上述的一般书报刊所用的常规办法。据美国《芝加哥文字规范手册》第 15 版及西方其他有关电子文献著录格式的规定，URL 和 e-mail 地址在行末拆分时，不加连字符。可拆分移行处为：在冒号、单斜线号（/）、双斜线号（//）之后或表示"at"的符号@之后；在句点、连字符、下画线（_）、浪纹号（~）、问号、百分号、表示数字的符号（#）之前；等号或表示"and"的符号（&）之前或之后；长语词在组成部分之间。因为行末不能有连字符，为避免混淆，URL 如果原来含有连字符，不在连字符之后移行。URL 中的拉丁字母一般用小写，字母大小写著录时保持原样不变。句点分隔著录项目，单斜线号分隔信息源目录的层次，逐层往下显示要浏览的网页，所以出现次数较多。移行拆分时要考虑长短适度。例如：

http://www.salonmagazine.com/weekly/interview960715.html

在第一个句点移行的办法为："http://www"留在上一行，".salonmagazine.com..."移下一行。在第一个斜线号移行办法为："http://www.salonmagazine/"留在上一行，其余部分移下一行。在长语词移行办法为："http://www.salon"留在上一行，末尾不加连字符，"magazine.com..."移下一行。常见的移行差错为："http://www."连句点留在上一行；在"http://www.salonmagazine"中间拆分，让 salon 留在行末时加连字符。

四、法语

4.1 法语字母表

印刷体	手写体	字母名称	印刷体	手写体	字母名称
A a	A a	[ɑ]	N n	N n	[ɛn]
B b	B b	[be]	O o	O o	[o]
C c	C c	[se]	P p	P p	[pe]
D d	D d	[de]	Q q	Q q	[ky]
E e	E e	[ə]	R r	R r	[ɛ:r]
F f	F f	[ɛf]	S s	S s	[ɛs]
G g	G g	[ʒe]	T t	T t	[te]
H h	H h	[aʃ]	U u	U u	[y]
I i	I i	[i]	V v	V v	[ve]
J j	J j	[ʒi]	W w	W w	[dubləve]
K k	K k	[kɑ]	X x	X x	[iks]
L l	L l	[ɛl]	Y y	Y y	[igrɛk]
M m	M m	[ɛm]	Z z	Z z	[zɛd]

注：手写体为蒙纳公司法语书写体(French Script MT)。

4.2 法语字母的特点

法语采用 26 个拉丁字母(a、e、i、o、u、y 为元音字母,其余为辅音字母),加上带附加符号、不列入字母表的字母 13 个(即 Àà、Ââ、Çç、Éé、Èè、Êê、Ëë、Îî、Ïï、Ôô、Ùù、Ûû、Üü),共 39 个。此外还有一个合体字母 Œ、œ。英语从法语吸收包含这个合体字母 œ 的借词时分写为 OE、oe,例如 œil-de-bœuf [œjdəbœf](小圆窗)分写为 oeil-de-boeuf;但是在法语文章或书名中不能分开。

4.3 拼写符号

法语拼写符号有 7 个：5 个为字母附加符号,加在字母上边或下边,具有区别读音或词义的作用;2 个为表示字词省略或连接的符号。

(1) 闭音符(´),置于元音字母 e 的上边,表示 e 为闭音[e],如 été[ete](夏天)。

(2) 开音符(`),置于元音字母 a、e、u 的上边。① 置于 e 的上边,表示 e 为开音[ɛ],如 mère[mɛr](母亲)。② 置于 a、u 的上边以区别同音异义词或同形异义词,如: là[la](那里)、la[la](冠词),où[u](在……地方)、ou[u](或者)。③ 加在某些特定的词中的字母 a 上,如: déjà(已经)、voilà(那是)。

(3) 长音符(^),可以置于除 y 以外所有元音的上边。① 置于 a、e 上,通常表示读开音和长音,如: pâte[pɑ:t](面团)、tête[tɛt](头部)。② 置于 o 上,通常表示长闭元音,如:côte [ko:t](肋骨)、pôle[po:l](地极)、hôte[o:t](主人)。ê、ô 有时不表示长音而表示古 s 音的脱落。例如: fête[fɛt](节日)古代写作 feste; hôpital[ɔpital](医院)古代写作 hospital。③ 置于 u 上,有时表示长音,如: sûr [sy:r](可靠的)、sur [syr](在……上面)。有时不表示长音,而起区别同音异义词的作用,如: dû[dy](欠款),du[dy](介词 de 和冠词 le 的结合形式)。④ 置于 i 上,不表示长音,如:Île[il](岛屿)、dîner[dine](吃饭)。i 上加长音符(^)有时同词源有关。法语的 île 和英语 isle 都是来源于拉丁语 *insula*,英语词保留了 s,法语词不保留,用 î 表示词源 s 的被省略。

(4) 分音符(¨),置于元音字母 e、i、u 的上边,表示要同前边的字母分开发音,如: Noël [noɛl](圣诞节)、maïs[mais](玉米)、Saüf[sayf](萨玉夫)。比较:mais[mɛ](但是)、Saul[sol](索尔)。假若没有分音符,法语的 oe 的读音为[œ]或[wa],ai 读音为[ɛ]、[e]或[ə]等。有时带分音符的 e 表示前面的 u 要发音,而自身不发音,如 aiguë[ɛgy](尖锐的)。比较:aigue[ɛg](水)。

(5) 软音符(¸),置于 a、o、u 前的字母 c 的下边,表示 c 读[s]音,否则读[k]音。如: ça[sa](这个)、façon [fasõ](式样)、reçu[rəsy](收据);又如: café[kafe](咖啡)、cocon[kɔkõ](蚕茧)、culte [kylt]

(礼拜)。

(6) 省字号('),置于字母有省略的词的右上角。元音 a、e、i 结尾的词,后面跟着一个以元音或哑音 h 开头的词,则词尾元音常略读省写,以省字号代替。如:le arbre 省写成 l'arbre(树木),la histoire 省写成 l'histoire(历史),si il 省写成 s'il(要是他)。

(7) 连字符(-),置于合成词之间连接不同的成分。例如:avant-poste(前哨)、sourd-muet(聋哑的)、lui-meme(他自己)、c'est-a-dire(就是说,即)。词序倒置时用来连接动词谓语和代词主语。例如:Où *sont-ils*?(他们在哪里?)

法语需要使用省字号和连字符比英语多。这两种符号在法语被列入拼写符号,在英语通常列入标点符号。可以说这两种符号兼具拼写和标点的功能。

4.4 大小写的使用

法语需要使用大写字母的场合少于英语。法语专名大写,由专名派生的形容词则不一定要大写。例如英语 American 在各种场合都要大写,法语相对应的词使用大写还是小写要看具体场合。作形容词时小写:poéte américain(美国诗人);作语言名称时小写:l'américain(美国式英语);指人时大写:un Américain(一个美洲人/一个美国人)。

(1) 姓名的主要成分大写。复姓和复名用连字符连接。复名用首字母时,连字符保留。如:Jean-Jacques Rousseau(让-雅克·卢梭)、J.-J. Rousseau(让-雅·卢梭)、Pierre Mendès-France(皮埃尔·孟戴斯-弗朗斯)。

法语姓氏前的冠词 le、la、les 通常大写,介词 de(d')通常小写。如:Louis Le Nain(路易·勒南)、Couve de Murville(顾夫·德姆维尔)、Jean de La Fontaine(让·德·拉封丹)、Jean d'Alembert(让·达兰贝尔)。de le 的缩合形式 du 采用大写还是小写随家族的习惯,如:du Pont(杜邦)、Du Bois(迪布瓦)。

(2) 由人名派生的形容词和名词、宗教和政治派别一般小写。如:napoléonien(拿破仑的)、napoléonisme(拿破仑主义)、gaullien(戴高乐的)、gaullisme(戴高乐主义)、gaulliste(戴高乐派的、戴高乐主义的、戴高乐主义者)、bouddhiste(佛教徒、佛教徒的、佛教的)、catholique(天主教的、天主教徒)。但Juif(犹太人、犹太教徒)作名词用时大写,juif(犹太的、犹太人的)作形容词用时小写,这是从习惯,属于例外的情况。

(3) 多数自然地理名称中的通名部分小写,专指部分大写。如:l'océan Atlantique(大西洋)、la mer Rouge(红海)、le détroit de Gibraltar(直布罗陀海峡)、l'île de la Cité(城岛/斯德岛)、la peninsule Ibérique(伊比利亚半岛)、la chaîne du Caucase(高加索山脉)、le mont Blanc(勃朗峰,有时也写作Mont-Blanc)、le plateau d'Iran(伊朗高原)、le bassin du Puy(皮伊盆地)。

但也有些在名词后加形容词(包括专有形容词)构成的地名,通名部分大写,专指部分小写。如:le Massif central(中央高原)、le Bassin parisien(巴黎盆地)。

(4) 国名中的实词大写,冠词、介词、连词等虚词小写。如:la République Français(法兰西共和国)、la Troisième République、(第三共和国)、le Royaume-Uni de Grande-Bretagne et d'Irlande du Nord(大不列颠及北爱尔兰联合王国)。国名如果是由加连字符组成的复合词,两个组成部分都大写。如:les États-Unis(美国)、les Pays-Bas(荷兰)、la Nouvelle-Zélande(新西兰)。

国名République后的形容词也可以小写。如:la République français(法兰西共和国)、la République fédérale d'Allemagne(德意志联邦共和国)。

(5) 省、行政区、市、镇、街道、广场等名称的通名部分小写,专指部分大写。如:le département du Jura(如拉省)、l'arrodissement de Besaçon(贝藏松专区)、la ville de Marseille(马赛市)、le boulevard Saint-Germain(圣日耳曼林荫道)、"17, rue du Montparnasse"("蒙帕纳斯街17号")、la place de la Concore(协和广场)。巴黎警察总署所在地quai des Orfèvres(奥尔费佛码头)通名quai小写,如借用这个地名指巴黎警察总署则要大写,即写作le Quai des Orfèvres,音译为

“凯德索尔费佛”。

(6) 建筑物名称所有用于专名的实词都大写,通名部分大写和小写两种格式都存在。如:Musée du Louvre 或musée du Louvre(罗浮博物馆)、la Tour Eiffel 或 la tour Eiffel(埃菲尔铁塔)。如果建筑物名称是由加连字符组成的复合词,两个组成部分都大写,如 la Comdie-Française(法兰西戏剧院)。

(7) 组织机构名称大多数是第一个实词和专有名词大写,其后的修饰成分包括专有形容词一般小写。如:l'Assembée nationale(国民议会)、la Chambre de députés(众议院)、l'Académie française(法兰西学院)、le Centre national de la recherche scientifique(国家科学研究中心)、le Parti communiste français(法国共产党)、l'Église catolique(天主教会)、l'Union européenne(欧洲联盟)、Organisation du traité d'Atlantique Nord(北大西洋公约组织)。不是出现在名称开头的重要名词有时也大写。如:Organisation des Nations unies(联合国)、Rassemblement pour la République(保卫共和联盟)。

组织机构名称如果第一个实词是形容词或序数词,其后的名词也要大写。如:la Haute Cour de justice(最高法庭)、la Première Internationle(第一国际)。

有些辞书为了便于统一体例,对各种专名一律采用实词大写、虚词小写的办法,如 Centre National de la Recherche Scientifique。

(8) 某国人和某地人大写,语言和方言名称小写。如:les Français(法国人)、les Parisien(巴黎人)、le français(法语)、le parisien(巴黎话)。

(9) 法语序数词如果用罗马数字或阿拉伯数字表示,词尾-er、-re、-e 有时用小号字置于右上角。如:Napoléon I^{er}(拿破仑一世)、la 1re personne(第一人称)、20e siècle(20 世纪)。

(10) 星期、月份、四季名称小写。如:mai(五月)、dimanche(星期日)、printemps(春季)。节日大写,如 le Premier Mai(五一节)。

(11) 法语报刊名称第一个词和全部实词大写,虚词小写。如:Le Monde(《世界报》)、Le Nouvel Observateur(《新观察家》)、Revue

International de la Croix Rouge(《红十字国际评论》)、Revue Économique et Social(《经济与社会评论》)、Annales Scientifiques d'Université de Besançon(贝藏松大学科学年报)。也可以第一个实词和名称内的专有名词大写,其余小写。如:Le Monde des livres(《图书世界》专刊),La Chine au présent(《今日中国》杂志)。

加连字符构成的复合词,两个组成部分都大写,如 France-Soir(《法兰西晚报》)。

在需要同正文其他文字区别时,报刊名称用斜体字。如:la diffusion de *L'Humanité* (《人道报》的发行)、l' édtion française de *La Chine au présent*(《今日中国》法文版)。在全用斜体字排的文字中,报刊名称加引号,如 *la diffusion de «L'Humanité»*。正文用正体字,报刊名称也可以用正体字加引号,用斜体字的则不加。如"Il publia au *Nouvel Observateur*, puis au «Monde des livres»..."("他先在《新观察家》、后在《图书世界》发表了……")。

书名、文章篇名、新闻报道标题主要有三种格式:① 第一个词(包括冠词)和题名中的专有名词大写,其他实词及虚词均小写。如:Œuvres choisies de Mao Zedong(《毛泽东选集》)、La peinture et gravure européennes en Chine au temps de Mathieu Ricci (《利玛窦时代欧洲的绘画和雕刻在中国》)、De l'esprit des lois(《论法的精神》,严复译作《法意》)、La prohibition des drogues: une tâche impérative(《禁毒是一项紧迫任务》)、Une sainte femme(《一位神圣的女性》)。② 以冠词开始的书名,冠词及其后的名词大写,其他非专名的实词和虚词小写。如:La Dame aux camélias(《茶花女》、Les Rayons et les ombres(《光与影》)。③ 第一个词和全部实词大写,虚词小写。如:Le Petit Prince(《小王子》)、Le Rouge et le Noir(《红与黑》)。

报刊全大写标题对字母附加符号的使用有两种格式。① 上加符号和下加符号均照加,这是最常用的正规的格式。如 déjà 和 l'édition française 全大写时可分别改为 DÉJÀ 和 L'ÉDITION FRANÇAISE。② 省略上加符号,但下加符号不省略。如:déjà改为 DEJA,é和à的上加符号均省略;l'édition française 改为 L'EDITION

FRANÇAISE,é的上加符号省略,但ç的下加符号不省略。française全大写假若写成FRANCAISE,省略Ç的下加符号,则算错误。

4.5 移行规则

(1) 词的拆分一般依照音节,在某些情况下依照词源。

有些词依词源和依音节拆分是一致的。如:coléo-ptère、hémi-sphère、sub-jectif、tri-ptyque、ortho-grphe、géo-graphie、auto-mobile、hydro-életricque、trans-former。

若依词源发音困难,通常依实际读音拆分。如:arche-vêque(非arch-evêque)、désa-veu(非dés-aveu)、inoc-cupé(非in-occupé)、pénin-sule(非pén-insule)、réu-nir(非ré-unir)、subor-donner(非sub-ordon-ner)、téles-cope(非téle-scope)。但又有少数词依词源而不依音节拆分。如:trans-américaine(非tran-saméricaine,但普通名词tran-saction依音节拆分)。

(2) 法语大多数音节是开音节,划分音节的基本原则是尽可能在元音后划分,避免在元音字母之间拆分。如:ma-ga-sin、in-di-vi-si-bi-li-té、a-mou-reux、cou-teau、désa-bu-ser(非dé-sabuser或dés-abuser,前缀dés本身不拆分,要与后面的元音连读)。元音前有辅音时同前面的辅音组成音节,即元音之间的单辅音划归后一音节。

(3) 两个单元音相连时一般不拆分。如:hemié-drique、péa-ger、préa-lable、préé-minence、proprié-taire、réo-rienter、réu-nir、théa-tre。

(4) 元音之间两个不同的辅音字母通常分属前后两个音节。如:ac-teur、aug-menter、balan-cer、dis-tiller(不依词源分作di-stiller)、jar-din、jour-nal、lum-bago、plas-tic、res-pirer。sub-version(词源和音节分法一致)。

两个相同的辅音字母相连,移行时通常可分开。如:al-ler、pas-ser、com-mencer、don-ner。

ch、gn、ph、th代表单辅音时不分开,都归后一音节。如:sé-cher、ensei-gner(但stag-ner,g和n分别发音)、gra-phique、mé-thode。

bl、cl、fl、pl、br、cr、dr、fr、pr、tr、vr等以l或r为结尾的复辅音同后面的元音合成一个音节。如:ta-bleau(非tab-leau)、démo-cratie(非

démoc-ratie)、li-vraison。但 lr、rl 例外：Mal-raux、par-ler。

(5) 三个相连的辅音字母通常是前两个归前一个音节，最后一个归后一个音节。例如：abs-tention、trans-for-mer(abs、trans 为前缀，划分法符合词源)、tech-niques、domp-teur、sculp-teur。如果后两个辅音字母代表一个单辅音，或者是作为一个辅音组合单位看待的复辅音，则按上述第 4 条原则处理，即第一个辅音字母归前音节，后两个归后一音节。如：mar-cher(非 marc-her)、or-thographe cer-cler、es-prit、res-plendir(非 resp-lendir)。

词根的 s 通常划归前缀：catas-trophe、circons-tance、cons-cience、cons-tant、cons-pirer、trans-pirer、manus-crit、pres-cription、obs-curité、obs-tacle、pers-pective、subs-tance。也有学者主张依词源拆分，如分作 con-stant、sub-stance、manu-scrit 等。

有时前一音节为开音节，三个辅音字母都归后一音节。如：dia-phragme、ry-thme。

(6) 四个或更多的辅音字母相连多为合成词，依词源拆分较适宜。如：abs-trait、feld-spath、sub-struction、super-structure、tran-scrip-tion。辅音群中的擦音 s 的归属有一定的灵活性，有时把词根 s 划归前缀。如：ads-crit、ins-crire、cons-truit、ins-truit、subs-trat。

(7) 法语字母组合 ai、aoû、au、ei、eu、eau、ou、oû、œu 表示单元音时不拆分。如：chai-sier、aoû-ter、mau-vais、pei-gne、meu-nier、beau-coup、goû-ter、écœu-rant。

(8) i、il、ill、y、ou、u 等作为半元音[j][w][ɥ]的符号同前面或后面的元音结合成为二合元音时不拆分。如：pre-mier[prəmje](非 premi-er)、na-tio-nal[nasjɔnal]、plu-sieurs[plyzjœːr](非 plusi-eurs)、tra-vail[travaj](非 trava-il)、fa-mille[famij](非 famil-le)、bi-vouac[bivwak](非 bivou-ac)、voi-ci[vwasi]、fouet-ter[fwete](非 fou-etter)、douai-rière[dwɛrjɛr](非 dou-airi-ère)、pro-duit[prɔdɥi]。Louis[lwi]、yeux[jø]为一个音节，不拆分。l 或 r 后的 i 不跟后面的元音相拼，可以分成不同的音节。如：bou-cli-er[buklie]、cli-ent[kliɑ̃]、ou-vri-er[uvrie]、cri-ard[kriaːr]。国际音标 je、jɔ、jœ、aj、uj、wa、we、wi、ɥɛ、ɥi、jø

中的 j、w、ɥ 是识别二合元音和非二合元音的标志。如 di-xième [dizjɛm]和prière[priɛ:r]两个词中的双元音字母都是iè,但音标分别为 jɛ 和 iɛ,我们据此可知:前一个带半元音 j 的是二合元音,属一个音节;后面的 i 和 ɛ 是两个分别发音的单元音,属两个音节。一般法语词典的词条不像英语词典用中圆点等符号标明音节界线,但据国际音标可知哪些字母表示单元音或二合元音。法语音节是依元音划分的,分清了单元音和二合元音,便可知道整个词的音节数量。

(9)元音之间的-x-和-y-,一般不同前后的元音分开。例如:soixan-taine(非 soi-xantaine)、exi-gence(非 ex-igence)、croyan-ces(非 cro-yances)、ap-puyer(非 appu-yer)、frayeur(非 fra-yeur 或 fray-eur)、moyen-nant(非 mo-yennant 或 moy-ennant)。但 x 和 y 后面是从辅音开始的则可分,如:tex-tile、pay-san。

(10)除了单元音或二合元音构成的音节外,法语还有不发音的元音字母和辅音构成的音节,即所谓"哑音节"(syllabe muette)。例如:fui-te、absur-de(s)、ancien-ne(s)、guer-re(s)、hommage(s)、amor-phe、mar-che、pren-dre、bat-tre、conforta-ble、peu-plé(s)词尾的-e(s)不发音,仍同前面的一个或两个辅音字母合成一个音节;但哑音-e 在元音后,则不构成音节,如 re-çue[rəsy](非 re-çu-e)。动词第三人称复数词尾-ent 不发音,但仍可同前面的辅音构成一个哑音节,如 peu-vent[pœ:v]、sor-tent[sɔrt];而在元音后则不构成音节,如 au-raient [ɔrɛ](非 aurai-ent)。lan-gue[lɑ̃:g]、cha-que[ʃak]、physi-que[fizik]等以-gue、-que 为结尾的词,两个元音字母 ue 都不发音,仍可同前面的 g 或 q 构成哑音节。

作词尾的哑音节原则上不移行,必要时允许由三个字母以上组成的哑音节移行。留在行末的音节至少要有两个字母,而移到下行的音节至少要有三个字母。如:ap-pelés、dé-clarer、pa-pier、su-perfi-ciel,for-tes、Man-che、octo-bre。

两个字母组成的哑音节移到下行,虽然在一些法语报刊上可以看到,但这是不规范的。如:alleman-de、argi-le、chinoi-se、conféren-ce、cultu-re、Vien-ne。

(11) 不能把一个字母留在行末或移到下行。如obéi不分作o-béi或obé-i。

(12) 带连字符的合成词首先在连字符处移行。如：Seine-et-Marne、Saint-Étienne-du-Mont。若最后一个组成部分较长，再加连字符按音节拆分是允许的，如plus-que-parfait分作plus-que-par-/fait。

(13) 包含省字号的词语依音节拆分，不能在省字号后移行，因为省字号前的辅音和其后的元音合成一个音节：如：aujour-d'hui [oʒurdɥi]（非 aujourd'-hui）、chargé d'af-faires（非 chargé d'-affaires）、l'a-mour（非 l'-amour）、quel-qu'un（非 quelqu'-un）。

4.6 差错和问题

(1) 字母误改

原稿"法语标点(ponctuation)……"是对的，出书时作者发现被出版社编辑误照英语的拼写法改为"法语标点(punctuation)……"

(2) 加符字母漏排附加符号

éditer(编辑)排成editer，e应为é，有上加符号。français(法兰西)排成francais，c应为ç，有下加符号。

(3) 附加符号误排

café(咖啡)误作cafè，把闭音节字母é排成开音节字母è。

(4) 法语闭音符和汉语拼音阳平符号混淆

écrit(文书)误作écrit，法语é的上方的闭音符(´)，即撇号(上粗下细)，不同于汉语拼音é的阳平符号——提号ˊ(下粗上细)。又如pré(草地，e的上方为撇号)误排成pré(e的上方为提号)。

五、俄语

5.1 俄语字母表

印刷体正体	印刷体斜体	手写体	字母名称	字母音值
А а	*А а*	*Аа*	а	[a]
Б б	*Б б*	*Бб*	бэ	[b]
В в	*В в*	*Вв*	вэ	[v]
Г г	*Г г*	*Гг*	гэ	[g]

续表

印刷体正体	印刷体斜体	手写体	字母名称	字母音值
Д д	*Д д*	Дд	дэ	[d]
Е е	*Е е*	Ее	е	[je]
Ё ё	*Ё ё*	Ёё	ё	[jo]
Ж ж	*Ж ж*	Жж	жэ	[ʒ]
З з	*З з*	Зз	зэ	[z]
И и	*И и*	Ии	и	[i]
Й й	*Й й*	Йй	и краткое	[j]
К к	*К к*	Кк	ка	[k]
Л л	*Л л*	Лл	эль	[l]
М м	*М м*	Мм	эм	[m]
Н н	*Н н*	Нн	эн	[n]
О о	*О о*	Оо	о	[o]
П п	*П п*	Пп	пэ	[p]
Р р	*Р р*	Рр	эр	[r]
С с	*С с*	Сс	эс	[s]
Т т	*Т т*	Тт	тэ	[t]
У у	*У у*	Уу	у	[u]
Ф ф	*Ф ф*	Фф	эф	[f]
Х х	*Х х*	Хх	ха	[x]
Ц ц	*Ц ц*	Цц	цэ	[ts]
Ч ч	*Ч ч*	Чч	че	[tʃ]
Ш ш	*Ш ш*	Шш	ша	[ʃ]
Щ щ	*Щ щ*	Щщ	ща	[ʃtʃ]
Ъ ъ	*Ъ ъ*	ъ	твёрдый знак	
Ы ы	*Ы ы*	ы	ы	[ɨ]
Ь ь	*Ь ь*	ь	мягкий знак	
Э э	*Э э*	Ээ	э(оборотное)	[e]
Ю ю	*Ю ю*	Юю	ю	[ju]
Я я	*Я я*	Яя	я	[ja]

5.2 俄语字母的特点

俄语字母源出9世纪在希腊字母基础上补充一些符号而制成的基里尔字母,现代形式是从1918年起确定的。1917—1918年实行俄语正词法改革的结果,使拼写法简化,废除了一些旧字母,使 Ii = И и, Ѣѣ = Е е, Ѳѳ = Ф ф, Vv = И и。俄语大写字母和小写字母的差别没有希腊字母和拉丁字母大;许多字母特别是小写字母的手写体(草体)与印刷体正体完全不同。现代俄语有33个字母:10个元音字母(硬元音 а、о、у、ы、э,软元音 я、ё、ю、и、е),20个辅音字母(浊辅音 б、в、г、д、ж、з、л、м、н、р,清辅音 п、ф、к、т、ш、с、х、ц、ч、щ),1个半元音字母(й),2个元音字母(表示无颚化的硬音符号 ъ[旧称 ер],表示颚化的软音符号 ь[旧称 ерь])。半元音字母 й(如在 чай、война 中)表示 и 的短音,在元音前(如在 йот、Йемен 中)读音像辅音[j],它不单独构成音节,所以有些俄语教材把这个字母归入软辅音。软元音 я、ё 、ю、е 是 йа、йо、йу、йэ 的结合。字母 ё 在俄语初级教科书和语文词典的词条中照排,如 соединённый(联合的);一般在文章不会发生混淆的情况下可省去上面的附加符号,写作 е,但仍读作 ё。在喉音字母 г、к、х、和上颚音字母 ж、ч、ш、щ 后不写 ы、я、ю,而用 и、а、у 代替;在齿音字母 ц 后不写 я、ю,而用 а、у 代替。

5.3 大小写的规则

(1) 俄罗斯人的名、父名、姓的首字母均大写。如:诗人 Александр Сергеевич Пушкин(亚历山大·谢尔盖耶维奇·普希金)、诗人之姐 Ольга Сергеевна Пушкина(奥丽珈·谢尔盖耶芙娜·普希金娜)、诗人之妻 Наталья Николаевна Пушкина(娜塔丽雅·尼古拉耶芙娜·普希金娜)、诗人之父 Сергей Львович Пушкин(谢尔盖·里沃维奇·普希金)。

(2) 国名、国家联合体名所有实词的首字母大写,连词"и"小写。如:Российская Федерация(俄罗斯联邦)、Содружество Независимых Государств(独立国家联合体)、Соединённое Королевство Великобритании и Северной Ирландии(大不列颠及北爱尔兰联合王国)。

（3）洋、海、江河、湖泊、岛屿、半岛、山脉、高原、平原、低地、油田等地理名称专名部分的首字母大写，通名部分小写。如：Тихий океан（太平洋）、Чёрное море（黑海）、Москва-река（莫斯科河）、Озеро Байкал（贝加尔湖）、Курильские острова（千岛群岛）、Крымский полуостров（克里米亚半岛）、Уральские горы（乌拉尔山脉）、Западно-Сибирская равнина（西西伯利亚平原）、Среднесибирское плоскогорье（中西伯利亚高原）、Туранская низменность（图拉低地）、Тюменкий нефтяной бассейн（秋明油田）。

（4）省、州、市、区、乡、村等行政区划单位和街道、广场、机场、火车站、建筑物等的名称专名的首字母部分大写，通名部分小写。如：Провинция Шандун（山东省）、Иркутская область（伊尔库茨克州）、г. Санкт-Петербург（圣彼得堡市）、Хабаровский край（哈巴罗夫斯克边疆区）、Ненецкий автномный округ（涅涅茨自治区）、Находкаский свободный экономический район（纳霍德卡自由经济区）、посёлок Угольщик（乌戈利希克村）、Пушкинская улица（普希金大街）、Красная площадь（红场）、аэровокзал Внуково（伏努科沃机场）、Курский вокзал（库尔斯克火车站）、Кузнецкий мост（库兹涅茨克桥）、Зимний дворец（冬宫）。

（5）不分专名和通名的地名各个实词的首字母大写，虚词小写。如：Нижний Новгород（下诺夫哥罗德）、Ростов-на-Дону（顿河畔罗斯托夫）。

（6）国家政权机构名称的第一个词和名称内的专名大写。如：Правительство Российской Федерации（俄罗斯联邦政府）、Государственная дума 或 Дума（国家杜马）、Совет Федерации（联邦委员会）、Конституционный суд（宪法法院）、Министерство культуры и массовых коммуникаций Российской Федерации（俄罗斯联邦文化与大众传播部）、Комитет по информационной политике Государственной думы（国家杜马信息政策委员会）、Правительство г. Москвы（莫斯科市政府）、Московский городской отдел народного образования（莫斯科市国民教育局）。

苏联时期最高政权机构名称的各个词的首字母均大写。如：Президиум Верховного Совета СССР（苏联最高苏维埃主席团）、Совет Министров СССР（苏联部长会议）、Верховный Суд СССР（苏联最高法院）。

（7）政党、社团、科学文化机构、企业单位名称的第一个词和名称内的专名的首字母大写，有时重要的词也大写，其余的词一般小写。如：Коммунистическая партия РФ（俄罗斯联邦共产党）、Ассоциация книгоиздателей России（俄罗斯图书出版工作者协会）、Российская академия наук（俄罗斯科学院）、Институт стран Азии и Африки（亚非国家研究所）、Российская государственная детская библиотека（俄罗斯国立儿童图书馆）、Санкт-Петербургский университет экономики и финансов（圣彼得堡财经大学）、Издательство Московского университета（莫斯科大学出版社）、Научое издательство «Большая Российская энциклопедия»（俄罗斯大百科全书科学出版社）、Сортавальская книжная типография（索尔塔瓦拉图书印刷厂）。

组织机构、企业单位的名称专名部分若加引号，引号内第一个词的首字母大写，通名部分在行文中可以小写。如：общество «Долой неграмотность»（扫盲协会）、издательство «Высшая школа»（高等学校出版社）、типография «Наука»（科学印刷厂）、дом книги «Молодая гвардия»（青年近卫军书店）。

（8）主要国际组织机构名称的各个词首字母大写，一般国际组织机构名称的第一个词和专名部分首字母大写，其余的词可以小写。如：Совет Безопасности ООН（联合国安全理事会）、Международный Красный Крест（国际红十字会）、Международная комиссия по изучению западной части Тихого океана（国际研究西太平洋委员会）。

（9）语言、民族、某国人、某地人的名称小写。如：русский（俄语）、русские（俄罗斯人）、китайцы（中国人）、москвичи（莫斯科人）。

（10）节日的第一个词大写。如：Первое мая（五一节）、

Международный год книги（国际图书年）。月份和一周的各天小写。如：январь（一月）、понедельник（星期一）。

（11）由人名派生的名词和形容词小写。如：толстовство（托尔斯泰主义）、марксистский（马克思主义的、马克思主义者的）。

（12）由地名派生的形容词小写，除非它们是组织机构或其他专名的一部分。如：европейские государства（欧洲国家）、Европейское экономическое сообщество（欧洲经济共同体）。

5.4 移行规则

俄语移行时须遵守移行规则。俄语原则上按音节移行，大多数音节以元音为结尾。如：ли-те-ра-ту-ра、Вла-ди-мир。单音节词不能拆分；多音节词拆分时要考虑前缀、词根和后缀的结构关系。

（1）复合词和加前缀组成的词，首先考虑主要组成部分之间的拆分。如：Гос-дума、парт-орг（非 пар-торг）、свое-корыстие（优于 своеко-рыстие）、спец-ставка（优于 спецстав-ка，非 спецс-тавка），при-слать（非 прис-лать）、пре-образоватъ 或 преобра-зоватъ（非 прео-бразоватъ）。双音节的前缀可拆分，如：пере-ходный 或 пе-реходный、экстра-ординарный 或 экс-траординарный。俄语常用的前缀有：анти、архи、без/бес、вице、воз/вос、вы、де、до、за、из、контр、на、над、наи、не、от、под、пред、при、про、раз/рас、сверх、со、суб、транс、экстра 等。

（2）加后缀组成的词，在词根和以辅音开始的后缀之间拆分。如：удар-ник、близ-кий、опас-ный、москов-ский、обще-ство。后缀若以元音开始，通常同前面的一个辅音构成音节一起移行。例如 страстность 的后缀为 ость，可分作 страст-ность 移行（参阅下面第5条）。

（3）在两个单元音之间、二合元音和单元音之间可以拆分。如：про-ект、оке-ан、со-юзный、занима-ет、ма-як、био-экология、сво-ей 等。

（4）元音之间的重叠辅音字母可以拆分。如：ал-лея、кас-са、

медлен-но 等。但是词根开头的重叠辅音字母不能拆分。如：ново-введение、по-ссорить、подо-жжённый 等。

(5) 元音之间有两个不同的辅音或更多的辅音，至少有一个辅音划归后一个音节，其余辅音的归属视词的结构情况而定。若不会造成结构关系的错乱，则可自由划分。例如 ве-с-на、бы-с-т-рота、ца-п-ля、род-с-т-во可在任何一个连字符处拆分。соб-с-т-вен-но 是собсмъенно 的 4 种拆分方式，首先考虑在 б 后拆分，因为 соб 是词根，不能分作со-бственно。марксизм 由词根 маркс + 后缀 изм 构成，移行时 с 归后一音节，分作 марк-сизм，也可分作 мар-ксизм，但不可分作ма-рксизм，因为 р 属于前一音节，ркс 不构成一个辅音组合单位。

多个辅音字母包含两个相同辅音字母时，如何拆分也是要看词的构成。русский 以 ский 为结尾，可以分作 рус-ский，不可以分作ру-сский 或 русс-кий。классный 以 ный 为结尾，可分作 класс-ный，不可分作 клас-сный 或 кла-ссный；Класс 的复数第五格形式классами，可分作 клас-сами。而 бессмертный 则在前缀和词根之间分作 бес-смертный。

(6) 元音字母 ы、半元音字母 й、硬音符号 ъ、软音符号 ь 不能同前面的字母分开转行。如：обы-скать（非 об-ыскать）、розы-грыш（非 роз-ыгрыш），разъ-яснить（非 раз-ъяснить），вой-на（非 во-йна），пы-льный 或 пыль-ный（非 пыл-ьный）。

(7) 不能把单个字母留在行末或移到行首，但允许两个字母组成的音节留在行末或移到行首。如：го-сударствен-но、из-гнанни-ца。有时甚至可以把后缀-ство 的-во 前面两个辅音字母留在上行，如 издательст-во；但 издательств 不能分作 издатель-ств，把 ств 这个不构成音节的辅音群移到下行。

(8) 在标题、目次和小学初年级教科书中不宜把词拆分移行。

(9) 缩写词移行禁则：①"и т. д. ""и др. ""т. е. ""ж. д. "等带缩写点的字母组合成的缩写词不能拆分。② ГОСТ、СССР、КПРФ

等取各词之首的一个字母来组成的复合词缩写（专门名词）不能拆分（但有些可以分成两个音节读的必要时可拆分，如 ЮНЕС-КО、гео-физ.）。③ Ун-та、Изд-во 这类以连字符表示中间部分缩写的词不再拆分。

（10）遇到带连字符的词时首先考虑在连字符处移行；若不合适，也可增加连字符在其他音节移行。如：научно-техничес-/кий、Санкт-Петер-/бург。但用连字符连接的阿拉伯数字和序数词词尾要在同一行。如：5-й、5-ми 等。

5.5 俄语字母用拉丁字母转写办法

5.5.1 国际组织和俄、美、英转写标准

	国际标准化组织转写标准 ISO 9:1995 [1.0]	联合国转写方案 1987 [2.0]	俄罗斯国家标准 ГОСТ 7.79－2000 [3.0]	美国 ALA-LC 转写标准 1997 [4.0]	美英 BGN/PCGN 共同标准 1947 [5.0]
А а	a	a	a	a	a
Б б	b	b	b	b	b
В в	v	v	v	v	v
Г г	g	g	g	g	g
Д д	d	d	d	d	d
Е е	e	e	e	e	e,ye [5.1]
Ё ё	ë	ë	jo	ë	ë, yë [5.1]
Ж ж	ž	ž	zh	zh	zh
З з	z	z	z	z	z
И и	i	i	i	i	i
Й й	j	j	jj	j	y
К к	k	k	k	k	k
Л л	L	l	l	l	l
М м	m	m	m	m	m
Н н	n	n	n	n	n
О о	o	o	o	o	o
П п	p	p	p	p	p
Р р	r	r	r	r	r
С с	s	s	s	s	s
Т т	t	t	t	t	t
У у	u	u	u	u	u
Ф ф	f	f	f	f	f
Х х	h	h	kh	kh	kh

	国际标准化组织转写标准 ISO 9:1995 [1.0]	联合国转写方案 1987 [2.0]	俄罗斯国家标准 ГОСТ 7.79-2000 [3.0]	美国 ALA-LC 转写标准 1997 [4.0]	美英 BGN/PCGN 共同标准 1947 [5.0]
Ц ц	c	c	c	t͡s	ts
Ч ч	č	č	ch	ch	ch
Ш ш	š	š	sh	sh	sh
Щ щ	ŝ	š č	shh	shch	shch
Ъ ъ	”	”	”	”	”
Ы ы	y	y	y	y	y
Ь ь	’	’	’	’	’
Э э	è	è	eh	é	e
Ю ю	û	ju	ju	i͡u	yu
Я я	â	ja	ja	i͡a	ya

说　明

1.0　国际标准化组织 ISO 9:1995《信息和文献工作——基里尔字母用拉丁字母转写标准》(Information and documentation-Transliteration of Cyrillic characters into Latin characters)使用了č、š、ž、ŝ、ë、è、û、â等8个加符字母,不使用字母组合,其特点是:俄语字母表中的每个字母,ISO 标准都有特定的拉丁字母单字母(包括加符字母)与其对应。ISO 标准多用于语言学和斯拉夫学方面的学术著作,使用这个标准转写可以使俄语原文能完全准确地还原。

2.0　联合国地名标准化委员会第五次会议(1987 年 8 月 18-31 日在蒙特利尔举行)第 18 号决议批准的转写方案是以苏联国家标准 ГОСТ 16876-71《基里尔字母用拉丁字母转写规则》1983 年修订本为基础制定的,所用的加符字母比 ISO 标准少,只用了č、š 、ž、ë、è(ė)5 个。使用联合国推荐的转写方案一般可以还原,出现模棱两可的情况是极少的。例如,俄罗斯联邦雅库特共和国的地名 Ojusardah 还原为俄文有可能写成 Оюсардах,实际上应为 Ойусардах。

3.0　俄罗斯联邦从 2002 年 1 月 7 日起实行新的转写标准,以 ГОСТ 7. 79 - 2000 代替 ГОСТ 16876 - 71(1983)。新标准跟 ISO 9:1995标准一样可以完全准确地还原,其特点是不用加符字母,因为拉丁字母比俄语字母少,有时要用字母组合(多为双字母,只有 shh

这一组为3个字母)与俄语单字母对应,所占的篇幅稍多一点,但便于排版和通过计算机网络传输。

4.0 美国 ALA-LC(ALA-LC 为美国图书馆协会-国会图书馆的英语名称缩写)转写标准使用了两个和多达4个字母的组合,还使用了t͡s等3个加符连字。

5.0 美英 BGN/PCGN 共同标准(BGN/PCGN 为美国地名委员会和地名英国用法标准常设委员会的英语名称缩写)是1947年制定的。除俄语字母也使用的 ë 外,不使用任何加符字母,便于排版和通过计算机网络传输;但有多处把不同的俄语字母用同一个拉丁字母转写(如"й"和"ы"都转写为 y,"ц"和"тс"都转写为 ts,"э"和"е"都转写为 e),不掌握俄语构词法知识,仅凭转写表不能准确还原。

5.1 ye、yë 用于词首,或元音后,或 й、ъ、ь 后。

须注意俄语全大写的缩略语单字母用拉丁字母双字母转写时,双字母的第二个字母用小写,如 США(美国)= SShA(非 SSHA)。

5.5.2 俄语用不同标准转写比较表

俄语词语	ISO 转写标准 1995	俄罗斯国家转写标准 2002	美英地名委员会转写标准 1947	汉译
Ерёмеко	Erëmenko	Erëmenko	Yerëmenko	叶廖缅科
приёмик	priëmik	priëmik	priyëmik	收音机
Хрущёв	Hruŝëv	Khrushhëv	Khrushchëv	赫鲁晓夫
объявление	ob"avlenie	ob"javlenie	ob"yavlenie	声明
бельецо	bel'eco	bel'eco	bel'yetso	小内衣
Горький	Gor'kij	Gor'kijj	Gor'kiy	高尔基
юнеть	ûnet'	junet'	yunet'	变年轻
Организация	Organizaciâ	Organizacija	Organizatsiya	
Объединённых	Ob"edinënnyh	Ob"edinënnykh	Ob"yedinënnykh	联合国组织
Наций	Nacij	Nacijj	Natsiy	

5.5.3 俄罗斯现行国家标准转写法示例

ГОСТ 7.79–2000 Система стандартов по информации, библиотечному и издательскому делу. Правила транслитерации кирилловского письма латинским алфавитом.

GOST 7.79–2000 Sistema standartov po informacii, bibliotechnomu i izdatel'skomu delu. Pravila transliteracii kirillovskogo pis'ma latinskim alfavitom.

Правила согласно настоящему стандарту применяют везде, где требуется обеспечить однозначное представление кирилловского текста латинскими буквами и возможность алгоритмического восстановления текста в исходной кирилловской записи, в частности при передаче документов по компьютерным сетям.

Pravila soglasno nastojashhemu standartu primenjajut vezde, gde trebuetsja obespechit' odnoznachnoe predstavlenie kirillovskogo teksta latinskimi bukvami i vozmozhnost' algoritmicheskogo vosstanovlenija teksta v iskhodnojj kirillovskojj zapisi, v chastnosti pri peredache dokumentov po komp'juternym setjam.

[2006-01-31]. http://www.orwell.ru/info/tliter.html

参考译文

俄罗斯国家标准 ГОСТ 7.79-2000

《信息、图书馆、出版业标准系列:基里尔字母用拉丁字母转写规则》

依照本标准,转写规则适用于任何需要确保以拉丁字母等义地表达基里尔文本的地方,包括通过计算机网络传输文件时原以基里尔字母书写的文本能以算法还原。

5.5.4　网站使用美英传统转写法示例

ГОСТ1.1–2002 Межгосударственная система стандартизации. Термины и определения

Настоящий стандарт устанавливает основные термины, применяемые в межгосударственной стандартизации, и их определения. Термины, установленные настоящим стандартом, рекомендуется использовать в правовой, нормативной, технической и организационно-распорядительной документации, научной, учебной и справочной литературе.

GOST1.1–2002 Mezhgosudarstvennaia sistema standartizatsii. Terminy i opredeleniia

Nastoiashchii standart ustanavlivaet osnovnye terminy, primeniaemye v mezhgosudarstvennoi standartizatsii, i ikh opredeleniia. Terminy, ustanovlennye nastoiashchim standartom, rekomenduetsia ispol'zovat' v pravovoi, normativnoi, tekhnicheskoi i organizatsionno-rasporiaditel'noi dokumentatsii, nauchnoi,uchebnoi i spravochnoi literature.

[2006-01-31]. http://www.eastview.com/xq/ASP/sku = G2002112

参考译文

俄罗斯国家标准 ГОСТ 1.1－2002(2003-01-07 批准)

《国家间标准化系统:术语和定义》

本标准确定国家间标准化工作应用的基本术语及其定义。本标准确定的术语建议在法律、规范、技术与组织管理方面的文献工作以及在科学、教学和参考书籍中使用。

5.6 差错和问题

(1) 俄语形似字母误排

俄语形似字母有 Б、ъ、ь 和 ы,ш 和 щ,д 和 ц,г 和 т,и 和 й,它们之间容易混淆。例如:Барсов 误排为 Ъарсов,第 1 个字母 Ъ 应为 Б。титульный 误排成 титулъный,其中的硬音符 ъ 应为软音符 ь。объединённых 误排为 объединённьх,倒数第 2 个字母 ь 应为 ы。Тредиаковский 误排为 Трециаковский,第 4 个字母 ц 应为 д。заптая 误排为 запгая,第 3 个字母 г 应为 т。

(2) 俄语字母和拉丁字母混淆

"И.В.斯大林"误排成"N.B.斯大林",拉丁字母 N.B.应为俄语字母 И.В.

издательский 误排成 издателbский,倒数第 5 个字母 b 为拉丁字母,应为俄语软音符号 ь。

六、德语

6.1 德语字母表

印刷体		字母名称	印刷体		字母名称	印刷体		字母名称
罗马体	哥特体		罗马体	哥特体		罗马体	哥特体	
A a	𝔄 𝔞	[a:]	J j	𝔍 𝔧	[jɔt]	S s	𝔖 𝔰	[ɛs]
B b	𝔅 𝔟	[be:]	K k	𝔎 𝔨	[ka:]	T t	𝔗 𝔱	[te:]
C c	ℭ 𝔠	[tse:]	L l	𝔏 𝔩	[ɛl]	U u	𝔘 𝔲	[u:]
D d	𝔇 𝔡	[de:]	M m	𝔐 𝔪	[ɛm]	V v	𝔙 𝔳	[faʊ]

续表

印刷体		字母名称	印刷体		字母名称	印刷体		字母名称
罗马体	哥特体		罗马体	哥特体		罗马体	哥特体	
E e	𝕰 𝖊	[eː]	N n	𝕹 𝖓	[ɛn]	W w	𝖂 𝖜	[veː]
F f	𝕱 𝖋	[ɛf]	O o	𝕺 𝖔	[oː]	X x	𝖃 𝖝	[ɪks]
G g	𝕲 𝖌	[geː]	P p	𝕻 𝖕	[peː]	Y y	𝖄 𝖞	[ʏsilɔn]
H h	𝕳 𝖍	[haː]	Q q	𝕼 𝖖	[kuː]	Z z	𝖅 𝖟	[tsɛt]
I i	𝕴 𝖎	[iː]	R r	𝕽 𝖗	[ɛr]			

6.2 德语正写法改革

从15世纪以来德语字母使用哥特体(gotische Schrift),字身狭长,结体紧密,主笔画垂直、粗重,多折角和分杈,由加洛林王朝小写字母演变而成。这种字体往往在折笔处把原来连续书写的圆曲线分割成带尖角的线段,因而又称"折断体"(Frakturschrift),我国俗称"花体"。用花体书写德文要按正写法规则大小写搭配,包括标题在内从不用全大写。小写字母s在德文花体字有"长s"(类似一条右弯竖线ſ,好像f去掉横穿字身的短杠,中部的线段比两头稍粗)和"圆s"(见字母表)两种形式。"长s"用于词首和词中,不用于词尾;"圆s"用于词尾。例如指示代词dieses的第一个s用长s,末尾一个用圆s。由于哥特体难写难认,与非德语国家交流困难,1941年1月3日德国当局发出通告函,决定从即日起改用"罗马体"代替"哥特体"作为为德文的标准字体(Normal-Schrift)。所有印刷出版物都应逐步改用这种标准字体。一旦学校课本条件许可,乡村学校和公立初等学校都将只用标准字体教学。德文花体字现在主要用于某些报刊名称、广告、美术设计需要等特殊场合。

德语的传统正写法是1901年在柏林召开的第二次正写法会议通过、1902年在德国以成文法形式颁行的。20世纪末德语国家对实行了近百年的《德语正写法规则》进行改革。1996年7月1日,德国、奥地利、瑞士、列支敦士登四个德语国家和四个有说德语的少数民族的国家意大利、比利时、罗马尼亚、匈牙利(卢森堡不在内)的官方代表在维也纳签署了《关于德语正写法新规则的共同意向声明》，规定从1998年8月1日起实行《德语正写法新规则》(Neuregelung der deustchen Rechtschreibung)，1998年8月1日至2005年7月31日为过渡期，在此期间可以按照新旧两种规则书写。据德国文化部的通告，传统的正写法在1998年8月1日后被视为“已经陈旧了的”(überholt)，过渡期结束后继续使用则视为“错误的”(falsch)。新规则要求所有学校和政府机构必须执行，编辑出版印刷部门也要以这个普遍适用的新规则为规范。1996年出版了第一批有关新正写法的示范辞书，其中有《杜登词典》第21版。德、奥、瑞士三国大多数学校在1996/1997学年开始用新正写法教学。鉴于地方当局、教育界、学术界、作家协会、新闻出版界有一部分人对进行正写法改革持反对意见，德国联邦宪法法院在1998年7月14日宣布文化部通告实行新正写法符合宪法。1998年以来，德国所有学校都教授新正写法。

2000年以来，一些有重大影响的报刊和出版社继续使用或陆续恢复应用传统正写法。新正写法规则在2004年曾出过修订本，但意见分歧仍然存在。依照德国各州文化部长常务会议(KMK)的决定，2004年12月17日在曼海姆德语研究所正式成立由各有关方面(包括对正写法改革持批评态度的人士和奥地利、瑞士、列支敦士登的代表)39位专家组成的德语正写法顾问委员会(der Rat für deutsche Rechtschreilbung)，由巴伐利亚州前艺术和文化部长汉斯·策厄特迈尔(Hans Zehetmair)任主席，研究有争议的问题处理办法。德国共有16个州，其中巴伐利亚和北莱茵-威斯特伐利亚两州在新正写法生效前夕宣布延长过渡期，在德语正写法顾问委员会完成任务之前，新旧正写法在本州同样有效。新规则按照原来的规定于2005年8月1日最终生效，但除上述两州外，其余14州必须执行的只限于新规则没有争议的部分(如用双s取代ß的场合、三个相同的辅音相连时不省略、外来词的拼写法等)。顾问委员会在2006年2月完成新正写法的修订工作，就词语的分写和连写、大小写规则、标点用法、移行规则等主要有争议的问题提出了统一的解决方案，2006年3月，在德国各州文化部长常务会议上一致通过。经过这次修订的新正写法规则已在德语正写法顾问委员会的网站(www.rechtschreibrat.com)公布,从2006年8月1日起在德国、奥地利、瑞士和欧洲其他所有说德语的地区生效,作为德语统一的拼写标准供学校和媒体使用。德国各州(包括原来持不同意见的两个州)所有的学校都必须讲授统一的正写法,以一年为过渡期,从2007年8月1日新学年起,学校记分对仍用旧正写法的要计算差错,对媒体鼓励采用新正写法,有些原来持反对态度的大报刊和出版社也表示要改用新正写法。按照经过修订的、从2006年8月1日起生效的新正写法规则编写的《杜登词典》第24版(修订版)第1卷《德语正写法》(1216页)于2006年7月出版。

6.3 德语字母和音素

现代德语采用26个拉丁字母。不列入字母表的还有3个具有大小写形式的变音字母Ää、Öö、Üü和一个只具有小写形式的合体辅音字母ß(瑞士和列支敦士登在1930年代已废除ß,在官方文件和本国书报刊中用ss代替;但瑞士的大出版社对包括德国、奥地利在内的所有德语国家发行的书籍中仍用ß)。德语a、ä、e、i、o、ö、u、ü、y为元音字母,其余为辅音字母。变元音字母的读音为:ä[ɛ]、ö[œ, øː]、ü[ʏ,yː]、äu[ɔy]。变元音字母大小写Ä、Ö、Ü和ä、ö、ü必要时可以分别写作AE(Ae)、OE(Oe)、UE(Ue)和ae、oe、ue。例如Die Süddeutsche Zeitung(《南德意志报》)互联网址为www.sueddeutsche.de,把报名中的变元音字母ü写作ue。

德语有26个字母、42个音素(19个元音音素和23个辅音音素)。理想的原则是一个字母或一个字母组合代表一个音素,但由于受字母数量的限制和历史演变等原因,字母和音素不是全部一一对应的,有时一个字母代表几个音素,有时几个字母代表一个音素。例如:元音字母e代表3个音素,即[eː][ɛ][ə]。辅音字母s也代表3个音素,即[s][z][ʃ]。k、c、q 3个辅音字母可以代表同一音素[k]。辅音ch两个字母代表[x]和[ç]两个音素,3个辅音字母组合sch代表[ʃ],4个辅音字母组合tsch代表[tʃ]。德语正写法改革的一个重要目的是尽可能简化拼写法,减少字母的拼写与音素不一致的现象。

元音长短具有区别词义的作用,是德语的重要特征。单个元音字母可以表示短元音或长元音。长元音还有特殊的拼写标志:① 重复元音字母 a、e、o,如 aa[aː]、ee[eː]、oo[oː];在元音字母 i 后加 e,如 ie[iː],这里的 e 是长音标志,本身不发音。② 在元音字母后加 h,h 本身不发音,表示前面的元音读长音,如 ah、eh、ih、ieh、oh、uh、äh、öh、üh;有些词在元音后加单辅音字母也读长音,如 gut[guːt]、kam[kaːm](来了)。短元音的拼写标志是:在元音后有两个相同的辅音字母、两个或两个以上不同的辅音字母,如 Kamm[kam](梳子)、fallen[falən]、Abt[apt]、Forst[fɔrst]。德语的二合元音为:ei、ai、ay、ey 表示[ai],au 表示[au],eu、äu 表示[ɔy]。

下面介绍正写法新规则的要点时说明新旧规则的异同。

6.4 德语固有词的拼写法变化

6.4.1 s、ss、ß 的用法

ß 是由花体小写字母长 s(像去掉横穿字身的短杠的 f)和 z(像 3)合成,字母名称为eszett[ɛstsɛt],俗称"锐 s"(scharfes s),以别于"长 s"和"圆 s"。从 ßszSZ 的排列情况可以看出,小写字母 ß 与大写字母 SZ 等高,底部坐落在拉丁字母的基准线上。德语的 ß 容易与希腊字母表第二个字母 β 混淆。它们主要区别是:(1) 德语字母 ß 上字谷明显地小于下字谷,左边的竖线末端(即起笔处)有一条稍向左延伸的衬线,竖线不超出字母基准线向下方延伸,字母的收笔处的尾钩不与左边的竖线连接;ß 的斜体 *ß* 起笔处的衬线变成钩形。(2) 希腊字母 β 左边的竖线超出字母基准线稍向下延伸,上下字谷的大小差别不明显,收笔处与左边的竖线连接,斜体的 *β* 起笔处不弯曲。德语这个合体字母不用于词首,只用于词内和词尾,所以没有大写形式。

s、ss、ß 用法的区别是:(1) ss、ß 始终表示清音[s],而 s 在不同的位置,读音会发生变化。s 在元音后读清音[s],如 Glas [glaːs](玻璃,单数);在元音前读浊音[z],如 Gläser [ˈglɛːzər](玻璃,复数)。(2) 在重读的短元音后的清音[s]写成 ss,如:fassen[ˈfasən](在元音之间)、er fasst(在辅音前,旧写作 faßt)、Fass[fas](在词尾,旧写作

Faß)。(3) 在重读的长元音或二合元音后的清音[s]依照新旧法都写成 ß,如 grüßen['gryːsən]和 fließen['fliːsən](在元音之间)、sie grüßt 和 es fließt(在辅音前)、Gruß[gruːs]和 Floß[floːs](在词尾)。比较:Floß(筏子)[floːs],长元音后;floss(流动)[flɔs],短元音后。注意在词根元音长短发生变化时,清音[s]的表达方式也相应地改变。如:wissen/er weiß/er wusste;genießen/er genoss/Genuss。注意 Maße(尺度)的 a 为长元音,Masse(大众)的 a 为短元音,两个词的写法和含义不同。由于短元音后的 ß 不管是否在辅音前或者在词尾一律改成 ss,写法受这项新规定影响的词是很多的。

比较下面用例写法的异同可以进一步掌握新的规则,概括地说 ß 不管是否在词尾,在短元音后的写法改为 ss,在长元音和二合元音之后仍写作 ß 不变:

传统正写法	新正写法
aufpassen (paßt auf), paßte auf, aufgepaßt	aufpassen (passt auf), passte auf, aufgepasst
(ein)bißchen	(ein)bisschen
Erdgeschoß, Erdgeschösse	Erdgeschoss, Erdgeschösse
essen (ißt), aß, gegessen	essen (isst), aß, gegessen
Eßtisch	Esstisch
Eßzimmer	Esszimmer
Fluß, Flüsse	Fluss, Flüsse
häßlich	hässlich
lassen (läßt), ließ, gelassen	lassen (lässt), ließ, gelassen
mißachten, mißfallen	missachten, missfallen
Meßfühler	Messfühler
Meßinstrument	Messinstrument
müssen (muß), mußte, gemußt	müssen (muss), musste, gemusst
Schloß, Schlösser	Schloss, Schlösser
vergessen (vergißt), vergaß, vergessen	vergessen (vergisst), vergaß, vergessen
wissen (weiß), wußte, gewußt	wissen (weiß), wusste, gewusst

由于 ß 没有大写形式,包含 ß 的词全大写时,用两个大写的 SS 代替,如 2001 年 3 月 28 日德国《世界报》在全大写的标题中把 Fußball 写作 FUSSBALL。非德语文章引用德语词句如果电脑字库没有字母 ß,可以把 ß 写作 ss。

目前在市场上供应的德语书籍采用新旧正写法的都有,重印再版书有些改用新正写法，有些不改。一本在 1996 年以后发行的德语词典采用什么正写法，有一个简易的鉴定办法，就是检查词目 daß 或 dass 条，写法为 daß 的表明该词典用传统正写法；写法为 dass 的则是用新正写法，因为这个词中的 a 是短元音，按照新规定，其后的 ß 要改用 ss。翻阅任何德语书报刊都可以在正文中很容易找到这个常用连接词(相当于英语的连接从句的 that)。

6.4.2　在复合词内 3 个相同字母连在一起的处理办法

复合词内 3 个相同的辅音字母连在一起依传统正写法省略 1 个，依新正写法不省略，以保持词干原来的写法。为便于发音，可在中间加连字符。两种拼写法任选一种。如：Brennessel→Brennnessel 或 Brenn-Nessel，Sauerstofflasche→Sauerstoffflasche 或 Sauerstoff-Flasche，Kongreßsaal→Kongresssaal 或 Kongress-Saal。3 个元音相连传统正写法采用加连字符分隔的办法，新正写法改为可不加连字符，也可加连字符。如：Kaffee-Ersatz→Kaffeeersatz 或 Kaffee-Ersatz，Armee-Einheit→Armeeeinheit 或 Armee-Einheit。

有人依新正写法编造这样一个句子——"Wenn der Balletttänzer nach der Schifffahrt in der Flusssenke Flanelllappen fliegen lässt, gibt es Nassschnee"，3 个 ttt、fff、sss、lll 都保留不省略。

dennoch、Drittel、Mittag 等少数词保持传统写法不变，属于例外的情况。

6.4.3　为显示同族词的词干，某些词过去写作"e"的元音，依新正写法改为 ä

belemmert→belämmert(源自 das Lamm)，verbleuen→verbläuen(源自 blau)，Quentchen→Quäntchen(源自 Quantum)，der Stengel→der Stängel(源自 die Stange)。

类似的情况还有：plazieren→pläzieren(源自 der Platz)。

6.4.4　删去某些词不发音的字母 h，以便其他词写法一致

rauh→rau(同 grau、blau、genau 一类写法一致)。Känguruh→Känguru(同 Gnu、Kakadu 一类写法一致)。

6.4.5　短元音后的辅音重复书写

der As→der Ass（与新旧正写法的第二格 des Asses 和复数 dieAsse 的词干写法一致），Karamel→Karamell（源自 Karamelle），der Mop→der Mopp（源自 moppen），numerieren→nummerieren（源自 die Nummer）。Tolpatsch→Tollpatsch（源自 toll）。

6.4.6　某些派生词保留词干的 h

Roheit→Rohheit，Zäheit→Zähheit。

6.4.7　复合词词干的 st 与 st 相邻均可保留

selbständig→selbstständig/selbständig (源自 selbst + ständig)。

6.5　外来词的拼写法变化

外来词的拼写法的改革是一个复杂的渐进过程。有些词的写法早已稳固，如 Philosophie、Theater、Rhetorik 等，保持传统写法不变，不强求德语化。有些词停止使用传统的写法，改用德语化写法。有些词暂时让两种写法并存，其中又分两类：一类首选德语化写法，排在传统写法之前；另一类是可以选用的德语化新写法，排在传统写法后面。使越来越多的外来词拼写德语化是改革的要求和未来的发展趋势。

6.5.1　ph 和 f，首选 f

希腊语素 φον、φοτ、γραφ 在德语有 phon/fon、phot/fot、graph/graf 两种拼写法，前一种是许多西方国家通用的传统拼写法，后一种是德语化的拼写法。有些外来词的拼写法在改革前已经德语化，如 Telefon、Foto 等，首选德语化拼写法。如：Autograph → Autograf/Autograph，Bibliographie → Bibliografie/Bibliographie，Geographie → Geografie/Geographie，Mikrophon → Mikrofon/Mikrophon，Monographie→Monografie/Monographie，Orthographie→Orthografie/Orthographie，Paragraph→Paragraf/Paragraph。

Philosophie、Metapher、Sphäre 等学术用语保持传统写法不变。

6.5.2　有些 rh 可改为 r

Hämorrhoiden → Hämorrhoiden/Hämorriden，Katarrh → Katarrh/Katarr，Myrrhe→Myrrhe/Myrre。

Rhetorik、Rheuma、Rhesusfaktor 等保持传统写法不变。

6.5.3 有些 th 可改为 t

Panther→Panther/Panter，Thunfisch→Thunfisch/Tunfisch。

Apotheke、Ethos、Mathematik,、Theater、These、Theorie 等保持传统写法不变。

6.5.4 有些 gh 可改为 g

Ghetto → Ghetto/Getto, Spaghetti → Spaghetti/Spagetti, Joghurt → Joghurt/Jogurt。

6.5.5 有些 qu 可改为 k

有些法语借词早已用“k”取代“qu”，如 Etikett（法语étiquette）。新正写法规定更多的法语借词可用“k”取代“qu”，也可保持传统写法。如Kommuniqué→Kommunikee/Kommuniqué。

6.5.6 tial 和 zial、tiell 和 ziell，首选 zial、ziell

differential→differenzial/differential(名词 die Differenz)，essentiell→essenziell/ essentiell(名词 die Essenz)，substantiell→substanziell/substantiell(名词 die Substanz)，potentiell→potenziell/potentiell(名词 die Potenz)。

6.5.7 一些法语借词的结尾é或ée，用 ee 代替，也可保持传统的写法

Drapé→Drapee/Drapé，Exposé→Exposee/Exposé，Frappé→Frappee/Frappé，passé→passee/passé，Varieté→Varietee/Varieté。

6.5.8 以“-y”结尾的英语借词的复数统一为“-ys”

以“-y”结尾的英语借词的复数英式“-ies”和德式“-ys”并存，新正写法规定统一用德式。

Ladys/Ladies→Ladys，Lobbys/Lobbies→Lobbys，Partys/Parties→Partys，Rowdys/Rowdies→Rowdys。但是引文例外，仍用英式复数，如：Grand Old Ladies。

6.6 大写字母的使用

（1）所有名词（专有名词和普通名词）首字母必须大写。如：Berlin（柏林）、der Tisch（桌子）、ein Haus（一间房子）。带连字符的复合名词，连字符后的首字母也大写，如：Schiller-Museum（席勒博物

馆)、Drucker-Verleger(印刷出版者)、Kann-Bestimmung(非硬性的规定)。

新规则废除某些固定词组中名词首字母小写的惯例,改为大写。如:recht haben→Recht haben, in bezug auf →in Bezug auf, in achten nehmen →in Acht nehmen。

语言名称首字母大写,如 Deutsch sprechen。语言名称与介词连用过去作为副词短语看待,小写;新规则改为大写。如: auf deutsch sprechen →auf Deutsch sprechen(用德语说), in deutsch schreiben→in Deutsch schreiben(用德语写)。

(2) 其他词类作为名词使用时首字母也要大写,其前面通常有冠词作为标志,有时也可以不用冠词。

① 动词: essen(吃)→ das Essen(食物), zögern(犹豫)→ohne Zögern(毫不犹豫地)。

② 形容词: jung(年轻的)→der Junge(男孩,小伙子), shcön(美好的)→ etwas Schönes(美好的东西), besondere(特别的)→ nichts Besonderes(没有什么特别的)。

名词化的形容词过去在某些固定词组中首字母习惯用小写的,新规则改为大写:如: für alt und jung→für Alt und Jung, im allgemein →im Allgemeinen、im folgenden→im Folgenden、ohne weiteres→ohne Weiteres。

③ 代词: ich(我)、wir(我们)→ vom Ich zum Wir(从我到我们)。

④ 数词: fünf(五)→ die Fünf(五分)。

⑤ 副词: gestern(昨天,以前)、heute(今天,现在)→das Gestern und Heute(过去和现在)。

⑥ 介词: für(为了,赞成)、wider(朝着,反对)→das Für und Wider erwägen(考虑赞成和反对的理由,权衡利弊)。

⑦ 连词: entweder-oder(不是……就是)→das Entweder-Oder(选择)。

⑧ 叹词: weh(唉)、ach(哎哟)→ mit Weh und Ach(满腹

牢骚地)。

(3) 第二人称代词尊称为 Sie(您、你们)及其变格形式 Ihrer、Ihnen 和相应的物主代词首字母用大写不变,一般用于正式的交际场合。一般的第二人称代词和相应的物主代词过去出于礼貌在给亲友的书信中首字母也用大写,新正写法规定改用小写,但允许继续用大写。如:du, dich, dir, dein, ihr, euch, euer;或 Du, Dich, Dir, Dein, Ihr, Euch, Euer。

(4) 形容词作为专名(地名、国名、组织机构名、建筑物名、历史事件名等)的一部分时首字母通常大写,专名中的虚词首字母小写。如:der Stille Ozean(太平洋)、Kap der Guten Hoffnung(好望角)、die Vereinigten Staaten von Amerika(美利坚合众国)、Freie Demokratische Partei(自由民主党)、Internationales Olympisches Komitee(国际奥林匹克委员会)、Museum für Deutsche Geschichte in Berlin(柏林德意志历史博物馆)、Zweites Deutsches Fernsehen(德国第二电视台)、die Große Mauer in China(中国长城)、die Goldene Bulle(黄金诏书)、der Dreißigjährige Kriege(三十年战争)。专名内的形容词有时偏离常规,首字母用小写,如:Institut für deutsche(常规为 Deutsche) Sprache in Mannheim(曼海姆德语研究所)。

以"-er"为结尾表示来源的形容词首字母大写。如:das Berliner Rathaus(柏林市政厅)、die Leipiger Messe(莱比锡博览会)、der Hamburger Hafen(汉堡港)、der Türinger Wald(图林根森林)。

以-isch 为结尾表示来源的形容词用于专名时首字母大写,用于泛指时首字母小写。如:Französische Revolution(法国大革命)/ französische Literatur(法国文学)、1870/71 Deutsch-Französische Krieg (1870—1871年德法战争)/die deutsch-französischen Beziehungen(德法关系)、der Indische Ozean(印度洋)、rheinische Städte(莱茵河畔的城市)、Bayerischer Wald(巴伐利亚森林)、die thüringischen Glaswaren (图林根的玻璃制品)。来源于人名的形容词过去用大写,如:das Ohmsche Gesetz(欧姆定律)、die Einsteinsche Relativitätstheorie(爱因斯坦相对论)。新规则改为小写,如:dasohmsche Gesetz 、die einsteinsche

Relativitätstheorie。假若要突出人名,可在人名和形容词词尾之间加省字号(Apostroph)把人名分隔出来,这样,人名便可改为大写,如:das Ohm'sche Gesetz、die Einstein'sche Relativitätstheorie。又如:die goethischen/goetheschen Dramen(歌德的剧作)的大写办法为 die Goethe'schen Dramen。假如来源于人名的形容词是整个专名的一个组成部分,不管是否加省字号,首字母都用大写,如:die Meyersche(或 Meyer'sche) Verlagsbuchhandlung(梅耶书籍出版社)。

注意由"-istisch"构成的形容词不是作为专名的一部分时,首字母都要小写,如 die marxistische Weltanschauung(马克思主义世界观)。

(5) 人的姓名首字母大写,其中的冠词和介词类附加成分 der、van、von、zu(r)等首字母小写。如:Hans Holbein der Jüngere(小汉斯·霍尔拜因)、Ludwig van Beethoven(贝多芬)、Gottfried von Straßburg(斯特拉斯堡的戈特弗里德)、Walther von der Vogelweide(福格尔魏德的瓦尔特)、Otto Fürst von Bismark-Schönhausen(奥托·冯·俾斯麦-舍恩豪森侯爵,Schönhausen 是俾斯麦出生地,通常省略)、Leopold von Ranke(利奥波德·冯·兰克)。von Bismark 这类人名在句子开头,要改为大写的 Von;如果缩写为 v.,仍用小写,以免便同教名的首字母"V."混淆。

(6) 德语报刊名的第一个词和所有实词首字母大写,名称内的虚词首字母小写,有时不在名称开头的形容词首字母也可以小写。如:Die Süddeutsche Zeitung(《南德意志报》)、Frankfurter Allgemeine Zeitung(《法兰克福汇报》、Der Spiegel(《镜报》)、Rheinischer Merkur(《莱茵信使》周刊)、Archiv für klinnische Medizin(《临床医学文献》杂志)、Zeitschrift für Geschichtswissenschaften(《历史科学杂志》)。

报刊名称以大写冠词开头,在句中变格后首字母改小写。如:Die Zeit(《时代》)、Sie hat das in der Zeit gelesen(这是她在《时代》上读到的)。

德语书名、文章等作品名称、新闻标题第一个词和所有名词首字母大写，虚词小写，动词、形容词和代词等实词首字母也可以小写。如：Die Leiben des jungen Werthers（《少年维特之烦恼》）、Die schweizerische Sprachenfrage vor 1914（《1914 年前瑞士的语言问题》）、Aus meinem Leben（《我的生平》）、Airbus schafft dieses Jahr 1500 Arbeitplätze in Deutschland（《空中客车公司今年在德国创造 1500 个工作岗位》，2001 年 3 月 28 日《法兰克福汇报》新闻标题）。

书报刊和作品名称加引号同正文其他文字区别，这样就不必用斜体字。如：Chefredakteur der Neuen Rheinischen Zeitung / Chefredakteur der „Neuen Rheinischen Zeitung“（《新莱茵报》主编）、Karl Marx' „Kapital“（卡尔·马克思的《资本论》）、Bismarcks „Gedanken und Erinnerungen“（俾斯麦的《思考与回忆》）、das Gedicht „Luise“ von J. H. Voss（约·海·福斯的牧歌《路易斯》）。德语通常使用阶梯式引号（„ “），有时也用尖角形引号«»或反向的»«。

（7）字母作为词单个使用时大写。如：von A bis Z（自始至终）、weder A noch B wissen（一窍不通）。

6.7 小写字母的使用

名词以外的所有其他词类首字母通常小写。除上面说明的使用小写的场合外需补充以下几点。

（1）不定代词和不定数词即使作名词用时（多数在前面有冠词）首字母也要小写。如：der eine oder der andere（这一个或另一个）、jeder von uns（我们当中的每一个人）、der einzelne（个人）、die wenigsten（极少数人）、ein bisschen（少许）。

（2）名词作介词用时首字母小写。如：die Kraft（力量）→kraft des Gesetzes（根据法律），die Zeit（时间）→zeitseines Lebens（在他的一生中）。

（3）名词作副词用时（一般不带冠词，许多带第二格词尾“-s”）首字母小写。如：der Morgen（早晨、上午）→morgens（在早晨、在上午），der Sonntag（星期日）→ sonntags（在星期日），am Sonntagabend（在星期日晚上，介词 + 名词）→sonntagabends（在星期日晚上，副词），der Anfang（开端）→ anfangs（起初），die Nacht（夜晚）→ nachts（在夜间）。

表示一天时间的名称同 heute(今天)、gestern(昨天)、morgen(明天)等副词连用时首字母过去小写,新规则改为大写。如:heute mittag→heute Mittag(今天中午)、gestern abend→gestern Abend(昨天晚上)、morgen mittag→morgen Mittag(明天中午)、vorgestern morgen→vorgestern Morgen(前天早晨)。

(4) 名词作关联词语时首字母小写。如:der Fall(情况)→ falls(假如,万一),der Teil(部分)→ teils...teils(部分地……部分地)。

6.8 分写和连写

避免德语词过长,新正写法规定这样一条原则:词和词分写是一项基本原则,必要时才连写。

名词和动词合成的动词中名词成分独立应用时意思不变,与动词成分分写:

radfahren→Rad fahren(骑自行车);名词和动词结合紧密表示一个意思时连写:Pleite gehen(名词+动词)→pleitegehen(破产)。动词 brustschwimmen(蛙泳)可继续保持连写,但也可以分写为:Brust schwimmen。"注意"在德语可连写作 achtgeben,或分写作 Acht geben,但前面有修饰词只能写作:sehr achtgeben,或 allergrößte Acht geben。

没有形态变化的小品词(介词、连词、副词)和动词的分连取决于重音,只有一个主要重音时连写,各有重音时分写(字母的下画线表示重音所在)。如:abwärtsfahren——rückswarts einparken,aufeinanderstapeln——aufeinander achten。

动词和动词连用一般要分写,如:laufen lernen;arbeit kommen;lessen üben。第二个成分是 bleiben 或 lassen 时首选分写,也允许连写,如:sitzen bleiben 或 sitzenbleiben;stehen lassen 或 stehenlassen。kennen lernen 适用于这一原则,也允许连写作 kennenlernen。

形容词和动词结合紧密表示一个意思时连写:allein stehen→alleinstehen(孤立);Schwarz sehen→schwarzsehen(悲观)。有些词语分连两可,如:bekannt machen/bekanntmachen(介绍、通知),frei haben/freihaben(有空、休息)。fest、tot、voll 这组形容词和动词连用

要连写，不能分写，如：festhalten、totschlagen、volltanken。

irgend jemand→irgendjemand（某人），irgend etwas→irgendetwas（某种事物）。连写是为了与过去已连写的 irgendwer（某人）、irgendwas（某种事物）写法一致。

6.9 连字符的用法

通过复合法构成冗长难读的词，不受群众欢迎，如联邦铁路局在一则广告中曾使用过的复合词为：

die Rundfahrtumweglongtimepreissenkungsunterbrechungsrückfahrkarte
（环游、绕道、长期降价、中途可以停留的往返票）
共用了 62 个字母。在德语中使用二三十个字母组成的长词并非罕见现象。新正写法提倡多个词干组成的复合词适当加连字符以便于阅读，但传统的不加连字符的写法仍可使用。例如下列两种写法都可用，首选前一种：

Straßenverkehrs-Zulassungsordnung 或 Straßenverkehrszulassungsordnung

Eisenbahn-Fahrplan 或 Eisenbahnfahrplan

Fußball-Bundestrainer 或 Fußballbundestrainer

Lotto-Annahmestelle 或 Lottoannahmestelle

在长复合词中间加连字符要照顾词义，如：

Fußballweltmeisterschaft 可分写为 Fußball-Weltmeisterschaft

非 Fußballwelt-Meisterschaft。

阿拉伯数字和语词组成的复合词一般要加连字符。如：10mal→10-mal，100prozentig→100-prozentig，3silbig→3-silbig，2monatig→2-monatig。15jährig→15-jährig，3tonner→3-tonner。但 die 50fache Menge 或 50-fache Menge 两种写法都可以。die 90er Jahre（相当于 die neunziger Jahre），er 是后缀，不是词，在 90 和 er 之间不加连字符，但可以写作 die 90er-Jahre。

6.10 词的拆分和移行

德语词拆分的基本原则是多音节的单纯词和合成词按音节拆分，首先是在复合词（词根＋词根）或带前缀的合成词（前缀＋词根）的组成部分之间拆分,其次在带后缀的合成词(词根+后缀)之间拆分,必要时才在组成部分内部拆分。如 voll-en·den(非 vol-len·den)。这项基本原则也适用于外来语。位于词首和位于词尾的单元音字母按照原定的新规则允许自成音节移行,现在经过修订后不再允许。

(1) 单音节词不拆分,如 Schrein(非 Schre-in)。

多音节词相连的元音分属不同的音节时可拆分。如:alli-ierte、Altona-er、Bau-er、Ei-er、europä-ische、Famili-en、Feu-er、Grobi-an、individu-ell、Kali-um, Klei-ig、Mu-se-um、na-iv、Ru-ine、Situati-on、Spontane-ität、steu-ern、Trau-ung、vesteu-ern。

表示长音的重叠元音 aa、ee、oo,表示 i 长音的 ie,表示二合元音的字母组合 ai、au、äu、ei、eu 等属同一音节,不能拆分。如:Waa-ge、Bee-re、moo-sig、Schie-fer、Mai-fei-er、Frau-en-lei-den、Läu-fer、Leu-te。

(2) 多音节的单纯词和带后缀的词按音节拆分,两个元音之间的单辅音通常归后面的音节。如:Au-ge、ba-nal、Bre-zel、Eu-le、ge-hen、Hei-mat、He-xe、Lehre-rin、lo-ben、Male-rei、Mei-nung、Rei-he、tra-gen、trau-rig、Trai-ning、Wei-mar、Zei-ger。

(3) 两个元音之间有两个或更多的辅音相连时通常只把最后一个辅音归入后一音节。如:Ar-mut、El-tern、Er-de、Gar-ten、Hop-fen、Knos-pe、Lud-wig、ber-gig、id-rig、ros-ten、leug-nen、sin-gen、sin-ken、sit-zen、Städ-te, Bag-ger、Wel-le、Kom-ma、ren-nen、Pap-pe、Klir-ren、müs-sen、Drit-tel, Ach-tel、Rech-ner、dunk-le、freund-lich、kämp-fen、Karp-fen、konn-ten、knusp-rig, Abwechs-lung、kühns-te, Deutsch-tum、ernst-lich。

(4) 外来词 b、p、d、t、g、k(c)、th 同 l、n 或 r 组合处于两个元音之间,依传统正写法同归后一个音节,依新规则也可按德语固有词拆分法分属前后音节,新拆分法排在前面。如:Nob-le/No-ble、möb-liert/mö-bliert、Zyk-lus/Zy-klus、pyk-nisch/py-knisch 、Mag-net/Ma-gnet、Fe-bru-ar/Feb-ru-ar、Hyd-rant/Hy-drant、Quad-rat/Qua-drat、Arth-ritis/Ar-thritis。这些复辅音如果位于前缀之后或者前面有辅音,

通常归后一音节。如：At-traktion、Aus-druck、Cen-trum、Ge-brauch、kom-plett、Kon-trakt、Mit-glied、Pro-blem 、Pro-gramm。

（5）代表一个辅音的字母组合 ch、ph、rh、sch、sh、th 不拆分，同归后一音节。如：Tü-cher、Nym-phe、Myr-rhe、Hä-scher、Bu-shel、Zi-ther、Diph-therie、Goe-the。

tsch 代表复合辅音，在拆分时 t 归前一音节，sch 归后一音节。如：Deut-sche、Dolmet-scher。

（6）除外来语（如：Mokka、Sakko）外，德语字母 k 不重复，用 ck 代替 kk。依传统正写法拆分时把行末的 c 改为 k。例如：Drücker、trocken 改为 Drük-ker、trok-ken。在专名及其派生词中，可把出现在辅音后面的 ck 一起移到下行，如：Fran-cke、Bismar-ckisch。依照新规则，一般词语的 ck 同专名及其派生词一样不再分作 k-k，而是一起移到下行，如 Drü-cker、tro-cken，处理办法同 la-chen、wa-schen 等一样。

（7）st 在古德文花体时代是一个连字（两个字母上方有一个小半圆把它们连在一起），铸成一块铅字，所以在单纯词中依传统的正写法不拆分，同归后一音节；依新正写法，与 sp 同样处理（如：Wes-pe），可以拆分。We-ste→Wes-te、mei-stens→meis-tens、Ki-sten→Kis-ten、flü-stern→flüs-tern、Fen-ster→Fens-ter、Fe-stung→Fes-tung、Sy-stem→Sys-tem、ber-sten→ bers-ten、schön-ste→schöns-te、sech-ste→sechs-te。

在复合词和带前缀的派生词中，对 st 的处理办法有所不同。如：Haus-tier（非 Hau-stier）、Ange-stellter（非 Anges-tellter）、in-sta-bil（非 ins-tabil）、Gegen-stimme（非 Gegens-timme）、Maß-stab（非 Maßs-tab）、zu-stimmen（非 zus-timmen），s 不属于前一个词或前缀；Bundes-tag（非 Bunde-stag）、Freitheits-taumel（非 Freitheit-staumel），起连缀作用的 s 附在前一个词的末尾。

（8）依新正写法书写的词，在移行时 ß 根据音节划分的原则，或者留在行末，或者移到下行。如：groß-artig（非 gros-sartig）、bei-ßen、entschlie-ßen。要是没有 ß 字母，像瑞士德语那样把 ß 排成 ss， beissen、entschliessen 可分为 beis-sen、entschlies-sen（非 bei-ssen、entschlie-ssen）。entschlos-sen、unterlas-sen 等词的拼写形式本来就是双 s，自然在两个 s 之间拆分，加连字符。Erlaß 的 a 为短元音，依新正写法改为 Erlass，其第二格 Erlasses 的拆分方式为 Erlas-ses。由前缀 miß + 动词 achten 构成的派生词依新正写法写作 missachten，拆分方式为 miss-achten（非 mis-sachten）。由 Meß + Einheit 构成的复合词依新正写法写作 Messeinheit，拆分方式为 Mess-Einheit（非 Mes-seinheit）。

（9）合成词和带前缀的词首先在组成部分接合处拆分，然后再考虑在组成部分内部按音节拆分。如：ab-fah·ren、Angst-schweiß、auf-op·fern、be-ach·ten、Des-il·lu·si·on、Druck-erzeug·nis、emp-fan·gen、ent-ar·ten、Fett-au·gen、ge-eig·net、Glatt-eis、in-of·fi·zi·ell、ir-re·al、Kon·zert-di·rek·tor、Lohn-emp·fän·ger、Po·ly-tech·nik、trans-al·pin、trans-pa·rent、Tür-an·gel、un·ter-ord·nen、Ur-al·ter、ver-ach·ten、Vor-el·tern 、Zeit-ab·schnit、zer-rei·ßen。以 s 缀合的复合词，分界在 s 后。如：Bildungs-anstalt、Zwillings-bruder。

避免会造成误解的分法。如：Altbau-erhaltung（非 Altbauer-haltung）、be-erdin-gen（非 beer-dingen）、See-ufer（非 Seeu-fer）、Spar-gelder（非 Spargel-der）、Sprech-erziehung（非 Sprecher-ziehung）、Text-illustration（非 Textil-lustration）。

（10）"daran"一类德语固有副词，传统正写法按词的构成拆分为 dar-an；现在一般不作为复合词看待，依新正写法也可以按音节拆分为 da-ran。下面举些例子表明两种拆分法的区别，新法排在前面：da-rauf/dar-auf、da-rüber/dar-über、da-rum/dar-um、ei-nan-der/ein-an-der、he-ran/her-an、hi-naus/hin-aus、he-rum /her-um、wa-rum/war-um。

（11）德语词传统拆分法的设计原则是：对德语固有词按音节拆分，对专业外来语按源语的构成成分拆分。新正写法把按音节拆分的原则推广到外来词，即不管词源如何，所有的德语词都统一按音节拆分。但外来词传统的拆分法仍可以使用,哪一种拆分法合适,由使用者自行选择。新正写法把按音节拆分法排在传统按词源拆分法的前面。例如:Chry-san-the-me/Chrys-an-the-me、Chi-rurg/Chir-urg、Hek-tar/Hekt-ar、He-li-kop-ter/He-li-ko-pter、in-te-res-sant/in-ter-es-sant、Li-no-le-um/Lin-ole-um、Nos-tal-gie/Nost-al-gie、Pä-da-go-gik/Päd-a-go-gik、Phi-lip-pi-nen/Phil-ip-pi-nen。希腊语的前缀 SYN 是“同”的意思,传统正写法把 synchron(同步的)和 Synonym(同义词)都分作 syn-chron 和 Syn-onym;新正写法保持 syn-chron 的分法不变(因 syn 自成音节),而把 Syn-onym 的拆分法依音节改为 Sy-nonym。持批评态度的学者表示反对,说无人不知 SYN 是一个前缀,不应拆分。新正写法起草人对此作了解释:不是所有读者都了解专业(如化学、医学)外来词的词源,专业词典可以把传统按词源拆分法排在按音节拆分法的前面。

(12)位于词首的单元音字母不能与后面的音节分离、单独留在行末,如:Abend、edel、Igel、oben、Ufer 不能分成 A-bend、e-del、I-gel、o-ben、U-fel。Abend 即使在复合词中也不能把开头的单元音留在行末,如:Feierabend 可分为 Fei·er-abend(非 Fei·era-bend)。

位于词尾的单元音字母不能与前面的音节分离、单独移到下行,如 Kleie 和 Laue 不能分成 Klei-e 和 Lau-e。

A-Linie(A 行)、E-Mail(电子邮件)、U-Bahn(地铁)在拆分时,把“A-”“E-”“U-”留在行末,在德语报刊中有时可以看到这种处理办法。连字符(Bindestrich)有软硬之分,移行号(Trennungsstrich)的形态与连字符一样,是移行有需要时临时加上去的,属于软连字符。上述复合词中的连字符原来就有的,无论在行末还是在行中都会保留,是硬连字符,在行末兼起移行号的作用,性质不同于临时把单元音字母从词干分离出来移行。T-Linie 和 T-Shirt 的 T 不是元音字母,移行需要时也可把“T-”留在行末。

七、希腊语

在希腊字母于公元前8世纪形成以前,古希腊语是公元前15–前12世纪在迈锡尼(Mycenae)及其他一些地区用一种音节文字(约90个符号)书写的,这种文字在1953年被英国学者解读时定名为“线形文字B”(Linear B)。用希腊字母文字记载的希腊语的发展按历史时期可分为:

(1) 早期希腊语(前8–前3世纪) 这个时期的文学著作(如荷马史诗)主要用伊奥尼亚方言再掺杂别的方言借词创作的。现存最早的希腊字母铭文刻于约公元前740年。

(2) 古典希腊语(前5–前4世纪) 以阿提卡-伊奥尼亚方言组(Attic-Ionic dialect group)的阿提卡方言(雅典人说的方言)为主要基础,是剧作家埃斯库罗斯和欧里庇得斯、哲学家柏拉图和亚里士多德、史学家修昔底德和色诺芬、演说家狄摩西尼的语言。

(3) 希腊化时期的共同语(前323–前34年) 从亚历山大大帝之死至托勒密王朝统治的埃及在公元前34年被罗马征服为希腊化时期。亚历山大大帝(前336–前323)建立庞大的帝国时,希腊本土已在阿提卡方言的基础上吸收伊奥尼亚方言的某些成分形成一种全国通用的“共同语”(Κοινή/koine)。这种共同语在向希腊化推广过程中语法被简化,在各方面比古典语更接近民间口语,较容易为不以希腊语为母语的人所掌握。不晚于2世纪成书的《圣经·新约》纸莎草纸写本据考证主要是用亚历山大城的希腊共同语写的。

(4) 罗马统治时期的希腊语(前146–公元4世纪) 使用时期从希腊被罗马征服至罗马帝国以君士坦丁堡为新都。

(5) 拜占庭希腊语(330–1453年) 有时又称“中世纪希腊语”,使用时期从罗马新都城君士坦丁堡(现为伊斯坦布尔)在原希腊殖民地拜占庭建成至沦入奥斯曼帝国土耳其人之手。拜占庭帝国即东罗马帝国从7世纪初起以希腊共同语取代拉丁语为官方语言。

(6) 现代希腊语(1453年至今) 西方对希腊语的历史分期没

有统一的标准，通常以1453年君士坦丁堡沦陷、拜占庭帝国灭亡作为划分古希腊语（Αρχαία Ελληνικά /Ancient Greek）和现代希腊语（Νέα Ελληνικά/Modern Greek）的界限，如美国国会图书馆对希腊文图书的分类就是这样处理的。在土耳其统治时期，希腊语变化不大。希腊人民在1821–1829年进行的反对土耳其侵略的战争取得胜利后恢复了国家的独立，现代希腊语从此进入新的发展时期。

古希腊人在公元前第一千纪早期引进了源自北闪米特字母的腓尼基字母。腓尼基字母全部都是表示辅音的，借用到希腊语后多数仍作辅音字母使用，有几个字母改作表示元音的字母使用，有个别元音字母为希腊人自创，字母形态和排列顺序也有所变动。经过这样的调整、改造、补充后，希腊语所有的元音和辅音都分别有特定的字母表示。这个重要的创造使在公元前8世纪初步形成的希腊字母表成为世界上第一个兼有元音和辅音的音素字母表。古希腊各城邦和方言区最初使用的字母表或多或少有些差异。爱琴海东岸米利都（Miletus，现属土耳其）的伊奥尼亚字母表有24个字母，在公元前403年被雅典正式采纳，取代原来使用的只有22个字母的阿提卡字母表，伊奥尼亚字母表从此成为古典希腊字母表的统一标准，与现代希腊语使用的24个大写字母的形体基本一致。古典希腊字母为大写字母，拜占庭帝国在8–9世纪对字体进行整理和改革，希腊字母才有与大写形式相匹配的小写形式，小写字母主要来源于草体和大写字母简省某些笔画。

7.1 希腊字母表

正体	斜体	字母名称			前5世纪古典语音拟测④	现代读音
		希腊文	英语读音	汉语读音③		
Α α	*Α α*	άλφα	Alpha [ˈælfə]	阿尔法	[a/aː]	[a]
Β β/ϐ①	*Β β/ϐ*	βήτα	Beta[ˈbeɪtə]	贝塔	[b]	[v]
Γ γ	*Γ γ*	γάμμα	Gamma [ˈgæmmə]	伽马	[g]	[γ/j⑤]
Δ δ/∂①	*Δ δ/∂*	δέλτα	Delta [ˈdeltə]	德尔塔	[d]	[đ]

续表

正体	斜体	字母名称			前5世纪古典语音拟测④	现代读音
		希腊文	英语读音	汉语读音③		
Ε ε	*Ε ε*	έψιλον	Epsilon [ˈepsɪlɒn]	艾普西隆	[ε]	[ε]
Ζ ζ	*Ζ ζ*	ζήτα	Zeta [ˈzi:tə]	泽塔	[zd/dz]	[z]
Η η	*Η η*	ήτα	Eta [ˈi:tə]	伊塔	[ε:]	[i]
Θ θ/ϑ①	*Θ θ/ϑ*	θήτα	Theta [ˈθi:tə]	西塔	[tʰ]	[θ]
Ι ι	*Ι ι*	γιώτα	Iota [aɪˈəʊtə]	约塔	[i/i:]	[i/j⑥]
Κ κ	*Κ κ*	κάππα	Kappa [ˈkæpə]	卡帕	[k]	[k]
Λ λ	*Λ λ*	λάμβδα	Lambda [ˈlæmdə]	拉姆达	[l]	[l]
Μ μ	*Μ μ*	μι	Mu [mju:]	谬	[m]	[m]
Ν ν	*Ν ν*	νι	Nu [nju:]	纽	[n]	[n]
Ξ ξ	*Ξ ξ*	ξι	Xi [ksi:]	克西	[ks]	[ks]
Ο ο	*Ο ο*	όμικρον	Omicron [ˈɒmɪkrɒn]	奥米克戎	[o]	[ɔ]
Π π	*Π π*	πι	Pi [paɪ]	派	[p]	[p]
Ρ ϱ	*Ρ ρ*	ρω	Rho [rəʊ]	柔	[r]	[r]
Σ σ/ς②	*Σ σ/ς*	σίγμα	Sigma [ˈsɪgmə]	西格马	[s]	[s/z⑦]
Τ τ	*Τ τ*	ταυ	Tau [taʊ]	陶	[t]	[t]
Υ υ	*Υ υ*	ύψιλον	Upsilon [ˈju:psɪlɒn]	宇普西隆	[y/y:]	[i]
Φ ϕ/φ①	*Φ ϕ/φ*	φι	Phi [fi:]	斐	[pʰ]	[f]
Χ χ	*Χ χ*	χι	Chi [kaɪ]	希	[kʰ]	[x/ç⑧]
Ψ ψ	*Ψ ψ*	ψι	Psi [psɪ]	普西	[ps]	[s]
Ω ω	*Ω ω*	ωμέγα	Omega [əʊˈmi:gə]	奥米伽	[ɔ:]	[ɔ]

注：① ϐ、∂、ϑ、φ 为可选用的另一种字形。② σ 用于词首和词中，ς用于词尾。③ 汉语读音据《新华词典》2001 年修订版。④ 以阿提卡（雅典）方言为代表的读音拟测。⑤ 在前元音 ι、ε 前读[j]。⑥ 在元音前读[j]。⑦ 在浊辅音前读[z]。⑧ 在前元音 ι、ε 前读[ç]。

7.2 辅音和元音

辅音字母 17 个：清辅音Κκ、Ππ、Ττ、Χχ、Φϕ、Θθ、Σσ/ς、Ξξ、

Ψψ；浊辅音Bβ、Γγ、Δδ、Ζζ、Λλ、Μμ、Νν、Ρϱ。

元音字母 7 个，均属浊音：Αα、Εε、Ηη、Ιι、Οο、Υυ、Ω ω。Ι ι也是半元音字母。在古希腊语中，ε、ο为短元音；η、ω 为长元音；α、ι，υ 有短音和长音，用音标标作：（短）ᾰ、ῐ、ῠ，（长）ᾱ、ῑ、ῡ。在现代希腊语中，长短音的区别已消失，7 个元音字母没有长短的区别，加重音符的元音读半长音，不加重音符的读短音。

单字母的读音见字母表，β 在古希腊语的读音为[b]，在现代希腊语变成[v]。下面介绍字母组合的读音。

古典希腊语（前 5 世纪阿提卡方言）的读音拟测：（1）元音字母组合：αι[a:i/ai]、αυ[au]、ει[e:]、ευ[eu]、ηι[ε:i]、ηυ[ε:u]、οι[oi]、ου[u:]、υι[yj]、ωι[ɔ:i]。二合元音都是长元音，但αι和 οι 在词尾时例外。如οι在ἄνθϱωποι的词尾，为短音；在ἀνθϱώποις中不在词尾（οι 后面有ς），读长音。二合元音的特点是都以闭元音 υ 或 ι 结尾。（2）辅音字母组合：γγ[ŋg]、γξ[ŋks]、γκ[ŋk]、γχ[ŋkʰ]。

现代希腊语的读音：（1）元音字母组合：αι[ε]、αυ[（在清辅音前）af /（在浊辅音和元音前）av]、ει[i]、ευ[（在清辅音前）εf /（在浊辅音和元音前）εv]、ηυ[（在清辅音前）if /（在浊辅音和元音前）iv]、οι[i]、ου[u]、υι[i]。η、ι、υ、ει、οι、υι 都读[i]，ε、αι都读[ε]，ο、ω 都读[ɔ]。（2）辅音字母组合：γγ [ŋg]、γξ [ŋks]、γχ [ŋx, nç]、γκ[g]（在词首）/γκ [g, ŋg,ŋk]（在词中）、μπ [b]（在词首）/μπ [b, mb, mp]（在词中）、ντ[d]（在词首）、ντ[d, nd, nt]（在词中）、τσ[ts]、τζ[dz]。

古希腊语元音字母α、η、ω 可带下加字母 ι（ι υπογεγϱαμμένη/iota subscript），写成ᾳ、ῃ、ῳ。古典时期αι、ηι、ωι 是真二合元音，读如[a:j] [ε:j] [ɔ:j]，是发音的；到后古典时期，末尾的 ι 已不发音，中世纪写本改为下加字母，为文艺复兴时期的印刷本所仿效，放在基准线下面，前面的α同 η、ω 一样读长音，ᾳ ῃ ῳ成为假二合元音。这是古典希腊语某些词的形态变化的标志（如逻各斯λόγος为主格，λόγῳ为与格），具有语法的或辨义的作用，不可忽略。ᾳ ῃ ῳ大写时 ι 改为后加字母（ι πϱοσγεγϱαμμένη / iota adscript），写成 Αι、Ηι、Ωι

(古代铭文因为是全大写,写成 AI、HI、ΩI)。用拉丁字母按字母转写时也写成后加字母,如δήμῳ → dēmōi;要是按语音转写,因 ι 不发音则省略,写作 dēmō。

7.3 多重音标记制和单重音标记制

希腊语传统拼写法采用多重音标记制(the polytonic accentuation system),使用两种气息符号和三种重音符号,用来表示乐调性音高重音(pitch-accent)。据信这个标记系统最初是拜占庭的亚里斯托芬(Aristophanes of Byzantium)在公元前 195—前 180 年任亚历山大图书馆馆长收集和校理希腊古典著作时设计的,在 1—2 世纪的纸莎草纸抄本上可以零散地看到,在中世纪从 9 世纪起逐步完善,在文艺复兴时期的印刷出版物中进一步规范化。多重音标记制是希腊化时期至 1982 年希腊语各种变体(包括古典希腊语、希腊共同语和现代“纯语”)的标准拼写法,所依据的是文语,不反映口语的实际变化。1982 年以后,现代希腊标准语才改用以民间口语为基础的单重音标记制(the monotonic accentuation system),使用一种重音符号表示像拉丁语和英语那样的力度重音(stress accent),不用气息符号。

7.3.1 多重音标记制

气息符号(πνεύματα/breathings)分送气符(δασεία/rough breathing)‛和不送气符(ψιλή/smooth breathing)’。用 H 的左半部(˫)改造成的送气符像左半圆,用 H 的右半部(˧)改造成的不送气符像右半圆,起笔处呈圆珠形,运笔像我国“曾”字草书的头两笔。以单元音或二合元音开头或以辅音ϱ开头的词要带气息符号。符号加在小写字母上方,如ἁ、ἀ、ῥ、ῤ;大写字母加在左侧,如Ἁ、Ἀ、Ῥ、᾿Ρ;二合元音加在第二个字母上方,如αὑ、αὐ、Αὑ、Αὐ。

送气符表示 h 音,不送气符表示不带 h 音。气息符号起区别词义的作用,如:数词ἕν带送气符,意为“一”,读作 hen;介词ἐν带不送气符,意为“在”,读作 en。带送气符的元音转写:ἁ = ha、ἑ = he、ἡ = hē、ἱ = hi、ὁ = ho、ὑ = hy、ὡ = hō。又如:希 ἁϱμονία/英译 harmony,希 ἀναλογία/英译 analogy。

重音符号用于古希腊语几乎所有的词(包括单音节词),仅某些同前后的重读词连读而弱化的短词除外。重音符使用范围以词的最后三个音节为限,再往前的倒数第四、五等音节等不用。例如:“名称”ὄνομα(主格)重音符落在倒数第三个音节上,在词首;ὀνόματος(属格单数)重音符也落在倒数第三个音节上,但不在词首。古希腊语用来标示音高重音的符号有三种:

(1) 锐音符(οξεία/acute accent)′,又称扬音符,表示升调或高音较高,用于一个词的最后三个音节之一。如:πόλεμος(战争)、πολέμιος(敌对的)、πολεμικός(好战的)。

(2) 钝音符(βαρεία/grave accent)ˋ,或称抑音符,表示降调或音高较低,或表示中性音高,只用于一个词的最后一个音节。实际上是在某些情况下用来代替词尾锐音符的。例如形容词原形καλός(好)使用锐音符,假若后面没有停顿(没有逗号等),与紧随其后的其他词连用,锐音符一般要改为钝音符,如καλὸς λόγος(好字眼)。

(3) 曲折音符(περισπωμένη/circumflex)ˆ、̑或 ˜,原来又称扬抑音符或锐钝音符(οξυβαρύς /acute-grave),表示音高先升后降,用于一个词的最后两个音节之一,倒数第三个音节不用;只有最后一个音节是短音节时,曲折音符才用于倒数第二个音节。例如:ἡμῖν(元音 ι 可长可短,上加曲折音符,表示读长音)、σωφρονῶ(重音符在最后一个音节)、σῶφρον、φεῦγε(重音符在倒数第二个音节,最后一个音节的ο、ε 为短元音),而σώφρων、φεύγω(最后一个音节的 ω 为长元音,所以倒数第二音节不用曲折音符)。曲折音符有折角形(ˆ)、半圆形(̑)、浪纹形(˜)三种形式。ˆ由ˊˋ合成,古代希腊文抄本最先使用折角形的ˆ,ˆ在一些抄本中快速书写便近似半圆形的̑。折角形和浪纹形的曲折音符在早期的印刷本都使用。在现代,折角形的曲折音符已很少使用,在国际上特别是在希腊本国多用浪纹形的曲折音符,其次是半圆形的̑。曲折音符这两种不同的形式是区别希腊文不同类型的印刷字体的特殊标志之一。

锐音符和钝音符可用于长元音或短元音,曲折音符只用于长元音,短元音的发音不可能有曲折的变化。不同的重音位置和不同的音符具有区别词义的作用。例如:πότε(何时),ποτέ(从前);κρίνω(我断定),κρινῶ(我将断定);τίς(谁? 哪一个?),τὶς或τις(某人)。

用拉丁字母转写希腊语,长元音字母必须标明;重音符可以不加,必要时才加。如上述转写 dēmōi(δήμω)中 e 和 o 的上方加了长音符 ¯,表示希腊字母 η、ω 是长元音字母,但 ē 的上方没有再加重音符(′)。

气息符号和重音符号同时使用,气息符号位于锐音符和钝音符的前面,曲折音符的下面。如:送气锐音符(῞)、送气钝音符(῝)、送气曲折音符(῟),不送气锐音符(῎)、不送气钝音符(῍)、不送气曲折音符(῏)。

气息符号和/或重音符号加在单元音小写字母的上方,大写字母的左上侧。例如:ἀνήρ、ὑπέχω、ἕτερες、ἴρις;Ἀττική、Ἕλλην、Ἶρις。以二合元音开头的词,气息符号和/或重音符号加在第二个元音字母的上方。例如:αὐλή、αὖρα、Αἴγινα、Εὐρώπη。当辅音ρ位于词首时带送气符,如 ῥήτωρ(演说家/英语 rhetor)。

以H、η 为例说明希腊语气息符号和重音符号在小写字母和大写字母的位置:ή、ὴ、ῆ、ἠ、ἡ、ἤ、ἢ、ἥ、ἣ、ἦ、ἧ,Ἠ、Ἡ、Ἤ、Ἢ、Ἥ、Ἣ、Ἦ、Ἧ。

希腊语还有一种分音符¨,用来分隔相连的元音字母。例如μάϊος表示ϊ单独发音,不跟前面或后面的元音相拼。锐音符、钝音符加在分音符的中间,成为锐分音符(΅)和钝分音符(῭)。例如πραΰνω中的ΰ表示这个锐重音不跟前面的元音α相拼。如果没有分音符,αύ就要作为二合元音看待。

7.3.2 单重音标记制

在 19 世纪早期恢复独立后的希腊存在历史上形成的两种具有不同社会功能、各有自己的拼写标准的语言变体,语言学上称为"双语体"(diglossia):一种是"民众语"(δημοτική/demotiki),即全国所有城镇民众通用、几乎人人都能听懂的口语，主要用于诗歌和小说创作。另一种为“纯语”（Καθαρεύουσα/Katharévusa），是人为地使现代希腊语在拼写、语法和词汇等方面接近古典希腊语的书面语——拟古典语。例如，尽管现代希腊语词首元音都不送气，仍保留气息符号。纯语派的提倡者阿提卡派强调要排除或限制外来语成分以保持希腊语的“纯洁性”，需要新词语表达新概念时用类似的古希腊语素来创造。1834–1975 年政府以“纯语”为官方语言，公文和神学书籍使用，依照传统正写法使用多重音标记制和气息符号。经过长期的争论，1976 年 1 月希腊国会通过立法改用“民众语”为官方语言，并进行正写法改革。这时的“民众语”已吸收“纯语”的许多成分，发展成为现代希腊标准语——“现代希腊共同语”（Κοινή Νεοελληνική/Koini Neoelliniki），方言之间的差别很小。1982 年 4 月政府通过法令，使单重音标记制正式取代多重音标记制成为标准正写法，官方制定的单重音标记准则在 4 月 29 日的希腊政府机关报发布。根据教育部的统一规定，希腊中小学校此后不再普遍设古希腊语课程，讲授现代希腊使用单重音标记制。官方文件、大众媒体和一般出版物现在都使用新正写法，传统正写法只在有限的范围内使用。新正写法力求反映现代希腊语的特点，与传统拼写法有如下不同：(1) 采用单一重音符。古典希腊语音原有的音高重音在后古典时期（希腊化时期）已逐渐消失，变为一种力度重音（发音力度比其他音节大一点，没有内在特定的音高），现代希腊语以撇号 ´ 形式的重音符（与拉丁语的重音符和古希腊语多重音标记制的锐音符相同）为唯一的重音符，标在词重音所在的位置——不超出最后三个音节的范围。每一个双音节词或多音节词必须在一个音节上加重音符，重音符位置不同具有区别词义的作用，如：*άλλα*（其他），*αλλά*（但是）。(2) 单音节词一般不加重音符，只有需要区别词义时才加。如：η（冠词单数阴性），ή（连词“或”）。(3) 取消已不能反映现代希腊语发音实际状况的气息符号，但分音符仍保留。

由于拼写法的历史传统的原因，一个元音往往用两个元音字母表示。一个重读的元音用两个元音字母表示时，重音符放在第二个元音字母上方,如“血”**αί**μα[éma],αί两个元音字母代表一个音 é;要是重音符放在第一个元音字母上方,则表示两个元音字母分别发音,如“驴子”γ**ά**ιδαρος[γájdaros]的两个元音字母άι代表 á 和 j 两个音。γάιδαρος(主格)的 ι 无须加分音符,但它的属格γαϊδάρου[γajdárou]中的α的重音符已转移到倒数第二个音节,ι 须加分音符,写作ϊ。

7.3.3　希腊共同语多重音标记制和单重音标记制比较示例

《圣经 · 新约》希腊文本是希腊共同语(Κοινή)的主要教材之一,有多重音标记制和单重音标记制文本。现把《新约 · 马太福音》6:9-13 的两种标记法分列如下,供比较参考。

单重音标记制	多重音标记制
Πάτερ ημών ο εν τοις ουρανοίς αγιασθήτω το όνομά σου·	Πάτερ ἡμῶν ὁ ἐν τοῖς οὐρανοῖς ἁγιασθήτω τὸ ὄνομά σου·
ελθέτω η βασιλεία σου· γενηθήτω το θέλημά σου, ως εν ουρανώ και επί της γης·	ἐλθέτω ἡ βασιλεία σου· γενηθήτω τὸ θέλημά σου, ὡς ἐν οὐρανῷ καὶ ἐπὶ τῆς γῆς·
τον άρτον ημών τον επιούσιον δος ημίν σήμερον·	τὸν ἄρτον ἡμῶν τὸν ἐπιούσιον δὸς ἡμῖν σήμερον·
και άφες ημίν τα οφειλήματα ημών, ως και ημείς αφίεμεν τοις οφειλέταις ημών·	καὶ ἄφες ἡμῖν τὰ ὀφειλήματα ἡμῶν, ὡς καὶ ἡμεῖς ἀφίεμεν τοῖς ὀφειλέταις ἡμῶν·
και μη εισενέγκης ημάς εις πειρασμόν, αλλά ρύσαι ημάς από του πονηρού.	καὶ μὴ εἰσενέγκης ἡμᾶς εἰς πειρασμόν, ἀλλὰ ῥῦσαι ἡμᾶς ἀπὸ τοῦ πονηροῦ.
αμήν.	ἀμήν.

说明:(1) 单重音标记法不用气息符号。(2) 多重音标记法有三种不同形式的重音符,单重音标记法只用一种撇号´形式的重音符。(3) 多重音标记制的ῃ、ῷ带下加符号 ι,单重音标记制改为η 、ώ,不带下加符号。(4) 示例中使用了三种标点符号,即句号(.)、逗

号(,)和分号(·)。分号见第二行末尾σου·。

7.4　标点符号

希腊语的句号、逗号、叹号、括号、省略号等大多数的标点符号用法跟一般西文基本相同,比较特殊的是分号和问号。

(1) 句号τελεία(.)

① 用于句子末尾。

② 用作缩写点。如:π. Χ.(公元前/B. C.)为πρo Χριστού的缩写。

③ 用于多位数的分节。如:2.748.465(=英语2,748,465)。

④ 用于分隔时分。如:10.45(10时45分)。

(2) 逗号κόμμα(,)

表示句内最小的停顿,用法同英语等语言大体相同。不同的是逗号在希腊语用来作小数点。如:19,50 μ(=19.50 m/19.50米);$4,99(英语$4.99)。

(3) 分号άνω τελεία(·)

希腊语句号为下脚点,分号为上圆点,位于小写字母右上侧。例如:

Διαφορὰ δέ τις φαίνεται τῶν τελῶν· τὰ μὲν γάρ εἰσὶν ἐνέργειαι, τὰ δὲ παρ᾽ αὐτὰς ἔργα τινά. (英译:But a certain difference is found among ends; some are activities, others are products apart from the activities that produce them.)亚里士多德《伦理学》原著"τελῶν·"末尾的分号(·)相当于英译文"ends;"末尾的分号(;)。

(4) 问号ερωτηματικό(;)

问号的形式像汉语、英语等语言的分号。如:Τίς ο ανήρ;(这个人是谁?)

(5) 省字号απόστροφος(')

省字号是希腊人最先创造的,用来表示词尾或词首的一个元音字母的省略(elision)。例如:① θέλω ν' ανέβω = θέλω να ανέβω(我要上去),ν' 表示να的末尾元音α省略。② τo'κανα = τo έκανα

(是我做的),'κανα表示έκανα开头的元音έ省略;这种省略(elision)有时特称"首元音省略"(prodelision)。元音省略后,希腊语两个词之间原有的空格仍保留;而法语和英语省字符与前后的字母接排,不空格,如 l'histoire/I'm。

(6) 引号εισαγωγικά(«»或" ")

为避免气息符号或省字符混淆,用传统拼写法的希腊文书刊一般用法语式引号«»(注意不要用汉语的《 》),这种尖角形引号也可用作书名号。单重音标记制不带气息符号,引号用法语式的«»或英语式的" "均可。如:«Γιατί;» ρώτησε η Μαρία. /"Γιατί;"ρώτησε η Μαρία.("为什么?"玛丽亚问道。)还有些书刊用德语的阶梯式引号(„ ")。

7.5 大小写的体例

(1)现代希腊语每个句子第一个词首字母大写。古典著作学术版仅段落的首字母和大段落中新的话题(新的句群)第一个句子的首字母大写,其他句子的首字母小写。

(2)人名、地名、国名和某地人、某国人和组织机构的名称等首字母大写,其中的冠词、连词等虚词小写。如:Πλάτων(柏拉图)、Ἑλλάς(希腊)、Κίνα(中国)、Ἕλλην(ας)(希腊人)、Κινέζος(中国人)、Ευρωπαϊκή Ένωση(欧盟)、Διεθνής Ολυμπιακή Επιτροπή(国际奥林匹克委员会)、Λαϊκή Δημοκρατία της Κίνας(中华人民共和国)、Βασίλειο της Μεγάλης Βρετανίας και της Βόρειας Ιρλανδίας(大不列颠及北爱尔兰联合王国)。

来源于专名的主义或派别、专有形容词、语言名称小写,如:ἀττικισμός(阿提卡主义)、ἀττικισμός(阿提卡主义者)、μαρξισμός(马克思主义)、μαρξιστής(马克思主义者)、μαρξιστικός(马克思主义者的)、μαρξιστικο-λενινικός(马克思列宁主义的)、πλατωνικός(柏拉图的、柏拉图哲学的)、ἑλληνικός(希腊的)、ἑλληνικάι(希腊语)、νεοελληνικά(现代希腊语)、

κινέζικος(中国的)、κινέζική(华语)。

(3) 作品题名大小写有4种方式：① 第一个词及题名中的专有名词的首字母大写，其余的词小写，如：Ἑλληνογαλλικὸν λεξικὸν Βλαχου(《布拉赫希法词典》,1932年版书名)；如果题名中无专名则仅第一个词的首字母大写，如：Περὶ ἀρετῶν καὶ κακιῶν(《论美德与邪恶》)。② 第一个词和所有实词的首字母大写，虚词小写，如：Περὶ Ἀρετῶν καὶ Κακιῶν(《论美德与邪恶》)。③ 题名全大写，全大写的词通常省略气息符号和重音符号(必要时可加)。例如柏拉图的《第七封信》在一般情况下每个词首字母大写，写作Ἡ Ἑβδόμη Ἐπιστολὴ，全大写则为Η ΕΒΔΟΜΗ ΕΠΙΣΤΟΛΗ。又如"人"ἄνθρωπος(多重音标记制)和άνθρωπος(单重音标记制)，作题名全大写均为ΑΝΘΡΩΠΟΣ(不加气息符号和重音符)，仅首字母大写则分别为Ἄνθρωπος(大写Α的左侧有气息符号和重音符)和Άνθρωπος(大写Α的左侧有重音符，无气息符号)。

7.6　移行规则

(1) 希腊语有多少个单元音和/或二合元音就有多少个音节。如：θέ-ος、Δα-ρει-ος、ναύ-της、λεί-ανση、Ευ-αγ-γέ-λι-ον。

(2) 元音之间的单辅音字母通常归后一个音节。如：α-πε-λευ-θε-ρω-τι-κός、ω-νη-τι-κή。δεί-ξειν的ξ是代表复辅音的单字母也归后一音节。

(3) 两个相同的辅音字母重叠分属前后音节。如：αγ-γέλ-λω、Ἑλ-λάς、ὦμ-μαι、Πύρ-ρος、θάλασ-σα。

(4) 希腊语有一些从不拆分的辅音群，称为"辅音组合单位"。可在词首出现的辅音组合单位(有βγ、βδ、βλ、βρ，γδ、γκ、γλ、γν、γρ，δρ，θλ、θν、θρ，κλ、κν、κρ、κτ，μν、μπ，ντ，πλ、πν、πρ、πτ，σβ、σγ、σθ、σκ、σλ、σμ、σν、σπ、στ、σφ、σχ，τζ、τμ、τρ、τσ，φθ、φκ、φλ、φρ、φτ，χλ、χν、χρ、χτ等)在词内不拆分，要与其后的单元音或二合元音一起转行。如：σμύρ-να，δε-σμός(非δεσ-μός)；σπί-θα，λά-σπη

(非 λάσ-πη)；πτῶ-μα，ὕπο-πτος(非 ὕποπ-τος)；γι-γνώ-σκω、ἑλι-κτός、κα-πνός、πά-σχα、πρᾶ-γμα。在其他情况下可在第一个辅音后拆分。如：άν-θρωπλος、εκ-στρατεία。

希腊语的闭塞音与相应的送气辅音组成的辅音群不能出现在词首，在词内出现时在第一个辅音后拆分。如：ἀπ-φύς、Ἀτ-θίς、Βακ-χίς、ἔγ-χος。

辅音群若以流音λ、ρ或鼻音μ、ν开始，在流音或鼻音后拆分（μ后为另一鼻音ν除外）。如：ἄλ-σος、δελ-φής、ἔλπίς、ἀρ-γός、άρ-μα、ἄμ-φω、ἔρ-γμα、ἔγ-χος、συμ-πότης、αν-δρό、ἄν-θος、ἄν-θρω-πος。μν两个鼻音相连能出现于词首，都归后一音节，如：μέ-μνη-μαι。μι-μνή-σκω。

(5) 合成词（复合词、带前缀的派生词）首先考虑在组成部分的接合处拆分。复合词如：ἀτμό-πλοιον、δήμ-αρχος、Διοσ-κόρω、ὥσπερ-ανεί。

希腊语最常用的前缀多来源于介词、副词。εκ-βάλλω、προ-βαίνω、προ-λέγω等词的前缀后面是辅音。像εἰσ-、ἐν-、ἐξ-、συν-、προσ-等前缀以辅音结尾，即使其后面是元音，也要在辅音和元音之间拆分。如：εἰσ-έχω、ἐν-είρω、ἐξ-άγω、συν-έχω、προσ-άπτω。

ἀντι-、ἀπο-、ἐπι-、κατα-、μετα-、παρα-、ὑπο-这类前缀，若后面的词根以辅音开始，在拆分时保持完整的形式，如αντι-λέγω、ἀπο-κνίζω、κατα-λύω。若后面的词根以元音开始，这些前缀省略末尾的元音，变成ἀντ-(ἀνθ-)、ἀπ-(ἀφ-)、ἐπ-(ἐφ-)、κατ-(καθ-)、μετ-(μεθ-)、παρ-、ὑπ-(ὑφ-)，以辅音结尾。前缀后面是不送气元音，结尾辅音不变，仍为τ、π；前缀后面是送气元音，结尾辅音变为相应的送气辅音θ、φ。拆分时辅音仍归前一音节，如：αντ-έχω、ανθ-έλκω、απ-αίρω、αφ-απτω、κατ-έχω、καθ-ήκω。

(6) 单辅音出现在两个元音之间在语音上第一个元音可以自成音节，如 έ-χω。Ἀσία可分成三个音节Ἀ-σί-α。但在排印时因为没有必要，实际上不会把词首单元音字母留在行末，或把词尾的单元音移到下行。Εσθής、όπλον 的分音节法为 ε-σθής（非 εσ-θής）、ό-πλον（非όπ-λον），排印时按上述惯例也不拆分转行。

7.7 希腊语用拉丁字母转写法

希腊语用拉丁字母转写有按字母转写（transliteration）和按语音转写（transcription）两种方式。

7.7.1 国际标准和美国图书馆标准

希腊字母转写国际标准和美国图书馆协会–国会图书馆标准

	ISO 843: 1997 转写标准		联合国（ELOT 743）1987 转写方案[3.0]		美国 ALA-LC 转写标准 1997[4.0]
	一式[1.0] 按字母转写法	二式[2.0] 按语音转写法	按语音转写法	可还原的按语音转写法	
Α α	a	a	a	a	a
αι	ai	ai	ai	ai	ai
άι	ái	ái	ái	ái	ai
αϊ	aï	aï	aï	aï	ai
αυ	ay	av, af, ay [2.1]	av, af, ay[3.1]	av̱, af̱, ay[3.1/3.4]	au
Β β	v	v	v	v	b, v [4.1]
Γ γ	g	g	g	g	g
γγ	gg	ng	ng	ṉg [3.4]	ng
γκ	gk	gk	gk	gk	nk
γξ	gx	nx	nx	ṉx[3.4]	nx
γχ	gch	nch	nch	ṉch [3.4]	nch
Δ δ	d	d	d	d	d
Ε ε	e	e	e	e	e
ει	ei	ei	ei	ei	ei
έι	éi	éi	éi	éi	ei
εϊ	eï	eï	eï	eï	ei
ευ	ey	ev, ef, ey [2.1]	ev, ef, ey[3.1]	ev̱, ef̱, ey[3.1/3.4]	eu
Ζ ζ	z	z	z	z	z
Η η	ī 或 i⁻	i	ī 或 i⁻	i̱[3.4]	ē
ηυ	iy	iv, if, iy [2.1]	iv, if [3.1]	i̱v̱, i̱f̱ [3.1/3.4]	ēu
Θ θ	th	th	th	th	th
Ι ι	i	i	i	i	i
Κ κ	k	k	k	k	k

续表

	ISO 843: 1997 转写标准		联合国(ELOT 743) 1987 转写方案[3.0]		美国 ALA-LC 转写标准 1997[4.0]
	一式[1.0] 按字母转写法	二式[2.0] 按语音转写法	按语音转写法	可还原的按语音转写法	
Λ λ	l	l	l	l	l
Μ μ	m	m	m	m	m
μπ	mp	b, mp [2.2]	b, mp [3.2]	b, mp [3.2]	b [4.2]
Ν ν	n	n	n	n	n
ντ	nt	nt	nt	nt	d̲[4.2]
Ξ ξ	x	x	x	x	x
Ο ο	o	o	o	o	o
οι	oi	oi	oi	oi	oi
όι	ói	ói	ói	ói	oi
οϊ	oï	oï	oï	oï	oi
ου	oy	ou, oy [2.3]	ou, oy [3.3]	ou, oy [3.3]	ou
Π π	p	p	p	p	p
Ρ ϱ	r	r	r	r	r[4.3]
Σ σ/ς*	s	s	s	s	s
Τ τ	t	t	t	t	t
Υ υ	y	y	y	y	y, u [4.4]
υι	yi	yi	yi	yi	yi
Φ φ	f	f	f	f	ph
Χ χ	ch	ch	ch	ch	ch
Ψ ψ	ps	ps	ps	ps	ps
Ω ω	ō 或 o¯	o	o	o̲ [3.4]	ō
附加字符					
ó 单重音符	ó	ó	ó	ó	(4.5)
ó 锐音符	ó	ó	–	–	(4.5)
ò 钝音符	ò	ò	–	–	(4.5)
õ 曲折音符	ô	ô	–	–	(4.5)
ö 分音符	ö	ö	ö	ö	(4.5)
ὁ送气音符	h	h	–	–	h
ὀ不送气音符	,	,	–	–	–

说明：

联合国地名标准化委员会第五次会议（1987 年 8 月18 –31日在蒙特利尔举行）第 19 号决议批准了希腊标准组织（ELOT）提交的《ELOT 743 希腊字母用拉丁字母转写方案》，使该方案成为拼写希腊语地名的国际标准。方案包含“按字母转写法”（transliteration）、“按语音转写法”（transcription）和“可还原的按语音转写法”（reversible transcription）三个转写表。国际标准化组织 ISO 843：1997《希腊字母用拉丁字母转写标准》是参照联合国（ELOT 743）1987 转写方案制定的，也分三种转写方式，并提供了单重音符和多重音符以及气息符号的转写办法。

＊σ 用于词首和词中，ς用于词尾。

1.0　ISO 843：1997《希腊字母用拉丁字母转写标准》一式为按字母转写法，把希腊字母逐个转写成拉丁字母后，可以把拉丁字母还原为希腊字母。

2.0　ISO 843：1997《希腊字母用拉丁字母转写标准》二式为按语音转写法。该标准的《附录 B》提供了可还原的语音转写法的示例，还原办法与联合国（ELOT 743）1987 转写方案相同，即在不按字母转写而按语音转写的字母的下方加短横，以提示这些字母须注意按规定的转写办法还原。如：αυ↔av̲，af̲；γγ↔n̲g；γξ↔n̲x；γχ↔n̲ch；ευ↔ev̲，ef̲；η↔i̲；ηυ↔i̲v̲，i̲f̲；ω↔o̲（又见下面的 3.4）。

2.1　υ 在 β，γ，δ，ζ，λ，μ，ν，ρ 等浊辅音和所有元音前转写为 v。

υ 在 θ，κ，ξ，π，σ，τ，φ，χ，ψ 等清辅音前和在词尾转写为 f。

υ 的前面一个元音字母带重音符或带 υ 带分音符（ϋ）时，υ 转写为 y。

2.2　μπ 在词首或词尾转写为 b，在词中转写为 mp。

2.3　υ 前面的元音字母带重音符或 υ 带分音符（ϋ）时，ου 转写为 oy。

3.0　联合国（ELOT 743）1987 转写方案的按字母转写法与 ISO 843:1997 转写标准一式相同，本表只列语音转写法和可还原的语音转写法供对照使用。

3.1、3.2、3.3 的注解见 2.1、2.2、2.3。

3.4　按语音转写只有少数字母与按字母转写是不同的。为确保还原的准确性，在这些不同的字母下方加短横，以提示这些字母须注意按所说明的办法还原，不加下画线的其他字母则依照按字母转写法还原。如：αυ↔av̲，af̲；γγ↔n̲g；γξ↔n̲x；γχ↔n̲ch；ευ↔ev̲，ef̲；η↔i̲；ηυ↔i̲v̲，i̲f̲；ω↔o̲。

4.0　《美国 ALA-LC 转写标准》中 ALA-LC 为美国图书馆协会-国会图书馆的英语名称缩写。

4.1　在古希腊语（1453 年以前时期），β 转写为 b；在现代希腊语（1453 年以后时期），β 转写为 v。

4.2 在词首的位置。

4.3 ῥ转写为 rh。

4.4 在二合元音中转写为 u。

4.5 不用附加符号。

7.7.2 美国和英国地名机构转写的共同标准

美国地名委员会和地名英国用法标准常设委员会(BGN/PCGN) 1996 年协议采用的现代希腊语转写法 (取代 BGN/PCGN 1962 年转写法)

	希腊字母		拉丁字母	转写示例	
1	Α α		a	Άρτα	Árta
	αι		ai	Ακταίο	Aktaío
	αϊ		aï	Νεράϊδα	Neraïda
	αυ	在 β,γ,δ,ζ,λ,μ,ν,ρ 和所有元音前	av	Μαυροβούνι	Mavrovoúni
	αυ	在 θ,κ,ξ,π,σ,τ,φ,χ,ψ 前和在词尾	af	Ναύπλιο	Náfplio
	αυ	α 重读时或 υ 带分音符时	ay	Ταΰγετος	Taÿgetos
2	Β β		v	Βόλος	Vólos
3	Γ γ	在所有元音和除 γ,ξ 和 χ 以外的辅音前	g	Γαράζο	Garázo
				Γουριά	Gouriá
				Άγναντα	Ágnanta
				Γλυφάδα	Glyfáda
		在 ξ 和 χ 前	n	Αγχίαλος	Anchíalos
	γγ		ng	Λόγγος	Lóngos
	γκ		gk	Λαγκάδα	Lagkáda
4	Δ δ		d	Δένδρα	Déndra
5	Ε ε		e	Ερέτρια	Erétria
	ει		ei	Ηράκλειο	Irákleio
	εϊ		eï	Μαρινέϊκα	Marinéïka
	ευ	在 β,γ,δ,ζ,λ,μ,ν,ρ 和所有元音前	ev	Ρεύματα	Révmata
		在 θ,κ,ξ,π,σ,τ,φ,χ,ψ 前和在词尾	ef	Λευκάδα	Lefkáda

续表

希腊字母			拉丁字母	转写示例	
		在 ε 重读时或在 υ 带分音符时	ey	罕见	
6	Ζ ζ		z	Ζεμενό	Zemenó
7	Η η		i	Ηράκλειο	Irákleio
	ηυ	在 β,γ,δ,ζ,λ,μ,ν,ρ 和所有元音前	iv	罕见	
		在 θ,κ,ξ,π,σ,τ,φ,χ,ψ 前和在词尾	if	罕见	
		在 η 重读或带分音符时	iy	罕见	
8	Θ θ		th	Θεσπιές	Thespiés
9	Ι ι		i	Ίρια	Íria
10	Κ κ		k	Καλαμάκι	Kalamáki
11	Λ λ		l	Λίμνη	Límni
12	Μ μ		m	Μαραθώνας	Marathónas
	μπ	在词首和词尾	b	Μπέχρος	Béchros
		在词中	mp	Τέμπη	Témpi
13	Ν ν		n	Νεστάνη	Nestáni
	ντ		nt	Ντία	Ntía
14	Ξ ξ		x	Ξάνθη	Xánthi
15	Ο ο		o	Όθος	Óthos
	οι		oi	Δελφοί	Delfoí
	οϊ		oï	Δοϊράνι	Doïráni
	ου		ou	Βούναργο	Voúnargo
		在重读时或在 υ 带分音符时	oy	罕见	
16	Π π		p	Παύλος	Pávlos
	μπ	在词首和词尾	b	Μπέχρος	Béchros
		在词中	mp	Τέμπη	Témpi
17	Ρ ρ		r	Μερόπι	Merópi
18	Σ σ		s	Άσσος	Ássos
	ς	在词尾	s	Σάμος	Sámos

续表

	希腊字母	拉丁字母	转写示例	
19	Τ τ	t	Τίρυνθα	Tíryntha
	ντ		Πέντε Βρύσες	Pénte Vrýses
20	Υ υ	y	Υλίκη	Ylíki
21	Φ φ	f	Φιλοθέη	Filothéi
22	Χ χ	ch	Χαραυγή	Charavgí
23	Ψ ψ	ps	Ψαρά	Psará
24	Ω ω	o	Ωρωπός	Oropós

说明：

（1）在希腊语用锐音符表示重读，用拉丁字母转写时也用锐音符表示，如：Αθήνα→Athína，Ντία→Ntía。要是希腊语重读元音用两个元音字母的组合表示，重音符通常落在第二个元音字母上，用拉丁字母转写时同样处理，如：Οινούσσες→Oinoússes，Οίτι→Oíti。

要是一个音节中包含的元音字母组合 αυ，ευ 或 ηυ 带重音符，这个音符通常加在字母 υ 上。这些字母组合转写为 av，af，ev，ef，iv 或 if 时，重音符放在前一个字母上，如：Αύρα→Ávra，Γαύριο→Gávrio，Καλλιπεύκα→Kallipéfka。字母组合 αυ，ευ，ηυ 或 ου 在 υ 上如果有重音符，在转写为 ay，ey，iy 或 oy 时，重音符加在字母 y 上。

希腊语的重音符有时省略，如用全大写的排印的词语和名称，但转写时应确定重音的位置，用重音符加以标示。单音节词的元音字母通常没有重音符，如 Κως→Kos。希腊语的缩略语如带有重音符，转写时略去。

（2）希腊语原有的分音符，在转写时标出，如 Μαρινέϊκα→Marinéïka，Αχαΐα→Achaḯa。

（3）采用希腊语旧式拼写法的旧地图和旧出版物，所用的锐音符′、钝音符`和曲折音符˜在转写时均用锐音符′表示。

7.7.3 古希腊语转写示例

亚里士多德《尼各马科伦理学》（第 1 卷第 1 节）

Ἀριστοτέλους Ἠθικὰ Νικομάχεια / Βιβλίον I, 1

[1094a] Πᾶσα τέχνη καὶ πᾶσα μέθοδος, ὁμοίως δὲ πρᾶξίς τε καὶ προαίρεσις, ἀγαθοῦ τινὸς ἐφίεσθαι δοκεῖ· διὸ καλῶς ἀπεφήναντο τἀγαθόν, οὗ πάντ᾽ ἐφίεται.	[1094a]Pâsa téchnē kaì pâsa méthodos, homoíōs dè prâxís te kaì proaíresesis, agathoû tinòs efíesthai dokeî· diò kalôs apefḗnanto tagathón, hoû pánt’ efíetai.

διαφορὰ δέ τις φαίνεται τῶν τελῶν· τὰ μὲν γάρ εἰσιν ἐνέργειαι, τὰ δὲ παρ᾽ αὐτὰς ἔργα τινά.	diafóra dé tis faínetai tôn telôn· tà mèn gár eisìn enérgeiai, tà dè par’ autàs érga tina.
ὧν δ᾽ εἰσὶ τέλη τινὰ παρὰ τὰς πράξεις, ἐν τούτοις βελτίω πέφυκε τῶν ἐνεργειῶν τὰ ἔργα.	hôn d’ eisì télē tinà parà tàs prázeis, èn toútois beltíō péfyke tôn energeiôn tà érga.
πολλῶν δὲ πράξεων οὐσῶν καὶ τεχνῶν καὶ ἐπιστημῶν πολλὰ γίνεται καὶ τὰ τέλη· ἰατρικῆς μὲν γὰρ ὑγίεια, ναυπηγικῆς δὲ πλοῖον, στρατηγικῆς δὲ νίκη, οἰκονομικῆς δὲ πλοῦτος.	pollôn dè práxeōn ousôn kaì technôn kaì epistēmôn pollà gínetai kaì tà télē· iatrikês mèn gàr hygíeia, naupēgikês dè ploîon, stratēgikês dè níkē, oikonomikês dè ploûtos.
ὅσαι δ᾽ εἰσὶ τῶν τοιούτων ὑπὸ μίαν τινὰ δύναμιν, καθάπερ ὑπὸ τὴν ἱππικὴν χαλινοποιικὴ καὶ ὅσαι ἄλλαι τῶν ἱππικῶν ὀργάνων εἰσίν, αὕτη δὲ καὶ πᾶσα πολεμικὴ πρᾶξις ὑπὸ τὴν στρατηγικήν, κατὰ τὸν αὐτὸν δὴ τρόπον ἄλλαι ὑφ᾽ ἑτέρας· ἐν ἁπάσαις δὲ τὰ τῶν ἀρχιτεκτονικῶν τέλη πάντων ἐστὶν αἱρετώτερα τῶν ὑπ᾽ αὐτά· τούτων γὰρ χάριν κἀκεῖνα διώκεται.	hósai d’ eisì tôn toioútōn hypò mían tinà dýnamin, katháper hypò tḕn hippikḕn chalinopoiikḕ kaì hósai állai tôn hippikôn orgnōn eisín, haútē dè kaì pâsa polemikḕ prâxis hypò tḕn stratēgikḗn, katá tòn aùtòn dḕ trópon állai hyf’ hetéras· en hapásais dè tà tôn architektonikôn télē pántōn estìn hairetṓtera tôn hyp’ autá· toútōn gàr chárin kakeîna diṓkeitai.
διαφέρει δ᾽ οὐδὲν τὰς ἐνεργείας αὐτὰς εἶναι τὰ τέλη τῶν πράξεων ἢ παρὰ ταύτας ἄλλο τι, καθάπερ ἐπὶ τῶν λεχθεισῶν ἐπιστημῶν.	diaférei d’ oudèn tàs energeías autas eînai tà télē tôn práxeōn ḕ parà taútas állo ti, katháper epì tôn lechtheisôn epistēmôn.

(Ancient Greek Text. ed. J. Bywater, Aristotle's Ethica Nicomachea. Oxford, 1894)

英译文

Aristotle's Ethica Nicomachea / 1. All human activities aim at some good

[1094a] Every art and every inquiry, and similarly every action and pursuit, is thought to aim at some good; and for this reason the good has rightly been declared to be that at which all things aim.

But a certain difference is found among ends; some are activities, others are products apart from the activities that produce them.

Where there are ends apart from the actions, it is the nature of the products to be better than the activities.

Now, as there are many actions, arts, and sciences, their ends also are many; the end of the medical art is health, that of shipbuilding a vessel, that of strategy victory, that of economics wealth.

But where such arts fall under a single capacity—as bridle-making and the other arts concerned with the equipment of horses fall under the art of riding, and this and every military action under strategy, in the same way other arts fall under yet others—in all of these the ends of the master arts are to be preferred to all the subordinate ends; for it is for the sake of the former that the latter are pursued.

It makes no difference whether the activities themselves are the ends of the actions, or something else apart from the activities, as in the case of the sciences just mentioned.

(Translated into English by William David Ross, Clarendon Press, 1908)

中译文

亚里士多德《尼各马科伦理学》/(一)善是万物所追求的目的

〔I,1〕一切技术和研究,正如一切行为和选择,看来都是趋于某种善的。所以,善被合理地认为是万物所追求的目的(各种目的有某种差别,有些目的旨在于行动,相反,有些目的在此之外,着重于职能,既然目的存在于行为之外,在这里,职能自然要比实际活动优越些)。有多少种行为、技术以及学问,也就有多少种目的。医术的目的在于健康,造船术的目的在于船舶,战术的目的在于胜利,理财术的目的在于财富。有些技术从属于某种单一功能,例如制作马勒以及其他一切与驭马装备有关的行为,则从属于驭马术,而这种技术和所有其他与战斗有关的行为,则从属于战术,其他技术亦莫不如此。在所有技术中,处于支配地位的目的,要比出于从属地位的目的更为人所重视,因为后者只是因为前者而被追求。至于我们刚才所提到过的这些学科,行为的目的是行为本身,还是行为之外的什么东西,那无关紧要。

(引自苗力田主编《古希腊哲学》中国人民大学出版社 1989 年

第 1 版 1996 年第 5 次印刷本第 558 页)

说明:

(1) 据马丁·奥斯瓦尔德(Martin Ostwald)考证,亚里士多德的《伦理学》是亚里士多德死后由他的儿子尼各马科据遗作整理编订成书,因而把书名定为《尼各马科伦理学》。全书分 10 卷,第 1 卷分 13 节。

(2) 转写依据美国 ALA-LC 1997 年标准。为便于还原,照希腊文原著加三种重音符(曲折音符在相应的拉丁字母上方改用折角式的^)。

(3) 据希腊古典著作学术版的惯例,一个小节如果很短,只有一个话题,仅第一个句子开头的字母大写,其余的句子首字母小写。一个小节如果较长,包含多个话题,行文转到新的话题或新的句群时,第一个句子的首字母才又开始大写。《尼各马科伦理学》希腊文原著第一节《善是万物所追求的目的》,共有 6 句,仅第一句首字母大写,其余 5 句开头小写;用拉丁字母转写时分成 6 段,大小写照原著不变。为便于对照,英译文 6 句也分成 6 段,每句的首字母照英语格式大写。英译文的分号(;)相当于希腊原文上圆点式的分号(˙)。中译文分成 6 句,但句中未用分号。

7.7.4　现代希腊语转写示例

世界人权宣言

(联合国大会 1948 年 12 月 10 日通过并颁布)

第一条　人人生而自由,在尊严和权利上一律平等。他们赋有理性和良心,并应以兄弟关系的精神相对待。

ΟΙΚΟΥΜΕΝΙΚΗ ΔΙΑΚΗΡΥ ΞΗ ΓΙΑ ΤΑ ΑΝΘΡΩΠΙΝΑ ΔΙΚΑΙΩΜΑΤΑ	OIKOYMENIKE DIAKIRYXE GIA TA ANTHROPINA DIKAIOMATA
ΑΡΘΡΟ 1	ARTHRO 1
Όλοι οι άνθρωποι γεννιούνται ελεύθεροι και ίσοι στην αξιοπρέπεια και τα δικαιώματα. Είναι προικισμένοι με λογική και συνείδηση, και οφείλουν να συμπεριφέρονται μεταξύ τους με πνεύμα αδελφοσύνης.	Óloi oi ánthrōpoi gennioúntai eleútheroi kai ísoi stēn axioprépeia kai ta dikaiṓmata. Eínai proikisménoi me logikḗ kai syneídēsē, kai ofeíloun na symperiférontai metaxý tous me pneúma adelfosýnēs.

说明:

转写依据美国 ALA-LC 1997 年标准。照现代希腊语原文单重音标记制,只用一种锐音符,标题字母全大写,不加任何附加符号。

7.7.5 古希腊语和现代希腊语定冠词变格和转写对照表

古希腊语定冠词变格和转写表

	单数			复数		
	阳性	阴性	中性	阳性	阴性	中性
主格	ὁ/ ho	ἡ/ hē	τό/ to	οἱ/ hoi	ἁι/ hai	τά/ tá
属格	τοῦ/ toû	τῆς / tês	τοῦ/ toû	τῶν/ tôn	τῶν/ tôn	τῶν/ tôn
与格	τῷ/ tôi	τῇ/ têi	τῷ/ tôi	τοῖς/ toîs	ταῖς / taîs	τοῖς/ toîs
宾格	τόν/ tón	τήν/ tén	τό/ tó	τούς/toús	τάς / tás	τά/ tá

现代希腊语定冠词变格表

	单数			复数		
	阳性	阴性	中性	阳性	阴性	中性
主格	ο /o|o	η/ē|ī	το/to|to	οι/oi|oi	οι/oi|oi	τα/ta|ta
属格	του/tou|toy	τις/tis|tis	του/tou|toy	των/tōn|tōn	των/tōn|tōn	των/tōn|tōn
宾格	τον/ton|ton	την/tēn|tīn	το/to| to	τους/tous|toys	της/tēs| tīs	τα/ta|ta

说明:

(1) 古希腊语定冠词转写依据美国 ALA-LC 1997 年标准。与格带下加字母 ι 的ῷ、ῇ转写为 ôi、êi,把下加字母改为后加字母。如果下加字母从略,ῶ、ῆ则转写为 ô、ê。还有一种处理办法是转写时给 i 加括号,如τῷ转写为 tô(i),τῇ转写为tê(i)。

(2) 现代希腊语定冠词无与格。转写分两种方式:竖线前的一种依据美国 ALA-LC 1997 年标准,竖线后的一种依据 ISO 843: 1997 转写标准一式(按字母转写法)。两种转写方式不同之处在于 η 分别转写为 ē|ī,ου 分别转写为 ou|oy。

7.7.6 希腊文中拉丁字母人名

现代希腊文中出现原用拉丁字母拼写的外国人名(如英、美、法、德等国人名)和用汉语拼音书写的中国人名一般直接用拉丁字母,不转换成希腊字母。

Οφείλω να εκφράσω τις ευχαριστίες μου στον συνάδελφο Tim Johns.(我要向我的同事蒂姆·约翰斯表示我的谢意。)

Κινεζικός γλωσσολόγος Wang Li(中国语言学家王力)

7.8 希腊字母字体、笔画和基本结构

7.8.1 字体

最早印刷出版希腊文书籍的国家不是希腊本国,而是欧洲文艺复兴的发源地意大利。从1465年意大利有活字印刷出版业起,只是在某些拉丁文著作印刷本中夹用过用希腊文词句。拜占庭希腊语法学者康斯坦丁·拉斯卡里斯(Κωνσταντῖνος Λάσκαρις/Constantine Lascaris,1434–1501)在君士坦丁堡陷落后移居意大利教授古希腊语,他的授课教材《希腊语法问题》(Erotemata/Grammatica Graeca)1476年在米兰问世,这是世界第一部纯希腊文书籍印刷本。该书的希腊字模是克里特岛希腊书法家迪·达米拉斯(Dimitrios Damilas)刻制的,字体类似当时的希腊字母手写草体。

德国、瑞士、法国、英国等西欧国家受意大利出版业的影响和推动,在16世纪早期至中期才陆续开始印刷发行希腊文书籍。15世纪末16世纪初意大利和欧洲最大的希腊文书籍出版社是意大利学者型编辑出版家阿尔杜斯·马努提乌斯(Aldus Manutius,1449/1450–1515)在威尼斯创办的出版社,史称"阿尔丁出版社"(Aldine Press)。该社出版希腊文、拉丁文、意大利文三种文字的书籍,以希腊文为主,排版印刷厂的主要工作语言是希腊语。该社出版的载明日期的第一种书是拉斯卡里斯上述《希腊语法问题》的修订本,作者在稿末注明完成修订时间为1494年11月25日,出版社印制日期据书末题署为1495年3月8日。修订本附有拉丁文译文和注释。阿尔杜斯在编辑加工时发挥自己的专长,附加了一篇自己写的助读文章《论希腊字母、复合元音以及它们如何流传到现代》,其中强调正音的重要性,并对拉丁语和希腊语在形式上的异同作了比较。书名的简称Erotemata是希腊文Ἐρωτήματα(问题)的转写。书上有全大

写的希腊文和拉丁文副书名《讲稿八部分概要》:

ˈΕΠΙΤΟΜΉ Τ^ΩΝ ˈΟΚΤ Ώ ΤΟ^Υ ΛΌΓΟΥ ΜΕΡ^ΩΝ

COMPENDIVM OCTO ORATIONIS PARTIVM

希腊文副书名中词首的ˈ(代表不送气符')、词中的^(曲折音符)、Ό前的锐音符和Ή、Ώ前的钝音符,原书均排在音符后面的字母右上方(本文为排版方便,按现行的标准格式把这些符号排在字母的左上侧)。该书的希腊文大写字母跟拉丁文大写字母一样都用有衬线的笔画分粗细的罗马体正体。正文一般用小写字母,送气符、不送气符分别用'和'表示,曲折符号则用浪线~。阿尔丁出版社的拉丁字母罗马体(正体)和意大利体(世界第一种印刷用拉丁字母斜体字,1501年最先用于该社出的便携式罗马古典著作丛书)的活字字模以及希腊文活字字模均为来自波洛尼亚的刻工弗·格里佛(Francesco Griffo)所刻。他先后刻制了四种希腊字模:前两种依照希腊抄书手伊曼纽尔·鲁索塔斯(Immanuel Rhusotas)所写的草书体刻制;第三种依照阿尔杜斯的主要希腊文编辑、克里特岛人马尔库斯·穆苏鲁斯(Marcus Musurus)的手写体刻制;第四种据称是一种简化而又美观的版本,体现格里佛所理解的阿尔杜斯自己的书法艺术特点。希腊抄书手为提高书写速度依照当时的抄本习惯使用了不少连字或合体字母(两个或多个字母连写或并合在一起,如δε连写时把δ上端的曲线末尾延伸到ε的起笔处,两个字母连在一起写)。格里佛起初也照样刻制成一块活字,用来排印书籍,但有些字体不易辨认,后来作了改进。阿尔丁出版社推出了希腊古典著作第一个印刷版约30种,其中包括柏拉图、亚里士多德、索福克勒斯、欧里庇得斯、希罗多德、修昔底德、阿里斯托芬等人的著作。影响最大的是《柏拉图全集》(1513年)和五卷本《亚里士多德全集》(1495–1498)。亚里士多德的著作几乎尽在其中,只缺当时尚未找到的《修辞术》和《诗论》两种,后来在1508年出单行本。1495年11月1日出版《亚里士多德全集》第一卷,全大写的标题和分大小写的正文都使用气息符号和多重音符,并使用合体字母和下加字母。

英美在20世纪出版的《牛津古典文丛》(Oxford Classical Texts

Series)、《洛布古典丛书》(Loeb Classical Library)等丛书中的希腊文本使用的字体最初是英国古典学者、剑桥大学教授理查德·波森(Richard Porson,1759—1808)在19世纪早期设计的。波森希腊体(Porson Greek)的特点是大写字母为正体,小写字母为半斜体(倾斜度比常规的斜体字母小),曲折音符呈半圆形,像短元音符号(˘)倒转形式。我国出版的希腊古典著作中译本有不少是依据《洛布古典丛书》翻译的。这套丛书由美国人詹姆斯·洛布(James Loeb)发起,从1912年起由威廉·海涅曼公司和麦克米伦出版社在英美同时出版,绿封皮的为希腊文和英译文对照本,红封皮的为拉丁文和英译文对照本(左页为原文,右页为译文),起初一年出十来卷。由于威廉·海涅曼公司的退出,从1989年1月起改由美国哈佛大学出版社独家在全球出版发行,并负责对旧版的希腊文和英译文及注释的修订重版和补卷的编辑出版(一年四五卷)。哈佛大学出版社采用数字化技术仿照波森体设计了一种"泽斐希腊体"(ZephGreek type),21世纪出版的《洛布古典丛书》新版本改用这种字体排印。

《洛布古典丛书》泽斐希腊体样式

(www. hup. harvard. edu/loeb/typography. html)

ἆρ' ἐξέλαμψε τῶν γυναικῶν ἡ τρυφὴ
χὠ τυμπανισμὸς χοἰ πυκνοὶ Σαβάζιοι,
ὅ τ' Ἀδωνιασμὸς οὗτος οὐπὶ τῶν τεγῶν,
οὗ 'γώ ποτ' ὢν ἤκουον ἐν τἠκκλησίᾳ;
ἔλεγεν ὁ μὴ ὥρασι μὲν Δημόστρατος
πλεῖν εἰς Σικελίαν, ἡ γυνὴ δ' ὀρχουμένη
"αἰαῖ Ἄδωνιν" φησίν. ὁ δὲ Δημόστρατος
ἔλεγεν ὁπλίτας καταλέγειν Ζακυνθίων,
ἡ δ' ὑποπεπωκυῖ' ἡ γυνὴ 'πὶ τοῦ τέγους
"κόπτεσθ' Ἄδωνιν" φησίν. ὁ δ' ἐβιάζετο,
ὁ θεοῖσιν ἐχθρὸς καὶ μιαρὸς Χολοζύγης.
τοιαῦτ' ἀπ' αὐτῶν ἐστιν ἀκολαστάσματα.

从上面的样式可以看出,所用字体为笔画分粗细的有衬线体,大写字母正体和小写字母半斜体相配,引号用英式的""。

希腊大写字母多半与拉丁字母相同或类似，小写字母差别较大。在现代书报刊和网页上希腊字母跟拉丁字母一样主要使用两类字体：一类是笔画分粗细的有衬线体，相当于汉字的宋体；另一类是笔画等宽或大体等宽的无衬线体，接近手写体，相当于汉字的楷体。衬线是字母基本笔画末端短小的装饰线，有多种不同的形态。先举有衬线类两种款式的字体供比较：

(1) 有衬线类：新泰晤士罗马体希腊字母（New Times Roman Greek）

Αα Ββ Γγ Δδ Εε Ζζ Ηη Θθ Ιι Κκ Λλ Μμ Νν Ξξ Οο Ππ Ρρ Σσ/ς Ττ Υυ Φφ Χχ Ψψ Ωω

(2) 有衬线类：莱诺公司帕拉蒂诺体（Palatino Linotype）

Αα Ββ Γγ Δδ Εε Ζζ Ηη Θθ Ιι Κκ Λλ Μμ Νν Ξξ Οο Ππ Ρϱ Σσ/ς Ττ ϒυ Φϕ Χχ Ψψ Ωω

新泰晤士罗马体希腊字母为蒙纳（Monotype）公司参照拉丁字母新泰晤士罗马体（目前书报刊正文使用最普遍的一种标准字体）设计的一种希腊字体（简称泰体），字身较窄，用同样的篇幅能比莱诺公司的帕拉蒂诺体（简称帕体）多排一些字。本文的希腊字母主要使用帕体。现举几个字母为例说明有衬线体的特征。帕体的中轴线把圆形正体的O分成两个对称的部分——像新月形的左半圆和右半圆，两侧弧线中段粗，向上下延伸时逐渐变细，上下弧线的两个中点即顶端和底端的线条最细，由这两处连成的轴线是垂直的，与基准线的交角成90度。斜体的*O*的中轴线则是倾斜的。A的右斜画比左斜画和中间的横画粗，左右斜画的下端有向左右延伸的水平衬线。Γ的竖画（字干）比顶上的横画（字臂）粗，竖画下端有完整的水平衬线，竖画上端左侧有半衬线，横画右端有下垂的鸟喙形衬线。Ξ的底部横画坐落在字母的基准线上，比顶部的横画长，使字形产生稳重感；顶部横画两端的衬线是下垂的，底部横画两端的衬线是稍向外倾斜的；中间的横画最短，两端有垂直的衬线。帕体的小写字母κ竖线（字干）上端左侧有楔形衬线，从字干中部向右上方延伸的斜画（字臂）有下垂的喙形衬线，从字干中部向右下方延伸的斜画（字腿）末端有向上翘起的尖尾衬线,字腿的笔画比字臂粗。泰体的小写字母κ右上部的字臂末端的衬线为泪珠形的,右下部的字腿末端的衬线是平伸的。下面再举例说说两种有衬线体的一些不同特点。P 的小写帕体为ϱ,泰体为 ρ。Φ 的小写帕体为ϕ,泰体为 φ。泰体的 Yυ 和帕体的ϒυ的小写字母只有不易察觉的细微差别,大写字母的差别则较明显。

(3) 无衬线类:微软无衬线体(MS Sans Serif)

Αα Ββ Γγ Δδ Εε Ζζ Ηη Θθ Ιι Κκ Λλ Μμ Νν Ξξ Οο Ππ Ρρ Σσ/ς Ττ Υυ Φφ Χχ Ψψ Ωω

微软无衬线体是常用的无衬线体之一种,没有衬线,笔画等宽或大体等宽。例如有衬线体的 Θ 中间的短横画两端有垂直的衬线,圆形的线条有粗细对比;无衬线体的Θ中间的短横画没有衬线,圆形的线条是等宽的。有衬线体的大写字母 A 左斜画细,右斜画粗,左右斜画下端都有短小的水平衬线,中间的横画也比较细;无衬线体的A没有衬线,三画看上去都是等宽的。

7.8.2　字母的基本结构

Αα Δδ Ζζ Ηη Κκ Σσς Φφ

希腊字母跟拉丁字母一样可用三格四线谱说明它的基本结构。第一条线是大写字母的顶线,所有希腊大写字母的高度都是一样的,以 H 的高度为代表,称“H 线”。第二条线是表示小写字母主体高度的线,以不带上下延伸部分的小写字母κ的高度为代表,称“κ高度”。第三条线为希腊字母的基准线(上面的样例中用句点构成的虚线),所有大写字母和不带下延部分的小写字母的底部都坐落其上。小写字母κ占中格,大写字母 H 占上中两格。四线谱的三格不是等分的,中格具有伸缩性,大小依照字体设计的要求来确定,通常比上格大一倍。第四条线为小写字母超出基准线的下延部分所能达到的最远处构成的底线。小写字母的主体的高度约为大写字母的 2/3。如果中格缩小,上格则相应地扩大。小写字母α、ε、ι、κ、ν、ο、π、σ、τ、υ、ω不带上下延伸部分,占中格。小写字母θ及带上伸部分的δ、λ占中上两格。带下延部分的小写字母γ、η、μ、ϱ、ς、φ、χ占中下两格。带下延部分的β和带上下延伸部分的ζ、ξ、ϕ、ψ占上中下三格。上面说的是一般情况,具体设计时对一些字母会作特殊处理。例如ξ的起笔处会稍微超出Ξ等大写字母的顶线,否则整个ξ的高度会显得低于大写字母,ξ(及ζ、ς)的下延部分比β、η等字母的下延部分短,不把下格占满。

7.8.3 字母的笔画顺序

字母在斜线左边为有衬线的帕拉蒂诺体,右边为微软无衬线体,按有衬线体的基本笔画(不包括衬线)说明书写顺序。这里介绍的是一种常见的笔顺,不是只有这么一种写法。

大写字母

A/A:(1)左斜画从下往上,或从上往下,(2)右斜画从上往下,(3)中横画从左往右。

B/B:(1)左竖画从下往上,(2)右上字碗从竖画顶端绕回到竖画中部,(3)右下字碗从竖画中部起绕回到竖画底端。

Γ/Γ:(1)竖画从上往下,(2)横画从左往右。

Δ/Δ:(1)左斜画从上往下,(2)右斜画从上往下,(3)横画从右往左。

E/E:(1)竖画从上往下,(2)上横画从左往右,(3)中横画从左往右,(4)下横画从左往右。第一笔竖画如果和下横画连写,E则为3画。

Z/Z:(1)上横画从左往右,(2)斜画从上往下,(3)下横画从左往右。

H/H:(1)左竖画从上往下,(2)横画从左往右,(3)右竖画从上往下。

Θ/Θ:(1)圆形从顶端起笔,逆时针方向书写,回到起笔处收笔,(2)中间的横画,从左往右。

I/I:竖画从上往下。

K/K:(1)左竖画从上往下,(2)右上部斜线从右上往左下,(3)右下部斜线从左上往右下。

Λ/Λ：(1) 左斜画从上往下，(2) 右斜画从上往下。

M/M：(1) 左竖画从上往下，(2) 左斜画从上往下，(3) 右斜画从下往上，(4) 右竖画从上往下。

N/N：(1) 左竖画从上往下，(2) 斜画从上往下，(3) 右竖画从下往上。

Ξ/Ξ：(1) 上横画，(2) 中横画，(3) 下横画，均从左往右。

O/O：圆形从顶端起笔，逆时针方向书写，回到起笔处收笔，一笔写成。

Π/Π：(1) 上横画从左往右，(2) 左竖画从上往下，(3) 右竖画从上往下。

P/P：(1) 竖画从上往下，(2) 右半圆顺时针方向从上往下。

Σ/Σ：(1) 上横画从左往右，(2) 上斜画从上往下，(3) 下斜画从上往下，(4) 下横画从左往右。

T/T：(1) 横画从左往右，(2) 竖画从上往下。

ϒ/Y：有衬线的ϒ：(1) 左曲画从上往下，(2) 右曲画从上往下。无衬线的Y：(1) 左斜画，(2) 右斜画，(3) 竖画，均从上往下。

Φ/Φ：(1) 竖画从上往下，(2) 圆形从顶端起笔，逆时针方向书写，回到起笔处收笔。

X/X：(1) 左斜画从左上往右下，(2) 右斜画从右上往左下。

Ψ/Ψ：(1) 竖画从上往下，(2) 曲画从左往右。

Ω/Ω：(1) 左横画从左往右，(2) 圆曲线从谷口(aperture)左面顺时针方向写到谷口右面，(3) 右横画从左往右。

小写字母

α/α：有衬线体的α从右上角起笔，顺时针方向画圆曲线，与右边的线条相交后再延伸到右下角，末尾往右转，稍向上翘起，一笔写成；无衬线体的α先从右上角起写左半圆，再从上往下写右曲线，分两笔写。

β/β：β 左竖画从下往上，到顶端往右转笔连写上下字碗，一笔写成。ϐ形式的贝塔从上字碗的左下角起，逆时针方向往右上转到左侧写长曲线，然后往右转笔逆时针方向写下字碗，一笔写成。

γ/γ：γ 的笔顺像写 ɣ，从左上方往右下写到底线，再从左下写到右上方，但线条没有 ɣ 那样弯曲，下方转笔时线条重合，不形成字谷。

δ/δ：从字碗的顶端起，逆时针方向运笔回到原处，再写上伸的曲线。

ε/ε：从右上方起连写两个左半圆。

ζ/ζ：从左上方起向右写短画，再折向左写类似ς形的曲线，上字谷比ς的大一倍。

η/η：(1) 左边的竖画，从上往下，(2) 右边的弯竖，从左往右，再折向下。

θ/θ：(1) 椭圆形从顶端起笔，逆时针方向书写，回到起笔处收笔，(2) 中间的短横，从左往右。

ι/ι：从上往下，末尾向右弯挑。

κ/κ：(1) 左竖画，从上往下，(2) 右上部斜画，从右上往左下，(3) 右下部斜画，从左上往右下。

λ/λ：(1) 长斜画，从左上往右下，(2) 短斜画，从右上往左下。

μ/μ：(1) 左竖画，从下往上，(2) 竖弯，从上往下，竖线部分与左竖画大部重合，(3) 右边的竖弯，从上往下。

ν/ν：(1) 左斜画，从上往下，(2) 右斜画，从下往上。

ξ/ξ：从左上方起向右写短画，再折向左连写两个右开口的曲线(类似 ε)，接着写左开口的曲线(字母的下延部分)。

ο/ο：笔顺同大写字母。

π/π：(1) 上横画，从左往右，(2) 左边的斜竖，从上往下，(3) 右边的竖弯，从上往下。

ϱ/ρ：从ϱ的字碗左下方起笔，逆时针方向画圆形，然后继续向左下方写下延部分。ρ左侧为竖画，也可以从竖画下端起笔，从下往上到上端再顺时针方向画圆形。

σ/σ：从右上方起笔，自右往左写短横，再逆时针方向画圆形。或从右上方起笔，顺时针方向画圆形，再向右延伸写短横。

ς/ς：从右上方起笔，画左半圆，再向左下方写下延部分。

τ/τ：（1）横画，从左往右，（2）竖弯，从上往下，再向右弯。

υ/υ：从左上方起笔，往下画曲线，再折向右上方。

ϕ/φ：（1）竖画从上往下，（2）圆形从顶端起笔，逆时针方向书写，回到起笔处收笔。字形如为φ，圆形不完全封闭，则从左上方起笔，逆时针方向写到圆形开口处，折笔往下写竖线，一笔写成。

χ/χ：笔顺同大写字母。

ψ/ψ：笔顺同大写字母。

ω/ω：从左上方起笔，连续书写曲线至右上方收笔。

7.9　差错和问题

（1）字体辨别问题

有一本 2004 年出版的希汉词典在卷首刊载《古希腊文字母表》，字母分正楷和小楷两列排。汉语“正楷”和“楷书”是同义词，前头加个“正”字，是强调楷书是汉字手写正体字。正楷或楷书分大楷和小楷，用于拼音文字指某一类大写印刷体和小写印刷体。“正楷”包括“小楷”，两者是上下位的关系，不是相对的概念。上述字母表名称栏所说的“正楷”，实际上是指大楷或大写，“小楷”则是指小写。表内所列希腊字母的字体接近 Palatino Linotype 体的Αα Ββ Γγ Δδ Ζζ Ηη Θθ Ιι Κκ Λλ Μμ Νν Ξξ Οο Ππ Ρϱ Σσ/ς Ττ ϒυ Φϕ Χχ Ψψ Ωω，只有个别字母形体稍有不同，如ϱ作 ρ。这种字体属于笔画分粗细的有衬线体，为罗马体之一种，不是笔画等宽或大体等宽的无衬线体，称之为楷体是不适宜的。该词典正文的词目所用的才是笔画等宽或大体等宽的无衬线体，相当于汉字的楷体，如头 4 个大写字母为ΑΒΓΔ，跟字母表头 4 个字母 ΑΒΓΔ 的字体明显不同。

（2）形似字母混淆

ἰδέαν误排为ἰδέχν，χ 要改为 α。εἰσίν误排为εἰοίυ，元音ο应为辅音 σ，元音 υ 应为辅音 ν。βίος（生命）误排成βίας，ο应为α。转写也跟着错成 bias，要改为 bios。汉语拼音常用的拉丁字母哥特体的ɑ，与希腊字母α也容易混淆。

(3) 符号混淆

ὡς误排成ώς,ω 上方的英语前单引号‘应为希腊语的送气符ʽ。

(4) 符号的位置有误和省字符漏排

字母误排,造成符号的位置有误。οὐχ误排成οὐ̓χ,οὔθ’误排成ον̈́θ’,其中辅音 ν 应为元音 υ。不送气符/重音符加在元音上方,不能加在辅音上方。μεν̀要排成μὲν,把钝音符从辅音ν的上方改到元音 ε 的上方。οὔθ’转写为 outh,漏排省字符’,应为 outh’。

(5) 把符号误作字母的笔画

ὁποιος误排成δποῖυς,把υ上方的送气符ʽ误作字母 δ 笔画的上伸部分。

(6) 词语的分连有误

ω μέ γα要连写为ωμέγα。ὤνό要分写为ὤν ὁ。ὤν和ὁ是两个不同的词,识别的办法是ὁ上方有送气符。希腊语带送气符的音节或独立成词,或出现于词首,一般不出现于词尾。

(7) 字母排版没有按基准线对齐

一部词典把全书所有小写字母φ整个(包括下延部分)都排在基准线之上,如:Δώφαντος(狄俄方托斯,公元前 4 世纪代数学创始人)、Πασιφάη(帕西法,太阳神的女儿)。这样,φ就不仅高于所有的小写字母,也高于所有的大写字母。正常的排法应为Δώφαντος、Πασιφάη。φ的主体即圆形占中格,圆形的底部在字母的基准线上,圆形以下的竖线和 η 右侧的竖画的下延部分一样占下格,圆形以上的竖线,即上伸部分的高度同大写字母Δ、Π一样,不能超出大写字母的顶线。

(8) 转写问题

βραχὺς的转写误作 blachys,应为 brachys,即把 l 改为 r。πολλὰ的转写为 polla,误作 palla。有些转写差错同原文误排有关,βίος(生命)误排成βίας,转写也跟着错成 bias,要改为 bios。

古希腊语用拉丁字母转写,最严谨的办法是能够还原,这就要求依照国际标准在转写时把重音符的位置标明，对长元音和短元音用规定的符号加以区别。西方常用的一种简省的办法是：送气符改用 h 表示，不送气符不标，三种重音符一律不标，但长元音要加长音符，以便同短元音区别。如：长元音 η 转写为 ē，短元音 ε 转写为 e；长元音 ω 转写为 ō，短元音转写为 o。如：ἐρημία→erēmia、ἀνθρώπινος→anthrōpinos。我国研究古希腊哲学的一些学术著作往往把 η 和 ε 都转写为 e，ω 和 o 都转写为 o；这样，不懂希腊文的读者就看不出原文是有区别的了。

八、拉丁语

8.1 拉丁字母表

正体	斜体	名称音	古典拉丁语读音拟测	教会拉丁语读音
A a	*A a*	[a]	[æ,ɑː]	[æ,ɑː]
B b	*B b*	[be]	[b]	[b]
C c	*C c*	[ke]	[k]	[k,ts②]
D d	*D d*	[de]	[d]	[d]
E e	*E e*	[e]	[ε,eː]	[ε,eː]
F f	*F f*	[εf]	[f]	[f]
G g	*G g*	[ɡe]	[ɡ]	[ɡ,dʒ③]
H h	*H h*	[ha]	[h]	[h]
I i	*I i*	[i]	[i,iː]	[i]
J j	*J j*	[jɔta]	[j]	[j]
K k	*K k*	[ka]	[k]	[k]
L l	*L l*	[εl]	[l]	[l]
M m	*M m*	[εm]	[m]	[m]
N n	*N n*	[εn]	[n]	[n]
O o	*O o*	[o]	[ɔ,oː]	[ɔ,oː]

续表

正体	斜体	名称音	古典拉丁语读音拟测	教会拉丁语读音
P p	*P p*	[pe]	[p]	[p]
Q q	*Q q*	[ku]	[k]	[k]
R r	*R r*	[εr]	[r]	[r]
S s	*S s*	[εs]	[s]	[s,z④]
T t	*T t*	[te]	[t]	[t]
U u	*U u*	[u]	[u,uː]	[u]
V v	*V v*	[ve]	[w]	[v]
(W w)①	(*W w*)①	–	–	–
X x	*X x*	[iks]	[ks]	[ks]
Y y	*Y y*	[ysilon]	[y,yː]	[y,yː]
Z z	*Z z*	[zεta]	[dz]	[dz]

注：① 拉丁语不用，读音从使用国的语言。

② 在 e、i、y、ae、eu、oe 前读[ts]。

③ 在 e、i、y、ae 前读[dʒ]。

④ 在两个元音之间或 m、n 浊辅音前读[z]。

8.2 拉丁字母的由来

拉丁字母(也叫"罗马字母")，大约在公元前 7 世纪经过伊斯特拉斯坎字母作中介源出于希腊字母西支。字母表最初有 21 个字母，即 A、B、C、D、E、F、Z、H、I、K、L、M、N、O、P、Q、R、S、T、V、X。其中，第 7 个字母 Z(当初写法近似 I)在公元前 4 世纪废弃不用，在公元前 3 世纪从 C 分化出 C、G。罗马人征服希腊以后，在公元前 1 世纪为书写希腊语借词，又从当时的希腊字母中吸收 Y、Z，放在字母表的末尾，古典拉丁字母表就由上述 23 个字母组成。I 和 V 既可作元音又可作辅音，读音取决所处位置；在表述时称"元音 I"和"辅音 I"、"元音 V"和"辅音 V"来加以区别。在中世纪，元音字母和辅音字母的写法逐渐分化。从I分化出J代表辅音[j],而I则用来代表元音[i]。从V分化出U代表元音[u],而V则代表辅音[v]。实际上是先有小写体的u,与大写体的V配合使用,大写的U和小写的v是较晚才出现的。经过相当长的一段时期混用,到文艺复兴以后,大小写的Uu和Vv分别代表元音和辅音,才逐渐规范化。威尼斯出版家、斜体字创始人阿尔杜斯·马努提乌斯曾在书名上把自己的名字印成ALDVS MANVTIVS,现在只能写作ALDUS MANUTIUS或Aldus Manutius,不能把v和u混用了。但是从现代拉丁语词典有时会看到同一词有两种写法,如cuius和cujus(谁的),读音都是[kujus],前一种写法的i是作为辅音使用的,分音节要分作cu-ius。又如jam、justus,有些词典按古典拉丁语排成iam、iustus。公元7世纪,抄书手用uu(大写则为VV)代表日耳曼语族的/w/音,后来这两个双字母变成合体字母W。11世纪诺曼人征服英国后把这个已经在大陆定型的合体字母传入英国,到13世纪左右完全取代中古英语原来用表示/w/音的如尼(runic)字母。拉丁字母最终增加到26个,但拉丁语本身不用字母W。字母表中a、e、i、o、u、y 6个为元音字母,其余20个为辅音字母。古典拉丁字母为大写体,小写体在中世纪形成,多源自大写体。例如:把大写体去掉一部分,H简化为h,B简化为b,k是K一部分的缩短,等等。印刷物使用斜体字始于16世纪初的意大利。古典拉丁语的读音(在公元3世纪以前)和教会拉丁语的读音(大约从4世纪开始推广,到现在教会普遍使用),也有些明显的差别。据专家拟测,K在古典拉丁语始终读[k],在i、e等元音前读音不变。例如Cicero读作[ki:kero],同时代的希腊人称他为Κικέρων(kikerōn),日语照古典拉丁语音译为キケロ(kikero),俄语依教会拉丁语音译Цицеро(tsitsero)。我国没有依照古典拉丁语或教会拉丁语的读音,而依照英语的读音[sisərəʊ]译为“西塞罗”。

8.3 短元音和长元音

拉丁语的6个元音都可以是短元音或长元音。短元音的符号为˘,长元音的符号为¯,加在元音字母上方,如Ā ā、Ă ă,Ē ē、Ĕ ĕ,Ī ī、Ĭ ĭ,Ō ō、Ŏ ŏ,Ū ū,Ȳ ȳ、Y̆ y̆。长短音具有区分词义的作用,如,lēgis(法律的),lĕgis(你读)。这些长短音符号通常用于拉丁语初级教材和词典,一般拉丁文献只在必要时才用。

8.4 字母组合和重音符

8.4.1 合体字母、二合元音

拉丁语有合体字母 æ、œ,现在已很少使用,以 ae、oe 代替。二合元音有:ae([ai])、au([au])、oe([ɔi])、ei([ei])、eu([eu])、ui[ui]。huic[huik]、fui[fui]中的 ui 是二合元音。但 ui 在词首读作[wi],如 uidi[wi:di:];在 q 后也读[wi],如 qui[kwi]。ae 和 oe 在 caecus 和 coepit 等词里是二合元音;在某些词里不是二合元音时,则在后面的元音上面加分音符(¨),如 aër、poëta 表示 a 和 ë、o 和 ë 分开发音。

8.4.2 双辅音字母组合

表示单辅音的双辅音字母组合有:ch(k)、ph(f)、rh(r)、th(t)。

sc 在一般情况下为复辅音,读[sk],如,scutum[sku:tum]、scribo[skri:bo];在 e、i、y、ae 前为单辅音,读[ʃ],如,scelus[ʃelus]、scientia[ʃientsia]。

8.4.3 u 同其他字母的组合

u 非重读时同前面的辅音 q、g 或 s 及后面的元音构成一个音节,有以下固定的读法:(1) qu 读作[kw],如 aqua[akwa]、quis[kwis]、quoque[kwokwe]、antiquus[anti:qwus];(2) n 后的 gu 读作[gw],如 distinguo[distingwo:]、lingua[lingwa];(3) su 读作[sw],如 suavis[swa:wis]。但 su-o-rum、ex-i-gu-us 中的 u 仍读作[u]。

8.4.4 ti 的读音

ti 在一般情况下以及前面是 s、x、t 时读[ti],如 timeo[timeo]、sitis[sitis]、hostia[hostia]、mixtio[mikstio]、Bruttium[bruttium]。在 a、ae、i、o、u 前读[tsi],如 etiam[etsiam]、lectio[lektsio]、nuntius[nuntsius]。

8.4.5 重音符

重音符号为“ ˊ ”,用于倒数第二个或第三个音节。使用规则为:(1) 双音节词的重音必定在倒数第二个音节上。如:ámo、áestas、rósa、dúo。(2) 多音节词若倒数第二个音节是长音,重音则落在这个音节上,如 natúra;若倒数第二个音节是短音,重音则落在倒数第三个音节上,如 fábrica。(3) 单音节词无重音,倒数第二、三个音节以前的音节(如倒数第四、五个音节等)也没有重音。

8.5 大小写和正斜体

8.5.1 大小写的基本原则

拉丁文献的大小写在现代欧洲语言书写的文献中采用的基本原则是:句子的第一个词、专有名词及由专有名词派生的形容词和副词首字母大写。如:Graecia(希腊)、scriptores Romani(罗马作家)、lingua Latina(拉丁语)、historia Graeca(希腊史)、Graece scribere(按照希腊写法写),Cicerononiane scribere(以西塞罗的笔法写)。Graece 和 Cicerononiane 以-e 结尾,分别是由地名和人名派生的副词。

古代、中世纪和文艺复兴时期的作品题名一般按照正文句子的办法,即仅第一个词、专有名词和专有形容词首字母大写,其他词小写。如:盖尤斯的 Institutionum juris civilis commentarii(《民法总论》),恺撒的 De bello Gallico(《高卢战记》),小塞内加的 De constantia sapientis(《论智者不惑》)、Hercules Oetaeus(《奥塔山的赫拉克勒斯》),比德的 Historia ecclesiastica gentis Angloum(《英吉利教会史》),伊斯拉谟的 Enchiridion militis Christiani(《基督教士兵须知》)。

现代书刊和作品的拉丁语名称的书写方式多照英语,即第一个词和所有实词首字母大写,虚词小写。如:Veritas in Arte(《艺术中的真实》)、Proverbia et Sententiae(《谚语和箴言》)、Principia Mathematica(《数学原理》)、Elementa Linguae Latinnae(《拉丁语言初步》)、Acta Linguistica(《语言学报》)、Archivum Linguisticum(《语言学文献》)。用拉丁语词根"public-"(出版)可构成 Acta Publicologica(出版学报),用拉丁语词根"redact-"可构成 Acta Redactologica(编辑学报)。

8.5.2 生物学拉丁学名的字体

生物分类亚族(subtribe)以上的即高于属(包括门、亚门、纲、亚纲、目、亚目、科、亚科、族、亚族)的拉丁学名和定名人用正体,属(genus)以下的(包括属、种、亚种、变种、变型)用斜体。例如:双笔石科 Diplograptidae Lapworth、双笔石属 *Diplograptidae* M'Coy,犬科 Canidae、犬属 *Canis*。

8.6 古罗马人名

古罗马人名由个人名(praenomen)、氏族名(nomen)、氏族内的家族名(cognomen)三部分组成。如:Gaius Iulius Caesar(盖尤斯·尤利乌斯·恺撒)、Marcus Tullius Cicero(马尔库斯·图利乌斯·西塞罗)。个人名和氏族名可用缩写,家族名用全称,如 G.I.Caesar。

8.7 移行规则

(1) 按音节拆分。有多少个单元音、二合元音就有多少个音节。如:be-a-tus、cae-cum、coe-na-ti-o、de-ae、Eu-ro-pa、fu-it、gau-di-um、glu-tae-us、Grae-ci-a、habu-it、me-di-ca-men-ta-ri-us、me-is、me-um、me-us、me-o-rum、nau-tae、pre-ti-o-si-us、the-sau-rus、tu-us。

(2) 元音之间的单辅音字母归后一个音节。如:be-ne-fa-cit、Cae-sar、ge-rit、ge-ri-tur、me-ri-di-es、ni-hil。但有例外,代表复辅音的单字母 x 归前一个音节。如:dix-it、lex-is。

(3) ch、ph、rh、th、gu、qu 作为辅音组合单位时不拆分,例如 e-chi-nus、co-phi-nus、phi-thy-sis、rhom-bus、un-guen-tum、quis-qua-lis。

(4) 元音之间有两个或更多的辅音字母,通常是在最后一个辅音字母前拆分,重叠的辅音在两者之间拆分。如:ab-sur-dus、cunc-tus、hos-ti-um、il-lic、in-ter-ro-gas-set、lon-gae、om-nis、scrip-tus、tor-men-tum、vos-met。

但 chl、chr、phl、phr、thl、thr、bl、br、cl、cr、dl、dr、gl、gr、pl、pr、tl、tr 等以 l 或 r 结尾的辅音群(除在古典诗外)一般不拆分,都划归后一个音节。如:brac-chi-um、ex-em-pla、mo-no-phthal-mi-a、pan-chres-tus、pa-tris。str 前面为元音:ma-gis-tra、nos-tri;str 前面为辅音:mon-strum、sub-stra-tus。sc 表示单辅音时归后一音节,如 di-sci-pli-na、su-scep-tu-ros。

（5）拉丁语常作前缀用的介词有 ab-、abs-、ad、amb-(am-、an-)、ante-、circum-、cum-(com-、con-)、de-、dis-(di-、dir-)ex、in-(im-)、inter-(intel-)、ob-、per-、post-、prae-、praeter-、pro-(prod-)、re-(red-)、sub-(sup-)、se-、trans-(tra-)等。复合词和加前缀构成的合成词首先考虑在组成部分接合处拆分，即使同上述的移行原则有抵触。如：ab-sto(ab 为前缀，s 和 t 同属后一音节)、abs-tinere(abs 为前缀，s 和 t 分属前后音节)、abs-cedere、ab-rumpo、ob-latus、ad-est、trans-ire、trans-ferre。

作前缀用拉丁语介词有时会被词根开头的辅音同化而发生音变，例如前缀 ad-会变成 ac-cedo、af-fero、ag-gredior、ac-quiro、ar-ripio、as-sumo、at-tendo。不发生音变的写法为 ad-miror、ad-jaceo 等。

以元音结尾的前缀若后面的词根以元音开始，有时需要加 d 分隔前后的元音，pro-变成 prod-，re-变成 red-等，增加的 d 归前一音节。如：pro-sum、prod-esse、re-fingo、red-igo。

（6）单个字母不能留在行末或移到下行。如：Ita-lia(非 I-tali-a)、ope-rae(非 o-perae)。

8.8　拉丁字母笔画和基本结构

拉丁字母(包括英语、法语等外文字母和汉语拼音使用的字母)的基本笔画形式有直线(包括竖线、横线和斜线)、曲线和点三种。有圆曲部分的拉丁字母约占 2/3，在 26 个字母中带点字母只有小写字母 i、j 两个。一个拉丁字母的基本笔画有 1–4 笔，多为 2 笔，至少 1 笔(如 o、c、s)，最多不超过 4 笔(如 E、W)。拉丁字母的基本结构通过字身各部分在三格四线谱所占的位置可以大体有所了解。

四线从上到下依次为上线、中线、基准线、下线，分成的上、中、下三格。第一条线即上线，为大写字母顶线(capital line)，是规定大写字母高度的假想线(上图 HQ 顶端连成的横线)。一般大写字母占中上格，大写字母的标准高度通常以 H 为代表来衡量，所以大写字母线又称 H 线(H-line)。最重要的是第三条假想线——“基准线”(base line)，即中格的底线（上图 AHkxa 底部用虚线连成的横线），这条确定拉丁字母在活字版上的准确位置的水平线，所有大小写字母主体的底部都坐落其上，一行文字排列是否整齐以这条线为基准来衡量。第二条线为“中线”（mean line 或 midline），是规定小写字母主体高度的假想线（上图 xpag 顶端连成的横线）。x、a、c、e、m、n、o、r、s、u、v、w、z 等不带延伸部分（extenders）的 13 个小写字母的高度，为小写字母主体的高度，以 x 为代表，称“x 高度”（x-height）。这 13 个字母占中格。延伸部分可分上伸部分（ascender）和下延部分（descender）。b、d、f、h、i、k、l、t 等 8 个带上伸部分的小写字母的最高点所连成的顶线为升部线（ascender line），又称 k 线（k-line），这 8 个小写字母同大写字母一样占中上格。罗马体有些字体的 k 线比 H 线略高，把 dHkf 并列放大可以看出 d 右侧竖画右上方的尖角和 k 的左侧竖线右上方的尖角或 f 的圆顶略高于 H 上部的衬线，否则在视觉上会感到 k 等字母比 H 矮一点。也有些罗马体的 H 线和 k 线处在同一水平上，两种线重合。第四条假想线即下线，为 j、g、p、q、y 等 5 个带下延部分的小写字母的最低点所连成的底线，为降部线（descender line），又称 p 线（p-line）。g、p、q、y 占中下格，j 上有点，又带下延部分，上中下三格都占。Q 的尾部一般延伸到下格，有的设计得较短，达不到 p 线的底端。上中下三格不一定是等分的，其高度具有伸缩性，可根据字体设计的需要确定。下格通常比上格小。中格或者同上格相等或者大于上格。适当提高 x 高度（加大中格）以增大小写字母主体部分，使字母较易辨认，是字体设计的一种常用手段。无衬线体的小写字母主体部分通常都明显地大于有衬线体。hp 高度（hp-height）是小写字母下延部分最低点至小写字母上伸部分最高点的高度，代表拉丁字母笔画所能达到的极限。有些拉丁字母带有起区别音值作用的附加符号，如 À、Ê、Ŭ 等，汉语拼音的加符字母 Ü 的上方还可以再加声调符号。加符大写字母顶线，称 À 线（À-line），通常高于一般大写字母顶线。

下面简要介绍拉丁字母的各种笔画和基本结构。

（1）字干（stem）：字干是字母的主笔画，多为竖画，也有斜画，不包括圆曲线和任何衬线。如：b、d、h、k、l、p、q 和 B、D、E、F、H、I、K、

L、M、N、P、R、T、P 等字母的竖画为字干，H、M、N 有两个字干（竖画）。某些字母有字臂、字腿等字肢（limbs）从字干中伸出，如 K 等。在没有竖画的字母中，以斜画为字干，如 A、Vv、Ww、Xx、Zz 的斜画。在有竖画为字干的 M、N 等字母中，斜画不算字干。O、C、S 等圆曲形字母没有字干。小写字母的干线的粗细通常比大写字母小 1/8，这样才能与大写字母匹配，灰度值看起来一样。

（2）衬线（serifs）：罗马体的字母主笔画（main strokes）的一端或两端附加的短小的笔画为衬线，也称截线，是装饰线（decorative lines）之一种，起源于古罗马纪念碑、凯旋门、墓石上的铭文，雕刻匠往往在大写字母的主笔画的末端刻一条短细线以表示笔画的完成。例如大写字母 I 模拟罗马建筑物的圆柱，柱身为主笔画，上端和下端的横线为衬线。F 的竖画（字干）的底端有向左右延伸的衬线，顶端仅左侧有向外延伸的衬线，称为“半衬线”（half serif）；F 顶杠右端有下垂的半衬线，中杠右端上下有纵向衬线。衬线有垂直的、水平的、倾斜的、弧形的、长方形的、楔形的、钩形的等多种不同的形状，主要分弧形衬线（bracketed serifs）和非弧形衬线（unbracketed serifs）两大类。如：I 的衬线为弧形衬线，主笔画和衬线交接处呈弧形；I 的主笔画和衬线交接处呈直角形，属非弧形衬线。

（3）发丝线（hairline）：字母最细的笔画，与厚重的笔画同时使用形成线条粗细的强烈对比。例如 A 的左斜画、H 的横画、M 的左竖画和右斜画、N 的竖画、V 和 W 的右斜画为发丝线。发丝线也可作衬线使用，如 N。

（4）字臂（arm）：有三种类型：第一种，一端连接字干的横画，如 E、F、L；第二种，从字干顶端向左右延伸的横画，如 T；第三种，从字干向右上方或左上方延伸的斜画，如 K、Y。

（5）字肩（shoulder）：h、m、n 等字母的拱形部分。如在 h 中，从右侧的竖画上部延伸到左侧字干的拱形圆曲线称“字肩”。

（6）字脊（spine）：S、s 除去顶部和底部的线段、在中间余下的向左和向右弯曲部分，形状像豪猪的脊骨。

（7）字腿（leg）：K、R 等字母下半部斜伸的笔画。

(8) 字碗(bowl):大写的O、Q、B、D、P、R和小写的b、d、q、p等字母的圆形或椭圆形笔画,像碗的形状因而得名。

(9) 字环(loop):g有上下两层环形笔画。上层的环形笔画为正圆形或椭圆形,称"字碗";下层的环形笔画呈不规则形,称"字环"。

(10) 字颈(neck):连接g上下两层环形笔画的短曲线。

(11) 字眼(eye):字母e上半部由横杠和弧线构成的环形部分。

(12) 字谷(counter):字母中被曲线/直线笔画完全封闭或非完全封闭的露白空间。字碗、字环内的字谷被圆曲笔画完全封闭。A的上部的三角形字谷被直线笔画完全封闭。C、c、E、G、H、h、M、m、n、S、s、U、u等字母内没有被笔画完全封闭但大部被封闭的露白空间也被认为是字谷。a的下半部和e的上半部的字谷被完全封闭,a的上半部和e的下半部的字谷没有完全被封闭。

(13) 谷口(aperture):进入不完全被封闭的字谷的入口处。谷口大小是字体设计和识别的重要因素之一。

(14) 字耳(ear):从g的右上角伸出的小装饰线。

(15) 字杠(bar):A、H等字母中连接两道笔画的横画。f、t等字母中贯穿字干中部的横画称"横截字杠"(cross bar)。

(16) 字喙(beak):从T的顶线两端、F的顶线右端、E的顶线和底线右端、L的底线右端、S的上下端、C的上端伸出的鸟喙形衬线。字喙有些是垂直的,有些是稍斜向外的。

(17) 字尾(tail):从Q的圆形笔画底部向下方延伸的尾巴。

(18) 线端(terminal):笔画的首尾线段,位于起笔处和收笔处。哥特体笔画首尾没有衬线,但首尾线段截面会因字体而有所不同。以C的哥特体为例:**C**的首尾线段截面是横向的,谷口小(赫尔维提卡体);C的首尾线段截面是纵向的,谷口大(维达纳体);C的首尾线段截面是倾斜的,谷口较大(世纪哥特体)。罗马体的首尾线段的形态也会有变化。许多罗马体字母在a、c、f的起笔处和j、y、r的收笔处呈圆珠形,称"珠形线端"(ball terminal),其直径大于同一笔画其余线段的宽度。a、t的竖画有向右弯的尖尾线端;C、e收笔处的线段也是尖尾形的。

(19) 字轴(axis):把罗马体的圆形字母分成对称的两部分以显示笔画粗细对比的轴线。线段粗的部分为"着重"(stress)部分。例如帕拉蒂诺体(Palatino Linotype)的Oo好像由新月形的左半圆和右半圆组成,两侧弧线中段粗,上下弧线中段细,从上下弧线的两个中点(即最细处)连成的轴线是垂直的,中轴线与基准线的交角成90度。要是轴线稍向左倾斜,轴线与基准线的交角小于90度(如泰晤士新罗马体的Oo),则着重部分在左侧靠近左下方,在右侧靠近右上方,"着重角度"(angle of stress)即弧线由细逐渐变粗的角度因而改变。罗马体a的圆形笔画的着重部分通常在左下角。等线体的圆形笔画没有着重和非着重部分之分。

(20) 花饰线(swash):一些字体的大写字母(通常为斜体或草体)向非正常部位延伸、起装饰作用的曲线。例如大写字母$\mathcal{A}$、$\mathcal{R}$的上下都有花饰线。

8.9 拉丁字母字体分类

依照1999年制定的国际标准ISO/IEC 9541-1附录A《字体设计分类》(Typeface design grouping),字体分3个等级,依次为大类(class)、小类(subclass)和专组(specific group)。拉丁字母的字体共分为以下9大类。

(1) 安色尔类(Uncials class)。"uncial"在拉丁语意为"一寸高"。4—8世纪拉丁字母从古罗马方形大写字母(公元前7世纪至公元4世纪)向带圆曲笔画的大写字母过渡时期形成的书写体,在10世纪以前用于欧洲古抄本,是中世纪加洛林小写字母和现代大写字母的来源。6世纪抄本开始出现的半安色尔体(Half-Uncial)是大写字母向小写字母发展的重要步骤,字母笔画最早的上伸和下延部分在这里已经可以看到。

(2) 铭文类(Inscriptionals class)。古罗马只有大写字母,字体多为方形,笔画有粗细差别,末尾附有短小的衬线以表示笔画的结束。罗马皇帝图拉真在113年建成的"图拉真圆柱"(Trajan

Column)上的铭文最有代表性,在文艺复兴时期成为拉丁字母罗马体大写字母字体设计的基础。

(3) 黑字母体类(Blackletters class)。指本身是一种黑字母的字体,不是指现今某种西文字母与白体相对的黑体。“黑字母体”又称“哥特体”,是西方最早的金属活字字体,字形模仿西欧中世纪晚期修道院书籍抄本普遍使用的艺术书写体——哥特体。其字形的特征是:字身狭长,结体紧密,主笔画垂直、粗重,多折角和分杈,几乎没有圆曲线,与中世纪晚期的哥特式建筑的艺术风格一致。大写字母和小写字母形态不协调,大写字母多带花饰线,尤其难以认读,所以标题一般不用全大写字母排印。欧洲金属活字发明人谷登堡1455年在美因茨印刷出版的第一种书籍——拉丁文《四十二行圣经》就是采用这种字体,页面看起来像带花纹的地毯之类织物,所以又称“哥特式织物体”(Gothic Textura)。黑字母体或哥特体有德式和英式两种,我国习惯称“花体”。

(4) 有衬线类(Serif class),主要为罗马体。在谷登堡的助手与继承人那里学过印刷术的两个德国工匠康·斯魏因海姆(Conradus Sweynheym)和阿·潘纳茨(Arnoldus Pannartz)1464年在距离罗马不远的苏比亚科修道院建立意大利的第一个活字印刷所,1465年开始出书,第一种是古罗马执政官西塞罗(前106—前43年)的《论演说家》(De oratore)。1467年印刷所迁往罗马,至1474年共出书36种。他们创制的印刷字体为罗马体的原始形态,以古罗马大写字母和加洛林王朝小写字母为基础,按15世纪意大利流行的人文主义书写体(scrittura umanistica)的风格设计,字距和行距比哥特体稍宽,字母笔画简单,有粗细对比,结构清晰,大写字母和小写字母形态协调,笔画末端多带衬线,转笔处以圆曲形为主。但某些方面仍然带有哥特体的痕迹,这是从哥特体向罗马体过渡时期难以完全避免的。常用的罗马体依历史发展顺序可分3小类:① 文艺复兴时期老式罗马体(Old Style)。最早的一种称“威尼斯体”,创始人是1470—1480年在威尼斯开办印刷所的法国工匠尼古拉·詹森(Nicolas Jenson),10年共出书约150种,大都是拉丁文书籍。他认为印刷体不宜完全模仿手写体,应有自己的艺术特点。他所创制的字体相当精美,已完全摆脱哥特体的影响,成为独立的体系,被认为是第一种纯正的罗马体。意大利编辑出版家阿尔杜斯·马努提乌斯(Aldus Manutius,1449/1450—1515),于1490年代中期在威尼斯创办的出版社,史称“阿尔丁出版社”(Aldine Press),是15世纪末16世纪初欧洲最活跃、影响最大的出版社。他出的书籍对詹森的威尼斯体作了重大改进。法国书法家和字体设计师克洛德·加拉蒙(Claude Garamond,约1480—1561)在1530—1532年借鉴阿尔丁版的字体,设计出法国第一种带有自己特色的罗马体,以纤柔秀丽见长,并制成多种类型的字模向许多国家出售,使罗马体得以迅速推广。加拉蒙体和阿尔丁体在字体分类上被合称为“格拉尔丁体”(Garalde),老式罗马体以其为主要代表,笔画粗细的对比詹森的威尼斯体略为加大,把威尼斯体字母 e 中间的短画从原来的斜画(有点像 e 的斜体 *e*,中间的一笔是倾斜的)改为横画。② 过渡体(Transitional),以“巴斯克维尔体”为代表。英国伯明翰的约翰·巴斯克维尔(John Baskerville)在1750年代设计,笔画的粗细对比属于中等程度,介于老字体和近代体之间,圆形笔画的中轴线稍向左倾斜。③ 近代体(Modern),以“博多尼体”和“迪多体”为代表,由法国费尔曼·迪多(Firmin Didot)于1783—1784年和意大利詹巴蒂斯塔·博多尼(Giambattista Bodoni)于1789—1790年分别设计。近代体的特点是:笔画粗细对比极为显著,圆形笔画的中轴线垂直,衬线用发丝细线,无论在字母的顶部还是底部,都与竖画互相垂直。罗马体 A、G 的小写形式,正体以双层的 a、g 为常规,斜体多为 *a*、*g* 式,也有个别的罗马体(如 Modern Wide)的斜体两个字母都用单层的 *a*、*g*。

(5)无衬线类(Sans serifs class)。无衬线体(Sans Serif)是英国英语的名称,美国英语又称“哥特体”(Gothic)。为避免与老哥特体(花体)混淆,在指现代某种无衬线字体时,一般在“哥特体”前冠以具体名称,如“富兰克林哥特体”、“世纪哥特体”等。无衬线体是从罗马体的粗黑体(fat faces)派生出来的,办法是把衬线去掉,只保留字母历史形态的骨架。无衬线体的另一重要特征是笔画粗细一致或大体一致,大多数是“等线体”(monoline typeface),主要分4小类:① **奇异体类**(Grotesque)。这是早期的无衬线体,笔画粗重,圆曲线略呈方形,在19世纪早期为适应日益增长的广告宣传的需要而产生的,目的是吸引街头过往行人或观众的注意。因为与人们几百年来在印刷物已经见惯的带衬线的罗马体不一样,所以最初出现时被称为“奇异体”。第一种样品是英国威廉·卡斯隆(William Caslon)铸字厂于1816年推出的,见于该厂的一本活字样书,厂家称之为“占两行英语埃及体”(Two Lines English Egyptian),当时只有大写字母和一种字号(28点)。1832年伦敦字体设计师文森特·菲金斯(Vincent Figgins)借用法语的词素“sans”(无)首创“sans-serif”(无衬线)一词。他当年创制的一套新字体就命名为“Two-line Great Primer Sans-serif”(占两行大写字母无衬线体)。有代表性的字体为德国柏林贝特霍尔德(Berthold)铸字公司在1898年推出的“零星印件奇异体”(Akizidenz-Grotesk),包含整套大小写字母。② **新奇异体类**(Neo-Grotesque)。在奇异体的基础上加以改进,使符合现代要求,适用于书刊。大部分笔画在视觉上像等线体,某些线段有粗细的区别,是介于几何图形体和无衬线人文主义体之间的字体。具有区别性特征的小写字母为a、g、o、t,圆形笔画呈椭圆形,a、t的竖画末尾向右弯。有代表性的字体为“通用体”(Univers)和“赫尔维提卡体”(Helvetica)。前者为瑞士弗鲁提格(Adrian Frutiger)于1956年设计,后者为瑞士马克斯·米丁格(Max Miedinger)于1957年设计。③ **几何图形体**(Geometric)。这类字体是等线体的主要代表。设计思想受德国包豪斯(Bauhaus)建筑设计学校艺术和工业相结合、不尚花饰但求实用的思潮深刻影响,笔画越简单越好,越少越好,“少即多”(less is more)。其字体好像是用丁字尺、三角板和圆规绘制出来似的。x高度(小写字母主体的高度)较高,上下延伸部分较短,字幅较宽。具有区别性特征的小写字母为ɑ、g、o、t,圆形笔画为正圆形或非常接近正圆形,ɑ、g的圆曲笔画均为单层(传统罗马体a、g的圆曲笔画均为双层),ɑ、t的竖画末尾不向右弯。有代表性的字体为:“未来体”(Futura),德国保罗·伦纳(Paul Renner)于1927－1928

年设计;"世纪哥特体"(Century Gothic)的前身"二十世纪体"为美国索尔·赫斯(Sol Hess)在1936年和1947年之间设计;"先锋哥特体"(Avant Garde Gothic),国际字体公司于1970年推出。④ **人文主义字体**(Humanist)。字形在多方面模仿罗马体,如用a、g、t取代几何图形体的ɑ、ɡ、t,目的是减少字体单调呆板程度,笔画粗细有细微的差别,特别是黑体粗细差别较明显。有代表性的字体为"吉尔无衬线体"(Gill sans),英国埃里克·吉尔(Eric Gill)在1928—1932年设计。无衬线体在现代流行的原因是笔画粗细增减、字形缩放和变形(变换成长体、扁体、斜体等形状)容易,便于进行数字化字体设计。无衬线体A、G的小写形式在4个小类中有如下区别性的特征:在奇异体类为a、g式;在新奇异体类多为a、g式,也有个别字体(如赫尔维提卡教科书体)仿效几何图形类两个字母都采用单层的ɑ、ɡ;在几何图形类均为单层正圆形的ɑ、ɡ式;在人文主义字体类通常为双层的a、g。

(6) 书写体类(Script class)。字体设计类似手写体分连笔和不连笔、正体和斜体。

(7) 装饰类(Ornamentals class)。用于广告宣传,不用于书刊的正文。

(8) 符号类(Symbols class)。留待将来分配给新设计的不能归入以上7大类的字体。

附　录

一、中国历史纪年表

说明：

1. 本表根据《中国历史大辞典》附录二简化编排。

2. 本表根据2000年11月9日,“夏商周断代工程”正式公布的《夏商周年表》,中国的历史纪年从公元前2070起,至公元1911年止。

3. 凡农民革命政权和所建的年号皆加〔〕标志。

（一）夏（前2070—前1600）

帝王	纪年	帝王	纪年
禹		泄（世）	
启		不降	
太康		扃（局、禹）	
中康（仲康）		廑（胤甲、顼）	
相		孔甲	
少康		皋（昊、皋苟）	
予（杼、纾、伫）		发（敬、发惠）	
槐（芬）		履癸（桀）	
芒（荒）			

（二）商前期（前1600—前1300）

帝　王	纪　年	帝　王	纪　年
(1) 契		外丙	
昭明		中壬（仲壬）	
相土		大甲（太甲）	
昌若		沃丁	
曹圉		大庚（太庚）	
冥		小甲	
王亥		雍己	
王恒		大戊（太戊）	
上甲微		中丁（仲丁）	
报乙		外壬	
报丙		河亶甲	
报丁		祖乙	
示壬		祖辛	
示癸		沃甲	
天乙（汤）		祖丁	
(2) 大乙（汤、成汤、天乙、唐）		南庚 阳甲	
（大丁）		盘庚（迁殷前）	

（三）商后期（前1300—前1046）

帝　王	纪　年	帝　王	纪　年
盘庚（迁殷后） 小辛 小乙	前1300—前1251	武乙	前1147—前1113
武丁	前1250—前1192	文丁（太丁、文武丁）	前1112—前1102
祖庚 祖甲 廪辛 康丁	前1191—前1148	帝乙	前1101—前1076
		帝辛（纣、受）	前1075—前1046

（四）西　周

帝　王	纪　年	帝　王	纪　年
武王（姬发）	前1046—前1043	孝王（姬辟方）	前891—前886
成王（～诵）	前1042—前1021	夷王（～燮）	前885—前878
康王（～钊）	前1020—前996	厉王（～胡）	前877—前841
昭王（～瑕）	前995—前977	共和	前841—前828
穆王（～满）	前976—前922	宣王（姬静）（～靖）	前827—前782
恭王（共王）（姬繄扈）	前922—前900	幽王（～宫涅）（～宫涅）	前781—前771
懿王（～囏）	前899—前892		

（五）十二诸侯（周、春秋）[1]

1. 周

帝　王	纪　年	帝　王	纪　年
共和	前841—前828	襄王（姬郑）	前651—前619
宣王（姬静）	前827—前782	顷王（～壬臣）	前618—前613
幽王（～宫涅）	前781—前771	匡王（～班）	前612—前607
平王[2]（～宜臼）	前770—前720	定王（～瑜）	前606—前586
桓王（～林）	前719—前697	简王（～夷）	前585—前572
庄王（～佗）	前696—前682	灵王（～泄心）	前571—前545
釐（僖）王（～胡齐）	前681—前677	景王（～贵）	前544—前520
		敬王（～匄[3]）	前519—前477
惠王（～阆）	前676—前652		

① 据《史记·十二诸侯年表》。按《十二诸侯年表》讫于公元前477年，本表最后一年系编制时所补。　② 一般从周平王元年（公元前770年）开始划为春秋时期。　③《历史大辞典》作丐，《辞海》作匄。

2. 鲁

帝　王	纪　年	帝　王	纪　年
真公	前855—前826	釐公	前659—前627
武公	前825—前816	文公	前626—前609
懿公	前815—前807	宣公	前608—前591
孝公①	前806—前769	成公	前590—前573
惠公	前768—前723	襄公	前572—前542
隐公	前722—前712	昭公	前541—前510
桓公	前711—前694	定公	前509—前495
庄公	前693—前662	哀公	前494—
湣公	前661—前660		

3. 齐

帝　王	纪　年	帝　王	纪　年
武公	前851—前825	懿公	前612—前609
厉公	前824—前816	惠公	前608—前599
文公	前815—前804	顷公	前598—前582
成公	前803—前795	灵公	前581—前554
庄公	前794—前731	庄公	前553—前548
釐公	前730—前698	景公	前547—前490
襄公	前697—前686	晏孺子	前489
桓公	前685—前643	悼公	前488—前485
孝公	前642—前633	简公	前484—前481
昭公	前632—前613	平公	前480—(战国)

①《史记·十二诸侯年表》:“鲁孝公称元年伯御立为君,称为诸公子。”一般年表或以鲁君为伯御,非孝公,至公元前796年“周宣王诛伯御,立其弟称,是为孝公”,方为孝公元年。

4. 晋

帝　王	纪　年	帝　王	纪　年
靖侯	前859—前841	献公	前676—前651
釐侯	前840—前823	惠公	前650—前637
献侯	前822—前812	文公	前636—前628
穆侯	前811—前785	襄公	前627—前621
殇叔	前784—前781	灵公	前620—前607
文侯	前780—前746	成公	前606—前600
昭侯	前745—前740	景公	前599—前581
孝侯	前739—前724	厉公	前580—前573
鄂侯	前723—前718	悼公	前572—前558
哀侯	前717—前710	平公	前557—前532
小子	前709—前707	昭公	前531—前526
湣	前706—前679	顷公	前525—前512
武公①	前678—前677	定公	前511—(战国)

5. 秦

帝　王	纪　年	帝　王	纪　年
秦仲	前844—前822	成公	前663—前660
庄公	前821—前778	穆公	前659—前621
襄公	前777—前766	康公	前620—前609
文公	前765—前716	共公	前608—前604
宪(宁)公	前715—前704	桓公	前603—前577
出公	前703—前698	景公	前576—前537
武公	前697—前678	哀公	前536—前501
德公	前677—前676	惠公	前500—前491
宣公	前675—前664	悼公	前490—前477

① 曲沃武公灭晋侯湣,并晋,已立三十八年,不更元。

6. 楚

帝　王	纪　年	帝　王	纪　年
熊勇	前847—前838	成王	前671—前626
熊严	前837—前828	穆王	前625—前614
熊霜	前827—前822	庄王	前613—前591
熊徇	前821—前800	共王	前590—前560
熊鄂	前799—前791	康王	前559—前545
若敖	前790—前764	郏敖	前544—前541
霄敖	前763—前758	灵王	前540—前529
蚡冒	前757—前741	平王	前528—前516
武王	前740—前690	昭王	前515—前489
文王	前689—前677	惠王	前488—(战国)
堵敖囏	前676—前672		

7. 宋

帝　王	纪　年	帝　王	纪　年
釐公	前858—前831	桓公	前681—前651
惠公	前830—前800	襄公	前650—前637
戴公	前799—前766	成公	前636—前620
武公	前765—前748	昭公	前619—前611
宣公	前747—前729	文公	前610—前589
穆公	前728—前720	共公	前588—前576
殇公	前719—前711	平公	前575—前532
冯	前710—前692	元公	前531—前517
湣公	前691—前682	景公	前516—

8. 卫

帝王	纪年	帝王	纪年
釐侯	前854—前813	成公	前634—前600
武公	前812—前758	穆公	前599—前589
庄公	前757—前735	定公	前588—前577
桓公	前734—前719	献公	前576—前559
宣公	前718—前700	殇公	前558—前547
惠公	前699—前697	献公	前546—前544
黔牟	前696—前687	襄公	前543—前535
惠公①	前686—前669	灵公	前534—前493
懿公	前668—前661	出公	前492—前481
戴公	前660	庄公	前480—前478
文公	前659—前635	起	前477—

9. 陈

帝王	纪年	帝王	纪年
幽公	前854—前832	宣公	前692—前648
釐公	前831—前796	穆公	前647—前632
武公	前795—前781	共公	前631—前614
夷公	前780—前778	灵公	前613—前599
平公	前777—前755	成公	前598—前569
文公	前754—前745	哀公	前568—前534
桓公	前744—前707	惠公	前533—前506
厉公	前706—前700	怀公	前505—前502
庄公	前699—前693	湣公	前501—前479

① 惠公复为齐国所立,入卫。

10. 蔡

帝　王	纪　年	帝　王	纪　年
武侯	前 863—前 838	庄侯	前 645—前 612
夷侯	前 837—前 810	文侯	前 611—前 592
釐侯	前 809—前 762	景侯	前 591—前 543
共侯	前 761—前 760	灵侯	前 542—前 531
戴侯	前 759—前 750	平侯	前 530—前 522
宣侯	前 749—前 715	悼侯	前 521—前 519
桓侯	前 714—前 695	昭侯	前 518—前 491
哀侯	前 694—前 675	成侯	前 490—
穆侯	前 674—前 646		

11. 曹

帝　王	纪　年	帝　王	纪　年
夷伯	前 864—前 835	文公	前 617—前 595
幽伯	前 834—前 826	宣公	前 594—前 578
戴伯	前 825—前 796	成公	前 577—前 555
惠公	前 795—前 760	武公	前 554—前 528
穆公	前 759—前 757	平公	前 527—前 524
桓公	前 756—前 702	悼公	前 523—前 515
庄公	前 701—前 671	襄公	前 514—前 510
釐公	前 670—前 662	隐公	前 509—前 506
昭公	前 661—前 653	靖公	前 505—前 502
共公	前 652—前 618	伯阳	前 501—前 487

12. 燕

帝　王	纪　年	帝　王	纪　年
惠侯	前864—前827	宣公	前601—前587
釐侯	前826—前791	昭公	前586—前574
顷侯	前790—前767	武公	前573—前555
哀侯	前766—前765	文公	前554—前549
郑侯	前764—前729	懿公	前548—前545
穆侯	前728—前711	惠公	前544—前536
宣侯	前710—前698	悼公	前535—前529
桓公	前697—前691	共公	前528—前524
庄公	前690—前658	平公	前523—前505
襄公	前657—前618	简公	前504—前493
桓公	前617—前602	献公	前492—（战国）

13. 郑（前806—）

帝　王	纪　年	帝　王	纪　年
桓公	前806—前771	灵公	前605
武公	前770—前744	襄公	前604—前587
庄公	前743—前701	悼公	前586—前585
厉公	前700—前697	成公	前584—前571
昭公	前696—前695	釐公	前570—前566
子亹	前694	简公	前565—前530
子婴	前693—前680	定公	前529—前514
厉公①	前679—前673	献公	前513—前501
文公	前672—前628	声公	前500—
穆公	前627—前606		

① 厉公是年复立。

14. 吴(前585)

帝　王	纪　年	帝　王	纪　年
寿梦	前585—前561	僚	前526—前515
诸樊	前560—前548	阖闾	前514—前496
馀祭	前547—前531	夫差	前495—
馀眛	前530—前527		

(六) 战　国[①]

1. 周

帝　王	纪　年	帝　王	纪　年
元王(姬仁)	前476—前469	烈王(姬喜)	前375—前369
贞定王(～介)	前468—前441	显王(～扁)	前368—前321
考王(～嵬)	前440—前426	慎靓王(～定)	前320—前315
威烈王(～午)	前425—前402	赧王(～延)	前314—前256
安王(～骄)	前401—前376		

2. 秦

帝　王	纪　年	帝　王	纪　年
厉共公	前476—前443	灵公	前424—前415
躁公	前442—前429	简公	前414—前400
怀公	前428—前425	惠公	前399—前387

① 本表根据《古本竹书纪年》编制,并参考今人考订。《十二诸侯纪年表》中的鲁、宋、卫、郑四国至战国时尚存,以《史记·六国年表》及一般年表均未列入,本表皆从略。越国世系,今人虽有考订,但异说颇多,亦从略。按本表所据非《史记·六国年表》,故开始年所列燕国世系、年代,与前表所列燕国最后一年未能衔接。

2. 秦(续表)

帝王	纪年	帝王	纪年
出子	前386—前385	昭王	前306—前251
献公	前384—前362	孝文王	前250
孝公	前361—前338	庄襄王	前249—前247
惠文王	前337—前311	秦王政(始皇帝)	前246—前210
武王	前310—前307		

3. 赵

帝王	纪年	帝王	纪年
襄子	前475—前425	武灵王	前325—前299
桓子	前424	惠文王	前298—前266
献侯	前423—前409	孝成王	前265—前245
烈侯	前408—前387	悼襄王	前244—前236
敬侯	前386—前375	赵王迁	前235—前228
成侯	前374—前350	代王嘉	前227—前222
肃侯	前349—前326		

4. 楚

帝王	纪年	帝王	纪年
惠王	前488—前432	威王	前339—前329
简王	前431—前408	怀王	前328—前299
声王	前407—前402	顷襄王	前298—前263
悼王	前401—前381	考烈王	前262—前238
肃王	前380—前370	幽王	前237—前228
宣王	前369—前340	楚王负刍	前227—前223

5. 燕

帝　王	纪　年	帝　王	纪　年
孝公	前 492—前 455	燕王哙	前 320—前 312
成公	前 454—前 439	昭王	前 311—前 279
湣(文)公	前 438—前 415	惠王	前 278—前 272
简公	前 414—前 370	武成王	前 271—前 258
桓公	前 369—前 362	孝王	前 257—前 255
文公	前 361—前 333	燕王喜	前 254—前 222
易王	前 332—前 321		

6. 齐

帝　王	纪　年	帝　王	纪　年
平公	前 480—前 456	康公	前 404—前 379
宣公	前 455—前 405		

7. 晋

帝　王	纪　年	帝　王	纪　年
定公	前 511—前 475	幽公	前 433—前 416
出公	前 474—前 452	烈公	前 415—前 389
敬公	前 451—前 434	桓公	前 388—前 369

8. 魏

帝　王	纪　年	帝　王	纪　年
文侯	前 445—前 396	昭王	前 295—前 277
武侯	前 395—前 370	安釐王	前 276—前 243
惠王	前 369—前 319	景湣王	前 242—前 228
襄王	前 318—前 296	魏王假	前 227—前 225

9. 韩

帝王	纪年	帝王	纪年
武子	前424—前409	昭侯	前362—前333
景侯	前408—前400	宣惠王	前332—前312
烈侯	前399—前387	襄王	前311—前296
文侯	前386—前377	釐王	前295—前273
哀侯	前376—前375	桓惠王	前272—前239
懿侯	前374—前363	韩王安	前238—前230

10. 田齐

帝王	纪年	帝王	纪年
悼子	前410—前405	宣王	前319—前301
和子	前404—前385	湣王	前300—前284
齐侯剡	前384—前375	襄王	前283—前265
桓公	前374—前357	齐王建	前264—前221
威王	前356—前320		

（七）秦

帝王	纪年	帝王	纪年
始皇帝（嬴政）	前246—前210①	嬴子婴②	前206
二世（～胡亥）	前209—前207		

① 秦始皇（嬴政）二十六年（公元前221年）统一全国，秦王政称始皇帝。 ② 子婴八月即位，十月即降于刘邦，秦以十月为岁首，故列在前206年。

（八）汉

1. 西　汉

帝　王	年号	纪　年	帝　王	年号	纪　年
高祖（刘邦）		前206—前195	宣帝（刘询）	黄龙	前49
惠帝（～盈）		前194—前188	元帝（～奭）	初元	前48—前44
高后（吕雉）		前187—前180		永光	前43—前39
文帝（刘恒）		前179—前157		建昭	前38—前34
景帝（～启）		前156—前141		竟宁	前33
武帝（～彻）	建元①	前140—前135	成帝（～骜）	建始	前32—前29
	元光	前134—前129		河平	前28—前25
	元朔	前128—前123		阳朔	前24—前21
	元狩	前122—前117		鸿嘉	前20—前17
	元鼎	前116—前111		永始	前16—前13
	元封	前110—前105		元延	前12—前9
	太初	前104—前101		绥和	前8—前7
	天汉	前100—前97	哀帝（～欣）	建平	前6
	太始	前96—前93		太初	
	征（延）和	前92—前87		元将	前5
昭帝（～弗陵）	始元	前86—前81		（太初）	
	元凤	前80—前75		建平	前5—前3
	元平	前74		元寿	前2—前1
宣帝（～询）	本始	前73—前70	平帝（～衎）	元始	公元1—5
	地节	前69—前66	孺子（～婴）	居摄、	公元6—8
	元康	前65—前62		初始②	公元8
	神爵	前61—前58			
	五凤	前57—前54			
	甘露	前53—前50			

① 年号自此始。　② 十二月王莽建立新朝，年号始建国，即以本月为正月。

2. 新

帝王	年号	纪年	帝王	年号	纪年
王莽	始建国	公元9—13	王莽	地皇	公元20—23
	天凤①	公元14—19			

3. 其他政权

帝王	年号	纪年	帝王	年号	纪年
刘玄〔更始〕		公元23—25	公孙述	龙兴	公元25—36
隗嚣	复汉②	公元23—32	刘盆子〔建世〕		公元25—27
隗纯		公元33—34			

4. 东汉

帝王	年号	纪年	帝王	年号	纪年
光武帝(刘秀)	建武	公元25—57	顺帝(刘保)	永建	公元126—131
明帝(～庄)	永平	公元58—75		阳嘉	公元132—135
章帝(～炟)	建初	公元76—83		永和	公元136—141
	元和	公元84—86		汉安	公元142—143
	章和	公元87—88		建康	公元144
和帝(～肇)	永元	公元89—104	冲帝(～炳)	永憙(嘉)	公元145
	元兴	公元105	质帝(～缵)	本初	公元146
殇帝(～隆)	延平	公元106	桓帝(～志)	建和	公元147—149
安帝(～祜)	永初	公元107—113		和平	公元150
	元初	公元114—119		元嘉	公元151—152
	永宁	公元120		永兴	公元153—154
	建光	公元121		永寿	公元155—157
	延光	公元122—125		延熹	公元158—166
				永康	公元167

① 均在公元15年。 ② 亦作"汉复"。

4. 东　汉(续表)

帝　王	年号	纪　　年	帝　王	年号	纪　　年
灵帝(刘宏)	建宁	公元168—171	献帝(刘协)	永汉	公元189
	熹平	公元172—177		中平	公元189
	光和	公元178—183		初平	公元190—193
	中平	公元184—188		兴平	公元194—195
少帝(～辩)	光熹	公元189		建安	公元196—219
	昭宁	公元189		延康	公元220

(九) 三　国

1. 魏

帝　王	年号	纪　　年	帝　王	年号	纪　　年
文帝(曹丕)	黄初	公元220—226	齐王(曹芳)	嘉平	公元249—253
明帝(～叡)	太和	公元227—232	高贵乡公(～髦)	正元	公元254—255
	青龙	公元233—236		甘露	公元256—259
	景初	公元237—239	元帝(～奂)	景元	公元260—263
齐王(～芳)	正始	公元240—248		咸熙	公元264—265

2. 蜀

帝　王	年号	纪　　年	帝　王	年号	纪　　年
昭烈帝(刘备)	章武	公元221—222	后主(刘禅)	景耀	公元258—262
后主(～禅)	建兴	公元223—237		炎兴	公元263
	延熙	公元238—257			

3. 吴

帝　王	年号	纪　年	帝　王	年号	纪　年
大帝(孙权)	黄武	公元222—228	景帝(孙休)	永安	公元258—263
	黄龙	公元229—231	末帝(～皓)	元兴	公元264
	嘉禾	公元232—237		甘露	公元265
	赤乌	公元238—250		宝鼎	公元266—268
	太元	公元251		建衡	公元269—271
	神凤	公元252		凤凰	公元272—274
会稽王(～亮)	建兴	公元252—253		天册	公元275
	五凤	公元254—255		天玺	公元276
	太平	公元256—257		天纪	公元277—280

4. 其他政权

帝　王	年号	纪　年
公孙渊	绍汉	公元237—238

(十) 晋及十六国

1. 西　晋

帝　王	年号	纪　年	帝　王	年号	纪　年
武帝(司马炎)	泰始	公元265—274	惠帝(司马衷)	永康	公元300
	咸宁	公元275—279		永宁	公元301
	太康	公元280—289		太安	公元302—303
	太熙	公元290		永安	公元304
惠帝(～衷)	永熙	公元290		建武	公元304
	永平	公元291		永安	公元304
	元康	公元291—299		永兴	公元304—305

1. 西　晋(续表)

帝　王	年号	纪　　年	帝　王	年号	纪　　年
惠帝(司马衷)	光熙	公元306	愍帝(司马邺)	建兴	公元313—316
怀帝(～炽)	永嘉	公元307—312			

2. 东　晋

帝　王	年号	纪　　年	帝　王	年号	纪　　年
元帝(司马睿)	建武	公元317	废帝(司马奕)	太和	公元366—370
	大(太)兴	公元317—321	简文帝(～昱)	咸安	公元371—372
	永昌	公元322	孝武帝(～曜)	宁康	公元373—375
明帝(～绍)	太宁	公元323—325		太元	公元376—396
成帝(～衍)	咸和	公元326—334	安帝(～德宗)	隆安	公元397—401
	咸康	公元335—342		元兴	公元402
康帝(～岳)	建元	公元343—344		大亨①	公元402
穆帝(～聃)	永和	公元345—356		元兴	公元403—404
	升平	公元357—361		义熙	公元405—418
哀帝(～丕)	隆和	公元362	恭帝(～德文)	元熙	公元419—420
	兴宁	公元363—365			

3. 成(汉)

帝　王	年号	纪　　年	帝　王	年号	纪　　年
李特〔建初〕		公元303	李雄	晏平	公元306—310
李流		公元303		玉衡	公元311—334
李雄	建兴	公元304—305	李班		公元334

① 大亨元年(公元402)三月仍称隆安六年,寻改年号为大亨,次年又改称元兴二年。

3. 成(汉)(续表)

帝王	年号	纪年	帝王	年号	纪年
李期	玉恒	公元335—337	李势	太和	公元344—345
李寿	汉兴	公元338—343		嘉宁	公元346—347

4. 汉(前赵)

帝王	年号	纪年	帝王	年号	纪年
刘渊	元熙	公元304—307	刘聪	建元	公元315
	永凤	公元308		麟嘉	公元316—317
	河瑞	公元309	刘粲	汉昌	公元318
刘聪	光兴	公元310	刘曜①	光初	公元318—329
	嘉平	公元311—314			

5. 前凉

帝王	年号	纪年	帝王	年号	纪年
张寔②	建兴	公元313—319	张玄靓	建兴	公元355—360
张茂		公元320—323		升平	公元361—362
张骏		公元324—345	张天锡		公元363—369
张重华	建兴	公元346—353		升平	公元370—376
张祚	和平	公元354			

---

① 刘曜改国号为赵,史称前赵。 ② 据《晋书·张轨传》和出土文物,前凉除公元354年曾改"和平"外,初用晋愍帝"建兴"年号,公元361年又改用东晋穆帝"升平"年号。宋龚颖《运历图》记张寔曾改元"永安"、张茂曾改元"永元"、张重华曾改元"永乐"、张玄靓曾改元"太始"、张天锡曾改元"太清"、张大豫曾改元"凤凰",见《郡斋读书志》卷五,与历史实际不合,兹不从。

6. 冉 魏

帝 王	年 号	纪 年
冉闵	永兴	公元 350—352

7. 前 秦

帝 王	年号	纪 年	帝 王	年号	纪 年
苻洪		公元 350	苻坚	建元	公元 365—384
苻健①	皇始	公元 351—354	苻丕	太安	公元 385
苻生	寿光	公元 355—356	苻登	太初	公元 386—393
苻坚	永兴	公元 357—358	苻崇	延初	公元 394
	甘露	公元 359—364			

8. 后 赵

帝 王	年号	纪 年	帝 王	年号	纪 年
石勒		公元 319—327	石虎	太宁	公元 349
	太和	公元 328—329	石遵		公元 349
	建平	公元 330—333	石鉴		公元 349
石弘	延熙	公元 334		青龙	公元 350
石虎	建武	公元 335—348	石祗	永宁	公元 350—351

9. 代

帝 王	年号	纪 年
拓跋什翼犍	建国	公元 338—376

① 苻健于皇始元年(公元 351)建国号秦。

10. 前 燕

帝 王	年号	纪 年	帝 王	年号	纪 年
慕容皝[①]		公元 334—348	慕容儁	光寿	公元 357—359
慕容儁		公元 349—351	慕容暐	建熙	公元 360—370
	元玺	公元 352—356			

11. 后 燕

帝 王	年号	纪 年	帝 王	年号	纪 年
慕容垂	燕元	公元 384—385	慕容盛	长乐	公元 399—400
	建兴	公元 386—395	慕容熙	光始	公元 401—406
慕容宝	永康	公元 396—397		建始	公元 407
慕容盛	建平	公元 398			

12. 后 凉

帝 王	年号	纪 年	帝 王	年号	纪 年
吕光	太(大)安	公元 386—388	吕光	承康	公元 399
	麟嘉	公元 389—395	吕纂	咸宁	公元 399—400
	龙飞	公元 396—398	吕隆	神鼎	公元 401—403

① 慕容皝于公元 337 年始称燕王。

13. 西燕

帝王	年号	纪年	帝王	年号	纪年
慕容泓	燕兴	公元384	慕容瑶	建平	公元386
慕容冲	更始	公元385	慕容忠	建武	公元386
段随	昌平	公元386	慕容永	中兴	公元386—394
慕容觊	建明	公元386			

14. 南凉

帝王	年号	纪年	帝王	年号	纪年
秃髮乌孤	太初	公元397—398	秃髮傉檀	弘昌	公元402—404
秃髮利鹿孤		公元399		嘉平	公元408—414①
	建和	公元400—401			

15. 后秦

帝王	年号	纪年	帝王	年号	纪年
姚苌	白雀	公元384—385	姚兴	弘始	公元399—415
	建初	公元386—393	姚泓	永和	公元416—417
姚兴	皇初	公元394—398			

① 弘昌三年二月秃髮傉檀去年号，至公元408年复称凉王。

16. 南 燕

帝 王	年号	纪 年	帝 王	年号	纪 年
慕容德		公元398—399	慕容超	太上	公元405—410
	建平	公元400—404			

17. 其他政权

帝 王	年号	纪 年	帝 王	年号	纪 年
司马伦	建始	公元301	慕容详	建始	公元397
赵廞	太平	公元300—301	慕容麟	延平	公元397
刘尼	〔神凤〕	公元303	兰汗	青龙	公元398
司马保	建康	公元319—320	桓玄①	永始	公元403—404
侯子光	〔龙兴〕	公元337	白亚栗斯、刘虎	建平	公元415—416
句渠知	〔平赵〕	公元320			
李弘	〔凤凰〕	公元370			

（十一）南北朝

1. 宋

帝 王	年号	纪 年	帝 王	年号	纪 年
武帝（刘裕）	永初	公元420—422	前废帝（刘子业）	景和	公元465
少帝（～义符）	景平	公元423	明帝（～彧）	泰始	公元465—471
文帝（～义隆）	元嘉	公元424—453		泰豫	公元472
孝武帝（～骏）	孝建	公元454—456	后废帝（～昱）	元徽	公元473—476
	大明	公元457—464	顺帝（～準）	昇明	公元477—479
前废帝（～子业）	永光	公元465			

① 桓玄称帝，年号建始，寻又改永始。

2. 北 魏

帝 王	年号	纪 年	帝 王	年号	纪 年
道武帝（拓跋珪）	登国	公元386—395	孝文帝（元宏）	延兴	公元471—475
	皇始	公元396—397		承明	公元476
	天兴	公元398—403		太和	公元477—499
	天赐	公元404—408	宣武帝（～恪）	景明	公元500—503
明元帝（～嗣）	永兴	公元409—413		正始	公元504—507
	神瑞	公元414—415		永平	公元508—511
	泰常	公元416—423		延昌	公元512—515
太武帝（～焘）	始光	公元424—427	孝明帝（～诩）	熙平	公元516—517
	神䴥	公元428—431		神龟	公元518—519
	延和	公元432—434		正光	公元520—524
	太延	公元435—439		孝昌	公元525—527
	太平真君	公元440—450		武泰	公元528
	正平	公元451	孝庄帝（～子攸）	建义	公元528
南安王（～余）	承（永）平	公元452		永安	公元528—529
文成帝（～濬）	兴安	公元452—453	长广王（～晔）	建明	公元530
	兴光	公元454	节闵帝（～恭）	普泰	公元531
	太安	公元455—459	安定王（～朗）	中兴	公元531
	和平	公元460—465	孝武帝（～修）	太昌	公元532
献文帝（～弘）	天安	公元466		永兴	公元532
	皇兴	公元467—470		永熙	公元532

3. 北 凉

帝 王	年号	纪 年	帝 王	年号	纪 年
段业	神玺	公元397—398	沮渠蒙逊	义和[1]	公元431—432
	天玺	公元399—400	沮渠牧犍（茂虔）		
沮渠蒙逊	永安	公元401—411		永（承）和	公元433—439
	玄始	公元412—427	沮渠无讳	承平	公元443
	承玄	公元428—430	沮渠安周		公元444—460

4. 西 凉

帝 王	年号	纪 年	帝 王	年号	纪 年
李暠	庚子	公元400—404	李歆	嘉兴	公元417—418
	建初	公元405—416	李恂	永建	公元420—421

5. 北 燕

帝 王	年号	纪 年	帝 王	年号	纪 年
高雲	正始	公元407—409	冯弘	太兴	公元431—436
冯跋	太平	公元409—430			

6. 西 秦

帝 王	年号	纪 年	帝 王	年号	纪 年
乞伏国仁	建义	公元385—387	乞伏炽磐	永康	公元412—419
乞伏乾归[2]	太初	公元388—400		建弘	公元420—427
	更始	公元409—411	乞伏暮末	永弘	公元428—431

---

① 据吐鲁番文书，北凉尚有“缘禾”、“建平”等年号，待考订。 ② 太初十三年（公元400）乞伏乾归降于秃髮利鹿孤，八月又降于后秦，至公元409年复位。

7. 夏

帝　王	年号	纪　　年	帝　王	年号	纪　　年
赫连勃勃	龙昇	公元406—412	赫连勃勃	真兴	公元419—424
	凤翔	公元413—417	赫连昌	承光	公元425—427
	昌武	公元418	赫连定	胜光	公元428—431

8. 南　齐

帝　王	年号	纪　　年	帝　王	年号	纪　　年
高帝(萧道成)	建元	公元479—482	明帝(萧鸾)	建武	公元494—497
武帝(～赜)	永明	公元483—493		永泰	公元498
鬱林王(～昭业)	隆昌	公元494	东昏侯(～宝卷)	永元	公元499—500
海陵王(～昭文)	延兴	公元494	和帝(～宝融)	中兴	公元501—502

9. 梁

帝　王	年号	纪　　年	帝　王	年号	纪　　年
武帝(萧衍)	天监	公元502—519	豫章王(萧栋)	天正	公元551
	普通	公元520—526	武陵王(～纪)	天正	公元552
	大通	公元527—528	元帝(～绎)	承圣	公元552—553
	中大通	公元529—534		天正	公元553
	大同	公元535—545		承圣	公元554
	中大同	公元546	贞阳侯(～渊明)	天成	公元555
	太清	公元547—548	敬帝(～方智)	绍泰	公元555
简文帝(～纲)	大宝	公元550		太平	公元556—557

10. 柔 然

帝 王	年号	纪 年	帝 王	年号	纪 年
受罗部真可汗	永康	公元464—484	佗汗可汗	始平	公元506—507
伏名敦可汗	太平	公元485—491	豆罗伏跋豆伐可汗	建昌	公元508—520
候其伏代库者可汗	太安	公元492—505			

11. 西 魏

帝 王	年号	纪 年	帝 王	年号	纪 年
文帝(元宝炬)	大统	公元535—551	恭帝(拓跋廓)		公元554—556
废帝(～钦)		公元552—553			

12. 东 魏

帝 王	年号	纪 年	帝 王	年号	纪 年
孝静帝(元善见)	天平	公元534—537	孝静帝(元善见)	兴和	公元539—542
	元象	公元538		武定	公元543—550

13. 北 齐

帝 王	年号	纪 年	帝 王	年号	纪 年
文宣帝(高洋)	天保	公元550—559	后主(高纬)	天统	公元565—569
废帝(～殷)	乾明	公元560		武平	公元570—575
孝昭帝(～演)	皇建	公元560		隆化	公元576
武成帝(～湛)	大(太)宁	公元561	幼主(～恒)	承光	公元577
	河清	公元562—564			

14. 陈

帝　王	年号	纪　　年	帝　王	年号	纪　　年
武帝(陈霸先)	永定	公元557—559	宣帝(陈顼)	太建	公元569—582
文帝(～蒨)	天嘉	公元560—565	后主(～叔宝)	至德	公元583—586
	天康	公元566		祯明	公元587—589
废帝(～伯宗)	光大	公元567—568			

15. 北　周

帝　王	年号	纪　　年	帝　王	年号	纪　　年
孝闵帝(宇文觉)		公元557	武帝(宇文邕)	建德	公元572—577
明帝(～毓)		公元557—558		宣政	公元578
	武成	公元559—560	宣帝(～赟)	大成	公元579
武帝(～邕)	保定	公元561—565	静帝(～阐)	大象	公元579—580
	天和	公元566—571		大定	公元581

16. 后　梁

帝　王	年号	纪　　年	帝　王	年号	纪　　年
宣帝(萧詧)	大定	公元555—561	萧琮	广运	公元586—587
明帝(～岿)	天保	公元562—585			

17. 其他政权

帝　王	年号	纪　　年	帝　王	年号	纪　　年
程道养	〔泰始〕	公元431—437	葛荣	〔广安〕	公元526—528
杨难当	建义	公元436—442	鲜于修礼	〔鲁兴〕	公元526
刘劭	太初	公元452	萧宝寅	隆绪	公元527—528
唐寓之	〔兴平〕	公元485—486	邢杲	〔天统〕	公元528—529
雍道晞	〔建义〕	公元500	万俟醜奴[①]	〔神兽(虎)〕	公元528—530
吕苟儿	〔建明〕	公元506	元颢	孝基	公元529
陈瞻	〔圣明〕	公元506		建武	公元529
破六韩拔陵	〔真王〕	公元523—525	鲜于琛	〔上愿〕	公元535
莫折念生	〔天建〕	公元524—527	刘敬躬	〔永汉〕	公元542
杜洛周	〔真王〕	公元525—528	萧正德	正平	公元548—549
刘蠡升	神嘉	公元525—535	侯景	太始	公元551—552

（十二）隋

1. 隋

帝　王	年号	纪　　年	帝　王	年号	纪　　年
文帝(杨坚)	开皇	公元581—600	恭帝(杨侑)	大业	公元618
	仁寿	公元601—604		义宁	公元618
炀帝(～广)	大业	公元605—617	越王(～侗)	皇泰	公元618—619
恭帝(～侑)	义宁	公元617			

① 据甘肃出土《王保真墓志》:“大赵神平二年岁次己酉。”“神平”或作“神兽”。

2. 高 昌

帝 王	年号	纪 年	帝 王	年号	纪 年
麴坚	章和	公元531—548	麴伯雅	延和	公元602—613
麴玄喜	永平	公元549—550	麴□	义和	公元614—619
麴□	和平	公元551—554	麴文泰	重光	公元620—623
麴宝茂	建昌	公元555—560		延寿	公元624—640
麴乾固	延昌	公元561—601			

3.〔魏〕

帝 王	年 号	纪 年
李密	〔永平〕	公元617—618

4.〔楚〕

帝 王	年 号	纪 年
林士弘	〔太平①〕	公元616—622

5. 梁

帝 王	年号	纪 年	帝 王	年号	纪 年
梁师都	永隆	公元617—628	萧铣	鸣凤	公元617—621

6.〔夏〕

帝 王	年号	纪 年	帝 王	年号	纪 年
窦建德	〔丁丑〕	公元617	窦建德	〔五凤②〕	公元618—621

7. 秦

帝 王	年号	纪 年	帝 王	年号	纪 年
薛举	秦兴	公元617	薛仁杲(果)		公元618

① 一作延康。 ② 五凤元年(公元618)十一月改国号为夏。

8. 其他政权

帝 王	年号	纪 年	帝 王	年号	纪 年
向海明	〔白乌〕	公元613	刘武周	天兴	公元617—618
刘迦论	〔大世〕	公元614	郭子和	丑(正)平	公元617—618
朱粲	昌达	公元615—619	李轨	安乐[1]	公元618—619
操师乞	〔始兴〕	公元616			

（十三）唐

1. 唐

帝 王	年号	纪 年	帝 王	年号	纪 年
高祖(李渊)	武德	公元618—626	高宗(李治)	永淳	公元682
太宗(～世民)	贞观	公元627—649		弘道	公元683
高宗(～治)	永徽	公元650—655	中宗(～显)	嗣圣	公元684
	显庆	公元656—660	睿宗(～旦)	文明	公元684
	龙朔	公元661—663	武则天	光宅	公元684
	麟德	公元664—665		垂拱	公元685—688
	乾封	公元666—667		永昌	公元689
	总章	公元668—669		载初	公元689
	咸亨	公元670—673		周	
	上元	公元674—675	武则天	天授	公元690—691
	仪凤	公元676—678		如意	公元692
	调露	公元679		长寿	公元692—693
	永隆	公元680		延载	公元694
	开耀	公元681		证圣	公元695

① 一作大业十三年(公元617)建年号安乐。

1. 唐(续表)

帝　王	年号	纪　　年	帝　王	年号	纪　　年
武则天	天册万岁	公元695	代宗(李豫)	广德	公元763—764
	万岁登封	公元696		永泰	公元765
	万岁通天	公元696		大历	公元766—779
	神功	公元697	德宗(～适)	建中	公元780—783
	圣历	公元698—699		兴元	公元784
	久视	公元700		贞元	公元785—804
	大足	公元701	顺宗(～诵)	永贞	公元805
	长安	公元701—704	宪宗(～纯)	元和	公元806—820
唐			穆宗(～恒)	长庆	公元821—824
中宗(李显)	神龙[①]	公元705—706	敬宗(～湛)	宝历	公元825—826
	景龙	公元707—709	文宗(～昂)	大(太)和	公元827—835
少帝(～重茂)	唐隆	公元710		开成	公元836—840
睿宗(～旦)	景云	公元710—711	武宗(～炎)	会昌	公元841—846
	太极	公元712	宣宗(～忱)	大中	公元847—859
	延和	公元712	懿宗(～漼)	咸通	公元860—873
玄宗(～隆基)	先天	公元712	僖宗(～儇)	乾符	公元874—879
	开元	公元713—741		广明	公元880
	天宝	公元742—755		中和	公元881—884
肃宗(～亨)	至德	公元756—757		光启	公元885—887
	乾元	公元758—759		文德	公元888
	上元	公元760—761	昭宗(～晔)	龙纪	公元889
	宝应	公元762		大顺	公元890—891

① 据《资治通鉴考异》卷十二引《则天实录》，神龙本为则天年号，不久，中宗复辟，沿用不改。

1. 唐(续表)

帝　王	年号	纪　　年	帝　王	年号	纪　　年
昭宗(李晔)	景福	公元892—893	昭宗(李晔)	天复	公元901—903
	乾宁	公元894—897		天祐	公元904
	光化	公元898—900	哀帝(～柷)		公元905—907

2.〔宋〕

帝　王	年号	纪　　年
辅公祏	〔天明〕①	公元623—624

3. 郑

帝　王	年号	纪　　年
王世充	开明	公元619—621

4. 许

帝　王	年号	纪　　年	帝　王	年号	纪　　年
宇文化及	天寿	公元618—619	李子通	〔明政〕	公元619—621

5.〔燕〕

帝　王	年号	纪　　年
高开道	〔始兴〕②	公元618—624

6. 渤　海

帝　王	年号	纪　　年	帝　王	年号	纪　　年
大祚荣		公元698—719	大钦茂	宝历③	公元774—792
大武艺	仁安	公元719—736	大元义		公元793
大钦茂	大兴	公元737—773	大华屿	中兴	公元793

① 辅公祏年号,乾德见《杨文公谈苑》,天明见万斯同《纪元汇考》,但《旧唐书》、《新唐书》和《资治通鉴》皆未记载。今从一般年表暂列天明年号。　② 一作天成。

③ 据金毓黻《渤海国志长编》卷五年表和今人考订。据渤海《贞惠公主墓志》大钦茂于公元774年曾改元宝历,但《贞孝公主墓志》所记卒年又为“大兴五十六年六月九日壬辰”,是大钦茂晚年不用宝历年号,仍用大兴年号,今暂如此排列。

6. 渤 海(续表)

帝 王	年号	纪 年	帝 王	年号	纪 年
大嵩璘	正历	公元 794—808	大彝震	咸和	公元 830—856
大元瑜	永德	公元 809—811	大虔晃		公元 857—870
大言义	朱雀	公元 812—817	大玄锡		公元 871—893
大明忠	太始	公元 818	大玮瑎		公元 894—906
大仁秀	建兴	公元 818—829	大諲譔		公元 907—925

7. 燕

帝 王	年号	纪 年	帝 王	年号	纪 年
安禄山	圣武	公元 756	史思明	应天	公元 759
安庆绪	载初	公元 757		顺天	公元 759—760
	天成	公元 757—759	史朝义	显圣	公元 761—763

8. 南 诏

帝 王	年号	纪 年	帝 王	年号	纪 年
阁逻凤		公元 748—751	寻阁劝	应道	公元 809
赞普锺		公元 752—768	劝龙晟	龙兴	公元 810—816
(阁逻凤)			劝利晟	全义	公元 817—819
	长寿	公元 769—779		大丰	公元 820—823
异牟寻	见龙	公元 780—783	劝丰祐	保和	公元 824—839
	上元	公元 784		天启?	公元 848
	元封?	公元 797		天启□	公元 859
	元封□	公元 808	世隆	建极	公元 860—872

8. 南诏(续表)

帝王	年号	纪年	帝王	年号	纪年
世隆	法尧?	公元875—876		天瑞景星?	公元913—916
	法尧□	公元877		安和?	公元917—920
大封民隆舜	贞明	公元878		贞祐?	公元921—922
	承智?	公元882—886		初历?	公元923—925
	大同?	公元887—891		孝治?	公元926
	嵯耶?	公元892—896	郑隆亶	天应	公元927
	嵯耶□	公元897	大天兴赵善政	尊圣	公元928—929
舜化贞	中兴	公元898—902	大义宁杨干真	兴圣	公元930
大长和郑买嗣	安国	公元903—909		大明	公元931—937
郑仁旻	始元	公元910—912			

9. 吐蕃

帝王	年号	纪年
可黎可足①	彝泰	公元815—838

10.〔齐〕

帝王	年号	纪年	帝王	年号	纪年
黄巢	〔王霸〕	公元878—879	黄巢	〔金统〕②	公元880—884

①《新唐书·吐蕃传》:长庆元年,唐与吐蕃会盟,“策署彝泰七年”。《唐蕃会盟碑》碑阴藏文亦记:“其立石于此,为大蕃彝泰九年,大唐长庆三年。”据《资治通鉴考异》卷二十一引《补国史》足黎可足卒于文宗开成三年,本表即据此排列。 ② 金统元年(公元880)建国号齐。金统改元在十二月,相当于公元881年,以与旧史相应,仍列公元880年。

11. 其他政权

帝　王	年号	纪　　年	帝　王	年号	纪　　年
沈法兴	〔延康〕	公元 619—620	李希烈	武成	公元 784—786
李子通	〔明政〕①	公元 619—621	段子璋	黄龙	公元 761
刘黑闼	〔天造〕	公元 622—623	袁晁	〔宝胜〕②	公元 762—763
李重福	中元克复	公元 669	裘甫	〔罗平〕	公元 860
朱泚	应天	公元 783	李熅	建贞	公元 886
	天皇	公元 784	董昌	顺天	公元 895—896

（十四）五代十国

1. 后　梁

帝　王	年号	纪　　年	帝　王	年号	纪　　年
太祖（朱温）	开平	公元 907—910	末帝（朱友贞）	乾化	公元 913—914
	乾化	公元 911—912		贞明	公元 915—920
朱友珪	凤历	公元 913		龙德	公元 921—923

2. 吴

帝　王	年号	纪　　年	帝　王	年号	纪　　年
杨行密	（天复）	公元 901—903	杨溥	顺义	公元 921—926
	（天祐）	公元 904—905		乾贞	公元 927—928
杨渥		公元 906—908		大和	公元 929—934
杨隆演		公元 909—918		天祚	公元 935—937
	武义	公元 919—920			

① 一作大业十一年（公元 615）建年号明政。　② 一作昇国。

3. 吴　越

帝　王	年号	纪　　年	帝　王	年号	纪　　年
钱镠	（天祐）	公元904—907	钱元瓘	（天福）	公元936—941
	天宝	公元908—912	钱宏佐		公元942—943
	（凤历）	公元913		（开运）	公元944—946
	（乾化）	公元913—914	钱宏倧	（天福）	公元947
	（贞明）	公元915—920	钱宏俶	（乾祐）	公元948—950
	（龙德）	公元921—923		（广顺）	公元951—953
	宝大	公元924—925		（显德）	公元954—960
	宝正	公元926—931		（建隆）	公元960—962
钱元瓘	（长兴）	公元932—933		（乾德）	公元963—967
	（应顺）	公元933		（开宝）	公元968—975
	（清泰）	公元934—936		（太平兴国）	公元976—978

4. 前　蜀

帝　王	年号	纪　　年	帝　王	年号	纪　　年
王建	（天复）	公元901—907	王建	天汉	公元917
	武成	公元908—910		光天	公元918
	永平	公元911—915	王衍	乾德	公元919—924
	通正	公元916		咸康	公元925

5. 后　蜀

帝　王	年号	纪　　年	帝　王	年号	纪　　年
孟知祥	明德	公元934	孟昶	广政	公元938—965
孟昶	明德	公元934—937			

6. 闽

帝　王	年号	纪　　年	帝　王	年号	纪　　年
王审知	（开平）	公元907—910	王延钧	（天成）	公元926—929
	（乾化）	公元911—912		（长兴）	公元930—932
	（凤历）	公元913		龙启	公元933—934
	（乾化）	公元913—914		永和	公元935
	（贞明）	公元915—920	王昶	通文	公元936—938
	（龙德）	公元921—923	王曦	永隆	公元939—942
	（同光）	公元923—925	王延政	天德	公元943—945
王延翰	（天成）	公元926			

7. 燕

帝　王	年号	纪　　年
刘守光	应天	公元911—913

8. 南　汉

帝　王	年号	纪　　年	帝　王	年号	纪　　年
刘龑	乾亨	公元917—924	刘晟	应乾	公元943
	白龙	公元925—927		乾和	公元943—957
	大有	公元928—941	刘鋹	大宝	公元958—971
刘玢	光天	公元942			

9. 后　唐

帝　王	年号	纪　　年	帝　王	年号	纪　　年
庄宗(李存勗)	同光	公元923—925	闵帝(李从厚)	应顺	公元934
明宗(～嗣源)	天成	公元926—929	末帝(～从珂)	清泰	公元934—936
	长兴	公元930—933			

10. 荆南(南平)

帝　王	年号	纪　　年	帝　王	年号	纪　　年
高季兴	(顺义)	公元921—925	高从诲	(天福)	公元937—943
	(天成)	公元926—927		(开运)	公元944—946
	(乾贞)	公元928		(天福)	公元947
高从诲	(大和)	公元929	高保融	(乾祐)	公元948—951
	(天成)	公元929		(广顺)	公元951—954
	(长兴)	公元930—933		(显德)	公元954—960
	(应顺)	公元934	高保勖	(建隆)	公元960—962
	(清泰)	公元934—936	高继冲	(乾德)	公元963

11. 后　晋

帝　王	年号	纪　　年	帝　王	年号	纪　　年
高祖(石敬瑭)	天福	公元936—942	出帝(石重贵)	开运	公元944—946
出帝(石重贵)		公元943			

12. 后　汉

帝　王	年号	纪　　年	帝　王	年号	纪　　年
高祖(刘知远)	天福	公元936—947	隐帝(刘承祐)		公元948—950
	乾祐	公元948			

13. 后　周

帝　王	年号	纪　　年	帝　王	年号	纪　　年
太祖(郭威)	广顺	公元951—953	世宗(柴荣)		公元954—959
	显德	公元954	恭帝(柴宗训)		公元960

14. 南 唐

帝 王	年号	纪 年	帝 王	年号	纪 年
李昪	昇元	公元937—942	李璟	（显德）	公元958—960
李璟	保大	公元943—957		（建隆）	公元960—962
	中兴	公元958	李煜	（乾德）	公元963—967
	交泰	公元958		（开宝）	公元968—975

15. 北 汉

帝 王	年号	纪 年	帝 王	年号	纪 年
刘旻	（乾祐）	公元948—954	刘继元①		公元968—973
刘钧		公元955—956		广运	公元974—979
	天会	公元957—967			

16. 楚

帝 王	年号	纪 年	帝 王	年号	纪 年
马 殷	（天成）	公元926—929	马希范	（天福）	公元936—943
马希声	（长兴）	公元930—931		（开运）	公元944—946
马希范		公元932—933	马希广	（天福）	公元947
	（应顺）	公元934		（乾祐）	公元948—949
	（清泰）	公元934—936	马希萼	（保大）	公元950—951

① 天会十二年（公元968）刘钧死，养子继恩立，九月继恩被杀，弟继元继立，均沿用天会年号。

17. 契 丹

帝 王	年号	纪 年	帝 王	年号	纪 年
辽太祖（耶律阿保机）		公元907—915	辽太宗（耶律德光）	会同	公元938—946
	神册	公元916—921		大同[1]	公元947
	天赞	公元922—925	世宗（～阮）	天禄	公元947—950
	天显	公元926—927	穆宗（～璟）	应历	公元951—960
辽太宗（～德光）		公元928—937			

18. 东 丹

帝 王	年号	纪 年
耶律倍	甘露[2]	公元926—936

19. 于 阗

帝 王	年号	纪 年
李圣天	同庆[3]	公元912—940

20. 其他政权

帝 王	年号	纪 年
张遇贤	〔永乐〕	公元942—943

① 大同元年（公元947）始改国号为辽，公元983—1066年间曾重称契丹。 ② 甘露十一年（公元936）耶律倍卒，东丹至公元982年始亡。 ③ 据《新五代史·于阗传》：后晋天福五年，晋臣高居诲等赴于阗，“其年号同庆二十九年”。据此排列。又据敦煌文书，此后尚有“天兴”、“天寿”、“天尊”等年号，待考订。

（十五）宋、辽、金

1. 北　宋

帝　王	年号	纪　年	帝　王	年号	纪　年
太祖（赵匡胤）	建隆	公元 960—962	仁宗（赵祯）	庆历	公元 1041—1048
	乾德	公元 963—967		皇祐	公元 1049—1053
	开宝	公元 968—975		至和	公元 1054—1055
太宗（～光义）	太平兴国	公元 976—983		嘉祐	公元 1056—1063
	雍熙	公元 984—987	英宗（～曙）	治平	公元 1064—1067
	端拱	公元 988—989	神宗（～顼）	熙宁	公元 1068—1077
	淳化	公元 990—994		元丰	公元 1078—1085
	至道	公元 995—997	哲宗（～煦）	元祐	公元 1086—1093
真宗（～恒）	咸平	公元 998—1003		绍圣	公元 1094—1097
	景德	公元 1004—1007		元符	公元 1098—1100
	大中祥符	公元 1008—1016	徽宗（～佶）	建中靖国	公元 1101
	天禧	公元 1017—1021		崇宁	公元 1102—1106
	乾兴	公元 1022		大观	公元 1107—1110
仁宗（～祯）	天圣	公元 1023—1031		政和	公元 1111—1117
	明道	公元 1032—1033		重和	公元 1118
	景祐	公元 1034—1037		宣和	公元 1119—1125
	宝元	公元 1038—1039	钦宗（～桓）	靖康	公元 1126
	康定	公元 1040			

2. 南 宋

帝 王	年号	纪 年	帝 王	年号	纪 年
高宗(赵构)	建炎	公元 1127—1130	理宗(赵昀)	绍定	公元 1228—1233
	绍兴	公元 1131—1162		端平	公元 1234—1236
孝宗(～昚)	隆兴	公元 1163—1164		嘉熙	公元 1237—1240
	乾道	公元 1165—1173		淳祐	公元 1241—1252
	淳熙	公元 1174—1189		宝祐	公元 1253—1258
光宗(～惇)	绍熙	公元 1190—1194		开庆	公元 1259
宁宗(～扩)	庆元	公元 1195—1200		景定	公元 1260—1264
	嘉泰	公元 1201—1204	度宗(～禥)	咸淳	公元 1265—1274
	开禧	公元 1205—1207	恭帝(～㬎)	德祐	公元 1275
	嘉定	公元 1208—1224	端宗(～昰)	景炎	公元 1276—1277
理宗(～昀)	宝庆	公元 1225—1227	赵昺	祥兴	公元 1278—1279

3. 辽

帝 王	年号	纪 年	帝 王	年号	纪 年
穆宗(耶律璟)	应历	公元 951—968	道宗(耶律洪基)	清宁	公元 1055—1064
景宗(～贤)	保宁	公元 969—978		咸雍	公元 1065—1074
	乾亨	公元 979—982		大(太)康	公元 1075—1084
圣宗(～隆绪)	统和	公元 983—1011		大安	公元 1085—1094
	开泰	公元 1012—1020		寿昌(隆)	公元 1095—1100
	太平	公元 1021—1030	天祚帝(～延禧)	乾统	公元 1101—1110
兴宗(～宗真)	景福	公元 1031		天庆	公元 1111—1120
	重熙	公元 1032—1054		保大	公元 1121—1125

4. 金

帝王	年号	纪年	帝王	年号	纪年
太祖(完颜阿骨打)	收国	公元1115—1116	章宗(完颜璟)	泰和	公元1201—1208
	天辅	公元1117—1122	卫绍王(～永济)	大安	公元1209—1211
太宗(～晟)	天会	公元1123—1134		崇庆	公元1212
熙宗(～亶)		公元1135—1137		至宁	公元1213
	天眷	公元1138—1140	宣宗(～珣)	贞祐	公元1213—1216
	皇统	公元1141—1148		兴定	公元1217—1221
海陵王(～亮)	天德	公元1149—1152		元光	公元1222—1223
	贞元	公元1153—1155	哀宗(～守绪)	正大	公元1224—1231
	正隆	公元1156—1160		开兴	公元1232
世宗(～雍)	大定	公元1161—1189		天兴	公元1232—1233
章宗(～璟)	明昌	公元1190—1195	末帝(～承麟)		公元1234
	承安	公元1196—1200			

5. 西　夏①

帝王	年号	纪年	帝王	年号	纪年
景宗(嵬名元昊)	明[显]道	公元1032—1033	毅宗(嵬名谅祚)	延嗣宁国	公元1049
	开运	公元1034		天祐垂圣	公元1050—1052
	广运	公元1034—1035		福圣承道	公元1053—1056
	大庆	公元1036—1037		奲都	公元1057—1062
	天授礼法延祚	公元1038—1048		拱化	公元1063—1067
			惠宗(～秉常)	乾道	公元1068—1069

① 西夏年世异说颇多，今据《宋史·夏国传》和西夏石刻、官印、写经题记等编制，并参考今人考订。

5. 西 夏(续表)

帝 王	年号	纪 年	帝 王	年号	纪 年
惠宗(嵬名秉常)	天赐礼盛国庆	公元1070—1074	崇宗(嵬名乾顺)	大德	公元1135—1139
			仁宗(～仁孝)	大庆	公元1140—1143
	大安	公元1075—1085		人庆	公元1144—1148
	天安礼定	公元1086		天盛	公元1149—1169
崇宗(～乾顺)	天仪治平	公元1086—1089		乾祐	公元1170—1193
	天祐民安	公元1090—1097	桓宗(～纯祐)	天庆	公元1194—1205
	永安	公元1098—1100	襄宗(～安全)	应天	公元1206—1209
	贞观	公元1101—1113		皇建	公元1210
	雍宁	公元1114—1118	神宗(～遵顼)	光定	公元1211—1223
	元德	公元1119—1126	献宗(～德旺)	乾定	公元1224—1226
	正德	公元1127—1134	末主(～晛)	宝义	公元1227

6. 北 辽

帝 王	年号	纪 年	帝 王	年号	纪 年
宣宗(耶律淳)	建福	公元1122	梁王(耶律雅里)	神历	公元1123
萧德妃	德兴	公元1122			

7. 西 辽①

帝 王	年号	纪 年	帝 王	年号	纪 年
德宗(耶律大石)	延庆	公元1124—1133	仁宗(耶律夷列)	绍兴	公元1151—1163
	康国	公元1134—1143	承天后(～普速完)	崇福	公元1164—1177
感天后(塔不烟)	咸清	公元1144—1150	末主(～直鲁古)	天禧	公元1178—1211

① 据汪远孙《西辽纪年表》。

8. 齐

帝　王	年号	纪　年
刘　豫	阜昌	公元 1130—1137

9. 大　理

帝　王	年号	纪　年	帝　王	年号	纪　年
段思平	文德	公元 938—940	段素兴	圣明	公元 1042—1043
	神武?	公元 941—943		天明□	公元 1044
	神武□	公元 944	段思廉	保安	公元 1045—1052
段思英	文经	公元 945		正安	公元 1053—1055
段思良	至治	公元 946—951		正德?	公元 1059—1063
段思聪	明德	公元 952		保德?	公元 1064—1073
	广德?	公元 960—966		保德□	公元 1074
	广德□	公元 967	段连义	上德	公元 1076
	顺德	公元 968		广安	公元 1077—1080
段素顺	明政	公元 969—985	段寿辉	上明	公元 1081
段素英	广明	公元 986—1004	段正明	保立	公元 1082—1085
	明应	公元 1005		建安?	公元 1086—1089
	明圣?	公元 1006		天祐?	公元 1090—1093
	明德?	公元 1007		天祐□	公元 1094
	明治?	公元 1008	高昇泰	上治	公元 1095
	明治□	公元 1009	段正淳	天授	公元 1096
段素廉	明启	公元 1010—1022		开明	公元 1097—1102
段素隆	明通	公元 1023—1026		天正	公元 1103—1104
段素真	正治	公元 1027—1041		文安	公元 1105—1108

9. 大　理(续表)

帝　王	年号	纪　年	帝　王	年号	纪　年
段正严	日新	公元1109	段智兴	利贞	公元1172—1175
	文治	公元1110—1118		盛德	公元1176—1180
	永嘉?	公元1122—1127		嘉会	公元1181—1184
	永嘉□	公元1128		元亨	公元1185—1195
	保天	公元1129—1136		安定?	公元1197—1199
	广运?	公元1140—1146		安定□	公元1200
	广运□	公元1147	段智廉	凤历	公元1201—1203
段正兴	永贞	公元1148		元寿□	公元1204
	大宝	公元1149—1155	段智祥	天开	公元1205—1225
	龙兴?	公元1156—1159		天辅	公元1226—1230
	盛明?	公元1160—1164		仁寿?	公元1231—1238
	建德?	公元1165—1070	段祥兴	道隆	公元1239—1251
	建德□	公元1171	段兴智	天定	公元1252—1254

10. 其他政权

帝　王	年号	纪　年	帝　王	年号	纪　年
李顺	〔应运〕	公元994—995	吴曦	转运	公元1207
王则	〔得圣〕	公元1047—1048	杨安儿	〔天顺〕	公元1214
方腊	〔永乐〕	公元1120—1121	郝定	〔顺天〕	公元1216
钟相	〔天载〕	公元1130	蒲鲜万奴	天泰	公元1215—1233
杨么	〔大圣天王〕	公元1133—1135			

（十六）元

1. 蒙古·元

帝王	年号	纪年	帝王	年号	纪年
太祖(孛儿只斤铁木真)		1206—1227	泰定帝(～也孙铁木耳)	泰定	公元 1324—1327
孛儿只斤拖雷		公元 1228		致和	公元 1328
太宗(～窝阔台)		公元 1229—1241	天顺帝(孛儿只斤阿速吉八)	天顺	公元 1328
乃马真后		公元 1242—1245	文宗(～图帖睦耳)	天历	公元 1328
定宗(～贵由)		公元 1246—1248	明宗(～和世㻋)		公元 1329
海迷失后		公元 1249—1250	文宗		公元 1329
宪宗(～蒙哥)		公元 1251—1259		至顺	公元 1330—1331
世祖(～忽必烈)	中统	公元 1260—1263	宁宗(～懿璘质班)		公元 1332
	至元①	公元 1264—1294	惠宗(顺帝)(～妥懽帖睦尔)		
成宗(～铁穆耳)	元贞	公元 1295—1296		元统	公元 1333—1334
	大德	公元 1297—1307		至元	公元 1335—1340
武宗(～海山)	至大	公元 1308—1311		至正②	公元 1341—1370
仁宗(～爱育黎拔力八达)	皇庆	公元 1312—1313	昭宗③(～爱猷识理达腊)	宣光	公元 1371—1378
	延祐	公元 1314—1320	孛儿只斤脱古思帖木儿	天元	公元 1379－1388
英宗(～硕德八剌)	至治	公元 1321—1323			

① 至元元年(公元 1264)始改国号为元。 ② 元惠宗(顺帝)至正二十八年(公元 1368)退出大都(今北京市)。 ③ 昭宗以后史称北元。

2.〔天完〕

帝　王	年号	纪　年	帝　王	年号	纪　年
徐寿辉	〔治平〕	公元1351—1355	徐寿辉	〔天启〕	公元1358
	〔太平〕	公元1356—1357		〔天定〕	公元1359—1360

3. 周

帝　王	年号	纪　年
张士诚	天佑（祐）①	公元1354—1357

4.〔宋〕

帝　王	年号	纪　年
韩林儿	〔龙凤〕	公元1355—1366

5.〔汉〕

帝　王	年号	纪　年	帝　王	年号	纪　年
陈友谅	〔大义〕	公元1360—1362	陈　理	〔德寿〕	公元1363—1364

6.〔夏〕

帝　王	年号	纪　年	帝　王	年号	纪　年
明玉珍②	〔天统〕	公元1362—1366	明　昇	〔开熙〕	公元1367—1371

---

① 天佑四年（公元1357）八月，张士诚降元，至正二十三年（公元1363）又自立为吴王，二十七年（公元1367）九月国亡。　② 据重庆明玉珍墓出土《玄宫之碑》："癸卯岁正月朔旦，受皇帝玺绶，国号大夏，改元天统。"是明玉珍建夏改元应在公元1363年，尚待考证。

7. 其他政权

帝　王	年号	纪　年
朱光卿	〔赤符〕	公元 1337

（十七）明

1. 明

帝　王	年号	纪　年	帝　王	年号	纪　年
太祖(朱元璋)	洪武	公元 1368—1398	孝宗(朱祐樘)	弘治	公元 1488—1505
惠帝(～允炆)	建文	公元 1399—1402	武宗(～厚照)	正德	公元 1506—1521
成祖(～棣)	永乐	公元 1403—1424	世宗(～厚熜)	嘉靖	公元 1522—1566
仁宗(～高炽)	洪熙	公元 1425	穆宗(～载垕)	隆庆	公元 1567—1572
宣宗(～瞻基)	宣德	公元 1426—1435	神宗(～翊钧)	万历	公元 1573—1619
英宗(～祁镇)	正统	公元 1436—1449	光宗(～常洛)	泰昌	公元 1620
代宗(～祁钰)	景泰	公元 1450—1456	熹宗(～由校)	天启	公元 1621—1627
英宗(～祁镇)	天顺	公元 1457—1464	思宗(～由检)	崇祯	公元 1628—1644
宪宗(～见深)	成化	公元 1465—1487			

2.〔大顺〕

帝　王	年号	纪　年
李自成	〔永昌〕	公元 1644—1645

3.〔大西〕

帝　王	年号	纪　年
张献忠	〔大顺〕	公元 1644—1646

4. 其他政权

帝　王	年号	纪　年	帝　王	年号	纪　年
田九成	〔龙凤〕	公元 1397	蔡伯贯	〔大宝〕	公元 1509—1510
黄萧养	〔东阳〕	公元 1449—1450	朱宸濠	顺德	公元 1519
王　斌	〔天绣〕	公元 1457	张　琏	〔造历〕	公元 1560—1562
李添保	〔武烈〕	公元 1460	徐鸿儒	〔大成（乘）兴胜〕	公元 1622
刘　通	〔德胜〕	公元 1465—1466			

（十八）清

1. 后金·清

帝　王	年号	纪　年	帝　王	年号	纪　年
太祖（爱新觉罗·努尔哈赤）	天命	公元 1616—1626	仁宗（爱新觉罗·颙琰）	嘉庆	公元 1796—1820
太宗（～皇太极）	天聪	公元 1627—1635	宣宗（～旻宁）	道光	公元 1821—1850
	崇德①	公元 1636—1643	文宗（～奕詝）	咸丰	公元 1851—1861
世祖（～福临）	顺治	公元 1644—1661	穆宗②（～载淳）	同治	公元 1862—1874
圣祖（～玄烨）	康熙	公元 1662—1722	德宗（～载湉）	光绪	公元 1875—1908
世宗（～胤禛）	雍正	公元 1723—1735	爱新觉罗·溥仪	宣统	公元1909—1911
高宗（～弘历）	乾隆	公元 1736—1795			

---

① 崇德元年（公元 1636）始改国号为清。　② 穆宗于咸丰十一年（公元 1861）即位，改年号祺祥，十月再改同治，以明年为同治元年。

2. 南　明

帝　王	年号	纪　年	帝　王	年号	纪　年
福王(朱由崧)	弘光	公元 1645	桂王(朱由榔)	永历	公元 1647—1661
唐王(～聿键)	隆武	公元 1645—1646	韩王(～本铉)	定武	公元 1646—1663
唐王(～聿𨱇)	绍武	公元 1646			

3. 周

帝　王	年号	纪　年	帝　王	年号	纪　年
吴三桂		公元 1673—1677	吴世璠	洪化	公元 1679—1681
	昭武	公元 1678			

4.〔太平天国〕

帝　王	年号	纪　年	帝　王	年号	纪　年
洪秀全		公元 1851—1863	洪天贵福		公元 1864①

5.〔大　成〕

帝　王	年号	纪　年
陈开	〔洪德〕	公元 1855—1861

6. 其他政权

帝　王	年号	纪　年	帝　王	年号	纪　年
耿精忠	裕民	公元 1674—1676	林爽文	〔顺天〕	公元 1786—1788
朱一贵	〔永和〕	公元 1721			

---

① 太平天国天京陷落于 1864 年 7 月 19 日(同治三年六月十六日),一般即作为太平天国的结束,但也有延伸到 1868 年 8 月 16 日(同治七年六月二十八日)捻军在山东徒骇河失败,作为太平天国结束的。

二、朱载堉十二平均律

	1	2	3	4	5	6	7	8	9	10	11	12	13
中国古代律名	黄钟	大吕	太簇	夹钟	姑洗	仲吕	蕤宾	林钟	夷则	南吕	无射	应钟	清黄钟
今日音名	c	$^{\#}c$	d	$^{\#}d$	e	f	$^{\#}f$	g	$^{\#}g$	a	$^{\#}a$	b	c^1
频率倍数	1	1.05946	1.12246	1.8920	1.25992	1.33483	1.41421	1.49830	1.58740	1.68179	1.78179	1.88774	2

三、我国古代的律名与音阶

十二律名	黄钟	大吕	太簇	夹钟	姑洗	仲吕	蕤宾	林钟	夷则	南吕	无射	应钟	清黄钟
相当今日音名	f	$^{\#}f$	g	$^{\#}g$	a	$^{\#}a$	b	c^1	$^{\#}c^1$	d^1	$^{\#}d^1$	e^1	f^1
五声音阶	宫		商		角			徵		羽			清宫
七声音阶	宫		商		角		变徵	徵		羽		变宫	清宫

（录自戴念祖《朱载堉——明代的科学和艺术巨星》）

四、干支组合法

天干	一	甲	二	乙	三	丙	四	丁	五	戊	六	己	七	庚	八	辛	九	壬	十	癸
地支	1	子	2	丑	3	寅	4	卯	5	辰	6	巳	7	午	8	未	9	申	10	酉
天干	一	甲	二	乙	三	丙	四	丁	五	戊	六	己	七	庚	八	辛	九	壬	十	癸
地支	11	戌	12	亥	1	子	2	丑	3	寅	4	卯	5	辰	6	巳	7	午	8	未
天干	一	甲	二	乙	三	丙	四	丁	五	戊	六	己	七	庚	八	辛	九	壬	十	癸
地支	9	申	10	酉	11	戌	12	亥	1	子	2	丑	3	寅	4	卯	5	辰	6	巳
天干	一	甲	二	乙	三	丙	四	丁	五	戊	六	己	七	庚	八	辛	九	壬	十	癸
地支	7	午	8	未	9	申	10	酉	11	戌	12	亥	1	子	2	丑	3	寅	4	卯
天干	一	甲	二	乙	三	丙	四	丁	五	戊	六	己	七	庚	八	辛	九	壬	十	癸
地支	5	辰	6	巳	7	午	8	未	9	申	10	酉	11	戌	12	亥	1	子	2	丑
天干	一	甲	二	乙	三	丙	四	丁	五	戊	六	己	七	庚	八	辛	九	壬	十	癸
地支	3	寅	4	卯	5	辰	6	巳	7	午	8	未	9	申	10	酉	11	戌	12	亥

说明：

1. 天干10个字与地支12个字顺序组合为60对，用以纪年、纪月、纪日、纪时，每60对一循环。

2. 正确的组合法是：以天干的单数配地支的单数、天干的双数配地支的双数；如果以天干的单数配以地支的双数，或以天干的双数配地支的单数，就是错误的组合，实际上是不存在的。如：甲(一)丑(2)、乙(二)寅(3)、丙(三)亥(12)……都是不存在的。

五、公元干支年互检表

公元的千百位	0 3 6 9 12 15 18	1 4 7 10 13 16 19	2 5 8 11 14 17 20	0	1	2	3	4	5	6	7	8	9	公元的个位	
				辛	庚	己	戊	丁	丙	乙	甲	癸	壬	天干	公元前的纪年查仿宋字，公元后的纪年查黑体字
				庚	**辛**	**壬**	**癸**	**甲**	**乙**	**丙**	**丁**	**戊**	**己**		
公元的十位	0,6	2,8	4	酉	申	未	午	巳	辰	卯	寅	丑	子	地支	
				申	**酉**	**戌**	**亥**	**子**	**丑**	**寅**	**卯**	**辰**	**巳**		
	1,7	3,9	5	亥	戌	酉	申	未	午	巳	辰	卯	寅		
				午	**未**	**申**	**酉**	**戌**	**亥**	**子**	**丑**	**寅**	**卯**		
	2,8	4	0,6	丑	子	亥	戌	酉	申	未	午	巳	辰		
				辰	**巳**	**午**	**未**	**申**	**酉**	**戌**	**亥**	**子**	**丑**		
	3,9	5	1,7	卯	寅	丑	子	亥	戌	酉	申	未	午		
				寅	**卯**	**辰**	**巳**	**午**	**未**	**申**	**酉**	**戌**	**亥**		
	4	0,6	2,8	巳	辰	卯	寅	丑	子	亥	戌	酉	申		
				子	**丑**	**寅**	**卯**	**辰**	**巳**	**午**	**未**	**申**	**酉**		
	5	1,7	3,9	未	午	巳	辰	卯	寅	丑	子	亥	戌		
				戌	**亥**	**子**	**丑**	**寅**	**卯**	**辰**	**巳**	**午**	**未**		

查法

1. 由公元查干支

先在左上角找出要查的公元年份的千百位数,再在这一直行下面找出要查的公元年份的十位数,在十位数的这一横行同右上角要查的公元年份的个位数相交于一点,即要查的公元年份的干支。粗黑线以上是这年的天干,粗黑线以下是这年的地支。仿宋体字为公元前干支纪年,黑体字为公元后干支纪年。

例:查1840年的干支纪年。

先在左上角第一直行找出年份的千百位数"18",然后在这一行下面的第五横行找出这年的十位数"4",由这一横行同右栏第一行个位数"0"相交,粗黑线以上的天干黑体字是"庚",粗黑线以下的地支黑体字是"子"。"庚子"就是公元1840年的干支纪年。同时可知,同格的仿宋体字是"辛巳"就是公元前1840年的干支纪年。

2. 由干支查公元

其查法只需将上法倒转即可。但由于干支六十为一周期,为求得正确的结果,必须要知道这年是哪朝哪王哪年号的干支纪年,否则会得出很多结果而无法确认。

例:查清光绪戊子年的公元纪年。

先查出右上角天干黑体字"戊"(因清朝属公元后部分),知这一直行属公元纪年的个位数"8"。顺直行下找,在第四横行找到黑体字"子"。从此点向左移,知"戊子"年的公元十位数是2、8,4,0、6,分别属年的千百位数15、18,16、19,17、20三直行。为求得正确结果,查《中国历史纪年简表》知清光绪元年是1875年。由于中国历代各朝年号除清康熙是61年外,均未超过60年,故清光绪"戊子"必在1875年后。找第一直行,知清光绪戊子年的公元纪年十位数应是"8",千百位数是"18"。故1888年是清光绪戊子年的公元纪年。

(录自《中国历史年鉴》1989年)

六、二十四节气

（按公元月日计算）

春季	立 春 2月3—5日交节	雨 水 2月18—20日交节	惊 蛰 3月5—7日交节
	春 分 3月20—22日交节	清 明 4月4—6日交节	谷 雨 4月19—21日交节
夏季	立 夏 5月5—7日交节	小 满 5月20—22日交节	芒 种 6月5—7日交节
	夏 至 6月21—23日交节	小 暑 7月6—8日交节	大 暑 7月22—24日交节
秋季	立 秋 8月7—9日交节	处 暑 8月22—24日交节	白 露 9月7—9日交节
	秋 分 9月22—24日交节	寒 露 10月8—9日交节	霜 降 10月23—24日交节
冬季	立 冬 11月7—8日交节	小 雪 11月22—23日交节	大 雪 12月6—8日交节
	冬 至 12月21—23日交节	小 寒 1月5—7日交节	大 寒 1月20—21日交节

七、二十四节气歌

春雨惊春清谷天，夏满芒夏暑相连，
秋处露秋寒霜降，冬雪雪冬小大寒。
每月两节不变更，最多相差一两天，
上半年来六、廿一，下半年来八、廿三。

（录自《汉英双解新华字典》）

八、常用字体样张

书　宋	中国出版工作者协会校对研究委员会
仿　宋	中国出版工作者协会校对研究委员会
报　宋	中国出版工作者协会校对研究委员会
小标宋	中国出版工作者协会校对研究委员会
楷　体	中国出版工作者协会校对研究委员会
行　楷	中国出版工作者协会校对研究委员会
黑　体	中国出版工作者协会校对研究委员会
隶　书	中国出版工作者协会校对研究委员会
魏　碑	中国出版工作者协会校对研究委员会
隶　变	中国出版工作者协会校对研究委员会
细　圆	中国出版工作者协会校对研究委员会
准　圆	中国出版工作者协会校对研究委员会
粗　圆	中国出版工作者协会校对研究委员会
琥　珀	中国出版工作者协会校对研究委员会
综　艺	中国出版工作者协会校对研究委员会
彩　云	中国出版工作者协会校对研究委员会
秀　丽	中国出版工作者协会校对研究委员会
粗　黑	中国出版工作者协会校对研究委员会
白正体	ABCDEFGHIJKLMNOPQRSTUVWXYZABC
白斜体	*ABCDEFGHIJKLMNOPQRSTUVWXYZABC*
黑正体	**ABCDEFGHIJKLMNOPQRSTUVWXYZAB**
黑斜体	***ABCDEFGHIJKLMNOPQRSTUVWXYZ***
花　体	ABCDEFGHIJKLMNOPQRSTUVWXYZAB
方头正	ABCDEFGHIJKLMNOPQRSTUVWXYZABCDE

方头斜	*ABCDEFGHIJKLMNOPQRSTUVWXYZABCDEF*
白正体	01234567890123456789012345678901234567
黑正体	**01234567890123456789012345678901234567 8901**
方头黑	12345678901234567890123456789012
全身白正体	0 1 2 3 4 5 6 7 8 9 0 1 2 3 4 5 6 7 8 9 0
全身黑正体	**0 1 2 3 4 5 6 7 8 9 0 1 2 3 4 5 6 7 8 9 0**

九、常用字号级数与磅数对照表

级数		磅数		
级号	字身(毫米)	字号	磅数	字身(毫米)
7	1.75		5.00	1.75
8	2.00	七号	5.25	1.84
9	2.25		6.00	2.10
10	2.50		7.00	2.45
11	2.75	六号	8.00	2.80
12	3.00		8.50	2.98
13	3.25	小五号	9.00	3.15
14	3.50		10.00	3.50
15	3.75	五号	10.50	3.68
16	4.00		11.00	3.85
18	4.50	小四号	12.00	4.20
20	5.00	四号	13.75	4.81
24	6.00	三号	16.00	5.60
28	7.00	小二号	18.00	6.30
32	8.00	二号	21.00	7.35
38	9.50	一号	27.50	9.63
44	11.00		31.00	10.85
50	12.50	小初号	36.00	12.60
56	14.00		38.00	13.30
62	15.50	老初号	42.00	14.70

注：① 对应的磅数折合毫米是近似值。

② 1 级 =0.25 毫米，1 磅 =0.35 毫米。

十、中国少数民族分布简表

民　族	分布的主要地区	民　族	分布的主要地区
蒙古族	内蒙古、辽宁、吉林、河北、黑龙江、新疆	纳西族	云南
回族	宁夏、甘肃、河南、新疆、青海、云南、河北、山东、安徽、辽宁、北京、内蒙古、天津、黑龙江、陕西、贵州、吉林、江苏、四川	景颇族	云南
藏族	西藏、四川、青海、甘肃、云南	柯尔克孜族	新疆
维吾尔族	新疆	土族	青海、甘肃
苗族	贵州、湖南、云南、广西、重庆、湖北、四川	达斡尔族	内蒙古、黑龙江
彝族	云南、四川、贵州	仫佬族	广西
壮族	广西、云南、广东	羌族	四川
布依族	贵州	布朗族	云南
朝鲜族	吉林、黑龙江、辽宁	撒拉族	青海
满族	辽宁、河北、黑龙江、吉林、内蒙古、北京	毛南族	广西
侗族	贵州、湖南、广西	仡佬族	贵州
瑶族	广西、湖南、云南、广东	锡伯族	辽宁、新疆
白族	云南、贵州、湖南	阿昌族	云南
土家族	湖南、湖北、重庆、贵州	普米族	云南
哈尼族	云南	塔吉克族	新疆
哈萨克族	新疆	怒族	云南
傣族	云南	乌孜别克族	新疆
黎族	海南	俄罗斯族	新疆、黑龙江
傈僳族	云南、四川	鄂温克族	内蒙古
佤族	云南	德昂族	云南
畲族	福建、浙江、江西、广东	保安族	甘肃
高山族	台湾、福建	裕固族	甘肃
拉祜族	云南	京族	广西
水族	贵州、广西	塔塔尔族	新疆
东乡族	甘肃、新疆	独龙族	云南
		鄂伦春族	黑龙江、内蒙古
		赫哲族	黑龙江
		门巴族	西藏
		珞巴族	西藏
		基诺族	云南

注：资料截止于1997年12月。

（录自《辞海》1999年版）

十一、中国历代度量衡对照表

（一）度（长度：尺）

朝代	尺　名	折合米	较前代增（+）减（-）	附　注
商	骨尺（甲） 骨尺（乙）	0.141 0.169 5		
周	骨尺 镂牙尺 铜尺	0.219 2 0.230 0.231	（+） （+） （+）	
秦	商鞅量尺	0.231		
新	王莽货布尺	0.231		吴承洛推算：莽尺合0.230 4米。
东汉	建武铜尺 玉尺 牙尺 官尺	0.231 0.232 7 0.233 0.238	 （+） （+） （+）	吴承洛推算：西汉尺合0.276 5米；东汉建初六年以后，尺合0.237 5米。
魏	杜夔律尺 正始弩机尺	0.242 0.243	（+） （+）	吴承洛推算：魏尺合0.241 2米。
晋	荀勖律尺 后尺	0.231 0.245 2	（-） （+）	吴承洛推算：西晋武帝泰始十年以后，尺合0.230 4米；东晋尺合0.249 5米。
赵	土圭尺	0.242 8	（+）（-）	吴承洛推算：赵尺合0.241 9米。
南朝	宋浑天仪尺 宋骨尺 梁法尺 梁俗间尺 梁铜尺	0.245 8 0.247 0.232 7 0.247 4 0.251 5	（+） （+） （-） （+） （+）	吴承洛推算：南朝尺合0.245 1米。

(一) 度(长度:尺)(续表)

朝代	尺名	折合米	较前代增(+)减(-)	附注
北朝	北魏前尺 北魏中尺 北魏后尺 东魏后尺 北周铁尺 北周市尺	0.279 0.280 0.296 0.347 5 0.245 8 0.296	(+) (+) (+) (+) (-) (-)	吴承洛推算:北魏、西魏、北周至隋初尺合0.295 1米;东魏、北齐尺合0.299 7米。
隋	开皇官尺 律吕冰尺	0.296 0.274	 (-)	吴承洛推算:隋大业三年以后,尺合0.235 5米。
唐	白牙尺 开元泉尺 鎏金镂花铜尺 鎏金镂花铜尺	0.296 0.316 0.304 0.313 5	 (+) (+) (+)	吴承洛推算:唐尺合0.311米。杨宽推算:唐白牙尺合0.297米。万国鼎推算:唐白牙尺合0.297 6米;鎏金镂花铜尺分别为0.302 1米和0.314 2米;开元泉尺合0.310 6米。
五代	周律准尺	0.237	(-)	吴承洛推算:五代尺同唐。
宋	木矩尺(甲) 木矩尺(乙) 镂花铜尺 三司布帛尺	0.309 0.329 0.316 0.269 5	(+) (+) (+) (+)	吴承洛推算:宋、元尺合0.307 2米。杨宽推算:宋三司布帛尺合0.311米;铜尺合0.314米;淮尺合0.37米。
明	嘉靖牙尺 量地尺 裁尺	0.32 0.326 5 0.341	(+) (+) (+)	吴承洛推算:明尺同唐。杨宽推算:明嘉靖牙尺合0.317米。
清	营造尺 部颁铜尺 裁尺 量地藩尺	0.32 0.312 0.352 0.343	 (-) (+) (+)	吴承洛推算:清尺合0.32米。

附记:古制十忽为丝,十丝为毫,十毫为厘,十厘为分,十分为寸,十寸为尺,十尺为丈,十丈为引,一百五十丈为里。

说明:(1) 我国古尺记载和存物较多,本表着重选录《隋书·律历志(上)》中有所记载和较有代表性的现存实物之尺度。

(2) 对于古代度量衡折合今制的推算,学界意见不一。本表参照梁方仲《中国历代户口、田地、田赋统计》,以罗福颐《传世古尺录》为主,附录吴承洛《中国度量衡史》、杨宽《中国历代尺度考》、万国鼎《唐尺考》(《农史研究集刊》第一册)中的推算。

(二) 量(容量:升)

朝代	公元	升折今升	附注
秦	前221—前206	0.3425	万国鼎《秦汉度量衡亩考》认为,秦汉1升合0.199 7升。王达《试评〈中国度量衡史〉中秦汉度量衡亩制之考证》认为,秦、西汉新1升均合0.2升。
西汉	前206—后8	0.342 5	
新	9—24	0.198 1	
东汉	25—220	0.198 1	
魏	220—265	0.202 3	
晋	265—420	0.202 3	
南齐	479—502	0.297 2	
梁陈	502—589	0.198 1	
北魏·北齐	386—577	0.396 3	
北周(前期)	557—565	0.157 2	
北周(后期)	566—581	0.210 5	
隋(大业前)	581—605	0.594 4	
隋(大业后)	606—618	0.198 1	
唐	618—907	0.594 4	
五代	907—960	0.594 4	
宋	960—1279	0.664 1	
元	1279—1368	0.948 8	
明	1368—1644	1.073 7	
清	1644—1911	1.035 5	

附记:古制升的上下单位,说法不尽同,一般说,十秒为撮,十撮为勺,十勺为合,十合为升,十升为斗,十斗为斛(石)。

说明:本表参照梁方仲《中国历代户口、田地、田赋统计》录吴承洛《中国度量衡史》制。

（三）衡（重量：斤、两）

朝代	公元	两合克	斤合克	附注
西汉	前206—后8	16.14	258.24	万国鼎《秦汉度量衡亩考》认为，秦汉一两约合15克，一斤约合240克。
新	9—24	13.92	222.73	
东汉	25—220	13.92	222.73	
魏	220—265	13.92	222.73	
晋	265—420	13.92	222.73	
南齐	479—502	20.88	334.10	
梁、陈	502—589	13.92	222.73	
北魏	386—534	13.92	222.73	
东魏、北齐	534 577	27.84	445.46	
北周（后期）	566—581	15.66	250.56	
隋（大业前）	581—605	41.76	668.19	
隋（大业后）	606—618	13.92	222.73	
唐	618—907	37.30	596.82	
五代	907—960	37.30	596.82	
宋	960—1279	37.30	596.82	
元	1279—1368	37.30	596.82	
明	1368—1644	37.30	596.82	
清	1644—1911	37.30	596.82	

附记：古制，一斤等于十六两，一两十钱，一钱十厘，一厘十毫。

说明：资料来源同上表。

（四）步，亩

朝代	一步合尺数	一亩合平方步	一亩合平方尺	附注
周以前	6	100	3 600	万国鼎《秦汉度量衡亩考》认为，晚周亩及汉初“东亩”1亩合0.288 15市亩，秦亩及汉武帝以后汉亩合0.691 56亩。
秦至隋	6	240	8 640	
唐至清	5	240	6 000	

说明：资料来源同上表。

（录自《中国历史便览》）

十二、世界国家和地区简表

说　明

本表包括世界各个国家和地区名称的简称、全称(含英文全称)、首都或首府。国家和地区先分洲,再按国名或地区名的英文简称字母为序排列。资料截止日期为1998年年底。

洲名	国家或地区(简称)	国家或地区(全称)	首都或首府
亚洲	阿富汗	阿富汗伊斯兰国(The Islamic State of Afghanistan)	喀布尔
	亚美尼亚	亚美尼亚共和国(The Republic of Armenia)	埃里温
	阿塞拜疆	阿塞拜疆共和国(The Republic of Azerbaijan)	巴　库
	巴　林	巴林国(The State of Bahrain)	麦纳麦
	孟加拉国	孟加拉人民共和国(The People's Republic of Bangladesh)	达　卡
	不　丹	不丹王国(The Kingdom of Bhutan)	廷　布
	文　莱	文莱达鲁萨兰国(Brunei Darussalam)	斯里巴加湾市
	缅　甸	缅甸联邦(The Union of Myanmar)	仰　光
	中　国	中华人民共和国(The People's Republic of China)	北　京
	塞浦路斯	塞浦路斯共和国(The Republic of Cyprus)	尼科西亚
	格鲁吉亚	格鲁吉亚(Georgia)	第比利斯
	印　度	印度共和国(The Republic of India)	新德里
	印度尼西亚	印度尼西亚共和国(The Republic of Indonesia)	雅加达
	伊　朗	伊朗伊斯兰共和国(The Islamic Republic of Iran)	德黑兰
	伊拉克	伊拉克共和国(The Republic of Iraq)	巴格达
	以色列	以色列国(The State of Israel)	①
	日　本	日本国(Japan)	东　京
	约　旦	约旦哈希姆王国(The Hashemite Kingdom of Jordan)	安　曼
	柬埔寨	柬埔寨王国(Kingdom of Cambodia)	金　边
	哈萨克斯坦	哈萨克斯坦共和国(The Republic of Kazakhstan)	阿斯塔纳
	吉尔吉斯斯坦	吉尔吉斯共和国(Kyrgyz Republic)	比什凯克
	朝　鲜	朝鲜民主主义人民共和国(The Democratic People's Republic of Korea)	平　壤
	韩　国	大韩民国(Republic of Korea)	汉　城②
	科威特	科威特国(The State of Kuwait)	科威特城

续表

洲名	国家或地区(简称)	国家或地区(全称)	首都或首府
亚洲	老　挝	老挝人民民主共和国(The Lao People's Democratic Republic)	万　象
	黎巴嫩	黎巴嫩共和国(The Republic of Lebanon)	贝鲁特
	马来西亚	马来西亚(Malaysia)	吉隆坡
	马尔代夫	马尔代夫共和国(The Republic of Maldives)	马　累
	蒙　古	蒙古国(Mongolia)	乌兰巴托
	尼泊尔	尼泊尔王国(The Kingdom of Nepal)	加德满都
	阿　曼	阿曼苏丹国(The Sultanate of Oman)	马斯喀特
	巴基斯坦	巴基斯坦伊斯兰共和国(The Islamic Republic of Pakistan)	伊斯兰堡
	巴勒斯坦	巴勒斯坦国(The State of Palestine)	③
	菲律宾	菲律宾共和国(Republic of the Philippines)	马尼拉
	卡塔尔	卡塔尔国(The State of Qatar)	多　哈
	沙特阿拉伯	沙特阿拉伯王国(Kingdom of Saudi Arabia)	利雅得
	锡　金	锡　金(Sikkim)	甘托克
	新加坡	新加坡共和国(The Republic of Singapore)	④
	斯里兰卡	斯里兰卡民主社会主义共和国(The Democratic Socialist Republic of Sri Lanka)	科伦坡
	叙利亚	阿拉伯叙利亚共和国(The Syrian Arab Republic)	大马士革
	塔吉克斯坦	塔吉克斯坦共和国(The Republic of Tajikistan)	杜尚别
	泰　国	泰王国(The Kingdom of Thailand)	曼　谷
	土耳其	土耳其共和国(The Republic of Turkey)	安卡拉
	土库曼斯坦	土库曼斯坦(Turkmenistan)	阿什哈巴德
	阿拉伯联合酋长国	阿拉伯联合酋长国(The United Arab Emirates)	阿布扎比
	乌兹别克斯坦	乌兹别克斯坦共和国(The Republic of Uzbekistan)	塔什干
	越　南	越南社会主义共和国(The Socialist Republic of Viet Nam)	河　内
	也　门	也门共和国(The Republic of Yemen)	萨　那

续表

洲名	国家或地区(简称)	国家或地区(全称)	首都或首府
欧洲	阿尔巴尼亚	阿尔巴尼亚共和国(The Republic of Albania)	地拉那
	安道尔	安道尔公国(The Principality of Andorra)	安道尔
	奥地利	奥地利共和国(The Republic of Austria)	维也纳
	比利时	比利时王国(The Kingdom of Belgium)	布鲁塞尔
	白俄罗斯	白俄罗斯共和国(The Republic of Belarus)	明斯克
	波斯尼亚和黑塞哥维那	波斯尼亚和黑塞哥维那(Bosnia and Herzegovina)	萨拉热窝
	保加利亚	保加利亚共和国(The Republic of Bulgaria)	索非亚
	克罗地亚	克罗地亚共和国(The Republic of Croatia)	萨格勒布
	捷　克	捷克共和国(The Czech Republic)	布拉格
	丹　麦	丹麦王国(The Kingdom of Denmark)	哥本哈根
	爱沙尼亚	爱沙尼亚共和国(The Republic of Estonia)	塔　林
	法罗群岛(丹)	法罗群岛(丹)(The Faroes)(Den.)	托尔斯港
	芬　兰	芬兰共和国(The Republic of Finland)	赫尔辛基
	法　国	法兰西共和国(The Republic of France)	巴　黎
	德　国	德意志联邦共和国(The Federal Republic of Germany)	柏　林
	希　腊	希腊共和国(The Hellenic Republic)	雅　典
	匈牙利	匈牙利共和国(The Republic of Hungary)	布达佩斯
	冰　岛	冰岛共和国(The Republic of Iceland)	雷克雅未克
	爱尔兰	爱尔兰(Ireland)	都柏林
	意大利	意大利共和国(The Republic of Italy)	罗　马
	拉脱维亚	拉脱维亚共和国(The Republic of Latvia)	里　加
	列支敦士登	列支敦士登公国(The Principality of Liechtenstein)	瓦杜兹
	立陶宛	立陶宛共和国(The Republic of Lithuania)	维尔纽斯
	卢森堡	卢森堡大公国(The Grand Duchy of Luxembourg)	卢森堡
	马其顿	马其顿共和国(The Republic of Macedonia)	斯科普里

续表

洲名	国家或地区(简称)	国家或地区(全称)	首都或首府
欧洲	马耳他	马耳他共和国(The Republic of Malta)	瓦莱塔
	摩尔多瓦	摩尔多瓦共和国(The Republic of Moldova)	基希讷乌
	摩纳哥	摩纳哥公国(The Principality of Monaco)	摩纳哥
	荷　兰	荷兰王国(The Kingdom of the Netherlands)	阿姆斯特丹
	挪　威	挪威王国(The Kingdom of Norway)	奥斯陆
	波　兰	波兰共和国(The Republic of Poland)	华　沙
	葡萄牙	葡萄牙共和国(The Portuguese Republic)	里斯本
	罗马尼亚	罗马尼亚(Romania)	布加勒斯特
	俄罗斯	俄罗斯(Russia)或俄罗斯联邦(The Russian Federation)	莫斯科
	圣马力诺	圣马力诺共和国(The Republic of San Marino)	圣马力诺
	斯洛伐克	斯洛伐克共和国(The Slovak Republic)	布拉迪斯拉发
	斯洛文尼亚	斯洛文尼亚共和国(The Republic of Slovenia)	卢布尔雅那
	西班牙	西班牙(Spain)	马德里
	瑞　典	瑞典王国(The Kingdom of Sweden)	斯德哥尔摩
	瑞　士	瑞士联邦(Swiss Confederation)	伯尔尼
	乌克兰	乌克兰(Ukraine)	基　辅
	英　国	大不列颠及北爱尔兰联合王国(The United Kingdom of Great Britain and Northern Ireland)	伦　敦
	梵蒂冈	梵蒂冈城国(The Vatican City State)	梵蒂冈
	南斯拉夫	南斯拉夫联盟共和国(The Federal Republic of Yugoslavia)	贝尔格莱德
非洲	阿尔及利亚	阿尔及利亚民主人民共和国(The Democratic People's Republic of Algeria)	阿尔及尔
	安哥拉	安哥拉共和国(The Republic of Angola)	罗安达
	贝　宁	贝宁共和国(The Republic of Benin)	波多诺伏
	博茨瓦纳	博茨瓦纳共和国(The Republic of Botswana)	哈博罗内
	布基纳法索	布基纳法索(The Burkina Faso)	瓦加杜古

续表

洲名	国家或地区(简称)	国家或地区(全称)	首都或首府
非洲	布隆迪	布隆迪共和国(The Republic of Burundi)	布琼布拉
	喀麦隆	喀麦隆共和国(The Republic of Cameroon)	雅温得
	佛得角	佛得角共和国(The Republic of Cape Verde)	普拉亚
	中　非	中非共和国(The Central Africain Republic)	班　吉
	乍　得	乍得共和国(The Republic of Chad)	恩贾梅纳
	科摩罗	科摩罗伊斯兰联邦共和国(The Federal Islamic Republic of the Comoros)	莫罗尼
	刚　果	刚果共和国(The Republic of Congo)	布拉柴维尔
	刚果(金)	刚果民主共和国(The Democratic Republic of the Congo)	金沙萨
	科特迪瓦	科特迪瓦共和国(The Republic of Cote-d'Ivoire)	亚穆苏克罗
	吉布提	吉布提共和国(The Republic of Djibouti)	吉布提
	埃　及	阿拉伯埃及共和国(The Arab Republic of Egypt)	开　罗
	赤道几内亚	赤道几内亚共和国(The Republic of Equatorial Guinea)	马拉博
	厄立特里亚	厄立特里亚国(The State of Eritrea)	阿斯马拉
	埃塞俄比亚	埃塞俄比亚联邦民主共和国(The Federal Democratic Republic of Ethiopia)	亚的斯亚贝巴
	加　蓬	加蓬共和国(The Gabonese Republic)	利伯维尔
	冈比亚	冈比亚共和国(The Republic of the Gambia)	班珠尔
	加　纳	加纳共和国(The Republic of Ghana)	阿克拉
	几内亚	几内亚共和国(The Republic of Guinea)	科纳克里
	几内亚比绍	几内亚比绍共和国(The Republic of Guinea-Bissau)	比绍
	肯尼亚	肯尼亚共和国(The Republic of Kenya)	内罗毕
	莱索托	莱索托王国(The Kingdom of Lesotho)	马塞卢
	利比里亚	利比里亚共和国(The Republic of Liberia)	蒙罗维亚
	利比亚	大阿拉伯利比亚人民社会主义民众国(The Great Socialist People's Libyan Arab Jamahiriya)	的黎波里

续表

洲名	国家或地区(简称)	国家或地区(全称)	首都或首府
非洲	马达加斯加	马达加斯加共和国(The Republic of Madagascar)	塔那那利佛
	马拉维	马拉维共和国(The Republic of Malawi)	利隆圭
	马　里	马里共和国(The Republic of Mali)	巴马科
	毛里塔尼亚	毛里塔尼亚伊斯兰共和国(The Islamic Republic of Mauritania)	努瓦克肖特
	毛里求斯	毛里求斯共和国(The Republic of Mauritius)	路易港
	摩洛哥	摩洛哥王国(The Kingdom of Morocco)	拉巴特
	莫桑比克	莫桑比克共和国(The Republic of Mozambique)	马普托
	纳米比亚	纳米比亚共和国(The Republic of Namibia)	温得和克
	尼日尔	尼日尔共和国(The Republic of Niger)	尼亚美
	尼日利亚	尼日利亚联邦共和国(The Federal Republic of Nigeria)	阿布贾
	留尼汪(法)	留尼汪(法)(Reunion)(Fr.)	圣但尼
	卢旺达	卢旺达共和国(The Republic of Rwanda)	基加利
	圣赫勒拿(英)	圣赫勒拿(英)(附属岛)(Saint Helena)(U.K.)	詹姆斯敦
	圣多美和普林西比	圣多美和普林西比民主共和国(The Democratic Republic of Sao Tome and Principe)	圣多美
	塞内加尔	塞内加尔共和国(The Republic of Senegal)	达喀尔
	塞舌尔	塞舌尔共和国(The Republic of Seychelles)	维多利亚
	塞拉利昂	塞拉利昂共和国(The Republic of Sierra Leone)	弗里敦
	索马里	索马里共和国(The Somali Republic)	摩加迪沙
	南　非	南非共和国(The Republic of South Africa)	比勒陀利亚
	苏　丹	苏丹共和国(The Republic of the Sudan)	喀土穆
	斯威士兰	斯威士兰王国(The Kingdom of Swaziland)	姆巴巴内
	坦桑尼亚	坦桑尼亚联合共和国(The United Republic of Tanzania)	达累斯萨拉姆
	多　哥	多哥共和国(The Republic of Togo)	洛美

续表

洲名	国家或地区(简称)	国家或地区(全称)	首都或首府
非洲	突尼斯	突尼斯共和国(The Republic of Tunisia)	突尼斯
	乌干达	乌干达共和国(The Republic of Uganda)	坎帕拉
	西撒哈拉	西撒哈拉(West Sahara)	⑤
	赞比亚	赞比亚共和国(The Republic of Zambia)	卢萨卡
	津巴布韦	津巴布韦共和国(The Republic of Zimbabwe)	哈拉雷
大洋洲	美属萨摩亚	美属萨摩亚(American Samoa)	帕果帕果
	澳大利亚	澳大利亚联邦(The Commonwealth of Australia)	堪培拉
	库克群岛(新)	库克群岛(新)(The Cook Islands)(N. Z.)	阿瓦鲁阿
	斐济群岛	斐济群岛共和国(The Republic of Fiji Islands)⑥	苏瓦
	法属波利尼西亚	法属波利尼西亚(French Polynesia)	帕皮提
	关　岛(美)	关岛(美)(Guam)(U. S.)	阿加尼亚
	基里巴斯	基里巴斯共和国(The Republic of Kiribati)	塔拉瓦
	马绍尔群岛	马绍尔群岛共和国(The Republic of the Marshall Islands)	马朱罗
	密克罗尼西亚联邦	密克罗尼西亚联邦(The Federated States of Micronesia)	帕利基尔
	瑙　鲁	瑙鲁共和国(The Republic of Nauru)	⑦
	新喀里多尼亚(法)	新喀里多尼亚(法)(New Caledonia)(Fr.)	努美阿
	新西兰	新西兰(New Zealand)	惠灵顿
	纽埃(新)	纽埃(新)(Niue)(N. Z.)	阿洛菲
	北马里亚纳群岛(美)	北马里亚纳群岛自由联邦(The Commonwealth of the Northern Mariana Islands)	塞班
	帕　劳	帕劳共和国(The Republic of Palau)	科罗尔
	巴布亚新几内亚	巴布亚新几内亚独立国(The Independent State of Papua New Guinea)	莫尔兹比港
	皮特凯恩(英)	皮特凯恩群岛(英)(Pitcairn Islands)(U. K.)	亚当斯敦
	萨摩亚	萨摩亚独立国(The Independent State of Samoa)	阿皮亚
	所罗门群岛	所罗门群岛(Solomon Islands)	霍尼亚拉

续表

洲名	国家或地区(简称)	国家或地区(全称)	首都或首府
大洋洲	托克劳(新)	托克劳(新)(Tokelau)(N. Z.)	法考福
	汤　加	汤加王国(The Kingdom of Tonga)	努库阿洛法
	图瓦卢	图瓦卢(Tuvalu)	富纳富提
	瓦努阿图	瓦努阿图共和国(The Republic of Vanuatu)	维拉港
	瓦利斯和富图纳(法)	瓦利斯和富图纳(法)(Wallis and Futuna)(Fr.)	马塔乌图
美洲	安圭拉(英)	安圭拉(英)(Anguilla)(U. K.)	瓦利
	安提瓜和巴布达	安提瓜和巴布达(Antigua and Barbuda)	圣约翰
	阿根廷	阿根廷共和国(Republic of Argentina)	布宜诺斯艾利斯
	阿鲁巴(荷)	阿鲁巴(荷)(Aruba)(Neth.)	奥拉涅斯塔德
	巴哈马	巴哈马国(The Commonwealth of the Bahamas)	拿骚
	巴巴多斯	巴巴多斯(Barbados)	布里奇敦
	伯利兹	伯利兹(Belize)	贝尔莫潘
	百慕大(英)	百慕大(英)(The Bermuda Islands)(U. K.)	哈密尔顿
	玻利维亚	玻利维亚共和国(The Republic of Bolivia)	苏克雷
	巴　西	巴西联邦共和国(The Federative Republic of Brazil)	巴西利亚
	英属维尔京群岛	英属维尔京群岛(The British Virgin Islands)	罗德城
	加拿大	加拿大(Canada)	渥太华
	开曼群岛(英)	开曼群岛(英)(The Cayman Islands)(U. K.)	乔治敦
	智　利	智利共和国(Republic of Chile)	圣地亚哥
	哥伦比亚	哥伦比亚共和国(The Republic of Colombia)	圣菲波哥大
	哥斯达黎加	哥斯达黎加共和国(The Republic of Costa Rica)	圣何塞
	古　巴	古巴共和国(The Republic of Cuba)	哈瓦那
	多米尼克	多米尼克国(The Commonwealth of Dominica)	罗索
	多米尼加	多米尼加共和国(The Dominican Republic)	圣多明各
	厄瓜多尔	厄瓜多尔共和国(The Republic of Ecuador)	基多

续表

洲名	国家或地区(简称)	国家或地区(全称)	首都或首府
美洲	法属圭亚那	法属圭亚那(French Guiana)	卡宴
	格陵兰(丹)	格陵兰(丹)(Greenland)(Den.)	戈特霍布
	格林纳达	格林纳达(Grenada)	圣乔治
	瓜德罗普(法)	瓜德罗普(法)(Guadeloupe)(Fr.)	巴斯特尔
	危地马拉	危地马拉共和国(The Republic of Guatemala)	危地马拉城
	圭亚那	圭亚那合作共和国(The Co-operative Republic of Guyana)	乔治敦
	海　地	海地共和国(The Republic of Haiti)	太子港
	洪都拉斯	洪都拉斯共和国(The Republic of Honduras)	特古西加尔巴
	牙买加	牙买加(Jamaica)	金斯敦
	马提尼克(法)	马提尼克(法)(Martinique)(Fr.)	法兰西堡
	墨西哥	墨西哥合众国(The United States of Mexico)	墨西哥城
	蒙特塞拉特(英)	蒙特塞拉特(英)(Montserrat)(U. K.)	普利茅斯
	荷属安的列斯	荷属安的列斯(The Netherlands Antilles)	威廉斯塔德
	尼加拉瓜	尼加拉瓜共和国(The Republic of Nicaragua)	马那瓜
	巴拿马	巴拿马共和国(The Republic of Panama)	巴拿马城
	巴拉圭	巴拉圭共和国(The Republic of Paraguay)	亚松森
	秘　鲁	秘鲁共和国(The Republic of Peru)	利马
	波多黎各(美)	波多黎各自由邦(美)(The Commonwealth of Puerto Rico)(U. S.)	圣胡安
	圣基茨和尼维斯	圣基茨和尼维斯联邦(The Federation of Saint Kitts and Nevis)	巴斯特尔
	圣卢西亚	圣卢西亚(Saint Lucia)	卡斯特里
	圣皮埃尔和密克隆(法)	圣皮埃尔和密克隆(法)(Saint Pierre and Miquelon)(Fr.)	圣皮埃尔
	圣文森特和格林纳丁斯	圣文森特和格林纳丁斯(Saint Vincent and the Grenadines)	金斯敦
	萨尔瓦多	萨尔瓦多共和国(The Republic of El Salvador)	圣萨尔瓦多
	苏里南	苏里南共和国(The Republic of Suriname)	帕拉马里博

续表

洲名	国家或地区(简称)	国家或地区(全称)	首都或首府
美洲	特立尼达和多巴哥	特立尼达和多巴哥共和国(The Republic of Trinidad and Tobago)	西班牙港
	特克斯和凯科斯群岛(英)	特克斯和凯科斯群岛(英)(The Turks and Caicos Islands)(U.K.)	科伯恩城
	美　国	美利坚合众国(The United States of America)	华盛顿
	美属维尔京群岛	美属维尔京群岛(The United States Virgin Islands)	夏洛特阿马利亚
	乌拉圭	乌拉圭东岸共和国(The Oriental Republic of Uruguay)	蒙得维的亚
	委内瑞拉	委内瑞拉共和国(The Republic of Venezuela)	加拉加斯

注:① 以色列建国时首都初设特拉维夫,后宣布迁都耶路撒冷。1980年7月,以议会通过法案,宣布耶路撒冷是以“永恒的不可分割的首都”。阿拉伯国家对此一直有争议。

② 现为首尔。

③ 1988年11月,巴勒斯坦全国委员会通过《独立宣言》,宣布耶路撒冷为新成立的巴勒斯坦国首都。

④ 新加坡不设首都,行政中枢新加坡市。

⑤ 西撒哈拉无首府,最大城市阿尤恩。

⑥ 斐济共和国于1999年2月改名斐济群岛共和国,简称斐济群岛。

⑦ 瑙鲁不设首都,行政管理中心在亚伦。

(录自《辞海》1999年版)

本书编写人员及其负责内容

苏培成　北京大学中文系教授(语法)
肖东发　北京大学传播学院教授、博士生导师(工具书及其使用)
傅永和　原国家语言文字工作委员会副主任(汉字简繁辨析)
李衍华　中国女子学院逻辑学教研室主任、教授(逻辑)
陈浩元　《北京师范大学学报(自然科学)》主编、编审(量和单位,文后参考文献的著录)
林穗芳　人民出版社编审(汉语拼音和外文拼写知识)
周　奇　中国出版工作者协会校对研究委员会主任、编审(汉字规范,汉语字词使用出错基本规律)
刘玉玲　商务印书馆编审(标点符号)
杨永德　团结出版社编审(装帧设计基本知识)
江达飞　文化艺术出版社编审(常用字使用正误表,成语、熟语正误表,常见专名正误表)
智福和　资深校对、人民出版社副编审(技术)(简化字、繁体字、异体字对照表,台湾地区常用字用法举例,附录)
杜维东　中国出版工作者协会校对研究委员会副主任、秘书长,副编审(容易混淆错用的字词)
张庆岚　科学出版社副编审(技术)(版式处理)

图书在版编目(CIP)数据

现代新闻出版编校实用手册/周奇，杜维东主编；中国出版工作者协会校对研究委员会编. —苏州：苏州大学出版社，2008.1(2014.1 重印)
ISBN 978-7-81090-829-0

Ⅰ. 现… Ⅱ. ①周…②杜…③中… Ⅲ. ①图书-编辑工作-手册②图书-校对-手册 Ⅳ. G232.2-62

中国版本图书馆 CIP 数据核字(2007)第 151610 号

现代新闻出版编校实用手册
周　奇　杜维东　主编
责任编辑　杨　华

苏州大学出版社出版发行
(地址：苏州市十梓街 1 号　邮编：215006)
常州市武进第三印刷有限公司印装
(地址：常州市武进区湟里镇村前街　邮编：213154)

开本 890mm×1 240mm　1/32　印张 23.125　字数 642 千
2008 年 1 月第 1 版　2014 年 1 月第 2 次印刷
ISBN 978-7-81090-829-0　定价：58.00 元

苏州大学版图书若有印装错误，本社负责调换
苏州大学出版社营销部　电话：0512-67258835